TIM HIGGINS

POWER PLAY

TESLA, ELON MUSK UND DIE JAHRHUNDERTWETTE

PLASSEN
VERLAG

Die Originalausgabe erschien unter dem Titel
Power Play: Tesla, Elon Musk, and the Bet of the Century
ISBN 978-0-385-54545-7

This translation published by arrangement with Doubleday, an imprint of The Knopf Doubleday Group, a division of Penguin Random House, LLC

Übersetzung: Birgit Schöbitz
Gestaltung Cover: John Fontana
Illustration Cover: Hitandrun Media @ Début Art
Gestaltung und Satz: Sabrina Slopek
Herstellung: Daniela Freitag
Lektorat: Elke Sabat
Druck: GGP Media GmbH, Pößneck

ISBN 978-3-86470-781-0

Bibliografische Information der Deutschen Nationalbibliothek:
Die Deutsche Nationalbibliothek verzeichnet diese Publikation in der Deutschen Nationalbibliografie; detaillierte bibliografische Daten sind im Internet über <http://dnb.d-nb.de> abrufbar.

BÖRSEN MEDIEN
AKTIENGESELLSCHAFT

Postfach 1449 • 95305 Kulmbach
Tel: +49 9221 9051-0 • Fax: +49 9221 9051-4444
E-Mail: buecher@boersenmedien.de
www.plassen.de
www.facebook.com/plassenbuchverlage
www.instagram.com/plassen_buchverlage

Für meine Eltern

INHALT

VORWORT

WIE ALLES BEGANN

An einem windigen Abend im März 2016 waren alle Blicke seiner zahlreich im Tesla-Designstudio erschienenen Anhänger auf Elon Musk gerichtet. In seiner schwarzen Jacke mit dem hochgestellten Kragen erinnerte er eher an einen Bösewicht aus einem James-Bond-Film, doch er stand kurz davor, seinen lang gehegten Traum Wirklichkeit werden zu lassen. Der berühmte Unternehmer hatte Jahre darauf hingearbeitet, der Öffentlichkeit sein jüngstes Baby vorzustellen: das Model 3.

Das Designstudio – das in demselben Gebäudekomplex in der Nähe des Flughafens von Los Angeles untergebracht war wie Musks Raumfahrt- und Telekommunikationsunternehmen SpaceX – war Teslas kreative Schaltzentrale. An diesem magischen Ort stand Franz von Holzhausen, der Chefdesigner, der schon an der Neuauflage des VW Käfers beteiligt und für die Modellpflege und das Gesamtdesignkonzept von Mazda verantwortlich gewesen war, einem Team vor, das die visionären Ideen von Musk umsetzte. Ihr gemeinsames Ziel war es, revolutionäre und optisch ansprechende Elektroautos zu bauen, die sich deutlich von dem technischen, nerdigen Look der Fahrzeuge der Konkurrenz unterscheiden sollten. Lange Zeit galten E-Autos in der Autobranche als experimentelle Neuheiten.

Hunderte von Kunden waren zu diesem Ereignis angereist, denn eine Party von Musk durfte man einfach nicht verpassen. Ganz gleich, ob es um Neues aus dem Hause Tesla oder SpaceX ging, seine Veranstaltungen zogen eine eklektische Mischung aus Silicon-Valley-Unternehmern, Hollywood-Größen, treuen Stammkunden und Autofans an. Bis zu diesem Zeitpunkt war Tesla nichts weiter als eine Luxusmarke, ein Nischenprodukt – eine Fantasie kalifornischer Umweltschützer, die sich in eine Marotte für die Reichen und ein Muss für alle gewandelt hatte, die sich Garagen voller BMWs, Mercedes und anderer Statussymbole unter den Benzinern leisten konnten.

Das Model 3, das zu dem angekündigten Startpreis von 35.000 US-Dollar angeboten wurde, hielt, was Musk seinerzeit versprochen hatte: Es war etwas ganz anderes. Musk hatte damit sein ehrgeiziges Ziel erreicht, ein vollelektrisches Auto für den Massenmarkt zu entwickeln. Es war quasi ein Glücksspiel in Form eines viertürigen Kompaktwagens: Würde Tesla damit den Absatz und die Einnahmen generieren können, um es mit den größten der großen Jungs der jahrhundertealten Automobilindustrie aufzunehmen, also mit Ford, Toyota, Volkswagen, Mercedes-Benz, BMW und nicht zu vergessen General Motors (GM)? Das Model 3 würde entscheiden, ob Tesla ein ernst zu nehmender Autokonzern war oder nicht.

Musk, der gerade einmal ein Jahr jünger war als seinerzeit Henry Ford, der 108 Jahre zuvor sein Model T vorgestellt hatte, stand also auf der Bühne und wurde von den hämmernden Beats der Techno-Musik und einem johlenden Publikum empfangen, denn in dieser Nacht sollte die Geschichte neu geschrieben werden. Musk war angetreten, eine neue Ära einzuläuten.

Seine Mission lautete, die Welt zu ändern und vielleicht sogar zu retten (und vermutlich auch, dabei unermesslich reich zu werden). Und genau damit war es ihm gelungen, ein Team von Führungskräften zu gewinnen, die ihm zur Seite standen und seine Vision Realität werden ließen. Diese für ihn äußerst wichtigen Manager, die zuvor in der Automobilindustrie, der Technologie- oder Risikokapitalbranche tätig gewesen waren (darunter auch Musks engster Vertrauter, sein Bruder Kimbal), hatten sich unter die johlende Menge gemischt und schienen die helle Aufregung zu genießen.

Auf der Bühne wühlte sich Musk durch zahlreiche Tabellen über die CO_2-Verschmutzung und beklagte das Ausmaß der Umweltzerstörung unseres Planeten. „Das hier ist wirklich wichtig für die Zukunft der Erde“, sagte er unter dem Jubel der Zuschauer.

Ein aufwendig produzierter Videoclip zeigte die ersten Bilder des Model 3. Das Auto sah außen und innen aus wie ein leuchtendes Vorbild aus der Zukunft. Schlanke Kurven und Linien umhüllten das Fahrzeuginnere, das mit nichts auf dem Markt zu vergleichen war. Die für ein Auto typischen Anzeigen und Instrumente waren verschwunden. Stattdessen gab es in der Mitte des Cockpits einen einzigen, relativ großen Bildschirm, der einem Tablet-PC ähnelte. Der Clip zeigte, wie der Wagen an der kurvenreichen Küste Kaliforniens entlangbrauste, was das Publikum erneut mit lautem Johlen quittierte. Einer der Anwesenden rief: „Sie haben es geschafft!“

Musk zog die Anwesenden in seinen Bann, als er ihnen mitteilte, dass bei Tesla schon über 115.000 Anzahlungen von je 1.000 US-Dollar, sprich 115 Millionen US-Dollar Cash, eingegangen waren. Tesla sollte in den kommenden paar Wochen über 500.000 Vorbestellungen erhalten – eine schwindelerregend hohe Zahl. Sie lag um 32 Prozent höher als die Verkaufszahlen des Camry, des beliebten Familienwagens von Toyota Motor Corp., gewissermaßen der Archetyp der Limousinen. Nicht zu vergessen, wir reden hier von Vorbestellungen, das heißt, es gab eine halbe Million Menschen, die bereit waren, zwei Jahre auf ein Auto zu warten, das noch gar nicht produziert wurde.

Der vom Team aufgestellte Plan sah einen langsamen Start der Fertigung vor. Gegen Ende des Jahres 2017 sollten zunächst einige Tausend Stück vom Fließband rollen. Ganz allmählich würde die Produktion bis Mitte des Jahres 2018 auf 5.000 Stück pro Woche gesteigert werden.

Diese Stückzahl – 5.000 Autos pro Woche oder 260.000 pro Jahr – war ein weitverbreiteter Standard, eine klar definierte Vorgabe für alle profitablen großen Autobauer. Sollte Elon Musk mit seinem Unternehmen

Tesla diese Zahlen erreichen, würde er der Konkurrenz damit klarmachen, dass er ein ernst zu nehmender Mitbewerber wäre.

Doch Musk gab sich damit nicht zufrieden. Er prahlte bereits damit, dass er die Produktion in der einzigen Montagefabrik des Unternehmens außerhalb des Silicon Valley bis 2020 auf 500.000 Fahrzeuge in einem Jahr steigern könnte – also auf doppelt so viele Autos, wie die meisten Autofabriken Amerikas herstellten.

Jeder weiß, wie verrückt sich das anhören würde, wenn ein anderer als Elon Musk mit solchen Zahlen um sich werfen würde.

Vom Beginn der Entwicklung eines neuen Fahrzeugs bis zur Auslieferung an den Kunden vergehen in der Regel fünf bis sieben Jahre. Es ist ein langwieriger und komplexer Prozess, in den die Erfahrungen von Jahren einfließen. Bevor ein neues Auto beim Händler steht, wird es in der Wüste, in der Arktis und in den Bergen getestet. Tausende von Zulieferern sind an der Herstellung beteiligt und fertigen mit erstaunlicher Präzision Komponenten, die schließlich in sekundengenau choreografierten Prozessen in den Werken montiert werden.

Doch trotz seines Auftretens als Chef eines Start-up-Unternehmens, trotz seines unbestrittenen Ehrgeizes, trotz seiner Vision und trotz der stetig eintrudelnden Vorbestellungen konnte Musk die Augen nicht vor der unerbittlichen Wahrheit verschließen, als er an diesem Abend die Bühne verließ. Die Wahrheit, mit der sich Unternehmen wie GM, Ford und BMW schon seit mehr als einem Jahrhundert herumschlugen: Der Fahrzeugbau ist ein brutales Geschäft und obendrein noch ein sehr kostenintensives.

Und Elon Musks Bilanzen verdeutlichten die Katastrophe: Tesla verbrannte im Durchschnitt pro Quartal 500 Millionen US-Dollar und hatte „nur“ 1,4 Milliarden US-Dollar zur freien Verfügung. Das hieß nichts anderes, als dass Tesla auf dem besten Weg war, bis Ende 2016 kein Geld mehr zu haben, sollte sich das Blatt nicht wenden.

Doch all das gehörte zu dem Spiel, von dem er immer wusste, dass er es mitspielen musste, wenn Tesla der wertvollste Autobauer der Welt werden sollte. Sein unbeirrbarer Glaube an sich führte zu seiner Vision und diese Vision würde einen Markt entstehen lassen. Der Markt wiederum würde Geld erzeugen und mit dem Geld würde er Autos bauen können. Und all das müsste ihm in einem unvorstellbaren Ausmaß gelingen und obendrein noch schnell genug, um der Konkurrenz, den Kreditgebern, Kunden und Investoren immer eine Wagenlänge voraus zu sein, die anhand von Leerverkäufen gegen sein Unternehmen wetteten – ein bei einem Wertverlust der Tesla-Aktien durchaus lukratives Unterfangen.

Musk wusste nur allzu gut, was für ein gefährliches Wettrennen das war. In seinen dunklen Momenten hielt er es sogar für das Angsthasenspiel.

Im Juni 2018, etwas mehr als zwei Jahre nach Musks glanzvoller Enthüllung des Model 3, besuchte ich ihn in den Fertigungshallen von Tesla Inc., einem extrem verschachtelten Werk etwa eine halbe Stunde entfernt vom Silicon Valley. Ich fand ihn tief im Inneren dieses Karnickelbaus und als Erstes fiel mir auf, wie erschöpft er aussah. Er trug ein schwarzes Tesla-T-Shirt und beugte seine 1,80 Meter über ein iPhone. Auf seinem Twitter-Account strömten Sticheleien von Leerverkäufern ein, einige der mächtigsten Investoren weltweit wetteten gegen ihn und sagten sein baldiges Scheitern voraus. Sein E-Mail-Postfach enthielt mehrere Mails eines kürzlich entlassenen Mitarbeiters, der den CEO beschuldigte, an allen Ecken und Enden zu sparen und dadurch Menschenleben zu gefährden.

Hinter seiner Schulter lugte der Karosseriebau hervor: Noch gigantischer hätte niemand Musks Vision Realität werden lassen können. Dieses mechanische Biest verschluckte an einem Ende Rohteile und spuckte am anderen Ende Fahrzeuge aus. In dem zweigeschossigen Gebäude befanden sich mehr als tausend am Boden verankerte und von der Decke hängende Roboterarme, die Blechteile zusammenfügten. Funken flogen, als die Roboterarme herumschwangen, um Blechteile an den Rahmen zu schweißen. In der Luft lag ein beißender Geruch. Das Klirren von Metall klang wie ein ohrenbetäubendes Metronom.

Vom Karosseriebau gelangten die Rohkarosserien in die Lackiererei, wo sie in den Farben Perlweiß, Mitternachtssilber oder in Teslas ikonischem Sportwagenrot lackiert wurden. Von dort aus ging es in die Innenausstattung, wo am Fließband nicht nur die knapp 500 Kilogramm schweren Batterien eingebaut wurden, sondern auch alles andere, was ein Auto letztendlich zu einem Auto macht: Sitze, Armaturenbrett, Display.

Genau an dieser Stelle lag das Problem, der Grund, weshalb Musk in der Fabrik übernachtet hatte. Am Fließband zog eine Panne die nächste nach sich. Musk räumte ein, dass er bei der Fertigung seiner Autos zu sehr auf Roboter gesetzt hatte. Die zigtausend Teile, die von Hunderten von Zulieferern herangekarrt wurden, hatten in eine überaus komplexe Endlosschleife gemündet. Wohin Musk auch blickte, funktionierte etwas nicht so, wie es sollte.

Er entschuldigte sich für sein ungepflegtes Äußeres, sein braunes Haar war schon längere Zeit nicht mehr gekämmt worden und er hatte seit drei Tagen dasselbe T-Shirt an. In ein paar Tagen würde er seinen 47. Geburtstag feiern. Er lag ein ganzes Jahr hinter seinem Plan zurück, die Fertigung seines Model 3 anzukurbeln, und das, obwohl dieser Kompaktwagen bei Tesla über alles oder nichts entscheiden würde.

Musk saß an einem völlig leeren Schreibtisch. Sein Kopfkissen, auf dem er sich ein paar Stunden aufs Ohr gehauen hatte, lag auf dem Stuhl neben ihm. Ein Salat war halb aufgegessen. Ein Leibwächter stand in seiner Nähe. Sein Unternehmen stand kurz vor dem Bankrott.

Trotzdem war er überraschend gut gelaunt. Er versicherte mir, dass sich alles zum Guten wenden würde.

Als er mich ein paar Wochen später anrief, war seine Stimmung deutlich schlechter. Die ganze Welt hätte es auf ihn abgesehen. „Es ist ja wirklich nicht so, als würde ich mich um diese Rolle reißen", schnaubte er. „Ich mache das, weil ich an diese verdammte Mission glaube, dass nachhaltige Energien gefördert werden müssen."

Auch wenn es ganz nach einem Tiefpunkt für Elon Musk aussah, der Schein trog.

Musks Kampf und Teslas Geschichte drehen sich um eine zentrale Frage: Kann ein Start-up einen der größten und fest im Sattel sitzenden Industriezweige der Weltwirtschaft in die Knie zwingen? Die Erfindung des Automobils hat die Welt verändert. Mal abgesehen von Autonomie und Mobilität, die es dem Einzelnen bot, mal abgesehen davon, dass es ganz neue Bereiche der modernen Zivilisation und deren Vernetzung ermöglichte, hat es eine eigene Wirtschaft kreiert. Detroit hat in gewisser Weise die Mittelklasse etabliert und allen angrenzenden Orten Reichtum und Sicherheit beschert. Die Automobilbranche zählt zu den größten Industriezweigen Amerikas mit einem Jahresumsatz von knapp zwei Billionen US-Dollar. Und das Tüpfelchen auf dem i? Einer von zwanzig Amerikanern ist in dieser Branche beschäftigt.[1]

GM, Ford, Toyota und BMW haben sich zu globalen Ikonen gewandelt, die Jahr für Jahr zig Millionen Autos designen, bauen und verkaufen. Doch ein Autokauf ist mehr als die Anschaffung eines technischen Geräts. Dabei geht es auch um Unabhängigkeit und Status, um ein Symbol des amerikanischen, um nicht zu sagen globalen Traums.

Die Kehrseite dieser Medaille ist, dass mit der Verwirklichung dieses Traums auf der ganzen Welt ein und dieselben Fahrzeuge in einem bislang noch nie da gewesenen Ausmaß für Verkehrsstaus sorgen und in hohem Maße für die zunehmende Umweltverschmutzung und letztlich auch den Klimawandel verantwortlich sind.

Und dann kam Musk, ein Selfmade-Multimillionär in seinen Zwanzigern, der davon träumte, mit seinem neu gewonnenen Reichtum die Welt zu verändern. Er war so sehr von Elektroautos überzeugt, dass er sein ganzes Vermögen auf deren Erfolg setzte, weshalb er kurz vor dem Bankrott stand und drei Ehen – zwei davon mit derselben Frau – in den Sand setzte.

Es ist eine Sache, ein soziales Netzwerk zu schaffen, wenn der Platzhirsch den Namen MySpace trägt. Oder eine Online-Plattform zu nutzen, um Überkapazitäten an Autos und Wohnungen einer neuen Nutzung zuzuführen und es dann mit Taxikartellen oder der Hotelbranche aufzunehmen. Eine ganz andere Sache ist es dagegen, sich mit einigen der größten Unternehmen der Welt anzulegen und sie auf ihrem eigenen Terrain herauszufordern. Noch dazu mit etwas, das sie seit über einem Jahrhundert herstellen und mit dem sie die eine oder andere schmerzhafte Erfahrung gemacht haben.

Die Gewinnspanne in dieser Branche ist oft sehr gering. Ein durchschnittliches Fahrzeug generiert vielleicht nur einen operativen Gewinn von rund 2.800 US-Dollar.[2] Doch allein um dorthin zu gelangen, braucht es mehrere Kraftanstrengungen. So muss es gelingen, eine Fabrik am Laufen zu halten, die 5.000 Fahrzeuge in der Woche produziert. Und selbst wenn diese Hürde genommen ist, muss man sich absolut sicher sein können, dass es genug *Käufer* dafür gibt.

Jeder Engpass in der Produktion oder im Vertrieb kann sehr schnell in eine Katastrophe münden. Jeder Tag, an dem eine Fabrik stillsteht, an dem Fahrzeuge nicht an die Händler ausgeliefert oder vom neuen Besitzer nach Hause gefahren werden, kostet Geld – viel Geld. Dieser Geldfluss von den Verbrauchern zu den Händlern und zum Hersteller ist das Lebenselixier der Automobilindustrie, denn damit wird die Entwicklung der nächsten Generation an Fahrzeugen finanziert, die oftmals hohe Investitionssummen verschlingt und mit versunkenen Kosten verbunden ist.

2016 und 2017 gab GM insgesamt 13,9 Milliarden US-Dollar für die Entwicklung neuer Produkte aus. Und in einer Branche, in der die Gewinne von einem Jahr zum nächsten stark schwanken können (GM erzielte 2016 einen Gewinn in Höhe von neun Milliarden US-Dollar, doch schon 2017 einen Verlust von 3,9 Milliarden US-Dollar), ist es vielleicht wenig überraschend, dass die größten Autobauer nicht ohne jede Menge Cash auskommen: 2017 verfügte GM über Cash in Höhe von 20 Milliarden US-Dollar, Ford über 26,5 Milliarden US-Dollar, und Toyota und VW beendeten beide das Geschäftsjahr 2017 mit 43 Milliarden US-Dollar auf ihren Konten.

Die Hürden für den Einstieg in die Automobilbranche sind so hoch, dass es schon sehr, sehr lange her ist, dass in den Vereinigten Staaten ein neuer Autobauer den Markt betreten hat und es ihn noch immer gibt. Die Rede ist von Chrysler, der sich das im Jahr 1925 zutraute. Oder wie Musk sich auszudrücken pflegt – und damit sein unerhörtes Unterfangen unterstreicht: Es gibt nur zwei US-amerikanische Autobauer, die *nicht* in Konkurs gegangen sind: Ford und Tesla.

Keine Frage, man muss schon ziemlich verrückt sein, um in einem solchen Haifischbecken mitschwimmen zu wollen. Und genau dafür halten viele Elon Musk. Doch er hat sich dieser Herausforderung gestellt und sich und sein Unternehmen gezwungen, dorthin zu gehen, wo die hehren Visionen des Silicon Valley und die harte Realität Detroits aufeinanderprallen. Er ist absolut davon überzeugt, dass ihm mit Tesla der große Durchbruch bei den Elektroautos gelingt. Dass E-Autos ihre benzinschluckenden Vettern um Welten schlagen, dass sie sowohl optisch ansprechender als auch technisch überlegen sind, dass sie den Käufern Milliarden US-Dollar jährlich an Benzinkosten sparen und dass sie damit die Welt vor sich selbst retten.

Doch der rücksichtslose Geschäftssinn dieser Branche und das Gebot der Stunde stehen seinem Vorhaben mitunter im Weg. Viele von uns missverstehen oder unterschätzen Teslas Endspiel. Für sie ist ein E-Auto nichts weiter als ein neues Spielzeug für die umweltbewusste Familie, die Geld wie Heu hat, oder für den statusbewussten Geldgeber mit seinem progressiven Gehabe. Vielleicht ist ein Tesla aber auch nur der neue Ferrari für die wandelnde Midlife-Crisis, die gerade neben Ihnen am Bahnhof geparkt hat.

Doch diese Nischenexistenz ist definitiv nicht das, worum es Tesla geht. Und genau deshalb hängt das Schicksal dieses Unternehmens vom Model 3 ab, dem Elektroauto für die breite Masse. Ein Wall-Street-Banker klagte schon vor Jahren: „Entweder aus Tesla wird ein Nischenhersteller wie Porsche oder Maserati, der seine 50.000 Spitzenwagen jährlich fertigt, oder sie knacken den Code und bauen ein E-Auto für 30.000 US-Dollar und läuten damit die große Wende in der Automobilindustrie ein."[3]

Um nichts anderes geht es beim Model 3.

Musks rücksichtsloses Vorgehen bei der Entwicklung des Model 3, aber auch die fragwürdige Taktik, die er an den Tag gelegt hat, um an diesen Punkt zu kommen, haben Mitbewerber und Branchenbeobachter gleichermaßen verunsichert. Anders als die meisten Entscheidungsträger in der Automobilindustrie entspringt Musks Philosophie der Entscheidungsfindung dem kalifornischen Ökosystem, in dem es besser ist, eine schnelle, falsche Entscheidung zu treffen, die rasch wieder revidiert werden kann, als Zeit damit zu verbringen, Hypothesen zu perfektionieren. Gerade für ein Start-up-Unternehmen gilt der Grundsatz Zeit ist Geld umso mehr, denn so ein junges Unternehmen verbrennt schon ab dem ersten Tag seiner Gründung Millionen US-Dollar pro Tag.

Musk glaubt fest an die Kraft der Eigendynamik, daran, dass ein Sieg den nächsten nach sich zieht. Da er bereits mehrere Modelle von E-Autos entwickelt und unters Volk gebracht und damit mit Vorurteilen aufgeräumt hat, was Elektrofahrzeuge leisten können, hat er unstrittig schon viele Siege für sich verbuchen können.

Der Erfolg mit Teslas ersten Luxusmodellen hat seine Konkurrenz auf den Plan gerufen. Die größten Autobauer hatten es 2018 eilig, seinen Vorsprung mit ihren eigenen E-Autos aufzuholen, und investierten laut einer Studie mehr als 100 Milliarden US-Dollar, um bis Ende 2022 75 vollelektrische und Plug-in-Hybrid-Fahrzeuge zu bauen und an den Mann und die Frau zu bringen. Bis 2025, so prognostizierten die Analysten damals, könnten fast 500 neue Modelle von Elektroautos zum Verkauf stehen, was im Erfolgsfall bedeutet, dass sich einer von fünf Neuwagenkäufern weltweit gegen einen Benziner entscheidet.[4]

Nicht zu vergessen, dass sich Musk einen entscheidenden Markenvorteil gesichert hat. Er hat fast im Alleingang den aktuellen Zeitgeist für Elektroautos geschaffen. Zumindest verkörpert er ihn. Und für viele ist er der Zeitgeist.

Und das ist der Grund, warum 2018 die Begeisterung der Investoren für Musks Vision den Marktwert von Tesla höher trieb als den jedes anderen US-Autobauers – und das, obwohl Tesla noch nie einen Jahresgewinn ausgewiesen und nur einen Bruchteil der Sollstückzahlen verkauft hatte. Sein steigender Aktienkurs deutete darauf hin, dass die Investoren auf das Potenzial von Tesla setzten, die Revolution der Elektroautos anzuführen. Teslas Zugang zu Kapital in Milliardenhöhe hatte sein Wachstum angekurbelt und es dem Unternehmen ermöglicht zu überleben.

Die Investoren bewerteten Tesla eher wie ein Tech-Unternehmen als wie einen typischen Autohersteller, der streng nach Quartalsergebnissen und dürftigen Zukunftsprognosen beurteilt wird. Für Musk war das 2018 eine gute Nachricht. Wenn Tesla von den Investoren so bewertet worden wäre, wie sie GM bewertet haben, wäre es lediglich sechs Milliarden US-Dollar wert gewesen – und keine 60 Milliarden US-Dollar. Wäre GM so bewertet worden wie Tesla, wäre das Unternehmen 340 Milliarden US-Dollar wert gewesen – und keine 43 Milliarden US-Dollar.[5]

Doch trotz des ganzen Hypes gelten für Tesla dieselben Finanzgesetze wie für jeden anderen Autobauer auch: Jedes neue Produkt stellt eine Herausforderung dar, die unter Umständen tödlich enden kann. Das gilt für Tesla umso mehr, da seine Produktpalette noch sehr klein ist. Die Einsätze werden größer, je größer Tesla wird, da die Wetteinsätze von ein paar Millionen US-Dollar auf Milliarden steigen.

Und während Musks Vision, seine Begeisterung und seine Entschlossenheit Tesla tragen, drohen sein Ego, seine Paranoia und seine Kleinlichkeit alles zunichtezumachen.

Seine Anhänger können ebenso wie seine Kritiker nicht genug von ihm bekommen. Sein Gesicht erscheint seit einem Jahrzehnt immer wieder auf den Titelseiten von Zeitschriften. Er hat Robert Downey Jr. inspiriert, seine Darstellung des Tony Stark in den *Iron Man*-Filmen an den Unternehmer Musk anzulehnen. Musk äußert sich oft auf Twitter, legt sich zum Beispiel mit Regulierungsbehörden an, mit deren Entscheidungen er nicht einverstanden ist, greift Leerverkäufer an, die gegen ihn wetten, oder scherzt mit seinen Fans über alles Mögliche, von japanischen Animes bis zum Drogenkonsum. Doch immer mehr Leute kennen auch seine andere Seite. Nervlich am Ende. Gestresst. Besorgt. Verzweifelt. Unsicher. Kurz gesagt: verletzlich.

Würde Musks unverhohlenes Bestreben, die Automobilindustrie umzukrempeln, ihn in die Lage versetzen, genau das zu tun, was einst als unmöglich galt? Oder würde ihm seine Selbstüberschätzung zum Verhängnis werden?

Angesichts der umstrittenen Gestalten, die in den letzten Jahren aus ihrem Versteck im Silicon Valley aufgetaucht sind, muss man sich fragen: Ist Elon Musk ein Außenseiter, ein Antiheld, ein Blender oder eine Mischung aus allen dreien?

TEIL I

EIN RICHTIG TEURES AUTO

1

DIESMAL KÖNNTE ES ANDERS SEIN

In einer lauen Sommernacht des Jahres 2003 ließ Jeffrey Brian Straubel die Vorstellung von einem Elektroauto lange nicht schlafen. An jenem Abend wimmelte es in seinem kleinen Mietshaus in Los Angeles vor Mitgliedern des Solarauto-Teams der Stanford University, die gerade ein Rennen in Chicago gefahren waren. Die alle zwei Jahre stattfindende Veranstaltung war Teil einer wachsenden Bewegung, die bei jungen Ingenieuren das Interesse an der Entwicklung von Alternativen zu benzinbetriebenen Fahrzeugen wecken sollte. Straubel hatte angeboten, in die Rolle des Gastgebers für das Team seiner Alma Mater zu schlüpfen, doch weil das Rennen so anstrengend war, waren schon viele seiner Gäste auf dem Fußboden eingeschlafen.

Da Straubel mehr als genug mit seinen eigenen Projekten zu tun hatte, hatte er in den sechs Jahren, in denen er Maschinenbau in Stanford studierte, kein Interesse daran gehabt, selbst Teil dieses Teams zu werden. Allerdings deckten sich seine Interessen mit denen seiner Gäste. Auch er war geradezu besessen von dem Gedanken, Fahrzeuge elektrisch anzutreiben – und zwar schon seit seiner Kindheit, die er in Wisconsin verbracht hatte. Nach dem Studium pendelte er zwischen L.A. und dem Silicon Valley hin und her und tat sich schwer, seinen Platz im Leben zu finden. Straubel sah beileibe nicht aus wie der verrückte Professor, der angetreten war, die Welt zu ändern. Er strahlte Ruhe aus und besaß das unauffällige gute Aussehen eines Verbindungsstudenten aus dem Mittleren Westen. Doch tief in seinem Innern nagte der Wunsch an ihm, mehr zu erreichen als seine Freunde. Er wollte sich nicht wie sie mit einem Job bei einem Start-up wie Google zufriedengeben oder im Räderwerk der Bürokratie von Unternehmen wie Boeing oder General Motors versanden. Er wollte etwas schaffen, das die Welt ändern würde, ob in einem Auto oder Flugzeug war ihm egal. Er wollte einem Traum hinterherjagen.

Stanfords Team war es ebenso wie seiner Konkurrenz gelungen, ein Auto zu entwickeln, das mit Sonnenenergie über Solarzellen angetrieben wurde. Kleine Akkus speicherten einen Teil dieser Energie – für den Einsatz in der Nacht oder wenn die Sonne von Wolken verdeckt war. Da es sich jedoch um ein Solarrennen handelte, setzten die Organisatoren dem Einsatz der Batterien Grenzen.

Straubel hielt dieses Verbot für falsch. Die Batterietechnik hatte sich in den letzten Jahren dank der gesteigerten Nachfrage nach Elektrogeräten für den privaten Gebrauch enorm verbessert. Er wollte sich in seinem Denken nicht von willkürlichen Regeln einschränken lassen, die von Wettbewerbsveranstaltern festgelegt wurden. Bessere Akkus bedeuteten, dass ein Auto länger gefahren werden konnte und weniger abhängig von Solarzellen und den Launen des Wetters war. Was also sprach dagegen, sich auf Batteriestrom zu konzentrieren, und zwar unabhängig von der Quelle, anstatt sich auf die Sonne zu fixieren?

Er erforschte einen vielversprechenden neuen Akkumulatortyp, den Lithium-Ionen-Akku, der ein Jahrzehnt zuvor erstmals von Sony für seine Camcorder verwendet wurde, bevor er auch in Laptops und anderer Unterhaltungselektronik eingesetzt wurde. Lithium-Ionen-Akkus waren leichter und ihre Energiedichte größer als die der meisten damals auf dem Markt befindlichen Akkumulatoren.[1] Straubel wusste ganz genau, welche Probleme es mit den älteren Batterien gab: Die ziegelsteinförmigen Blei-Säure-Batterien waren schwer und ihre Energiedichte vergleichsweise gering. Mehr als 35 Kilometer Reichweite waren damals mit einem Auto einfach nicht drin, bevor der Akku aufgeladen werden musste. Mit dem Aufkommen der Lithium-Ionen-Akkus war seiner Überzeugung nach ein erster Schritt in die richtige Richtung möglich.

Damit stand er nicht allein da: Unter seinen Gästen war auch Gene Berdichevsky, der ebenfalls nicht schlafen konnte. Er zählte zu den jüngeren Teammitgliedern und interessierte sich wie Straubel für Batterien und ihre Möglichkeiten. Je länger sie miteinander sprachen, umso begeisterter zeigte sich Berdichevsky von Straubels Vorhaben. Stundenlang tauschten sie in dieser Nacht Ideen aus. Wenn sie Tausende von kleinen Lithium-Ionen-Akkus aneinanderreihen würden, um damit ein Auto anzutreiben, bräuchten sie dann überhaupt die Sonnenenergie? Sie rechneten aus, wie viele Batterien sie benötigten, um mit einer einzigen Ladung von San Francisco nach Washington, D.C. – knapp 4.000 Kilometer Luftlinie – zu fahren. Mit Akkus vom Gewicht einer halben Tonne und einem leichtgewichtigen Fahrer könnten sie dieses Ziel mit ihrem Elektroauto erreichen. Flugs skizzierten sie ein torpedoförmiges, aerodynamisches Fahrzeug. Ihnen war bewusst, dass sie mit so einer Nummer weltweit Aufmerksamkeit erregen und globales Interesse an Elektroautos wecken könnten. Beflügelt durch diese Unterredung schlug Straubel vor, das Team solle der Solarenergie als Antriebsmöglichkeit für Autos den Rücken kehren und sich stattdessen mit der Entwicklung eines Elektroautos mit großer Reichweite befassen. Das nötige Kapital könnten sie ja vielleicht von anderen Stanford-Absolventen bekommen.

Als die Sonne im Hinterhof aufging, waren die beiden ganz aus dem Häuschen, denn sie hatten begonnen, mit Lithium-Ionen-Akkus herumzuspielen, die Straubel für Experimente im Haus aufbewahrte. Als Erstes luden sie die fingerlangen Akkus voll auf und filmten dann, wie Straubel mit einem Hammer auf sie einschlug. Der Schlag löste eine Reaktion aus, die ein Feuer entfachte und die Akkus wie Raketen in die Luft schickte. Die Zukunft sah rosig aus.

„Da müssen wir dranbleiben", sagte Straubel zu Berdichevsky. „Wir können gar nicht anders!"

Jeffrey Brian Straubel verbrachte die Sommer seiner Kindheit in Wisconsin damit, auf der Müllhalde nach mechanischen Geräten zu stöbern, die er auseinandernehmen konnte. Seine Eltern förderten seine Neugier und ließen ihn ihren Keller zu einem Labor umbauen. Er baute einen elektrischen Golfwagen, experimentierte mit Batterien und begeisterte sich für Chemie. Als er eines Abends – er ging damals noch auf die Highschool – versuchte, Wasserstoffperoxid in Sauerstoff und Wasserstoff aufzuspalten, hatte er vergessen, dass sich in seinem Kolben noch Aceton befand, was eine explosive Mischung ergab. Sie detonierte in einem Feuerball, der Knall erschütterte das ganze Haus und Fensterscheiben zerbarsten. Seine Kleidung fing Feuer, der Rauchmelder schrillte und Straubels Mutter eilte in den Keller, wo sie ihren Sohn mit blutüberströmtem Gesicht fand, das mit 40 Stichen genäht werden musste. Bis heute hat Straubel das typische Babygesicht der Mittelwestler, doch eine Narbe auf der linken Wange verleiht ihm eine etwas geheimnisvolle Aura.

Dieser Vorfall lehrte Straubel, Respekt vor den Gefahren der Chemie zu haben. Sein Interesse, wie Energie funktioniert, führte ihn 1994 an die Stanford University, wo er seine Leidenschaft für eine gesunde Mischung aus hochtrabender Wissenschaft und praktischen Anwendungen der Technik entdeckte. Er verliebte sich förmlich in die Fachgebiete Energiespeicher-Technologien, erneuerbare Energie, Leistungselektronik und Microcontroller. Ironischerweise brach er einen Kurs über Fahrzeugdynamik ab – er fand die Details rund um die Aufhängung eines Autos und die Kinematik von Reifen zu langweilig.

Straubel war viel mehr an Batterien interessiert als an Autos. Seine Ingenieursdenkweise hatte ihm klargemacht, dass kraftstoffbetriebene Fahrzeuge alles andere als effizient waren. Die Erdölvorkommen sind begrenzt und beim Verbrennen der daraus hergestellten Kraftstoffe in den Fahrzeugmotoren wird schädliches Kohlendioxid freigesetzt. Für ihn ging es bei der Entwicklung eines Elektroautos nicht darum, das Rad, vielmehr das Auto neu zu erfinden, sondern eine beschissene Lösung für ein bekanntes Problem zu verbessern. Für ihn war es so, als würde jemand frieren und dann den Tisch im Raum verbrennen, um es warm zu haben. Zwar entsteht durch so ein Feuer Hitze, doch die ganze Bude ist verqualmt und man hat keinen Tisch mehr. Da musste es doch einen besseren Weg geben.

Während seines dritten Sommers am College verhalf ihm ein Professor zu einem Praktikum bei einem Start-up-Autounternehmen namens Rosen Motors in Los Angeles. Der legendäre Luft- und Raumfahrtingenieur Harold Rosen und sein Bruder Ben Rosen, ein Risikokapitalgeber sowie President und CEO der Compaq Computer Corporation, hatten das Unternehmen 1993 gegründet. Sie träumten von einem nahezu schadstofffreien Fahrzeug und arbeiteten an einem Hybrid-Elektro-Antrieb. Sie wollten einen kraftstoffbetriebenen Turbogenerator mit einem Schwungrad koppeln. Das Schwungrad, das umso mehr Energie erzeugt, je schneller es sich dreht, sollte den nötigen Strom erzeugen, damit das Fahrzeug weiterfährt, nachdem der Motor es in Bewegung gesetzt hat.

So verlief Straubels Einstieg in die Automobilbranche. Harold Rosen knüpfte den Kontakt zu ihm und nahm ihn dann unter seine Fittiche. Schon bald arbeitete Straubel an den Magnetlagern für das Schwungrad und half bei den Prüfgeräten. Der Sommer verging wie im Flug und Straubel wurde klar, dass er für sein Abschlussjahr nach Stanford zurückkehren musste, um mehr über Fahrzeugelektronik zu lernen.

Zurück am College arbeitete er per Fernzugriff für Rosen, bis er am Telefon eine bestürzende Nachricht erhielt: Das Unternehmen musste seine Pforten für immer schließen. Straubel lernte also sehr früh, was es bedeutet, eine Autofirma aus dem Boden zu stampfen. Rosen Motors hatte fast 25 Millionen US-Dollar in den Sand gesetzt.[2] Sie hatten ihr System in ein Saturn-Coupé eingebaut, was als Machbarkeitsnachweis dienen sollte. (Sie hatten aber auch einen Mercedes-Benz zerlegt.) Ihr Versprechen lautete, dass ein Auto mit ihrem System in sechs Sekunden von null auf hundert beschleunigen konnte. Gekoppelt daran war die Hoffnung, sich mit einem Autobauer zusammenzutun, um ihre Technologie in dessen Autos einzubauen.

Doch trotz begeisterter Presse wussten sie nicht, wie es weitergehen sollte. Der gängige Witz in der Autobranche geht so: Um ein kleines Vermögen mit Autos zu machen, sollte man besser mit einem großen anfangen. In seiner Nachrede über Rosen Motors zog Ben, dessen Vermögen zum Teil aus einer sehr erfolgreichen Investition in Compaq stammte, eine optimistische Bilanz: „In so einer riesigen Branche gibt es nur selten die Chance, sie umzukrempeln und etwas zu tun, was gut für die Gesellschaft und die Umwelt ist und obendrein noch jede Menge Benzin spart. Wir hatten die Chance, die Welt zu ändern."[3]

Zurück in Stanford mietete Straubel mit einem halben Dutzend Freunden ein Haus außerhalb des Campus. Die Arbeit für Rosen in diesem Sommer hatte ihn inspiriert, aber er ging davon aus, dass Rosens Idee mit dem Schwungrad zu schwierig umzusetzen war. Deshalb beanspruchte er die Garage für sich allein und rüstete einen gebrauchten Porsche 944 in ein rein batteriebetriebenes Fahrzeug um. Damit erzielte er ein paar Teilerfolge: Sein wild zusammengeschustertes Auto, in dem mehrere Blei-Säure-Batterien steckten, war schnell wie der Blitz, bestens geeignet für Burnouts und Viertel-Meilen-Rennen. Straubel scherte sich nicht um das Fahrverhalten oder die Aufhängung. Ihn interessierten ausschließlich die Fahrzeugelektronik und das Batteriemanagement. Das war der Schlüssel zum Erfolg: Er musste herausfinden, wie genug Leistung erzeugt werden kann, ohne dass der Motor kaputtgeht oder die Batterien schmelzen. Er begann, Zeit mit anderen gleichgesinnten Ingenieuren im Silicon Valley zu verbringen, die ihn zu Elektroauto-Rennen mitnahmen. Ebenso wie Henry Ford hundert Jahre zuvor jedes Wochenende auf der Rennstrecke die Fähigkeiten seines Autos unter Beweis gestellt hatte, nahmen auch Straubel und seine Freunde an Beschleunigungsrennen teil. Der Trick bei diesen Rennen, so fand er heraus, bestand darin, dafür zu sorgen, dass die Batterien nicht überhitzten und schmolzen.

Während Straubel weiter an seinen Elektroautos herumschraubte, lernte er einen Ingenieur namens Alan Cocconi kennen, der als selbstständiger Geschäftspartner im Auftrag von General Motor Corp. an deren gescheitertem Elektroauto EV1 gearbeitet hatte. 1996 arbeitete Cocconis Werkstatt, knappe 50 Kilometer von Downtown L.A. in San Dimas gelegen, an Ideen, wie sie ein breites Publikum für E-Autos begeistern könnten. Die Mechaniker schnappten sich einen Bausatz für einen tiefgelegten zweisitzigen Roadster, der bei Autofans der Marke Eigenbau sehr beliebt war und zu dem ein Fiberglasrahmen gehörte. Anstatt einen Benzinmotor einzubauen, wurde das Fahrzeug über Blei-Säure-Batterien angetrieben, die sie in den Türen unterbrachten. Und schon war er fertig: ein Hot Rod, der in 4,1 Sekunden von null auf hundert beschleunigte und damit Sportwagen das Wasser reichen konnte.[4] Mit einer einzigen Ladung kam das Auto knappe 100 Kilometer weit – nicht annähernd das, was ein durchschnittliches Auto mit einer Tankfüllung schaffte, aber ein vielversprechender Anfang. Weit beeindruckender war jedoch, dass Cocconi bei den Beschleunigungsrennen immer mal wieder einen Ferrari, Lamborghini oder eine Corvette abhängte. Er gab seinem sonnengelben Auto den Namen Tzero – was für das mathematische Symbol To steht, das einen Startpunkt markiert (wenn die verstrichene Zeit gleich null ist).

Ende 2002 begann eine harte Zeit für Cocconis Werkstatt. Die Autobauer waren immer weniger daran interessiert, Autos auf Elektroantrieb umzurüsten, um die Regulierungsbehörden zu beeindrucken, die ihrerseits ihr Interesse von Elektroautos auf andere emissionsfreie Technologien verlagert hatten. Und der Tzero erwies sich als zu kostspielig und zeitaufwendig in der Herstellung. Unbeeindruckt davon begann Cocconi, der bereits mit Lithium-Ionen-Batterien für ferngesteuerte Flugzeuge experimentiert hatte, mit der Umrüstung des Tzero auf ebendiese Batterien.

Diese Idee kam Straubel zu Ohren, als er nach seinem Abschluss in der Werkstatt abhing und seine Zeit zwischen L.A. und dem Silicon Valley aufteilte. Er schlug Cocconi ein Überland-Auto vor, das auf seinen Überlegungen fußte, die er gemeinsam mit dem Stanford-Solarteam in jener langen Nacht im Sommer 2003 durchgespielt hatte. Er rechnete Cocconi vor, dass etwa 10.000 Batterien benötigt würden und dass die Herstellung dieses Prototyps etwa 100.000 US-Dollar kosten würde. Das Team von AC Propulsion war sehr beeindruckt von Straubels Begeisterung und sagte zu – vorausgesetzt Straubel beschaffte das dafür nötige Geld. Cocconi wollte Straubel sogar einstellen, aber er konnte ihn sich nicht leisten.

Straubel war sich seinerseits nicht sicher, ob er bereit war, sich auf eine feste Anstellung einzulassen. Er verbrachte auch viel Zeit mit seinem ehemaligen Chef Harold Rosen, der damals in seinen Siebzigern war und eine andere fantastische Idee verfolgen wollte: ein Flugzeug mit Hybridantrieb, das in großer Höhe einen drahtlosen Internetzugang ermöglichen sollte. Straubel fragte sich, ob nicht Lithium-Ionen-Batterien die Lösung für Rosens Problem sein könnten.

Als Rosen und Straubel sich nach Investoren für ihr neues Luft- und Raumfahrtprojekt umsahen, erinnerte sich Straubel an einen Mann, von dem er schon in Palo Alto gehört hatte. Damals galt Elon Musk als exzentrisches Mitglied des Fliegerclubs am örtlichen Flughafen. Nachdem Musk eines Tages viel zu spät gelandet war und damit andere Mitglieder verärgert hatte, die planmäßig an der Reihe gewesen wären, schickte er den Damen an der Rezeption einen riesigen Blumenstrauß. In letzter Zeit hatte Musk wegen seiner Beteiligung an einem Start-up namens Paypal, das von Ebay für 1,5 Milliarden US-Dollar übernommen worden war, und wegen der Gründung eines Raumfahrtunternehmens Schlagzeilen gemacht. Er schien jemand zu sein, der von großen, scheinbar unmöglichen Ideen magisch angezogen wird. Und damit könnte er genau der Investor sein, den sie beide brauchten.

In jenem Oktober schrieb sich Straubel für eine Vorlesungsreihe über Unternehmertum an der Stanford University ein, weil er unbedingt den damals 32-jährigen Musk reden hören wollte. „Wenn Sie sich für den Weltraum interessieren, wird Ihnen dieser Vortrag gefallen", waren Musks einleitende Worte.[5] Bevor er ausführte, wie und weshalb er ein Unternehmen namens Space Exploration Technologies Corp., kurz SpaceX, gründete, das Raketen herstellte, erzählte er von seiner eigenen Geschichte, die an die Groschenromane von Horatio Alger erinnerte. Musk wuchs in Südafrika auf, wanderte bereits mit 17 Jahren allein nach Kanada aus und ging dann in die USA, um sein Studium an der Universität von Pennsylvania zu beenden. Kurz nach seinem Abschluss reiste Musk mit seinem besten Freund Robin Ren quer durch die USA, weil sie in Stanford weiterstudieren wollten. Musk wollte eigentlich tief in die Energiephysik einsteigen, weil er davon überzeugt war, über diesen Weg enorme Fortschritte in der Batterietechnologie machen zu können. Doch nur zwei Tage später brach er sein Studium ab. Der Grund? Die Goldgräberstimmung des Dotcom-Booms Ende der 1990er-Jahre.

Straubel schenkte seine ganze Aufmerksamkeit Musk, als dieser, ganz in Schwarz gekleidet und mit offenem Hemd, als wäre er in einem europäischen Nachtclub zu Gast, sein Leben schilderte. Nur wenige

Risikokapitalgeber der Sand Hill Road hätten damals seine Vision für das Internet geteilt. Der schnellste Weg, Geld zu verdienen, so dachte Musk, wäre, Medienunternehmen zu helfen, ihren Content für das World Wide Web auszulegen. Genau dafür hatte er gemeinsam mit seinem Bruder Kimbal das Unternehmen Zip2 gegründet. Aufmerksamkeit erregten sie mit einem Web-Programm, das als erstes seiner Art detaillierte Wegbeschreibungen zwischen zwei Orten anzeigte – eine Funktion, die heutzutage allgegenwärtig ist. Auch bei Zeitungsverlagen wie Knight Ridder, Hearst und *The New York Times* traf dieses Feature einen Nerv, da sie Webseiten mit Stadtplanfunktion programmieren wollten. Die zwei Brüder fackelten nicht lange und verkauften ihre Firma für Bares. („Diese Währung kann ich nur empfehlen", scherzte er.) Mit 22 Millionen US-Dollar auf der Bank des Jungunternehmers rückte sein nächstes Ziel in greifbare Nähe: Er wollte ein weiteres Unternehmen gründen. Anfang 1999 wettete er darauf, dass es ihm gelänge, Geldautomaten durch ein sicheres Online-Zahlungssystem zu ersetzen – na klar, die Rede ist von Paypal, wie das Unternehmen später hieß. Und damit wurde Musk so reich, dass er damit seinen noch größeren Traum finanzieren konnte.

Eine Frage ließ Musk schon lange Zeit nicht mehr los: Warum war das US-amerikanische Raumfahrtprogramm ins Stocken geraten? „In den 1960er-Jahren haben wir es geschafft, quasi aus dem Nichts Menschen auf den Mond zu bringen. Wir mussten die gesamte Technologie dafür von Grund auf entwickeln. Doch in den 1970er-, 1980er- und sogar noch in den 1990er-Jahren haben wir uns nur noch seitwärts bewegt und schaffen es jetzt nicht einmal mehr, Menschen in eine niedrige Erdumlaufbahn zu bringen", sagte Musk. Das passte nicht zu anderen Technologien wie Mikrochips und Handys, die im Laufe der Zeit immer besser und billiger geworden waren. Warum war die Raumfahrttechnik derart hintendran?[6]

Musks Aussage stieß bei Straubel auf Anklang, der sich ähnliche Gedanken über die Autoindustrie gemacht hatte. Im Anschluss an den Vortrag passte Straubel Musk ab, um mit ihm darüber zu reden. Als Köder erwähnte er seine Verbindung zu Rosen, der in Raumfahrtkreisen für seine Rolle bei der Entwicklung moderner Kommunikationssatellitentechnologie bekannt war. Sein Plan ging auf, denn Musk lud Straubel und

Rosen danach ein, sich die Raketenfabrik von SpaceX in der Nähe von Los Angeles einmal aus der Nähe anzusehen.

Straubel sah zu, wie Rosen scheinbar unbeeindruckt durch die Büros von SpaceX marschierte, die in einem ehemaligen Lagerhaus in El Segundo untergebracht waren. Immer wieder wies er auf Fehler in Musks Plänen für eine Rakete hin, die angeblich für einen Bruchteil der dafür üblichen Kosten gebaut werden könnte. „Das funktioniert nie!", hörte Straubel Rosen zu seinem Entsetzen zu Musk sagen. Nicht minder kritisch äußerte sich Musk zu Rosens Idee von einem Flugzeug und kabellosem Internetzugang. „Eine mehr als dämliche Idee!" Als sie sich zum Mittagessen setzten, schrieb Straubel den gesamten Besuch als einzige Katastrophe ab.

Um das Gespräch am Laufen zu halten, wandte sich Straubel seinem eigenen Lieblingsprojekt zu, einem Elektroauto, das auch längere Strecken zurücklegen können würde. Er erzählte Musk von seiner Zusammenarbeit mit einer Firma namens AC Propulsion und den Tests mit Lithium-Ionen-Akkus, die der Durchbruch sein könnten. Dieses Argument lieferte Straubel bei jeder passenden und unpassenden Gelegenheit, doch die meisten seiner Gesprächspartner hielten es für verrückt. Nur Musk nicht. Es hatte Klick bei ihm gemacht, das konnte Straubel schon daran erkennen, wie er ihn ansah. Seine Miene verriet es. Er hatte diesen unsteten Blick und schien die Information zu verarbeiten. Er nickte hin und wieder zustimmend. Musk hatte kapiert, worauf es hinauslief.

Straubel hatte endlich das Gefühl, einen Bruder im Geiste kennengelernt zu haben, jemand, der seine Vision teilte. Nach dem Mittagessen schrieb er eine E-Mail und schlug Musk vor, sich an AC Propulsion zu wenden, wenn er ein Auto mit Lithium-Ionen-Antrieb sehen wolle. Musk zögerte nicht eine Sekunde. Er schrieb sofort zurück, dass er 10.000 US-Dollar zu Straubels Langstrecken-Prototypen beisteuern wolle, und versprach, AC Propulsion anzurufen. „Das ist ja so cool. Ich bin mir sicher, damit machen wir einen Riesenschritt nach vorn. Nicht mehr lange, und Elektroautos sind eine machbare Option", schrieb Musk.

Was Straubel nicht wusste, war, dass er bald um die Aufmerksamkeit von Musk buhlen würde, da mehrere Konkurrenten auf den Plan getreten waren.

2

DER GEIST DES EV1

Die Idee zu Tesla Motors nahm aber nicht mit Elon Musk oder JB Straubel Fahrt auf, sondern mit Martin Eberhard – einem Mann mittleren Alters. Zu Beginn des neuen Jahrtausends verkaufte er zuerst sein junges Unternehmen, um sich kurz darauf nach 14-jähriger Ehe von seiner Frau scheiden zu lassen. Sie erhielt einen Großteil des Vermögens, das er erarbeitet hatte, während er das Haus in den Hügeln oberhalb von Silicon Valley behielt. Sein Bruder war Architekt und hatte sein Heim mitgestaltet, von wo aus er an einem klaren Tag den Pazifik sehen konnte. Auf der langen Fahrt zu seinem neuen Job in einem Gründerzentrum, das Start-ups auf die Beine half, entlang einer engkurvigen Straße unter einem Baldachin aus Mammutbäumen, konnte er darüber nachdenken, was er aus seinem Leben – persönlich und beruflich – machen wollte. Auch mit 43 war Eberhard nicht sicher, für welches Fachgebiet er sich entscheiden sollte, aber eines stand für ihn bereits fest: Er würde eine neue Firma gründen. Er wollte etwas schaffen, das von Bedeutung war. Oder auch etwas ganz anderes machen – vielleicht Jura studieren?

Während er seinen Gedanken nachhing, begann er von etwas Greifbarerem zu träumen und erfüllte damit jegliches Klischee: Er wollte sich einen Sportwagen gönnen. Etwas Schnelles, etwas Cooles.

Jeden Tag in der Mittagspause diskutierte Eberhard, der mit seinem grau melierten Haar und Bart aussah wie der Vater in der 1980er-Jahre-Sitcom „Familienbande", mit seinem langjährigen Freund Marc Tarpenning darüber, welches Auto er kaufen sollte. Die beiden hatten 1997, also fünf Jahre zuvor, gemeinsam eine Firma namens NuvoMedia Inc. gegründet, mit dem ziemlich kühnen Ziel, die Verlagsbranche aufzumischen. Beide lasen viel, verreisten noch mehr und waren es leid, ihre Bücher auf langen Reisen mitzuschleppen. Da kam ihnen der Gedanke in den Sinn: Warum sollte es Bücher nicht auch in digitaler Form geben?

So entstand das Rocket eBook, der Vorläufer von Amazons Kindle und seiner Artgenossen. Im Jahr 2000, kurz vor dem Zerplatzen der Dotcom-Blase, verkauften sie ihr Unternehmen für 187 Millionen US-Dollar an eine Firma, die mehr an ihren Patenten als an der von ihnen angestoßenen digitalen Revolution interessiert war.[1] Da sich beide bei der Finanzierung ihres Unternehmens stark auf externe Investoren wie Cisco und Barnes & Noble verlassen hatten, war ihr Firmenanteil relativ gering, was hieß, dass sie durch den Verkauf nicht so steinreich wurden wie Musk, als er Paypal abstieß. Und von Eberhards Anteil ging ein Großteil an seine baldige Ex-Gattin.

Nachdem Eberhard sich einige Sportwagen angesehen hatte, beschwerte er sich bei Tarpenning über die mangelnde Kraftstoffeffizienz. Der 2001er-Porsche 911 mit Schaltgetriebe war unstrittig ein tolles Auto, aber ein Spritschlucker. Im Stadtverkehr verbrauchte er knapp 16 Liter pro 100 Kilometer, auf der Autobahn mit rund zehn Litern etwas weniger. Bei Ferrari und Lamborghini lag der Durchschnittsverbrauch bei 21,4 Litern pro 100 Kilometer. Ein normaler BMW 3er aus dem Jahr 2001 verbrauchte im Schnitt zwölf Liter pro 100 Kilometer bei kombinierter Fahrt in der Stadt und auf der Autobahn.

Die globale Erwärmung war 2002 noch kein allgemeines Gesprächsthema, doch Eberhard hatte Studien gelesen, die diese besorgniserregende Entwicklung belegten. Sein Verstand war empfänglich für die rationalen Argumente der Wissenschaft. „Es ist einfach nur dämlich zu glauben, dass wir weiterhin wie verrückt Kohlendioxid in die Luft blasen können, und davon auszugehen, dass das keine Folgen hat", sagte er.[2] Darüber hinaus war er überzeugt, die Probleme der USA im Nahen Osten seien die logische Folge ihrer Abhängigkeit vom Öl – eine Einstellung, mit der er bei Tarpenning auf offene Ohren stieß.

Als Vollblutingenieur begann Eberhard zu recherchieren, welche Art von Auto – rein hypothetisch betrachtet – am effizientesten ist: ein E-Auto oder ein Benziner. Er berechnete mithilfe aufwendiger Tabellen die Well-to-Wheel-Effizienz (die gesamte von einem Auto während seiner Herstellung, aber auch bei der Nutzung verbrauchte Energie einschließlich der erzeugten Treibhausgasemissionen). Er war überzeugt, dass Elektroautos der richtige Weg waren. Das einzige Problem war, dass er kein Elektroauto finden konnte, das seinen Ansprüchen genügte – und schon gar keines, das so sexy war wie ein Porsche.

Eberhard war nicht der Einzige, der dieses Resümee zog.

In Kalifornien mehrten sich die Stimmen derer, die bessere elektrische Alternativen forderten. Eberhards Kollege im Gründerzentrum, Stephen Casner, war einer davon. Casner hatte einen EV1 geleast, GMs Einstiegsmodell in den noch im Entstehen begriffenen Markt für Elektroautos, was für Casner den Eintritt in die aufkommende Szene der Elektroauto-Enthusiasten darstellte. Casner besuchte die jährliche Rallye der Electric Auto Association, wo er einen Porsche sah, der von einem Stanford-Absolventen (kein anderer als JB Straubel) auf Elektroantrieb umgerüstet worden war. Dieses Auto hatte bei einem Drag-Race in Sacramento einen Geschwindigkeitsrekord aufgestellt und damit viel Aufmerksamkeit erregt.

Eberhard machte eine Testfahrt mit einem EV1 und nahm ihn dabei genau unter die Lupe. Er sah ganz sicher nicht wie ein Sportwagen aus, eher wie ein seltsames zweisitziges Raumschiff. Zur besseren Aerodynamik war der EV1 tiefergelegt und besaß eine tropfenförmige Karosserie. Die Hinterräder, teilweise von Karosserieteilen verdeckt, sahen von der Seite aus wie halb geöffnete Augen. Dieses Design trug dazu bei, dass das Auto im Vergleich zu anderen Serienfahrzeugen 25 Prozent weniger Luftwiderstand aufwies, was wiederum bedeutete, dass es energieeffizienter war und weniger Batterien benötigte.

Gewicht und Effizienz – der ewige Kampf der E-Autobauer. Das Akkupack des EV1 wog eine halbe Tonne – ziemlich viel, angesichts der Tatsache, dass damals eine Limousine im Schnitt kaum mehr als 1,5 Tonnen wog.[3] Die Batterien waren mittig im Wagen verstaut und bildeten quasi eine Trennwand zwischen den beiden Sitzen, wodurch sich die Insassen in dem winzigen Fahrzeug noch klaustrophobischer fühlten. Über dem Akkupack und rund um den Schaltknüppel befanden sich Dutzende von Knöpfen, die eher an einen wissenschaftlichen Taschenrechner als an einen typischen Sportwagen erinnerten.

Dennoch war Eberhard mehr als begeistert von der Beschleunigung des Wagens. Ein Tritt auf das Pedal drückte ihn in die Sitze. GM prahlte damit, dass das Auto in weniger als neun Sekunden von null auf hundert Stundenkilometer beschleunigen konnte. Und ohne den brüllend lauten Benzinmotor war die Fahrt angenehm ruhig, der Motor schnurrte wie ein Kätzchen.

Der EV1 war nicht Eberhards Traumwagen, nicht im Ansatz der sexy Sportwagen, den er fahren wollte. Schon bald würde er nichts weiter als ein Flop sein. GM nahm alle Fahrzeuge zurück und stellte die Produktlinie ein – sie war ein finanzielles Draufzahlgeschäft. Doch im Laufe ihres Gesprächs erwähnte Casner seinen Nachbarn, einen Mann namens Tom Gage, der für einen der ursprünglichen Ingenieure des EV1-Projekts bei einer Firma in L.A. namens AC Propulsion arbeitete. Dort hatte der Geschäftsinhaber Al Cocconi ein Elektroauto entwickelt, das sie den Tzero nannten.

Eberhard hatte darüber gelesen. Kurze Zeit später saß er im Flieger nach Los Angeles, um sich den Wagen einmal anzusehen.

Als Eberhard bei AC Propulsion ankam, erfuhr er, dass Cocconi und Gage bereits zwei der drei gebauten Tzeros zu einem Preis von 80.000 US-Dollar verkauft hatten. Das leuchtend gelbe Auto hatte wie die Autos in einem Cartoon eine schräge Front und eine gedrungene, rechteckige Karosserie. Seine 28 Blei-Säure-Batterien waren aufeinandergestapelt auf Platten montiert und dort untergebracht, wo normalerweise die Türen gewesen wären, sodass Eberhard sich wie die Akteure aus „Ein Duke kommt selten allein“ mühsam in das enge Cockpit des Wagens hineinzwängen und wieder herauskrabbeln musste. Doch Eberhard gewann die Überzeugung, was dem Auto an Raffinesse und Komfort fehlte, machte es durch seine Beschleunigung wieder wett. Keine Kupplung, keine Gangschaltung, Adrenalin pur.

Trotz alledem hatte auch der Tzero ein Problem: Er war auf große, teure Batterien angewiesen, die aber nur eine geringe Reichweite brachten. Wie sich Eberhard erinnerte, brachte er die Idee auf, stattdessen Lithium-Ionen-Akkus zu verwenden, die er aus seinem E-Book kannte. Kaum hatte er seinen Gedanken ausgesprochen, wurde es im Raum unangenehm still – fast so, als hätte er einen Nerv getroffen. Cocconi machte an diesen Tag früh Feierabend.

Als sich die beiden am nächsten Tag erneut trafen, wollte Cocconi ihm unbedingt etwas zeigen. Wie sich herausstellte, waren beide auf eine ähnliche Idee gekommen. Auch Cocconi, der gern Modellflugzeuge in den Himmel steigen ließ, hatte die Vorteile von Lithium-Ionen als Ersatz für das bisher eingesetzte Nickel-Metallhydrid erkannt. Erstere waren kostengünstiger und obendrein war ihre Leistung besser. Da Cocconi einen staatlichen Zuschuss erhalten hatte, konnte er es sich leisten, ein paar Tests durchzuführen. Er ging davon aus, dass ein Akkupaket mit anfangs 60 Batterien, wie sie üblicherweise für einen Laptop verwendet wurden, mehr Energie liefern würde. Er begann davon zu sprechen, dass sie den Tzero auf Lithium-Ionen-Akkus umrüsten müssten.

Gelänge es ihm, die Blei-Säure-Batterien des Tzero durch 6.800 dieser billigen Laptop-Batterien zu ersetzen, hätte er theoretisch ein leichteres Auto mit größerer Reichweite und höherer Leistung. Das einzige Problem war, dass AC Propulsion allmählich das Geld ausging. Einer seiner größten Kunden, die Volkswagen AG, war abgesprungen, da die kalifornischen Aufsichtsbehörden nicht mehr auf die Einführung von Elektroautos in den amerikanischen Markt drängten (AC Propulsion und VW hatten gemeinsam daran gearbeitet, Fahrzeuge des deutschen Herstellers in E-Autos umzurüsten, um einerseits den Umsatz von Volkswagen zu steigern und um andererseits hohe Geldstrafen zu vermeiden, die dem Autobauer aufgrund der Emissionen seiner Benziner drohten). Die Lage sah alles andere als rosig aus für die Werkstatt, die einen Teil ihrer Mitarbeiter entlassen musste und verzweifelt versuchte, einen Weg aus der drohenden Pleite zu finden.

Eberhard war von dem Tzero überzeugt und auch bereit, dafür tief in die Tasche zu greifen. Er ließ sich auf einen Preis von 100.000 US-Dollar ein und gab dem Unternehmen zusätzlich weitere 150.000 US-Dollar, damit sie den Tzero auf Lithium-Ionen-Batterien umrüsten konnten, ohne um ihre Zukunft fürchten zu müssen.[4] Vielleicht könnte er seinen Teil dazu beitragen, ein richtig großes Unternehmen aus der kleinen Werkstatt zu machen, dachte sich Eberhard. Immerhin hatte ein weitaus banaleres Problem – auf Reisen schwere Bücher mitschleppen zu müssen – dazu geführt, dass Tarpenning und er eine eigene Firma gegründet hatten. Vielleicht wäre jetzt ja der richtige Zeitpunkt, das Problem mit den Batterien anzugehen, ein neues Unternehmen zu gründen und damit auch aus seiner Midlife-Crisis herauszukommen, womit alle seine Probleme auf einen Schlag gelöst wären.

Die Idee eines Elektroautos ist so alt wie das Auto selbst. Schon Mitte des 19. Jahrhunderts wurde an batteriebetriebenen Fahrzeugen getüftelt. Henry Fords Frau fuhr bereits Anfang der 1900er-Jahre ein Auto mit elektrischem Antrieb, denn diese Technologie galt als besonders attraktiv für Frauen, die von der Handkurbel, dem Lärm und dem Gestank benzinbetriebener pferdeloser Kutschen abgeschreckt wurden.[5] Der Erfolg ihres Mannes mit dem Model T, einem benzinbetriebenen Auto für jedermann, zog einen Schlussstrich unter die Debatte um Benzin- oder Elektroantrieb. Da die Ford Motor Co. dieses Fahrzeug in Massenproduktion zu einem Preis herstellen konnte, den sich eine wachsende Mittelschicht leisten konnte, entstanden eine ganze Branche von Autoherstellern und ein Netz von Tankstellen, deren Kraftstoffe aus fossilen Brennstoffen hergestellt waren. Ein Elektroauto, das etwa dreimal so viel kostete wie eine typische Limousine und nur eine Reichweite von 50 Meilen hatte, war alles andere als ein ernst zu nehmender Konkurrent.[6]

Erst in den 1990er-Jahren sah es so aus, als könnte ein rein elektrisches Auto ein Comeback feiern. Die General Motors Corp. überraschte die Konkurrenz, als sie 1990 auf der Los Angeles Auto Show ein Konzeptauto vorstellte und diese Idee 1995 mit dem EV1 als Serienfahrzeug realisierte.

Das inhärente Problem für den EV1 war ein rechnerisches. Eine der Herausforderungen für die Hersteller von Elektroautos war, dass die immensen Kosten für die Batterien eines vollelektrischen Fahrzeugs sich natürlich in dessen Preis niederschlugen – die Rede ist hier von mehreren Zehntausend US-Dollar. Für die Erbsenzähler unter den großen Autoherstellern war das ein Ding der Unmöglichkeit, denn sie waren es gewohnt, so manches Feature zu streichen, nur um ein paar Dollar – wenn nicht sogar nur Cent – pro Fahrzeug zu sparen. Allein der Gedanke, den Preis eines Autos um Tausende von US-Dollar zu erhöhen, war ein Rohrkrepierer, vor allem, da das Elektroauto in den Augen der Käufer obendrein noch viele Hürden zu nehmen hatte. Am dringlichsten stellte sich die Frage, wo sie ihr Auto überhaupt würden aufladen können. Anders als Benziner konnten Elektroautos nicht einfach zu Tankstellen fahren, die es zuhauf im ganzen Land gab und deren Aufbau fast ein Jahrhundert gedauert hatte.

Bei dem Bau des EV1 berücksichtigten die Ingenieure vor allem das Prinzip, dass weniger Batterien automatisch die Kosten senken würden – doch leider auf Kosten der Reichweite. Wie sollte dieses Dilemma je gelöst werden?

Selbst wenn Lithium-Ionen-Batterien das Problem mit der Reichweite lösen könnten, sah sich Eberhard mit der Tatsache konfrontiert, dass selbst diese kostengünstigeren Batterien noch immer einen erheblichen Kostenfaktor darstellten, zumal benzinbetriebene Autos keine damit vergleichbaren Kosten haben. Nachdem er sich intensiv mit dieser Problematik auseinandergesetzt hatte, kam er zu dem Schluss, dass zu viele Autofirmen, einschließlich GM, nicht richtig an die Sache herangegangen waren. Sie wollten Elektroautos für Otto Normalverbraucher bauen und sie wollten den Massenmarkt ansprechen, indem sie die Batteriekosten senkten. Das Ergebnis war ein Auto voller Kompromisse – nicht aufregend genug, um High-End-Käufer anzusprechen, und zu ineffektiv, um im unteren und mittleren Marktsegment mit Benzinern zu konkurrieren.

Aus seiner Zeit in der Unterhaltungselektronik wusste Eberhard, dass die Autohersteller den falschen Ansatz verfolgten. Schließlich wurde die neueste Technik immer zuerst teuer verkauft. Erst später sank dann der Preis, um auch den Normalbürger anzusprechen. Die Early Adopters waren bereit, mehr für das coole neue Ding zu bezahlen – lange bevor der

Mainstream zu einem realistischeren Preis nachzog. Warum sollte es bei einem Elektroauto anders sein?

Er ließ sich von den Verkaufszahlen des Toyota Prius inspirieren, einem Hybridfahrzeug, das die Energie, die beim Bremsen oder durch den Benzinmotor erzeugt wird, in einer Batterie speichert und so den Kraftstoffverbrauch reduziert. Die Käufer dieses Autos, im Grunde genommen ein Corolla der unteren Preisklasse, der mit einem teuren, umweltfreundlichen Elektroantrieb ausgestattet war, waren durchaus vergleichbar mit den Käufern von Toyotas Luxusmarke Lexus. Filmstars, die ihre Umweltfreundlichkeit signalisieren wollten, fuhren mit ihm in Hollywood vor. Als Eberhard durch die noblen Viertel von Palo Alto fuhr, machte er Fotos von den Einfahrten der Häuser, wo BMWs und Porsches neben Prius-Limousinen standen. Das waren, so wettete er, seine potenziellen Kunden. Sie machten sich Gedanken um die Folgen des Autofahrens für die Umwelt und wollten dennoch PS unter der Haube haben.

Wenn Eberhard einen hochpreisigen Elektrosportwagen auf den Markt brächte, würde er wegen der hohen Batteriekosten nicht so sehr unter Druck stehen. Aus eigener Erfahrung wusste Eberhard, dass Sportwagenkäufer sehr nachsichtig sein konnten und bereit waren, über einige Dinge hinwegzusehen – sogar über die Zuverlässigkeit –, wenn die Leistung stimmte und die Marke als cool galt.

Da Eberhard das Bild von dem potenziellen Markt immer schillernder malte, konnte er Tarpenning überzeugen, mit ihm zusammen ein Unternehmen zu gründen. Sie tauften es Tesla Motors nach Nikola Tesla, dem Erfinder des vor allem im nordamerikanischen Raum verbreiteten Einphasen-Dreileiternetzes zur öffentlichen Stromversorgung. Sie meldeten das Unternehmen am 1. Juli 2003 in Delaware an – neun Tage vor Teslas Geburtstag 147 Jahre zuvor – und machten sich über die Autoindustrie schlau.

Zugegeben, anfangs war ihr Wissensstand mehr als dürftig, was sie aber als Vorteil ansahen. Die Autoindustrie befand sich in einem strukturellen Wandel, da Branchenriesen wie GM versuchten, sich an den veränderten Kundengeschmack und die Hinterlassenschaft aus Schulden, hohen Lohnkosten und schrumpfenden Marktanteilen anzupassen. Über

Generationen hinweg hatten die Automobilhersteller Pionierarbeit bei vertikal integrierten Fertigungsabläufen geleistet, bei der interne Teilelieferanten die Komponenten, die für die Herstellung eines Autos benötigt wurden, an die Montageabteilung lieferten. Um die Kosten zu senken, wurden diese Teilehersteller ausgegliedert und Aufträge an Drittanbieter auf der ganzen Welt vergeben. Theoretisch, dachte Eberhard, könnte das kleine Tesla also die gleichen Teile kaufen, die auch von den großen Unternehmen für die Herstellung ihrer Sportwagen verwendet werden.

Und warum sollte man das Auto überhaupt selbst *bauen*? Als sein Partner und er E-Book-Reader für NuvoMedia herstellten, bauten sie die Geräte ja auch nicht selbst zusammen. Vielmehr hatten sie diese Arbeit, wie die meisten Unternehmen der Unterhaltungselektronik, an Dritte ausgelagert. Bei ihrer jetzigen Recherche stellten sie fest, dass nur wenige Autobauer solche Dienstleistungen anboten. Darunter fiel ihnen besonders Lotus auf, der britische Sportwagenhersteller.

Lotus hatte kürzlich eine neue Version seines Elise-Roadsters herausgebracht. Was wäre, wenn Tesla einfach ein paar Elise-Autos kaufen würde, Lotus deren Design aber stark verändern würde, sodass sie optisch einzigartig wären? Dann müssten nur noch die Verbrennungsmotoren gegen die Elektromotoren von Cocconi ausgetauscht werden und voilà, schon wäre ihr High-End-Elektrosportwagen fertig.

Auch andere hatten über die Entwicklung eines Elektroautos nachgedacht, aber es war ihnen nicht gelungen, hinter das Geheimnis der Profitabilität zu kommen. Eberhard zerbrach sich tagelang den Kopf, wie er einer rund 100 Jahre alten Industrie die Lektionen beibringen könnte, die er in seiner Laufbahn als Unternehmer im Silicon Valley gelernt hatte. Tesla müsste folglich mit wenig Kapital auskommen und sich auf die Marke und das Kundenerlebnis konzentrieren. Er fand, dass die Zeit dafür reif war.

Im September 2003 hatte AC Propulsion das von Eberhard in Auftrag gegebene umgerüstete Fahrzeug fertiggestellt. Die Ergebnisse der ersten Tests wiesen darauf hin, dass sie auf dem richtigen Weg waren. Der neue Tzero mit seinen Lithium-Ionen-Batterien hatte erstaunliche 500 Pfund an Gewicht eingespart. Die Beschleunigung von null auf hundert Stundenkilometer verbesserte sich auf atemberaubende 3,6 Sekunden, womit er zu den schnellsten Autos der Welt zählte. Durch die Umrüstung erhöhte sich auch die Reichweite des Fahrzeugs, sodass es mit einer Akkuladung knapp 500 Kilometer weit fahren konnte. Das war ein erheblicher Fortschritt im Vergleich zu den 130 Kilometern, die Cocconi und Gage mit ihren älteren Tzeros geschafft hatten.

Eberhard ließ seinen Nachbarn Ian Wright, einen Amateur-Rennfahrer, eine Testfahrt machen. Dieses Erlebnis war mit keinem Fahrzeug zu vergleichen, das Wright zuvor gefahren hatte. Damit ein Benziner so schnell wie möglich vom Fleck kommt, braucht man ein modernes Fahrzeug und einen erfahrenen Fahrer, der im richtigen Moment von der Kupplung geht und Gas gibt. Lässt er die Kupplung zu früh los, würgt er den Motor ab, da nicht genug Drehmoment vorhanden ist, um das Auto in Bewegung zu setzen. Geht er zu spät von der Kupplung, qualmen die Reifen. Das Timing muss stimmen, damit die Reifen genau dann losrollen, wenn der Motor genug Kraft hat, um sie weiterzudrehen – aber nicht zu stark. Automatikgetriebe können dabei sehr nützlich sein, aber die gibt es nur für Benziner.

Ganz anders der Tzero. Eberhard und Wright stellten fest, dass ihr Elektroauto die Konkurrenz, sprich Benziner, um wenigstens eine ganze Wagenlänge abhängen konnte. Die Beschleunigung hielt auch bei steigender Geschwindigkeit unvermindert an. „Es fühlte sich an wie ein Rennwagen im ersten Gang, aber dann war kein zweiter oder gar dritter Gang nötig. Der schaffte mühelos seine 100 Sachen“, schrieb Wright später.[7] Kurz darauf verwarf er die Idee von einem eigenen Start-up-Unternehmen und schloss sich stattdessen Eberhard und Tarpenning an.

All dies bestärkte Eberhard darin, einen E-Sportwagen bauen zu wollen, während Gage und Cocconi andere Pläne hatte. Sie wollten die neue Batterietechnologie für ein alltagstaugliches Elektroauto verwenden. Die Lithium-Ionen-Batterien würden eine Reichweite ermöglichen, die aus dem Spielzeug für Reiche einen Wagen für Pendler macht.

Sie hatten gemeinsam vieles erreicht, aber eines stand fest: Sie mussten jeder für sich den eigenen Weg gehen. Gage und Eberhard kamen zu der Übereinkunft, künftig kein gemeinsames Unternehmen zu führen, sondern miteinander Geschäfte zu machen. Eberhard würde von Gage Motoren und Elektronik für den Roadster kaufen, den er zu entwickeln plante. Allerdings wäre das kein Exklusivvertrag: AC Propulsion stünde es jederzeit frei, sein eigenes Ding zu machen.

Beide Teams sahen sich jedoch mit der Herausforderung konfrontiert, nicht über ausreichende finanzielle Mittel zu verfügen, um ein Auto zu entwickeln – ganz gleich, wie gut die Idee dahinter auch sein mochte. Jeder bräuchte Millionen von US-Dollar, um loslegen zu können. Sie trafen ein Gentlemen's Agreement, dass sie sich nicht an dieselben Investoren wenden würden.

Sehr schnell kam für AC Propulsion Elon Musk als einer dieser potenziellen Investoren infrage, was auch an der Empfehlung von JB Straubel lag. Musks Name war auch gefallen, als Gage Sergey Brin und Larry Page, die wenige Jahre zuvor Google gegründet hatten, den Tzero vorgeführt hatte. Beide waren zwar von dem Auto beeindruckt, aber sie wollten damals nicht in es investieren, da der Börsengang ihres Unternehmens kurz bevorstand. Brin schlug dafür aber Musk vor: „Elon ist stinkreich."[8]

„Wie viel verstehen Sie vom Autobau?", wollte Judy Estrin von Eberhard wissen. Die Mitbegründerin von Packet Design, dem Gründerzentrum, in dem Eberhard gearbeitet hatte, bevor er kündigte, um hauptberuflich am Tesla zu arbeiten, hatte seinem Vortrag aufmerksam zugehört. Eberhards Intelligenz und seine Risikobereitschaft als Unternehmer hatten sie schon immer beeindruckt. Sie stimmte mit ihm darüber überein, dass die Zeit für ein Elektroauto reif war. Aber eine Autofirma aus dem Boden zu stampfen war gelinde gesagt ein harter Brocken.

Auch Eberhard und seine Partner mussten bei der Suche nach finanzkräftigen Geldgebern so manche Absage einstecken. Laurie Yoler, eine Freundin und Kollegin bei Packet Design, die in der Welt der Investoren gut vernetzt war, vermittelte ihnen Kontakte zu Investoren aus dem Silicon Valley. Ein Start-up wurde in der Regel mit etwas Startkapital gegründet, entweder aus eigener Tasche des Gründers oder von dessen Freunden und Familie zusammengekratzt, was zeigen sollte, dass das Unternehmen schon von Anfang an auf starke Unterstützung zählen konnte. Erst dann wurde die Suche nach Investoren im größeren Stil, sprich Finanzierungsrunden, betrieben. Mit jeder neuen Runde trennte sich der Gründer im Gegenzug von Anteilen an seiner Firma und die bereits beteiligten Geldgeber mussten entweder ihre Investitionen erhöhen oder mit einer Kapitalverwässerung rechnen. Risikokapitalgeber unterhielten unterdessen Fonds, die Millionen von US-Dollar aufbrachten, um in Start-ups zu investieren und dann Gewinne einzustreichen – entweder durch die Übernahme des Start-ups durch ein größeres Unternehmen oder durch einen Börsengang während der Laufzeit des Fonds (normalerweise auf acht bis zwölf Jahre ausgelegt).

In dieser Gründerzeit wurde ein softwarebasiertes Start-up-Unternehmen wie Facebook weniger nach seinem Gewinn bewertet als vielmehr nach seiner wachsenden Nutzerbasis. Mark Zuckerbergs soziales Netzwerk machte erst fünf Jahre nach seiner Gründung in Zuckerbergs Studentenbude an der Harvard University Gewinn – dennoch Jahre vor dem Börsengang. Amazon brauchte fast ein Jahrzehnt, bevor es einen Jahresgewinn ausweisen konnte, in der Zwischenzeit gab es sein Geld aus, um seine Nutzerbasis zu vergrößern und unvergleichliche Logistik- und digitale Infrastruktursysteme aufzubauen. Das sind moderne Erfolgsgeschichten. Diese Unternehmen gaben Geld aus wie verrückt, bis sie irgendwann die Kurve kriegten und schwarze Zahlen schrieben.

Die wenigsten Investoren zogen es in Betracht, in ein Automobilunternehmen zu investieren. Schließlich hatte es seit Generationen keine erfolgreiche neue Autofirma mehr gegeben. Und man musste kein Mathegenie sein, um zu erkennen, dass eine solche Investition ziemlich kapitalintensiv sein würde, was bedeutete, dass die Chance auf eine hohe Rendite relativ gering war. Auch sich als Zulieferer eines Automobilherstellers etablieren zu wollen, wie es das Team von AC Propulsion vorhatte, war ein riskantes Unterfangen, denn es könnte ein Jahrzehnt oder länger dauern, bis das Bauteil in einem Serienfahrzeug Verwendung finden würde. Das wiederum sprengte den Zeitrahmen einer üblichen Investition eines Risikokapitalgebers bei Weitem. Doch an einem Dienstagnachmittag Ende März 2004 erhielt Eberhard eine E-Mail von Gage, die in Kopie auch an Musk ging. Er schlug vor, dass die beiden sich zusammensetzen sollten.

„Musk ist daran interessiert, etwas über Ihre Aktivitäten bei Tesla Motors zu erfahren", schrieb Gage.

Eberhard las die E-Mail und erinnerte sich sofort daran, dass er Musk Jahre zuvor bei einem Vortrag auf dem Stanford-Campus gehört hatte, bei der er über seine Visionen für die Raumfahrt und den Flug zum Mars sprach. Offensichtlich dachte er gern in großem Maßstab.

Was in der E-Mail nicht gesagt wurde: AC Propulsion war es nicht gelungen, Musk davon zu überzeugen, dass ihr Unternehmen auf einer soliden Basis ruhte. Nicht wissend, dass er damit Eberhard recht gab, hatte Musk Gage wissen lassen, dass seiner Ansicht nach der beste Weg, Elektroautos ein cooles Image zu verleihen, darin bestünde, in der Oberklasse anzufangen und sich dann zum Mainstream herunterzuarbeiten. Was hielte er denn davon, einen Sportwagen des britischen Autobauers Noble umzurüsten?[9] Er dächte darüber nach, ein Fahrzeug ohne Motor zu importieren. Das Auto sei auf jeden Fall sexy. Doch Gage und Cocconi wollten auf keinen Fall in diese Richtung gehen.

Da die Schnittmenge ihrer Visionen sehr groß war, vereinbarten das Tesla-Team und Musk ein Treffen. Tarpenning hatte privat etwas vor, also flogen nur Eberhard und Wright mit einem Businessplan, an dem sie monatelang gearbeitet hatten, in der Tasche nach Los Angeles. Sie hatten durchgerechnet, dass der Bau eines Sportwagens – den sie Roadster tauften – 49.000 US-Dollar kosten würde. Der größte Batzen davon, fast 40 Prozent, ging für die Batterien drauf. Hoffentlich bekämen sie mit wachsender Produktion einen Mengenrabatt. Eigentlich müssten sie doch Traumkunden für die Batterielieferanten sein, da sie pro Fahrzeug nicht nur zwei bis vier Batterien benötigten, wie das bei Digitalkameras oder Handys der Fall war, sondern Tausende. Für die Produktion des Roadsters hatten sie 23.000 US-Dollar veranschlagt – das Chassis käme von einem Drittanbieter wie Lotus, ebenso wie die meisten anderen Bauteile eines typischen Autos. Planmäßig würden sie die fertigen Roadster autorisierten Autohändlern für 64.000 US-Dollar pro Stück verkaufen, die sie dann für 79.999 US-Dollar weiterverkaufen würden. Unterm Strich würde Tesla also eine Bruttomarge von 15.000 US-Dollar pro Wagen erzielen, sodass das Unternehmen bei 300 verkauften Autos jährlich, was etwa einem

Prozent des US-amerikanischen Sportwagenmarktes entspräche, kostendeckend arbeiten könnte.

Sie rechneten aus, dass sie insgesamt 25 Millionen US-Dollar aufbringen müssten, um die Gründung des Unternehmens bis zum Erreichen der Gewinnschwelle zu finanzieren, die sie für 2006 einplanten. Sie wollten mit sieben Millionen US-Dollar beginnen und damit die Einstellung von Ingenieuren und die Entwicklung eines Prototyps finanzieren. Bis zum Jahresende müssten sie dann weitere acht Millionen US-Dollar aufbringen, um die endgültige Entwicklung des Fahrzeugs und die Herstellung weiterer Prototypen zu sichern. Neun Monate später sollten weitere fünf Millionen US-Dollar aufgetrieben werden, um die Maschinen und Werkzeuge für die Fabrik zu bezahlen und mit dem Aufbau des Inventars zu beginnen. Im März 2006 – zwei Jahre nach der ersten Investition – wären fünf Millionen US-Dollar für den Produktionsstart nötig.[10]

Ihr Plan war eigentlich simpel: einen fantastischen Sportwagen bauen, der die besten der Welt ausstechen kann. Ihn für 79.999 US-Dollar verkaufen. 565 Stück in vier Jahren ausliefern. Gewinn machen. Die Welt verändern. Was könnte einfacher sein? Die Rechnung schien simpel. Nur hatten sie nicht gemerkt, dass sie mit falschen Zahlen rechneten.

Musk war begeistert, aber skeptisch. „Überzeugt mich, dass ihr wisst, wovon ihr redet“, sagte er zu ihnen, als sie in einem gläsernen Konferenzraum in der Nähe seines Büros bei SpaceX in El Segundo saßen, das mit Flugzeugmodellen dekoriert war.[11] Er wollte wissen, wie viel Geld sie brauchen würden. „Könnt ihr mir garantieren, dass ihr am Ende nicht doch eine doppelt, fünf Mal oder zehn Mal so hohe Summe braucht?“

Die beiden Männer schüttelten den Kopf und erzählten, dass sie mit Lotus in Kontakt stünden, nachdem sie den Führungskräften während der L.A. Auto Show hinterhergejagt wären. Zudem hätten sie irgendwo gelesen, dass die Elise für weniger als 25 Millionen US-Dollar entwickelt worden sei. Musk sah nicht überzeugt aus. Das größte Risiko, so sagte er ihnen, sei, dass sie viel mehr Geld brauchten, als sie kalkuliert hatten. Er konnte nicht wissen, wie richtig er mit dieser Einschätzung lag. Trotzdem war Musk begeistert.

Sie diskutierten ihre Ziele für die Zeit nach dem Roadster. Eberhard plädierte dafür, entweder eine Superversion des Autos zu bauen, mit einem 2-Gang-Schaltgetriebe und einem schöneren Innenraum, ein Auto, das gegen die Konkurrenz im sechsstelligen Bereich antreten könnte. Oder vielleicht ein viersitziges Coupé, das sich an die Fans des Audi A6 richtete. Oder doch einen SUV? Sobald die Firma ihr Ziel einer Serienproduktion erreicht hätte, was die Einkaufs- und die Herstellungskosten senken würde, würden sie günstigere „Nachfolgerautos" ankündigen. Eberhards Tesla sollte wie eine Straßenkarte Elektroautos auf den richtigen Weg bringen. Doch leider ähnelte diese Karte mehr einer alten Schatzkarte mit einigen unscharfen Hinweisen und Annahmen – falschen und richtigen. Im Prinzip aber war der Weg zum Ziel klar umrissen. Der Roadster könnte der Anfang von etwas Großem sein.

Nach zweieinhalb Stunden sagte Musk, er wolle einsteigen, sobald er noch mit dem damals nicht anwesenden Tarpenning gesprochen hatte. Natürlich hatte er auch einige Bedingungen, zum Beispiel, dass er Chairman werden wolle. Außerdem mussten sie den Vertrag in zehn Tagen abgeschlossen haben, weil seine Frau Justine einen Kaiserschnitt für die Geburt ihrer Zwillingsjungen geplant hatte.

Eberhard und Wright verließen das Treffen gut gelaunt. „Wir haben gerade unsere Firma finanziert!", sagte Eberhard zu seinem neuen Geschäftspartner.

Musk führte wie auch das Tesla-Team seine letzten Analysen durch. Yoler, ihr Kontakt zu Risikokapitalgebern, hörte sich um, in welchem Ruf Musk stand. Anschließend informierte sie Eberhard, dass Musk als schwierig und stur galt. Was zu diesem Zeitpunkt nicht allgemein bekannt war, war, weshalb Musks Ära als CEO bei Paypal zu Ende gegangen war. Musk war vom Verwaltungsrat, der mit seinem Führungsstil unzufrieden war, geschasst worden, während er gerade Flitterwochen machte.[12] Das Ganze spielte sich kurz vor dem Verkauf des Unternehmens an Ebay ab, was ihn zwar zu einem steinreichen Mann machte, ihm aber auch das Gefühl gab, die Kontrolle über sein „Baby" verloren zu haben. Es war ein prägender Moment für Musk. Er würde das Gefühl, ein Unternehmen zu verlieren, nie vergessen – und auch nicht den finanziellen Schlagabtausch.

Yoler war besorgt. Eberhard konnte auch schwierig und stur sein – beides häufig Eigenschaften von Unternehmern, die ihrem Bauchgefühl trauen müssen, auch wenn ihnen viele sagen, ihre Ideen seien zu riskant, unklug und unerprobt. „Du musst mit ihm reden", riet ihr Eberhard. Sie telefonierte mit Musk und war anschließend beruhigt. „Er hat mich wirklich beeindruckt", sagte sie. „Das Einzige, was er will, ist Mitglied des Verwaltungsrats und zugleich wohlhabender Investor zu sein."

Kurze Zeit später war der Vertrag unter Dach und Fach. Musk übernahm 6,35 Millionen US-Dollar der ersten Investition in Höhe von 6,5 Millionen US-Dollar. Eberhard steuerte 75.000 US-Dollar bei, der Rest kam von anderen Kleininvestoren. Eberhard wurde CEO, Tarpenning President und Wright Chief Operating Officer. Yoler wurde in den Verwaltungsrat berufen, ebenso wie ein langjähriger Freund und Mentor Eberhards, Bernie Tse. In der Nacht, in der der Scheck des neuen Chairman eingelöst wurde, trafen sich alle, außer Musk, in einem winzigen Büro in Menlo Park, das Eberhard angemietet hatte. Sie öffneten eine Flasche Champagner und stießen auf den Start ihres Unternehmens an. In ihren Augen war es ein verheißungsvoller Anfang eines vielversprechenden Unternehmens, das ausschließlich ihnen gehörte.

3

DAS SPIEL MIT DEM FEUER

Vor dem Haus mit drei Schlafzimmern, das JB Straubel in Menlo Park angemietet hatte, standen Dutzende von großen Holzkisten mit gebrauchten Elektromotoren, die einen starken Kontrast zu dem weißen Zaun und dem gepflegten Rasen des Nachbarhauses auf der anderen Straßenseite bildeten. Jahrelang hatte Straubel ausrangierte Motoren des eingestampften EV1 von General Motors gesammelt.

Was ihn dazu bewogen hatte? Anfangs war es reine Neugier. Als GM das EV1-Programm im Jahr 2003 einstellte, rief der Detroiter Autobauer alle Fahrzeuge zurück und ließ sie zum kollektiven Entsetzen und Protest der Kunden verschrotten. Zuvor hatte Straubel versucht herauszufinden, ob es noch Ersatzteile für den EV1 gab, vielleicht bei den Saturn-Händlern, die den Kundendienst durchgeführt hatten. Schließlich könnten diese Ersatzteile bei seinem Versuch, Benzinautos auf Elektroantrieb umzurüsten, nützlich sein, wie er aus Erfahrung mit seinem Porsche wusste. Straubel lag richtig mit seiner Vermutung. Hinter einem örtlichen Saturn-Service-Center lag ein ausrangierter Motor. Was für ein Glück! Straubel machte sich auf eine harte Verhandlung mit dem Autohändler gefasst, der diesen seltenen Schatz besaß. Stattdessen schaute ihn der Händler ungläubig an: „Das ist doch nur Schrott. Bedien' dich!"

Bald hatte Straubel alle Saturn-Händler im Westen der USA ausfindig gemacht, die mit dem Kundendienst des EV1 beauftragt gewesen waren, und rief sie der Reihe nach an. Als er mit dieser Aktion fertig war, nannte er fast hundert Motoren sein Eigen. Manche zerlegte er, um ihre Geheimnisse zu erfahren, andere verkaufte er an andere EV-Fans. Den Rest wollte er für seine Elektroautoprojekte verwenden – Projekte wie das, bei dem Elon Musk nach ihrem ansonsten unproduktiven Mittagessen mit Harold Rosen eingestiegen war.

Straubel war Anfang 2003 mit Musks Investition in Höhe von 10.000 US-Dollar in der Tasche zurück ins Silicon Valley gezogen, um dort mit der Arbeit am Prototyp eines Elektroautos zu beginnen, das mit einer einzigen Ladung quer durchs ganze Land fahren konnte. Er entschied sich für das Mietshaus, weil es nicht weit von der Werkstatt des Stanford-Solarauto-Teams entfernt war. Dort, so hoffte Straubel, könne er mit etwas Glück auf fleißige Studenten treffen. Nach seinem Einzug ordnete er seine Motorensammlung, richtete seine Werkstatt ein und begann damit zu experimentieren, wie Lithium-Ionen-Zellen zu einem Akkupack zusammengeschaltet werden müssen, um Energie für ein Auto zu liefern. Er wusste damals nicht, dass Musk erst kurz zuvor Millionen US-Dollar in ein E-Auto-Unternehmen investiert hatte, dessen Fahrzeuge auf einer sehr ähnlichen Technologie basierten wie die, an der er gerade tüftelte.

Er war mehr als überrascht, als er 2004 einen Anruf von Martin Eberhard erhielt, der ihm erzählte, gerade eine Elektroautofirma namens Tesla Motors gegründet zu haben, und wissen wollte, ob Straubel an einem Job interessiert sei. Straubel konnte es kaum glauben. Er kannte jeden in der Elektroauto-Community und hatte doch noch nie von Eberhard gehört. Noch überraschender war, dass sich Tesla Motors in einem Bürogebäude nur eine Meile von seinem Haus entfernt angesiedelt hatte. Verblüfft radelte Straubel hin, um mehr zu erfahren.

Dort stieß er auf Eberhard, Marc Tarpenning und Ian Wright, die händeringend Mitarbeiter suchten, um ihren Traum von einem Elektroauto zu verwirklichen. Sie kannten sich ihrer Meinung nach sehr gut mit Autos aus. Immerhin hatte Eberhard Jahre zuvor in seinem Zimmer im Wohnheim der Universität von Illinois Teile eines 1966er Ford Mustang restauriert, und Wright verbrachte seine Freizeit mit Autorennen. Aber ihre Erfahrung mit dem Autobau war mehr als dürftig.

Teslas Herausforderung in jenen frühen Tagen war es, einen Technikträger zu entwickeln, den Prototyp der Verbindung zwischen dem Lotus-Autorahmen und dem Elektromotor von AC Propulsion, der mit Tausenden von herkömmlichen Laptop-Batterien angetrieben werden sollte. Durch die Arbeit am Tzero wussten sie, dass Lithium-Ionen-Akkus funktionieren. Jetzt hatten sie genug Geld, um etwa ein Jahr an dieser Technik zu feilen. Im Erfolgsfall hatten sie etwas, das sie den Investoren zeigen konnten. Sie hofften darauf, dann die nächste Finanzierungsrunde einläuten und mit der Entwicklung eines „echten" Autos beginnen zu können, das dann von Lotus hergestellt werden würde. Wenn alles wie geplant liefe, könnte es schon 2006 in Produktion gehen, also in weniger als zwei Jahren.

Die Jungs von AC Propulsion hatten Tesla Straubel, damals 28, empfohlen. Als er und Eberhard sich zum ersten Mal trafen, wurde Straubel im Laufe ihrer Unterredung klar, dass die beiden zur selben Zeit dieselbe Idee verfolgten, ohne voneinander zu wissen. Sie hatten viele gemeinsame Bekannte. Beide hatten unabhängig voneinander Alan Cocconi und Tom Gage von AC Propulsion kennengelernt und beide waren in erste Verhandlungen mit Elon Musk getreten.

Als Straubel das Treffen verließ, schwirrte ihm der Kopf. Leute, die er kannte, schraubten in seinem Hinterhof herum und er hatte nichts davon mitbekommen? Er rief Musk an. „Träume ich?" Er löcherte Musk mit Fragen: „Ist das echt? Sie wollen das wirklich tun? Sie wollen dieses Projekt finanzieren? Wollen Sie da wirklich langfristig einsteigen?"

Musk versicherte ihm, dass es wahr sei. „Ich bin super aufgeregt", sagte er. „Wir müssen das einfach tun ... Sie müssen entweder bei den Jungs anfangen oder bei SpaceX."

Straubel entschied sich für Tesla und wurde als Ingenieur angestellt.

Außer Straubel hatte Eberhard vor allem Freunde und ehemalige Kollegen von NuvoMedia bei Tesla eingestellt, die ihre Überzeugungen und

Werte aus der Unterhaltungselektronikbranche mitbrachten. Tarpenning, technisch gesehen der President des Unternehmens, war damit beauftragt worden, die Softwareentwicklung zu leiten und als CFO zu fungieren, bis sie jemanden gefunden hatten, der besser für diese Funktion geeignet war. Wright beaufsichtigte die Entwicklung. Eberhards Nachbar Rob Ferber sollte sich um die Batterieentwicklung kümmern.

Nachdem der Anfang gemacht war und das Team feststand, bestand Straubels erste Aufgabe darin, einen Scheck von Tesla persönlich bei AC Propulsion abzugeben, da dies im Rahmen des Lizenzvertrags vereinbart worden war. In San Dimas checkte Straubel für 40 US-Dollar die Nacht in einem Motel in der Nähe des Geschäfts ein, wo er so lange bleiben würde, bis er den Elektromotor und andere Systeme von AC Propulsion umgebaut hatte. In mehrerer Hinsicht war das Ganze ein wahr gewordener Traum für Straubel. Er arbeitete eng mit seinen Freunden bei AC Propulsion zusammen und kassierte dafür sogar noch Geld. Eberhard und Wright waren bereits nach Großbritannien geflogen, um den Vertrag mit Lotus abzuschließen. Der Autohersteller hatte schon seine erste Elise nach San Dimas geliefert. Straubel und das Team von AC Propulsion machten sich an die Arbeit. Als Erstes bauten sie den Benzinmotor aus, um Platz für den Elektromotor und die Batterien zu schaffen. Und schon stieß Straubel auf das erste Problem bei Tesla.

Während die EV1-Motoren in Straubels Haus in Menlo Park alle gleich aussahen und man ihnen die Präzision eines großen Autobauers ansah, verkündeten die Motoren von AC Propulsion eine ganz andere Botschaft.[1] Jeder war ein Juwel, wunderschön verarbeitet – und einzigartig. Doch genau das war das Problem. Eberhards Plan sah vor, Hunderte von Roadstern pro Jahr zu verkaufen. Straubel konnte seinem Team nicht mit Juwelen kommen; sie brauchten die Rädchen für eine Maschine.

Sie ließen die Sache erst einmal auf sich zukommen. Jetzt galt es, einen Technikträger zu fertigen, bevor sie überhaupt an eine Massenproduktion denken konnten, und das obwohl Zeit und Geld nicht endlos vorhanden waren. Ob die Technikträger einander wie ein Ei dem anderen glichen, spielte keine Rolle, wichtig war, dass der Elektroantrieb funktionieren würde. Theoretisch sollte das kein Problem sein, schließlich hatte AC

Propulsion bereits ein Batteriepaket für den Tzero gebaut. Doch offensichtlich hatte es AC Propulsion nicht so eilig wie Tesla, da sie mehr daran interessiert waren, einen Toyota Scion in ein Elektroauto umzubauen oder sich auf andere Projekte zu konzentrieren, die ihr Interesse geweckt hatten. Vielleicht hätte es Straubel nicht überraschen sollen, dass AC Propulsion dem Tesla Roadster keine Priorität einräumte, irgendwie war der Roadster ja ihre eigene Konkurrenz.

Eberhard war auch nicht erfolgreicher. Er und Wright waren entmutigt aus Großbritannien zurückgekehrt, wo Lotus sie wachgerüttelt hatte. Eberhards Geschäftsplan basierte größtenteils auf der Vorstellung, an Elise lediglich kosmetische Änderungen durchzuführen und sie dann als Roadster zu vermarkten. Sie waren wie vom Donner gerührt, als sie erfuhren, wie kostspielig und zeitaufwendig es sein würde, auch nur das Design einer Tür zu ändern. Jeder Handstrich kostete Geld. Und Lotus wollte viel mehr Geld dafür, als in Eberhards Businessplan vorgesehen war. Sie verließen das Treffen mit der frustrierenden Erkenntnis, dass sie viel früher als geplant frisches Geld auftreiben mussten.

Wenn nicht, hätte Wright recht mit seiner Bemerkung: „Das haut niemals hin", wobei das sogar noch stark untertrieben war.

Die Spannung in dem kleinen Team stieg merklich an. Im Herbst 2004 beschloss es, die Elise-Karosserie von L.A. nach Norden ins Silicon Valley zu transportieren, wo Eberhard ein neues Büro (das ehemalige Lagerhaus einer Klempnerei) mit genug Platz für eine Werkstatt gefunden hatte. Auf Straubels Empfehlung hin wurde Dave Lyons, ein ehemaliger Mitarbeiter des renommierten Designstudios IDEO, eingestellt, um dem Team die typische Ingenieurs-Denke beizubringen.

Die Arbeit an dem Batteriepaket war komplexer als gedacht, sodass Straubel sein eigenes Paket, das er für ein Demonstrationsfahrzeug entwickelt hatte, dafür hernahm. Nachdem er sich bereits intensiv mit der Elektronik und dem Motor befasst hatte, war nun die Batterie dran. Unterstützung holte er sich bei seinen Freunden in Stanford, die im Gegenzug Tipps zur Mitarbeiterführung von ihm haben wollten. Die Garage seines Hauses wurde quasi als Anhängsel von Tesla zu einer Werkstatt umfunktioniert, mit den benötigten Werkzeugen ausgestattet, und sein Wohnzimmer fungierte als Büro. Gene Berdichevsky, Mitglied des Solarteams in Stanford, hatte Straubels Begeisterung für ein Elektroauto schon immer geteilt, brach sein Studium ab (versprach seinen Eltern aber, den Abschluss nachzuholen) und schloss sich Tesla an. Er verbrachte seine Pausen in Straubels Küche und aß sein Müsli, während Straubel neben dem Pool im Hinterhof Batteriezellen von Hand aneinanderreihte.

Erste zwischenmenschliche Probleme zeichneten sich ab. So mancher im Team hatte das Gefühl, Straubels wachsende Verbindung mit Stanford und sein offensichtlicher Einfluss stellten eine Bedrohung für Wright dar. Die beiden waren sich in technischen Fragen uneinig, zum Beispiel darüber, ob die Batterien besser mit Luft oder mit Flüssigkühlmittel gekühlt werden sollten. Wright ging sogar so weit, den jungen Ingenieur zu fragen, ob er hinter seinem Job her sei. Straubel war von dieser Frage wie vor den Kopf geschlagen. Für ihn bedeutete die Arbeit bei Tesla, dass er seinen Traum lebte. Er hatte keine Lust auf Säbelrasseln.

Wright war jedoch nicht nur mit Straubel aneinandergeraten. Wann immer sie sich mit Konzeptfragen befassten, war deutlich zu spüren, dass Wright ein erfahrener Rennfahrer war. Einige Mitglieder des Teams hatten den Eindruck, er erwartete von ihnen die Kompetenz einer Boxencrew. Als er sie zum Beispiel anwies, den Schwerpunkt des Autos zu berechnen, wussten sie nicht, wie das geht – Tipps fanden sie aber nur im Internet. Das Ingenieurteam gab es erst kurze Zeit und trotzdem hatten schon einige Mitglieder wieder ihren Hut genommen.

In den Kaffeepausen diskutierten Straubel und Tarpenning lautstark, wie lange die Zusammenarbeit dieser großen Egos noch andauern würde. Zwischen Eberhard und Wright kam es immer wieder zu Reibereien. Eberhard, ein Vollblutingenieur, liebte es, sich in die Details zu vertiefen, während Wright der Meinung war, Eberhard solle sich auf seine Aufgaben als CEO beschränken. Er stellte Eberhards Vision infrage und war überzeugt, es gebe nur einen Markt für ein vollelektrisches Superauto.

Ende des Jahres erhielt Straubel einen Anruf von Musk, der wissen wollte, wie der Stand der Dinge war, vor allem aber was mit Eberhard und Wright los sei. Naiv wie er war erzählte Straubel ihm, dass es mit Wright nicht so gut liefe und er den Ingenieuren auf die Nerven ginge. Mit Eberhard war offenbar alles in Ordnung und er hätte Spaß an der Zusammenarbeit mit ihm.

Am nächsten Tag wurde Straubel klar, worum es bei dem Anruf von Musk wirklich gegangen war: Wright war raus. Später erfuhr er, dass Wright heimlich nach L.A. geflogen war, um mit Musk über die Entlassung Eberhards und seine Ablösung als CEO zu sprechen.[2] Das Unternehmen war kaum ein Jahr alt und schon spielten sich zwischenmenschliche Dramen hinter den Kulissen ab – und genau das würde die Unternehmenskultur in den nächsten Jahren prägen. Die Entlassung machte Straubel und anderen Mitarbeitern klar, dass Musk sich nicht zu schade war, über die Ingenieure an Betriebsinterna zu kommen. Schließlich steckte sein Geld in dem Unternehmen.

Das Team war größtenteils erleichtert, dass Wright weg war. Sie verbrachten die Weihnachstage in Eberhards Haus. Er hatte mit einem Freund von IDEO Entwürfe skizziert, wie das Serienauto letztlich aussehen könnte. Die zeigte er dem Team und ließ es über die besten abstimmen. Autos, die so hightechmäßig daherkamen wie der Prius, wurden abgelehnt. Sie favorisierten stattdessen eines, das an einen Mazda Miata erinnerte, nur mit eckigen Frontscheinwerfern.

Bis zur Serienproduktion würde noch viel Zeit vergehen. Als Allererstes musste der Technikträger fertig werden.

Eberhard bestellte für das Batteriepaket rund 7.000 Batterien von LG Chem, das zum gleichnamigen koreanischen Technologiekonzern gehörte. Geliefert wurde eine Palette mit einzeln in Plastik verpackten Batterien. Colette Bridgman, Teslas Büroassistentin, bestellte Pizza zum Mittagessen, und das gesamte Büro machte sich mit Präzisionsmessern daran, die Batterien aus der Verpackung zu schneiden, peinlichst darauf bedacht, sie dabei nicht zu beschädigen, da sie sich sonst entzünden könnten.

In diesem Frühjahr zogen sie Bilanz mit dem Ergebnis, gute Arbeit geleistet zu haben. Der Technikträger war fast fertig. Sie hatten den Motor der Elise erfolgreich gegen einen Elektromotor und ein Batteriepaket ausgetauscht.

Für Straubel verlief der Tag der Testfahrt zunächst enttäuschend. Das Auto sah immer noch aus wie eine Elise, ein Anblick, den sie seit Monaten kannten. Und Straubel hatte schon viele Elektrofahrzeuge gefahren. Da die Zukunft von Tesla von der Leistung seiner Autos abhing, war die Stimmung gedrückt, als sich die ganze Belegschaft vor dem ehemaligen Klempnerlager, das zu einer Tesla-Werkstatt umfunktioniert worden war, versammelte, um eine Probefahrt zu machen.

Straubel ließ sich in den tiefergelegten Roadster sinken und ließ die Fenster herunter, um mit den Ingenieuren reden zu können. Er gab Gas und preschte los, sobald er das Startsignal erhalten hatte, und raste die von Lagerhäusern gesäumte Straße hinunter. Alle Zuschauer waren von der Schnelligkeit des Autos erstaunt und auch davon, wie ruhig es lief. Eberhard stiegen Tränen in die Augen, während er das Auto musterte. „Das ist der erste Beweis, dass Tesla klappen könnte." Als er an der Reihe war, umklammerte er das Lenkrad, als wolle er es nie wieder loslassen. Das Team lag Monate hinter dem Zeitplan zurück und war knapp bei Kasse. Aber dieser Meilenstein würde ihnen Geld von Investoren verschaffen. Es war weniger Hochgefühl als Erleichterung, was sie alle verspürten.

Musk war sehr erfreut darüber, wie sich alles entwickelt hatte. Als Eberhard Monate zuvor mit der entmutigenden Nachricht aus Großbritannien zurückgekehrt war, dass sie mehr Geld als geplant brauchen würden, war Musk zwar frustriert, aber nicht überrascht. Er hatte ihnen von Anfang an gesagt, dass ihre Schätzung von 25 Millionen US-Dollar für die Entwicklung eines neuen Autos zu niedrig angesetzt war. Im Geiste hatte er dem Team nur eine zehnprozentige Chance auf Erfolg gegeben. Doch die Fortschritte des Teams mit dem Techniktrӓger stimmten ihn zuversichtlich, weshalb er zusicherte, einen Großteil der 13 Millionen US-Dollar beizusteuern, die sie in der zweiten Finanzierungsrunde benötigten. Diese Runde brachte neue Leute zu Tesla, darunter Antonio Gracias, dessen in Chicago ansässige Investmentfirma zum größten Geldgeber nach Musk wurde.

Auch Straubels Bemühungen wurden honoriert, indem er zum Chief Technology Officer befördert wurde.

Ihre nächste Herausforderung war die Entwicklung des eigentlichen Roadsters, also der Version, die in der Lotus-Fabrik in Produktion gehen sollte. Doch noch während das Team seinen Erfolg feierte, tauchte ein so gewaltiges Problem auf, dass es das Aus für das Unternehmen bedeuten könnte.

Tesla erhielt einen geradezu panischen Brief von LG Chem mit der dringenden Forderung, alle Batterien zurückzusenden.

In dem Moment, als Tesla unter Beweis stellte, dass es in der Lage war, ein Lithium-Ionen-Batteriepaket selbst herzustellen, kämpfte die Batterieindustrie mit einem riesigen Problem: Bei einem falschen Handling konnten die Batterien Feuer fangen. AC Propulsion hatte dies Monate zuvor auf die harte Tour lernen müssen. Es kam zu einer Reihe von Vorfällen, die zu einer Krise der Batterieindustrie führten. Auf dem Weg von Los Angeles nach Paris fing eine Ladung Batterien von AC Propulsion Feuer, und zwar, als sie in ein FedEx-Flugzeug geladen wurde, das in Memphis aufgetankt wurde. Das National Transportation Safety Board schaltete sich ein und führte Untersuchungen über die Ursache durch, was die Frage aufkommen ließ, wie Batterien künftig gefahrlos transportiert werden sollten. Unternehmen der Unterhaltungselektronik wie Apple Inc. riefen Geräte mit Lithium-Ionen-Akkus zurück, weil sie befürchteten, dass diese überhitzen und Feuer fangen könnten. 2004 und 2005 rief Apple mehr als 150.000 Laptops zurück – alle mit Akkus von LG Chem.[3]

Als LG Chem feststellte, dass es eine große Anzahl seiner Batterien an ein Start-up-Unternehmen aus dem Silicon Valley verkauft hatte, das sie alle für ein einziges Gerät – ein Auto – verwenden wollte, schickte seine Rechtsabteilung ein Schreiben, in dem sie die Rückgabe aller Akkus forderte.[4] Der Batteriehersteller wollte nicht mit dem Feuer spielen.

Eberhard ignorierte das Schreiben. Er hatte keine Wahl. Seine Hoffnung, einen Zulieferer zu finden, der Batterien liefern konnte, die sie nur noch einbauen müssten, sank gegen null. Ohne sie könnten sie einpacken.

Inmitten des ganzen Trubels um Lithium-Ionen-Batterien musste Straubel an sein früheres Haus in L.A. denken, wo er und Berdichevsky die Idee eines E-Autos feierten, indem sie Batterien in Brand setzten.

Sobald sie mit einem Hammer auf sie eindroschen, flogen sie ihnen förmlich um die Ohren. Bei Autos gab es immer das Risiko, dass die Batterien einem heftigen Stoß ausgesetzt waren. Er fragte sich, was passieren könnte, wenn eine der Zellen in dem Batteriepaket überhitzen würde.

Eines Sommertages im Jahr 2005 beschlossen er und Berdichevsky, der Sache auf den Grund zu gehen. Sie ließen das Büro räumen und gingen mit einem Batteriepaket aus zusammengeklebten Batterien auf den Parkplatz. Sie wickelten ein Kabel um eine Batterie, die sie aus der Ferne erhitzen wollten. Dann, aus sicherer Entfernung, schalteten sie das Heizgerät ein. Die einzelne Batterie erhitzte sich schnell auf mehr als 130 Grad Celsius, eine blendend weiße Flamme schoss aus der Batterie, als die Temperatur auf 800 Grad stieg, und die Batterie explodierte. Die Trümmer flogen in alle Himmelsrichtungen davon. Dann fing eine weitere Batterie Feuer und schoss in die Luft. Nicht lange und alle Zellen standen in Flammen und explodierten mit einem gewaltigen Knall.

Straubel wusste um die Tragweite seines amateurhaften pyrotechnischen Experiments. Wenn etwas Vergleichbares auf den Straßen passieren würde, wäre dies das Aus für Tesla. Am nächsten Tag erzählten sie Eberhard von ihrem Experiment und zeigten ihm den verrußten Asphalt mit lauter Löchern. Eberhard bat sie, vorsichtiger zu sein, aber er konnte nicht abstreiten, dass weitere Tests nötig waren. Er lud das ganze Team in sein Landhaus in den Hügeln oberhalb von Silicon Valley ein, wo weitere Experimente stattfanden. Diesmal gruben sie ein Loch im Garten, legten ein Batteriepaket hinein und deckten es mit Plexiglas ab. Sie erhitzten eine der Zellen und wieder entzündeten sich die Batterien, was eine Reihe von Explosionen auslöste. Straubel hatte recht gehabt: Das war nicht gut, gar nicht gut. Sie brauchten Unterstützung von außen, um genau zu verstehen, womit sie es hier zu tun hatten – das Team brauchte Experten für Batterien.

Tage später wartete eine kleine Gruppe – allesamt Experten für Akkus und Batterien – mit einer auf den ersten Blick guten Nachricht auf: Selbst die besten Batteriehersteller produzierten immer wieder mal eine Batterie, die einen Defekt hatte, sodass sie einen Kurzschluss verursachte und Feuer fing. Aber die Wahrscheinlichkeit war gering. „Das passiert sehr, sehr selten", sagte einer der Berater. „Ich würde sagen, das betrifft eine von einer Million bis eine von zehn Millionen Zellen."

Aber Tesla plante, etwa 7.000 Akkus in ein einziges Auto einzubauen. Berdichevsky, der neben Straubel saß, zückte seinen Taschenrechner und berechnete die Wahrscheinlichkeit, dass eine Batterie in einem ihrer Autos zufällig Feuer fangen könnte. „Leute, das betrifft ja eines von 150 bis eines von 1.500 Autos", lautete sein Ergebnis.[5]

Das Schlimmste war, sie würden nicht nur E-Autos mit defekten Akkus produzieren, die, wenn sie gezündet würden, eine Kettenreaktion auslösen könnten, sondern ihre Autos könnten ja auch in den Garagen der Reichsten der Reichen explodieren und ganze Villen niederbrennen – was mit Sicherheit in allen Medien vermeldet würde. Die Stimmung im Raum änderte sich. Die Fragen wurden drängender: Gab es irgendeine Möglichkeit, um das zu vermeiden?

Gab es nicht. Immer wieder würde zufällig eine der Batterien zu heiß werden und ein thermisches Durchgehen auslösen – im Grunde eine Explosion, die durch Überhitzung ausgelöst wird.

Straubel und das Team kehrten deprimiert an ihre Arbeit zurück. Für Tesla ging es jetzt ums Ganze, nicht nur darum, ein schwieriges Problem zu lösen, eines, das sie nicht nur eine Stange Geld kosten würde, sondern auch das endgültige Aus für die Entwicklung des Roadsters bedeuten könnte. Was wäre, wenn sie jetzt eine Lösung fänden, aber in ein paar Jahren zusehen müssten, wie Fahrzeuge von Tesla Feuer fangen? Dann wäre ihr Unternehmen nicht mehr zu retten. Doch damit wäre nicht nur Tesla am Ende. Auch andere E-Autobauer würden in ihrer Arbeit um mindestens eine Generation zurückgeworfen. Es lag im Bereich des Möglichen, dass sie sich eines Tages für Sach- und Personenschäden verantworten müssten, sie wären vielleicht schuld daran, den Traum von einem E-Auto endgültig begraben zu müssen.

Wenn sie die Automobilbranche als ernst zu nehmender Autobauer betreten wollten, mussten sie sich der Herausforderung stellen, mit der GM, Ford und andere seit über hundert Jahren zu kämpfen hatten: Sie durften ausschließlich sichere Fahrzeuge auf die Straße bringen. Eine Lösung für das thermische Durchgehen wäre ein echter Durchbruch, ein

Alleinstellungsmerkmal für Tesla – und das für die nächsten Jahre. Der Einsatz von Lithium-Ionen-Batterien schien eine clevere Idee zu sein, auf die aber schon mehrere schlaue Köpfe gekommen waren. Doch zu verhindern, dass sich das Auto dadurch in eine tickende Zeitbombe verwandelt, könnte die größte Erfindung aller Zeiten sein.

Sie stellten die Arbeit an allen anderen Komponenten des Roadster-Projekts ein und ein Team zusammen, das ausschließlich an der Lösung ihres Problems arbeiten sollte. Auf Whiteboards wurde festgehalten, was sie bereits wussten und wo Wissenslücken klafften. Sie führten täglich Tests durch. Sie konfigurierten ein Batteriepaket mit unterschiedlichen Abständen dazwischen, um herauszufinden, ob es einen idealen Abstand gab, durch den Kettenreaktionen ausgeschlossen wurden. Sie probierten verschiedene Kühlmethoden aus und ließen zum Beispiel Luft über die Batterien strömen oder führten Röhren mit Flüssigkeit an ihnen vorbei. Sie brachten die Akkupacks zu einem Übungsplatz der örtlichen Feuerwehr und zündeten eine der Zellen an, um besser zu verstehen, was vor sich ging.

Wie gefährlich die Situation war, zeigte sich auf dem Weg zu einem dieser Tests. Lyons, den sie von IDEO abgeworben hatten, begann Rauch zu riechen, der aus dem Kofferraum seines Audi A4 zu kommen schien, wo sich mehrere Batteriepakete befanden. Er wusste, dass das ein sicheres Anzeichen dafür war, dass sich eine Zelle erhitzte und kurz vor dem thermischen Durchgehen stand. Er hielt sofort an, griff nach dem Akkupack und warf es weit weg, bevor sein Auto Feuer fangen konnte – und hatte Glück. Nichts passierte – aber es war knapp.

Allmählich näherte sich Straubel einer Lösung. Wenn sie schon nicht verhindern konnten, dass sich eine Batterie erhitzte, wäre es ja vielleicht machbar zu vermeiden, dass sie den Punkt erreichte, an dem sie eine Kettenreaktion auslöste. Durch Versuch und Irrtum fand das Team heraus, dass sie jeden Akku im Abstand von wenigen Millimetern zum nächsten anordnen, einen Schlauch mit Flüssigkeit dazwischen hindurchführen und eine Mischung aus Mineralien, die an Kuchenteig erinnerte, in das so entstandene Batteriepaket kippen mussten. Immer wenn sich eine defekte Batterie überhitzte, würde sie ihre Energie an die benachbarten Akkus abgegeben, ohne dass dadurch Feuer entstehen könnte.

Noch Monate zuvor hatten sie sich mit dem Aufbau einer Werkstatt abgemüht, jetzt standen sie vor einer bahnbrechenden Erfindung. Straubel war hellauf begeistert. Jetzt musste er nur noch die Lieferanten dazu bringen, ihnen zu vertrauen. Straubel hatte Eberhard sagen hören, dass die etablierten Hersteller kein Interesse daran hatten. Ein leitender Angestellter eines Zulieferers hatte Eberhard gesagt: „Wir haben das nötige Kleingeld. Ihr aber nicht. Wenn euer Auto in die Luft fliegt, werden wahrscheinlich wir verklagt."

Der Mitarbeiter hatte recht, und er war nicht der Einzige, der das so sah. Eberhards ursprünglicher Geschäftsplan war davon ausgegangen, dass die Hersteller von Batterien sie gern beliefern würden. Tatsächlich war deren Interesse aber gering. Selbst bei Tausenden von Batterien in einem einzigen Auto war das Gesamtbestellvolumen von Tesla einfach zu niedrig im Vergleich zu dem anderer Batteriekäufer. Die Wahrscheinlichkeit, dass es sie noch gab, wenn ihre Rechnungen fällig waren, war auch nicht besonders hoch und dieses Risiko wollten die Lieferanten nicht eingehen.

Tja, im Augenblick hatte Tesla nicht viel mehr als seinen Roadster. Sie mussten es schaffen, die Öffentlichkeit von ihrer Mission zu überzeugen, denn nur dann könnten sie vielleicht auch den Zulieferern klarmachen, dass E-Autos das einzig Wahre und kein Fantasieprodukt waren.

4

EIN NICHT GANZ GEHEIMER PLAN

Als Student an der Queen's University in Ontario, Kanada, fiel Elon Musk eine junge Frau namens Justine Wilson auf, die auf dem Weg zu ihrem Wohnheim war. Da er sie unbedingt näher kennenlernen wollte, sprach er sie an und flunkerte ihr vor, sie hätten sich schon mal auf einer Party getroffen. Dann bot er an, Eis für sie beide zu holen. Sie nahm zwar die Einladung zum Eis an, ließ ihn aber ansonsten abblitzen. Einige Stunden später sah er sie im Studentenzentrum, wie sie über ein Buch gebeugt Spanisch lernte. Er hüstelte höflich. Als sie aufblickte stand er mit zwei Eistüten, an denen das Eis schon heruntertropfte, in der Hand vor ihr.

„Er ist kein Mann, der ein Nein als Antwort akzeptiert", schrieb sie später.[1]

Irgendwann wechselte er an die University of Pennsylvania, wo er sein Studium beenden wollte. Sie blieben in Kontakt und wurden schließlich ein Paar. Sie folgte ihm ins Silicon Valley, wo er, nachdem er sein Studium in Stanford bereits nach zwei Tagen abgebrochen hatte, schnell Erfolg hatte. Mit dem Geld, das er durch den Verkauf von Zip2 verdient hatte, kaufte er sich eine 1.800 Quadratmeter große Eigentumswohnung und einen eine Million US-Dollar teuren McLaren-F1-Sportwagen. Was für ein Luxus für den jungen

Mann, der kurz zuvor noch auf dem Boden seines Büros geschlafen und im YMCA geduscht hatte. Als sein neues Auto 1999 ausgeliefert wurde, war Musk ganz aus dem Häuschen. Ein Kamerateam von *CNN* hielt das Ereignis für eine Reportage über den enormen Reichtum fest, der im Valley gerade entstand. In dem Film ist zu sehen, wie sich Musk, dessen Haaransatz für einen Mann seines Alters schon ziemlich weit zurückging, unbeholfen mit einem Reporter unterhielt und über seine Träume sprach, wie zum Beispiel eines Tages auf dem Cover des *Rolling Stone*-Magazins abgebildet zu sein.[2]

Den größten Teil seines neuen Reichtums steckte er in eine Firma namens X.com, die sich im Jahr 2000 auf die Fusion mit einem Konkurrenten namens Confinity Inc. vorbereitete. Daraus entstand das Unternehmen, das später als Paypal bekannt wurde. Im Januar war er so sehr mit den Vorbereitungen für die Fusion beschäftigt, dass er erst einen Tag vor seiner Hochzeit mit Justine Wilson in St. Maarten ankam. In letzter Minute mussten die beiden noch vieles regeln und auch einen Notar finden, der die Unterzeichnung ihres Ehevertrags bezeugen konnte. Doch die Suche war vergebens, obwohl sie mehrere Stunden über die Insel geirrt waren. Als sie während der Hochzeitsfeier miteinander tanzten, flüsterte Musk seiner Braut ins Ohr: „In unserer Beziehung bin ich das Alphatier."[3]

Da Musk das neu fusionierte Unternehmen leiten wollte, verschob er die Flitterwochen nach Australien auf September desselben Jahres, nur um dann dort die Nachricht zu erhalten, dass der Verwaltungsrat von Paypal seine Entlassung als CEO beschlossen hatte. Daraufhin kehrte er sofort nach Kalifornien zurück. Ein paar Monate später unternahm das Paar einen weiteren Versuch, in die Flitterwochen zu fahren. Diesmal erkrankte Musk in Südafrika an Malaria – woran er fast starb. Nach seiner Genesung dachte er ganz anders über den Sinn seines Lebens.

Mit seiner Frau zog Musk nach Los Angeles, weil er Silicon Valley den Rücken kehren und einen Neuanfang wagen wollte. Die Gründung von SpaceX basierte auf seiner Überzeugung, dass es möglich wäre, wiederverwendbare Raketen zu bauen und die Raumfahrtkosten damit auf einen Bruchteil der bislang dafür ausgegebenen zu senken. Musk stürzte sich kopfüber in die Welt der Raumfahrt und stand bald in dem Ruf, ein steinreicher Exzentriker zu sein, der bereit war, sein Geld in die Art von Wetten zu stecken, vor denen die Risikokapitalgeber in der berühmten Sand Hill Road des Silicon Valley eher zurückschreckten.

Aufgrund seiner Erfahrung mit SpaceX und Tesla ermutigte Musk seine Cousins Lyndon und Pete Rive, ein Unternehmen zu gründen, das Solarkollektoren verkauft - schließlich würde es gut zu seiner Vorstellung passen, wohin sich Tesla entwickeln könnte. Er träumte von einer Welt, in der die Solarmodule eines Kunden dessen Elektroautos - natürlich von Tesla - aufladen würden. Mit diesem unschlagbaren Duo wäre ein wirklich emissionsfreies System geschaffen.

Sein ehrgeiziges Vorhaben, seinen Traum von Tesla wahr werden zu lassen, nahm erstmals Gestalt an, als Martin Eberhard, JB Straubel und das Team Anfang 2006 die ersten Erfolge vorweisen konnten. Mit der Fertigstellung des Technikträgers waren sie dem nächsten Meilenstein auf ihrem Weg zu einem Prototyp des Roadsters nähergekommen. Der EP1, wie er intern genannt wurde, sollte der Vorgänger des Autos sein, das einmal in die Serienproduktion gehen sollte. Jetzt konnten sie an einem groben Entwurf des künftigen Serienfahrzeugs arbeiten. Mit dem EP1 hätten sie einen Prototyp, den sie nicht nur Investoren und Lieferanten, sondern auch potenziellen Kunden vorführen konnten.

Musk sprach bereits davon, was nach dem Roadster kommen würde. Eberhards ursprünglicher Businessplan, mittlerweile zwei Jahre alt, hatte die Zukunft des Unternehmens kurz angerissen. Allerdings hatte sich dieser Plan mehr an Hoffnungen denn an Fakten orientiert. Viele der getroffenen Annahmen hatten sich schnell als falsch erwiesen, vor allem die Kostenschätzungen, denen zufolge Tesla nur 25 Millionen US-Dollar aufwenden müsste, um bis 2006 einen Roadster auf den Markt zu bringen. Danach würden die ersten Gewinne eintrudeln. Anfang 2006 hatte das Unternehmen bereits 20 Millionen US-Dollar investiert und sie würden noch viel mehr Geld brauchen. Als neuer Produktionsstart wurde 2007 angepeilt. Sie lagen also über dem Budget und hinter dem Zeitplan.

Verwaltungsratsmitglied Laurie Yoler war eine von denen, die Musk ermutigten, nicht nur tief in die eigene Tasche und in die seiner engen und ebenfalls wohlhabenden Freunde zu greifen. Es war eine Sache, wenn ein exzentrischer reicher Typ ein Prestigeprojekt finanzierte. Aber eine ganz andere, wenn einige der großen Namen der Sand Hill Road einsteigen würden. Damit schlüge das Unternehmen zwei Fliegen mit einer Klappe und hätte nicht nur Geld, sondern auch einen viel besseren Stand – und beides brauchte es dringend, vor allem um Mitarbeiter zu rekrutieren und Lieferanten zu umgarnen.

Potenzielle Investoren wollten wissen, was nach dem Roadster kommen würde. Tesla musste mehr als nur ein einziges E-Auto bauen, wenn es die passenden Geldgeber anziehen wollte. Der ursprüngliche Geschäftsplan von Tesla sah für 2007 einen Umsatz von 27 Millionen US-Dollar vor. Eine Autofirma mit so geringen Umsatzerwartungen war für Investoren, die zig Millionen US-Dollar in das Unternehmen gepumpt hätten, gänzlich unattraktiv. So eine Rendite rechtfertigte in ihren Augen das damit einhergehende Risiko beileibe nicht. Tesla brauchte einen neuen Geschäftsplan, einen, der ein viel größeres Wachstum vorhersagte – in der Größenordnung von einer Milliarde US-Dollar Umsatz pro Jahr.

Also konzentrierte sich Musk auf eine Strategie, die er später als „Der geheime Masterplan von Tesla Motors" bezeichnete. Der Plan war geradezu lächerlich einfach:

Schritt 1: Einen teuren Sportwagen ab etwa 89.000 US-Dollar bauen, der Aufmerksamkeit erregt.
Schritt 2: Eine Luxuslimousine bauen, die es mit deutschen Luxusautos aufnehmen kann und mit 45.000 US-Dollar nur knapp die Hälfte des Sportwagens kostet.
Schritt 3: Ein Auto der dritten Generation bauen, das viel erschwinglicher wäre und somit die breite Masse anspricht.

Der aktualisierte Geschäftsplan des Unternehmens sah für den Roadster einen Umsatz von 141 Millionen US-Dollar für das Jahr 2008 vor, wobei der Gesamtumsatz des Unternehmens durch die Einführung der Limousine schließlich auf fast eine Milliarde US-Dollar im Jahr 2011 ansteigen sollte. Und so wurde ähnlich einfach wie eine Bierdeckelrechnung eine Blaupause für das nächste Jahrzehnt erstellt.

Musk ging es nicht nur darum, einen neuen Fahrzeugtypus unters Volk zu bringen, er wollte auch die Art und Weise ändern, *wie* Fahrzeuge verkauft werden. Er war der Meinung, das Kauferlebnis in seiner jetzigen Form hätte ausgedient, und wollte, dass Tesla dieses Erlebnis neu ausgestaltete. Eberhards Recherche bestätigte ihn darin. Monate zuvor hatte er Bill Smythe besucht, der als Besitzer eines erfolgreichen Mercedes-Autohauses auf ein Leben mit Autos zurückblickte. Als Tesla damit begann, der Komplexität von Autohäusern auf den Grund zu gehen, war Smythes Name gefallen. Er galt als hilfsbereit, als jemand, den man um Rat fragen konnte. Daraufhin hatte Eberhard den erfahrenen Autohändler aus dem Silicon Valley aufgesucht, um mehr über den Einzelhandel in der Autobranche zu erfahren.[4]

Eberhards ursprünglicher Geschäftsplan sah vor, den Roadster über ausgewählte Franchise-Partner in wohlhabenden Stadtvierteln zu verkaufen – Orte wie Silicon Valley, Beverly Hills, wahrscheinlich New York City, vielleicht sogar Miami. Tesla wollte auf Luxus-Autohäuser zugreifen, die bereits Erfahrung mit Marken im obersten Preissegment wie Bentley und Lotus hatten. Bei diesen Händlern arbeiteten erfahrene Mechaniker, die den pfleglichen Umgang mit High-End-Fahrzeugen kannten. Eberhard und sein Team gingen davon aus, dass die Händler den Roadster für 79.999 US-Dollar anbieten würden, also 15.000 US-Dollar über dem Einkaufspreis, was eine deutlich höhere Bruttomarge darstellte als branchenüblich. Dies – so der Geschäftsplan – sollte Anreiz genug sein, mit dem aufstrebenden Unternehmen Geschäfte zu machen.

Amerikas Autobauer verkauften ihre Neuwagen schon sehr lange Zeit über ein Händlernetzwerk. Diese Autohäuser arbeiteten im Rahmen von Franchise-Vereinbarungen – Verträge, in denen bis ins kleinste Detail festgelegt war, wie jede Seite ihr Geschäft zu führen hatte. Dieses System wurde von Generation zu Generation weitergegeben und hatte seinen Ursprung in den Tagen von Henry Ford und dem gleichzeitigen Aufkommen der Massenproduktion. Es kam größtenteils dem Hersteller zugute, der den Verkauf des Autos als Einnahme verbuchen konnte, sobald es an den Händler ausgeliefert war. Das Verkaufsrisiko trug allein der Händler.

Dieses System entstammte der Vorstellung, dass eine Autofabrik am profitabelsten war, wenn sie so viele Autos wie möglich ausspuckte, um so Größenvorteile zu erzielen. Doch die Ford Motor Co. hatte weder die Mittel noch die Struktur, um in jeder Stadt Amerikas ein Autohaus zu eröffnen.

Fords Imperium und damit Reichtum war nicht nur der Erfindung des Model T, einer erschwinglichen Limousine, geschuldet, sondern nur durch unzählige Kleinunternehmer in ganz Amerika möglich, die mit dem Verkauf des iPhone ihrer Zeit Geld verdienen wollten. Zunächst ging ihr Plan auf, da ihnen die Autokäufer dieser Tage förmlich die Bude einrannten, aber mit der Großen Depression wendete sich das Blatt. Ford konnte nicht zulassen, dass die Räder seiner Fabrik stillstanden, da ihn das Unsummen kosten würde. Aus diesem Grund verfolgte er eine aggressive Verkaufsstrategie gegenüber den Autohäusern und baute zudem sein Händlernetz mit dem Ziel aus, an gefühlt jeder Straßenecke im ganzen Land ein Ford-Autohaus stehen zu haben.

Der Schraubstock um Fords Händler ließ ihnen kaum Luft zum Atmen. Als Starbucks hundert Jahre später feststellte, dass es zu viele Filialen unterhielt, deren Kapazitäten die Kundennachfrage bei Weitem überstiegen, konnte sich der Kaffee-Experte durch Schließungen retten, wobei er die Kosten dafür trug. Doch Fords Autohändler waren unabhängige Unternehmen, die bei einer sinkenden Nachfrage auf dem Trockenen saßen und wenig dagegen tun konnten. Bestellten sie weniger Fahrzeuge, würde der Hersteller den Vertrag am Jahresende vielleicht nicht verlängern, wodurch das Autohaus auf seinen Investitionen sitzen blieb und kaum eine Chance hatte zu überleben. In der Nachkriegszeit lieferten sich Ford und GM ein Wettrennen in Sachen Verkauf.[5] Sie drängten auf immer höhere Stückzahlen und zwangen die Händler, Autos zu kaufen, die diesen Druck wiederum an ihre Kunden weitergaben. Damit diese Taktik aufging und sie am Ende keine roten Zahlen schrieben, boten die Händler den Käufern hohe Preisnachlässe an und hofften, diesen Verlust an anderer Stelle wieder hereinzuholen. Nämlich indem sie entweder Kunden, die ihr Fahrzeug in Zahlung geben wollten, weniger Geld dafür boten oder höhere Zinsen für die Finanzierung verlangten – allesamt Praktiken, die, wenn sie aufflogen, einen üblen Nachgeschmack bei den Kunden hinterließen.

Nach zig Jahren gefühlter Ausnutzung – oftmals über Generationen hinweg – begannen Händler im ganzen Land, sich zusammenzutun, und versuchten, sich mithilfe der Politik vor einer weiteren Ausbeutung zu schützen. Gut möglich, dass der Chevy- oder Ford-Händler in einer Kleinstadt zu den erfolgreichsten Geschäftsleuten zählte, der vielen Menschen Arbeit gab, für exklusive Werbung zahlte und Spenden an Wohltätigkeitsorganisationen und Sportvereine leistete. Manchmal saßen diese Händler auch im Parlament ihres Staates. So war es dann nicht weiter verwunderlich, dass im ganzen Land Gesetze und Verordnungen erlassen wurden, um die Anzahl der Autohäuser pro Stadt oder Bezirk zu beschränken oder Direktverkäufe des Autobauers an Endkunden zu verhindern.

Um die Jahrhundertwende hatte sich die Lage entspannt. In Wahrheit brauchten beide Seiten einander. Aber wie jedes System, das über hundert Jahre hinweg bestand, war es zu komplex und zu kompliziert. Es lag in der Natur ihrer Beziehung, dass es Spannungen gab. Viele der Händler verstanden sich als unabhängige und selbstständige Unternehmer und wollten ihre Geschäfte so führen, wie sie es für richtig hielten. Die Autohersteller sahen das anders, sie wollten Kontrolle ausüben, ganz als ob ihnen jedes Autohaus gehörte. GM wollte eine im ganzen Land uniforme Markenerfahrung – ein Image, für das der Autohersteller Milliarden US-Dollar ausgab und das er mithilfe seiner Produkte und einem cleveren Marketing kreieren wollte.

Keiner von den beiden hatte mehr den Kunden im Blick, dem der Autokauf kaum mehr Spaß machte als ein Besuch beim Zahnarzt.

Bei seinem Treffen mit Smythe hörte sich Eberhard an, was ihm der erfahrene Autohändler riet. Er empfahl ihm, mit Franchise-Nehmern zusammenzuarbeiten, die quasi das Gesicht der Marke Tesla wären. Smythe hatte sich eine goldene Nase mit dem Verkauf von Autos für Unternehmen wie Mercedes verdient, daher war sein Rat zugegebenermaßen sehr einseitig. Er warnte Eberhard jedoch, dass einige Händler eher zu den zwielichtigen Gestalten seiner Branche zählen könnten.

„Ah ja", lautete Eberhards Kommentar. „Welchen Händlern trauen Sie über den Weg?"

Smythe wurde ganz still und sagte dann, ohne ihm in die Augen sehen zu können: „Keinem."

Eberhard erzählte dem Verwaltungsrat von dieser Episode und konnte ihn damit überzeugen, dass ein Direktvertrieb der richtige Weg war Doch wieder würde Tesla damit Neuland betreten. Ein Elektroauto zu bauen, war eine Sache – das hatte der eine oder andere schon vor Jahrzehnten versucht. Ein Auto direkt an einen Kunden zu verkaufen, war schlichtweg unerhört.

Eines der ersten Signale dafür, wie ernst es Musk mit einer neuen Erfahrung beim Autokauf war, war, dass er Simon Rothman in den Verwaltungsrat des Unternehmens holte. Der Harvard-Absolvent und ehemalige McKinsey-Berater hatte sich im Silicon Valley im aufstrebenden Online-Handel einen Namen gemacht und den Ebay-Automarktplatz aufgebaut – eine Website für den Kauf und Verkauf von Gebrauchtwagen, die monatlich eine Milliarde Seitenaufrufe und einen Umsatz von 14 Milliarden US-Dollar pro Jahr generierte, was etwa ein Drittel des gesamten Warenumsatzes des Unternehmens ausmachte. Seine Sichtweise des Autoverkaufs unterschied sich deutlich von der namhafter Größen der Autoindustrie und es dauerte nicht lange, da machte auch der Verwaltungsrat von Tesla sie sich zu eigen.

Musk und seine Kollegen im Verwaltungsrat diskutierten darüber, ob Tesla wirklich Autohäuser für den Verkauf des Roadsters benötigte oder ob Online-Shops ausreichen würden. Musk drängte darauf, den Roadster nur online zu verkaufen, doch Eberhard und einige andere waren der Ansicht, die Käufer von Elektroautos bräuchten anfangs etwas Unterstützung, um die neue Technologie zu verstehen.[6] Ein Verkaufsteam sollte den potenziellen Käufern erklären, wie der Akku aufgeladen wird und was beim E-Auto anders ist als gewohnt. Ein Autohaus würde der neuen Marke außerdem einen Hauch Legitimität vermitteln und den Käufern die Sicherheit geben, dass sich jemand darum kümmert, wenn Probleme auftauchen.

Ihr Anwalt wies sie darauf hin, dass Tesla in Kalifornien aufgrund einer Formalität Fahrzeuge direkt verkaufen könne: Der Autobauer habe nie Franchise-Verträge gehabt und würde daher den Umsatz seiner künftigen Franchise-Nehmer nicht schmälern. Das war zumindest das Argument, auf das sie sich stützen würden. Jetzt mussten sie nur noch herausfinden, welche Vorschriften in den 49 anderen Staaten Amerikas galten.

Die Fertigstellung des Roadsters und die Entwicklung seines Nachfolgers, einer High-End-Limousine, die sie schließlich Model S nennen würden, sowie der Aufbau eines eigenen Vertriebsnetzes würde eine Menge Geld kosten und selbst Musks finanziellen Rahmen sprengen. Musk und das Team machten sich also daran, herauszufinden, wo sie im Silicon Valley Geld auftreiben konnten.

In der Sand Hill Road gab es keinen größeren Namen als Kleiner Perkins – ein Risikokapitalgeber, der sich als früher Geldgeber von Google und Amazon einen Namen gemacht hatte. JB Straubel kannte das Unternehmen aus seiner Zeit vor Tesla, als er sich als Berater versuchte, um irgendwie über die Runden zu kommen. Der geschäftsführende Partner von KP, Ray Lane, die ehemalige Nummer 2 der Führungskräfte beim Softwareunternehmen Oracle, reiste an, um sich mit Eberhard zu treffen. Lane fand schnell einen Draht zu ihm und zeigte sich beeindruckt von Eberhards Intelligenz und davon, dass die Ideen nur so aus ihm heraussprudelten. Sie setzten ihren Dialog über das Treffen hinaus fort, und schließlich beschloss Lane, ein Team zusammenzustellen, das eine Due-Diligence-Prüfung von Tesla durchführen sollte. Die Idee, in eine Autofirma zu investieren, war für Lanes Fonds unbekanntes Terrain. Er wusste, dass ein Autobauer mehr, viel mehr Kapital bräuchte, als sie üblicherweise investierten, und dass es Jahre dauern würde, bis eine Rendite eintrudelte. Dennoch war er von dem, was er sah, begeistert. Seit seiner Zeit bei Oracle hatte Lane viele Führungskräfte aus der Automobilindustrie in Detroit kennengelernt, darunter Jacques Nasser, ehemaliger CEO von Ford, und Brian Kelley, früherer President der Lincoln-Mercury-Sparte von Ford. Er bat sie, ihn bei der Bewertung von Tesla zu unterstützen.

Die Due-Diligence-Prüfung zielt naturgemäß darauf ab, Schwachstellen in einem Unternehmen zu finden, und Eberhard schien davon wie vor den Kopf geschlagen, wie einer der Analysten berichtete. „Martin wurde ziemlich feindselig und kämpfte dagegen an ... Es war das reinste Chaos!“[7] Nasser gab zu bedenken, dass sich die Lotus-Plattform als problematisch erweisen könnte. Den Vorschlag, Tesla solle die Franchise-Händler außen vor lassen, wies er mit den Worten zurück, dass er bei Ford den größten

Fehler seines Lebens gemacht habe, als er sich gegen deren Franchise-Partner stellte.

Dennoch, so Lane, verliefen die Verhandlungen reibungslos – bis zum Schluss, als Musk sich wegen der Bewertung des Unternehmens einmischte. Musk teilte ihnen mit, dass einer ihrer Mitbewerber, der Risikokapitalgeber VantagePoint, Tesla mit 70 Millionen US-Dollar bewerte, während es bei Lane nur 50 Millionen US-Dollar waren.[8*]

Lanes Partner waren unterschiedlicher Meinung darüber, ob der nächste Schritt ein formelles Investitionsangebot sein sollte. Die Hälfte war dagegen, erinnerte er sich. Sie hatten ihre Zweifel, ob Eberhard der richtige Mann für den Posten des CEO war. „Er scheint ein verrückter Wissenschaftler zu sein." Einigen gefiel es auch nicht, dass Eberhard bei sämtlichen Besprechungen rundheraus den Vorschlag ablehnte, dass erfahrene Führungskräfte aus der Autobranche in Detroit hilfreich sein könnten.

Diese ablehnende Haltung konnte die Begeisterung von Kleiner-Perkins-Chef John Doerr nicht trüben. Aber letztendlich überließen die Partner die Entscheidung Lane, der eine Nacht darüber schlief und am nächsten Morgen Musk und Eberhard anrief und ihnen mitteilte, dass er nicht mit an Bord wäre.

„Ich war wirklich begeistert von Tesla. Ich wollte eigentlich weitermachen", erinnerte sich Lane. „Aber ich hatte das Gefühl, ich könne nicht darin investieren, weil meine Partner nicht dahinterstanden."

Also wandte sich Musk an VantagePoint Capital Partners. Diesen Risikokapitalgeber reizte Tesla aus einem einfachen Grund: Das Unternehmen war nichts wirklich Neues. Die Batterien waren eine bewährte Technologie und die Nachfrage nach Autos war bekanntermaßen vorhanden. Die Innovation war, diese Elemente anders zu kombinieren. Gemeinsam mit Musk standen sie der 40-Millionen-Dollar-Finanzierungsrunde vor und setzten durch, dass VantagePoint einen Sitz im Verwaltungsrat von Tesla bekam – was Musk Zeit seines Lebens bereuen sollte.

---

* Musk behauptete später, er hätte KPs Chef John Doerr gesagt, er wäre mit der niedrigeren Bewertung einverstanden, sofern nicht Lane, sondern Doerr Mitglied in Teslas Verwaltungsrat würde. Doch Doerr verwies auf seinen Kollegen.

5

MR. TESLA

„Elon ist der perfekte Investor", hatte Martin Eberhard einem Kollegen während der Anfangszeit der Zusammenarbeit mit Musk anvertraut.[1] Umgekehrt schien auch Musk zunächst viel von Eberhard zu halten und überschüttete ihn mit Lob. „Es gibt nur eine Handvoll großartige Produktverantwortliche auf der Welt und ich glaube, du bist einer von ihnen", hieß es in einer Mitteilung Musks an Eberhard, nachdem sie eines Abends ein Problem besprochen hatten. Ihre Karrieren waren ähnlich verlaufen, auch wenn sie unterschiedliche Erfolge feiern konnten. Sie gründeten beide Start-ups in der Medienwelt – Musk hatte sich auf Telefonbücher konzentriert, Eberhard auf Verlage. Sie setzten sich mit den Wünschen ihrer Kunden auseinander und suchten nach Lösungen. Sie waren beide überzeugt, dass Elektroautos die Zukunft waren. Beide konnten charmant und witzig sein, aber auch sehr fordernd. Sie waren mitunter dickköpfig und ließen sich nicht gern verschaukeln.

Seine Mitarbeiter sahen Musk nicht oft, vielleicht mal bei einer gelegentlichen Sitzung des Verwaltungsrats, doch er interessierte sich sehr für die Details der Konstruktion und tauschte oft in nächtlichen E-Mails Ideen mit Eberhard aus. Er bestand darauf, dass die Karosserie des Roadsters anstatt aus der preiswerteren Glasfaser aus Karbonfaser hergestellt wird, einem leichteren Material, das in Superautos verwendet wird. „Kumpel, du könntest Karosserieteile für mindestens 500 Autos im Jahr herstellen, wenn du den Ofen kaufen würdest, den wir auch bei SpaceX nutzen", riet Musk Eberhard. „Er hat nur etwa 50.000 US-Dollar gekostet. Die Vakuumpumpe, der Gefrierschrank und diverse andere Geräte kosten weitere 50.000 US-Dollar. Es ist durchaus möglich, hochqualitative Verbundwerkstoffe im Ofen selbst herzustellen. Wenn du erst einmal ein paar von den Dingern gemacht hast, wirst du sehen, dass Klebstoff und Schnur keine Zaubermittel sind."

Diese kreative Denkweise war es, die ihnen beiden Riesenspaß bereitete, während sie ihre ersten Schritte im Automobilgeschäft machten. Und es war diese Art, Entscheidungen zu fällen, die den Roadster zu etwas ganz Besonderem machte – und ihre Arbeitsbeziehung zum Scheitern verdammte. Die beiden besuchten sich abwechselnd zum Abendessen, feierten persönliche Meilensteine und bauten sich gegenseitig auf, wenn die Dinge nicht rund liefen. Musks Leben spielte sich größtenteils in L.A. bei SpaceX ab, das damit zu kämpfen hatte, eine Rakete zu bauen, die nicht beim Start explodierte. Eberhards Leben kreiste knapp 600 Kilometer weiter nördlich im Silicon Valley um Tesla.

Obwohl Eberhard kein Autonarr war, beeindruckte er sein Umfeld durch seine technische Kompetenz. Er zeigte eine geradezu unheimliche Fähigkeit, sich in ein Problem zu vertiefen und eine Lösung zu erarbeiten. Wenn er mit einem Kollegen nicht einer Meinung war, konnte er ziemlich schroff sein. Als während eines Meetings der Vorschlag aufkam, auf dem Dach ihres neuen Büros – sie waren inzwischen ins nahe gelegene San Carlos umgezogen – Solarkollektoren zu installieren, raunzte Eberhard: „Warum zum Teufel sollten wir das tun?"[2] Zum Glück für seine Kollegen machte er solche Ausbrüche durch seine Begeisterung und seine Kalauer wieder wett. *Was würde Nikola Tesla heute sagen, wenn er noch leben würde?*, warf Eberhard einmal in die Runde. *Warum liege ich in diesem Sarg?*

Wie so oft bei Start-up-Gründern verschmolzen Eberhards Privat- und Berufsleben. Er freute sich wie ein Schneekönig, wenn er an den Wochenenden Freunden die Werkstatt des Unternehmens und sein Baby zeigen konnte, den Prototyp des Roadsters, der Anfang 2006 erste Formen annahm. Stephen Casner, Eberhards ehemaliger Kollege bei Packet, der ihn mit den Jungs von AC Propulsion bekannt gemacht hatte, war einer der ersten, der einen Blick auf den beinahe fertigen Prototyp werfen durfte. Das Team machte viele Überstunden, was sie eng zusammenschweißte. Die Büroassistentin Colette Bridgman kam an einem Montag zur Arbeit und sah, dass die ganze Decke voller Dartpfeile steckte, da JB Straubel, Gene Berdichevsky und die anderen Stanford-Jungs, die sich dem Team angeschlossen hatten, während eines langen Wochenendes im Büro Dampf ablassen mussten.

Eberhard verließ sich darauf, dass Bridgman die gute Seele war, die die Ingenieure zusammenhielt. Sie war es, die wöchentlich sogenannte „Mitbringtage" organisierte, bei denen die Mitarbeiter einen Gegenstand von zu Hause mitbringen und erklären mussten, weshalb sie ihn ausgewählt hatten. Auf diese Weise erfuhren alle etwas vom Privatleben der Kollegen. Eberhard fragte sie sogar um Rat, als er seine zweite Hochzeit plante. Die glückliche Braut war seine Freundin, die ihn einige Jahre zuvor ermutigt hatte, aus Tesla etwas Großes zu machen. Straubel war dabei, als das Paar auf dem Rasen von Eberhards geliebtem Haus in den Hügeln über dem Silicon Valley getraut wurde. (Musk war eingeladen, kam aber nicht.)

Inmitten der Vorbereitungen, den Roadster im Sommer 2006 zum ersten Mal der Öffentlichkeit zu präsentieren, zeigte sich, dass die mangelnde Erfahrung des Unternehmens zu einer echten Herausforderung geworden war. Das Getriebe des Autos war sowohl der Kern als auch das Symbol des Problems, mit dem das Unternehmen konfrontiert war.

Das Getriebe eines Autos wandelt die Motorkraft in Drehmoment um, das die Antriebswellen antreibt, die wiederum die Räder antreiben. Während der Prototyp aus dem Vorjahr ein 1-Gang-Getriebe hatte, das aus einem Honda zusammengeschraubt worden war, hatte Teslas Team in Großbritannien, das aus ehemaligen Mitarbeitern von Lotus – allesamt Ingenieure – bestand, den Auftrag, ein 2-Gang-Getriebe von Grund auf neu zu konstruieren. Die Entscheidung dafür war umstritten. Der Roadster stand und fiel mit der Zusage, dass sowohl seine Beschleunigung als auch seine Spitzengeschwindigkeit atemberaubend wären. Dem Team war klar, dass weniger Gänge als bei einem herkömmlichen Auto nötig waren.

Ein Verbrenner hat meist ein 5- oder 6-Gang-Getriebe. Durch das Wechseln des Ganges ändert sich das Zusammenspiel verschiedener Zahnräder des Getriebes. So werden unterschiedliche Übersetzungsverhältnisse hergestellt. Die Kraft des Motors wird also durch das Getriebe so umgewandelt, dass sie zur jeweiligen Fahrsituation passt. Ein Elektromotor erzeugt im Gegensatz zu einem benzinbetriebenen vom Start weg das Maximum an Drehmoment. Es ist nicht erforderlich, hochzuschalten, um Höchstgeschwindigkeiten zu erreichen.

Die Vorgabe einer Beschleunigung von 0 auf 100 Stundenkilometer in 4,1 Sekunden und dazu noch eine hohe Endgeschwindigkeit sind ohne 2-Gang-Getriebe kaum machbar, hieß es vom britischen Team. Sie hatten ein solches konstruiert und am Computer eine Simulation des flüssigen Schaltvorgangs von dem ersten in den zweiten Gang präsentiert.

Doch als ihr Getriebeprototyp im Mai 2006 in San Carlos eintraf, erkannte Dave Lyons, der ehemalige IDEO-Ingenieur, der das kalifornische Team verstärken sollte, sofort, dass es ein Problem gab.

„Wo ist der Flansch?“, fragte er. Das Getriebe war da, aber nicht das Teil, das es mit der Achse verbindet.

Sie riefen in Großbritannien an und hakten nach. Offenbar hatte es ein Missverständnis gegeben und das Team auf der einen Seite des Atlantiks dachte, das Team auf der anderen Seite würde den Flansch entwickeln, und umgekehrt. Auf die Schnelle mussten sie nun eine Lösung finden, um den Wagen erstmals bei einer bereits für den Sommer geplanten Veranstaltung öffentlich vorführen zu können. Erst später wollten sie sich an eine dauerhafte Lösung für das Getriebeproblem machen.

Während der Vorbereitung für die erste Präsentation des Roadsters sprach Musk mit Eberhard über die angedachte Preisgestaltung und erzählte ihm, dass er Freunden gegenüber einen Grundpreis von 85.000 US-Dollar erwähnt hatte. Eberhard warnte Musk davor, sich festzulegen, schließlich hatten Probleme bei der Suche nach einem Batterielieferanten und das Missverständnis mit dem Getriebe dazu geführt, dass ein Grundpreis von 80.000 US-Dollar in seinen Augen viel zu niedrig angesetzt war. Er schlug vor, vage zu bleiben und zum Beispiel einen Preis zwischen 85.000 und 120.000 US-Dollar zu nennen.[3]

„Die 85.000 US-Dollar machen mich nervös", sagte Eberhard zu Musk und erklärte ihm, weshalb.

Seit drei Jahren befand sich Tesla im „Stealth Mode", also dem Heimlichkeits-Modus, in dem Start-ups dafür sorgen, dass Ort und Bestimmung des Unternehmens geheim bleiben, bis ihr Produkt oder ihre Dienstleistung zur Marktreife entwickelt wurde. Meist suchen sie in der Zeit nach ersten Geldgebern und scheuen grelles Rampenlicht, das auch ihre Fehler beleuchten würde, die in den ersten Tagen eines Unternehmens unvermeidlich sind. Nach Beendigung des Stealth-Modus sind die Regeln, wie es weitergeht, bekannt. Jetzt braucht das Unternehmen die Aufmerksamkeit so dringend wie ein Fisch das Wasser, egal ob das Ziel heißt, mehr Geld aufzutreiben oder Kunden zu gewinnen. Im Fall von Tesla war das Ziel einfach: mit dem Vorverkauf des Roadsters beginnen. Ein dickes Auftragsbuch würde den Teilezulieferern zeigen, dass Tesla das einzig Wahre ist.

Doch auch dieser nächste Schritt barg ein gewisses Risiko. Anders als bei einer Software lagen noch viele Aufgaben vor Tesla, bevor der Roadster wirklich fertig war. Eberhard und Musk hofften auf eine Trendwende, die den Roadster für zahlreiche Kunden interessant werden ließe, und erstellten eine Art Leitfaden, wie Tesla weitermachen sollte:

Anhand eines Prototyps zeigen, wie der Roadster aussieht.
Die Konstruktion vollenden, um das Fahrzeug straßentauglich zu machen.
Mit der Serienproduktion beginnen.
Tesla weltweit einführen in der Hoffnung, positive Kritiken von abgebrühten Kritikern und wählerischen Kunden zu erhalten, die vielleicht schon eine Anzahlung geleistet, aber das Auto noch nicht gekauft haben.
Mit dem nächsten Auto genauso weitermachen.

Jeder einzelne Schritt dieser komplizierten Choreografie könnte sie zum Stolpern bringen. Zwar wussten alle, wie wichtig die erste Präsentation des Roadsters war, doch das Team war dann doch sehr überrascht, als es merkte, wie nervös Eberhard wurde und dass er alles tat, um Musk zufriedenzustellen.

Musk wollte den Roadster auf einer Party enthüllen. Seine persönliche Assistentin musste sich um jedes noch so winzige Detail kümmern – von der Tischanordnung bis zur Menüwahl. Keine Frage, die Gästeliste hatte natürlich Musk erstellt. Planmäßig sollte die Veranstaltung auf dem Flughafen von Santa Monica stattfinden, wo ein Hangar gemietet werden konnte, in dem die beiden fertiggestellten Roadster-Prototypen, in Rot und Schwarz, Probe gefahren werden konnten. Den Gästen wurde mitgeteilt, dass sie ihre Scheckbücher mitbringen sollten und eine Anzahlung von 100.000 US-Dollar sie auf die Warteliste für ihr Wunschauto setzen würde, das etwa 2007 fertig sein sollte. Tesla hatte sich das Ziel gesetzt, dass innerhalb von zwei bis drei Monaten nach der Veranstaltung 100 Autos vorbestellt sein würden.

Im Vorfeld der Markteinführung beauftragte Jessica Switzer, die für das Marketing von Tesla zuständig war, eine Public-Relations-Agentur in Detroit damit, für Publicity in den Autozeitschriften zu sorgen. Musk feuerte sie wieder, als er davon erfuhr.[4] Er wollte keinen Cent für Marketing ausgeben, bevor das Auto fertiggestellt war. Zudem ging er davon aus, seine Beteiligung an Tesla – und natürlich der Roadster – würden genug Medienrummel erzeugen. Musk war bereits unglücklich mit Switzers Entscheidung, Geld – mit Eberhards Zustimmung – für Fokusgruppen auszugeben, die das Auto und damit die Marke testen sollten. Musk wies Eberhard an, die Zusammenarbeit zu kündigen. Eberhard konnte es nicht fassen, aber er zog es durch und vergoss dabei bittere Tränen.

So kam es, dass Colette Bridgman, die Büroassistentin, die mit der Hoffnung auf eine Karriere bei Tesla angefangen hatte, nun für das Marketing verantwortlich war. Ihre erste Aufgabe war es, die Veranstaltung zu betreuen. Eine andere PR-Firma wurde beauftragt, aber auch sie geriet in den Tagen vor der Veranstaltung in Musks Fadenkreuz, da große Zeitungen die ersten Artikel über Tesla druckten. Die *New York Times* schrieb einen Artikel, in dem Eberhard als Chairman und nicht als President bezeichnet und Musk überhaupt nicht erwähnt wurde. Musk grollte in einer

E-Mail an die PR-Firma. „Ich war unglaublich verletzt und peinlich berührt von dem *NY Times*-Artikel", schrieb Musk. „Sollte so etwas noch einmal vorkommen, betrachten Sie bitte [Ihre] Beziehung zu Tesla mit sofortiger Wirkung als beendet."

Als der große Tag endlich da war, knipste Musk seinen Charme an. Er mischte sich unter die rund 350 Gäste und hielt Hof, wohl wissend, dass seine Frau jederzeit ihre Drillinge zur Welt bringen könnte (nach ihren Zwillingen). Zu den geladenen Gästen zählten Michael Eisner, der CEO von Disney, Jeff Skoll von Ebay, der Schauspieler aus *The West Wing*, Bradley Whitford, Produzent Richard Donner und Schauspieler Ed Begley Jr. Sogar der damalige kalifornische Gouverneur Arnold Schwarzenegger war gekommen.[5] Der eigentliche Star des Abends war jedoch Eberhard, der das Auto und Tesla der Welt präsentierte und mit Leidenschaft erklärte, warum es höchste Zeit für ein reines Elektroauto war. „Ein elektrischer Sportwagen ist die einzige Möglichkeit, die Fahrgewohnheiten von uns Amerikanern grundlegend zu verändern", sagte Eberhard dem Publikum.

Bridgman hatte im Inneren des Hangars Stationen einrichten lassen, an denen Ingenieure verschiedene Teile des Fahrzeugs erklärten. Die Technologie war so neu, dass man der Meinung war, die Kunden müssten darüber aufgeklärt werden, um zu verstehen, warum der Preis gerechtfertigt war. Jeder Mitarbeiter hatte die Anweisung erhalten, mit sanftem Druck einen Kaufvertrag abzuschließen, und konnte am Monitor mitverfolgen, wie viele Fahrzeuge während der Veranstaltung verkauft worden waren.

Doch was Eberhard, Musk oder die Ingenieure zu sagen hatten, interessierte die Gäste letztlich wenig. Das Einzige, was sie interessierte, war der Roadster. Das Auto hatte keinerlei Ähnlichkeit mit dem dilettantischen Tzero, der in Elektroauto-Kreisen Aufmerksamkeit erregt hatte. Der Roadster dagegen sah aus wie ein echter Sportwagen und jeder wohlhabende Gast konnte sich gut vorstellen, damit den Rodeo Drive hinunterzubrausen, um Schaulustige zu beeindrucken. JB Straubel, der ein leicht ausgebeultes schwarzes Button-Down-Hemd mit den aufgedruckten Tesla-Insignien trug, hatte die Aufgabe, den Gouverneur auf eine Testfahrt mitzunehmen. Eine riesige Menschenmenge stand Schlange, um zuzusehen, wie Straubel sich mit dem massigen Schwarzenegger aus dem Hangar schlich, der sich in das enge Cockpit zwängte und dessen Knie dann gegen das Armaturenbrett auf der Beifahrerseite stießen.[6] „Gib Gas", johlte jemand. Straubel ließ sich Zeit. Ihm war klar, dass er den Wagen erst in gerader Position auf die Landebahn stellen musste, um dann freie Fahrt zu haben. Er lenkte ihn in die optimale Startposition und gab dabei nur wenig Gas. Der Roadster beschleunigte ein bisschen, der Motor surrte wie ein Raumschiff. Und dann: *wrummmmm*. Eine kleine Staubwolke blieb zurück, als das Auto aus dem Blickfeld verschwand, und zu hören waren nur die Reifengeräusche und ein bewunderndes „Wow!" unisono aus allen Kehlen.

Das war schon etwas anderes als ein Golf-Cart. Wovon Eberhard, Musk und Straubel geträumt hatten, stand nun vor ihnen – ein echter (und richtig teurer) Elektrosportwagen, genauso, wie ihn Eberhard vor vier Jahren hätte kaufen wollen, den es aber auf der ganzen Welt noch nicht gab. Es war fast schon ein Höllenritt durch Zeit und Raum. Als Straubel von der Probefahrt zurückkam, saß der Gouverneur mit einem breiten Grinsen neben ihm.

Den restlichen Abend ging das Auto weg wie warme Brötchen. Die Beschleunigung – schnell wie der Blitz – auf der behelfsmäßigen Rennstrecke, das sofortige Drehmoment. Der Wagen brauchte keine geschulten Verkäufer, er sprach für sich. Als der Abend zur Hälfte vorbei war, hatte Tesla bereits 20 Vorbestellungen verbucht: alles Käufer, die ihre 100.000-Dollar-Schecks in eine kleine Geldkassette legten.

An diesem Abend, der mehr als nur eine Verkaufsveranstaltung für den Roadster war, legte Musk dar, welche großen Pläne er noch mit Tesla hatte. Mit dem Geld, das die künftigen Besitzer für den Sportwagen hinblätterten, erstanden sie nicht nur ein außergewöhnliches Auto, sondern sie trugen damit ihren Teil dazu bei, dass Tesla weitere umweltfreundliche Fahrzeuge entwickeln konnte. Ein paar Tage später ging Musk noch weiter und stellte auf der Tesla-Website seine Vision für das Unternehmen vor, was im Grunde nichts anderes war als eine Ausarbeitung seiner einfachen dreistufigen Prämisse. Oder, wie er es nannte, „Der geheime Masterplan von Tesla Motors".

„Wie es sich für ein schnell wachsendes Technologieunternehmen gehört, fließt der gesamte frei verfügbare Cashflow zurück in die Forschung und Entwicklung, um die Produktionskosten zu senken und die

Nachfolgefahrzeuge so schnell wie möglich auf den Markt zu bringen", schrieb er. „Mit jedem verkauften Tesla Roadster wird die Entwicklung eines kostengünstigen Familienautos finanziert." Dann stellte er ein weiteres Unternehmensziel auf: Er wollte eine „Null-Emissions-Stromerzeugung" anbieten. Der Blog verwies auf seine jüngste Investition in ein Unternehmen für Solarkollektoren, die SolarCity Corp. Es handelte sich dabei um ein Projekt mit seinen beiden Cousins (womit er nach Tesla und SpaceX in einem dritten Unternehmen Mitglied des Verwaltungsrats war), das darauf abzielte, Solarkollektoren auf Hausdächern anzubringen, die, wie er schrieb, Strom für rund 80 Kilometer pro Tag erzeugen könnten. Musk verkaufte ergo nicht nur einen coolen Sportwagen, sondern auch die Vorstellung, dass dieser keine fossilen Brennstoffe verbrauchen würde.

Damit stieß er in ganz Kalifornien auf offene Ohren. Auch nach der Präsentation trudelten immer wieder Vorbestellungen für die sogenannte Signature-100-Edition ein. Joe Francis, der Schöpfer der Videoserie „Girls Gone Wild", schickte einen gepanzerten Lastwagen zum Büro von Tesla in San Carlos, in dem 100.000 US-Dollar in bar transportiert wurden – seine Anzahlung.[7] (Mitbegründer Marc Tarpenning wollte auf keinen Fall so viel Bargeld herumliegen haben und brachte es sofort zur Bank.) Schwarzenegger warb auf der Autoshow in San Francisco für den Roadster und bestellte wie der Schauspieler George Clooney ebenfalls einen. Innerhalb von drei Wochen war die erste „Auflage" von 100 Roadstern komplett verkauft.

Die erfolgreiche Einführung des Roadsters katapultierte auch Eberhard ins Rampenlicht. Er war in einer Blackberry-Werbekampagne zu sehen, trat in der Show „Today" auf und wurde ein beliebter Konferenzsprecher, dessen Gedanken zur Zukunft des Autos nachgefragt waren. Eberhard wurde das Gesicht von Tesla. Als Hochzeitsgeschenk ließ ihm seine Frau ein Nummernschild mit der Aufschrift: „Mr. Tesla" anfertigen.

Jetzt musste er nur noch dafür sorgen, dass der Roadster in die Produktion ging.

Die Vorbestellungen und der Schritt in die Öffentlichkeit führten aber auch dazu, dass Tesla nun mit Argusaugen beobachtet wurde. Ein potenzieller Kunde mailte VantagePoint: „Ich frage Sie das nur ungern, aber ich bräuchte Ihren Rat ... Angenommen, Sie tätigen die Anzahlung für einen Roadster von Tesla, hätten Sie Angst, dass das Unternehmen pleitegeht und Ihr Geld weg ist? ... Ein Teil von mir sagt: ‚Mach's einfach und warte ab, ob es sich lohnt.'"

Diese E-Mail sickerte zu Musk, Eberhard und zu Jim Marver, dem neu ernannten Vertreter von VantagePoint im Verwaltungsrat von Tesla, durch. „Ich bin mir nicht sicher, was ich auf solche Fragen antworten soll", sagte ein Analyst bei VantagePoint, der für die Kommunikation mit den Klienten zuständig war. „Ich muss diesem Kunden sagen, dass seine Anzahlung mit einem gewissen Risiko verbunden ist und er besser noch abwartet, es sei denn, wir können das Geld irgendwie schützen."

Musks Antwort fiel heftig aus. „Ich habe immer herausgestellt, dass ich zwar an Teslas Erfolg glaube und wir ein großartiges Auto liefern werden, Anzahlungen aber nicht auf einem Anderkonto liegen oder anderweitig abgesichert sind. Meine Empfehlung lautet, die Sig 100 Collector's Edition zu kaufen, da diese Autos im Laufe der Zeit wahrscheinlich die größte Wertsteigerung verzeichnen werden."

Hinter den Kulissen machten sich die Verantwortlichen von VantagePoint große Sorgen, dass die Anzahlungen nicht auf ein Anderkonto überwiesen wurden, sondern sich mit dem Betriebskapital des Unternehmens vermengten. Dem CEO des Risikokapitalgebers, Alan Salzman, passte es nicht, dass sein Unternehmen dadurch unnötigen Risiken ausgesetzt war, und er hielt mit seinem Unmut nicht hinter dem Berg. Das war das erste Mal, dass es zu Reibereien zwischen VantagePoint und Tesla kam – aber nicht das letzte Mal.[8]

Durch den Prototyp wusste Musk jedoch, dass weitaus dringendere Dinge anstanden. Zum ersten Mal konnte er tatsächlich sehen und fühlen, wie das Auto aussah. Leider war er nicht mit allem, was er sah, einverstanden, weshalb er weitere Änderungsvorschläge machte. Doch anders als 2005, als er angesichts der Möglichkeiten für Tesla mit einer gewissen Leichtigkeit über Änderungen sprach und eher als freudig erregt rüberkam, frustrierte es ihn jetzt zunehmend, dass Eberhard nicht erkannte, wie dringlich das alles war. Musk bemängelte, dass man kaum ins Fahrzeug einsteigen könne, dass die Sitze unbequem seien und dass es dem Wageninneren im Vergleich mit anderen hochpreisigen Autos irgendwie an Glanz fehle. Im Herbst 2006 gerieten sich Musk und Eberhard wegen der Qualität des Armaturenbretts in die Haare. „Du solltest das nicht auf die leichte Schulter nehmen. Das ist ein handfestes Problem und ich bin zutiefst betroffen, dass du das nicht ebenso siehst", schrieb ihm Musk in einer E-Mail.

Eberhard winkte ab und erwiderte, dies sei etwas, das erst behoben werden könne, nachdem andere Probleme mit höherer Priorität angegangen worden seien. Schließlich wolle Tesla ja im Sommer 2007, also in weniger als einem Jahr, mit der Produktion beginnen. „Wir haben keine Möglichkeit – nicht einmal den Hauch einer Chance –, uns noch vor dem Produktionsstart um das Armaturenbrett zu kümmern, außer wir nehmen dafür in Kauf, dass uns die Zeit davonläuft und die Kosten explodieren", erklärte er. „Wir müssen noch so viele dringlichere Probleme lösen, wenn wir den Roadster in die Produktion bringen wollen – von den Kosten über Probleme mit den Zulieferern (von Getriebe, Klimaanlage und so weiter) bis hin zu Konstruktionsschwächen. Außerdem hapert es mit der Zuverlässigkeit von Lotus. Ich liege nachts wach und frage mich, ob es uns überhaupt gelingen kann, das Auto irgendwann im Laufe des Jahres 2007 in Produktion zu bringen."

Eberhard warb um Verständnis: „Ich will weder selbst durchdrehen noch möchte ich, dass mein Team am Rande der Belastbarkeit operiert. Deshalb verbringe ich nicht viel Zeit damit, über das Armaturenbrett und andere Dinge nachzudenken, um die ich mich danach [also nach Produktionsbeginn] kümmern will. Die Liste von Dingen, die nach der Auslieferung anstehen, ist verdammt lang, aber sobald ich Zeit dafür habe, erledige ich das."

Eberhard mag gehofft haben, Musk mit seiner E-Mail zu beschwichtigen und mehr Zeit herauszuschlagen, aber Musk war danach noch wütender als zuvor. „Das Einzige, was ich von dir hören möchte, ist, dass das nach [Produktionsbeginn] angegangen wird und die Kunden darüber informiert werden, dass ein Upgrade kommen wird, und zwar *bevor sie das Auto erhalten*. Ich habe nie verlangt, dass das vor der Produktion passiert, und verstehe nicht, weshalb du darauf herumreitest."[9]

Ende 2006 konnte die Belegschaft von Tesla, die sich kontinuierlich vergrößert hatte, auf einen Blick erkennen, unter welchem Stress Eberhard stand. Entweder saß er in seinem Büro und stützte seinen Kopf mit den Händen oder er starrte ins Leere und zwirbelte seinen Bart. Mitten in der Nacht rief Eberhard in seiner Verzweiflung Laurie Yoler an, die im Verwaltungsrat saß, und erzählte ihr von all den Änderungen, die Musk forderte, und dem Druck, den er auf ihn ausübte. Nach einem Wochenende, an dem er den Roadster Probe gefahren war, fand Musk die Sitze viel zu unbequem. Doch bessere Sitze würden die Entwicklungskosten um eine Million US-Dollar erhöhen. Und woher sollte dieses Geld kommen? Auch das Einsteigen in den Roadster war mühsam, besonders Musks Frau Justine tat sich schwer damit. Der Sitz befand sich nur knapp über dem Boden, was bedeutete, dass sich die Knie der Insassen beim Sitzen nicht sehr stark beugten. Der Sitzkomfort erinnerte mehr an den eines Schlittens als an einen typischen Sportwagen. Die ursprüngliche Konstruktion der Elise sah eine hohe Schwelle am Türrahmen vor, über die man steigen musste. Musk wollte diese Schwelle um fünf Zentimeter absenken, was weitere zwei Millionen US-Dollar verschlingen würde. Zudem wollte Musk spezielle Scheinwerfer, für die er 500.000 US-Dollar freigab, und eine elektronische Verriegelung anstelle der mechanischen Druckknöpfe für die Türen, wofür eine weitere Million US-Dollar benötigt wurden.[10] Dann war da noch der Umstieg von Glasfaser zu Karbonfaser, was jedes Fahrzeug um 3.000 US-Dollar teurer machen würde.

Musk mischte sich in alles ein, was den Roadster anbelangte. Es war zwar nicht so, dass er damit falschlag, aber es war schlichtweg zu viel des Guten. „Elon sprüht nur so vor Ideen und ich komme bei dem Tempo einfach nicht mit", vertraute Eberhard Yoler an.

Ende November 2006 hielt er vor dem Verwaltungsrat eine Präsentation, laut der die geschätzten Herstellungskosten für jeden Roadster von ursprünglich 49.000 auf 83.000 US-Dollar angestiegen waren. Seine Zahlen basierten auf der Überlegung, dass die Produktion im folgenden Herbst – und nicht wie geplant bereits im Sommer 2007 – beginnen würde und dass bis Ende Dezember 30 Autos pro Woche gefertigt würden. Doch auch bei dieser Prognose gab es viele Wenn und Aber, denn viele der Autoteile waren noch nicht fertiggestellt oder die Lieferanten standen noch nicht fest. Eberhard hoffte, die Kosten innerhalb des nächsten Jahres um 6.000 US-Dollar senken zu können.

Eine der größten Herausforderungen war der Elektroantrieb – die Batterien und der Motor –, also das teuerste System des Autos. Die Kosten für die Batteriezellen waren doppelt so hoch wie prognostiziert. Bei der Gründung von Tesla waren alle Beteiligten davon ausgegangen, dass es ein Leichtes sein würde, billige Standardbatterien aufzutreiben. Doch inzwischen hatten die Ingenieure des Unternehmens erkannt, dass Batterie nicht gleich Batterie ist, selbst wenn sie das gleiche Typenschild trägt (der Typ 18650 ergab sich aufgrund seiner Abmessungen von 18 x 65 mm). Für die Produktion von Batterien gab es mehrere Möglichkeiten und das wirkte sich wiederum auf deren Einsatzbereich in einem Fahrzeug aus. Nachdem Straubels Team Batterien verschiedener Hersteller getestet hatte, war klar, dass nicht alle dafür geeignet waren. Am besten schnitten neben wenigen anderen Unternehmen die von Sanyo ab. Doch sollte sich das unter den Herstellern herumsprechen, hätte Tesla schlechte Karten bei den Preisverhandlungen. Zum jetzigen Stand gingen die Zulieferer davon aus, dass Tesla über ausreichende finanzielle Mittel verfügte. Unter der Hand machten sich einige Mitarbeiter von Tesla, darunter Gene Berdichevsky, Sorgen darüber, dass ihr Unternehmen von einer Handvoll Batterielieferanten abhängig war; sie drängten auf ein höheres Budget, um andere Optionen entwickeln zu können. Eberhard wies ihre Bitte ab, denn die nötigen Mittel waren schlicht und einfach nicht vorhanden. Eberhards Team tat sich außerdem schwer damit, einen Lieferanten zu finden, der ein Getriebe nach Teslas Spezifikationen und zu dem vorgegebenen Preis herstellen konnte. Der Elektroantrieb war das Herzstück des Autos und auch damit lief nicht alles rund.

Eberhards Auftritt bei der Sitzung des Verwaltungsrats im November 2006 führte dazu, dass Musk bei Jim Marver von VantagePoint Schadensbegrenzung betreiben musste, was vor allem auf Eberhards Unfähigkeit zurückzuführen war, Fragen zu den Kosten zu beantworten. „Es ist ja nicht so, dass Martin keine Ahnung hatte, was das Auto kostet, als er bei der letzten Vorstandssitzung danach gefragt wurde, es liegt vielmehr daran, dass er sich nicht wohl dabei fühlte, aus dem Stegreif genaue Zahlen für ein bestimmtes Kalenderquartal der Produktion zu nennen", sagte Musk zu Marver, was eigentlich ein eher zweifelhafter Versuch einer Beschwichtigung war. Was Musk jedoch für sich behielt, war, dass auch er sich allmählich zu fragen begann, was in der Firma wirklich vor sich ging. Ein paar Wochen später flog Musk zu Lotus – ein Treffen, zu dem Eberhard nicht eingeladen war. Musk wollte von Lotus direkt hören, wie es im Hinblick auf Teslas Zeitvorgaben aussah.

„Sie können sich sicher vorstellen, wie unangenehm es für mich ist, dass Elon sich danach erkundigt hat, wie es um den Produktionszeitplan bestellt ist", schrieb Simon Wood, einer der Direktoren von Lotus, Eberhard vor dem Treffen, in dem er seine düstere Prognose darlegte.[11] „Mir ist schon bewusst, dass dies einen Widerspruch zu den Plänen Ihres Teams darstellt."

Auf PowerPoint-Folien wurde Musk gleich zu Beginn der Präsentation davor gewarnt, dass Woods Meinung „als pessimistisch angesehen werden könnte, leider aber damit das allgemeine Gefühl der wichtigsten an diesem Projekt beteiligten Leute bestätigt". Er führte aus, dass Lotus eine Liste mit fast 850 Mängeln erstellt hatte, die von Problemen, die zu einem kompletten Funktionsausfall des Autos führen könnten, über sicherheitsrelevante Fragen und Schwierigkeiten mit gesetzlichen Auflagen bis hin zu Problemen reichten, die zu einer mangelnden Kundenzufriedenheit führen oder kleinere Reparaturen erfordern würden. Wood hatte ausgerechnet, dass sie etwa 25 Probleme pro Woche angehen könnten, wodurch sich der Produktionsbeginn um 30 Wochen verzögern würde. Sein Fazit lautete, dass Lotus davon ausginge, sie könnten bis Weihnachten 2007 vielleicht 28 Roadster herstellen. Tesla dagegen hatte damit gerechnet, die Produktion bis zum Jahresende auf 30 Autos *pro Woche* hochfahren zu können.

Doch trotz der wachsenden Bedenken begann der Verwaltungsrat von Tesla das Jahr 2007 in optimistischer Stimmung und beabsichtigte, das Unternehmen im folgenden Jahr an die Börse zu bringen. Im Januar schlug Marver dem Vorstand vor, sich mit Bankern zu treffen. Dahinter steckte die Idee, sich Geld zu leihen, das in einen Firmenanteil umgewandelt werden sollte. Mit diesem Konzept könnten sie hoffentlich kostspielige Schuldenrückzahlungen vermeiden und gleichzeitig die Zeit überbrücken, bis das Unternehmen an die Börse ginge. Marver wollte, dass Eberhard in den kommenden Wochen auf einer Investmentkonferenz in New York City spräche. Musk war dagegen, dass Eberhard seine Arbeitszeit damit verbrachte, und forderte ihn auf, sich besser auf den Roadster zu konzentrieren anstatt auf PR- und Finanzierungsmaßnahmen, die seiner Meinung nach überbewertet wurden. „Wir haben mehrere Probleme mit dem Roadster, die mir unter den Nägeln brennen und auf die sich Martin konzentrieren sollte", sagte Musk dem Verwaltungsrat.[12] „Wir haben bereits jetzt erhebliche Lieferverzögerungen und laufen Gefahr, dass das noch schlimmer wird."

Je mehr Zeit verstrich, umso straffer wurde der Zeitplan gemäß den Vorgaben des Verwaltungsrats. Im Frühjahr sagte Musk dem Vorstand, seiner Meinung nach müsse Tesla 70 bis 80 Millionen US-Dollar aufbringen, um das Unternehmen bis zum Börsengang im März oder April 2008 am Laufen halten zu können. Eine Frist nach der anderen schien ergebnislos zu verstreichen. Marver warnte davor, auf die Anzahlungen für den Roadster zuzugreifen. „Die Mehrheit von uns ist der Meinung, dass wir dieses Geld erst ausgeben sollten, wenn wir die Roadster ausliefern, was hoffentlich im Oktober der Fall sein wird", sagte er dem Verwaltungsrat.[13] „Wenn wir zum Beispiel die 25 Roadster aus dem Businessplan ausliefern, stünden uns 2,5 Millionen US-Dollar von den Vorauszahlungen zur freien Verfügung. Wenn wir mit Sicherheit sagen könnten, dass im Herbst ausreichend Kapital von Privatanlegern aufgrund eines guten Ratings zur Verfügung steht, dann könnten wir jetzt erst einmal den Gürtel enger schnallen." Keine Frage, er machte sich Sorgen über weitere Verzögerungen oder darüber, dass die Investoren kein Geld mehr in das Unternehmen stecken oder ihm keinen Kredit gewähren wollten.

Letztendlich entschied der Verwaltungsrat, 45 Millionen US-Dollar – deutlich weniger, als Musk vorgeschlagen hatte – aufzubringen. Aufgrund dieser Summe wurde Tesla mit 220 Millionen US-Dollar bewertet. Mit dieser Entscheidung zeigte die Unternehmensleitung, dass sie

Vertrauen in Teslas Fähigkeit hatte, noch in diesem Jahr mit der Produktion zu beginnen, auch wenn dieses Vorhaben noch immer auf wackligen Beinen stand.

Die unglaublich straffen Zeitpläne, die nicht eingehaltenen Fristen, die Rückschläge in der Produktion, die unzulängliche Finanzierung – all das wies auf etwas Bestimmtes hin. Irgendetwas lag bei Tesla im Argen. Aber was genau war das? Zum Glück wusste Musk genau, wen er danach fragen musste.

6

THE MAN IN BLACK

Sechs Jahre bevor Antonio Gracias Investor bei Tesla wurde, saß er in einem Flugzeug von Chicago in die Schweiz. Diese Reise sollte sein Leben und das von Tesla in den nächsten Jahren komplett umkrempeln. Im Frühjahr 1999 kam er rechtzeitig zum Abendessen im Städtchen Delémont an. Er wollte dort eine Fabrik besuchen, die perfekt zu seinem kleinen Imperium passte, das er vor vier Jahren begonnen hatte aufzubauen, als er noch an der Universität von Chicago Jura studierte. Die späten 1990er-Jahre waren keine gute Zeit für kleine Hersteller gewesen, die ihre Produkte an Elektronik- und Automobilkunden lieferten. Die Riesen der Branche nutzten ihre Größe, um die kleinen Fabriken zu immer niedrigeren Preisen zu zwingen. In diesem Umfeld sah Gracias, der in der Nähe eines Industriegebiets in Grand Rapids, Michigan, aufgewachsen war, eine Chance. Die Schweizer Firma musste vielleicht nur ein kleines bisschen modernisiert, umstrukturiert oder neu ausgerichtet werden, um die Kosten zu senken und sie zu einem effizienteren Unternehmen zu machen. Das waren seine Gründe gewesen, um die Reise nach Delémont anzutreten. Der Erwerb dieser Fabrik war Teil seines größeren Vorhabens, ein Presswerk in der Nähe von Chicago zu erstehen.

Gracias war mit dem Werksleiter zum Abendessen verabredet, zu dem sich auch ein technischer Berater namens Tim Watkins gesellte. Watkins war schon Monate zuvor eingestellt worden, um den Betrieb am Laufen zu halten. Anfangs wusste Gracias nicht, was er von Watkins halten sollte. Der Ingenieur war gebürtiger Brite, hatte sein langes Haar zu einem Pferdeschwanz gebunden und sah ein bisschen wie Sean Connery in dem Film „Medicine Man" aus, nur ganz in Schwarz gekleidet. Außerdem trug er stets eine Gürteltasche bei sich. Beim Abendessen wurde Gracias jedoch schnell klar, dass Watkins und er sich sehr ähnlich waren und den gleichen Blick auf die Welt hatten. Sie lasen die gleichen Bücher und waren auch in Bezug auf Management und Technologie einer Meinung.

Gracias, damals 28, war mehr oder weniger zufällig in der Welt der Fertigung gelandet. In Detroit geboren, wuchs er im Westen Michigans bei seinen Eltern – beide Immigranten – auf.[1] Sein Vater war Neurochirurg, seine Mutter führte ein Dessous-Geschäft, in dem Gracias nach der Schule aushalf. Als Teenager kaufte er Aktien, so wie andere Jungs Baseballkarten sammelten, darunter auch welche von Apple, die sich als am wertvollsten erwiesen. Nachdem er zwei Jahre bei Goldman Sachs gearbeitet hatte, begann er 1995 mit dem Jurastudium. Jedoch nicht, weil er davon träumte, Anwalt zu werden, sondern weil seine Mutter gestorben war und es der Traum seiner Eltern war, dass alle ihre Kinder Ärzte oder Anwälte werden.

Als Student ließ ihn der Wunsch nicht los, sich als Unternehmer zu versuchen. Neben dem Studium gründete er also seine eigene Investmentfirma, MG Capital (benannt nach seiner Mutter Maria Gracias). Zwei Jahre später stieß ein Kollege und Freund dazu, den er bei Goldman kennengelernt hatte. Die Firma trieb 270.000 US-Dollar auf, dann legte Gracias noch 130.000 US-Dollar aus eigener Tasche drauf und verschaffte MG Capital somit einen guten Start.[2] Ihre erste Akquisition schien zu schön, um wahr zu sein: eine Galvanikfirma in Gardena, Kalifornien, die von einem Manager geführt wurde, der Erfahrung mit der Sanierung von in Schwierigkeiten geratenen Unternehmen hatte. Das bedeutete, dass Gracias sein Jurastudium problemlos fortsetzen konnte. Das Unternehmen war in ein Konkursverfahren verstrickt und so etwas wie ein verwaistes

Unternehmen, das niemand haben wollte. Unter Inkaufnahme massiver Schulden erwarb MG Capital es zum Wert der Aktiva (und nicht zu einem Vielfachen seines Jahresumsatzes von zehn Millionen US-Dollar, wie es normalerweise bei der Bewertung eines Unternehmens der Fall ist).

Doch schon bald wuchs den beiden die Situation über den Kopf. Gracias blieb weiterhin eingeschrieben, sah den Hörsaal aber nur im Ausnahmefall, da er meist in der Fabrik in Kalifornien arbeitete. Er verließ sich auf seinen engen Freund namens David Sacks, der ihn über das Studium in Chicago auf dem Laufenden hielt und ihm dabei half, sich auf die letzten Semesterprüfungen vorzubereiten, die ausschlaggebend für seine Abschlussnote waren. In Gardena arbeitete Gracias, der Unmengen der Kaffeespezialitäten von Starbucks in sich hineinschüttete, eng mit den Arbeitern zusammen, um herauszufinden, wie die Produktion des Unternehmens in einer Zeit gesteigert werden könnte, in der Galvanisieren vor allem von den Elektronikherstellern immer stärker nachgefragt wurde. Was zunächst wie ein tollkühner Schachzug aussah, entwickelte sich in kürzester Zeit zu einer Gelddruckmaschine mit einem Jahresumsatz von 36 Millionen US-Dollar – und weckte bei MG den Wunsch, noch mehr, viel mehr Unternehmen zu kaufen. Gesagt, getan. Als Gracias zum Abendessen in Delémont saß, hatte MG Capital bereits fünf Unternehmen erworben.

Mit dieser sprudelnden Einnahmequelle konnte es sich MG Capital sogar leisten, in ein Start-up namens Confinity zu investieren, bei dem sein Studienfreund Sacks gearbeitet hatte. Diese Firma fusionierte erst mit Musks X.com und wurde dann als Paypal weltweit bekannt. Und im Zuge dessen hatten sich Gracias und Musk kennengelernt.

Nach dem gemeinsamen Abendessen fuhren der Werksleiter und Watkins mit Gracias in die Fabrik, schließlich sollte sich Gracias ein Bild von seinem jüngsten Baby machen können. Es war schon spät an diesem Samstagabend, was sich aber für ihren spontanen Besuch als nützlich erweisen sollte, denn um diese Zeit war es dort am ruhigsten. Nacht- und Wochenendarbeit war gemäß Schweizer Arbeitsschutzgesetze grundsätzlich verboten. Als sie sich der Pforte näherten, war Gracias sehr überrascht, als er das Brummen von Maschinen hörte, das aus der dunklen Fabrik kam. Als dann drinnen das Licht anging und sich seine Augen an die Lichtverhältnisse gewöhnt hatten, konnte er nicht glauben, was er da sah: eine vollautomatische Fabrik. Die Maschinen liefen und keine Menschenseele war weit und breit zu sehen, nicht einmal zur Überwachung.

Gracias war um die ganze Welt gereist, um sich Fabriken anzuschauen und sich aus erster Hand über die neueste Technologie schlau zu machen, weil er die Fließbandgeschwindigkeit und die Prozesse verbessern wollte, aber so etwas hatte er noch nie gesehen. In einer Zeit, in der Personal Computer in den Werkshallen noch eine Seltenheit waren, hatte Watkins herausgefunden, wie man seine Fabrik automatisieren konnte. Er hatte Algorithmen entwickelt, die berechneten, wann die Systeme zur Wartung abgeschaltet werden mussten. Die Maschinen wurden so programmiert, dass sie vier Stunden am Stück liefen – ohne dass Mitarbeiter nötig waren. Dann begannen die Arbeiter ihre 8-Stunden-Schicht, woraufhin die Maschinen wieder ohne Personal liefen, und so weiter.

Watkins hatte also herausgefunden, wie man eine Fabrik rund um die Uhr betreiben konnte, an einem Ort, an dem normalerweise maximal 16 Stunden Arbeit erlaubt waren. Zudem konnte er damit die Betriebskosten senken.

„So etwas hatte ich noch nirgends gesehen", erinnerte sich Gracias.[3]

Gracias war zufällig über den größten Fund seiner Karriere gestolpert – nicht die Fabrik an sich, sondern der Erfindergeist, der dahintersteckte. Er verbrachte die nächsten Monate damit, Watkins davon zu überzeugen, bei MG Capital einzusteigen und sich dort um den wachsenden Bestand an Fabriken in den USA zu kümmern. Letzten Endes waren seine Bemühungen von Erfolg gekrönt, denn es war dieser Geschäftsbeziehung zu verdanken, dass Gracias und sein Geschäftspartner die Portfoliounternehmen von MG Capital mit einer neunfachen Rendite verkaufen konnten.[4] Mit dieser Erfolgsgeschichte war es kein Wunder, dass sie einen 120-Millionen-Dollar-Investmentfonds aus der Taufe heben konnten. MG Capital wurde in Valor umbenannt, mit Watkins als Partner an Bord. Die beiden wurden schnell Freunde und teilten eine Zeit lang sogar eine Wohnung in Chicago. Was sie verband, war ihr innerstes Bedürfnis, sich gemeinsam weiterzuentwickeln. Inzwischen hatten sie das Interesse an notleidenden Fabriken verloren und wollten lieber in Unternehmen investieren und den Eigentümern mit ihrer Expertise helfen, das Beste daraus zu machen.

Teil ihrer Geschäftsstrategie war es, sich immer bedeckt zu halten. Sie wollten kein Image aufbauen, das Gründer abschrecken könnte, weshalb sie die Öffentlichkeit weitgehend mieden. Was sie interessierte, waren nüchterne Dinge wie eine Automatisierung, die über Erfolg oder Misserfolg eines Unternehmens entscheiden konnten. Als Musk Gracias im Jahr 2005 vorschlug, (zusammen mit einigen anderen Freunden) in Tesla zu investieren, ergriff er die Gelegenheit beim Schopf.

So war es nicht verwunderlich, als Musk 2007 seinen Freund Gracias anrief und um Hilfe bat. Irgendetwas lief bei Tesla falsch. In jenem Jahr war Gracias auch in den Verwaltungsrat eingetreten und hatte bereits gemerkt, dass Martin Eberhard zunehmend mit den Führungsaufgaben, die bei dem wachsenden Unternehmen immer komplexer wurden, zu kämpfen hatte. Es trat zutage, dass der Gründer mit seinen Aufgaben überfordert war.

Genau an diesem Punkt kamen Gracias und Watkins ins Spiel. Musk brauchte sie, denn sie sollten sich in die Bilanzen des Unternehmens vertiefen, um ihm sagen zu können, was bei Tesla wirklich los war.

Im Silicon Valley ist es nicht ungewöhnlich, dass ein Start-up irgendwann so groß und komplex ist, dass der Gründer damit überfordert ist. 2007 war es bei Eberhard so weit. Er wusste es und Musk ebenfalls. Sie sprachen darüber, einen neuen CEO und zugleich ihren ersten Finanzchef einzustellen, ganz wie sie es seit ihrer Gründung vorhatten. Damit hätte Eberhard die Möglichkeit, sich auf die Entwicklung von Teslas nächstem Auto (nach dem Roadster) zu konzentrieren. Ein Schritt, der unumgänglich war, wenn sich das Unternehmen weiterentwickeln und nicht nur Spielzeug für reiche Menschen, sondern Autos für die breite Masse herstellen wollte, wie es Musks nicht ganz so geheimer Masterplan vom Vorjahr vorsah. Musk machte sich zunehmend Sorgen darüber, wie es mit dem Model S laufen würde, das intern den Codenamen WhiteStar trug. Dieses Fahrzeug entschied über das Schicksal von Tesla. Selbst unter Idealbedingungen wäre der Roadster nur etwas für gut eine Handvoll wohlhabender Early Adopters.

Das Model S dagegen war ein Mainstream-Auto, das ein Mainstream-Publikum ansprechen sollte. Es sollte der Öffentlichkeit all das zeigen, wofür Tesla stand. Fehler konnte sich das Unternehmen nicht leisten.

Ron Lloyd, der Projektleiter, kam aus der Tech-Industrie, aber er hatte ein Team aufgebaut, das hauptsächlich aus Autofans bestand. Er war sogar so weit gegangen, ein großes Büro in einem Vorort von Detroit einzurichten. Bei seinem ersten Besuch dort zeigte sich Musk durchweg unbeeindruckt.[5] (Unter ihren Verfehlungen: Einem Ingenieur unterlief ein Tippfehler in einer Präsentation.) Das junge Team, das sich aus ehemaligen Detroiter Autoherstellern und Zulieferern zusammensetzte, entwickelte eine andere Unternehmenskultur als die Ingenieure im Silicon Valley, die unter JB Straubel arbeiteten, was für die Mehrzahl von ihnen ihr erster oder zweiter Job nach dem Studium in Stanford war. Während Tesla anfangs die Ingenieure aus Detroit völlig ignoriert hatte, führte die Herausforderung, quasi das Rad neu erfinden zu müssen, zunehmend zu einer gewissen Abhängigkeit von ihnen. 2007 galt das Vorhaben, bei einem kalifornischen Start-up einzusteigen, das Elektroautos baut, als ziemlich radikal, vor allem in Detroit, das gerade mehrere äußerst erfolgreiche Jahre erlebt hatte, in denen die Verkaufszahlen der Autobauer neue Rekorde erreichten. Auch wenn sich langsam Risse im Fundament von GM und Ford zeigten, sprudelten die Einnahmen munter weiter. Eine Karriere als Ingenieur oder Führungskraft ging bei General Motors, Ford und DaimlerChrysler mit der Garantie einer lebenslangen Beschäftigung und einer lukrativen Betriebsrente einher. GM wurde oft scherzhaft als „Generous Motors" (generous bedeutet großzügig) bezeichnet. Die Vorstellung, einen solchen Job für ein Start-up aufzugeben, das vielleicht scheitert, war damals schwer zu verkaufen – was das Team im Silicon Valley eher amüsierte, denn für sie war das Risiko, den Job zu verlieren, um im Gegenzug eine dicke Abfindung zu erhalten, ganz normal. In ihrem Umfeld wurden Risiken belohnt und Scheitern war Teil des Spiels – solange man mit einer neuen guten Idee wieder auf die Füße kam.

„Feuern Sie das ganze Team. Jeden einzelnen!", wies Musk Eberhard an, als sie das Büro verließen. Wie viele von Musks Anweisungen ignorierte Eberhard auch diese. Er brauchte das Team ja schließlich.

In Musks Augen konzentrierte sich das Team in Detroit zu sehr auf die Kosten, was zulasten der Qualität ging. Sie schwärmten von einem Deal, den sie mit Ford über bestimmte Teile aus dessen Limousinenprogramm Sedan geschlossen hatten. Die Erfahrung mit dem Roadster hatte Tesla gelehrt, dass man nicht einfach eine Karosserie von einem anderen Autohersteller kaufen, ein paar Änderungen daran vornehmen und erwarten kann, dass alles klappt. Jede Änderung, die sie vornahmen, damit das Auto nach Tesla aussah, verursachte zusätzliche Kosten. Also versuchte das Team in Detroit es den großen Autoherstellern nachzutun: Sie bauten ein Auto aus Teilen, die schon längere Zeit auf dem Markt waren, weil sie davon ausgingen, dies sei billiger als einzigartige Teile von Zulieferern zu kaufen, die ohnehin nur ungern mit dem kleinen Emporkömmling zusammenarbeiten wollten. Im Grunde nahmen sie ein Lego-Auto auseinander und konfigurierten die Teile nach ihren Vorstellungen von dem Endprodukt. Das Problem war, dass Musk damit nicht zufrieden war.

Musk beschwerte sich über Lloyd bei Eberhard, der die wenig beneidenswerte Aufgabe hatte, das magere Budget mit Musks extravagantem Geschmack in Einklang zu bringen. „Ich habe Ron oft sagen hören, dass es [das Model S] nicht wie andere 50.000-US-Dollar-Autos aussehen kann, weil nach den exorbitanten Kosten für die Batterien nur noch verdammt wenig Geld da ist“, schrieb Musk eines Nachts im Frühjahr 2007.[6] „Wenn wir uns von dieser Einstellung nicht verabschieden, bauen wir ein echt mieses Auto. Deshalb habe ich die geschätzten Kosten eines Elektroantriebs in Luxusautos heruntergeschraubt. Ich bin mir ziemlich sicher, dass der tatsächliche Preisunterschied zwischen unserem Elektroantrieb und dem Antrieb eines Luxus-Benziners nicht annähernd so groß ist wie gedacht.“

Elon brachte seine Bedenken auf den Punkt. „Mir geht es vor allem um eines: Unsere Jungs sollten wissen, dass die meisten amerikanischen Autos scheiße sind. Sie müssen sich im Klaren darüber sein, wie man das ändern kann. Sind sie denn in der Lage, beurteilen zu können, wie ein tolles Endprodukt aussehen muss und wie nicht?“

Trotz seiner Unzufriedenheit mit dem Team in Detroit wusste Musk nur allzu gut, dass Erfahrung mit der Automobilbranche enorm wichtig für Tesla war. Ihm gefiel die Idee, einen CEO einzustellen, der nachweislich

Erfahrung darin hatte, mit wenig Geld ein cooles Auto auf den Markt zu bringen. Der Roadster hatte ihm gezeigt, wie schnell die Kosten aus dem Ruder laufen konnten. Nach wie vor gefielen Musk einige der Teile nicht, die auf sein Drängen hin optimiert worden waren und dabei hohe Kosten verursacht hatten. Seiner Meinung nach war der Innenraum des Roadsters mit dem eines Kleinwagens vergleichbar, nur dass das Preisschild eines Luxusschlittens daran klebte.

Während Musk noch am Überlegen war, welcher der Bewerber für den Posten als CEO geeignet wäre, las er einen Artikel über den Produktentwickler Hau Thai-Tang, in dem es um seine Leistungen bei Ford ging. Im Jahr 2005 dürfte jeder in der Automobilbranche von Thai-Tang gehört haben, denn er war für die Entwicklung des neuen Ford Mustang verantwortlich, ein Projekt, das bis dahin unter Verschluss gehalten worden war und nun von der Presse in höchsten Tönen gelobt wurde. Musk konnte es einrichten, Thai-Tang für ein Wochenende ins Silicon Valley zu lotsen, damit er sich Tesla ansehen und eine Probefahrt mit dem Roadster machen konnte. Eberhard hatte nur selten jemanden mit einem derart aggressiven Fahrstil gesehen. Gleich nach dem Aussteigen rasselte Thai-Tang herunter, wo noch überall etwas nachgebessert werden musste, um die Fahrdynamik zu verbessern – an der Aufhängung, zudem lastete zu viel Gewicht auf der Hinterachse und so weiter. Aber er geizte auch nicht mit Lob. „Das ist wirklich ein tolles Auto."

Thai-Tang war zur Enttäuschung von Musk und Eberhard letztlich aber nicht daran interessiert, Ford den Rücken zu kehren.*

Dennoch gingen Musk und Eberhard gestärkt aus diesem Treffen hervor: Sie waren auf dem richtigen Weg. Thai-Tang half ihnen nämlich auf andere Weise, indem er einen Headhunter empfahl, der die Suche nach einem CEO übernahm.

Schließlich sickerte das Gerücht über Teslas Suche nach einem Nachfolger für Eberhard durch. Zwei Reporter wandten sich im Juni an die

---

* Im Frühjahr 2007 entsandte ihn Ford als Leiter der Produktentwicklung nach Südamerika, ein Sprungbrett für weitere Aufstiegschancen. 2019 hatte Thai-Tang es zum Topmanager der Produktentwicklung bei Ford gebracht.

PR-Abteilung des Unternehmens. Eberhard war mehr als unglücklich, dass es bei Tesla eine undichte Stelle gab, weshalb er sich in einer E-Mail an den Verwaltungsrat darüber beschwerte. „Ich habe keine Ahnung, wie diese Information nach außen gelangt ist, aber es können nur der Verwaltungsrat oder der Headhunter gewesen sein. Unnötig zu erwähnen, dass es für mich besonders schwierig ist, meinen Job zu machen, wenn diese Geschichte in der Öffentlichkeit bekannt ist und dauernd Pressevertreter anrufen, um meine Leute über meinen bevorstehenden Rauswurf zu befragen. Sie können sich ja vorstellen, wie sich das auf meine Motivation auswirkt, weiterhin mein Bestes zu geben."

Musk winkte ab und sagte, dies sei keine „große Überraschung", wenn man bedenkt, wie sehr Tesla inzwischen im Rampenlicht stehe. „Am besten wir stellen uns unserer neu gewonnenen Aufmerksamkeit und freuen uns darüber, ganz wie es damals Larry [Page] und Sergey [Brin] bei Google getan haben", schrieb Musk und wies noch darauf hin, dass die Google-Gründer das operative Geschäft Eric Schmidt in seiner Funktion als CEO übergeben hatten. „Jeder wusste, dass sie auf der Suche nach einem CEO waren, was ganz schön lang gedauert hat. Doch Larry hat den Laden in dieser Zeit hervorragend geschmissen."

Letzten Endes besprachen sie die Angelegenheit unter vier Augen. Eberhard war nach wie vor überzeugt, dass ein Mitglied des Verwaltungsrats diese Informationen weitergegeben hätte. „Ein bisschen Verständnis hätte mir gutgetan", sagte er zu Musk. „Tesla Motors war in den letzten fünf Jahren mein Leben. Es tut weh, aus der Presse zu erfahren, dass mich der Verwaltungsrat feuern will (genau so stand es in dem Artikel)."

Musk versuchte ihn zu trösten und sagte, er sei gern bereit, den Eindruck zu korrigieren, er solle gefeuert werden. „Fakt ist, dass die Suche nach einem neuen CEO vor einigen Monaten von Ihnen selbst ins Rollen gebracht wurde. Im Übrigen habe ich Sie ermutigt, die Karten zu einem bestimmten Zeitpunkt offen auf den Tisch zu legen, auch wenn ich mich nicht allzu sehr dafür ins Zeug gelegt habe."

Eberhard wusste, dass er auf Unterstützung angewiesen war, aber er wollte die Bedingungen für seine neue Funktion selbst festlegen. Der Vergleich mit den Gründern von Google hinkte. Zwar traf zu, dass sie das operative Geschäft abgaben, aber sie behielten dank zweier Aktiengattungen, die ihnen eine Mehrheitsbeteiligung sicherte, auch nach dem Börsengang die Kontrolle über das Unternehmen. Auf Eberhard traf das eben nicht zu. Der größte Anteilseigner von Tesla war nach wie vor Musk, der damit auch über Eberhards Zukunft bei Tesla entscheiden konnte.

Obwohl Eberhard die Sache ziemlich unangenehm war, wollte er sich nichts anmerken lassen. Am 19. Juni berief er eine Mitarbeiterversammlung ein und präsentierte eine lange Liste von Problemen, die gelöst werden mussten, bevor die Produktion beginnen konnte. So stand an, die Mängel am 2-Gang-Getriebe zu beseitigen und ein kleines Händlernetz aufzubauen. Außerdem musste das Auto zuverlässiger funktionieren und es galt, kleinere Probleme mit der Konstruktion zu beheben und Teile an die Fabrik in Großbritannien zu liefern.

„Konzentrieren Sie sich voll und ganz auf Mangel Nummer 1", verdeutlichte Eberhard seinen Leuten. Alle ihre Jobs stünden auf dem Spiel, ganz zu schweigen vom „Überleben der Elektroautos" und der „Zukunft des Transportwesens".

Offenbar wollte er dieser Aussage Nachdruck verleihen, weshalb er dem Team kurz darauf eine weitere E-Mail schickte. „[GM-CEO] Rick Wagoner sagte letzten November, dass diese unsere Zeit den Wendepunkt für die Automobilbranche darstelle, denn der Umstieg vom Verbrennungsantrieb zum Elektroantrieb sei genauso bedeutsam wie der Umstieg von Pferden zu Pferdestärken. Wenn wir mit der Markteinführung des Roadsters Erfolg haben, werden Sie und Tesla Motors als die Initiatoren dieses Wandels in den Geschichtsbüchern stehen. Wenn nicht ... nun, denken Sie an Tucker und DeLorean. Wir sind besser, als sie es waren, und der Roadster ist deren Autos haushoch überlegen. Na los, zeigen wir es ihnen!"

Tim Watkins konnte einerseits unglaublich höflich sein, nahm aber andererseits kein Blatt vor den Mund. Er war unglaublich detailverliebt und so diszipliniert wie kaum jemand. Noch bevor es zum allgemeinen Trend wurde, war er überzeugt, dass es gesundheitsschädigend sein könnte, wenn der Blutzuckerspiegel zu hoch war. Deshalb achtete er peinlichst genau darauf, welche Lebensmittel er in welchen Mengen über den Tag verteilt zu sich nahm. In seiner Hüfttasche befanden sich Haferflocken aus einem Laden in der Nähe des Hauses seiner Mutter in Großbritannien. In den letzten Jahren war er ständig unterwegs gewesen, da Gracias ihn grundsätzlich dorthin schickte, wo es brannte. Sein Job war sehr anstrengend, da er oft unbequeme Wahrheiten aussprechen musste und daraufhin so mancher Mitarbeiter entlassen wurde. Im Laufe der Jahre hatte er so einige seltsame Gewohnheiten entwickelt. Sobald er an einem Einsatzort angekommen war, ging er in ein Bekleidungsgeschäft und kaufte eine Packung schwarzer T-Shirts und eine schwarze Jeans. Sobald er mit seinem Auftrag fertig war, warf er beides weg, als würde er sich häuten wie eine Schlange. Und beim nächsten Auftrag ging das Spiel von vorn los.

Schon kurz nach seiner Ankunft im Juli 2007 im Hauptquartier von Tesla in San Carlos entdeckte er einen ziemlichen Missstand, woraufhin er sich sofort mit Gracias in Verbindung setzte: Tesla hatte keine Stückliste für die Fahrzeugteile – es gab nicht einmal eine simple Buchführung über jedes Teil, das in dem Auto verbaut wurde, und den dafür ausgehandelten Preis. Als Erstes müsste er eine solche Stückliste erstellen. Doch das war längst noch nicht alles: Führungskräfte von Lotus gaben zu bedenken, dass der Roadster nicht wie geplant Ende August in Produktion gehen würde. Tesla hatte bei einigen Teilen, die die Zulieferer herstellen sollten, noch immer nicht die endgültige Version genehmigt. Und das Team war noch mit dem 2-Gang-Getriebe beschäftigt.

Während Watkins also den Laden unter die Lupe nahm, tat Eberhards Team das Gleiche, wodurch quasi ein Wettlauf entstand, wie es um die Finanzen des Unternehmens bestellt war. Tesla hatte neue Mitarbeiter für die Finanzabteilung eingestellt, da der Börsengang anstand und noch jede Menge zu tun war, was Ryan Popples Aufgabe war. Der frischgebackene Absolvent der Harvard Business School merkte jedoch schon in seiner ersten Woche, dass nicht alles Gold war, was bei Tesla glänzte. Als Erstes sollte er ein Finanzmodell des Unternehmens erstellen – ein Dokument, aus dem die finanzielle Lage des Unternehmens hervorging. Als er darum bat, einen Blick auf das aktuelle Finanzmodell werfen zu dürfen, bekam er zu hören, was für ein Blödsinn dieses Modell sei. Popple hörte sich in jeder Abteilung um und fragte bei Straubel und anderen höheren

Angestellten nach deren Abteilungsbudget. So gut wie immer bekam er zur Antwort: „Ich habe keine Ahnung. Darüber hat nie jemand auch nur ein Wort verloren."

Ende Juli war die Analyse der Finanzabteilung mithilfe eines externen Beraters fertig, und sie wussten nun, wie die Dinge standen. Sie schickten den Bericht an die Mitglieder des Verwaltungsrats, in dem es hieß, dass sich allein die Materialkosten für jedes einzelne der ersten 50 Fahrzeuge auf 110.000 US-Dollar beliefen. Dave Lyons und JB Straubel aus der Entwicklungsabteilung drängten auf eine Senkung der Kosten, doch die Finanzabteilung ging davon aus, dass die Stückkosten sinken könnten, je mehr Autos produziert würden. „Ihr müsst daran arbeiten und dann haben wir hoffentlich in ein paar Wochen ein Update und können die ‚echten' Kosten des Autos bei der Massenproduktion einschätzen", hieß es in dem Bericht, der auch eine Prognose darüber enthielt, wie lange die finanziellen Mittel von Tesla noch reichen würden. Obwohl das Unternehmen im Mai 45 Millionen US-Dollar aufgenommen hatte, sah es jetzt so aus, als wäre im September desselben Jahres kein Geld mehr da. Allerdings waren die 35 Millionen US-Dollar, die das Vertriebsteam bei der ersten Präsentation an Anzahlungen eingenommen hatte, nicht miteingerechnet. Bis Jahresende wäre aber auch dieses Geld ausgegeben, außer sie könnten irgendwie das Ruder herumreißen.

Anders ausgedrückt, Tesla steckte in finanziellen Schwierigkeiten – schon wieder. Anstatt im Mai die ganzen 80 Millionen US-Dollar aufzubringen, worauf Musk gedrängt hatte, hatte der Verwaltungsrat darauf gesetzt, dass Tesla es noch ein weiteres Jahr schaffen könnte, wenn sie alle den Gürtel enger schnallen würden. Doch wie sie jetzt wussten, waren ihre Kostenschätzungen weit von den tatsächlichen entfernt. Sie mussten eine bittere Pille schlucken: Vor allem in der Automobilindustrie kostet die Entwicklung eines neuen Produkts eine hübsche Stange Geld.

Der Bericht stellte einen weiteren Punkt klar: Sie hatten immer noch keinen erfahrenen CFO eingestellt, der diese Ergebnisse hätte vorhersehen können. Darüber hinaus gab es kein Buchhaltungssystem, um die Kosten Cent für Cent zu erfassen. In der Mitarbeiterversammlung nach Bekanntgabe der Analyse ließ Eberhard seinem Unmut freien Lauf.

„Wenn das alles stimmt“, sagte Eberhard zu seinem Fertigungsleiter, „sind wir beide gefeuert.“[7]

Im Juli musste sich Eberhard vor einem mehr als unzufriedenen Verwaltungsrat rechtfertigen, der vehement dagegen war, den Roadster weiterhin für 65.000 US-Dollar zu verkaufen, wenn allein das Batteriepack mehr als 20.000 US-Dollar kostete. Einen Monat später brauten sich noch dunklere Gewitterwolken über Eberhard zusammen. Watkins' erste Ergebnisse lagen dem Vorstand vor und zeichneten ein viel düstereres Bild, als dies bei den internen Kostenschätzungen der Fall gewesen war. Laut seinen Berechnungen kostete die Produktion eines Fahrzeugs bei einer Stückzahl von 100 rund 120.000 US-Dollar – ohne Gemeinkosten gerechnet.[8] Sicherlich würde es mit steigender Produktion kostengünstiger werden, aber von profitabel zu sprechen, war utopisch. Bei den geplanten Stückzahlen des Unternehmens würde jedes Fahrzeug, einschließlich Gemeinkosten, schwindelerregende 150.000 US-Dollar kosten. Was noch schlimmer war, Watkins sah keine Möglichkeit, im Herbst mit der Produktion zu beginnen.

Der Vorstand war schockiert. Eberhard wollte sich nicht damit abfinden, doch letzten Endes musste er die Segel streichen. Sein Schicksal war besiegelt. Am 7. August rief Musk Eberhard an, der zu diesem Zeitpunkt nach L.A. unterwegs war, um eine Pressekonferenz zu geben. Musk hatte keine guten Nachrichten, sondern teilte ihm mit, dass bereits ein Nachfolger mit scharrenden Hufen bereitstand. Michael Marks, der erst vor Kurzem in Tesla investiert hatte, übernähme die Funktion eines Interims-CEO. Als CEO von Flextronics hatte er das Unternehmen zu einem Global Player der Elektronikfertigung gemacht und sich dann in den Ruhestand verabschiedet. Tesla hatte ihn da rausgelockt.

Eberhard war mehr als überrascht, das zu hören. Er rief die anderen Mitglieder des Verwaltungsrats an und erfuhr, dass diese Entscheidung für alle aus heiterem Himmel kam. Musk berief für den 12. August eine Sitzung des Verwaltungsrats ein, um Eberhards Ausscheiden als CEO absegnen zu lassen und seine neue Position als President der Technologieabteilung bekannt zu geben. Doch in Musks Kopf war alles schon dingfest. Er instruierte einige seiner Kollegen am Vorabend des Treffens. „Martin scheint sich ganz auf sein Image in der Öffentlichkeit und auf seine Position bei Tesla zu konzentrieren, anstatt die dringlichsten Probleme zu lösen. Ich möchte, dass Sie Martin auffordern, seine ganze Energie in den Roadster zu stecken, damit er mangelfrei funktioniert und rechtzeitig ausgeliefert werden kann. Er scheint nicht zu kapieren, dass er sich keine Gedanken um seinen Ruf oder seinen Posten machen muss, wenn er erst mal alle technischen Probleme des Roadsters gelöst hat."[9]

Noch vor seinem offiziellen Arbeitsbeginn fuhr Marks nach San Carlos und machte sich ein Bild von dem Chaos, das dort herrschte. Am 8. August schrieb er Musk, dass sie sich unbedingt treffen müssten. „Wir wissen ja beide, dass es viele Probleme bei Tesla gibt, aber ich hatte ja keine Ahnung, wie dringlich und angsteinflößend sie sind."[10]

7

DER BUCKELWAL

JB Straubel saß mit dem frischgebackenen neuen CEO von Tesla, Michael Marks, in einem gecharterten Jet und war auf dem Weg nach Detroit. Mit an Bord war auch Martin Eberhard, der kurz zuvor seines Postens enthoben worden war. Mit dem ovalen Gesicht, dem zurückweichenden Haaransatz und auch, weil man es ihm ansah, wie anstrengend die Leitung eines globalen Unternehmens war, vermittelte Marks den Eindruck, er wäre der Einzige, der den Kinderschuhen schon entwachsen war. Dies fiel vor allem dann ins Auge, wenn er mit Dutzenden von jungen Ingenieuren zusammenarbeitete, die gerade erst ihren Abschluss in Stanford gemacht hatten und für die die Arbeit bei Tesla ihr erster richtiger Job war. Marks war ein alter Hase, der über ein Jahrzehnt den Elektronikkonzern Flextronics geleitet hatte, der unter anderem Xbox-Spielkonsolen für Microsoft, Drucker für Hewlett-Packard und Mobiltelefone für Motorola herstellte. Martin Eberhard und Marc Tarpenning waren davon ausgegangen, dass es in der Welt der Automobile für ihren Roadster auch Hunderte solcher Unternehmen geben würde, doch da hatten sie sich getäuscht. Es gab bestenfalls eine Handvoll davon.

Der neue Chef verschwendete keine Zeit und legte gleich los. Bei einer Versammlung schimpfte er über die Belegschaft, weil sie den Eindruck erweckte, alles zu locker zu nehmen. „Mir ist so manches an dieser Firma aufgefallen und ich kann nur sagen, so vielversprechend sie auch ist, aber die Mitarbeiter sind nicht gerade die fleißigsten", fällte er sein Urteil.[1] „Ich werde offizielle Bürozeiten einführen und erwarte, dass alle dann an ihren Schreibtischen sitzen."

Die Markteinführung des Roadsters wurde von August auf Anfang des kommenden Jahres verschoben, was dem Team mehr Zeit gab, alle Probleme abzuarbeiten und nach Einsparpotenzial zu suchen. Außerdem erstellte der CEO eine „Marks-Liste" mit den dringlichsten Problemen, die als Erstes gelöst werden mussten, darunter das Getriebe, das den Ingenieuren nach wie vor Kopfschmerzen bereitete. Marks hatte viel Erfahrung mit der Produktion, aber die Autobranche war unbekanntes Terrain für ihn. Glücklicherweise wusste er, wen er um Rat bitten konnte: Rick Wagoner, CEO von GM.

Die beiden hatten zur gleichen Zeit die Harvard Business School besucht, und Marks hatte den Kontakt zu Wagoner während seiner Zeit bei Flextronics nicht abbrechen lassen. So kam es, dass Straubel, der Fachmann für Batterien, in einem Privatjet nach Detroit flog.

Das Team wurde am Flughafen abgeholt und in mehreren schwarzen Autos zur GM-Zentrale, dem Renaissance Center, in Downtown gebracht. Das Hochhaus hob sich deutlich vom restlichen, weitgehend verlassenen Stadtzentrum ab. Einst das Paris des Westens Amerikas, musste die Stadt zusehen, wie nach und nach immer mehr ihrer tollen Gebäude leer standen. Jahrelang hatte sich niemand mehr darum gekümmert, weshalb bei einigen Gebäuden Bäume auf den Flachdächern wuchsen – in schwindelerregender Höhe.

Die Fahrzeugkarawane fuhr in eine Garage, die nur Führungskräften von GM vorbehalten war, und die Männer stiegen in den Aufzug, der sie in die oberste Etage des Gebäudes brachte, wo sich das Büro des CEO befand. Von dort aus hatte man einen wunderbaren Blick auf den Detroit River. Auf den Fensterbänken standen Miniaturmodelle der von GM hergestellten Fahrzeuge. Wagoner, der im ersten Semester seines Studiums Basketball an der Duke University gespielt hatte, begrüßte das Trio freundlich. Er hatte sein Leben lang ausschließlich für GM gearbeitet und sich von der Finanzabteilung über mehrere Stationen im Ausland zum CEO hochgearbeitet.

Zur Zeit ihres Besuchs im Jahr 2007 ging es GM alles andere als gut. Der Autobauer hatte jahrelang rote Zahlen geschrieben und litt unter den hohen Arbeitskosten und den Unsummen, die er für Betriebsrenten aufbringen musste, was sogar die Zukunft des Unternehmens infrage stellte. Zudem gingen auch noch die Verkaufszahlen zurück. Dennoch zeigte sich Wagoner zuversichtlich, dass der Autohersteller auf dem besten Weg war, das Ruder herumzureißen – auch wenn die Gerüchteküche vom kommenden Bankrott schwadronierte.

So etwas hatte Straubel noch nie gesehen: weder die abgeschlossene kleine Welt, in der Wagoner zu leben schien, noch den extravaganten Konferenzraum, in dem er sich gerade befand, geschweige denn das schön angerichtete Mittagessen, das von einem Catering-Service gebracht worden war. Er hatte sich schon schwergetan, ein dem Anlass entsprechendes Jackett in seinem Kleiderschrank zu finden. Zum ersten Mal sah er, womit Tesla es aufnehmen musste: einem riesigen Konzern, der ihm völlig fremd vorkam im Vergleich zu der Arbeit, die er noch vor nicht allzu langer Zeit in seiner Garage gemeinsam mit Freunden erledigt hatte. Im Laufe des Gesprächs erzählte Marks Wagoner, in der Hoffnung, sein Freund könne ihm helfen, von Teslas Problem mit dem Getriebe.

„Das kenne ich", sagte Wagoner, „Probleme mit dem Getriebe sind seit 80 Jahren unser Dauerbrenner."[2]

Straubel war nicht ganz klar, was sich Marks von der Reise erhoffte. Doch er hatte sehr wohl mitbekommen, wie sich immer mehr Spannungen zwischen Marks und Eberhard aufbauten. Die beiden verbrachten einen Großteil der Reise damit, sich zu streiten. Eberhards Degradierung vom CEO zum President war nicht glatt über die Bühne gegangen und die Belegschaft war zwischen beiden Seiten hin- und hergerissen. Viele waren schon lange mit Eberhard befreundet und hielten ihm die Treue, andere waren der Meinung, dass es Zeit für einen neuen Mann an der Spitze des Unternehmens war.

Ihr Konflikt deutete auf einen weiteren Riss hin, der sich durch das Unternehmen zog. Als Eberhard Musk seine Idee von einem elektrischen Sportwagen schilderte, hatte es den Anschein, als hätten sie die gleiche

Vision von dem, was aus ihrem Unternehmen einmal werden könnte. Doch mit jedem hart erkämpften Meilenstein lauteten die Zielsetzungen des Unternehmens – oder vielmehr die von Musk: schneller, höher, weiter. Und diese Vorgaben prallten mit aller Wucht auf die Realität: Der Roadster war ein Fiasko und drohte, sämtliche Zukunftspläne zunichtezumachen. Marks hatte die wenig beneidenswerte Position inne, herauszufinden, wo Tesla im Augenblick stand. Er konnte sich nicht den Luxus leisten, darüber nachzudenken, was einmal aus Tesla werden könnte, schließlich war es sein Job, das Unternehmen *jetzt* zu retten. Er würde einen anderen Weg vorschlagen als den, den Musk sich vorgestellt hatte, und damit würde er auch sein eigenes Schicksal besiegeln.

Hinter Wagoners Interesse daran, wie die Geschäfte für Tesla liefen, steckte mehr als nur der Wunsch, einen alten Freund zu treffen. Das Debüt des Roadsters vor etwas mehr als einem Jahr hatte auch bei GM hohe Wellen geschlagen. 2001 hatte Wagoner Bob Lutz, mit dem er während seiner Zeit bei Chrysler an der Marktreife des Viper gearbeitet hatte, als stellvertretenden Unternehmenschef mit an Bord geholt, weil er überzeugt war, frischer Wind täte dem Autohersteller gut. Lutz' erster cleverer Schachzug war es, den jungen Designer Franz von Holzhausen, der seinerzeit am kalifornischen Standort von GM beschäftigt war, mit der Konstruktion eines zweitürigen Roadsters, den Pontiac Solstice, zu betrauen. (Von Holzhausen wurde kurz darauf zum Direktor der nordamerikanischen Designabteilung von Mazda befördert.) Lutz hatte gehofft, die ganze Autobranche auf der Detroit Auto Show 2002 mit dem Solstice zu beeindrucken – und damit aller Welt zu zeigen, dass der riesige Autobauer es noch draufhatte und sein Kampfgeist noch nicht erloschen war.

Als Lutz mitbekam, dass Tesla – ein unbekanntes Start-up-Unternehmen in Kalifornien – einen vollelektrischen Roadster auf den Markt brachte, war er maßlos enttäuscht und wütend, weil sein Team das nicht geschafft hatte. „Das hat mich förmlich umgehauen", erinnert sich der damals 75-jährige Lutz.[3] „Wenn irgendein Start-up aus dem Silicon Valley diese Gleichung lösen kann, kann mir keiner mehr weismachen, dass das nicht machbar ist."

Lutz, ein ehemaliger Kampfpilot der Marine, war definitiv alles andere als ein Umweltschützer. Er tat die drohende globale Klimaerwärmung als „ausgemachten Blödsinn" ab, und um das zu unterstreichen, stand ein massiver V16-Motor in seinem Büro. Aber er hatte so viel Ahnung von Marketing wie kaum jemand seines Alters. Ihm war klar, dass GM Pfründe verloren hatte – nicht an Klein-Tesla, ein Unternehmen, dem kaum einer in Detroit Erfolgschancen einräumte, sondern an einen viel stärkeren Gegner: Toyota. 2006 hatte Toyota den alteingesessenen Autobauer von seinem Thron gestoßen (auf dem er 76 Jahre in Folge saß) und als Hersteller der weltweit meistverkauften Autos abgelöst. Es lag vor allem an Toyotas Hybrid-Limousine Prius, dass Toyota nun als innovatives Unternehmen galt und GM weiterhin als Dinosaurier der Branche. Das Unternehmen aus Detroit übernahm im selben Jahr sogar die Rolle des Bösewichts in dem Dokumentarfilm „Warum das Elektroauto sterben musste", der den Autohersteller in ein wenig schmeichelhaftes Licht rückte, weil er ja selbst den Stecker seines EV1 gezogen hatte.

Monate vor Straubels Besuch in Detroit stand Lutz in einem tadellos sitzenden grauen Anzug mit frisch gestärktem weißen Hemd samt lila Krawatte bei einer von den Medienvertretern sehnlich erwarteten Pressekonferenz während der Detroit Auto Show 2007 auf der Bühne, um GMs eigene Vorstellung von einem Elektroauto zu enthüllen: den Chevrolet Volt. Die Reichweite der Limousine lag bei rund 60 Kilometern, danach würde der Benzinmotor Strom erzeugen, sodass die Fahrt weitergehen könnte. Diese Hybridform galt als Lösung eines Problems, das Straubel noch immer Kopfschmerzen bereitete, nämlich die hohen Batteriekosten.

Der Volt und der Roadster spielten in unterschiedlichen Ligen. Während es bei dem Roadster um Sexiness und Prestige ging, wollte der Volt die Pendler ansprechen. Und während Tesla mit nur ein paar Cent auskommen musste, konnte GM auf enorme Ressourcen und eine jahrzehntelange Erfahrung im Automobilbau zurückgreifen. Dennoch war die Botschaft für jeden klar, der Tesla auf dem Schirm hatte. Die Goliaths waren aus ihrem Dornröschenschlaf aufgewacht.

Tesla hatte zwar noch nicht mit der Produktion des Roadsters begonnen, konzentrierte sich aber schon auf den nächsten Schritt. Ein externes

Designbüro – Fisker Coachbuild – hatte den Auftrag für einen Entwurf, wie das Model S aussehen sollte, erhalten. Henrik Fisker, ein dänischer Experte für Design und Konstruktion, hatte das Unternehmen erst zwei Jahre zuvor gegründet. Einen Namen gemacht hatte er sich als Leiter der Designabteilung von Aston Martin für seinen Entwurf des Konzeptfahrzeugs V8 Vantage. Außerdem brachte er das Coupé DB9 auf den Markt. Beide Autos hatten viel Aufmerksamkeit erregt. Mit der Entscheidung für Fisker blieb Tesla seinem Erfolgskonzept treu und setzte erneut auf ein Design, bei dem es weniger um die allerneueste Technologie ging, sondern vielmehr um Nervenkitzel und Adrenalin.

Diesmal würden sie ihr E-Auto, das Model S, von Grund auf neu bauen, was sie eine hübsche Stange Geld kosten würde, wie sich schon bald abzeichnete. Der Verwaltungsrat wollte rund 120 Millionen US-Dollar dafür ausgeben und Ron Lloyd war Tag und Nacht damit beschäftigt, darüber nachzudenken, wie sich diese Vorgabe umsetzen ließe. Tesla hatte seine Lektion ja gelernt: Viele der vermeintlichen Kosteneinsparungen für den Roadster, wie die Zusammenarbeit mit externen Anbietern oder der Einkauf in großen Mengen, funktionierten nicht wie gedacht. Doch es musste andere Möglichkeiten geben. Könnten sie ihr eigenes Auto bauen, ohne dafür eigens eine Fabrik für Unsummen errichten zu müssen? Könnten sie Fahrzeugteile aus dem Katalog eines etablierten Autokonzerns bestellen und damit ihr eigenes Auto zusammensetzen, wie es dem Detroiter Team bei seiner geplanten Partnerschaft mit Ford vorschwebte? All das waren mehr oder weniger unkonventionelle Ideen, die leider auch unkonventionelle Probleme nach sich zogen.

Tesla war ja in der Überzeugung gegründet worden, dass vollelektrische Autos die Zukunft wären. Doch langsam hegte das für das Model S zuständige Team Zweifel daran, ob es möglich wäre, den Weg in diese Zukunft zu bahnen – zumindest was den nächsten Akt anbelangte. Noch immer hatten sie keine Ahnung, wie sie eine akzeptable Reichweite mit erschwinglichen Batteriekosten unter einen Hut bringen sollten. Das Hybrid-Fahrzeug von GM war die logische Konsequenz aus dieser Anforderung. Lloyd informierte Fisker über die Details eines Plug-in-Hybrids – die als streng geheim galten, die aber jedes Team berücksichtigen musste, damit das Konzeptfahrzeug

Platz für einen herkömmlichen Kraftstofftank und einen Verbrennungsmotor, aber auch für Batterien und einen Elektromotor bot.

Bei Tesla wurde nun also vor allem an der Entwicklung des Model S gearbeitet, doch die Entwürfe von Fisker stießen auf Ablehnung. Lloyd war mehr als enttäuscht und lästerte bei seinen Kollegen über die Frontpartie mit dem abgerundeten Kühlergrill. Zwischen den geraden und ansprechenden Linien des Aston Martin und Fiskers neuem Konzept lagen Welten. „Ich habe keine Ahnung, was die vorhaben", sagte Lloyd. „Wieso ist dieses Auto dermaßen hässlich?"

Während einer Vorstellung des Designs im Fisker-Studio stellte sich heraus, dass Musk Lloyds Unzufriedenheit teilte. Im Laufe der Präsentation bearbeitete er ein Foto eines tief liegenden zweitürigen McLaren-F1-Sportwagens mit Photoshop und streckte das Fahrzeug, sodass es einer viertürigen Limousine ähnelte. Daraufhin marschierte Henrik Fisker zu einem Whiteboard, wo er die Silhouette einer nach herkömmlichen Maßstäben schönen Frau zeichnete. „Alle Modedesigner entwerfen ihre Kleidung für Frauen mit dieser Figur ", sagte Fisker, wie sich einer der Teilnehmer erinnerte. Dann zeichnete er den Umriss einer Frau mit einer birnenförmigen Figur. „Letztendlich werden die Kleider dann aber so geschneidert, dass sie auch dieser Frau passen, schließlich wollen sie sie ja verkaufen. Doch das eine hat mit dem anderen kaum noch etwas gemeinsam." Musk lief vor Wut knallrot an.

Fisker verteidigte seinen Entwurf und sagte, das Problem liege in der Aufgabenstellung. Tesla wollte ein mittelgroßes Fahrzeug, ähnlich dem 5er BMW, und die Batterien sollten unter der Fahrgastzelle untergebracht werden. Dafür musste die Dachlinie auf wenig ansprechende Weise nach oben ausweichen, was dem Fahrzeug wegen seiner bauchigen Optik bei einigen Führungskräften den Spitznamen „Buckelwal" einbrachte.[4]

Das Aussehen des Autos würde jedoch keine Rolle mehr spielen, wenn Tesla das Geld für die Entwicklung und die Fertigung des Autos ausginge. Als Marks sich die finanzielle Lage des Unternehmens näher ansah, war ihm sofort klar, dass Tesla die Entwicklung des Model S nicht allein stemmen konnte. Er wies Lloyd an, einen Partner zu suchen, der einen Teil der Kosten übernehmen sollte – was Tesla erneut nach Detroit führte. Das Team machte sich in der Hoffnung, dass mit dem Branchenriesen ein Deal erzielt werden könnte, daran, Chrysler zu umgarnen. Tesla breitete die geplante Vorgehensweise aus und klärte die Führungskräfte über die technischen Aspekte auf. Anschließend diskutierten sie über die gemeinsame Entwicklung einer Fahrzeugbodengruppe: Tesla könnte auf diese Weise eine Fließheckversion ihres Prototyps bauen und Chrysler eine eigene Limousine.

Doch 2007 steckte Chrysler selbst in Schwierigkeiten. Sein Eigentümer, die DaimlerChrysler AG Deutschland, war dabei, ihre US-amerikanische Tochtergesellschaft an einen Finanzinvestor zu verkaufen. Im Herbst hatte Chrysler unter dem neuen Eigentümer die Idee einer Zusammenarbeit mit Tesla ad acta gelegt. (Leitende Angestellte sagten später, dass die Idee einer möglichen Zusammenarbeit nie das Topmanagement erreichte, sodass letztlich niemand sagen kann, wie ernst es Chrysler damit war.)

Die Absage war ein Schlag ins Gesicht für Lloyd und das Team. Sie hatten das Gefühl, dass Chrysler nur mit ihnen gespielt und sie ausgenutzt hatte, um Ideen für sein eigenes Elektroautoprogramm zu sammeln.* Zur gleichen Zeit als Lloyds Team von Chryslers Entscheidung erfuhr, wartete auch Fisker mit ähnlich beunruhigenden Nachrichten auf. Das Designbüro, in dem seit Februar 2007 am Äußeren des Model S gearbeitet wurde, gab bekannt, dass es sein eigenes Hybrid-Elektroauto entwickelte – das heißt, die Konkurrenz befand sich im gleichen Haus.

Tesla lief es eiskalt den Rücken herunter. Fisker wusste, wie Teslas Pläne für die Markteinführung des Model S im Jahr 2010 aussahen. Monatelang hatten die Partnerunternehmen Ideen für Technik und Design ausgetauscht, gemeinsam überlegt, wie sich die Grenzen eines Hybridfahrzeugs verschieben ließen, und auch, was zu tun wäre, damit ein E-Auto einem Sportwagen hinsichtlich der Fahrleistung in nichts nachstünde. Nicht ein Wort hatten Henrik Fisker oder sein Team darüber verloren, dass sie selbst über die Entwicklung eines solchen Wagens nachdachten. Das Tesla-Team sah sich seinen Vertrag mit Fisker noch einmal genauer an. Er enthielt

---

* Im Herbst 2008 kündigte das Chrysler-Team Pläne für Elektroautos an, darunter eines auf Basis der Elise von Lotus, das ebenfalls mit Lithium-Ionen-Akkus betrieben werden sollte. Dieses Fahrzeug ging jedoch nie wie geplant in Produktion.

keine Ausschlussklausel, die es Fisker verbot, auch für andere Kunden, einschließlich potenzieller Konkurrenten, tätig zu werden. Ebenfalls war darin nicht geregelt, ob Fisker sein eigenes Auto entwickeln durfte oder nicht. Weshalb hätten sie vermuten sollen, dass Fisker das geplant hatte? Fisker hatte überhaupt keine Erfahrung in der Entwicklung eines Elektroautos, schließlich war es eine Designfirma. Beide Teams waren sich einig, dass auf dem Model S der Schriftzug „Designed by Fisker Coachbuild" stehen sollte, denn ihre Geschäftsbeziehung wäre Teil des Marketings gewesen.

Fisker schien Tesla nachzuahmen, aber in vielerlei Hinsicht war dessen Strategie das Gegenteil von Musks, der jetzt bei allen Fahrzeugen von Tesla ein Wörtchen mitreden wollte – anders als es damals mit dem Roadster lief. Fisker wollte sich ganz auf das Aussehen seines Autos konzentrieren und die Technik größtenteils an Zulieferer auslagern. Diese Strategie ähnelte mehr der, die sich Martin Eberhard für Tesla vorgestellt hatte, und weniger der jetzigen Produktentwicklung. Doch außer diesem offensichtlichen Verrat gab es noch etwas, was Tesla einen Stich ins Herz versetzte. Die finanziellen Mittel von Fisker stammten von Kleiner Perkins, der Risikokapitalfirma, bei der Musk ein Jahr zuvor ein Nein kassiert hatte.

Straubel fand sich inmitten einer Diskussion darüber wieder, was Tesla einmal werden wollte, wenn es seinen Kinderschuhen entwachsen war. Das Akkupaket seines Teams, besser gesagt, die Steuerung von Tausenden von Batterien, ohne das Auto abzufackeln, war *das* Alleinstellungsmerkmal des Unternehmens. Nicht wenige, darunter auch die Investoren von VantagePoint, fragten sich, ob der Verkauf von Batteriepacks an andere Autofirmen die Zukunft von Tesla sein könnte. Monate vor seiner Entlassung als CEO hatte Martin Eberhard in einem Geschäftsplan prognostiziert, dass die Einnahmen aus dem Verkauf von Batteriepacks auf 800 Millionen US-Dollar pro Jahr steigen könnten. Das Team, das dieses Konzept anderen Unternehmen unterbreitete, verbuchte bereits die ersten Erfolge. Think, ein norwegisches Elektroauto-Start-up, unterzeichnete einen Vertrag über 43 Millionen US-Dollar. Und auch GM mit seinem Volt signalisierte Interesse. Straubel hatte dessen Team schon einmal geschlagen und war dabei, es wieder zu tun.

Doch Musk war skeptisch. Er hielt das Ganze für eine Verschwendung von Straubels Arbeitszeit. Auch Marks war der Meinung, dass sich das Unternehmen besser darauf konzentrieren sollte, den Roadster endlich auf den Markt zu bringen – schließlich waren bereits Hunderte von Vorbestellungen eingegangen. Was würde passieren, wenn ein Kunde Probleme hätte, fragte Musk, der sich Gedanken über den Ruf des im Werden begriffenen Unternehmens machte, Eberhard: „Angenommen, der Elektroantrieb funktioniert nicht, wie er soll, und sie machen unsere Batterie dafür verantwortlich (was ihr erster Impuls sein wird). Was können wir dann noch tun?"

Antonio Gracias und Tim Watkins hatten weitere schlechte Nachrichten von der Geldfront. Als ihr Team die Kostenstruktur von Tesla unter die Lupe nahm, wurde klar, dass Tesla ein weitaus größeres Problem hatte als eine Schätzung der Produktionskosten des Roadsters, die auf falschen Zahlen basierte. Das gesamte Unternehmen war sozusagen auf Treibsand gebaut und drohte in dem Moment einzustürzen, in dem mit der Produktion im Werk von Lotus begonnen wurde.

Hier lag das Problem: Tesla musste Batterien aus Japan kaufen, die nach Thailand verschifft werden sollten, um dort zu einem Batteriepack zusammengebaut zu werden, das dann nach Großbritannien ging, wo es in den Roadster eingebaut werden würde. Der Roadster wiederum würde mit dem Schiff nach Kalifornien transportiert – diese Reise würde Monate dauern. In der Zwischenzeit würde Tesla diese Zulieferer bezahlen müssen, und zwar noch bevor sie mit ihren Autos Geld verdienen könnten. Watkins hatte berechnet, dass sie dafür Hunderte von Millionen US-Dollar benötigten. Tesla hatte nicht einmal zehn Millionen US-Dollar auf der Hand. Das Problem waren dieses Mal nicht die Kosten, sondern der Cashflow.

Das Team besprach die möglichen Optionen. Musk wollte den thailändischen Betrieb schließen und die Akkus stattdessen in Kalifornien produzieren lassen. Die Autos könnten dann per Flugzeug von Großbritannien nach San Francisco transportiert werden, was laut Flugzeugvorschriften nicht erlaubt wäre, wenn die Batterien bereits eingebaut wären. Da der Luftfrachttransport nicht so lange dauern würde wie der Transport per Schiff, würde sich der Produktionszyklus verkürzen und sie müssten weniger Geld vorstrecken. Musk drängte Straubels Team, einen Standort im Silicon Valley zu eröffnen und die Akkupacks, die anscheinend über Teslas Zukunft entschieden, selbst herzustellen. Marks dagegen wollte viele Mannstunden nach Asien verlagern, weil die Löhne dort nur einen Bruchteil von denen in den Vereinigten Staaten oder in Europa betrugen. Bei diesem Tauziehen ging es um Straubel und seine Akkupacks.

Dieses Streitgespräch machte nur allzu deutlich, was den beiden Männern bereits klar geworden war: Marks passte nicht zu Tesla, und schon gar nicht als CEO. Seine kurze Amtszeit war vermutlich nur eine Fußnote in Teslas Unternehmensgeschichte, obwohl er zu einer Zeit angefangen hatte, als es für das Unternehmen noch viel schlimmer hätte kommen können. Bald schon würde man ihn vermissen.

Als dritten CEO von Tesla wählte Musk einen Freund aus Beverly Hills. Ze'ev Drori, der sich in der Tech-Welt einen Namen gemacht hatte, aber aus einem anderen Zeitalter kam. Er hatte die Halbleiterfirma Monolithic Memories gegründet, die in diesem Sektor Pionierarbeit geleistet hatte und 1987 von Advanced Micro Devices übernommen wurde. Später erwarb Drori eine Mehrheitsbeteiligung an Clifford Electronics, das er zu einem führenden Unternehmen für Autoalarmanlagen ausbaute, das wiederum an die Versicherungsgesellschaft Allstate Insurance verkauft wurde. Er war ein großer Autofan und versuchte sich im Formel-1-Rennsport.

Anlässlich der neuen Unternehmensführung wurde der ganze Betrieb mit dem eisernen Besen gefegt, um die Kosten zu senken. Auf der personellen Ebene traf es vor allem Eberhards Team. Doch auch Eberhard selbst wurde nicht verschont. Im Spätherbst 2007 wurde er vor die Tür des von ihm gegründeten Unternehmens gesetzt.

So gut wie jeder hatte in den letzten Monaten mitbekommen, wie unglücklich Eberhard war, weshalb ihn dieser letzte Schritt nicht hätte überraschen dürfen. Nichtsdestotrotz tat ihm die Entscheidung aber weh. Eine von Marks letzten Aufgaben war es gewesen, Eberhard mitzuteilen, dass seine Position im Unternehmen untragbar geworden war und dass sich Musk andauernd bei ihm erkundigte, wann er denn seinen Stuhl räumen würde. Marks bot Eberhard eine Abfindung an, wenn er selbst die Kündigung einreichen würde, aber Eberhard wollte nichts davon wissen.

Wochen später nahm Musk kein Blatt mehr vor den Mund. Eberhard erinnerte sich, dass Musk, der bereits vier der acht Sitze im Verwaltungsrat von Tesla direkt kontrollierte (einschließlich seines eigenen als Leiter), damit drohte, so viele seiner Vorzugsaktienoptionen in Stammaktien umzuwandeln, dass er berechtigt wäre, drei weitere Mitglieder des Verwaltungsrats auszuwählen. Damit hätte er sieben von acht Sitzen und die absolute Macht über sämtliche Entscheidungen des Unternehmens. Dann wäre es ein Leichtes für ihn, Eberhard loszuwerden.

Bei der Gründung von Tesla hatte Eberhard die wesentlichen Erfolgsgaranten richtig erkannt: das Potenzial von Lithium-Ionen-Batterien und den unerschlossenen Markt für einen elektrischen Sportwagen der Spitzenklasse. Aber er hatte auch ärgerliche, naive Fehler gemacht, angefangen damit, dass er die Komplexität der Autofertigung verharmloste bis dahin, dass er den Überblick über die Finanzen des wachsenden Unternehmens verlor. Sein größter Fehler war jedoch der, der ihn zeit seines Lebens verfolgen würde: Er besaß keine Macht über den Verwaltungsrat. Immer dann, wenn Musk noch mehr Kapital in das Unternehmen investierte, wurde sein Griff um das Unternehmen enger und enger. Bei Tesla ging es um die Macht und Eberhard hatte diesen Kampf verloren.

Dreieinhalb Jahre war es her, dass Eberhard mit Bernie Tse und Laurie Yoler – Freunde, die er für einen Sitz im Verwaltungsrat ausgewählt hatte – und einer Flasche Champagner gefeiert hatte, dass Musks erster Scheck bei Tesla eingegangen war, doch seitdem hatte sich das Blatt gewendet. Auch wenn es eine Zeit lang so aussah, als wäre Tesla im Grunde Eberhards Firma, war Musks Einfluss doch immer größer geworden. Vom Konzept des Roadsters bis hin zur geplanten Entwicklung des Unternehmens von einem Hersteller von Sportwagen zu einem Hersteller kostengünstiger Elektrofahrzeuge für jedermann, gehörte Tesla nun auf Gedeih und Verderb Musk.

Und nun stellte Musk ihm ein Ultimatum. Er bot ihm eine Abfindung in Höhe eines halben Jahresgehalts (rund 100.000 US-Dollar) sowie eine Option auf 250.000 Aktien im Gegenzug für seinen Ausstieg. Sollte er die entsprechende Vereinbarung nicht am gleichen Tag unterschreiben, würde Musk seine Aktienoptionen ausüben und Eberhard würde leer ausgehen. Das ließ sich Eberhard nicht zweimal sagen. Er unterschrieb, fuhr in seinem Mazda 3 nach Hause – immer noch mit dem „Mr. Tesla"-Kennzeichen, das ihm seine Frau geschenkt hatte – und fiel in ein tiefes schwarzes Loch. Seine Anrufe und E-Mails an einige Kollegen im Verwaltungsrat blieben unbeantwortet. In einem unter Tesla-Fans beliebten Internet-Chatroom fand er etwas Trost, als er ein paar Tage später auf Gerüchte über sein Ausscheiden reagierte: „Ja, es stimmt, ich arbeite nicht mehr bei Tesla Motors, weder im Verwaltungsrat noch in einer anderen Funktion", schrieb Eberhard. „Außerdem habe ich eine Nicht-Verleumdungs-Klausel in Bezug auf Tesla unterschrieben, also muss ich aufpassen, wie ich was sage. Aber ich werde auch nicht lügen. Fakt ist, dass ich ziemlich enttäuscht bin, wie ich dort behandelt wurde. Ich bin der Ansicht, so sollte man keinen Machtwechsel vollziehen, denn das war nicht die beste Art und Weise – weder für Tesla Motors noch für die Kunden (denen gegenüber ich mich noch immer stark verantwortlich fühle) und auch nicht für die Investoren von Tesla."

Einige Wochen später beschloss Tarpenning, der Mitbegründer von Tesla und treuer Freund und Vertrauter Eberhards, ebenfalls seinen Hut zu nehmen. Er sagte, er habe das Gefühl, dass er seine Ziele erreicht habe. Der Roadster sei bereit für die Produktion (obwohl noch jede Menge Arbeit auf die Mitarbeiter wartete, wenn Tesla nicht dabei Konkurs gehen wollte). Doch vielen von Eberhards Verbündeten machte die Arbeit bei Tesla ohne ihn einfach nicht so viel Spaß.

Drori mochte zwar der CEO sein, aber Musk wollte die Zügel in der Hand halten. Am selben Tag, an dem Musk die Einstellung von Drori bekannt gab, flogen die beiden zusammen mit Straubel und Dave Lyons in Musks Privatjet nach Detroit, wo sie mehrere Besprechungen geplant hatten, um endlich das Problem mit dem Getriebe zu lösen. Während des Nachtfluges wirkte Musk aufgewühlt.

„Er war geradezu besessen von dem Gedanken, diese ganze Situation sei außer Kontrolle geraten", erinnerte sich Lyons. „Und er musste sie unbedingt wieder unter Kontrolle bringen. Er kapierte einfach nicht, was da vor sich ging und dass er im Grunde alles auf diese Autos gesetzt und alle seine Freunde davon überzeugt hatte. Nun musste er seine Zusicherungen einhalten. Zu diesem Zeitpunkt war er in höchstem Maße persönlich involviert."

Straubel zweifelte am Erfolg von Tesla. Er war zunehmend erschöpft und ausgelaugt, was zum Teil an seinen häufigen Reisen nach Asien lag, wo er mit dem Aufbau eines Lieferantennetzwerks beschäftigt war. Eberhards Erwartung, dass die Zulieferer Tesla mit offenen Armen empfangen würden, hatte sich als falsch erwiesen. Die Batteriehersteller wollten nicht mit Elektroauto-Start-ups in Verbindung gebracht werden, weil sie sich vor eventuellen rechtlichen Konsequenzen samt einer Rufschädigung fürchteten.

Einer dieser skeptischen Hersteller war Panasonic. Kurt Kelty, der in der Niederlassung im Silicon Valley nach neuen Geschäftsmöglichkeiten für die Lithium-Ionen-Batterien suchte, war dafür bekannt, Anfragen von Start-ups wie Tesla abzulehnen. Doch Anfang 2006 unterbreitete ihm ein Ingenieur von Tesla, der noch nicht sehr lange für den Autobauer arbeitete und den er von mehreren Konferenzen kannte, einen Vorschlag. Ein Bild des noch geheimen Roadsters weckte Keltys Neugier. Das war ja tatsächlich etwas ganz anderes. Es sah ganz nach einem wirklich coolen Auto aus.

Wie es der Zufall wollte, kreuzte der richtige Mann im richtigen Moment Teslas Wege. Kelty besaß genau die Erfahrung und Kenntnisse, die der Autobauer so dringend benötigte, um das Blatt zu wenden. Solche glücklichen Zufälle ereigneten sich im Lauf von Teslas Geschichte immer wieder. Zur Überraschung seiner Familie und seines Arbeitgebers kündigte Kelty bei Panasonic, um zu Tesla zu wechseln. Er sollte sich als die Geheimwaffe erweisen, ohne die Straubel alt ausgesehen hätte.

Bevor Straubel bei Tesla anfing, war er noch nie in Asien gewesen. Die zahlreichen Reisen nach China und Japan auf der Suche nach Zulieferern zeigten ihm eine Welt, die ganz anders war als die in Wisconsin und auf dem Campus der Stanford University. Kelty hingegen war geradezu verschmolzen mit der japanischen Kultur. Als Jungunternehmer hatte er seine Jugendjahre in Palo Alto verbracht und später am Swarthmore College seinen Abschluss in Biologie gemacht. Sein erstes Auto war ein 1967er Ford Mustang, den er komplett restauriert hatte. Während eines einjährigen Auslandsstudiums in Japan lernte er eine junge Frau kennen. Ihre noch frische Beziehung fand ein jähes Ende, denn ihre Eltern konnten den Gedanken nicht ertragen, dass ihre Tochter mit einem Ausländer zusammen war.

Zwei Jahre später wohnte Kelty in San Francisco und betrieb ein Fisch-Exportgeschäft, das ihn von Zeit zu Zeit nach Japan führte, wo er seine alte Flamme auf einen Kaffee traf. Ihre Gefühle flammten schnell wieder auf, weshalb sie heimlich in Amerika heirateten, gegen den Willen ihrer Eltern. Schon in ihrem ersten gemeinsamen Jahr in San Francisco erkannte Kelty, dass er ihre Eltern von der Tiefe ihrer Gefühle überzeugen musste, damit ihre Beziehung eine Chance hatte. Aus diesem Grund reiste er gegen den Willen seiner Frau allein nach Japan, um vor Ort einen Job zu suchen. Seine Sprachkenntnisse reichten gerade mal aus, um ein Bier zu bestellen, weshalb er erst einmal einen Japanischkurs für Anfänger belegte. Sein Ziel war es, einen Arbeitsplatz bei einem großen Hersteller zu finden, weil er damit hoffentlich seine Schwiegereltern beeindrucken würde. Letztendlich landete er bei Panasonic, woraufhin er seine Frau nach Japan holte. Als *Gaijin*, der sich nicht nur die Sprache, sondern auch die Kultur Japans aneignete, fiel er auf wie ein bunter Hund. Kelty war 15 Jahre bei dem Technologie-Riesen tätig, seine Frau war die ganze Zeit an seiner Seite. Ihm selbst war aber noch wichtiger als seine Karriere, dass er letzten Endes seine Schwiegereltern von sich überzeugen konnte. Mit ihren zwei kleinen Kindern zogen sie schließlich zurück in die USA, genauer gesagt nach Palo Alto, wo er das Forschungs- und Entwicklungslabor von Panasonic im Silicon Valley gründete.

Bei Tesla würde sich Kelty, damals 41 Jahre alt, als Straubels Eintrittskarte in eine neue Welt erweisen. Eigentlich waren sie ein seltsames Paar: der weltgewandte Familienvater und der verwöhnte Junggeselle, in dessen Garten in Menlo Park noch immer die Motoren des EV1 standen. Doch was die beiden verband, war ihre Neugier, die Welt zu entdecken, und ein gemeinsames Interesse an umweltschonenden Technologien und Produkten. Gemeinsam waren sie im Verkauf unschlagbar: Aufgrund seiner Kontakte zur Industrie war es ein Leichtes für Kelty, einen Fuß in die Tür interessanter Geschäftspartner zu setzen. Bei den anschließenden Besprechungen stellte er Straubel und sich auf Japanisch vor, dann hielt Straubel eine Präsentation von Teslas Technologie, wobei Kelty die ganze Zeit übersetzte. Straubel zeigte auf beeindruckende, überzeugende Weise, dass er sich bestens mit der Technologie auskannte, während Kelty wusste, worauf es in der japanischen Geschäftskultur ankam.

Kelty wog sämtliche sich bietende Möglichkeiten gegeneinander ab und kam zu dem Schluss, dass sein alter Arbeitgeber, Panasonic, Tesla die besten Batterien liefern würde. Sanyo kam in seinen Augen an zweiter Stelle.

Für Straubel fühlte es sich manchmal so an, als ob sie auf der Stelle träten – ein Meeting nach dem anderen ging zu Ende, an denen nur Angestellte ohne Entscheidungsbefugnis teilnahmen, die außerdem weder Erfahrung mit noch Fachwissen über Batterietechnik zu haben schienen. In seinen Augen war das die reinste Zeitverschwendung. Doch Kelty versicherte ihm, dass sich die Dinge zum Guten wenden würden. Er wusste, dass es vor der Auftragsvergabe eines japanischen Unternehmens oft darum ging, langfristige Beziehungen zu den Geschäftspartnern aufzubauen und einen Konsens in Bezug auf die beste Geschäftsidee oder Technologie zu entwickeln. Kelty spielte ein Spiel, das die von Ingenieuren geprägte Kultur bei Tesla nicht kannte. Alle zwei Monate flog er zu einer Gesprächsrunde nach Asien und nutzte seine Kontakte bei seinem früheren Arbeitgeber, um noch mehr Leute zu treffen. Die Gespräche verliefen immer höflich, aber unverbindlich. Schließlich schickte der Chef der Batterieabteilung von Panasonic einen Brief an Eberhard, in dem stand, dass die Firma Tesla niemals Batterien verkaufen würde, und wies ihn an, nicht mehr zu fragen.

Ein solcher Brief war für japanische Verhältnisse äußerst ungewöhnlich, aber Kelty zeigte sich davon unbeeindruckt. Stattdessen mahnte er zur Geduld, die in dieser Zeit Mangelware war. Nach einem Treffen mit Sanyo, seinem zweiten Kandidaten, erhielten Kelty und Straubel einige Monate später eine Gegeneinladung. Diesmal fiel ihr Empfang ganz anders aus. Sie wurden in einen großen Konferenzraum in der obersten Etage der Firmenzentrale in Osaka geleitet. Wie es in Japan üblich ist, war eine Seite des Tisches für Mitarbeiter von Sanyo, die andere für Kelty und Straubel reserviert. Doch dieses Mal saßen dort keine einfachen Angestellten, sondern rund 30 Manager und leitende Angestellte. Hinter den Stühlen war sogar eine ganze Reihe Klappstühle aufgestellt worden, damit alle Anwesenden Platz nehmen konnten.

Im Anschluss an die übliche Präsentation kreisten die Fragen der Teilnehmer wie üblich um ein Thema: thermisches Durchgehen. Wie konnte

Tesla sicherstellen, dass eine einzige defekte Batterie nicht zu einer verheerenden Explosion des ganzen Batteriepacks führte? Wie bei früheren Treffen hatte Straubel Antworten parat. Dieses Mal jedoch kam ihm einer der mittleren Führungskräfte, der im hinteren Teil des Raumes saß, zuvor. Zuerst war Straubel überrascht, aber dann wurde ihm klar, was das bedeutete: Die Mitarbeiter von Sanyo hatten seine Lösung verstanden. Was Straubel da vorschlug, war im Grunde nicht schwer zu verstehen, aber er war einfach der Erste, der eine so elegante Lösung gefunden hatte. Seine Idee, dass benachbarte Batterien die Hitze wegleiten, war einfach verblüffend und verblüffend einfach. Bis 2007 wurde ein Vertrag ausgehandelt, demzufolge Sanyo Tesla Batterien in der gewünschten Stückzahl liefern würde.

Doch war der Zug vielleicht schon abgefahren? Drei Jahre lang war Tesla so etwas wie Straubels Familie gewesen. Er hatte Freundschaften mit Kelty, Gene Berdichevsky und anderen aus dem Team geschlossen. Von jedem Cent, den er verdiente, kaufte er Anteile von Tesla. Der Roadster war seit langer Zeit sein Traum. Aber die ganze Plackerei hatte ihren Preis. Ganz gleich, wie hart er und seine Kollegen sich ins Zeug legten, wie viele schlaflose Nächte sie auch hatten, wie viele anstrengende Reisen sie unternahmen, es schien nicht genug zu sein, um Tesla endlich zum Laufen zu bringen. Für Straubel sah es immer mehr so aus, als würde Tesla das gleiche Schicksal ereilen wie Rosen Motors, wo seine erste Beschäftigung in der Autobranche ein jähes Ende fand, weil die Gründer erkannt hatten, dass sie ihr sauer verdientes Geld zum Fenster hinauswarfen und ihre Tore deshalb für immer schlossen.

Nach einem weiteren langen Rückflug aus Japan kam Straubel spät in der Nacht in seinem Haus in Menlo Park an. Er fand das Haus dunkel vor und dann fiel es ihm wie Schuppen von den Augen: Er hatte wohl bei all den Überstunden und Reisen vergessen, seine Stromrechnung zu bezahlen. Als er den Kühlschrank öffnete, roch es nach verdorbenem Essen. Er stolperte durch die Dunkelheit, bis er schließlich in der Vorratskammer eine Dose Thunfisch fand, die er dann völlig erschöpft auf dem Boden sitzend als spätes Abendessen zu sich nahm.

Würde Tesla es schaffen?

Geld war weiterhin das größte Sorgenkind des Unternehmens. Es brauchte mehr Kapital, damit die Lieferkette reibungslos funktionieren würde, bevor die Produktion des Roadsters beginnen würde, die nun für Ende 2008 angesetzt war. Anstatt weitere Gelder von Investoren einzutreiben, beschloss der Verwaltungsrat, dieses Mal Schulden aufzunehmen, die später über den Verkauf von Aktien zurückbezahlt werden konnten, sobald Teslas Wert erst einmal gestiegen war. Musk griff erneut tief in seine Tasche. Bis Anfang 2008 hatte er 55 Millionen US-Dollar von insgesamt 145 Millionen US-Dollar, die bis dahin in das Start-up-Unternehmen geflossen waren, hineingepumpt, und das, obwohl SpaceX weiterhin mit dem Bau seiner Raketen kämpfte.

Musk und der Verwaltungsrat sahen endlich einen Ausweg aus ihrer finanziellen Misere, schließlich befand sich nun ein stattliches Guthaben auf ihrem Geschäftskonto und sie machten sich daran, Anzahlungen europäischer Käufer für den Roadster einzutreiben. Einige Verbesserungen am Fahrzeug rechtfertigten ihrer Meinung nach eine eventuelle Preiserhöhung. Sie bauten auf den Erfolg des Roadsters und wollten Ende 2008 eine letzte Investitionsrunde durchführen, bevor das Unternehmen 2009 an die Börse gehen würde, was aufgrund ihrer vollmundigen Versprechen rund um das Model S und dem daraus resultierenden Hype hoffentlich die langfristige Lösung der finanziellen Probleme sein würde. Musk war zunehmend der Meinung, dass Tesla sein Schicksal selbst in die Hand nehmen und nicht länger von anderen abhängig sein sollte.

Nachdem von Eberhards Team kaum noch jemand übrig war, begannen der neue CEO Drori und Musk, die Führungsriege neu zu besetzen, allerdings mit neuem Schwerpunkt. Eberhard hatte am liebsten Manager aus dem Tech-Bereich und nicht aus der Fahrzeugbranche eingestellt, doch jetzt waren die beiden auf der Suche nach erfahrenen Führungskräften aus dem Autobau. Sie warben Deepak Ahuja aus der Finanzabteilung von Ford Motor Co. ab und besetzten mit ihm die Rolle des CFO, die seit der Gründung des Unternehmens praktisch vakant war. Der ehemalige Designer von GM und jetzige Manager bei Mazda Franz von Holzhausen sollte dort weitermachen, wo Fisker aufgehört hatte, nämlich die Leitung der

Designabteilung übernehmen. Außerdem suchten sie einen erfahrenen Produktmanager, der dafür verantwortlich sein würde, die Arbeit am Model S wieder aufzunehmen und den Roadster über die Ziellinie zu bringen.

Im März las Drori einen Artikel im *Wall Street Journal* über einen Personalwechsel bei Chrysler. Mike Donoughe, den die Zeitung als einen der besten Ingenieure des Unternehmens beschrieb, hatte nach 24 Jahren plötzlich gekündigt, nachdem ihm der neue Eigentümer und CEO vor die Nase gesetzt worden war. Anonymen Quellen zufolge hatte er nach einer Meinungsverschiedenheit, in welche Richtung und in welchem Tempo es mit dem Projekt D, wie es intern genannt wurde, weitergehen sollte, die Kündigung eingereicht.[5] Mit dem Mittelklassewagen wollte Chrysler die Konkurrenz, den Camry von Toyota, abhängen.

Drori machte Donoughe schnell ausfindig und schon im Juni war es beschlossene Sache, dass der damals 49-Jährige als Executive Vice President of Vehicle Engineering and Manufacturing bei Tesla anfangen sollte. Was dagegen sprach, war die Tatsache, dass Tesla ja schon viel früher mit Chrysler verstrickt war. Dass sie sich trotzdem für den Ingenieur entschieden, macht deutlich, mit welchen Herausforderungen sie als Start-up-Unternehmen zu kämpfen hatten, als sie erfahrene Führungskräfte einstellen wollten. Donoughes Jahresgehalt von 325.000 US-Dollar war höher als das des ehemaligen CEO Martin Eberhard. Außerdem wurde Donoughe die Option zugesprochen, 500.000 Aktien zu einem geschätzten Preis von 90 Cent pro Stück zu kaufen, die er innerhalb von vier Jahren ausübte.[6] Darüber hinaus stimmte Tesla zu, einen Teil der Chrysler in dem Fall zustehenden Summe zu zahlen, dass Tesla als Konkurrent galt, was einen Vertragsbruch darstellen würde. Für Detroiter Verhältnisse war dieser Vergütungsplan gar nicht so großzügig, wie es auf den ersten Blick aussieht, besonders wenn man die hohen Lebenskosten im Silicon Valley bedenkt.* Für Tesla jedoch stellte er einen gewaltigen Kostenfaktor dar.

---

* Wie die *Detroit Free Press* berichtete, versprach Chrysler im Jahr 2008 etwa 50 Führungskräften großzügige Sonderzahlungen, wenn sie weiterhin im Unternehmen blieben, da das Unternehmen im Vorfeld einer Insolvenzsanierung 2009 mit einer möglichen Mitarbeiterfluktuation rechnete. Donoughes ehemalige Kollegen würden zusätzlich zu ihrem normalen Gehalt Boni zwischen 200.000 und fast zwei Millionen US-Dollar erhalten.

Donoughe sollte eigentlich für fast das gesamte Unternehmen verantwortlich sein, dazu gehörte natürlich auch die Entwicklung des Model S. Sehr schnell wurde jedoch klar, dass er seine Aufmerksamkeit auf die Korrektur des Roadster-Programms richten musste.

Es war höchste Zeit, den Roadster und seine Kosten neu zu berechnen. Straubel nahm das Auto auseinander und legte jedes einzelne Teil auf den Boden.[7] Sein Team klebte an jedes davon einen Zettel, auf dem der aktuelle Einkaufspreis und der Preis standen, den sie zahlen könnten. Jede Woche mussten sie Donoughe berichten. Und dann machten sie sich daran, Wege zu finden, die Kosten zu senken, entweder durch die Entwicklung einer günstigeren Lösung oder durch die Suche nach einem günstigeren Lieferanten.

Donoughe hielt jeden Morgen eine Besprechung ab und legte dabei die wichtigsten Aufgaben des Teams fest. Er wollte eigentlich schon um 6 Uhr früh damit beginnen, doch sie einigten sich dann auf 7 Uhr. In anderer Hinsicht war Donoughe nicht so entgegenkommend. Eine Baurate von mehr als 20 Fahrzeugen pro Monat zu erreichen – und nicht mehr nur fünf, wie die Vorgabe bei seinem Amtsantritt lautete – war eine Sisyphos-Aufgabe. Auftretende Probleme waren bislang nur unter den Teppich gekehrt worden, was natürlich nicht verhinderte, dass sie wieder auftauchten. Donoughe wollte das ändern und sie ein für alle Mal lösen.

Stufe für Stufe war er bei Chrysler die Karriereleiter hinaufgestiegen und gleich am Anfang war er für eine Schicht in der Karosseriefabrik in Sterling Heights verantwortlich, wo Teile zusammengeschweißt wurden. Es war ein beinharter Job, in nur einer Stunde musste er 68 Stück abliefern und wehe, wenn ihm das nicht gelang! So war es nicht weiter verwunderlich, dass er von seinem Team den gleichen Einsatz verlangte, doch das war es nicht gewohnt. In einer Besprechung, in der die Stimmung sehr angespannt war, berichtete ein Ingenieur von seinem Vorhaben, ein Problem mit einem Zulieferer zu lösen. Donoughe hörte einfach nur zu und sagte kein Wort. Es herrschte Totenstille im Raum, alle warteten auf seine Reaktion. Eine gefühlte Ewigkeit verstrich. Schließlich fragte Donoughe den Mann: „Was hat der Lieferant denn nun gesagt?“ Der Ingenieur sagte, er habe noch nicht angerufen. Wieder fragte Donoughe nach, was der

Lieferant gesagt hätte. Wieder sagte der Ingenieur, er habe vor, anzurufen. Doch Donoughe wollte solche Ausreden nicht hören. Wenn dieser Zulieferer ein Problem verursachte, was verhinderte, dass die Produktion des Roadsters hochgefahren werden konnte, konnte der Anruf schlichtweg nicht warten. *Worauf warten Sie noch? Rufen Sie ihn jetzt an!*

Tesla hatte unter anderem ein Problem damit, dass die benötigten Teile entweder zu spät eintrafen oder Mängel in der Konstruktion aufwiesen, die noch behoben werden mussten. Teslas ursprüngliches Vorhaben, Teile zu verwenden, die für Lotus entwickelt worden waren, war schon vor langer Zeit verworfen worden. Inzwischen wurden weniger als zehn Prozent aller Teile für beide Fahrzeuge – Roadster und Elise – verwendet. Die Konstruktion musste überarbeitet werden, damit ein rund 500 Kilogramm schweres Batteriepaket im mittleren Bereich des Fahrzeugs und ein wassermelonengroßer Motor im Heck Platz fanden (es blieb nur wenig Platz für den Kofferraum, in den angeblich nur eine Golftasche passte, was dem typischen Klischee über einen Sportwagenfahrer entsprach). Das Fahrzeug war insgesamt etwa 20 Zentimeter länger als die Elise, weshalb nur die Windschutzscheibe, das Armaturenbrett, die vorderen Querlenker sowie das abnehmbare Verdeck und die Seitenspiegel übernommen wurden, deren Entwicklung und Sicherheitstests sehr kostspielig gewesen wären.[8]

Das Problem mit dem Getriebe war nach wie vor noch da, obwohl bereits zwei Versionen getestet worden waren. In der Zwischenzeit hatte Tesla den großen Zulieferer Magna verklagt, weil dieser nicht seine besten Ingenieure dafür abstellte. Die Nachricht, dass der Roadster von Tesla viel später als gedacht in die Massenproduktion gehen würde, verbreitete sich in Windeseile in Detroit. Ingenieure des Autozulieferers BorgWarner rissen Witze, dass das Getriebe das Start-up-Unternehmen ausknocken könnte. Doch es gab darunter auch Fans von Tesla und einer von ihnen schlug Bill Kelley, einer erfahrenen Führungskraft, vor, dass dessen Forschungs- und Entwicklungsteam für E-Antriebe Tesla doch helfen könnte. Schließlich hatte er von Anfang an gewollt, dass der Zulieferer sich auf Elektrofahrzeuge vorbereiten sollte, doch frühe Misserfolge hatten den Vorstand des Unternehmens davon abgehalten, in ein neues Geschäftsfeld zu investieren. Für ihn war ein Deal mit Tesla eine Möglichkeit, seine Argumente gegenüber dem Vorstand zu untermauern.

Kelley bot seine Hilfe in einer E-Mail an und schickte sie an die Mailadresse, die er auf der Webseite von Tesla gefunden hatte.[9] Er musste nicht lange auf einen Rückruf warten, dem eine Einladung zu einer Präsentation vor dem Team in Kalifornien folgte. Kelley war gut vorbereitet, von dem kühlen Empfang aber wie vor den Kopf geschlagen. Musk saß etwa eine halbe Stunde stumm am anderen Ende des Konferenztisches, hielt den Kopf gesenkt und starrte auf sein Telefon, bis er endlich das Wort ergriff: „Weshalb sollte ich zu BorgWarner gehen?"

Diese Antwort war wie ein Schlag in die Magengrube. BorgWarner war einer der besten Zulieferer der Welt und hatte sich auf E-Antriebe spezialisiert. Sein Firmenname war in der Branche so bekannt, dass er auf dem Siegespokal steht, der beim jährlichen Autorennen Indianapolis 500 vergeben wird. Kelley erwiderte, dass sein Arbeitgeber genau auf die technischen Herausforderungen spezialisiert sei, mit denen sich Tesla gerade herumschlug. „Und wenn ich das mal so sagen darf, wir sind richtig gut."

Musk legte daraufhin offen, dass er bereits einen Vertrag mit Ricardo, einem anderen Zulieferer, für die Herstellung des Getriebes abgeschlossen hatte. Als Kelley fragte, wie viel Tesla an diese Firma zahle, lautete Musks Antwort: „Fünf Millionen US-Dollar."

„Ich mache es für eine halbe Million", sagte Kelley und schlug einen Wettbewerb vor: „Beide Unternehmen machen sich an die Entwicklung eines Getriebes, das Teslas Anforderungen genügt. Der Sieger erhält den Zuschlag."

Bei Musk stieß diese Idee auf offene Ohren, schließlich hatte er sein Team dazu gedrängt, Ähnliches bei den Batterielieferanten zu erreichen, denn er wollte nicht, dass Tesla von nur einem Hersteller abhängig war. So kam es, dass sowohl Ricardo als auch BorgWarner an einem Getriebe arbeiteten. Letzterer setzte sich schließlich gegen seinen Konkurrenten durch.

Nachdem diese Hürde genommen war und die Mitarbeiter sich darauf vorbereiteten, die bescheidenen Produktionszahlen auf etwas weniger bescheidene Stückzahlen zu steigern, rief Musk Tim Watkins in Chicago an. Der britische Zulieferer, den Tesla mit der Herstellung von Karosserieteilen beauftragt hatte, hatte den Auftrag nach nur wenigen Exemplaren storniert. Doch ohne diese Teile könnte Tesla seine Produktionsplätze bei Lotus nicht nutzen, müsste aber dennoch dafür bezahlen. Die nächste Katastrophe war faktisch im Anrollen. Doch Musk erweckte den Anschein, alles unter Kontrolle zu haben, denn er scherzte sogar mit Watkins darüber, dass er jetzt in Frankreich Wein trinken könne, wo ein anderer Lieferant für sie arbeiten wollte. Dann stieg er in seinen Jet und legte einen Zwischenstopp in Chicago ein, um Watkins abzuholen, und flog dann zur Fabrik des ursprünglichen Lieferanten. Dort bauten sie persönlich alle ihm überlassenen Werkzeuge aus, die sie seinem Nachfolger übergeben wollten, dessen Arbeiter die Teile von Hand bearbeiteten, während Watkins über eine nachhaltigere Lösung nachdachte.[10]

Angesichts der zahlreichen Herausforderungen, die es beim Roadster zu bewältigen galt, hielten es konventionelle Autofachleute wie Donoughe für Zeitverschwendung, an einem künftigen Auto wie dem Model S zu arbeiten. Denn sollte der Roadster floppen, wäre auch das zweite Auto zum Scheitern verurteilt, was das Aus für Tesla bedeuten könnte. Detroiter Autohersteller machten in der Regel ein Geheimnis um das nächste Modell, da sie befürchteten, dass sich dann ihre aktuellen Modelle nicht an den Mann oder die Frau bringen lassen würden.

Doch Musk konnte sich das nicht leisten. Es spielte kaum noch eine Rolle, ob der Roadster überhaupt produziert würde, denn er hatte seinen Zweck bereits erfüllt. Ebenso wie der Machbarkeitsnachweis des Tzero Musk von Tesla überzeugt hatte, konnte Musk mit dem Roadster andere Investoren überzeugen. Jetzt setzte er auf das Model S, und zwar nicht nur, um den Umsatz anzukurbeln, sondern auch, um mehr potenzielle Käufer von seinem Unternehmen und seiner Mission zu überzeugen.

Die endlosen Diskussionen über den Prototyp des Model S gingen also weiter. Vor allem wurde darüber gestritten, wie groß der Wagen sein sollte. Donoughe saß im Detroiter Büro, dessen Mitarbeiter trotz Musks früheren Drohungen gegenüber Eberhard, dass sie alle gefeuert werden sollten, mit ihrer Arbeit weitermachten. Allerdings waren nicht alle in

Kalifornien, darunter Straubel, damit glücklich. Dieses Team machte um alles ein Geheimnis, es war im Übermaß von sich überzeugt und viel zu kritisch gegenüber dem, was Straubels Team bereits erreicht hatte. Seiner Meinung nach waren sie unfähig, sich festzulegen. Ständig stritten sie über die Größe des Fahrzeugs, während es Straubels Anliegen war, zu den Wurzeln von Tesla zurückzukehren und mit Begeisterung ein Auto zu bauen. „Das Einzige, was mich interessiert, ist, dieses verdammte Auto herzustellen!“, dachte Straubel. Also begann er, mit Mitgliedern seines Teams in San Carlos im Geheimen an seinem eigenen Prototyp des Model S zu arbeiten – einem reinen Elektrofahrzeug, das die gleiche Batterietechnologie nutzen würde, wie er sie für den Roadster entwickelt hatte.

Der Mercedes CLS, eine große Limousine, schien bestens geeignet, um Anhaltspunkte zu liefern, wie es mit der Konstruktion weitergehen könnte.[11] Straubel besorgte sich einen, baute den Motor und den Benzintank aus und begann, den Wagen zu einem rein elektrischen Prototyp umzubauen, ganz wie er es schon häufiger getan hatte. Doch dieses Mal war es anders. Schließlich hatte er es diesmal mit einem echten Luxusauto zu tun. Sein Team achtete sorgsam darauf, den Innenraum nicht zu beschädigen und die kleinen, aber feinen Details, die so typisch für einen Mercedes der Luxusklasse waren, funktionstüchtig zu erhalten. Als sie damit fertig waren, überraschte eine erste Probefahrt sogar Straubel. Der Roadster war noch nicht ausgereift, doch ihr neuer elektrischer Prototyp war geradezu magisch. Die massige Limousine besaß dennoch die Kraft eines Sportwagens. Und im Gegensatz zur ruppigen Fahrweise des Roadsters segelte der elektrisch angetriebene Mercedes mit seiner fein abgestimmten Aufhängung förmlich über die Straße.

Musk war genauso begeistert wie Straubel, um nicht zu sagen, aufgedreht und aufgekratzt. Er fuhr ihn gleich mehrere Male Probe. *So sollte das Model S auch sein.* Keine Frage, Tesla hatte es nicht mit Zahlen, aber hier auf der Straße, hinter dem Steuer ihres Prototyps, schöpften die Mitarbeiter neue Hoffnung, dass sie ihr Ziel doch noch erreichen würden.

„Es fühlte sich so an, als ob wir mit diesem Auto die Welt verändern könnten“, sagte Straubel, „vorausgesetzt, wir schaffen es, es zu einem Produkt zu machen, das jeder haben will.“

8

GLAS ESSEN

Elon Musks Mutter gab ihrem Sohn den Spitznamen „wandelndes Lexikon“, weil er in seiner Kindheit und Jugend, die er in Südafrika verbrachte, Bücher und Informationen geradezu verschlang. „Wir konnten ihn alles fragen“, schrieb sie einmal über ihn. „Und das, noch bevor es das Internet gab. Ich schätze, jetzt würden wir ihn ‚Internet‘ nennen.“ Nach eigenen Angaben war Musks Kindheit nicht einfach. Er ließ in mehreren Interviews durchblicken, dass er Probleme mit seinem Vater hatte und von seinen Mitschülern gemobbt wurde. Auf die Scheidung seiner Eltern im Jahr 1979 folgten jahrelange Sorgerechtsstreitigkeiten. Im Alter von zehn Jahren teilte Musk seiner Mutter mit, die kaum ihre Rechnungen zahlen konnte, dass er zu seinem Vater ziehen würde. „Sein Vater besaß eine Encyclopaedia Britannica, die ich mir nicht leisten konnte“, erzählte sie später einem Reporter.[1] „Obendrein hatte er auch einen Computer, was zu dieser Zeit die Ausnahme war. Das war es, was Elon an ihm mochte.“

Keine Frage, seine Kindheit und Jugend haben Elon Musk zu dem Menschen gemacht, der er heute ist. Gut möglich, dass er als Kind Zweifel an seinen kühnen Ideen hatte – möglicherweise war er ja sogar durchgeknallt?

Doch seither hat er sich eine gehörige Portion Trotz und Selbstbewusstsein angeeignet und seine Ideen verfolgt, auch wenn andere sie für verrückt hielten. Auf die unterschiedlichste Art und Weise hat er sein Leben der ultimativen Vorbereitung auf eine kommende Katastrophe gewidmet und sein Vermögen dort hineingesteckt. Bei SpaceX ging es ihm darum, es der Menschheit zu ermöglichen, auf anderen Planeten zu leben, falls dies auf der Erde nicht mehr möglich sein sollte. Bei Tesla wiederum ging es ihm darum, eine Technologie zu entwickeln, die den Planeten vor dem Klimakollaps bewahrt.

Doch was bei Tesla zunächst mehr oder weniger als Hobby begonnen hatte, entwickelte sich im Laufe der Jahre zu seinem zweiten Vollzeitjob. Jahre später scherzten Tesla-Führungskräfte hinter seinem Rücken, dass Musks erste Liebe SpaceX war. Seine Beziehung zu dieser Firma war wie eine Ehe.[2] Tesla dagegen war die heiße Geliebte, die sein Leben mit Drama und Leidenschaft würzte. Aber anstatt diese Affäre 2008 zu beenden und es damit den Brüdern hinter Rosen Motors gleichzutun, als deren finanzielle Lage keine andere Option mehr zuließ, wollte er es auf Biegen und Brechen durchziehen. So steinig der Weg auch war, er konnte und wollte Tesla nicht aufgeben.

Im Sommer 2008 schien es, als sei die Durststrecke von Tesla und Musk vorüber. Die vier Jahre, in denen er viel Geld und Energie in das Unternehmen gesteckt hatte, hatten sicherlich ihren Tribut gefordert. Musks Ehe mit Justine war unwiderruflich zerrüttet, im Frühjahr reichte er ohne viel Federlesens die Scheidung ein. Sein ehemaliger Geschäftspartner Martin Eberhard schien so verbittert und verletzt, weil er aus seinem eigenen Unternehmen hinausgeworfen worden war, dass er einen Blog ins Leben rief, in dem er darüber berichtete, welche Kämpfe Tesla ausfocht. Außerdem versorgte er die Medien im Silicon Valley mit Neuigkeiten aus dem Hause Tesla und stellte Musk als Bösewicht dar.

Manche Kunden machten sich immer noch Sorgen um ihre Anzahlung, woraufhin Musk ihnen mitteilte, er würde höchstpersönlich garantieren, dass kein Cent davon verloren ginge. „Daran gibt es nichts zu rütteln und zu deuten: Ich werde das Unternehmen unterstützen, in welchem Umfang das auch immer erforderlich sein mag. Ich habe einen langen

Atem und halte noch eine ganze Weile durch, bevor [Geld] zum Problem wird."[3] Dieses Versprechen erfüllte seinen Zweck: Nur 30 der mittlerweile über 1.000 Kunden, die eine Anzahlung geleistet hatten, pochten auf eine Rückerstattung. Das Auto war in den Augen der Käufer unwiderstehlich, weshalb sie es unbedingt haben wollten. Sogar Eberhards Kumpel Stephen Casner, der Jahre zuvor den Kontakt zu AC Propulsion hergestellt hatte, schwärmte nach wie vor in höchsten Tönen von dem Roadster. „Ich wollte den Wagen um jeden Preis haben. Eigentlich hätte ich allein schon wegen meiner Freundschaft zu Martin meinen Prinzipien treu bleiben und meine Bestellung stornieren können oder vielleicht sogar müssen. Das war ja keine Art, wie sie Martin behandelt haben. Aber leider waren meine Prinzipien nicht so stark wie meine Gier nach dem Auto."[4]

Monate zuvor war das erste Serienauto des Roadster-Modells im Silicon Valley eingetroffen – ein weiterer wichtiger Schritt für das Unternehmen. Im Februar nahm Musk zusammen mit dem Rest des Tesla-Teams das P1, wie die Führungskräfte es nannten, in Empfang. Die Karosserie traf aus Großbritannien ein und die Ingenieure machten sich eiligst daran, das Batteriepack einzubauen. „Eines will ich klarstellen: Wir werden Tausende von Fahrzeugen auf den Markt bringen", sagte Musk zu zahlreichen Mitarbeitern und Reportern.[5] Als Nächstes stünde das Model S auf der Agenda. „Und danach kommt das Model 3", sagte er den Zuschauern, „dieses Mal investieren wir parallel, das heißt wir finanzieren unser Model 3 nicht mit Model 2. Tesla wird erst aufhören, bis jedes zugelassene Auto elektrisch angetrieben wird", fuhr er fort. „Das hier ist erst der Anfang vom Anfang."

Die ersten Urteile über den Roadster waren wohlwollend bis positiv – nur Sternchen gab es keine. Es gab noch immer zwei Fragen: Kann sich das Unternehmen über Wasser halten und was ist mit dem Getriebe los? Ein Redakteur der Zeitschrift *Motor Trend*, der eine Testfahrt machte, beschrieb das Fahrerlebnis mit den Worten: „Als ob ich in den Lauf einer Schienenkanone teleportiert wurde und mein Kopf durch die kraftvolle, nicht enden wollende Beschleunigung nach hinten gerissen wurde."[6] Michael Balzary, besser bekannt als Flea von den Red Hot Chili Peppers, schrieb in einem Blog über sein Erlebnis, den Prototyp zu fahren: „Leute, es war unglaublich. Noch nie zuvor in meinem Leben bin ich in so etwas gesessen. Im Vergleich dazu fährt sich mein Porsche wie ein Golf!"[7] Musk ließ den Moderator der „Tonight Show", Jay Leno, einen bekennenden Autonarren, eine Testfahrt mit seinem eigenen Wagen machen. Leno war mehr als beeindruckt: „Sie haben es geschafft und einen echten Sportwagen gebaut."[8]

Ja, bislang war es ein steiniger Weg gewesen, aber zumindest war das Ende in Sicht.[9] Musk hatte einen Deal mit Goldman Sachs über 100 Millionen US-Dollar geschlossen, das Geld stammte hauptsächlich von chinesischen Investoren. Eine solche Finanzspritze hatte Tesla dringend gebraucht, denn sie nahm dem Start-up den Druck und machte den Weg frei für den Börsengang des Unternehmens. Sobald dieser geschafft wäre, hätte Tesla ausreichend Kapital für die Produktion des Model S. Zur Abwechslung sahen die Dinge mal gut aus.

Aber gerade als Teslas Glückssträhne begann, brach dem Start-up der Boden weg.

Es begann an einem Wochenende Anfang September des Jahres 2008, als die Investmentbank Lehman Brothers zusammenbrach, was zu einer der größten Pleiten in der Geschichte der USA führte und auch das globale Finanzsystem ins Chaos stürzte. Die Kreditmärkte froren ein. General Motors, Ford und Chrysler begannen über die Notwendigkeit einer staatlichen Rettungsaktion für die Autoindustrie zu sprechen.

Wenn sogar ein Riese wie GM in Schwierigkeiten war, war ein Floh wie Tesla förmlich zerquetscht. Da Unternehmen und Investoren in Windeseile ihre Ausgaben zurückschraubten, schien auch Musks Deal mit den Chinesen in Gefahr zu sein. Musk beschwerte sich bei seinen Kollegen, dass seine Banker bei Goldman ihn nicht zurückriefen.[10] Ende September ließ Goldman Sachs verlauten, dass es sich mit der Bitte um eine Finanzspritze in Höhe von sage und schreibe fünf Milliarden US-Dollar an Warren Buffetts Berkshire Hathaway gewandt hatte, um seine Geschäfte fortführen zu können. Als Musk endlich seine Ansprechpartner bei Goldman erreichte, sah die weltweite Wirtschaftslage düster aus.

Und dann geschah ein kleines Wunder: Goldman bot Musk auf sein Drängen hin an, sein eigenes Geld in Tesla zu investieren. Doch im

Kleingedruckten wurde Tesla so niedrig bewertet, dass Musk es nicht fertigbrachte, dieses Angebot anzunehmen.

Musk überbrachte den Führungskräften in einem Konferenzraum in San Carlos die schlechte Nachricht. Er sah keine andere Möglichkeit, als noch mehr von seinem eigenen Geld in das Unternehmen zu stecken. Mit diesem Schritt stellte sich eine weitere Frage, nämlich, wer künftig CEO sein sollte. Musk entschied sich, Ze'ev Drori zu entlassen und sich selbst zum CEO zu ernennen (was der vierte Amtswechsel innerhalb eines Jahres war). Außerdem teilte er den Anwesenden mit, sie müssten sich auf Entlassungen in großem Maßstab vorbereiten, um Geld zu sparen. Das Model S würde der Schlüssel zum Überleben sein. Dieses riskante Unterfangen hing davon ab, dass alle Komponenten nahtlos ineinandergreifen.

Und so lautete sein Plan: Tesla musste den Gürtel eng und enger schnallen und hoffen, dass die Käufer des Roadsters nicht ausrasten und ihre Anzahlungen zurückfordern würden. Als Nächstes müssten sie sich für das Model S ins Zeug legen, der Öffentlichkeit einen Prototyp vorstellen, um weiteres Interesse an der Firma zu wecken, und versuchen, so viele Anzahlungen wie möglich einzustreichen. So hätten sie genug Spielraum und könnten überleben, bis weitere Investitionsgelder eintrudelten. Sollte dieser Plan gelingen, konnten sie sich bis zur Produktion des Model S retten. Wenn nicht, würden sie ihre ständig wachsende Kundenbasis vergraulen, womit der Untergang von Tesla fast schon besiegelt wäre.

Darryl Siry, Leiter der Vertriebs- und Marketingabteilung, lehnte den Plan ab, da er es für unmoralisch hielt, Anzahlungen für das Model S anzunehmen, solange das Unternehmen noch nicht einmal Pläne habe, das Auto tatsächlich zu bauen.

„Entweder wir machen das so oder Tesla steht vor dem Aus", erwiderte Musk.[11]

Tesla legte sogleich los und ließ Musks Worten Taten folgen. Rund 25 Prozent der Belegschaft wurden entlassen. Keine Frage, dass das durchsickerte. Valleywag, eine Webseite für Klatsch und Tratsch aus dem Silicon Valley, stellte im Oktober 2008 einen Artikel ins Netz, in dem es hieß, dass das Start-up 100 Mitarbeiter entließe und Drori nicht mehr an Bord sei. Daraufhin postete Musk in deren Blog, dass Tesla eine Umstrukturierung vornehme, weil es den Roadster auf den Markt bringen und seinen E-Antrieb anderen Unternehmen zur Verfügung stellen wolle.[12]

„Dies sind außergewöhnliche Zeiten", schrieb Musk. „Das globale Finanzsystem hat die schlimmste Krise seit der großen Depression in den 1920er-Jahren hinter sich und die Auswirkungen ziehen sich allmählich durch alle Facetten der Wirtschaft. Zu behaupten, dass fast jedes Unternehmen von den Ereignissen der letzten Wochen betroffen sein wird, ist keine Untertreibung und das gilt auch für das Silicon Valley." Er schrieb weiter, dass es eine „maßvolle Reduzierung" der Mitarbeiterzahl geben werde, die er als „Anhebung der Messlatte für Tesla auf ein sehr hohes Niveau" bezeichnete.

„Ich möchte eine Sache klarstellen: Eine Entlassung aus diesem Grund bedeutet doch nicht, dass diese Leute bei so gut wie allen Unternehmen nicht als gute Mitarbeiter gelten würden, zumindest bei sehr vielen", schrieb Musk. „Ich bin mir aber sicher, dass sich Tesla in dieser Phase stärker an der Philosophie einer Spezialeinheit orientieren muss, wenn es eine der großen Autofirmen des 21. Jahrhunderts werden will."

Viele waren der Ansicht, Musk hätte damit seinen Mitarbeitern ein Messer in den Rücken gerammt und es sogar noch umgedreht, indem er ihre Leistungen kleinredete. Musk berief eine Mitarbeiterversammlung mit der restlichen Belegschaft ein und sprach über die aktuelle Lage von Tesla, ohne ein Blatt vor den Mund zu nehmen. Keine Frage, die Zeiten waren hart, aber dass die Probleme so tief gingen, war nicht allen Anwesenden klar. Er legte offen, dass das Unternehmen nur etwa neun Millionen US-Dollar Cash zur Verfügung hatte und bereits Anzahlungen für den Roadster in Millionenhöhe ausgegeben hatte.

Diese Enthüllung kam nicht bei allen gut an. Die Nachricht über die Versammlung verbreitete sich über Valleywag wie ein Lauffeuer. Auf der Webseite war die E-Mail eines Insiders zu lesen, die die Alarmglocken schrillen ließ. Nicht nur wegen des darin erwähnten erschreckend niedrigen Bargeldbestands, sondern auch, weil angeblich Anzahlungen zweckentfremdet ausgegeben wurden.

„Ich habe doch tatsächlich einen engen Freund überredet, 60.000 US-Dollar für einen Tesla Roadster anzuzahlen", hieß es darin.[13] „Doch ich kann nicht mehr mit gutem Gewissen dabei zuschauen, wie mein Unternehmen die Öffentlichkeit täuscht und unsere verehrten Kunden betrügt. Schließlich ist Tesla wegen der Öffentlichkeit und wegen seiner Kunden so beliebt. Dass ausgerechnet sie belogen und betrogen werden, ist einfach nicht richtig."

Die Enthüllung war nicht nur peinlich für Musk, sie torpedierte auch seine Pläne, durch Vorbestellungen für das Model S Geld einzunehmen. Wie würden sich neue potenzielle Käufer fühlen, wenn sie wüssten, wie unvorsichtig Tesla mit ihren Anzahlungen umging? Wütend wollte Musk wissen, wer ihm so in den Rücken gefallen war. Er beauftragte einen Privatdetektiv damit, Fingerabdrücke von den Mitarbeitern zu nehmen. Ein paar Tage später verschickte Musk eine unternehmensweite E-Mail mit einer Nachricht von Peng Zhou, dem Leiter der Forschungs- und Entwicklungsabteilung, in der er sich für die Offenlegung der Finanzlage des Unternehmens entschuldigte. „Der vergangene Monat war sehr schwierig, wir saßen in Besprechungen, wie es weitergeht, und mussten zusehen, wie unsere Mitarbeiter auf die Kündigungsliste kamen oder Glück hatten. Es hat mich sehr traurig gemacht, 87 Mitarbeiter in einer Woche zu verlieren", schrieb Zhou.[14] „Ich war deshalb außer mir und habe einen sehr dummen Fehler gemacht, Valleywag darüber zu informieren. Ich habe nicht geahnt, was ich damit anrichte, und ich wünschte, ich hätte diesen Brief niemals abgeschickt."

Doch seine Entschuldigung kam zu spät. Zhou wurde entlassen.

Am 3. November gab Musk eine Presseerklärung frei, in der es hieß, das Unternehmen hätte eine „Finanzierungszusage in Höhe von 40 Millionen US-Dollar" erhalten. Er hielt sich aber ziemlich bedeckt und ließ nur noch verlauten, dass der Verwaltungsrat des Unternehmens die Fremdfinanzierung genehmigt hätte und die Finanzierung auf Zusagen „von fast allen aktuellen Großinvestoren" basiere, wobei die Runde auch für kleinere Investitionen offen sei. „40 Millionen sind viel mehr, als wir brauchen", sagte Musk. „Der Verwaltungsrat, die Investoren und ich waren jedoch der Meinung, dass wir über einen Barbestand in nicht geringer Höhe verfügen sollten."

In Wirklichkeit war die Lage nicht so klar. Ja, Musk bat seine Investoren um mehr Geld, aber hinter den Kulissen stieß er auf Widerstand. Der Chef von Teslas wichtigstem Risikokapitalgeber, Alan Salzman von VantagePoint, war schon seit Monaten unzufrieden mit Musk. Er war wütend darüber, dass Musk seine Macht ausgenutzt und sich selbst zum CEO ernannt hatte, und befürchtete, dass sich Musk mit SpaceX und der langsam wachsenden Solarfirma seines Cousins, SolarCity, zu viel zugemutet hatte. Salzman drohte, weitere Finanzmittel zurückzuhalten. Einige Führungskräfte von Tesla hatten den Eindruck, als wolle er selbst CEO und Unternehmenschef werden.

Die Spannungen zwischen den beiden Männern waren schon seit geraumer Zeit eskaliert. Anfang des Jahres war Salzman in größerem Maße für Tesla zuständig, nachdem VantagePoints Vertreter im Verwaltungsrat, Jim Marver – der schon immer bezweifelte, ob Eberhard die finanzielle Lage von Tesla klar war, und sich zunehmend Sorgen darüber machte, dass das Unternehmen auf die Anzahlungen für den Roadster zugreifen würde –, in einen schrecklichen Fahrradunfall verwickelt wurde, der ihn mehrere Tage ans Krankenhausbett fesselte. Als er sich wieder erholt hatte, beschloss VantagePoint, dass es an der Zeit war, sich aus dem Verwaltungsrat zurückzuziehen, da die Unternehmenspolitik von Tesla in ihren Augen nicht mehr tragbar war. „Unsere Ansichten über die Abwägung von Risiken und Chancen waren nicht kompatibel", sagte Salzman dazu.

Dennoch ließ Salzman das investierte Kapital nicht aus dem Auge. Mitarbeiter hatten einen lautstarken Streit zwischen ihm und Musk mitbekommen, in dem es um nichts Geringeres ging als um die Zukunft des Unternehmens.[15] Musk wollte Tesla schlicht und einfach zu einem globalen Autohersteller machen, der mit den Giganten in Detroit konkurrieren und die Industrie ins Elektroautogeschäft zwingen konnte. Einige Mitarbeiter von Tesla hatten das Gefühl, dass VantagePoint auf Nummer sicher gehen wollte und aus dem Unternehmen entweder ein Zulieferer für andere Autobauer werden sollte oder es von einem von ihnen aufgekauft würde. Tesla „baut ein Auto, es wird keine Autofirma", war ein Satz, den das Team von VantagePoint laut Tesla-Führungskräften oft in den Raum warf, um ihre Theorie zu unterstreichen, dass der Erfolg des Roadsters anderen Autobauern zeigen würde, was sie alles mit einem elektrischen Antrieb erreichen könnten.[16] Der Sportwagen wäre quasi eine rollende Reklametafel, deren Zielgruppe nicht die Verbraucher, sondern andere Autohersteller wären.

Für Insider war die Sache klar: VantagePoint hielt es für durchaus möglich, dass Tesla das nächste BorgWarner sein könnte, während Musk überzeugt war, Tesla könne das nächste GM sein. Salzman bestritt später, dass er Teslas Vision, ein erfolgreicher Autokonzern zu werden, nicht teilte. Er merkte aber an, dass es 2008 nicht gut aussah, da das E-Auto noch keinen Cent Gewinn abgeworfen hatte. „Die wichtigste Geschäftsregel lautet, im Geschäft zu bleiben“ sagte er dazu und auch, dass die Idee, bestimmte Autoteile an Autohersteller zu verkaufen, zu dem Businessplan von Martin Eberhard aus dem Jahr 2006 gehörte. „Für mich war das eine gute Idee, um Durststrecken zu überwinden und sich Zugang zu dringend benötigtem Kapital verschaffen zu können.“

Mit Ausnahme des inneren Kreises um Musk wusste kaum jemand, wie viel persönliches Risiko er eingegangen war. Eines Abends, als Musk und andere über den neuesten Finanzprognosen brüteten, klingelte das Telefon. Es war Musks persönlicher Vermögensberater. „Ja, ich weiß, dass im Moment niemand etwas verkauft“, sagte Musk am Telefon.[17] „Aber Tesla braucht das Geld, um die Löhne auszahlen zu können. Versilbern Sie einfach irgendetwas.“ Er bezahlte die Gehälter der Mitarbeiter mitunter auch von seinem eigenen Bankkonto und rechnete ihre Spesen über seine privaten Kreditkarten ab.

Eines Abends aß Musk in einem Steakhaus in Beverly Hills mit seinem Freund Jason Calacanis, der schon früh als Investor bei Tesla eingestiegen war, zu Abend.[18] Musk war ziemlich deprimiert. Seine dritte Rakete war gerade beim Start explodiert, sollte das mit der vierten auch passieren, wäre dies das Aus für SpaceX. Calacanis hatte irgendwo gelesen, dass Teslas Cash-Bestand nur noch vier Wochen reichen würde, und fragte Musk, ob das stimme.

Nein, lautete Musks Antwort. Nach drei Wochen sei Schluss.

Musk vertraute ihm an, dass ihm ein anderer Freund Geld geliehen hatte, damit er seine persönlichen Ausgaben bestreiten konnte. Es gab aber noch weitere Gönner: Bill Lee, der Schwiegersohn von Al Gore, investierte zwei Millionen US-Dollar und Sergey Brin steuerte 500.000 US-Dollar bei.[19] So mancher Mitarbeiter von Tesla stellte einen Scheck aus, um das Unternehmen zu retten, obwohl sie nicht sicher sein konnten, ob sie das Geld jemals wiedersehen würden. Es sah düster aus. Dennoch sagte Musk, er wolle Calacanis etwas zeigen. Er zückte sein Blackberry mit einem Bild eines Miniaturmodells des Model S.

„Das ist ein fantastischer Wagen", sagte Calacanis. „Was kostet er dich?"

„Die Herstellungskosten liegen zwischen 50.000 und 60.000 US-Dollar. Das Beste ist, damit kommst du etwa 350 Kilometer weit."

Als Calacanis an diesem Abend wieder zu Hause war, stellte er sofort zwei Schecks über je 50.000 US-Dollar aus und schrieb Musk: „Elon, das ist ein unglaubliches Auto ... Ich nehme gleich zwei!"[20]

Die finanziellen Mittel von Tesla würden nach den anstehenden Lohnzahlungen nur noch kurze Zeit reichen. Musk war kurz davor, die gesamten Papiere für die nächste Investitionsrunde fertigzustellen, die das Überleben des Unternehmens sichern würden, als er feststellte, dass VantagePoint nicht alle Dokumente unterzeichnet hatte. Er fragte bei Salzman nach, was los sei, und bekam zu hören, dass sie ein Problem mit den Bewertungen hätten, die in seinem Term Sheet vorgeschlagen wurden. Salzman schlug Musk eine Präsentation vor, um anschließend offene Fragen zu klären.

Angesichts der prekären Lage von Tesla war diese Aufforderung für Musk nichts anderes als eine existenzielle Bedrohung seines Unternehmens und seiner Vision, was einmal daraus werden könnte. „Wenn ich mir unseren Kontostand so ansehe, ist klar, dass die Gehaltsschecks nächste Woche platzen werden", sagte Musk zu Salzman und bot ein persönliches Gespräch am nächsten Tag an. Aber Salzman wollte davon nichts hören.[21] Dieser Machtkampf hatte sich von Anfang an abgezeichnet – schließlich waren hier zwei große, starke Persönlichkeiten aufeinandergeprallt. Musk hegte den Verdacht, dass dieses Hinhalten Teil der Strategie war, Tesla in den Bankrott zu treiben, damit Salzman und VantagePoint die Kontrolle über Musks junges Unternehmen übernehmen könnten.[22]

Was folgte, war ein knallharter Schlagabtausch. Ohne Salzmans Kapital wäre Musk gezwungen, weiteres Geld zu beschaffen. Doch als Investor könnte VantagePoint ihn genau davon abhalten. Musk entschied sich, doppeltes Risiko einzugehen. Er würde sich das Geld von SpaceX leihen. Dieser Schritt erhöhte zwar die Überlebenschancen von Tesla, aber auch seine persönlichen Verluste, sollte sein Plan nicht aufgehen. Er schlug den anderen Investoren vor, Tesla einen Kredit zu geben. Vielleicht um sie gegeneinander aufzuhetzen, ließ Musk sie wissen, dass er die 40 Millionen US-Dollar auch ohne sie aufbringen würde, sollten sie sich weigern.[23]

Es war ein riskanter Schachzug, aber er hatte damit ins Schwarze getroffen. Da die anderen Investoren ihren Teil des Kuchens einstreichen wollten und an Musk und seine Vision glaubten, entschieden sie sich, seine 20 Millionen Dollar zu verdoppeln. Letztendlich gab Salzman nach, da er keine Lust hatte, den Konkurs von Tesla mitzuerleben, wodurch auch seine Investition weg wäre. Außerdem bestritt er, die Führung von Tesla übernehmen zu wollen. Der Deal wurde an Heiligabend geschlossen.

Musk, der Weihnachten im Haus seines Bruders in Boulder, Colorado, feierte, brach in Tränen aus. Er hatte es um Haaresbreite geschafft und eine Krise abgewendet, die genauso gut seinen Traum vom Elektroauto hätte zerplatzen lassen können. Was vor mehr als vier Jahren als Beifang von SpaceX begonnen hatte, hatte ihn viel Zeit, viel Geld und seine Ehe gekostet. Sein gesamtes Vermögen stand nun auf dem Spiel. Inmitten der globalen Wirtschaftskrise war ihm gelungen, was andere US-Autobauer nicht geschafft hatten: Er konnte den Bankrott von Tesla gerade noch verhindern. Im Dezember hatte der Kongress eine Rettungsaktion für GM und Chrysler abgelehnt. US-Präsident George W. Bush hatte beide Unternehmen durch zeitlich befristete Kredite vorübergehend vor dem Bankrott gerettet, aber beide Unternehmen standen nun unmittelbar vor der Pleite.

Dieses Schicksal drohte Tesla nicht. Nicht, wenn Musk, nun mit allen Befugnissen ausgestattet, das Unternehmen nach seinen Vorstellungen umgestalten konnte.

Tesla musste aber noch in einen ziemlich sauren Apfel beißen und den Preis für den Roadster erhöhen. Im Grunde war das ein Pokerspiel, da viele Kunden wegen der Lieferverzögerung bereits ungeduldig waren, zudem schwächelte die US-amerikanische Wirtschaft. Hunderte von Kunden hatten mittlerweile ihre Bestellung storniert und forderten ihre Anzahlung zurück. Ausgerechnet in dieser Situation wollte Musk nun den Preis erhöhen – ein harter Brocken für die rund 400 verbliebenen Kunden, die sich nicht nur verpflichtet hatten, den Roadster zu kaufen, sondern auch eine Anzahlung in Höhe von 30.000 bis 50.000 US-Dollar geleistet hatten (die ersten 100 Kunden hatten für das Privileg, unter den ersten Käufern zu sein, sogar 100.000 US-Dollar hingeblättert). Und jetzt sollten sie die Kröte schlucken und noch mehr Geld dafür ausgeben, als sie geplant hatten (der Roadster aus dem Jahr 2008 sollte eigentlich ab 92.000 US-Dollar zu haben sein)?[24] Für viele könnte das der Tropfen sein, der das Fass zum Überlaufen bringt.

Im Januar wandte sich Musk mit einer E-Mail an seine Kunden und erklärte ihnen, warum das Unternehmen diese drastische Maßnahme ergreifen musste. Mehrere Hundert Kunden wurden persönlich von Tesla-Vertretern angerufen, da sie die Ausstattung ihres Fahrzeugs neu konfigurieren mussten. Zahlreiche serienmäßige Optionen galten nun als Sonderausstattung und fast alle bisherigen Sonderausstattungen wurden teurer. Die Basisversion des Roadsters lag nun bei 109.000 US-Dollar, obendrauf kamen Sonderausstattungen für rund 20.000 US-Dollar. Im Vergleich zu den 80.000 US-Dollar für das Basismodell des Roadsters im Jahr 2006 war das ein satter Preisanstieg.

Die Reaktionen fielen unterschiedlich aus. Der Milliardär Larry Ellison, einer der Mitbegründer von Oracle, teilte dem Team mit, er wolle sein Auto mit allen möglichen Extras ausstatten, damit Tesla ordentlich daran verdient.[25] Ein Kunde postete die schriftliche Preiserhöhung samt seiner kulanten Reaktion in seinem Blog. „Zuerst war das Jammern groß, aber am Ende haben wir diesen Schritt eingesehen und der Preiserhöhung zugestimmt, denn wir wollen ja, dass Tesla ein erfolgreiches Unternehmen wird. Außerdem wollen wir unser Auto so schnell wie möglich haben", schrieb Tom Saxton, einer der ersten Kunden von Tesla und stimmgewaltiger Teil der Graswurzel-Community rund um Tesla, die sich in Internet-Chatrooms und über Blogs austauschte. „Weshalb sollten wir uns wochenlang darüber aufregen? Doch nicht jetzt, wenn unser Auto jederzeit in Produktion gehen kann!“[26]

Je häufiger es jedoch zu negativen Reaktionen kam, umso klarer wurde, dass Musk mehrere Veranstaltungen mit den Kunden abhalten musste, um ihre Fragen zu beantworten und ihre Bedenken zu zerstreuen. Das hatte er schon einmal getan, und zwar, nachdem er Martin Eberhard gefeuert hatte, und alles war glattgegangen. Musk wurde meist wie ein Held empfangen. Doch dieses Mal kam es anders und die Kunden ließen ihn ihren Frust spüren.

Musk stellte heraus, dass sie nicht die einzigen waren, die von den ständigen Verzögerungen betroffen waren. „Ich finde kaum Worte, um meinen Schmerz und den der Tesla-Mitarbeiter auszudrücken, die sich alle ins Zeug gelegt haben, um unser Geschäft zum Laufen zu bringen“, sagte Musk vor zahlreich erschienenen Kunden in Los Angeles.[27] „Wenn ich sage, es war, als würde man Glas essen, dann rede ich von einem Glas-Sandwich an jedem einzelnen verdammten Tag.“

Als Tesla Anfang 2009 endlich den Fokus weg vom Verkauf des Roadsters hin zum Ausbau der Produktion verlagerte, musste zeitgleich dafür gesorgt werden, dass JB Straubel endlich den Prototyp des Model S fertigstellte. Musk brauchte ein auf Hochglanz poliertes neues Auto, um neue Kunden zu begeistern. Das Model S war noch längst nicht so weit, um in Serie zu gehen, aber Musk wollte unbedingt ein Auto vorführen können, das dem aus seinen Träumen verdammt nahekam. Sie durften keine Zeit mehr verschwenden: Musk hatte die offizielle Enthüllung des Wagens für Ende März, also in ein paar Monaten, angesetzt.

Franz von Holzhausen, der ehemalige Designer bei GM, machte sich in einer Ecke der Raketenfabrik von SpaceX unter einem weißen Zelt, der diesen Bereich als Arbeitsstätte von Tesla auswies, an die Arbeit. Seine Ingenieure bauten eine Limousine von Mercedes-Benz auseinander, weil sie das Fahrgestell und die Kabelstränge, die unterhalb der Karosserie verliefen, als Basis für das Model S verwenden wollten. Dann musste nur noch die Karosserie aus Fiberglas daran montiert werden. Straubels Team stand vor der Herausforderung, das Batteriepack des Roadsters und einen Motor in das improvisierte Fahrzeug einzubauen. Von Holzhausen arbeitete tagsüber an der Konstruktion, während die Ingenieure nachts darüber grübelten, wie sie die Karosserie des Model S am Fahrgestell des Mercedes anbringen und das Ganze dann zum Laufen bringen konnten.

Sie arbeiteten in einem mörderischen Tempo bis zur letzten Sekunde, ehe die große Veranstaltung begann. Musk hatte Käufer des Roadsters und andere angesehene Gäste zu der Party bei SpaceX eingeladen, für die sogar Orangenbäume als Dekoration herangekarrt worden waren. Der Höhepunkt des Abends kam, als Musk, der es sich nicht hatte nehmen lassen, am Steuer seiner Frankenstein'schen Kreation zu sitzen, vorfuhr.

Das Model S war atemberaubend, eine schnittige Limousine, die von den Konturen her einem Aston Martin ähnelte, aber über einen Innenraum verfügte, der mit dem eines SUV mithalten konnte. Stolz verkündete Musk, dass das Auto Platz für ein Mountainbike, ein Surfbrett und einen 50-Zoll-Fernseher bot – und zwar auf einmal. Das Batteriepack steckte nun nicht mehr wie beim Roadster in einer riesigen Kiste im Kofferraum, sondern in einem flachen, rechteckigen bodenmontierten Kasten. Der Motor, der viel kleiner als ein herkömmlicher Verbrennungsmotor war, saß zwischen den Hinterrädern. Da sich der E-Antrieb größtenteils unter dem Bodenblech und nicht unter der Motorhaube befand, bot der Innenraum sehr viel Platz.

Musk stieg unter tosendem Beifall, Jubelschreien und jeder Menge „Wows" aus dem Auto. Es war so laut, dass selbst der wummernde Bass kaum noch zu hören waren, der zu Beginn der Veranstaltung fast schon unangenehm laut gewesen war. Mit den Worten „Ich hoffe, Ihnen gefällt, was Sie sehen" wandte sich Musk an die Menge, während Straubel hinter ihm nervös auf und ab lief, die Hände in den Taschen.[28]

„Sie sehen hier das erste in Serie gefertigte Elektroauto der Welt", so Musk weiter. „In meinen Augen zeigt sich hier und jetzt, was mit Elektrofahrzeugen alles möglich ist." Er versicherte den staunenden Gästen, dass fünf Erwachsene bequem darin Platz fänden, auf Wunsch könnten sogar zwei nach hinten gerichtete zusätzliche Kindersitze im Heckraum geordert werden. In der Mittelkonsole befand sich ein riesiger Bildschirm. Anstelle eines Radios mit den üblichen Knöpfen gab es einen Touchscreen, der die gleiche Funktionalität besaß wie das Apple iPhone, das weniger als zwei Jahre zuvor auf den Markt gekommen war. (Teslas Bildschirm wurde immerhin ein Jahr vor Apples iPad vorgestellt.) Das Model S war durchaus vergleichbar mit einem Mercedes der E-Klasse oder einem 5er BMW. Pausenlos ratterte Musk Leistungszusagen herunter, die, sollten sie wahr sein, diese Luxuswagen weit in den Schatten stellen würden. Das Model S könne in weniger als sechs Sekunden von null auf 100 Stundenkilometer beschleunigen. Seine Reichweite läge bei knapp 450 Kilometern, und das mit einer einzigen Aufladung. Der Basispreis läge bei 57.400 US-Dollar, was bedeutet, dass die Käufer aufgrund einer gerade erst eingeführten staatlichen Förderung in Höhe von 7.500 US-Dollar für den Kauf eines E-Autos etwas weniger als 50.000 US-Dollar zahlen würden. Das Model S werde 2011 in Produktion gehen, sicherte Musk zu.

„Was wollt ihr lieber? Das Model S oder einen Ford Taurus?", fragte er unter dem Gelächter der Anwesenden.

Musk hatte den Grundstein gelegt, sein Traum vom Elektroauto stand kurz davor, in Erfüllung zu gehen – zwar noch nicht für die breite Masse, doch zumindest für einige wenige, die es gern bequem hatten. Jetzt musste er nur noch herausfinden, was noch fehlte, um diesen Traum wahr werden zu lassen. Insider der Automobilbranche hielten seine Vision bestenfalls für eine Utopie, schlimmstenfalls für einen Witz. Detroit hatte bereits versucht, ein Elektrofahrzeug für den Massenmarkt zu bauen, und alle Welt hatte gesehen, was für ein Flop das gewesen war.

Doch sie würden sich nicht mehr lange über Tesla amüsieren.

TEIL II

DAS BESTE AUTO

9

SPEZIALEINHEITEN

Peter Rawlinson fuhr direkt vom Los Angeles International Airport nach Santa Monica, um dort zu Abend zu essen. Da er gerade aus London angekommen war, hatte er keinen Hunger. Seiner inneren Uhr nach war es mitten in der Nacht. Aber er wollte unbedingt hören, was ihm Elon Musk zu sagen hatte. Nur zwei Tage zuvor hatte Musk Rawlinson zum ersten Mal angerufen. Zu dieser Zeit hielt sich Rawlinson in seinem Bauernhaus in Warwickshire auf, das etwa zwei Autostunden nordwestlich von London lag, wo der Absolvent des Imperial College ein Beratungsunternehmen für Autofirmen aufgebaut hatte, die offen für Neues waren. Rawlinson hatte all die Jahre mitverfolgt, in welchen Schwierigkeiten Tesla steckte. Die Idee, eine eigene Autofirma zu gründen, war schon lange Zeit sein Traum. Jahre zuvor hatte er sogar seinen eigenen Roadster entworfen und gebaut.

Mitte Januar 2009 hatte Musk zwar den Bankrott abgewendet, aber das Damoklesschwert hing noch immer über ihm. Nach drei Monaten als CEO sah sich Musk mit drei großen Aufgaben konfrontiert: Erstens mussten nach wie vor die Roadster ausgeliefert werden, um weiterhin liquide zu bleiben.

Zweitens musste er ein Team aufbauen, das seine Vision des Model S umsetzen würde, und drittens müsste er das nötige Geld dafür auftreiben. Als Rawlinson mit Musk und dem erst vor Kurzem eingestellten Autodesigner Franz von Holzhausen zusammensaß, war er sich nicht sicher, welche Rolle er spielen sollte. Er nahm an, dass Musk wie alle seine Kunden von ihm hören wollte, wie ein Auto mit computergesteuerten Werkzeugen gebaut wird oder welche Teile mit neuen Materialien hergestellt werden können.

Doch solche Fragen wurden in normalen Zeiten gestellt und die jetzige Zeit war alles andere als normal. Die Automobilindustrie sah sich nach dem Zusammenbruch der Finanzmärkte im vergangenen Herbst mit einem schmerzhaften Umbruch konfrontiert. General Motors steuerte auf eine von der US-Regierung unterstützte Umstrukturierung zu – ein Schritt, durch den GM Schulden in Höhe von mehreren Milliarden US-Dollar tilgen konnte, zugleich aber Tausende von Arbeitsplätzen streichen musste. Das würde auch für Hunderte von Franchise-Händlern das Aus bedeuten. Die neu gewählte Obama-Regierung wollte die Autoindustrie unterstützen, indem sie Mittel zum Bau kraftstoffeffizienterer Fahrzeuge in Aussicht stellte, einschließlich Darlehen des Energieministeriums zur Umrüstung von Fabriken auf Elektrofahrzeuge. Mehrere Jahre hatte Tesla versucht, mit öffentlichen Mitteln gefördert zu werden. Mit dem Model S, das rund 50.000 US-Dollar kostete und eine breitere Zielgruppe ansprach als der Roadster, hoffte Tesla das Energieministerium jetzt zu überzeugen.

Musks Blick in den Abgrund ein paar Monate zuvor hatte ihn pragmatischer werden lassen, was die Generierung von Einnahmen über den Verkauf seines High-End-Autos hinaus anbelangte. Während er sich 2006 nur darauf konzentrierte, den Roadster fertigzustellen – und kein Teilelieferant zu werden –, war er inzwischen offener für eventuelle Partnerschaften geworden. Das mag damit zusammenhängen, dass die großen Autohersteller plötzlich den Bedarf für E-Fahrzeuge registrierten, da der Ölpreis in die Höhe schnellte und es zunehmend schwieriger wurde, Benziner zu verkaufen. Musk war aber wählerisch, was solche Partnerschaften betraf. Er hielt eine Geschäftsbeziehung mit einer Luxusmarke wie Mercedes-Benz der Daimler AG für sinnvoll. Und nach monatelangen Verhandlungen konnte er nur wenige Tage vor seinem Abendessen mit Rawlinson einen

Deal verkünden, der Tesla Millionen von US-Dollar einbringen würde: die Lieferung von 1.000 Batteriepacks für Daimlers Kleinwagen, den Smart.[1]

All das hatte Musk an jenem Abend ihrer Zusammenkunft im Hinterkopf. Viel wichtiger war für ihn jedoch das Team, das er für den Bau des Model S benötigen würde. Da die Finanzierung inzwischen gesichert war und mit der Auslieferung begonnen werden konnte, brauchte Tesla einen Neustart, wenn es mit Branchengrößen wie Daimler konkurrieren und sich, wenn es nach Musk ging, zu einem Autohersteller, der erschwingliche Elektroautos anbietet, entwickeln sollte. Beim Roadster ging es zunächst nur darum, zu beweisen, dass ein Elektroauto cool sein kann, doch bei diesem Modell waren zahlreiche Kompromisse – angefangen beim Komfort bis zur Funktionalität – notwendig gewesen. Mit dem Nachfolger wollte Musk keine Kompromisse eingehen, schließlich wollte er damit die großen Autohersteller aus dem Rennen werfen. Musk wollte unbedingt, dass das Model S zum besten Auto auf dem Markt gekürt wird, dass es einen Elektromotor besitzt, war ein Nebenprodukt. Nur so konnte er gewinnen: Bei einem Auto, das besser für die Umwelt war, gab es keine Kompromisse. Er wollte allen zeigen, dass ein E-Auto in vielerlei Hinsicht besser ist als ein Benziner.

Dazu brauchte er allerdings ein Team, das sich nicht von den Methoden der Vergangenheit leiten ließ, also davon, wie die Dinge früher gemacht wurden. Das Model S brauchte innovative Strukturen, und zwar vom Entwurf über die Konstruktion bis hin zu Produktion und Verkauf. Außerdem musste sich Tesla von 20 Autos auf 2.000 pro Monat steigern.

Neben Musk saß von Holzhausen, der offensichtlich ein gutes Verhältnis zu seinem neuen Chef entwickelt hatte. Was Rawlinson nicht wusste, war, dass Musk einem anderen kürzlich eingestellten Mitarbeiter skeptisch gegenüberstand: Mike Donoughe. Der ehemalige Manager bei Chrysler hatte viel dazu beigetragen, den Roadster zu retten, und war damit beauftragt worden, das Model S in die Produktion zu bringen. Die beiden Alphamännchen waren bereits mehrmals aneinandergeraten. Musk wollte einen Chefingenieur, der von Holzhausens Entwürfe in die Praxis umsetzte.

Die Zusammenarbeit zwischen Chefingenieur und Autodesigner ist meist spannungsgeladen, da ein Kompromiss gefunden werden muss zwischen dem, was cool ist – was der Designer sich ausgedacht hat –, und dem, was machbar ist – was der Ingenieur realistischerweise herstellen kann. Im Idealfall greifen beide Rollen ineinander wie Zahnräder. Anderenfalls kann es zu Fehlzündungen kommen (und das passiert nicht selten), die dann eventuell zu einem Aussetzer oder gar zu einer Pannenserie führen.

Rawlinsons Name war gefallen, als sich ein Mitglied in von Holzhausens Team an ein gemeinsames Beratungsprojekt erinnerte und Musk versicherte, dass Rawlinson durchaus in der Lage war, die Vision eines Designers umzusetzen. Es brauchte mehr als einen durchschnittlichen Ingenieur für das, was Musk so vorschwebte. Es war zum Beispiel eine Sache für von Holzhausen, Türgriffe zu skizzieren, die in der Tür verschwinden, wenn sie nicht benutzt werden – ein solches Teil zu bauen, war aber eine ganz andere.

Rawlinson saß am Tisch und stocherte in seinem Essen herum. Auf den ersten Blick hatte er wenig mit dem ruppigen Raketenbauer, der ihm gegenübersaß, gemeinsam. Musk trug T-Shirts, Rawlinson bevorzugte ein Sportsakko. Rawlinson war sehr höflich und besaß gute Manieren – ein typischer Brite eben –, fuhr gern Ski und war etwa 30 Zentimeter kleiner als Musk. Doch nachdem das Eis zwischen beiden gebrochen war und sie sich angeregt unterhielten, stellten sie ihre erste Gemeinsamkeit fest: Sie hielten beide nicht viel von der Automobilindustrie. Rawlinson erzählte frustriert davon, wie ineffizient sie arbeitete und dass er seine 25-jährige Karriere damit verbracht hatte, Verbesserungen einzuführen. Er setzte vor allem auf Computer, um Entwurf und Konstruktion zu beschleunigen. Außerdem drängte er auf kleinere Teams, um den Amtsschimmel aus den Unternehmen zu verjagen und den komplexen Entwicklungsprozess eines Fahrzeugs um Monate zu verkürzen.

Rawlinson hatte seine Karriere bei der Rover Group begonnen und schnell bemerkt, dass die Arbeit für große Konzerne meist eintönig war, dass dort alles langsam vor sich ging und dass nicht im Traum daran gedacht wurde, brandneue Techniken einzusetzen. Er verbrachte viel Zeit damit, herauszufinden, wie man Computer bei der Konstruktion einsetzen konnte, weshalb seine Augen nach stundenlangem Starren auf kleine grüne Bildschirme rot gerändert waren. Schließlich arbeitete er mit Teams, die bereits computergestütztes Fahrzeugdesign eingeführt hatten (was in den 1980er-Jahren eine Seltenheit war), an Autos von Jaguar, damals ein eigenständiges Unternehmen. Er hatte doppeltes Glück: Zum einen war seine Tätigkeit anspruchsvoll und zum anderen arbeitete er in einer Gruppe, die noch klein genug war, sodass er Einblick in alle Komponenten eines Fahrzeugs erhielt. Besonders reizte ihn die Konstruktionsarbeit an der Karosserie eines Autos. Die Karosserie hängt mit fast allen anderen Fahrzeugfunktionen zusammen, sodass er auf diese Weise fast alles über den Fahrzeugbau lernte. Er erfuhr, wie Aufhängung, Getriebe, Antrieb und Motor funktionierten und wie all diese Teile wie ein riesiges Puzzle zu einem Auto zusammengesetzt wurden. Jaguar hatte ihm eine seltene Gelegenheit geboten, denn im Zuge der Modernisierung von Automobilunternehmen hatten Ingenieure ihre Karrieren oft ausschließlich auf einen Bereich ausgerichtet. Es war zum Beispiel gang und gäbe, dass ein Ingenieur sich zum besten internen Experten für Türschlösser entwickelte, aber nie die Chance bekam, sich aus nächster Nähe einmal anzusehen, wie der Rest eines Autos funktioniert.

Doch als Ford Motor Co. 1989 Jaguar übernahm, erlebte Rawlinson hautnah mit, wie die Abläufe des Unternehmens nach dem Vorbild des US-amerikanischen Autobauers zunehmend bürokratisiert wurden. Da er darauf keine Lust hatte, kündigte er und arbeitete stattdessen weiter an der Entwicklung seines eigenen Autos. In seiner heimischen Garage in Warwickshire konstruierte er einen zweisitzigen Roadster, über den ein Artikel samt Fotos des Rahmens in der Zeitschrift *Road & Track* erschien. Ein Jahr später meldete sich Lotus bei ihm. Der Autobauer war knapp bei Kasse und suchte nach Möglichkeiten, schnell und effizient neue Fahrzeuge zu entwickeln. Er zeigte ihnen Bilder seines Wagens und erntete dafür nur seltsame Blicke von den Führungskräften. Später erfuhr Rawlinson, dass sein Design einem geheimen Projekt ähnelte, an dem Lotus gerade arbeitete: dem Sportwagen Elise.

Letzten Endes wurde er von Lotus als Chefingenieur eingestellt. Endlich hatte er die Befugnisse und verfügte über genug Erfahrung, um seine Ideen in die Praxis umzusetzen und die Entwicklungszeit eines Fahrzeugs auf Monate statt wie bisher Jahre zu verkürzen – und das mit einem Bruchteil an Mitarbeitern. Als Rawlinsons Chef Lotus verließ, um künftig als

Berater tätig zu sein, schloss er sich ihm an und arbeitete mit Autoherstellern auf der ganzen Welt zusammen, bevor er sich schließlich selbstständig machte.

Bei ihrem ersten Treffen an diesem Abend in Santa Monica quetschte Musk Rawlinson über verschiedene Bauteile eines typischen Autos aus wie zum Beispiel über die Art der Aufhängung, die er empfehlen würde. Rawlinson, der sich noch Jahre später an diesen Abend erinnerte, schnappte sich begeistert die leeren Teller, um damit zu demonstrieren, wie die Teile ineinandergriffen oder funktionierten. Dann wollte Musk alles über Werkstoffe wissen, dann über Schweißtechniken. In Rawlinson sah Musk einen Ingenieur, dem es Spaß machte, die Grundlagen zu erforschen. Er war jemand, der bis ins letzte Detail wissen wollte, warum und wie ein Auto funktionierte und was sich verbessern ließe, um es effizienter zu machen. Rawlinson wiederum sah in Musk jemanden, der seine Begeisterung teilte und ihn unterstützen würde.

Das Abendessen schritt voran, aber Rawlinson war zu sehr mit dem Reden beschäftigt, um sein Essen zu genießen. Jetzt war Musk an der Reihe und ergriff das Wort. In den folgenden Gesprächen vertraute er Rawlinson an, dass sein Team von Ingenieuren in Detroit einen Plan aufgestellt hätte und bis Weihnachten dieses Jahres 1.000 Ingenieure einstellen wolle. Sie bräuchten angeblich eine ganze Armee, um das Auto zu konstruieren, das als Model S bezeichnet wurde. Grob geschätzt würden sie mehr als 100 Millionen US-Dollar pro Jahr für Ingenieure ausgeben, wenn sie ein Team nach der Art traditioneller Detroiter Automanager zusammenstellen würden, wenn es um ein neues Autoprojekt ginge. „Ich kann mir das aber nicht leisten, mein Geld reicht nicht mal dafür, jemanden dafür zu bezahlen, genügend Leute aufzutreiben", sagte Musk.[2] „Wie viele würden Sie denn brauchen und zur Verfügung stellen können?"

„Lassen Sie mich kurz nachdenken", sagte Rawlinson, während er im Kopf durchrechnete, wie viele Ingenieure er für vergleichbare Projekte bei Lotus eingesetzt hatte. „Bis Juni etwa 20, bis Juli, August etwa 25 ... Ich denke, etwa 40, 45 bis Weihnachten."

„Das ist ja nur ein Zwanzigstel!", sagte Musk. „Was stimmt nicht mit der Automobilindustrie? ... Warum brauchen die so viele Leute?"

„Lassen Sie mich Ihnen erklären, wie es in der Automobilindustrie abläuft", sagte Rawlinson und begann zu dozieren wie ein Professor bei einer Vorlesung. „Sie ist so etwas wie ein Schlachtfeld im Ersten Weltkrieg." In Rawlinson Augen heuerten die Autobauer wie das Militär ganze Phalangen von schlecht vorbereiteten, schlecht ausgebildeten Truppen an, die in erster Reihe marschierten und als Kanonenfutter dienten, während die Generäle zig Kilometer hinter der Front saßen und die Truppen führten, jedoch ohne die Bedingungen vor Ort zu kennen.

Musk wollte wissen, was Rawlinson anders machen würde. „Ich setze auf Elite-Kampftruppen", antwortete Rawlinson. „Denken Sie mal an ein Fallschirmjägerregiment. Der große Unterschied hier ist, dass der Anführer mit seiner Truppe am Boden ist. Es handelt sich also um eine direkte Führung, die sich den Bedingungen auf dem Schlachtfeld anpasst."

Musks Augen weiteten sich. „Fallschirmjäger! Sie reden von *Spezialeinheiten*?"

„Oh", Rawlinson hielt inne und merkte, dass er einen Nerv getroffen hatte. „Ja!"

Musk saß an seinem Arbeitsplatz bei SpaceX und begrüßte Rawlinson, der eine Woche zuvor bei Tesla angefangen hatte und wieder aus dem Vorort von Detroit zurück war, wo er das Team bei der Arbeit am Model S beobachtet hatte (obwohl Musk mehrere Male die Anweisung gegeben hatte, das ganze Team nach Martin Eberhards Ausscheiden zu entlassen). Rawlinson hatte ihn nach seiner Rückkehr um ein Gespräch gebeten, weil er von ihm hören wollte, wie er sich das Model S vorstelle. „Ich möchte, dass Sie mir ohne Scheu alles sagen, was Ihnen dazu einfällt", begann Rawlinson das Gespräch.

Musk drehte sich von seinem Bildschirm zu seinem neuen Mitarbeiter. „Schlagen Sie die 5er-Reihe", erwiderte er und wandte sich dann wieder seinem Bildschirm zu.

Für Musk war das Ziel einfach: Er wollte die beliebte Mittelklasse-Limousine von BMW vom Thron stoßen, die zwischen dem 3er Kompaktwagen und der großen 7er Limousine angesiedelt war. Im Prinzip war die 3er-Serie eine Luxusversion von Toyotas Corolla und die 5er-Serie die des Camry.

Rawlinson dachte kurz darüber nach, was er in Teslas Büro in Detroit über den Fortschritt des Model S erfahren hatte. Er hatte ein paar Tage dort verbracht, sich mit den Teammitgliedern getroffen (die ihren Job schon bald los sein würden) und nachgefragt, wie es mit der Konstruktion des Model S aussah. Zu diesem Zeitpunkt hatten die Ingenieure etwa ein Jahr daran gearbeitet und an die 60 Millionen US-Dollar verbraten. Rawlinson war alles andere als begeistert von dem, was er sah, da anscheinend mehr Wert auf Kostenersparnisse und weniger auf Leistung gelegt wurde. Das Team geriet zum Beispiel ins Schwärmen, als es ihm von dem Deal mit Ford erzählte. Sie bekamen die vordere Aufhängung so kostengünstig, dass sie planten, die vordere Aufhängung auch als hintere zu verwenden. Rawlinson war überzeugt, dies würde in einem schlechten Fahrverhalten resultieren. Außerdem wusste er genau, dass Musk diese Art von Abstrichen nicht duldete.

Rawlinson lenkte Musks Aufmerksamkeit von seinem Computer ab, als er ihm sagte, er habe die Arbeit am Projekt Model S gesehen, aber es sehe alles andere als gut aus. „Es tut mir leid, aber ich fürchte, wir müssen aufhören – wir müssen das ganze Programm stoppen."

Musk wandte sich wieder ihm zu. „Das ganze Programm?"

„Ja, alles", sagte Rawlinson mit fester Stimme. Sie mussten von vorn anfangen, sie mussten das Model S von Grund auf neu entwickeln. Er hielt inne und wartete auf die Reaktion seines neuen Chefs. Musk sagte erst mal gar nichts, hielt den Kopf leicht nach oben und starrte in die Ferne. Seine Daumen kreisten umeinander. Hinter Rawlinsons selbstsicherem Auftreten machten sich leise Zweifel breit. Wollte sein neuer Chef ihn für seine Aufmüpfigkeit feuern?

Musk drehte sich wieder zu Rawlinson um, seine Augen bohrten sich förmlich in dessen. „Das dachte ich mir schon."

Und in diesem Moment begann Rawlinson, seinen Job mit anderen Augen zu sehen. Dies war etwas ganz anderes, kein 08/15-Auftrag, an dem er sechs Monate lang arbeitete, bevor er sich zum nächsten Abenteuer aufmachte. Musk war *die* Ausnahme in der Autoindustrie, jemand, der sich nicht darum scherte, wie Dinge zuvor gemacht worden waren (vor allem, wenn das Endprodukt ein Auto war, das er scheiße fand). Musk schien es nur darum zu gehen, das beste und coolste Auto aller Zeiten zu bauen.

Auf geht's, dachte er bei sich. *So eine Chance bekomme ich nie wieder.*

Die Tatsache, dass Rawlinson bei Tesla angefangen hatte, hatte niemanden mehr überrascht als Mike Donoughe, der ja eigentlich extra dafür eingestellt worden war, um das Model S voranzubringen. Und nun tauchte plötzlich Rawlinson auf, der – von Musk höchstpersönlich – für die Produktentwicklung angeheuert worden war, ohne konkret zu werden, was das genau bedeutete. Rawlinson verbrachte seine Zeit damit, Donoughes Ingenieuren auf die Finger zu schauen und Entwicklungspläne zu überprüfen. Das verhieß nichts Gutes für den ehemaligen Manager aus Detroit.

Dieser Schachzug war umso überraschender, weil Donoughes Ansatz bereits zu Beginn des neuen Jahres Ergebnisse zeigte. Die Probleme mit den Kohlefaserplatten waren gelöst und auch andere Probleme mit den Zulieferern behoben. Die Produktion des Roadsters konnte nun von fünf pro Monat, wie dies im Sommer davor der Fall war – als er bei Tesla angefangen hatte –, auf 20 bis 25 pro Monat im ersten Quartal und 35 im zweiten Quartal gesteigert werden. Keine Frage, diese Produktionsquote war nichts im Vergleich zu seiner Zeit im Sterling-Heights-Montagewerk in der Vorstadt von Detroit, als die Fabrik in ihrer Hochzeit wesentlich mehr Fahrzeuge an nur einem Tag produzierte. Aber für Tesla war es ein Meilenstein, der unbedingt gefeiert werden musste. Eines Nachmittags schleppte Donoughe ein paar Fässer Bier in die Werkstatt und stieß mit dem ganzen Team auf ihren Sieg an.

Die Freude währte für Donoughe natürlich nur kurz. Er konnte die Zeichen der Zeit erkennen. Im Sommer inszenierte er einen würdevollen Abgang. Im Gegensatz zu anderen Mitarbeitern, die in jüngster Zeit ihren Hut nehmen mussten, redete er nicht schlecht über Musk, denn er war sich aufgrund seiner Erfahrung dort sicher, dass Tesla eine Chance hätte.

Er war nicht der Einzige, der so dachte. Der Branchenriese Daimler, den Musk als Investor gewinnen wollte, interessierte sich weitaus mehr als gedacht für das Model S. Der Autobauer hatte eine Abteilung namens MBtech, die als Beratungsagentur Unternehmen aus der Automobilbranche bei der

Neuentwicklung und Optimierung von Prozessen und Entwicklungsprojekten unterstützte. Da das Interesse des Mutterkonzerns an Tesla wuchs, hatte die MBtech-Niederlassung in Detroit die Genehmigung erhalten, Musk zu überreden, die technische Entwicklung an sie zu übergeben. Sie führten ins Feld, dass Tesla die Zeit, das Geld und das Fachwissen für ein solch ambitioniertes Auto fehle.[3] Während eines eintägigen Meetings bei SpaceX schlug das Daimler-Team vor, die Bodengruppe zu verwenden, die auch für die E-Klasse von Mercedes-Benz verwendet wurde und die mit der 5er-Reihe von BMW vergleichbar ist – genau dieselbe Bodengruppe, die von Holzhausen und Straubel für das Showcar des Model S genutzt hatten.

Dieser Vorschlag ergab in mehrerer Hinsicht Sinn. Ein solcher Deal würde dem ursprünglichen Tesla-Geschäftsplan entsprechen, den Mitgründer Martin Eberhard Jahre zuvor ausgearbeitet hatte. Damals hatte er sich mächtig ins Zeug legen müssen, um bei kleineren Autoherstellern wie Lotus Land zu gewinnen. Jetzt aber interessierte sich der zweitgrößte Hersteller von Luxuswagen der Welt für Tesla, was das Start-up in die Lage versetzte, wie im Falle von Elise vorzugehen, nur diesmal mit einem viel extravaganteren Auto.

Rawlinson saß bei der Präsentation des Daimler-Teams wie auf Kohlen. Er hatte erst wenige Wochen zuvor bei Tesla angefangen und nun schien sich seine Chance, ein Auto von Grund auf neu entwerfen zu können, in Luft aufzulösen. Nachdem das Team seine Präsentation beendet hatte, wandte sich Musk an Rawlinson: „Was würden Sie tun?"

Rawlinson gefiel der Vorschlag rein gar nicht und er nahm auch kein Blatt vor den Mund. Stattdessen begann er, einen alternativen Plan zu skizzieren, der dem deutschen Team ziemlich unrealistisch vorkam. Er sah eine völlig neue Bodengruppe vor, bei der das Akkupaket Teil der Fahrzeugkonstruktion war – ganz wie Musk es öffentlich angekündigt hatte. Rawlinson ging noch einen Schritt weiter und führte aus, dass das Batteriepaket rein theoretisch die bei einem Aufprall entstehenden Kräfte zumindest teilweise aufnehmen könnte. Diese Idee war so radikal, dass sie aus einer anderen Welt zu kommen schien. Das Team von MBtech war außer sich und meinte abfällig, dass Tesla mit Rawlinsons Plan gehörig auf die Nase fallen würde.

Während Musk in den folgenden Tagen beide Optionen gegeneinander abwog, analysierten andere Mitarbeiter von Tesla Rawlinsons Plan. Er stand und fiel damit, Schritte auszulassen, gewissermaßen die heilige Kuh der großen Autohersteller zu schlachten und auf Dinge wie Marktforschung und die Entwicklung mehrerer Prototypen zu verzichten. Rawlinson wollte so viele Tests wie möglich nicht mehr am Fahrzeug, sondern anhand von Computersimulationen durchführen, was seiner Meinung nach nicht nur Zeit, sondern auch Mannstunden sparen würde.

Deepak Ahuja, der neue CFO, der von Ford zu Tesla gewechselt war, ging die Zahlen durch und zeigte sich beeindruckt. Wenn sie in der Lage wären, ein Fahrzeug mit so wenigen Mitarbeitern zu konstruieren, könnte das Tesla einen enormen Kostenvorteil gegenüber den Branchenriesen verschaffen. „Das ist revolutionär", sagte er zu Rawlinson. „So etwas habe ich noch nie gesehen."

Eine Lektion, die Tesla aus dem Roadster gelernt hatte, beeinflusste ihre Entscheidung. Schließlich mussten sie fast alle Teile der Elise ersetzen, damit die Leistung und das Aussehen des Wagens so ausfielen, wie sie sich das vorgestellt hatten. Tesla musste ein Auto um das Batteriepack herum bauen, anstatt das Pack in ein vorhandenes Fahrzeug zu integrieren, denn nur dann konnten sie den vollen Nutzen aus dieser neuen Technologie ziehen.

Später flog Rawlinson nach Detroit, weil er den Leiter des MBtech-Büros aufsuchen wollte, der ihm seine Pläne für ein Elektroauto auf Basis der E-Klasse darlegte. Er bat den frischgebackenen Tesla-Manager außerdem darum, zu erklären, warum dieser Plan nicht funktionieren würde. Rawlinson ging eine Liste von etwa 300 Teilen durch, eines nach dem anderen. Er saß auf dem Boden und erklärte nacheinander, warum jedes einzelne Teil nicht geeignet war, bis er nach mehreren Stunden beim 65. Teil angekommen war und unterbrochen wurde.

„Ich habe genug gesehen", sagte der Deutsche. „Sie haben recht. Wie wir es auch drehen und wenden, es ergibt einfach keinen Sinn." Er rief Musk an und zog sein Angebot zurück. Jetzt lag Teslas Schicksal in Rawlinsons Händen. Musk hatte ihm entweder die Zügel in die Hand gegeben – oder genug Seil, um sich damit aufzuhängen.

10

NEUE FREUNDE UND ALTE FEINDE

Am 27. Januar 2009 reichten Justine Musks Anwälte einen Antrag beim Familiengericht in Los Angeles ein und forderten darin, dass es bei der Frage nach dem ehelichen Vermögen auch um Tesla und Musks andere Unternehmen ginge. Bis zu diesem Zeitpunkt war Musk davon ausgegangen, dass sich das Paar einig war, was ihre Trennung anbelangte. Justine hatte einen Vertrag unterzeichnet, der vor ihrer Hochzeit im Jahr 2000 aufgesetzt worden war und sein damals vergleichsweise kleines Vermögen schützte.* Sie bekäme im Falle einer Scheidung das Haus in Bel Air, zudem stünden ihr Unterhaltszahlungen für gemeinsame Kinder zu – insgesamt bekäme sie etwa 20 Millionen US-Dollar. Neun Jahre später hatte sie jedoch das Gefühl, sie hätte viel mehr verdient als nur das Haus.

Das Ende einer Ehe ist meist unschön. Aus Justines Sicht begann sich auch ihre Beziehung zu verändern, als sich ihr Leben nach dem Verkauf von Paypal wandelte und sie von einer winzigen Wohnung in Mountain View in eine Villa in Beverly Hills umzogen, wo sie sich wie im goldenen

* Während die ursprüngliche Vereinbarung vor der Hochzeit aufgesetzt wurde, unterzeichneten sie das endgültige Dokument erst, nachdem sie den Bund der Ehe geschlossen hatten.

Käfig fühlte. Beide überwanden den Tod ihres ersten Kindes durch plötzlichen Kindstod im Jahr 2002 nur schwer. Auch die Erziehung ihrer Zwillinge und Drillinge war sehr anstrengend. Justine begann, sich als Nummer 2 in Musks Leben zu fühlen – alles andere war wichtiger als sie. Er habe sie oft kritisiert und ihr an den Kopf geworfen: „Wenn du meine Angestellte wärst, würde ich dich feuern."[1]

Musks Scheidungsanwalt Todd Maron sagte dem Gericht, sollte Tesla in die Vermögensmasse aufgenommen werden, wäre das Überleben des Unternehmens gefährdet, und dass dieser Antrag ein dreister Versuch von Justine sei, einen Vergleich zu erzwingen. In der Praxis würde das nämlich bedeuten, so befürchtete Musk, dass sie, sollte ihrem Antrag stattgegeben werden, bei jeder wichtigen Unternehmensentscheidung ein Mitspracherecht hätte.[2] „Wenn Justine damit durchkommt, bedeutet das eine Art Zwangsverwaltung für Tesla und Elon und die 324 anderen Anteilseigner könnten ihre Investitionen verlieren", sagte Maron dem Gericht. Zu diesem Zeitpunkt hatte Musk sein gesamtes Vermögen in Tesla, SpaceX und SolarCity gesteckt. Maron warnte vor den Folgen einer kostspieligen und öffentlichen Scheidungsschlacht für Tesla.

Zum Glück für Musk wurde dieser Antrag damals nicht öffentlich bekannt. Genau diese Art von Publicity hätte nämlich schlimme Folgen für Tesla haben können. Denn zu dieser Zeit versuchte Musk, nervöse Partner, die sich sowieso schon fragten, ob Tesla überhaupt eine Chance hatte, von einer lebensrettenden weiteren Finanzierungsrunde zu überzeugen.

Während Musk im Frühjahr zum einen um das Überleben von Tesla kämpfte und versuchte, allgemeines Interesse am Model S zu entfachen, unternahm der neu gewählte Präsident Barack Obama weitere Schritte zur Rettung von General Motors. Dazu gehörte auch die Entlassung von CEO Rick Wagoner und die Ankündigung, dass die US-Regierung ein Sanierungskonzept für den angeschlagenen Autohersteller erarbeitete mit dem Ziel, ihn deutlich zu verschlanken – weniger Marken, Händler und Mitarbeiter.

Monatelang hatte die Nation heftig darüber gestritten, welche Rolle die US-Regierung bei der Rettung von GM und Chrysler spielen sollte.

Nach dem gescheiterten Versuch des Kongresses, sich Ende 2008 auf ein Rettungspaket zu einigen, und angesichts der Überbrückungskredite seines Vorgängers Bush hatte Obama weitere Kredite genehmigt. Um den drohenden Konkurs abzuwenden, hatten beide Unternehmen eigene Umstrukturierungspläne ausgearbeitet und der US-Regierung vorgelegt.[3]

Diese Zeit des Umbruchs sah Musk als Chance für Tesla. Monatelang hatte sich einer seiner wichtigsten Stellvertreter, Diarmuid O'Connell, im Kongress dafür eingesetzt, dass Tesla in ein Kreditprogramm des Energieministeriums (DOE) aufgenommen wird, um Amerikas grünen Technologieunternehmen auf die Sprünge zu helfen. Als ehemaliger Stabschef für politische und militärische Angelegenheiten im US-Außenministerium war O'Connell kurz vor der Vorstellung des Roadsters im Jahr 2006 zu Tesla gestoßen, weil er unbedingt seinen Teil dazu beitragen wollte, etwas gegen die globale Erderwärmung zu tun. Für Tesla war das ein Glücksfall, denn er brachte die nötige Erfahrung mit Washington in das kalifornische Start-up ein.

Der damalige CEO Martin Eberhard unterstützte O'Connells Idee, den Gesetzgeber zu bewegen, den Absatz von emissionsfreien Fahrzeugen mit Steuervorteilen in Schwung zu bringen. Mit der Verabschiedung des entsprechenden Gesetzes hatte Tesla einen wirkungsvollen Hebel in der Hand und konnte das Model S zu einem niedrigeren Preis anbieten. (Auf eben ein solches Steuergeschenk hatte Musk angespielt, als er damals bei der Erstpräsentation ankündigte, dass es unter Einberechnung der Steuerersparnis knapp unter 50.000 US-Dollar kosten würde.)

Die Regierung unter US-Präsident George W. Bush hatte ein staatliches Kreditprogramm aufgelegt, das das amerikanische Energieministerium (DOE) bereits Ende 2008 umzusetzen versuchte, als GM inmitten der Weltwirtschaftskrise zu schwächeln begann. In jenem Winter hatten Musk und CFO Deepak Ahuja einen Kreditantrag über 400 Millionen US-Dollar beim DOE eingereicht. Mit diesem Geld wollten sie die Entwicklung des Model S unterstützen.

Die Vorführung des Showcar im März, das bei SpaceX von Hand fertiggestellt worden war, entpuppte sich als perfektes Mittel, um in Washington mehr zu erreichen. Dasselbe Fahrzeug, das Ende März in Los Angeles den

Kunden und Medien vorgeführt worden war, wurde dann schnell quer durch Amerika transportiert, um eine Ostküstentour zu machen. Zu diesem werbewirksamen Programm gehörte auch ein Abstecher zu David Lettermans beliebter *CBS*-„Late Show" in Manhattan. Ein Autor des *New Yorker* war mit dabei und schrieb einen langen Artikel darüber, der samt Fotos von Musk und seinen Söhnen Monate später erschien. Dass Musk jetzt die Aufmerksamkeit der Medien erregt hatte, machte sein Projekt irgendwie glaubhafter.

Vielleicht am wichtigsten war jedoch, dass O'Connell eine Tour mit dem Model S quer durch Washington organisiert hatte. Das kleine Team von leitenden Beamten des Hauptquartiers des US-Energieministeriums, das mit der Verteilung der Gelder aus dem Kreditprogramm betraut war, durfte eine Probefahrt mit dem Model S machen. Unter den Glücklichen war auch Yanev Suissa, ein frischgebackener Absolvent der juristischen Fakultät der Harvard University. Als er zum Auto ging, spürte er die Blicke seiner Kollegen aus dem Bürokomplex auf sich ruhen, die ihren Augen nicht zu trauen schienen. Die Beamten waren einen solchen Rummel nicht gewöhnt. Suissa war mehr als beeindruckt von der großzügigen Fahrgastzelle und dem großen Bildschirm mitten am Armaturenbrett.

Suissas Team hatte die Aufgabe, Kredite an Unternehmen zu vergeben, bei denen die Wahrscheinlichkeit, dass sie die Kreditsumme zurückzahlen würden, recht groß war. Bei Tesla war er sich da nicht so sicher. Tesla gehörte nicht unbedingt zu den Projekten, die dafür in Betracht kamen, erinnerte sich Suissa. „Am Anfang war nicht klar, ob Tesla es schaffen würde", sagte er.[4] „Einen Kredit an Tesla zu vergeben, war unglaublich riskant. Schließlich stellten sie nicht einfach eine neue Version von etwas Altbewährtem her, sondern schufen eine völlig neue Branche."

Die Regierung wollte beileibe nicht die einzige Geldgeberin sein, die in das Start-up investierte, weshalb sie darauf pochte, dass Tesla zusätzliche Unterstützer finden müsse. Dass das DOE-Team nicht das einzige war, das sich zurückhaltend zeigte, war eine herbe Enttäuschung für Tesla.

Herbert Kohler, Leiter des Entwicklungsteams für fortschrittliche Technologie bei Daimler, hatte sich bereits in den ersten Tagen von Tesla mit Musk getroffen und wollte unbedingt, dass Daimler in das Start-up investiert.[5]

Solche Investitionen sind jedoch bei vielen Start-ups verpönt, da sie fürchten, sie stünden anschließend lediglich als verlängerter Arm eines großen Unternehmens da oder, schlimmer noch, müssten die geschäftlichen Interessen des Auftraggebers über ihre eigenen stellen. Aus diesem Grund hatte Musk damals abgewinkt.

Bis 2008 hatte sich Musks Meinung jedoch geändert. Seine Suche nach weiteren Geldgebern hatte ihn auch nach Deutschland geführt, wo er sich mit Daimler-Topmanagern traf und erfuhr, dass sie für eine elektrische Version ihres Smart händeringend nach einem Lieferanten für Batteriepacks suchten. Einige Monate später schrieb Kohler in einer E-Mail, dass er in sechs Wochen im Silicon Valley sein und sich gern einmal Tesla und seine Technologie ansehen würde. Musk wandte sich daraufhin mit der Aufgabe an JB Straubel, den winzigen, zweisitzigen Smart von Daimler in ein Elektroauto umzubauen, was inzwischen eine der Spezialitäten von Straubel war. Nur dieses Mal musste er Gas geben – ihm blieben nur wenige Wochen Zeit.

Erst wenige Monate zuvor hatte Musk den Vorschlag abgelehnt, GM und anderen Unternehmen Batteriepacks zu liefern, aber jetzt hatte er kaum eine Wahl. Außerdem könnte es sich als Vorteil entpuppen, mit einem namhaften Unternehmen wie Mercedes in Verbindung gebracht zu werden. Die erste Herausforderung war rein logistischer Natur: Daimler verkaufte noch keine Smarts in den USA. Der nächstgelegene Händler saß in Mexiko, weshalb sie sich vom Leiter des Finanzmanagements 20.000 US-Dollar in bar geben ließen und einen spanisch sprechenden Freund nach Mexiko schickten, um dort einen gebrauchten Smart zu kaufen und ihn dann ins Silicon Valley zu fahren. Unmittelbar nach dessen Rückkehr machte sich das Team an den Umbau, wobei sie vor allem darauf achteten, nichts am Innenraum zu ändern.

Bei der Besprechung mit den Mitarbeitern von Daimler gewann Musk den Eindruck, dass seine PowerPoint-Präsentation die Deutschen kalt ließ, weswegen er sie abbrach und sie stattdessen für einen Praxistest zum Firmenparkplatz brachte, wo der umgebaute Smart bereits auf sie wartete. Das Team fackelte nicht lange und unternahm sofort eine Probefahrt mit Straubels Erfindung. Durch das sofortige Drehmoment des

Elektromotors war der Smart jetzt eine Rennmaus. Die Daimler-Leute waren mehr als beeindruckt.

Bis Januar 2009 hatten die beiden Unternehmen ausgearbeitet, wie ihre Geschäftsbeziehung aussehen würde. Außerdem war Daimler am Überlegen, in Tesla zu investieren. Einige Manager der Konzernzentrale in Stuttgart waren davon jedoch nicht angetan, da sie sich wie das DOE Sorgen um die finanzielle Lage von Tesla machten.

Musk stand vor einem Dilemma: Auf der einen Seite gab es den Riesenkonzern Daimler, der bereit war, in Tesla zu investieren. Auf der anderen Seite gab es die US-Regierung, die willens war, ihm Geld zu leihen. Doch keiner wollte einen Alleingang wagen.[6]

Musk hatte Glück, das Timing war perfekt. Während GM und Chrysler ums Überleben kämpften, machte die Obama-Regierung Druck auf das DOE, Projekte anzukündigen – auch wenn die entsprechenden Verträge noch zur endgültigen Genehmigung ausstanden. Gesagt, getan. Kurze Zeit später verkündete die Kreditabteilung, dass eine Solarfirma aus dem Silicon Valley namens Solyndra einen staatlichen Kredit erhalten würde – kurz darauf folgte die Nachricht, dass Tesla ebenfalls einen Kredit bekommen würde.

Daimler folgte dem Beispiel des DOE. Im Mai gab man bekannt, 50 Millionen US-Dollar zu investieren, wofür der Autobauer eine 10-prozentige Beteiligung an Tesla erhielt.

Wie sich herausstellte, war die vollmundige Ankündigung des DOE keineswegs für bare Münze zu nehmen. Im Prinzip war es nichts weiter als ein Angebot mit vielen Wenn und Aber. „Im Endeffekt war das lediglich eine Pressemitteilung," sagte Suissa.[7] „Alle Welt dachte, der Vertrag sei unter Dach und Fach, aber er war alles andere als das." Sämtliche Details mussten noch ausgearbeitet werden, was sich noch Monate hinzog. Doch das öffentliche Ansehen beider Parteien stieg, denn die Regierung schien Geld in die Wirtschaft zu pumpen, und Tesla wurde anscheinend von der Regierung unterstützt. Zumindest für den Augenblick verfügte das chronisch klamme Start-up über ein paar Extragroschen.

Musk war zwar in der Lage gewesen, nichts über seine chaotische Scheidung von Justine öffentlich werden zu lassen, doch bei einem anderen

Beziehungsende aus seiner Vergangenheit sah das anders aus. Martin Eberhard zerbrach sich fast ein Jahr lang den Kopf über seinen Rauswurf aus dem Unternehmen, das er gegründet hatte. Schließlich war er es gewesen, der das allererste Team zusammengestellt und daran gearbeitet hatte, 2006 einen Prototyp des Roadsters vorzustellen und auf den Markt zu bringen. Er und nicht Musk war Mr. Tesla – wie es noch immer auf seinem Nummernschild zu lesen war.

In den Wochen und Monaten nach seinem Ausscheiden bekam er jedoch mit, dass viele der Freunde, die er eingestellt hatte, entlassen wurden oder von sich aus kündigten. Eberhard lag Tesla noch immer am Herzen, aber er konnte Musk nicht ausstehen. Er machte seinem Ärger weiterhin Luft und beschrieb die Veränderungen des Unternehmens in seinem Blog – bis Tesla-Vorstandsmitglied Laurie Yoler ihn bat, einen Gang zurückzuschalten, denn seine Wut habe dem Unternehmen geschadet. Teslas Anwalt war nicht so rücksichtsvoll wie Yoler und teilte ihm mit, er habe gegen seine Verleumdungsklausel verstoßen, und entzog ihm die Möglichkeit, seine 250.000 Aktienoptionen auszuüben.

Eine Reihe von Schlagzeilen Mitte des Jahres 2008 verärgerte Eberhard nur noch mehr. In unterschiedlichen Medien machte Musk Eberhard für alles verantwortlich, was bei Tesla schiefgelaufen war. Was das Fass endgültig zum Überlaufen brachte, geschah im Spätsommer dieses Jahres. In den ersten Tagen von Tesla hatten Musk und Eberhard sich im Spaß darüber gestritten, wer den ersten Roadster, der vom Band liefe, bekäme. Schließlich hofften sie, dass dieses Auto eines Tages als Sammlerstück ein Vielfaches seines Verkaufspreises wert sein würde. Schließlich einigten sie sich auf einen Kompromiss. Musk sollte den ersten Roadster bekommen und Eberhard den zweiten. Aber nach monatelangem Hin und Her, ob er sein Auto bekommen würde, nachdem die Produktion begonnen hätte, bekam Eberhard im Juli 2008 einen Anruf von Tesla: Sein Roadster war bei einem „Dauertest" in das Heck eines Lastwagens gekracht und nur um Haaresbreite einem Totalschaden entgangen. Außerdem kam ihm zu Ohren, dass der ihm zugesicherte Roadster an Antonio Gracias gegangen war, also an jenes Vorstandsmitglied, dessen Verhalten 2007 zu Eberhards Entlassung geführt hatte.[8]

Im Frühjahr 2009 schlug Eberhard zurück und verklagte Musk wegen übler Nachrede, Beleidigung, Vertragsbruch und mehr. Diese Attacke zielte direkt auf Musks eigene Eitelkeit und Unsicherheiten ab. Eberhard stellte infrage, ob sich Musk überhaupt als Gründer von Tesla ausgeben dürfe und äußerte Zweifel an Musks oft erzählter Geschichte, er sei nach Kalifornien gezogen, um an der Stanford University zu promovieren, bevor er sein Studium nach zwei Tagen abbrach, um eine Softwarefirma zu gründen. „Musk hat sich aufgemacht, die Geschichte neu zu schreiben", begann die Klageschrift.

Dieser Seitenhieb auf seinen ehemaligen Partner saß. Musk war auffallend dünnhäutig, was seinen Platz in der Geschichte des Silicon Valley anbelangte. Als Valleywag öffentlich machte, Musk verdiene keine Anerkennung als Paypal-Gründer, reagierte dieser mit einer Gegendarstellung von mehr als 2.000 Wörtern einschließlich Fußnoten. Musk wartete nicht auf den Prozessbeginn, um mit Eberhard abzurechnen, sondern stellte seine Version der Unternehmensgeschichte auf die Website von Tesla. Als er sich zum ersten Mal mit Eberhard wegen Tesla traf, stellte er rasch fest, dass dieser „keine eigene Technologie hatte, auch keinen Prototyp und kein Recht am geistigen Eigentum von Elektroautos. Das Einzige, womit er aufwarten konnte, war ein Geschäftsplan zur Vermarktung des elektrischen Sportwagenkonzepts für den Tzero von AC Propulsion."*

Daraufhin begann ein Federkrieg. Musks Assistentin Mary Beth Brown bemühte sich um einen Nachweis, dass er tatsächlich für diesen kurzen Zeitraum in Stanford zugelassen worden war. Diese Sperenzchen sorgten für große Aufregung in der Tech-Welt und lenkten Musks Berater ab, die damals versuchten, die dringend benötigten finanziellen Mittel aufzubringen. Als ein Gericht eine Klage von Eberhard abwies, dass Musk nicht als Gründer von Tesla bezeichnet werden könne, verkaufte Musk dies als Sieg. „Wir freuen uns darauf, die Fakten so bald wie möglich vor Gericht richtigzustellen und die Geschichte wieder korrekt zu schreiben." Das

---

* Obwohl Eberhard 2003 einen Antrag auf die Rechte an teslamotors.com gestellt hatte, behauptete Musk, dass er letzten Endes einem Mann in Sacramento 75.000 US-Dollar für die Rechte an dem Namen bezahlt hätte. Hätte das nicht geklappt, hätte die Alternative Faraday gelautet.[10]

Unternehmen fügte in seiner eigenen Erklärung hinzu, dass das Urteil „im Einklang mit Teslas Vertrauen in ein Team von Gründern steht, einschließlich des aktuellen CEO und Produktarchitekten Elon Musk, [und] Chief Technology Officer JB Straubel, die beide von Anfang an wesentlich an der Gründung von Tesla beteiligt waren".

In Gesprächen unter vier Augen mahnten einige zur Umsicht. Michael Marks, der nach Eberhards Degradierung kurzzeitig als Interims-CEO fungiert hatte, schrieb Musk und dem Vorstand im Sommer, sie sollten sich besser in ihrer Wortwahl mäßigen. Er nannte die Kommentare über Eberhard „furchtbar unpassend" und „verletzend". „Am schwerwiegendsten dürfte die Aussage sein, dass [Eberhard] den Verwaltungsrat angelogen habe.[9] Sie können sich alle vorstellen, was das für seine Jobchancen bedeutet", schrieb Marks. „Ich glaube außerdem nicht, dass das stimmt." Die Schwierigkeit für Eberhard hätte darin bestanden, dass Tesla kein erfahrener CFO zur Verfügung gestanden und das Managementteam unrealistische Erwartungen hinsichtlich Kosten und Zeitplan gehabt habe. „Ich stehe nach wie vor zu der Entscheidung, dass Martin wegen seiner mangelnden Kompetenz, diese Probleme als verantwortlicher CEO zu lösen, seinen Hut nehmen musste. Aber ich war nicht eingeweiht in das, was alles geschehen ist, bevor ich zu Tesla kam. Ich möchte auch hinzufügen, dass er in den ersten Monaten, in denen ich dort tätig war und auch [er] noch dort arbeitete und mir Bericht erstattete, alles tat, worum ich ihn bat, und zwar mit Begeisterung. Das sollte unbedingt in seinem Arbeitszeugnis Erwähnung finden."

Niemand weiß, welche Wirkung Marks' Schreiben auch immer gehabt haben mag, doch im September hatten Eberhard und Musk ihren Streit beigelegt und sich zu Stillschweigen über die Bedingungen verpflichtet. Doch es sickerte durch, dass es eine Verleumdungsklausel gab. Zudem bekam Eberhard seine Anteile und, was ihm noch mehr bedeutete, einen Roadster. Tesla gab eine Presseerklärung heraus, in der die beiden als „zwei der Mitbegründer von Tesla" bezeichnet wurden, die anderen waren Marc Tarpenning, Ian Wright und JB Straubel. Beide Parteien gaben Erklärungen ab, deren überschwänglicher Ton den perfekten Kontrast zu den wüsten gegenseitigen Beschimpfungen wenige Monate zuvor bildete.

Eberhards Erklärung lautete: „Elons Beiträge zu Tesla waren außergewöhnlich", während Musk sagte: „Ohne Martins unbedingt erforderlichen Einsatz wäre Tesla Motors heute nicht hier." Die beiden hatten zwar ihren Federkrieg beendet, aber an ihrem Verdruss würde sich noch jahrelang nichts ändern.

Die juristischen Auseinandersetzungen – mit seinem Ex-Geschäftspartner und seiner Ex-Frau – machten deutlich, was Musks knallharte Persönlichkeit anrichten kann. Sein unbeirrbarer Fokus im Jahr 2008 rettete Tesla wahrscheinlich vor dem Bankrott, aber die Kollateralschäden an ihm nahestehenden Menschen schufen für Musks weiteren Weg neue Bedrohungen. Gerade wenn Tesla weiter wachsen und versuchen sollte, ein Mainstream-Auto auf den Markt zu bringen, könnten solche Kämpfe noch schwerwiegendere Folgen haben – denn die Einsätze werden dann größer, der Raum für Fehler aber kleiner.

11

ROADSHOWS

CFO Deepak Ahuja hatte bereits einen Crashkurs für die Arbeit in einem Start-up erhalten, als er 2008 zu Tesla kam, nachdem er seine Karriere in der renommierten Finanzabteilung von Ford Motor Co. begonnen hatte. Er war in Mumbai aufgewachsen, wo seine Eltern mehrere Unternehmen in der Bekleidungsindustrie gegründet hatten und Jeans und Unterwäsche herstellten. Der begabte Student besuchte die Banaras Hindu University und erwarb einen Abschluss in Keramiktechnik, bevor er in die USA ging, um in Materialwissenschaften zu promovieren. Eigentlich wollte er anschließend nach Indien zurückkehren, um sich mit seinem Vater an einem Unternehmen zu beteiligen, das Keramikisolatoren für das Stromnetz herstellte. Er landete an der Northwestern University außerhalb von Chicago, wo die bitterkalten Winter für ihn ebenso ein Schock waren wie die technische Ausstattung der Universität. Obwohl er in Indien sogar Großrechner programmiert hatte, war er noch nie vor einem Personal Computer gesessen und hatte sogar Mühe, den Einschaltknopf zu finden. Seine Bitten um Hilfe wurden mit fragenden Blicken quittiert, denn sein Akzent war so stark, dass man ihn kaum verstand.[1]

Doch er lebte sich schnell ein, lernte seine künftige Frau kennen und entschied sich schließlich gegen einen Doktortitel. Dann ging er nach

Pittsburgh, wo er bei Kennametal als Ingenieur tätig war und keramische Verbundstoffe für die Automobilindustrie entwickelte. Nebenbei absolvierte er ein MBA-Studium an der Carnegie Mellon University. 1993 bekam er einen Job bei Ford, das für seine umfassende Schulung von Mitarbeitern im Finanzbereich bekannt war. Er arbeitete in einem der Presswerke des Autobauers und lernte das Geschäft der amerikanischen Automobilhersteller von Grund auf kennen, bevor er sich in den nächsten 15 Jahren hocharbeitete und im Jahr 2000 zum CFO des Ford-Joint-Ventures mit Mazda aufstieg und später die gleiche Rolle bei der südafrikanischen Niederlassung des Konzerns übernahm. Im Jahr 2008 war er gerade erst für eine neue Aufgabe nach Michigan zurückgekehrt, als ihn ein von Tesla beauftragter Headhunter abwarb. In den ersten Monaten seiner Anstellung hatte er große Angst, seine Position könnte eine von vielen sein, die gestrichen würden, da Musk nichts unversucht ließ, um die laufenden Ausgaben zu drosseln.

Obwohl Ahuja wusste, dass Musk seine Privatkonten plünderte, um Teslas Rechnungen bezahlen zu können, sagte er seiner Frau und seinen Töchtern nicht, wie schlimm die Lage war. Er legte sich ins Zeug, um die Kosten für den Roadster zu senken und die Bücher von Tesla auf das vorzubereiten, was bevorstand – vorausgesetzt, sie müssten bis dahin nicht ihre Tore für immer schließen. Richtig, der Börsengang stand an. Er, aber auch Tesla würden dabei viel lernen. Das Unternehmen wäre gezwungen, sich dem ganzen Druck zu stellen, der mit einer Börsennotierung einhergeht: vierteljährliche Bilanzen, ganz zu schweigen von der Erwartungshaltung der Wall Street. Das Gute daran war, dass Millionen – wenn nicht sogar Milliarden – US-Dollar an Kapital bei dem oft klammen Autobauer eintrudeln könnten.

Es hatte eine Weile gedauert, bis die Banker der Wall Street eine Beziehung zu Tesla aufgebaut hatten.

Mitte 2009 stand ein Großteil der Beschäftigten von Tesla dem geplanten Börsengang zumindest skeptisch gegenüber.[2] GM war zu dieser Zeit mehr als damit beschäftigt, den Konkurs abzuwenden, und trennte sich von Tausenden von Händlern und Zehntausenden von Angestellten. Die ganze Autoindustrie erlebte einen bis dato unbekannten Einbruch des

Marktes, der sich in rapide fallenden Verkaufszahlen äußerte.* In diesem Herbst gab es scheinbar einen Hoffnungsschimmer für junge Unternehmen wie Tesla, die den Gang an die Börse wagen wollten: Ein kleiner Anbieter von Automobilbatterien namens A123, der seinen Börsengang 2008 verschoben hatte, kehrte Ende September 2009 an die Wall Street zurück, was den Markt aufrüttelte. Seine Aktien stiegen am Tag der Notierungsaufnahme um 50 Prozent. Diese Nachricht reichte aus, um in der Finanzabteilung von Tesla die Zuversicht zu wecken, dass der Plan von Musk doch noch funktionieren könnte.

Trotz all seiner Berufserfahrung hatte Ahuja nur wenig Ahnung vom direkten Umgang mit der Wall Street. Er erfuhr von den Bankern, dass vor dem Börsengang von Tesla mehrere voneinander unabhängige Hürden überwunden werden mussten. Die Folgen von Musks noch immer nicht abgeschlossener Scheidung von Justine und die Tatsache, dass es kein Werk gab, in dem Tesla das Model S produzieren konnte, waren nur zwei davon.

Den Bankern war vor allem wichtig, dass Tesla vor dem Börsengang eine Fabrik für den Bau seiner Autos finden würde. Sinn und Zweck des Börsengangs von Tesla war es schließlich, Geld für die Markteinführung des Model S einzutreiben. Die Umsatzprognosen basierten größtenteils auf den alleinigen Verkäufen dieses Fahrzeugs. Die Banker stellten Musk die Frage, wie er sicher sein könne, diese Schätzungen zu erreichen, wenn Tesla nicht einmal eine Fabrik hatte, um das Model S zu bauen.

Es war ja beileibe nicht so, als hätte das Start-up nicht ein eigenes Werk in Betracht gezogen. Die Suche danach hatte schon Jahre zuvor begonnen, war aber an fehlendem Kapital gescheitert. Der Versuch, eine Anlage in New Mexico zu bauen, wurde eingestellt, was die örtlichen Planer ziemlich frustrierte. Ein anderes Projekt in San Jose wurde in dem Augenblick gestoppt, als Musk den Posten des CEO übernahm. Schließlich machte er in Begleitung eines Immobilienmaklers Wochenendausflüge rund um Los

---

* Die US-Autoverkäufe erreichten 2009 mit 10,4 Millionen Neuwagen-Auslieferungen ein 27-Jahres-Tief. Das waren 38 Prozent weniger als 2003, dem Gründungsjahr von Tesla, so der Marktforscher Autodata Corp.

Angeles, um einen Standort für ein Werk zu finden. In einer Stadt namens Downey, rund 25 Kilometer vom neuen SpaceX-Hauptquartier in Hawthorne entfernt, wurde Musk fündig. Auf einem alten Industriegelände stand eine ehemalige, weitläufige NASA-Anlage, die 1999 stillgelegt worden war. Musk war begeistert von der Geschichte des Werks – Raumfahrt! – und davon, dass es nur einen Katzensprung von seinem Zuhause entfernt war.

Doch nicht jeder teilte Musks Gefühle, schließlich müsste viel Arbeit hineingesteckt werden, um das Werk in eine moderne Autofabrik zu verwandeln. Einige Mitarbeiter von Tesla fragten sich besorgt, wie lange es allein dauern würde, alle nötigen Genehmigungen zu erhalten. Denn vor allem die Einrichtung einer Lackiererei ist sehr komplex und mit sehr vielen behördlichen Auflagen verknüpft, was erfahrungsgemäß recht lange dauert. Zwar versprachen die zuständigen Beamten, die Angelegenheit zu beschleunigen, doch trotzdem befürchteten einige Führungskräfte, dass es Jahre dauern könnte, bis das Projekt abgeschlossen sei, was Tesla eine hübsche Stange Geld kosten würde.

Doch es gab eine Alternative: ein ehemaliges Werk von GM und Toyota auf der anderen Seite der Bucht von San Francisco, das die offizielle Genehmigung für die Produktion von Autos besaß und gerade von Toyota eingemottet wurde, nachdem sein Partner GM Konkurs angemeldet hatte. Gilbert Passin, der erst kurz zuvor von der Toyota Motor Corp. abgeworben worden war, wo er ein Lexus-Montagewerk in Kanada geleitet hatte, war der Meinung, sein ehemaliger Arbeitgeber könne daran interessiert sein, Tesla die Fabrik anzubieten. Toyota hatte seine Produktion in Texas ausgebaut und war bestrebt, seine Aktivitäten auf dem US-amerikanischen Markt dort zu konsolidieren. Passin und andere gingen davon aus, dass der japanische Autohersteller nach einem eleganten Weg suchte, seine Fabrik loszuwerden. Eine Schließung nämlich wäre zum einen rein gar nicht mit Toyotas Unternehmenskultur und dem Grundsatz, seinen Mitarbeitern eine lebenslange Beschäftigung zu bieten, vereinbar und zum anderen ein Zeichen von schlechter Planung.

Obwohl beide Seiten von diesem Deal profitieren würden, hatte Toyota keinerlei Interesse signalisiert. Musk wandte sich sogar an seinen Arzt in Beverly Hills, der den CEO von Toyota, Akio Toyoda, persönlich kannte. Anfang 2010 erhielt Tesla eine Rückmeldung und zur Überraschung aller zeigte sich Toyoda begeistert und bat um ein Treffen, das schon kurze Zeit später in Musks Haus in Bel Air stattfand. Mit einem stattlichen Gefolge traf er in der Villa ein, wo Musk den geschätzten Besucher, den Enkel des Gründers von Toyota, kurz entschlossen auf dem Beifahrersitz des Roadsters Platz nehmen ließ und mit ihm eine kurze Runde um den Block drehte. Toyoda, der selbst Autorennen fuhr, war davon sehr beeindruckt, zudem mochte er den Unternehmergeist von Tesla. Als Musk im Laufe des Abends nachhakte, ob er das Werk kaufen könne, fackelte Toyoda nicht lang und sicherte ihm obendrein zu, in Tesla investieren zu wollen.

Keine Frage, zusätzliches Kapital war bei Tesla immer willkommen. Doch Musk war hellauf begeistert, von einem der besten Autohersteller der Welt unterstützt zu werden. So kurz vor dem Börsengang sowohl das Gütesiegel von Toyota als auch von Mercedes-Benz zu bekommen war etwas, um das den jungen Autohersteller viele beneiden würden.

Der Fabrik-Deal überrumpelte die Stadtverwaltung von Downey. Sie waren davon ausgegangen, Tesla würde sich in ihrer Gemeinde ansiedeln, und waren wütend, dass Musk ihnen in den Rücken gefallen war.

JB Straubel war von diesem Deal ebenfalls überrascht. Klein-Tesla hatte es verstanden, sämtliche Joker auszuspielen und dadurch die Konkurrenz abzuhängen. Als das Start-up mit Daimler anbandeln wollte, besuchten die Manager auch die BMW AG und parkten ihren Roadster an einer auffälligen Stelle, weil sie darauf bauten, dass sich das in der klatschsüchtigen Branche herumsprechen würde. Und auch als sich Musk abmühte, eine Beziehung zu Toyota aufzubauen, spielte er doppeltes Spiel und wies Straubel an zu versuchen, bei einem anderen namhaften Automobilhersteller, der Volkswagen AG, den Fuß in die Tür zu bekommen. Straubel sollte dafür sorgen, dass Tesla künftig auch als Zulieferer von VW – und Daimler – tätig würde. Straubels Team hatte deshalb einen Volkswagen Golf mit einem elektrischen Antrieb ausgestattet und das Fahrzeug nach Deutschland gebracht, um dem Konzern die Zusammenarbeit schmackhaft zu machen und die Vorteile von Lithium-Ionen-Zellen zu verdeutlichen.[3] Der damalige Volkswagen-Chef Martin

Winterkorn fuhr den ebenfalls mitgebrachten Roadster auf der Teststrecke voll aus.

Der Toyota-Deal wurde an dem Tag bekannt gegeben, an dem den ganzen Tag lang Besprechungen mit Volkswagen angesetzt waren. Winterkorn zitierte Straubel in sein Büro. „Was zum Teufel ist da los?“, wollte er ohne Umschweife wissen. Straubel wusste nicht, was er darauf sagen sollte. Der Deal zwischen den beiden Unternehmen war natürlich geplatzt – Winterkorns Team war insgeheim gegen eine solche Partnerschaft, zum einen aus Gründen der Sicherheit von Lithium-Ionen-Zellen, zum anderen aber auch, weil niemand aus dem Hause VW auf diese Idee gekommen war. Straubel und sein Team packten ihre Siebensachen und kehrten frustriert nach San Carlos zurück.

„Ich habe keine Zeit für so etwas“, brüllte Elon Musk. „Ich muss die verdammte Rakete in die Luft bringen!“ Mit diesen Worten stürmte er aus dem gläsernen Konferenzraum bei SpaceX und beendete abrupt eine Besprechung, in der es um die Details des Marketings für den Börsengang von Tesla ging.[4]

Musk hatte zwar unter Beweis gestellt, dass er nicht nur ein Mikro-, sondern sogar ein Nanomanager sein konnte, aber Geduld war nicht seine Stärke. Als jemand, der gut mit Worten umzugehen wusste, stritt er mit Anwälten über die Formulierungen im Emissionsprospekt, der Anfang Januar 2010 nach neun Monaten Arbeit von Goldman Sachs und Morgan Stanley herausgegeben wurde. Einer der damit befassten Banker war Mark Goldberg, damals gerade einmal 24 Jahre alt. Sein Interesse an erneuerbaren Energien hatte ihn zu Morgan Stanley gebracht, und nun fand sich der Neuling völlig unverhofft inmitten eines äußerst ungewöhnlichen IPO-Prozesses wieder.

Bei mehr als einer Gelegenheit drohte Musk, sie alle zu feuern. „Das muss spannender werden“, forderte er und bestand auf Behauptungen wie die, dass Tesla den gesamten Markt für Premium-Limousinen der Mittelklasse übernehmen würde. Oder er lehnte Folien ab, in denen Audi als Konkurrent von Tesla genannt wurde. Er hatte sich sehr darüber geärgert, dass Audi seine geballte Macht einsetzte, um Teslas Auftritt in „Iron

Man 2" zu verhindern, nachdem Musk sich geweigert hatte, im Rahmen der Produktplatzierung Geld dafür zu bezahlen. (Das hinderte ihn aber nicht daran, einen Kurzauftritt in dem Film zu übernehmen und sich selbst zu spielen.) „Warum wird Audi überhaupt erwähnt?", wollte er nach der Präsentation wissen. „Audi spielt für uns keine Rolle ... Wir werden Audi an die Wand fahren!"

Das war die Art von Verhalten, die man von einem Start-up-Gründer erwartet, aber nicht vom Chef eines börsennotierten Unternehmens, dessen Augenmerk vielmehr auf die Rendite seiner Aktionäre gerichtet sein, dessen Kommunikation eher nach einem Drehbuch erfolgen und der unnötige Risiken vermeiden sollte. Auch wenn Musk zweifelsohne darauf brannte, an die Börse zu gehen, stellte sich die Frage, wie es sein würde, wenn Tesla Tausenden von Investoren gehörte und er ihren Launen ausgeliefert war. Andererseits hatte Musk kaum eine Wahl. Ein Börsengang würde zwar Geld in die Kassen von Tesla spülen, hatte allerdings auch seinen Preis. Danach könnte er sich nicht mehr wie ein Lehnsherr aufführen. Doch es gab noch mehr, was nicht unbedingt typisch für einen Börsengang war. Ursprünglich war Morgan Stanley für die prestigeträchtige Rolle des Hauptbankers ausgewählt worden, doch es landete später auf dem zweiten Platz hinter Goldman Sachs. Aus Aufzeichnungen, die später beim Börsengang eingereicht wurden, geht hervor, dass Goldman Musk ein persönliches Darlehen gegeben hatte – ein früher Hinweis darauf, wie instabil seine eigene finanzielle Lage geworden war.

Als Unterstützung bei der Vorbereitung des Börsengangs stellte Ahuja Anna Yen ein. Die ehemalige Führungskraft bei Pixar wurde dann mit den Investor Relations betraut, was mit jeder Menge Papierkram verbunden war, der bei der US-Börsenaufsichtsbehörde (SEC) eingereicht werden musste. Dabei stellte Ahujas Team fest, dass Tesla es in diesem Jahr versäumt hatte, eine Dokumentation bei der Umweltschutzbehörde (EPA) einzureichen – ein Fehler, der zu einer Geldstrafe von 37.500 US-Dollar pro verkauftem Fahrzeug oder insgesamt fast 24 Millionen US-Dollar führen könnte, was die ohnehin schon angeschlagene Bilanz des Unternehmens noch mehr belasten würde. Ende Dezember 2009 holten sie den Papierkram nach und einigten sich mit dem DOE auf eine Strafe in Höhe von 275.000 US-Dollar. Noch wichtiger war, dass die EPA sich darauf einließ, alle im Jahr 2009 verkauften Fahrzeuge so zu behandeln, als wären sie von Jahresanfang an ordnungsgemäß dokumentiert worden. (Musk hatte die EPA-Administratorin Lisa Jackson persönlich darum gebeten, die Angelegenheit zu beschleunigen, da er befürchtete, dass sie sich über Monate hinziehen könnte.)

In dieser Zeit stellte Musk einen Justitiar ein und musste nur wenige Wochen später mit ansehen, wie dieser seinen Hut nahm. Es mutete schon fast komisch an, dass Musk große Schwierigkeiten hatte, jemanden auf Dauer für diese Position zu finden. Offenbar schien er kein großes Interesse an dem Rat von Anwälten zu haben.

Dann gab es da eine Sache, die Tesla bei der Vorbereitung auf den Börsengang unterlassen hat, was sich noch zig Jahre später rächte: die Einführung eines 2-Klassen-Aktiensystems. Dieses System ermöglichte es Larry Page und Sergey Brin von Google (zwei Jahre später auch Mark Zuckerberg von Facebook), die Kontrolle über ihr Unternehmen zu behalten, obwohl sie nur einen Bruchteil der Aktien hielten. Es bleibt ein Geheimnis, warum Teslas IPO-Papiere, die im Januar 2010 eingereicht wurden, keine entsprechende Klausel enthielten, damit Musk weiterhin das Sagen hätte. Mitarbeiter, die damit betraut waren, hielten es für möglich, dass darauf verzichtet würde, weil es schon schwer genug war, Anleger für Tesla zu finden. Mit einem machthungrigen, unberechenbaren Mann an der Spitze wäre der Börsengang vielleicht kaum noch zu schaffen gewesen. (Außerdem saß Musks Bruder Kimbal im Verwaltungsrat von Tesla, was bereits die Frage aufgeworfen hatte, ob das nicht als Vetternwirtschaft zu bezeichnen wäre.)

Das Beste, was für Musk drin war, war eine Klausel, der zufolge jede Aktionärsmaßnahme zur Erzwingung von Änderungen, wie etwa eine Übernahme oder ein Verkauf, einer Zweidrittelmehrheit bedurfte. Damit konnte Musk faktisch ein Veto gegen alle Schritte einlegen, die ihm nicht in den Kram passten. Solange er seinen Anteil an Tesla behielt, der im Januar 2010 bei rund 20 Prozent lag, wären rund 85 Prozent aller übrigen Stimmrechte nötig, um etwas gegen seinen Willen durchzusetzen – eine überaus hohe Messlatte für ein Unternehmen, das wie kaum ein anderes von einem Chef geprägt wurde, der kein Blatt vor den Mund nahm.

Es gab noch eine weitere Schutzweste für Musk, die zumindest ein paar Jahre hielt. Eine Klausel in dem mit Daimler geschlossenen Vertrag sah vor, dass Musk bis 2012 CEO bleiben würde, was als stillschweigendes Eingeständnis von Daimler interpretiert wurde, dass in deren Augen Musk der Schlüssel für die Zukunft von Tesla war.

Wochen nach der Einreichung der Papiere für den Börsengang trafen Tesla gleich mehrere Katastrophen: Ein Team mit Ingenieuren aus San Carlos sollte mit einem Privatflugzeug zu Besprechungen nach Hawthorne fliegen, doch es stürzte beim Start ab. Alle drei Tesla-Ingenieure verloren dabei ihr Leben. Musk selbst hätte eigentlich mit an Bord sein sollen, hatte die Reise aber im letzten Moment abgesagt, nachdem er erfahren hatte, dass Kimbal sich bei einem Schlittenunfall in Colorado das Genick gebrochen hatte. Musk war extrem aufgewühlt, als sein Team ihn über den Unfall informierte.

Zwei Tage später kam es zu einem weitaus weniger tragischen Vorfall, der aber nichtsdestotrotz einen Schatten auf den geplanten Börsengang warf. Das Online-Magazin *VentureBeat* brachte die Nachricht, dass Musks Scheidungsverfahren eine unerwartete Wendung genommen hatte. Musk, der Milliardär, hatte seine Vermögensverhältnisse in einem Schriftsatz mit „Armut" angegeben. „Vor etwa vier Monaten ging mir das Geld aus", hatte Musk dem Gericht mitgeteilt. Er hätte seinen Lebensunterhalt seit Oktober 2009 mit einem privaten Darlehen eines Freundes bestritten und rund 200.000 US-Dollar pro Monat ausgegeben.*

Musks Ex-Frau Justine hatte in einem Blog der Londoner *The Times* über die Scheidung geschrieben, was den Graben zwischen den beiden noch tiefer werden ließ. Musk befand sich in einer mehr als misslichen

---

* Musk behauptete später, dass in den monatlichen Ausgaben auch die gemeinsamen Anwaltskosten in Höhe von 170.000 US Dollar wegen ihrer Scheidung enthalten waren. Ein Großteil der restlichen Summe sei für Kindermädchen und Justines Haushaltsführung draufgegangen. Außerdem hätten sie das gemeinsame Sorgerecht für ihre fünf Kinder. „Fast meine ganze Zeit, in der ich nicht arbeite und wach bin, verbringe ich mit meinen Jungs, ich liebe sie mehr als alles andere", schrieb er im Jahr 2010.

Lage. Sein Vermögen hatte das Überleben von Tesla gesichert und nur wenige Jahre zuvor hatte er seinen Kunden versprochen, dass er ihnen im Falle des Konkurses von Tesla ihre Anzahlung zurückerstatten würde.

Die Anwälte des Unternehmens betrieben Schadensbegrenzung. Sie aktualisierten flugs die IPO-Papiere mit dem Vermerk, „Tesla ist nicht mehr von den finanziellen Ressourcen von Herrn Musk abhängig" und „wir glauben nicht, dass die persönliche finanzielle Situation von Herrn Musk irgendeinen Einfluss auf uns hat". Hinter den Kulissen befürchteten Teslas Banker jedoch, dass die Scheidung sich negativ auf den bevorstehenden Börsengang auswirken könnte. Sollte Justine Musk mit einem Mal einen Anspruch auf Tesla-Aktien haben und wäre zum Beispiel nicht mit der Haltefrist einverstanden – der Zeitraum, in dem Insider ihre Aktien nicht verkaufen dürfen, da das den Wert neu ausgegebener Aktien schmälern könnte –, könnte der Börsengang darunter leiden. All das setzte Musk unter enormen Druck, seine Scheidung so schnell wie möglich durchzuziehen.

Als Justines Versuch, den Ehevertrag des Paares für nicht anwendbar zu erklären, scheiterte, einigten sich die beiden, ohne Aufhebens darum zu machen. Zumindest aus dieser Ecke drohte also keine Gefahr mehr.

Musk stellte einmal mehr unter Beweis, dass er sich selbst im Weg stehen kann. Als bekennender Fan von Stephen Colbert wollte er in dessen Nachrichtensatire „The Colbert Report" auftreten. Die Banker und Anwälte von Tesla wollten ihn davon abbringen. Da rund um Tesla derzeit alles ruhig war, könnte jedes unbedachte Wort von ihm eine Flut von Anträgen und weitere Verzögerungen auslösen. Musk wehrte sich gegen den Versuch, ihn im Zaum zu halten, und drohte damit, das Team zu feuern, das sich um den Börsengang kümmerte. Er ging sogar so weit, seine eigene Roadshow mit potenziellen Investoren an der Ostküste zu veranstalten. Als die Banker ihn baten, sich vorab seine Präsentation auf dieser Tour anhören zu dürfen, weigerte sich Musk strikt. Ihre Meinung kümmerte ihn nicht. Schließlich schlossen sie einen Kompromiss. Musk sah ein, dass die Verkaufsteams der Banken seinen Vortrag kennen mussten, denn sie mussten potenzielle Investoren von Tesla überzeugen.

Musk wollte keine typische Roadshow, die in seinen Augen ein nüchterner Vorstoß eines privaten Unternehmens war, das an die Börse will, und üblicherweise in Konferenzräumen vollgepackt mit Investoren stattfindet und mit PowerPoint-Präsentationen untermalt wird. Keine Frage, er würde all diese Dinge auch tun. Aber er wollte auch, dass die Anleger ein echtes Gefühl für seine Zukunftsautos entwickeln. Der junge Goldberg mühte sich wochenlang ab, die Genehmigung für den Ausbau der Glastüren im Bürogebäude von Morgan Stanley am Times Square zu erhalten, damit das Model S in die Lobby gebracht werden könnte. Wichtige Investoren konnten ganz in der Nähe Probefahrten machen. „Ich hatte noch nie zuvor Investoren gesehen, die ein derart breites Grinsen im Gesicht hatten", erinnerte er sich.

Zur Präsentation kamen auch diejenigen, die Musk einmal persönlich erleben wollten. Er war zwar noch nicht so bekannt, wie das künftig der Fall sein sollte, aber er stand bereits in dem Ruf eines Rebellen in der Tech-Welt. Im Sommer hatte er damit begonnen, eine neue Social-Media-Plattform namens Twitter zu Werbezwecken zu nutzen und versendete Nachrichten mit höchstens 140 Zeichen über das Smartphone. Während seiner Präsentation forderte Musk die Investoren auf, Tesla mit neuen Augen zu betrachten. „Denken Sie bei Tesla eher an Apple oder Google und nicht an GM oder Ford." Da er diesen Punkt hervorheben wollte, zeigte er ein Bild von sich in Teslas Hauptquartier im Silicon Valley, umringt von Tech-Giganten. Auch die Verbindung von Tesla mit Daimler und Toyota nutzte er trotz der räumlichen Distanz als werbewirksames Mittel zum Zweck. Daimler, so merkte er während eines Vortrags an, habe das Automobil erfunden und wende sich nun mit der Bitte um Hilfe an Tesla. „Als ob Gutenberg mich bittet, eine Druckerpresse für ihn herzustellen", scherzte er.[5]

Eines der Themen, das einige Investoren beschäftigte, lag auf der Hand: Wie würde er seine Arbeitszeit als CEO von zwei Unternehmen, Tesla und SpaceX, aufteilen (ganz zu schweigen von seiner Rolle bei SolarCity)? Immer, wenn ihm potenzielle Anleger Fragen stellten, die er für dumm hielt, wurde er sauer auf Ahuja und sein Team und warf ihnen an den Kopf, dass sie ihn im Vorfeld besser aufklären hätten müssen.

Wer den Köder geschluckt hatte, bekam von Musk zu hören, wie die Autoindustrie der Zukunft aussehen könnte. Adam Jonas, Analyst bei Morgan Stanley, eiferte zu Beginn seiner Karriere Steve Girsky nach, der sich als absoluter Experte einen Namen in der Branche gemacht hatte, bevor er schließlich nach deren Umstrukturierung in den Vorstand von General Motors wechselte. Musks Vision beeindruckte Jonas derart, dass er nach einem Einsatz in London in die USA zurückkehrte. Seine Aufgabe war sodann, mehrere Unternehmen der Autoindustrie zu überwachen und Investoren unvoreingenommen über deren Leistung zu informieren. Er überprüfte ihre Finanzen und auf welchem Platz sie in ihrer Branche rangierten und veröffentlichte regelmäßige Berichte darüber, wie seiner Meinung nach die Geschäfte liefen und was seiner Meinung nach ein angemessener Preis für ihre Aktien war. Im Fall von Tesla war er sicher, der Wert könnte im Laufe der Zeit auf 70 US-Dollar pro Aktie steigen – mehr als rosige Aussichten für das junge Unternehmen.

Expertisen wie die von Jonas sind unverzichtbar, um sich ein Bild von der Leistung eines Unternehmens machen zu können. Wurde es den Erwartungen gerecht oder nicht? Die Antwort auf diese Frage kann den Aktienkurs beeinflussen und ihn nach unten oder oben treiben.

Jonas war sich sicher, dass Autos der Marke Tesla den Sprung „von einem Spielzeug für Reiche zum Serienwagen des Massenmarkts schaffen werden“, sagte er den Investoren. Zugleich warnte er, dass die langfristige Unabhängigkeit des Unternehmens nur dann erreicht werden könne, wenn sich Musks langjähriger Traum, ein Elektroauto zu einem Preis von etwa 30.000 US-Dollar herauszubringen, erfüllen würde. Die damit verbundenen Risiken seien jedoch groß. Fehler und Verzögerungen bei der Markteinführung des Model S könnten Tesla ebenso ausbremsen wie wenn erfahrenere Autohersteller in den Markt für E-Autos eintreten.

„Wie es bei Start-ups nicht unüblich ist, lautet die dringlichste Frage, ob Tesla lange genug zahlungsfähig bleibt, um aus den bevorstehenden technologischen Durchbrüchen Kapital zu schlagen“, schrieb Jonas an die Investoren in seiner Berichterstattung einige Monate später über Tesla. Im schlimmsten Fall drohe ein kompletter Wertverlust.

Unter den künftigen Investoren gab es im Grunde nur drei Lager: diejenigen, die sich fragten, warum sie Tesla-Aktien kaufen sollten, bevor das Unternehmen überhaupt unter Beweis gestellt hatte, dass es das Model S bauen kann. Diejenigen, die der Meinung waren, dass jetzt genau der richtige Zeitpunkt sei, denn sobald Tesla sich etabliert habe, wäre es zu spät, um Aktien zu einem guten Preis zu erwerben. Und drittens eine eher ungewöhnliche Gruppe. Musk hatte als eine der Bedingungen für den Börsengang durchgesetzt, dass die Banken einen Haufen Aktien zurückhielten, um sie den Käufern des Roadsters anzubieten. So hätten sie die Chance, einen Anteil an dem Unternehmen zu kaufen, das sie bereits als Kunde gefördert hatten. In seinen Augen war das die Anerkennung, dass es ohne sie und ihre Geduld und Unterstützung Tesla nicht geben würde. Sie würden in den kommenden Jahren als lautstarke Fürsprecher agieren, ein griechischer Chor, der jeden Schritt von Musk kommentierte.

Nachdem er den Investoren Honig ums Maul geschmiert hatte, setzte sich Musk mit seinen Bankern zusammen, um zu erfahren, wie hoch sie die Tesla-Aktie bewerten würden. Die Banker empfahlen einen Einstiegspreis von 15 US-Dollar pro Aktie.

Musk erwiderte: „Auf keinen Fall. Der Preis muss höher liegen."

Goldberg hatte kaum Erfahrung mit Börsengängen, aber in den drei Jahren, die er nun schon damit beschäftigt war, hatte er noch nie erlebt, dass ein CEO so auf einem Preis beharrte. Immerhin waren doch die Banker von Goldman Sachs und Morgan Stanley die Experten. Und die waren jetzt fassungslos. Sie schalteten ihre Telefone auf lautlos und scheuten sich nicht, Schimpfwörter zu benutzen, während sie über die nächsten Schritte diskutierten. *Für wen zum Teufel hält er sich? Wer kann ihn vom Gegenteil überzeugen? Wird die ganze Sache den Bach runtergehen? Können wir einen Rückzieher machen oder ist es dafür zu spät?*

Es war zu spät. Musk hatte sie in der Hand. Und nachdem sie ihn monatelang dabei beobachtet hatten, wie er gegen die üblichen Konventionen aufbegehrte, trauten sie ihm durchaus zu, aus der ganzen Sache auszusteigen, wenn er nicht das bekam, was er wollte. In seinen Augen war es an ihm, zu entscheiden, wie viel Geld Tesla einstreichen kann. Er hatte bis jetzt meistens recht gehabt. Sie lenkten ein.

Der Ausgabepreis lag schließlich bei 17 US-Dollar pro Aktie, was dem ambitionierten Autobauer die dringend benötigten 226 Millionen US-Dollar in die Kasse spülen würde. Am Tag des Börsengangs fuhren Musk und sein Team in Roadstern vor der NASDAQ-Börse in Lower Manhattan vor. Begleitet wurde Musk von seiner Freundin und künftigen zweiten Ehefrau Talulah Riley, die er zwei Jahre zuvor in einem Londoner Nachtclub kennengelernt hatte. Musk läutete die Eröffnungsglocke. Als die Tesla-Aktien an diesem Tag um 41 Prozent stiegen, gab er dem langjährigen Korrespondenten und Experten für die Automobilbranche Phil LeBeau von *CNBC* ein Interview. Dieser machte es dem frischgebackenen CEO nicht leicht, als er wissen wollte, wann der Autobauer seinen ersten Gewinn erwirtschaften würde, und darauf hinwies, dass viele bezweifelten, dass Tesla die Produktion des Model S wie zugesichert hochfahren könne. „Ich würde sagen, es ist mehr Optimismus angesagt, was die Zukunft von Tesla angeht, denn wir haben die Kritiker auf Schritt und Tritt ständig widerlegt, weshalb sie doch eigentlich keine Lust mehr haben sollten, sich wieder einmal zu irren", sagte Musk in seiner unnachahmlichen bombastischen Redeweise.[6]

Er und Ahuja eilten dann zu Musks Jet und flogen zurück nach Fremont, wo eine Party in der neu erworbenen Fabrik von Tesla stattfand. Der Champagner floss in Strömen. Dieser Tag war nicht nur der fulminante Abschluss einer monatelangen Plackerei, sondern auch der Höhepunkt jahrelanger Aufbauarbeit: Tesla war erfolgreich an die Börse gegangen – ein riesiger Meilenstein für jedes Start-up.

Musk erhob sein Glas und prostete allen Gästen mit dem Trinkspruch „Scheiß auf Öl" zu.[7]

12

GANZ WIE APPLE

Die Zahlen logen nicht. Teslas wöchentliche Verkaufszahlen für den Roadster lagen unter zehn. Zak Edson, Leiter der Produktplanung, präsentierte die Ergebnisse in der Tesla-Zentrale, als sich Elon Musk die Zahlen ansah. „Das ist Scheiße", lautete Musks Kommentar.[1] „Das ist nicht nur Scheiße – das ist zum Kotzen." Die Anwesenden versuchten, ihr Lachen zu unterdrücken.

Diese Zahlen verdeutlichten das wachsende Problem des Unternehmens. In den ersten sieben Jahren seit seiner Gründung hatte sich Tesla hauptsächlich auf die Entwicklung des Roadsters konzentriert: Design, Konstruktion, Beschaffung von Teilen und schließlich der Bau des Autos. Im Jahr 2010 musste sich das ändern. Der *Verkauf* des Roadsters hatte nun oberste Priorität – doch auf diesem Gebiet war Tesla blutiger Anfänger, der in sehr kurzer Zeit sehr viel lernen musste.

Die erste Präsentation des E-Autos im Jahr 2006 hatte erste Käufer angelockt, woraufhin im Jahr 2008 mehrere firmeneigene Stores eröffnet wurden. Im Prinzip waren sie die Visitenkarte von Tesla und sollten vor allem in Kalifornien und anderen wohlhabenden Enklaven außerhalb des Golden State das Interesse an dem Elektroauto des Start-ups wecken. Die

Preiserhöhung im Jahr 2009 half dem Unternehmen zwar, seine Kosten zu decken, auch wenn sie für einige Käufer ein Ärgernis war. Im Grunde hatte Tesla diese Aktion aber nicht geschadet. Diese Käufer waren Early Adopters, die weniger auf den Preis achteten als der normale Autokäufer. Das E-Auto war für diese Zielgruppe ein Selbstläufer.

2010 trat zutage, dass Tesla das Vorjahr damit verbracht hatte, die Liste der Kunden abzuarbeiten, die eine Anzahlung für das E-Auto geleistet hatten, was es noch schwieriger machte, Neukunden zu gewinnen. Von den 2.500 Fahrzeugen, die Tesla bei Lotus in Auftrag gegeben hatte, waren erst 1.000 verkauft, sprich, das Unternehmen musste noch 1.500 künftige Besitzer finden. Teslas Vorhaben, Geld für die Entwicklung des Model S aufzutreiben, basierte auf der Annahme, dass sie den kompletten Roadster-Bestand unters Volk bringen könnten. Musk rechnete mit diesen Einnahmen, um die laufenden Kosten des Unternehmens zu decken und zugleich das neue Auto auf den Markt zu bringen. Der Umsatz im vierten Quartal 2009 brach jedoch um 60 Prozent gegenüber dem dritten Quartal ein. Weitere Investitionen und der Börsengang stopften zwar die größten Löcher, aber Tesla konnte die Augen nicht vor der Tatsache verschließen, dass sie nicht einmal die Hälfte der ursprünglich geplanten Stückzahl verkauft hatten. Es musste sich dringend etwas ändern.

Aber was? Da er selbst einige Autos der Luxusklasse besaß, ging Musk davon aus, er wüsste eine Menge über den Autoverkauf. Er lehnte aggressive Verkaufstaktiken durchweg ab und hielt auch nicht viel von Werbung. Paypal war durch virales Marketing groß geworden, weil zufriedene Kunden ihren Freunden und ihrer Familie begeistert von dem neuen Service erzählten. Genau das wünschte sich Musk für Tesla. Die E-Autos würden sich allein aufgrund ihrer Qualität verkaufen. Wenn die Verkäufe nur schleppend vorankamen, stimmte etwas mit dem Produkt nicht. Weil er davon absolut überzeugt war, ließ er sich von niemandem etwas über die praktischen Grundlagen des Verkaufens sagen.

Auf der Suche nach einer Lösung für den schleppenden Abverkauf wandte sich Musk an Vorstandsmitglied Antonio Gracias und seinen Geschäftspartner bei Valor, Tim Watkins, den schwarz gekleideten Problemlöser mit Pferdeschwanz und Gürteltasche. Sie hatten die aus dem

Ruder gelaufenen Kosten für den Roadster in Angriff genommen und auch das Problem mit Teslas Lieferkette behoben. Als schöner Nebeneffekt war zwischen ihnen eine Beziehung entstanden, die von tiefem gegenseitigem Respekt geprägt war.

Obgleich das Problem auf den ersten Blick eine Frage der Bekanntheit der Marke Tesla zu sein schien, legten die Daten einen anderen Schluss nahe. Watkins fand heraus, dass Tesla bei sehr vielen Menschen auf Interesse gestoßen war – die Rede war von 300.000 potenziellen Käufern, was nicht zuletzt auf den Bekanntheitsgrad von Tesla und Musk zurückzuführen war. Doch Tesla war grottenschlecht darin, Geschäfte abzuschließen.

Gracias und Watkins waren überzeugt, dass Tesla sich auf das „Kauferlebnis", wie sie es nannten, konzentrieren müsse, also auf den Moment, in dem der Kunde die Kaufentscheidung trifft.[2] Das sei aber nicht der Moment, in dem der Käufer den Scheck ausstelle, sondern der Augenblick, in dem er eine emotionale Bindung zum Auto aufbaue. Keine Frage, in dem Fall war eine Probefahrt der Schlüssel zum Erfolg. Man denke nur an Martin Eberhards Fahrt im Tzero von AC Propulsion und an den Prototyp, mit dem Lotus in der Sand Hill Road Investoren verführte. In beiden Fällen hatte das Drehmoment des Elektromotors bei den Insassen ein Hochgefühl ausgelöst, das mit noch so vielen Werbetexten und Verkaufsgesprächen niemals zu erreichen wäre. Es führte kein Weg daran vorbei, potenzielle Käufer mussten sich hinter das Steuer setzen.

Bis 2010 hatte Tesla rund zehn Stores eröffnet, und es gab Pläne für 50 weitere. Nachdem Watkins den Vertrieb unter die Lupe genommen hatte, schlug er vor, sich stattdessen auf die Veranstaltung von Testfahrten zu konzentrieren und weitere Eröffnungen vorerst hintanzustellen. In den Augen von Watkins und Gracias war das eine einfache Rechnung. Stieg die Wahrscheinlichkeit, dass jemand das Auto nach einer Probefahrt kaufte, musste Tesla einfach nur viele Möglichkeiten schaffen, potenziellen Kunden genau eine solche zu bieten. Autohäuser sind per se räumlich begrenzt, außerdem gilt es, passende Immobilien und fähige Mitarbeiter dafür zu finden. Deshalb kamen die beiden zu dem Schluss, dass sie mit Autohäusern für ihre Zwecke nicht breit genug aufgestellt wären.

Gracias und Watkins begannen, eine Gruppe neuer Mitarbeiter zusammenzustellen, die quasi als fahrendes Verkaufsteam von Tesla eingesetzt werden sollte. Ihre Aufgabe war es, bei Guerilla-Marketing-Veranstaltungen die Kontaktdaten potenzieller Käufer zu erfassen und bei Privatpersonen nachzufassen. Die beiden Manager ließen es sich nicht nehmen, die Vorstellungsgespräche selbst zu führen, und entschieden sich eher für junge Leute, die frisch von der Uni kamen und sich vom Umweltbewusstsein und der Mission des Unternehmens angezogen fühlten. Bewerber mit Erfahrung im Autoverkauf ließen sie dagegen links liegen. Gracias konzentrierte sich insbesondere auf College-Sportler, da diese gut im Team arbeiten konnten. Die neuen Mitarbeiter – mehr als 30 in den ersten zwölf Monaten dieses Programms – mussten an einer Schulung teilnehmen, die von Watkins überwacht wurde. Im ersten Monat seiner Tätigkeit rief jeder neue Mitarbeiter etwa 3.000 potenzielle Kunden an und wurde dann in einen anderen Bundesstaat entsandt. Der Schwerpunkt ihrer Schulung lag auf den technischen Besonderheiten des E-Autos und weniger auf den Inhalten eines klassischen Verkaufsgesprächs wie Finanzierung oder Upselling.

Das Marketingteam hatte bereits Veranstaltungen abgehalten, auf der die Werbetrommel für Teslas E-Autos gerührt wurde, und Gracias und Watkins wollten, dass die neuen Vertriebsmitarbeiter noch besser integriert wurden. An jedem Wochenende fanden in ganz Amerika Veranstaltungen statt, wo es für rund tausend potenzielle Kunden die Möglichkeit zu einer Probefahrt gab. Dem Verkaufspersonal wurde ein Skript ausgehändigt und nach jeder Probefahrt musste geschätzt werden, wie hoch die Wahrscheinlichkeit war, dass es zu einem Verkauf kam. Auf diese Weise konnte das Team seine Zeit für den Abschluss eines Verkaufs besser planen (vor allem, wenn man bedenkt, dass Tesla zu diesem Zeitpunkt nur etwa 50 Roadster pro Monat ausliefern konnte).

Eine der ersten Angestellten war die Stanford-Absolventin Miki Sofer. An dem Tag im Herbst, als sie ihren ersten Roadster an eine Kundin verkauft hatte, begrüßte sie auch eine weitere potenzielle Kundin namens Bonnie Norman, eine 57-jährige Führungskraft von Intel. Sie war neugierig auf das Model S, über das die Medien so gern berichteten. Eines der Mitglieder des Verkaufsteams hatte an einem Samstag für sie eine Probefahrt mit einem Roadster in der Nähe von Sacramento arrangiert. Norman hatte zuvor schon Porsches und BMWs besessen, aber aus Umweltschutzgründen fuhr sie jetzt einen Prius von Toyota (womit sie Martin Eberhards Klischee vom typischen Kaufinteressenten bis ins letzte Detail entsprach).

Die Probefahrt war unproblematisch. Sofer übergab Norman den Schlüssel und saß auf dem Beifahrersitz, damit sie sich auf alle Fragen ihrer Kundin konzentrieren konnte. Sie selbst sagte so gut wie nichts und ließ Norman das Gaspedal bis zum Anschlag durchtreten. Norman war fasziniert von dem Gedanken, auch mit einem E-Auto einen Strafzettel wegen zu schnellen Fahrens bekommen zu können. Als die Fahrt zu Ende war, stiegen sie beide aus, doch statt eines Verkaufsgesprächs ging Sofer nun in die Details: Normalerweise läge die Reichweite bei mehr als 300 Kilometern, aber angesichts Normans flottem Fahrstil könnten es auch weniger sein. Norman erkundigte sich sogleich danach, wie der Kauf abgewickelt wird.

Diese Methode funktionierte also. Die Vorbestellungen pro Quartal verdreifachten sich nach der Einführung des Systems von Watkins und Gracias. Trotzdem war es nicht mehr als eine Zwischenlösung. Wenn Tesla ernsthaft mehr als nur ein paar Hundert E-Autos pro Jahr verkaufen wollte, was vor allem für das vergleichsweise erschwingliche Model S gelten sollte, musste ein tragfähiges Netzwerk von Stores her.

Musk hatte mitbekommen, dass Apple Stores wie Pilze aus dem Boden schossen, weshalb er seinen Assistenten bat, den Kontakt zu dem dafür Verantwortlichen herzustellen.

George Blankenships Karriere im Einzelhandel begann, nachdem er sein Studium an der University of Delaware abgebrochen hatte. Er arbeitete bei The Gap in Newark, Delaware, und machte dort eine Ausbildung zum Einzelhandelskaufmann. Es machte ihm Spaß, auf die Kunden zuzugehen, herauszufinden, was sie wollten, und sich zu überlegen, wie er sie erreichen konnte. Sein Team gewann alle Arten von innerbetrieblichen Verkaufswettbewerben. Einer seiner Kollegen wurde zur Zeit des

Schulbeginns im Herbst sogar mit einem Auto überrascht. Blankenship träumte davon, einmal Filialleiter zu werden und dann Regionalleiter.

Leider zählte er nicht zu den detailverliebten Verkäufern und vergaß zum Beispiel immer wieder, nachzusehen, ob in den Regalen genug Kleidungsstücke unterschiedlicher Größen und Farben bereitlagen. Als das Unternehmen nachhakte, ob Blankenship denn für den nächsten Schritt bereit sei, malte sein Chef die Zukunft seines Azubis in düsteren Farben. „Er wird nie ein guter Filialleiter sein. Er verbringt viel zu viel Zeit damit, auf Kunden zu warten, und hält den Laden nicht in Schuss."

Seine Verkaufszahlen erzählten jedoch eine ganz andere Geschichte. Bald schon war er Filialleiter – und das mit großem Erfolg. Schließlich wurde er in die Immobilienabteilung des Bekleidungsriesen versetzt, wo er den größten Teil seiner Karriere verbrachte und dafür zuständig war, immer mehr Ladengeschäfte in ganz Amerika zu eröffnen. Er hatte sich einen Namen als Macher und blitzschneller Entscheider gemacht, der wusste, wie ein Vertrag mit einem Einkaufszentrum am besten zustande kam – er wusste die Verhandlungen mit den Planern zu führen und mit internen Seilschaften umzugehen. Je weiter er die Karriereleiter hinaufstieg, umso mehr Verantwortung übernahm Blankenship, zuletzt war er auch für das Ladendesign und die -planung zuständig, die Immobilien an der Westküste und schließlich für die gesamte Shop-Strategie des Unternehmens. In dieser Aufgabe ging er voll auf, denn auf diese Weise konnte er bestimmen, welche Erfahrung die Kunden in den Läden von The Gap machten. Trotz seiner hohen Position blieb er am Ball, was den Alltag in den Ladengeschäften anbelangte. Jedes Jahr in der Weihnachtszeit hatte das Unternehmen alle Hände voll zu tun. Er hatte es sich angewöhnt, eine Filiale auszusuchen, die tatkräftige Unterstützung brauchte, und arbeitete dort bis spät in den Heiligen Abend hinein.

Kurz vor seinem zwanzigsten Dienstjubiläum in der Firma zog er Bilanz: Er hatte sage und schreibe 250 Filialen eröffnet. Seine Frau und er freuten sich auf seinen Vorruhestand, wollten die Sonne Floridas genießen. Doch ein unerwarteter Anruf von Steve Jobs bei Apple änderte ihre Pläne. Blankenship wechselte noch vor der Markteinführung des ersten iPod zu dem Technologieunternehmen, zeitgleich mit Jobs Strategie für firmeneigene Ladengeschäfte. Jeden Dienstagmorgen besprach sich Jobs meist drei Stunden mit ihm, sodass das Einkaufserlebnis im Apple Store langsam Gestalt annahm. Blankenship suchte in ganz Amerika nach Standorten, die wie die Faust aufs Auge zu Apple passten. Er war für die Eröffnung von mehr als 150 der mittlerweile ikonischen Stores des Unternehmens verantwortlich, bevor er sich so halb in den Ruhestand verabschiedete, aber noch als Berater tätig war.

Zu dieser Zeit erhielt er eine E-Mail von Musks Assistentin Mary Beth Brown, die er aber geflissentlich ignorierte. Da er ja jahrelang in der Immobilienbranche gearbeitet hatte, war er es gewohnt, unaufgefordert Angebote zu erhalten, normalerweise von Einkaufszentren. Doch Brown ließ nicht locker und irgendwann erregte eine ihrer E-Mails seine Aufmerksamkeit: „Elon Musk würde gern mit Ihnen über die Dinge sprechen, die Sie bei Apple gemacht haben. Bitte rufen Sie mich an.“[3]

Als Blankenship dieser Bitte nachkam, nahm Brown das Gespräch entgegen, verband ihn aber dann ohne ein Wort zu sagen mit Musk höchstpersönlich. Nach etwa einer Stunde sagte Musk, er wolle ihn persönlich treffen.

„Es tut mir leid, wenn das jetzt ein bisschen plötzlich kommt, aber ginge das schon heute Nachmittag“? „Kein Problem“, lautete Blankenships Antwort. „Aber ich bin in Florida.“

Musk wollte daraufhin wissen, ob sie sich dann am nächsten Tag treffen könnten. „Ich habe morgen Mittag in Cape Canaveral eine Besprechung mit Obama und anschließend noch eine Präsentation.“

Blankenship erklärte sich einverstanden. Die Unterredung mit Musk hatte sein Interesse geweckt und ihn reizte die Idee, seinen Beitrag leisten und dem Planeten helfen zu können. Vor ihrem Treffen schaute sich Blankenship online die Handvoll Läden an, die Tesla bereits betrieb – ein Großteil davon waren ehemalige Autohäuser oder wie solche gestaltet. Die Kunden mussten mit ihrem Auto dorthin fahren, was in seinen Augen fatal war für Tesla. Die meisten Autokäufer sind sehr loyal.[4] So blieb 2010 eine Mehrheit der Neuwagenkäufer ihrer bisherigen Marke treu. Bei Ford Motor Co. kauften immerhin 63 Prozent der Kunden wieder einen Ford, was zu den Spitzenwerten zählte. Tesla stand vor einer schwierigen

Aufgabe und musste die Leute nicht nur von seiner Marke überzeugen, sondern sie auch dazu bringen, ihrer alten Marke den Rücken zu kehren. Dass sich die Käufer eines E-Autos von Tesla auf eine neue, unbekannte Technologie einlassen mussten, war dabei nicht gerade hilfreich.

Hätte Blankenship etwas zu sagen, er würde potenzielle Kunden schon dann ansprechen, wenn sie *noch nicht* über den Kauf ihres nächsten Autos nachdachten. Er würde für eine angenehme, entspannte Atmosphäre sorgen und so viele Menschen wie möglich mit der Marke konfrontieren. Er dachte daran, wie er bei Apple vorgegangen war. Das Netzwerk der Apple Stores stand noch vor der Markteinführung des Musikgeräts iPod Ende 2001. In dieser Zeit vollzog der Technologiekonzern den Wandel von Desktop-PCs zu mobiler Technologie. Die geschulten Mitarbeiter und die Genius Bar waren nichts anderes als Werkzeuge, um Kunden einen Schubs ins digitale Zeitalter zu geben.

Sein Rat an Musk lautete schlicht und einfach: „Ich würde es ganz genauso machen wie Apple."

Ihr erstes Treffen in Florida verlief gut. Bei der anschließenden Besprechung in Kalifornien lernte Blankenship das Team kennen und durfte zum ersten Mal selbst einen Roadster fahren. Genau in diesem Moment stand sein Entschluss fest: Er würde bei Tesla anfangen. Das Start-up hatte in seinen Augen das Potenzial, etwas zu verändern. Er fühlte sich an die Anfänge von Apple erinnert und war der Meinung, Tesla hätte ein unglaubliches Produkt geschaffen, das nur darauf wartete, in die große weite Welt entlassen zu werden. Musk seinerseits erkannte in Blankenship das Potenzial, den gigantischen Erfolg von Apple zu wiederholen.

Der Ausbau der Autohäuser, die Tesla bisher eröffnet hatte, verschlang im Schnitt jeweils eine halbe Million US-Dollar. Musk wollte ihre Anzahl bis zum Jahresende verdoppeln, wobei pünktlich zur Markteinführung des Model S, die jetzt für 2012 geplant war, alle 50 Häuser geöffnet haben sollten. Da sich Tesla in Sachen Inventar aufs Minimum begrenzen und auch davor keine mit Neuwagen gepflasterten Parkplätze wollte, schien eine Kostenersparnis logisch, da weniger Platz gebraucht wurde.

Blankenship nahm Musks Jobangebot an. Er war verantwortlich, dass Tesla weltweit Autohäuser eröffnete, und konzentrierte sich zunächst auf

Top-Einkaufszentren in guter Lage. Deren Betreiber waren anfangs skeptisch, weil ein Autohaus nicht unbedingt zu ihrem Ladenkonzept passte, aber Blankenships langjährige Geschäftsbeziehungen halfen, einen Fuß in die Tür zu bekommen.

Zudem hatte er ein effizientes Medium übernommen, eines, das Musk von Anfang an gehegt und gepflegt hatte: seine Erstkunden, die als Markenbotschafter agierten. Bonnie Norman, die ihren Roadster Ende 2010 gekauft hatte, gehörte zu dieser Gruppe. Nach ihrem Kauf war sie überrascht zu hören, dass es eine Online-Community gab, der sich die meisten Käufer eines Tesla angeschlossen hatten. Auf der Website namens Tesla Motors Club tauschten sie Tipps aus und beantworteten Fragen von frischgebackenen Autobesitzern. Norman wurde zum Beispiel erklärt, wie sie ihr Handy über Bluetooth mit ihrem Roadster koppelt. Sie machten Witze über Besitzer, die sich darüber ärgerten, dass Frauen sich nicht für Elektroautos interessierten. (Sie schlug im Scherz als Lösung vor, die Autos rosa zu lackieren.) Im Endeffekt waren sie die tragende Stütze von Musks Strategie, kein Geld für Fernsehwerbung auszugeben, um das E-Auto der Marke Tesla bekannt zu machen, sondern lieber auf Mundpropaganda zu setzen. Im Prinzip waren diese Leute Blankenships Fußsoldaten, die seine Kampagne unterstützten.

Im Laufe der engen Zusammenarbeit mit Musk stellte Blankenship fest, dass Musk zwar in mancher Hinsicht Steve Jobs ähnelte, es aber auch entscheidende Unterschiede gab. Jobs war wie er selbst auf viele Aspekte des Geschäfts fokussiert. Mit Jobs verbrachte er Stunden, um Details wie die Holzmaserung der Tische zu besprechen, die für die Präsentation der Produkte zum Einsatz kommen sollten, oder wo die Löcher in die Tische gesägt werden sollten, durch die alle Kabel geführt würden. Ja, sie befassten sich sogar mit der Größe und Form dieser Löcher.

Während Musk sich mühelos in technische Fragen oder das Autodesign vertiefen konnte, hatte er weniger Interesse an anderen Aspekten seines Unternehmens, wie zum Beispiel der Frage, wie die Stores einmal aussehen sollten. Seine Vorgabe war, es muss ganz wie bei Apple sein. Er hatte schlichtweg keine Lust, Holzmaserungen auszuwählen. Mit Jobs hatte Blankenship unterschiedliche Versionen des Ladendesigns (vorab war ein Lager entsprechend möbliert worden) abgeschritten, doch Musk reichten ein paar Renderings.

„So soll es also einmal aussehen?“, fragte Musk Blankenship allen Ernstes.[5]

Blankenship erklärte ihm, dass an den Wänden Grafiken hängen würden und es genug Stauraum für Broschüren sowie Garderoben geben würde. Die Stores wären relativ kostengünstig einzurichten – ein offener Grundriss mit dem E-Auto im Zentrum.

„Okay“, lautete Musks Reaktion, und dabei beließ er es.

Im Gegensatz zu den Ingenieuren bei Tesla, die jederzeit damit rechnen mussten, Musk die Grundlagen ihrer Entscheidungen zu erläutern, genoss Blankenship einen Vertrauensvorschuss und enormen Spielraum. Musk vertraute darauf, dass er seinen Job gut machen würde. Wenn er allerdings versagte, trüge er dafür die Verantwortung – und er wusste ganz genau, dass das dicke Ende nicht lange auf sich warten würde.

Fast ein Jahr nach seinem Einstieg bei Tesla eröffnete Blankenship den ersten Tesla Store der neuen Generation im exklusiven Einkaufszentrum Santana Row in San Jose, Kalifornien. In der Mitte des Autohauses stand ein Roadster, rundherum gab es Displays, die Teslas Technologie erklärten, und einen großen interaktiven Monitor, mit dem die Kunden verschiedene Ausstattungen kombinieren und so sofort beurteilen konnten, ob die Wagenfarbe mit der Lederausstattung harmonierte. Es gab dort keinen einzigen typischen Autoverkäufer, sondern ausschließlich Produktspezialisten, die die Kunden über die neue Technologie aufklären sollten. Ähnlich wie Apple bei der Eröffnung seiner Stores davon ausgegangen war, dass sein Marktanteil klein war und viele Leute kaum etwas über die Produkte von Apple wussten, war Blankenship davon überzeugt, dass sich die potenziellen Käufer erst einmal mit der Marke Tesla vertraut machen mussten, damit sie bei der Überlegung, sich ein neues Auto zu kaufen, Tesla überhaupt in Betracht zogen.

„Wir revolutionieren nicht nur das Kauferlebnis, sondern auch den Autobesitz“, sagte Blankenship gegenüber der *San Jose Mercury News*. „Ein typischer Autohändler will seinem Kunden das Auto verkaufen, das auf seinem Parkplatz steht. Bei Tesla verkaufen wir ein Auto, das der Kunde selbst zusammengestellt hat. Neu ist, dass uns die Leute sagen: ‚Ich will dieses Auto.'"

Auf San Jose folgte schnell ein ähnlicher Store im Süden von Denver, im noblen Einkaufszentrum Park Meadows. Der Besucherandrang war gigantisch. Nach dem ersten Ansturm meldete das Autohaus in San Jose etwa 5.000 bis 6.000 Besucher pro Woche, doppelt so viele wie Blankenships Team erwartet hatte. Die Filiale in Denver verzeichnete dagegen 10.000 bis 12.000 Besucher pro Woche.

Einer der nächsten Standorte, die Blankenship ins Visier nahm, war keine leichte Nuss. Texas gehörte zu einer Handvoll US-Bundesstaaten, in denen der Direktverkauf von Fahrzeugen vom Hersteller an den Endkunden verboten war. Musk war jedoch nicht bereit, das einfach hinzunehmen. Tesla musste in seinen Augen einen Weg finden, das Gesetz zu umgehen.

Kurz nachdem die reguläre Legislaturperiode in Texas im Mai 2011 zu Ende ging, fuhr Blankenship nach Austin, um sich mit höheren Beamten zu treffen. Natürlich fuhr er im Roadster dorthin, denn die Staatsbediensteten sollten Probefahrten damit machen. Es hatte schließlich schon oft funktioniert, dass eine Runde um den Block Tür und Tor öffnete.

Zusammen mit dem Anwalt von Tesla saß Blankenship im Büro der Stadtverwaltung und ging den Gesetzestext Zeile für Zeile durch, um die Grenzen des Möglichen auszuloten. Schließlich hatten sie eine Idee: Können wir einen reinen Ausstellungsraum eröffnen, der nur für Informationszwecke genutzt wird, also kein Verkauf? Alle Mitarbeiter vor Ort machen nichts anderes, als die Leute über die Möglichkeiten eines Elektroautos zu informieren.

Ein Beamter warf ebenfalls einen Blick in den Gesetzestext. „Davon steht hier nichts."

„Das heißt, das können wir also tun?"

„Na ja, wir müssten ..."

„Nein, nein, nein", warf der Anwalt von Tesla ein.[6] „Wenn es jetzt nicht im Gesetz steht, kann es auch nicht nächste Woche im Gesetz stehen."

Tesla hatte das passende Schlupfloch gefunden und jetzt fuhren sie mit Vollgas hindurch. Dass ihr Treffen nach dem Ende der Legislaturperiode stattgefunden hatte, bedeutete, dass sie volle zwei Jahre Zeit haben würden, bevor das Parlament die Chance hatte, das geltende Gesetz zu überarbeiten.

Blankenship verschwendete keine Zeit. Flugs entwarf er einen Store, den er nicht als Autohaus, sondern als Gallery bezeichnete. Wie in allen anderen Stores von Tesla gab es vor Ort geschultes Personal und Werbematerial, doch Preise würden die interessierten Besucher vergebens suchen. Sollte jemand ein Auto kaufen wollen, müsste er lediglich seine Kontaktdaten in einen Computer eingeben. Ein Callcenter in Colorado würde dann nachfassen. Das Gesetz sah vor, dass sich kein Fahrzeug vor dem Kauf in Texas befinden durfte – aber das war für Tesla kein Problem, denn es gab kaum fertig produzierte Modelle, die auf ihren Käufer warteten. Erst wenn Kunden ein Fahrzeug gekauft hatten, ging es in die Produktion. Sobald der Scheck eines texanischen Kunden bei Tesla eingetroffen war, durfte das Fahrzeug in den Staat eingeführt werden. Und erst ab dann hieß es: Freie Fahrt!

Es war eine geniale Idee, das geltende Gesetz auf diese Weise auszuhebeln und sie wurde auch in anderen Staaten, wo ähnliche Gesetze galten, umgesetzt. Mithilfe von Blankenships innovativem und kreativem Einfall konnte eine der Strategien des Tesla-Verkaufsmodells – Direktverkauf statt Franchise-Händler – in die Tat umgesetzt werden.

Blankenship war mehr und mehr überzeugt, dass sie auf dem richtigen Weg waren. Jeden Freitagnachmittag bevor er mit seiner Frau in einem Steakhaus in der Nähe des Stores in San Jose zu Abend aß, ging Blankenship in den Tesla-Ausstellungsraum und beobachtete die Kunden. Er sah ihnen dabei zu, wie sie vor den raumhohen Schaufenstern verweilten oder eine Probefahrt antraten, und bemerkte, dass sie die kostenlose Ladestation auf dem Parkplatz hinter dem Geschäft nutzten. Er hörte ihnen aber auch zu. Eines Abends stieß er auf eine kleine Gruppe von geradezu enthusiastischen Tesla-Fans – allesamt Besitzer eines Roadsters, die das nächste Modell sehnsüchtig erwarteten.

Die meisten Besucher waren einfach nur neugierig. „Weshalb steht hier ein Auto herum?“ „Was ist das für ein Auto?“ „Wird dieser Standort demnächst wieder aufgegeben?“ Es lag auf der Hand, dass nur wenige im Detail wussten, was ein Elektrofahrzeug wirklich leisten kann. Andere hatten dagegen vorgefasste Meinungen, die sie sich wahrscheinlich durch Berichte über den EV1 gebildet hatten. Bei ihnen musste eine Menge Überzeugungsarbeit geleistet werden. Alles in allem war Blankenship überzeugt, dass seine Mission lautete, Aufklärungsarbeit für eine neue Generation zu leisten.

Tesla war mitten in den Vorbereitungen seiner ersten Gallery in Houston und kündigte auf einem Schild die baldige Eröffnung an. Wieder beobachtete Blankenship, dass potenzielle Kunden stehen blieben, um es Wort für Wort zu lesen. Bei manchen lauschte er ihren Gesprächen, weil er aus erster Hand hören wollte, was sie über die Marke dachten. Er freute sich sehr, wenn er ihre wachsende Begeisterung mitbekam.

Manchmal kam es aber anders als gedacht. Einmal sah er zwei Damen, die vor dem Display stehen blieben.

„Oh? Tesla, was ist das?“, wollte die eine wissen.

„Tesla? Das muss doch dieses neue italienische Restaurant sein.“

13

50 US-DOLLAR JE AKTIE

Bei seiner Ankunft in Detroit im Januar empfing Peter Rawlinson, der die Autoshow 2011 besuchen wollte, Eiseskälte. Die Temperaturen entsprachen bei Weitem nicht denen eines normalen Wintertages. Für ihn war das ein Schock im Vergleich zu dem milden Klima in Hawthorne, Kalifornien, wohin er die Fahrzeugentwicklung verlegt hatte, um in der Nähe von Elon Musks Schreibtisch in der SpaceX-Zentrale zu sein. Rawlinson und Musk standen vor zwei Herausforderungen, über die sie sich engmaschig abstimmen mussten. Zum einen waren sie dabei, das Fahrzeug, das in den kommenden Jahren das Fundament ihres Unternehmens werden sollte, von Grund auf neu zu entwickeln. Zum anderen mussten sie eine Unternehmenskultur schaffen, die verdeutlichte, wofür Tesla stand. Das Ergebnis beider Vorhaben würde die kommende Generation prägen.

Kurz vor Rawlinson zweijährigem Dienstjubiläum bei Tesla machte sich bemerkbar, welches Arbeitspensum er im Hinblick auf das Model S bewältigt hatte. Er hatte sich eine schreckliche Grippe eingefangen, aber das war nicht sein einziges gesundheitliches Problem. Schließlich schuftete er von frühmorgens bis spätabends und nahm das Abendessen in einem gehobenen Hotel in Manhattan Beach ein, wo er und einige andere leitende Angestellten so lange gewohnt hatten, bis sie weiter in Richtung Norden gezogen waren, um es nicht mehr so weit bis zum Tesla-Werk in Fremont zu haben. Bevor sie Feierabend machten und ihr im zweiten Stock von SpaceX gelegenes Büro verließen, riefen sie meist noch den Barkeeper des Hotels an und gaben eine Essensbestellung durch, nicht dass die Küche schon geschlossen hatte, bevor sie dort ankamen und den Tag ausklingen ließen. Ein Jahr zuvor hatte sich Rawlinson bei einem Skiunfall an der Hüfte verletzt – er hatte sich mit Dag Reckhorn, dem stellvertretenden Leiter der Fahrzeugmontage, ein Rennen geliefert.

Jetzt wollte Rawlinson nur noch eines: im Bett liegen und sich auskurieren. Doch Ricardo Reyes, der Leiter der Abteilung für Öffentlichkeitsarbeit, brauchte ihn in Detroit, um auf einer Pressekonferenz für Automobiljournalisten aus der ganzen Welt die neuesten Entwicklungen bei Tesla bekannt zu geben. Zwischen den einzelnen Terminen machte Rawlinson in der Garderobe einer Ausstellungshalle ein Nickerchen.

Er war das Gesicht der technischen Bemühungen geworden. Als Reyes damals von Google abgeworben wurde, gab Musk ihm die klare Anweisung, das Drama um seine Person aus dem Blickfeld der Öffentlichkeit zu rücken und ihre Aufmerksamkeit stattdessen auf die E-Autos zu lenken. Musk kam es darauf an, dass alle Mitarbeiter von Tesla nachvollziehen konnten, dass Tesla und alles, wofür das Unternehmen stand, für viele Menschen gänzlich neu war. Skepsis war da ganz normal. „Sie werden schwierige Fragen stellen, das ist ihr gutes Recht, und wir sollten jede einzelne Frage beantworten können“, sagte Musk.

Genau diese Haltung brachte Rawlinson in Detroit auf die Bühne, als er die Bodengruppe des Model S enthüllte – quasi das Skelett unter dem schicken Blech. Er legte großen Wert darauf, dass den Anwesenden klar wurde, wie viel Mühe sich sein Team gegeben hatte, um jeden Zentimeter des Autos effizient zu nutzen: Der Innenraum bot viel Platz, was nicht zuletzt der Tatsache geschuldet war, dass sich das Batteriepaket unter dem Auto befand. Die Frontpartie war eben nicht durch einen Verbrennungsmotor überfrachtet und natürlich gab es auch keinen Kraftstofftank. Außerdem betonte er, wie wichtig Tesla Sicherheitsaspekte waren.

In Presseinterviews verdeutlichte er, was Tesla von den inländischen Konkurrenten abhob. „Unsere Unternehmenskultur unterscheidet sich sehr von der traditioneller Autohersteller mit ihrem Silodenken. Bei ihnen gibt es Mitarbeiter für die Karosserie, Mitarbeiter für die Aufhängung und so weiter", sagte er einem Reporter.[1] „Bei uns dagegen liegt der Schwerpunkt auf den Prozessen."

Auf der diesjährigen Autoshow feierte General Motors, dass ihm für seine Plug-in-Hybrid-Limousine Chevrolet Volt die prestigeträchtige Auszeichnung „North American Car of the Year" verliehen worden war. Der Volt, der erst wenige Monate zuvor in die Showrooms gerollt war, war durchaus vom Roadster, den Tesla 2006 der Öffentlichkeit vorgestellt hatte, inspiriert worden. GM hatte den Autohersteller aus dem Silicon Valley mit seinen eigenen Waffen geschlagen, doch als das Team von Tesla sich einmal näher ansah, was der Wagen bot, machte sich ein Gefühl der Erleichterung breit. Im Vergleich zu der Ausstattung und der Leistung des Model S war der Volt nur eine kleine Öko-Kiste.

Bei der Frage, was das Schwierigste am Model S gewesen sei, musste Rawlinson nicht lange überlegen: die Bildung des Teams. Bei seinem Vorstellungsgespräch mit Musk hatte er falschgelegen, er brauchte doch mehr Mitarbeiter als gedacht, aber immer noch deutlich weniger als seine Vorgänger. In einem Zeitraum von zwei Jahren hatte Rawlinson Hunderte von Vorstellungsgesprächen geführt und letzten Endes über hundert neue Mitarbeiter eingestellt.[2]

Rawlinsons Methode der Mitarbeiterrekrutierung passte gut zu der von Musk. Er wollte grundsätzlich die Besten ihres Fachs – sei es in der Konstruktion oder beim Schweißen – und ihnen freie Hand lassen. Anfangs interviewte Musk die meisten Kandidaten selbst und stellte ihnen eine einfache Frage: Haben Sie Außergewöhnliches in Ihrem Job geleistet? Wenn ja, was? Die Ingenieure waren verblüfft, wie sehr sich Musk mit ihrem Fachgebiet auskannte. Eine falsche Antwort und das Interview war vorbei – und Musk wütend auf den Personalvermittler, der ihm diesen Bewerber empfohlen hatte.

Tesla hatte zwar genug Geld aufgetrieben, um seine Pforten nicht für immer schließen zu müssen, und auch die Entwicklung des Model S war finanziert, doch das Start-up schwamm nicht gerade in Geld. Tesla konnte zwar mit den Gehältern von Ingenieuren mithalten, die ihre Brötchen in Detroit verdienten, aber wenn die Lebenshaltungskosten in Los Angeles oder Palo Alto mit eingerechnet wurden, war die Bezahlung eher mickrig. Und von den Summen, die die großen Technologiefirmen im Silicon Valley ihren Mitarbeitern zahlten, waren sie Lichtjahre entfernt.

Personalvermittler wie Rik Avalos, der jahrelang als Headhunter für Unternehmen wie Google gearbeitet hatte, für das er Personalvermittler rekrutierte, mussten also Mitarbeiter finden und ihnen den Traum von Tesla schmackhaft machen. Einigen Bewerbern gefiel die Vorstellung, etwas für die Umwelt zu tun, andere wollten die Chance nutzen, ein Unternehmen mit aufzubauen. Avalos machte den Kandidaten den Mund damit wässrig, dass Tesla kurz davor war, sich eine goldene Nase zu verdienen. „Was ist, wenn wir bei 50 US-Dollar pro Aktie landen?“, sagte er dann immer.[3] Im Januar 2011, als die Tesla-Aktie bei etwa 25 US-Dollar notierte und damit seit dem Ende des ersten Börsentages nur geringfügig an Wert gewonnen hatte, mutete diese Vorstellung fast schon als Fantasie an.

Musks hohe Messlatte, was neue Mitarbeiter anbelangte, erwies sich als echte Herausforderung für das Rekrutierungsteam. Es lernte sehr schnell, dass es die Kandidaten besser auf ihr Vorstellungsgespräch vorbereiten musste. Nach dem Gespräch mit einer Ingenieurin saß Musk zunächst wie ein Häufchen Elend auf seinem Stuhl, denn sie hielt die Verwendung von Aluminium für die Karosserie des Model S für eine schlechte Idee: Der Werkstoff ließe sich nur schwer schweißen, was alles sehr teuer machen würde.[4] Damals hatten sich Musk und Rawlinson bereits für Aluminium entschieden, um das Gewicht des Fahrzeugs zu reduzieren und seine Reichweite zu erhöhen. Etwa 97 Prozent der Konstruktion des Fahrzeugs würden aus Aluminium bestehen, lediglich einige Bereiche wie zum Beispiel die Säule, die in der Mitte des Fahrzeugs zwischen den vorderen und hinteren Türen verläuft, würden aus hochfestem Stahl gefertigt sein. Das Aluminium sollte im eigenen Haus bearbeitet werden. Übrigens, die Bewerberin wurde nicht eingestellt.[5]

Neben der Einstellung von neuen Managern und Ingenieuren arbeitete Musk an der Unternehmenskultur von Tesla. Musk war ein ausgesprochener Fan des „First Principles Thinking", einem Denkansatz, den er der Physik zuschrieb, der aber auf Schriften von Aristoteles zurückgeht.[6] Dabei werden komplexe Probleme rekonstruiert und von Grund auf neu gedacht. Unzulässig sind einfache Ableitungen bestimmter Annahmen. Oder um es auf Tesla zugeschnitten auszudrücken: Nur weil es ein anderes Unternehmen auf eine bestimmte Weise gemacht hat, heißt das nicht, dass das der richtige Weg ist. (Oder dem entspricht, was Musk sich so vorstellt.)

Doch er gab auch zu, dass eine schnelle Kurskorrektur nötig war, wenn sich herausstellte, dass etwas nicht so funktionierte wie gedacht: „Eine schnelle Entscheidungsfindung mag einem sprunghaft vorkommen, aber das stimmt nicht. Die meisten Menschen begreifen nicht, dass keine Entscheidung auch eine Entscheidung ist. Es ist besser, viele Entscheidungen pro Zeiteinheit zu treffen und dabei eine etwas höhere Fehlerquote in Kauf zu nehmen, als nur einige Entscheidungen zu fällen, was die Fehlerquote nur geringfügig kleiner macht. Schließlich kann eine richtige Entscheidung lauten, eine falsche Entscheidung rückgängig zu machen, vorausgesetzt, die falsche hatte keine katastrophalen Folgen, was aber nur selten der Fall ist."[7]

Die neuen Mitarbeiter lernten schnell, was der launenhafte Musk für wichtig hielt. Er achtete nun genau darauf, wofür Geld ausgegeben wurde, und versuchte zu unterscheiden, welche Anschaffungen nötig waren und welche nicht. Wenn Ingenieure ihn per E-Mail um eine Kostenzusage baten und ihm erklären konnten, warum sie bestimmte Dinge benötigten, antwortete Musk – wenn sie Glück hatten – meist schnell mit einem „Geht in Ordnung".[8]

Einige Mitarbeiter machten anfangs den Fehler, eine Ausgabe damit zu rechtfertigen, dass sie innerhalb des Budgets lag. Ein Ingenieur würde die Reaktion von Musk wohl nie mehr vergessen: *Kommen Sie mir nie wieder mit Budget, denn das heißt nichts anderes, als dass Sie Ihr Gehirn ausgeschaltet haben.* Im Allgemeinen genehmigte Musk Ausgaben, sofern sie notwendig waren, aber er wollte immer sicher sein können, dass es einen guten Grund dafür gab.

Während Rawlinsons Team am Standort Hawthorne saß, lag Teslas Hauptsitz nach wie vor im Norden. Musk flog etwa jede Woche mit seinem Privatjet von Los Angeles ins Silicon Valley. (Allein im Jahr 2009 waren es 189 Flüge oder 518 Stunden in der Luft.) Mussten Rawlinsons Ingenieure mal in den Hauptsitz, fragten sie Musks Assistenten per E-Mail nach freien Plätzen an Bord. Der Trick war, vor Musk am Flughafen anzukommen, denn sobald er auftauchte, schloss sich die Flugzeugtür und der Jet hob ab. An manchen Tagen ging er an Bord, ohne ein Wort zu sagen, weil er völlig vertieft in ein Gespräch am Handy war. An anderen Tagen war er charmant, ließ sich auf spekulative Unterhaltungen über das Leben auf dem Mars ein oder über die verrückte Idee, drei Vulcan-9-Raketen miteinander zu verbinden, um eine Super-Schwerlastrakete zu bauen. (Er nannte sie die Vulcan 27.)

Ein Ingenieur erinnerte sich, dass er die Zeit auf dem Flug nutzte, um Musk nach seiner Meinung über die Aufhängung des Model S und damit auch nach dessen Fahreigenschaften zu fragen, ein Thema, das sie schon oft diskutiert hatten. Da Tesla sein Auto von Grund auf neu konstruierte, waren solche Fragen völlig normal. Sollte die Federung des Autos eher sportlich sein wie bei einem BMW oder eher weich wie bei einem Lexus? Musk holte kurz Luft und schaute seinem Ingenieur tief in die Augen. „Ich werde einen Haufen Autos verkaufen, und ich will genau das Fahrwerk, mit dem ich diesen Haufen Autos verkaufen kann – haben Sie mich verstanden?“[9]

Gut möglich, dass der Ingenieur Musk an einem schlechten Tag erwischt hatte. Vielleicht traf es aber auch den Kern dessen, wie Musk seine Entscheidungen traf. Da er zwei komplexe Unternehmen leitete, konnte er nur ein bestimmtes Maß an manischer Besessenheit an den Tag legen. Meist beschränkte er sich erst einmal auf schnippische Antworten, bis zu dem Moment, in dem irgendetwas seine Aufmerksamkeit erregte, und dann gab er *alles*. In einer solchen Welt werden Aufgaben delegiert, die Betroffenen erhalten volle Entscheidungsfreiheit – bis er sein Augenmerk auf diesen Mitarbeiter und sein kleines Leben richtet.

Dieser Ingenieur kam zu dem Schluss, dass der beste Weg, seine Karriere bei Tesla nicht zu gefährden, darin bestand, weitere Reisen mit Musk zu vermeiden – am besten, man fliegt nicht zu nah an der Sonne.

Während Rawlinsons Team an der Entwicklung des Model S arbeitete, schlug einer der leitenden Angestellten, den Rawlinson von seinem Vorgänger übernehmen musste, Musk vor, wie die Funktionen des Fahrzeugs seiner Meinung nach am besten priorisiert werden könnten. Angeblich würden GM und Ford ähnliche Prozesse anwenden. Beim Fusion hätte Ford alle Daten über vergleichbare Fahrzeuge seiner Mitbewerber gesammelt, jede Funktion bewertet und dann entschieden, bei welcher Eigenschaft Ford die Konkurrenz abhängen wolle und wo Abstriche gemacht würden.

Musk hörte sich das etwa 20 Minuten lang an, bevor er ihm ins Wort fiel. „Das ist das Dümmste, was ich je gehört habe", sagte er, bevor er den Raum verließ. „So einen Scheiß will ich nie wieder hören!"[10] Musk wollte auf keinen Fall, dass etwas eine höhere Priorität besaß als etwas anderes, er wollte *alles* priorisieren.

Etwa eine Woche später war der Manager weg. An sich war das nichts Neues, das Team hatte schon viele Kolleginnen und Kollegen kommen und gehen sehen, was größtenteils entweder auf die desolate finanzielle Situation des Unternehmens oder auf die Notwendigkeit zurückzuführen war, die Abteilung für Konstruktion von Detroit hin zur Zentrale zu verlegen. Musk wandte sich an die verbliebenen Kollegen des ausgeschiedenen Managers: „Kein Thema, sie sind gute Ingenieure, aber einfach nicht gut genug für das Team."

Während Rawlinson seine Zelte in Hawthorne aufschlug, arbeiteten JB Straubel und sein für die Batterien zuständiges Team weiterhin im Silicon Valley. Tesla hatte 2010, noch vor dem Börsengang, seinen neuen Hauptsitz in Palo Alto bezogen. Weit weg von Rawlinson und seinen Mitarbeitern entwickelte Straubels Team seine eigene Unternehmenskultur, die man ebenso gut als eine Bastion der Stabilität bezeichnen könnte. Viele der Mitarbeiter, die er bereits in den Anfangstagen aufgrund seiner Verbindungen zu Stanford eingestellt hatte, waren dem Unternehmen treu geblieben, hatten neue Aufgaben übernommen oder ihr Wissen über Batterien vertieft.

Der Erfolg des Roadsters, gepaart mit Kurt Keltys Hartnäckigkeit, erwies sich in Japan allmählich als Türöffner. Straubel hatte Kelty dafür gerügt, dass er weiterhin alle paar Monate bei Panasonic vorbeischaute, immerhin hatten sie in Sanyo einen willigen Partner für den Roadster gefunden (ganz zu schweigen von Panasonics Brief, in dem stand, dass sie keineswegs die Absicht hätten, mit Tesla ins Geschäft zu kommen). Doch Kelty war nach wie vor überzeugt, dass die Batterien von Panasonic denen von Sanyo haushoch überlegen waren, weil sie viel mehr Energie speichern konnten, weshalb sich der Aufwand in seinen Augen lohnen würde.

An einem ganz normalen Arbeitstag saß Kelty 2009 mit Naoto Noguchi, dem Leiter der für Batteriezellen zuständigen Abteilung, in einem kleinen Besprechungszimmer seines ehemaligen Arbeitgebers. Die Wände waren gelblich verfärbt, weil Noguchi Kette rauchte. Kelty saß im Schneidersitz an einem traditionellen niedrigen japanischen Tisch und versuchte, seinen Laptop auf dem Schoß zu balancieren, während er seine Präsentation abhielt. Mithilfe der Daten aus zahlreichen Tests und den Ergebnissen des Praxistests des Roadsters konnte Kelty nachweisen, dass sein Batteriesystem funktionierte. Am besten war jedoch, dass kein Roadster durch thermisches Durchgehen Feuer gefangen hatte.

Kelty sah es als großen Durchbruch an, als Noguchi sich bereit erklärte, Musterzellen für Testzwecke zur Verfügung zu stellen. Noch in diesem Jahr besuchten er und Yoshi Yamada, der die Geschäfte von Panasonic in den USA leitete, den Hauptsitz von Tesla. Just zu dieser Zeit begann Panasonic, die Kontrolle über Sanyo zu übernehmen (im Dezember 2009 besaßen sie die Mehrheitsbeteiligung an dem Unternehmen).

Und mir nichts, dir nichts wendete sich das Blatt für Tesla und Panasonic. Der Hersteller war mit einem Mal begeistert, Zulieferer eines hochkarätigen Start-ups zu sein, und sicherte zu, die Akkus für das Model S zu liefern. Doch das war noch nicht alles: Kelty und Straubel wollten, dass Panasonic in Tesla investierte, das noch immer jeden Dollar gut gebrauchen konnte. Das japanische Unternehmen sicherte zu, 30 Millionen US-Dollar beizusteuern.[11]

Trotz seiner Erfolge musste Straubels Team noch einiges dazulernen. Die Zeiten, in denen Tesla ein kleines Start-up war, das Autos von Lotus in Roadster umbaute und sich dabei auf die Expertise der britischen Ingenieure stützte, waren vorbei. Tesla plante, Tausende von Limousinen – das

Model S – pro Jahr zu bauen, und zwar im Alleingang. Das Team bekam einen ersten Vorgeschmack darauf, wie das einmal sein würde, als sie mit dem Bau des Batteriepacks für den Roadster betraut wurden. Und einen zweiten, als sie – gemäß den lebensrettenden Verträgen, die Musk ein Jahr zuvor unterzeichnet hatte – damit begannen, die Komponenten für Daimler und Toyota zu bauen. Diese Abschlüsse und auch wie sie die Unternehmenskultur beeinflussten, würden für den Erfolg von Tesla eine größere Rolle spielen als Geld.

Als Akio Toyoda und Elon Musk den Vertragsabschluss über die Zusammenarbeit ihrer Unternehmen bei Elektroautos feierten, waren noch keine Details ausgearbeitet. Im Prinzip sollte das Start-up für Toyotas beliebten kompakten Geländewagen RAV4 genau das tun, was es bereits für den Smart von Daimler getan hatte: elektrische Antriebe liefern. Das Problem war, dass die Teams, die für die Umsetzung dieses Vertrags verantwortlich waren, im Prinzip nicht wussten, was genau im Vertrag stand. Für den Smart hatte Straubel den Elektroantrieb des Roadsters so umgebaut, dass er in den kleinen Zweisitzer passte. Nun wollte Musk, dass Straubels Team dies auch für ein anderes, größeres Fahrzeug tat, während sie gleichzeitig weiter an Batteriepacks für Daimler arbeiten und einen neuen Elektroantrieb für das Model S entwickeln sollten. Puh!!!

Straubels Team ging davon aus, dass sie die Antriebsstränge an ihre Geschäftspartner ausliefern würden. Das Team von Toyota, das keine Erfahrung im Umgang mit Lithium-Ionen-Batterien hatte, dachte aber, dass sie in allen Fragen zum Bau eines elektrischen RAV4 von Tesla unterstützt würden. Einige Mitarbeiter von Tesla fragten sich insgeheim, ob Toyota nicht versuchte, Teslas technologisches Know-how zu stehlen.

Es gab auch kulturelle Unterschiede, wie das erste Treffen zwischen den Teams von Tesla und Toyota deutlich machte. Greg Bernas von Toyota, der als Chefingenieur für ein anderes Fahrzeug zuständig gewesen war, hatte ein eben erst erstandenes Buch über die Grundlagen von Elektroautos dabei. Einer der Ingenieure von Tesla dagegen spielte zwischen den Besprechungen gern auf seiner Mundharmonika.[12]

Es vergingen Monate des Schacherns, bis die Teams endlich bereit waren, mit ihrer eigentlichen Arbeit zu beginnen. Da sie nur 20 Monate

Zeit hatten, um das Fahrzeug fertigzustellen, stimmte Toyota zu, eine alte RAV4-Bodengruppe zu verwenden, wodurch sie sich jede Menge Tests und Nachforschungen ersparten, die laut den internen Vorgaben anstünden, wenn sie eine neue Bodengruppe konstruierten. Für Toyota war es etwas völlig Neues, dass Tesla Änderungen auf die Schnelle umsetzte – zum Beispiel an der Batterie und der zugehörigen Software. Als die Teams in Alaska Kaltwettertests durchführten, zeigte sich, dass der Prototyp auf glatten Straßen ins Schlingern kam. Tesla-Ingenieure tippten auf ihren Laptops herum und passten die Algorithmen der Traktionskontrolle des Fahrzeugs an. Sie lösten das Problem in ein paar Stunden, anstatt die Daten zur weiteren Überprüfung ins Labor zu schicken.[13]

Auch wenn dieses Tempo Toyota mehr als beeindruckte, waren die Führungskräfte mit der Qualität des Produkts alles andere als zufrieden. Das Showcar, das für die Los Angeles Autoshow von 2011 ausgeliefert wurde, machte die Führungskräfte fassungslos. Ein Toyota-Manager war Gast einer Parkplatz-Party anlässlich eines Footballspiels der University of Michigan, als er von seiner Crew in Los Angeles über die miese Qualität des SUVs informiert wurde, den Tesla am Wochenende vor der Show ausgeliefert hatte. Die Verarbeitung war nachlässig und spiegelte mangelnde Liebe zum Detail wider, was bei Toyota gar nicht gut ankam, zumal der Wagen ja der Presse und damit auch der Öffentlichkeit vorgestellt werden sollte. Augenblicklich rief er einen der Manager von Tesla an. „Was soll der Scheiß?", brüllte er und verlangte, dass die verantwortlichen Ingenieure schon am nächsten Tag nach Los Angeles fliegen sollten, um das Problem vor Ort zu lösen.[14]

Was immer wieder für Spannungen sorgte, war Teslas Qualitätskontrolle des Antriebs. Zum Entsetzen von Toyota gaben die Ingenieure von Tesla unumwunden zu, dass sie sich auf das Wort ihrer Zulieferer verließen, dass die Teile ohne Mängel seien, anstatt selbst entsprechende Tests durchzuführen, ob sie auch wirklich praxistauglich waren. In der Welt der etablierten Autobauer war das ein absolutes No-Go.

Auch wenn der Antrieb dem Team immer wieder Kopfzerbrechen bereitete, bekam es dadurch wertvolle Tipps, wie man einen Elektroantrieb entwickelt, der nicht nur Leistung bringt, sondern auch den Praxistest besteht. Toyotas Hilfestellung bei der Konstruktion des RAV4 hatte einen unbeabsichtigten Nebeneffekt: Straubel und seine Kollegen wandten ihr frisch erworbenes Wissen sogleich auf das Model S an.

Ziemlich versteckt in einem Komplex von Industriegebäuden neben dem Hauptsitz von SpaceX in Hawthorne eröffnete Elon Musk ein neues Designstudio für Tesla. Seine Wahl war auf einen alten Flugzeughangar gefallen, der ein paar Jahre zuvor zu einer Basketballhalle umgebaut worden war. Die räumliche Nähe war für ihn von Vorteil, konnte er sich doch leicht aus seinem Büro bei SpaceX herausschleichen und nachsehen, woran das Team von Chefdesigner Franz von Holzhausen arbeitete.

Im Jahr 2011, als die Markteinführung des Model S noch in weiter Ferne lag, wurde intern bereits über sein *Nachfolgermodell* nachgedacht. Musk hatte schon jahrelang getönt, dass er ein Auto der dritten Generation für den Massenmarkt bauen wolle, aber es galt noch viele Hindernisse zu überwinden, bevor es so weit sein würde. Bei einem Absatz von lediglich 20.000 Limousinen pro Jahr würde das Wachstum nicht ausreichen – weder in Bezug auf die Einnahmen noch bei der Markenpräsenz.

Also dachte das Tesla-Team über Alternativen nach. Sie könnten die Bodengruppe des Model S für Varianten wie zum Beispiel einen Van oder ein Sport Utility Vehicle (SUV) nutzen, was die Kosten für Teile und Werkzeuge senken und die Entwicklungskosten auf eine größere Stückzahl verkaufter Fahrzeuge verteilen würde. In der Autobranche war das Usus, man denke nur an den Roadster, bei dem Tesla aus Kostengründen acht Jahre zuvor das Chassis des Lotus Elise genutzt hatte (womit zugleich auch die Kosten von Lotus bestritten werden konnten – zumindest teilweise).

Die Erinnerung daran sollte Tesla jedoch eine Lehre sein. Immerhin hatte Musk bei der Konstruktion des Roadsters so viele Änderungen an der Elise angewiesen, dass die Kosten explodierten. Wenn das nächste Automodell die Bodengruppe des Model S übernehmen sollte, könnte sich dieser Fehler wiederholen – ein Unding!

Als nächstes Auto, das Musk inzwischen auf den Namen Model X getauft hatte, wurde ein Familienfahrzeug mit drei Sitzreihen in Betracht gezogen. Musks persönliche Erfahrung hatte großen Einfluss auf die

Diskussion rund um das neue Modell.[15] Den Designern und Ingenieuren war nicht entgangen, dass Musks eigene fünf Kinder immer größer wurden – er kannte also Familienkutschen zur Genüge. Woher sie das wussten? Na, weil er sich oft darüber beschwerte.

Er hatte ein paar klare Vorstellungen. Zum einen musste es einfacher werden, Kinder in der zweiten Sitzreihe Platz nehmen zu lassen. Die Schiebetür eines Minivans ließ sich zwar weiter öffnen als die eines SUVs, aber es war immer noch ziemlich mühselig, ein Kind in einen Autositz zu setzen, ohne sich den Kopf am Dach anzustoßen, vor allem für Musk, der 1,88 Meter groß war. Und dann gab es ja noch die dritte Sitzreihe. Musk erklärte dem Team, wie er bei seinem SUV vorging. Zunächst setzte er seine jüngsten Kinder in Kindersitze in die zweite Sitzreihe, damit er sie vom Fahrer- oder Beifahrersitz aus angurten konnte. Seine älteren Zwillinge mussten in der dritten Sitzreihe sitzen. Er wollte unter keinen Umständen, dass das neue Modell so unpraktisch wie der Audi Q7 wird, bei dem man sich verrenken musste, um über die zweite Reihe nach ganz hinten greifen zu können.

Das Team stellte sich den SUV ebenso kurvig vor wie das Model S, doch die hinteren Türen müssten sich wie Flügel nach oben öffnen lassen (ein bisschen wie der DeLorean in „Zurück in die Zukunft"). Auf diese Weise wäre für die größtmögliche Öffnung gesorgt und Musk könnte aufrecht stehen, während seine Kinder einsteigen und sich angurten. Rein theoretisch wäre die Öffnung so riesig, dass man bequem auch zu den beiden hinteren Sitzreihen des SUV greifen könnte. Das Team baute ein Modell, sodass Musk die hinteren Türen nicht nur sehen, sondern auch anfassen konnte. Doch seiner Meinung nach war die Öffnung nicht groß genug. Er hatte den Anspruch, den Einstieg (auch in die dritte Sitzreihe) so einfach zu machen, als würde man auf einem fliegenden Teppich Platz nehmen. Das Konzeptfahrzeug wurde immer länger und länger, damit eine möglichst breite Türöffnung entstand.

Die Entwicklung eines Autos wird von vielen Faktoren beeinflusst. Bei den großen Konkurrenten von Tesla mussten die Designer und Ingenieure mit ansehen, wie sich die verschiedenen Ebenen ihrer Organisation, vom Marketing bis zur Finanzabteilung, in ihr

Projekt einmischten, ganz zu schweigen von den Führungskräften und ihren Vorschlägen, die meist erst in letzter Minute eintrudelten. Bei Tesla war eines klar: Musk, ganz allein Musk, traf alle Entscheidungen. Schon mehrmals hatte er seine Muskeln spielen lassen, zum Beispiel als Martin Eberhard seine Rüge wegen der mangelnden Qualität des Armaturenbretts nicht ernst nahm. Auch beim Model S ging es ihm um seine persönlichen Vorlieben. Musk hatte einen langen Oberkörper und saß deshalb höher im Auto als ein typischer Fahrer. Folglich drängte er das Team dazu, die Sonnenblenden entsprechend anzupassen, was die Ingenieure befürchten ließ, dass sie so für die meisten Fahrer unpraktisch wären. Da er meist nur sein Handy bei sich hatte und alles andere sein Assistent trug, wollte er die Mittelkonsole nicht mit Ablagen überladen. Stattdessen führte das Team den Teppich vom Fußraum der Vordersitze in die Fahrzeugmitte und der Raum dazwischen wurde als Ablagefläche genutzt.

Musk entschied sogar, wohin der Ladestecker käme, was aber eher durch die Bauweise seiner Garage bedingt war. Die meisten amerikanischen Autofahrer stellen ihr Auto mit der Schnauze nach vorne ab, weshalb das Designteam den Ladestecker vorne am Auto anbringen wollte. Doch Musk wollte ihn am Heck des Autos haben, da es so am einfachsten für ihn war.

Die Autos wurden also nach Musks Vorgaben gebaut. Doch es blieb abzuwarten, ob die Autokäufer seine Vorstellungen teilen würden.

Selbst nach dem Börsengang im Vorjahr und den Partnerschaften mit großen Autoherstellern wurde Tesla 2011 schmerzlich bewusst, dass nicht genug Geld da war, um das Model S auf den Markt zu bringen. Anders ausgedrückt, wieder musste eine Finanzspritze her. In jenem Jahr hatte Tesla schon mehr als 1.400 Beschäftigte, die meisten davon in Nordkalifornien. Das Unternehmen war mittendrin, eine Fabrik mit teuren Werkzeugen für den Bau des Model S auszustatten, während der Verkauf des Roadsters vertragsbedingt in jenem Jahr ein Ende fand. Konkret hieß das, das einzige Geld, das hereinkam, stammte aus den Verträgen mit Daimler und Toyota.

Rawlinsons Team drehte jeden Cent zweimal um und führte zahllose Computersimulationen durch, um die Aerodynamik des Autos zu analysieren und herauszufinden, wie sie dessen Leistung steigern könnten. An Wochenenden mieteten sie den Windkanal von Chrysler für 150.000 oder 200.000 US-Dollar, begannen die Tests am Samstagabend und blieben meist über Nacht bis 6 Uhr morgens am Montag, weil sie wissen wollten, wie sich das Fahrzeug quasi in der realen Welt verhielt.

Es war ein harter Kampf, ein Schiebedach zu haben, das Musks Ansprüchen genügte. Die Zulieferer verlangten entweder mehr Geld, als sich Tesla leisten konnte, oder forderten, die Ansprüche zu senken. Musk wurde so wütend, dass er sein Team anwies, die für das Schiebedach zuständigen Designer von den Zulieferern abzuwerben und es dann selbst herzustellen, weil er dachte, so käme er günstiger davon.

Dennoch machte Rawlinson Fortschritte, bis endlich der große Tag gekommen war und sie bereit für die alles entscheidenden Crashtests waren. Jedes Auto verschlang zwei Millionen US-Dollar in der Herstellung und er ließ diese Schätze an die Wand fahren. Doch die Tests zahlten sich aus, die Schweißnaht des Aluminiums war nicht so stabil wie gedacht, sodass diese Bauteile beim Aufprall in Stücke gerissen wurden. Diese Schwachstelle musste beseitigt werden, was wieder Zeit und Geld kostete – und den Druck auf Rawlinson erhöhte, da Musk ihm bei jedem Test nicht von der Seite wich.

Rawlinson war nicht der Einzige, der die Spannung spürte. Was die Führungsspitze von Tesla einte, war ihr schwarzer Humor. Musk, der seine Arbeitszeit zwischen Hawthorne und Palo Alto aufteilte, hielt jeden Dienstagmorgen eine Sitzung des Verwaltungsrats ab, die sich oft bis zur Mittagspause hinzog. Der Running Gag im Team drehte sich um Musks Essenswünsche: Wen würde er wohl diese Woche verschlingen?

Die meisten bemerkten, dass immer öfter Rawlinson auf der Speisekarte stand, er zog zunehmend Musks Ärger auf sich. Auch Rawlinsons Mitarbeitern in Hawthorne war die feindselige Stimmung nicht entgangen, schließlich bekamen sie einige hitzige Telefonate von Rawlinson mit dem CEO mit, und danach das Feuer seiner Wutausbrüche förmlich zu spüren. Einmal bekam Musk – der die Statur eines Rugbyspielers hatte

– inmitten einer Diskussion einen heftigen Wutanfall, bohrte mit spitzem Finger in Rawlinsons Brust und brüllte ihn an: „Ich glaube Ihnen kein Wort!"

Ihr schlechtes Verhältnis machte Rawlinson schwer zu schaffen. Dazu kam, dass er sich Sorgen um seine kranke Mutter in Großbritannien machte. Ihr Gesundheitszustand hatte sich verschlechtert, und da er niemanden hatte, der ihm helfen konnte, versuchte er, sich vom anderen Ende der Welt aus um sie zu kümmern.

Auch Musk hatte private Probleme. Seine Beziehung mit Talulah Riley war in die Brüche gegangen. Obwohl sie erst 2010 geheiratet hatten, hatten sie die letzten Monate getrennt voneinander gelebt. In seiner Freizeit – ein knappes Gut – hielt sich Musk gern im Keller seiner französischen Jugendstilvilla mit knapp 2.000 Quadratmetern Wohnfläche in Bel Air auf, wo er „BioShock" spielte, ein dystopisches Videospiel, das auf den Büchern der Bestsellerautorin Ayn Rand basiert.[16] Auf der Weihnachtsfeier von Tesla in diesem Jahr lag Musk, ohne sich zu rühren, auf einem Billardtisch in einem Raum, dessen Eingang sein Bruder Kimbal blockiert hatte.

Rawlinson und Musk stritten sich über viele Themen, aber über keines so sehr wie über das, das auf die Anfänge des Model S zurückging, als Henrik Fisker, der Designer, der zum Tesla-Rivalen wurde, noch am Ruder war und das Modell konzipierte, das Tesla-Mitarbeiter als „Buckelwal" verspotteten. Das Problem hing mit der Platzierung des Akkupacks am Boden des Fahrzeugs zusammen, wodurch das Fahrzeug an Höhe gewann. Um dem bauchigen Erscheinungsbild entgegenzuwirken, hatte Tesla-Designer Franz von Holzhausen das Auto gestreckt, sodass die Batteriezellen besser unter dem Fahrzeug verteilt werden konnten. Dies führte zu einer niedrigeren Dachlinie und zu Proportionen, die eher einer schnittigen Limousine entsprachen als dem Versuch von Fisker, alles in einen typischen Mittelklassewagen zu integrieren. Musk war jedoch weiterhin besorgt, dass die Dachlinie zu hoch werden könnte. Er nervte Rawlinson immer wieder damit, dass das Batteriepaket abspecken müsste. Rawlinson befürchtete aber, dass ein zu dünnes Batteriepack während der Fahrt von Schotter oder Steinchen beschädigt werden könnte. Sie stritten um jeden einzelnen Millimeter.

Schließlich lenkte Rawlinson ein und sagte, er würde das Pack so dünn machen, wie es der CEO wollte. Doch das war gelogen.

Rawlinsons Team arbeitete auch am Model X. Letzten Endes hatten sie eine geniale Idee, wie man die fantastischen Flügeltüren realisieren könnte, nachdem sie den Plan, sich an den Flügeltüren des Mercedes zu orientieren, verworfen hatten. Ihre Türen mussten viel stabiler sein, da sie viel größer waren. Außerdem wäre eine andere Befestigung nötig, denn die Türen sollten sich nicht nur nach oben bewegen, sondern auch in der Mitte einklappen, wie ein Falke, der in der Luft schwebt. Sie entschieden sich dafür, dass die Türen über eine Hydraulik angehoben werden, ohne Zutun des Fahrers oder eines Insassen. Zu Testzwecken schweißten sie eine Mustertür auf einen Fahrzeugrahmen, versammelten sich hinter dem Bürogebäude von SpaceX – und drückten erwartungsvoll auf den Knopf.

Psssschhh. Die Türen stiegen auf wie ein Falke.

„Heilige Scheiße", konnte man Rawlinson hören.

Es war ein kleiner Sieg, aber selbst danach spürte Rawlinson, dass seine Tage bei Musk gezählt waren. Als Thanksgiving näher rückte, flog er heim nach Großbritannien. Kollegen, die ihm nahestanden, rechneten nicht damit, dass er zurückkehren würde. Sie waren ziemlich überrascht, als er im Dezember wieder im Büro auftauchte – wild entschlossen, Tesla noch eine Chance zu geben.

Insbesondere wollte er Musk das Konzeptfahrzeug des Model X zeigen, vor allem aber die Türen, die sein Team entwickelt hatte. „Elon, ich habe das nur gemacht, um Ihnen zu zeigen, dass ich es kann", sagte Rawlinson zu ihm, „aber ich bitte Sie, lassen Sie diese Türen sein!" Er hielt sie für zu störungsanfällig und in seinen Augen verkomplizierten sie das Fahrzeug unnötig, wo sie doch alle Hände voll damit zu tun hatten, das Model S endlich zur Serienreife zu bringen. Wieder einmal gerieten sich die beiden in die Haare. Musk ließ die von Rawlinson angesprochenen technischen Probleme einfach nicht gelten.

Es ging Rawlinson nicht nur um seine Bedenken, was die Torsionssteifigkeit des Fahrzeugs anbelangte oder was passieren würde, wenn man die Türen öffnete und Schnee auf dem Dach lag. In seinen Augen waren die Türen in kommerzieller Hinsicht nicht sinnvoll. Er hatte eine Probefahrt mit dem Konzeptfahrzeug gemacht und schüttelte anschließend nur den Kopf. Ursprünglich sollte das Model X die Bodengruppe des Model S übernehmen, aber es gab so viele Änderungen, die zusätzliche Kosten verursachten und das E-Auto unnötig verkomplizierten. Dafür wollte er seinen Kopf nicht hinhalten. Die Weihnachtstage verbrachte Rawlinson wieder in Großbritannien, doch dieses Mal kehrte er nicht zurück. Er rief Musk an und teilte ihm mit, dass er raus sei.

Sein Weggang kam völlig überraschend für Musk, weshalb er die ersten Wochen im Januar 2012 damit verbrachte, Rawlinson zur Rückkehr zu bewegen. CFO Deepak Ahuja versuchte, den Streit zwischen den beiden Männern zu schlichten und zu vermitteln. Musk bat auch Rawlinsons Stellvertreter, Nick Sampson, um Hilfe. Doch am Ende siegte Rawlinsons Erschöpfung und er blieb bei seinem Entschluss zu gehen. Wutentbrannt befahl Musk, Sampson zu feuern.

Schon am späten Freitagabend sickerte durch, dass zwei Schlüsselfiguren aus dem Unternehmen ausgeschieden waren. Das ließ den Aktienkurs um 20 Prozent fallen, da die Anleger sich große Sorgen machten, weil die technische Unternehmensspitze nur wenige Monate vor dem Produktionsstart des Model S neu besetzt werden musste. Musk bekam also einen ersten Vorgeschmack, wie unversöhnlich die Börse war. Den Investoren war nicht entgangen, dass zwei wichtige Mitarbeiter aus heiterem Himmel das Unternehmen verlassen mussten, was ihr Vertrauen in Musks Führungsqualitäten zutiefst erschütterte. Konnte Tesla das Model S wie zugesichert fertigstellen? Oder war sein Versprechen, ein erschwingliches Auto zu bauen, haltlos?

Rawlinsons Weggang war nicht der erste und bestimmt nicht der letzte. In vielerlei Hinsicht ähnelte sein Schicksal dem von Martin Eberhard. Beide Männer hatten zunächst die Gunst von Musk gewonnen, weil sie ihm nützlich waren und ihm geben konnten, was er brauchte. In Eberhards Fall war es das Konzept, wie ein Unternehmen um eine Idee herum aufgebaut werden kann. Doch Musk hatte schließlich das Vertrauen in die Fähigkeiten seines Managers verloren, zumal der Schwierigkeitsgrad der Herausforderungen exponentiell anstieg.

Rawlinson brachte die dringend benötigte Expertise ins Unternehmen, aber letztlich brauchte Musk etwas anderes, nämlich eine Führungskraft, die dafür sorgte, dass die Produktion endlich anläuft, und die mehr konnte, als ein neues Auto zu entwickeln.

Am darauffolgenden Montag versuchte Musk, die schlechte Nachricht aufzufangen, indem er eine Telefonkonferenz für Reporter abhielt, und zwar noch bevor die Börse in New York öffnete. Er stellte Rawlinsons Weggang als Beginn einer neuen Phase der Unternehmensentwicklung dar und spielte dessen Funktion herunter, indem er ihn als den für die Karosserie zuständigen Chefingenieur bezeichnete.

„Ich bin sehr zuversichtlich, dass wir das erste Model S im Juli oder sogar noch früher ausliefern werden." Tesla werde im Jahr 2013 mindestens 20.000 Autos ausliefern, sicherte er zu.

Am nächsten Tag reichte Riley die Scheidung ein. Spät in der Nacht postete Musk eine Nachricht auf Twitter: „Es waren erstaunliche vier Jahre. Ich werde dich für immer lieben. Eines Tages wirst du jemanden sehr glücklich machen." Am nächsten Morgen telefonierte er mit einem *Forbes*-Reporter. „Ich liebe sie immer noch, aber ich bin nicht in sie verliebt. Und ich kann ihr nicht das geben, was sie braucht. Ich denke, es wäre extrem unklug von mir, mich in eine dritte Ehe zu stürzen. Ich muss mir Zeit lassen und erst einmal herausfinden, ob eine dritte Ehe auch wirklich funktionieren kann. Es war nie meine Absicht, nur so kurz verheiratet zu sein. Bevor ich wieder heirate, muss ich mir dessen absolut sicher sein, aber ich hätte auf jeden Fall gern wieder eine Beziehung. Definitiv!"[17]

14

ULTRA-HARDCORE

Mitten in der gut 500.000 Quadratmeter großen, verschachtelten Fabrik in Fremont, Kalifornien, aus der einmal Teslas Produktionswerk werden sollte, befand sich eine tiefe Grube, die so groß gewesen sein dürfte wie ein olympisches Schwimmbecken. Dort hatte einmal eine gigantische Maschine gestanden, die aus Blechen Türverkleidungen gestanzt hatte. Toyota hatte sie vor dem Verlassen der Fabrik demontiert. Dieses klaffende Loch verdeutlichte, wie groß die Herausforderung war, vor der Tesla nun stand. Das Team von Peter Rawlinson hatte bei der Konstruktion des Model S bei null anfangen müssen, und nun mussten die Werksmitarbeiter herausfinden, wie sie das Auto bauen sollten.

Der Aufbau eines neuen Werks ist selbst für erfahrene Autobauer eine Herausforderung, doch ihre langjährige, um nicht zu sagen generationsübergreifende Erfahrung in diesem Geschäft ist dabei sehr hilfreich. Sämtliche Lektionen, die die Belegschaft über Fertigungsprozesse und dergleichen gelernt hat, werden an nachfolgende Teams weitergegeben und fließen in ein umfassendes Regelwerk ein. Tesla hatte nichts dergleichen – nur die Uhr tickte unerbittlich. Das Start-up musste möglichst schnell herausfinden, wie es das Model S bis zum Sommer 2012 möglichst effizient bauen konnte, denn dann stand, wie Musk erneut zugesichert hatte, die Auslieferung an die Kunden an.

Musk fackelte nicht lange und heuerte Experten für die Fertigung an. Die Fabrik wurde in zwei Bereiche aufgeteilt: einer für die Montage der Batteriepacks, der von JB Straubel geleitet wurde, der andere für die Fahrzeugmontage, die Gilbert Passin unterstand, dem ehemaligen Werksleiter von Lexus. Er hatte bei der Übernahme des Werks in Fremont die Rolle eines kulturellen Botschafters übernommen. Sein Stellvertreter war Dag Reckhorn, den Elon Musk wegen seiner Erfahrung in der Bearbeitung von Aluminium eingestellt hatte.

Monatelang hatten Tesla und Toyota darum geschachert, welche Maschinen Tesla übernehmen würde und welche demontiert werden müssten. Beiden war klar, dass es für Toyota billiger und einfacher sein würde, bestimmte jahrzehntealte Maschinen mit einem erheblichen Preisnachlass an Tesla zu verkaufen, anstatt sie auszuschlachten. Etwas Besseres hätte Tesla nicht passieren können. Statt Maschinen und Geräte aus der ganzen Welt zusammentragen zu müssen, kauften sie praktisch ein Starterkit. Musk ordnete an, die Fabrik in strahlendem Weiß zu streichen, die Roboter dagegen knallrot anstatt wie üblich gelb zu lackieren. Er debattierte mit Passin darüber, wo riesige Fenster eingesetzt werden sollten, um die dunklen Arbeitsbereiche mit Tageslicht zu fluten.

In die riesige Grube kam eine gigantische Stanzmaschine, die Reckhorn einem bankrotten Hersteller in Michigan billig abgekauft hatte. Die Transportkosten waren letztendlich höher als der Kaufpreis, aber die Fertigung stand und fiel mit ihr. Sie war sozusagen der erste Meilenstein auf dem Weg zur Serienproduktion des Model S.

Und dann ging es los: Als Erstes wurden riesige Aluminiumrollen, die jeweils etwa zehn Tonnen wogen, also fast so viel wie ein Bus, angeliefert. Die Rollen wurden abgewickelt, das Aluminium in große Rechtecke geschnitten, aus denen daraufhin in der Maschine von 40 Tonnen schweren Matrizen dreidimensionale Teile, wie zum Beispiel eine Motorhaube, gestanzt wurden. Das Donnern der Stempel, die das Aluminium mit einer Kraft von mehr als 1.000 Tonnen verformten, war ohrenbetäubend. In gewisser Weise gab es wie ein Metronom den Takt vor. Rein theoretisch wurde das Metall alle sechs Sekunden in eine bestimmte Form gebracht.

Doch Passins Crew musste einsehen, dass sie das Dasein eines winzigen Autobauers führte. Eine große Autofirma würde eine riesige Stanzmaschine verwenden, die Metall in einem gleichmäßig hohen Tempo formt und mit einer einzigen Matrize vielleicht 2.000 Teile fertigt. Tesla brauchte nicht annähernd so viele. Stattdessen fertigten sie an die 100 Teile und rüsteten die Maschine dann zum Beispiel auf Kotflügel um. Das Umrüsten dauerte etwa eine Stunde. Dann wurden die nächsten Teile gestanzt, bevor es wieder ans Umrüsten ging. Im Vergleich zu der Arbeit, an die sich die meisten Fabrikarbeiter gewöhnt hatten – tagelanges Herumhämmern auf immer gleichen Teilen in gigantischen Stückzahlen, die dann zu den Montagewerken geschickt und dort in Millionen von Fahrzeugen verbaut wurden –, war das ein Witz.

Nach dem Stanzen wurden diese Einzelteile in der Karosseriewerkstatt zusammengeschweißt, um die Karosserie des Fahrzeugs zu bilden, und dann mit den Außenverkleidungen verbunden, um dem Fahrzeug seine Außenhaut zu geben. Die Bewegung der Roboterarme in jeder Fertigungsphase ließ an einen choreografierten Tanz denken, denn die scheinbar ruckartigen Bewegungen wurden blitzschnell und präzise ausgeführt.

Der Klang von Warnsignalen. Das Klirren von Metall, wenn die Fahrzeuggestelle von Station zu Station transportiert wurden. Das Zischen beim Löten, der Funkenflug. Ein beißender Geruch lag in der Luft. Genau hier nahm das Serienauto durch Verkleben, Nieten und Schweißen physische Gestalt an.

Hier erlernte das Team aber auch den Umgang mit Aluminium, einem damals beim Autobau eher selten verwendeten Werkstoff. Winzige Späne und Metallstaub, die beim Schneiden von Metall entstehen, konnten zu Dellen im Aluminium führen. Einige Aluminiumstärken rissen leicht ein, was bedeutete, dass die Arbeiter vorsichtig beim Hämmern oder Bohren sein mussten, um das teure Material nicht zu beschädigten. Alles in allem mussten die Arbeiterteams den genau richtigen Takt herausfinden.

Nach der Vormontage wurden die Karosserien des Model S in die Lackiererei gebracht, wo sie in einen Tank, der knapp 3.000 Hektoliter

Elektrotauchlack fasste, der auf allen Oberflächen haftet, abgesenkt wurden. Dann floss elektrischer Strom durch den Tank, was das Metall vor Korrosion schützt. Anschließend kam die Karosserie zum Aushärten des Lacks in einen 180°C heißen Ofen. Dann wurde die Grundierung aufgetragen, dann ein Unterlack in leuchtendem Rot, Blau oder Schwarz und dann der Klarlack, was dem Fahrzeug den typischen Glanz eines Neuwagens verlieh.

Eine nigelnagelneue Lackiererei kostete damals gut und gerne 500 Millionen US-Dollar, was sich Tesla nicht im Traum hätte leisten konnte. Reckhorn fand jedoch einen Zulieferer, der eine der im Werk vorhandenen Lackieranlagen für etwa 25 Millionen US-Dollar wartete – immerhin gut zehn Millionen US-Dollar mehr, als Musk eingeplant hatte, aber bis dahin hatte das Team schon gelernt, wie es seinen CEO überreden konnte. Sie führten ins Feld, dass sie dann bessere Roboter zur Verfügung hätten, was in der Zukunft mehr Flexibilität ermöglichen würde. „Er liebt Roboter", erinnerte sich ein Manager.

Inzwischen wurden immer mehr Mitarbeiter eingestellt und sie alle mussten lernten, dass bestimmte Wörter geradewegs in die Arbeitslosigkeit führten. „Wir alle lernten ganz schnell, dass ein Nein keine Antwort war, weshalb wir unseren Leuten beibrachten, Musk gegenüber dieses Wort niemals zu benutzen", erinnerte sich ein Manager.[1] Stattdessen wurden Führungskräfte darin geschult, Musk zu sagen, dass sie alles, was immer er auch forderte, erst einmal prüfen müssten. Dieses Spiel wurde dann so oft gespielt, bis Musk (so deren Hoffnung) vergessen hatte, was er eigentlich wollte. Doch im Grunde war das ein Vabanquespiel, denn Musks Erinnerungsvermögen machte scheinbar, was es wollte: Manche Dinge brannten sich förmlich in sein Gedächtnis ein, während er andere völlig vergaß.

Nach der Lackiererei kam die Karosserie in die Endmontage, wo die letzten kritischen Schritte erfolgten: der Einbau der Windschutzscheibe und der Sitze und – besonders wichtig – die Hochzeit mit dem Batteriepaket. Dieser Schritt war unglaublich komplex und erforderte oft eine kleine Armee von Arbeitern, die die Teile von Hand montierten. Passin brauchte 500 Arbeiter für die Fabrik. Zu einer Jobmesse kamen fast 1.000

Arbeiter, die ihr ganzes Berufsleben bei GM-Toyota verbracht hatten und froh waren, wieder einen Job in Aussicht zu haben.[2]

Die Montage war in jeder Hinsicht entmutigend für Passins Team. Was alles aber noch schlimmer machte, war die Tatsache, dass die Ingenieure in Hawthorne mit dem Auto nicht annähernd so weit waren, dass Arbeitsstationen für die Endmontage eingerichtet werden konnten.

Im Februar 2012 erhielten Passin und Jerome Guillen, der das Programm Model S in Peter Rawlinsons Abwesenheit leitete, die schlechte Nachricht, dass ein Sicherheitstest bei niedriger Geschwindigkeit des Fahrzeugs ein potenzielles Problem aufgedeckt hatte. Zwar hatte es die Crashtests bestanden, doch die Ingenieure stellten fest, dass sich ein für die Sicherheit relevantes Bauteil verformte, das die Kraft aufnehmen sollte, die im Fall eines Aufpralls auf die Stoßstange einwirkt. Sie wussten, dass das Auto einen härteren Test nicht bestehen würde, der für den darauffolgenden Montag, also in lediglich vier Tagen, in einem Testcenter außerhalb von Los Angeles geplant war.[3]

Das Unternehmen hatte nur elf Prototypen für Crashtests zur Verfügung. Angesichts der Kosten in siebenstelliger Höhe für jeden einzelnen konnte es sich Tesla nicht leisten, ein Auto für einen Test bereitzustellen, bei dem von vornherein klar war, dass es ihn nicht bestehen würde. Aufschieben war auch keine Option, da die Produktion ja in vier Monaten beginnen sollte.

Philippe Chain, der einige Monate zuvor als stellvertretender Leiter der Abteilung für Qualitätssicherung bei Tesla eingestiegen war, wusste aus seiner Erfahrung bei den großen Automobilherstellern, dass dies genau die Art von Panne war, die die Fertigung erheblich verzögern und zu internen Untersuchungen, die bis zu einem halben Jahr dauern konnten, führen könnte. Bei einem Unternehmen wie Renault oder Audi würde es eine langwierige Untersuchung geben, um herauszufinden, wo der Fehler aufgetreten war und wer ihn zu verantworten hatte. Die ganze Zeit über würde das Problem mehrere Ebenen der Organisation durchlaufen, immer begleitet von Schuldzuweisungen und zeitraubende Besprechungen.

Musk hatte für so etwas keinen Nerv. Seine Reaktion bestand aus einem müden „Löst das Problem, Jungs“.[4]

Das Team in Fremont setzte sich mit dem Ingenieur zusammen, der für das Design des fraglichen Teils verantwortlich war, und ihr Brainstorming begann. Schnell fiel ihnen eine Lösung ein: Das Teil musste nicht neu konstruiert, sondern lediglich aus einem stärkeren Stahl gefertigt werden. Einer der Einkaufsleiter telefonierte auf dem Flur und machte in wenigen Minuten einen Hersteller ausfindig. In North Carolina lag eine knapp 500 Kilogramm schwere Stahlrolle herum, die innerhalb von 24 Stunden zu einem entsprechenden Verarbeitungsbetrieb im Mittleren Westen verschifft wurde, wo sie geschnitten, geformt und geschweißt werden konnte. Dann kam es zu einer Verzögerung, da das Flugzeug aufgrund eines Schneesturms nicht nach Kalifornien fliegen durfte. Als das Teil am Samstagabend zur Fertigstellung eintraf, fiel der betriebseigene Ofen, der zum Härten benötigt wurde, aus. Der dafür zuständige Monteur wurde mitten in der Nacht aus dem Bett geholt. Am Sonntagabend lud Chain das noch nicht ganz abgekühlte Teil in sein Auto und fuhr die ganze Nacht durch, um den Termin am Montagnachmittag wahrzunehmen.

Die Mühe hatte sich gelohnt: Das Fahrzeug bestand den Test. Am Ende erhielt das Model S die Bestnote von der U.S. National Highway Traffic Safety Administration (die zivile US-Bundesbehörde für Straßen- und Flugzeugsicherheit).

Aus dieser Geschichte wurde eine Legende, die gern als Beispiel dafür angeführt wurde, dass Tesla reaktionsschneller war als seine Konkurrenten. Sie zeigte aber auch, dass Tesla noch keine Systeme entwickelt hatte, die einen solchen Fehler von vornherein verhindern konnten, da das Start-up mehr Wert auf das Tempo bei der Entwicklung von Lösungen legte als auf die entsprechenden Prozesse selbst, die bei einem traditionellen Autobauer als heilige Kuh gelten. Gründliche, selbst reflektierende Untersuchungen wurden nicht nur durchgeführt, um zu klären, wie ein Fehler zustande kam, sondern auch, um zukünftige Fehler zu verhindern.

Tesla wollte natürlich kein Risiko bei der Sicherheit eingehen, aber Musk war bereit, einige Qualitätsprobleme zu vernachlässigen, wenn deren Behebung seinen Zeitplan gefährden würde, was ihn eine hübsche Stange Geld kosten würde. Die Fahrzeuge deutscher Autohersteller legten bei ihren Testfahrten an die zehn Millionen Kilometer zurück und waren in zwei Wintern unterwegs, um sämtliche Probleme aufzudecken. Tesla hatte aber nicht so viel Zeit. Stattdessen erhielt Chain die Genehmigung, mit dem Testfahrzeug 1,5 Millionen Kilometer in nur sechs Monaten zurückzulegen, um mögliche Probleme zu erkennen und auch zu beheben. Musk erteilte seine Zustimmung selbst zu dieser sehr kurzen Testreihe nur unter der Bedingung, dass dadurch der Produktionsstart nicht verschoben werden musste. Das bedeutete jedoch, dass während der Tests entdeckte Probleme erst nach dem Beginn der Produktion zutage treten und späte Änderungen erforderlich machen würden, was mit Mehrkosten verbunden war. Bereits verkaufte E-Autos müssten dann über eine Rückrufaktion in die Reparaturwerkstätten geholt werden. Man könnte auch sagen, dass Tesla noch am Flugzeug herumschraubte, während Musk sich schon auf die Startbahn begab und auf den Abflug wartete.

Als ob das alles nicht schon kompliziert genug war, bestand Musk selbst dann noch auf kosmetischen Änderungen. Ein paar Wochen vor Produktionsbeginn ordnete er an, größere Reifen zu montieren, da er fand, sie sähen besser aus. Diese Anweisung erging trotz des heftigen Protests seiner Ingenieure, die wussten, dass nun komplexe Änderungen am Antiblockiersystem des Fahrzeugs anstanden und das Risiko bestand, dass sich dadurch die Reichweite der Batterie verkürzte.[5]

Mitunter kam es vor, dass Musk sich bewusst war, was er seinen Leuten abverlangte. Als der Start der Produktion im Juni in greifbare Nähe rückte, schickte er eines Abends eine seiner E-Mails an alle Mitarbeiter, die darauf abzielten, die immer größer werdende Belegschaft durch ein gemeinsames Ziel zusammenzuschweißen. In Gesprächen mit den Arbeitern erzählte er gern, was die Herausforderungen mit ihm machten. Dabei zeigte er seine verletzliche Seite, was bei einigen Mitarbeitern als authentisch und motivierend ankam. Für viele sei dies ja die erste Markteinführung eines Autos und er wolle nicht beschönigen, wie schwierig das sei. Musk hatte immer noch daran zu knabbern, dass der Roadster kurz vor dem Aus gestanden hatte, was erklären dürfte, weshalb die Betreffzeile seiner E-Mail lautete: „Ultra-Hardcore". Dann folgte eine Warnung: „Die Fertigung des Model S in den nächsten sechs Monaten – und zwar ohne Qualitätseinbußen – wird extrem anstrengend für alle Beteiligten. Bitte stellen Sie sich darauf ein, dass Sie härter mit anpacken müssen als jemals zuvor. Eine ganze Branche auf den Kopf zu stellen ist nichts für schwache Nerven, aber nichts ist lohnender oder aufregender."[6]

Immer wieder kam es zu Veränderungen am Fahrzeug, weshalb Passin keine kostspielige Fabrikationsstraße einrichten konnte. Schließlich hatte er nur eine vage Vorstellung dessen, was benötigt werden würde. Stattdessen kamen sein Team und er auf die clevere Idee, das Fahrzeuggestell mit fahrerlosen Transportfahrzeugen von Arbeitsstation zu Arbeitsstation zu befördern.[7] Diese Fahrzeuge fuhren an den auf dem Boden verlegten Magnetbändern entlang, was sich als vorausschauende Lösung entpuppte, denn letzten Endes wurden mehr als doppelt so viele Arbeitsstationen benötigt wie ursprünglich angenommen. Bei Produktionsbeginn bestand das Montageteam aus etwa 500 Mitarbeitern und etwa genauso viele arbeiteten im zweiten Stock der Fabrik und verkabelten die Batteriepakete von Hand.

Nach einem Probelauf im Herbst 2011 (einschließlich einer Show für die Medien und Testfahrten für Kunden, darunter Bonnie Norman, die Tränen in den Augen hatte, als sie vor der Fabrik vorfuhr und das große Firmenschild sah), ließ das Team im Juli 2012 zehn Autos durch die Fertigungsstraßen laufen, wo statt Roboterarmen Monteure die einzelnen Produktionsschritte durchführten. Jedes einzelne Fahrzeug war für einen Investor gedacht, darunter Steve Jurvetson, der schon kurz nach der Gründung des Start-ups im Verwaltungsrat saß, Musk nahestand und auch schon in andere Unternehmen von Musk, wie SolarCity, investiert hatte. Die Belegschaft arbeitete einen Monat lang fast ununterbrochen und machte meist gegen 3:00 Uhr morgens Feierabend. Jedes Blech, das aus der Stanzmaschine kam, musste von Hand mit einem Gummihammer in die richtige Form gebracht werden.[8] Teilweise waren die Mängel der Fahrzeuge bei der Montage so groß, dass sich zum Beispiel die Kofferraumdeckel nicht mehr schließen ließen. Doch Tag für Tag arbeiteten sie daran, besser und schneller zu werden. Die interne Vorgabe Musks bis zum Jahresende lautete: 500 Autos pro Woche.

Im August waren bereits 50 Autos fertig. Für GM oder Toyota wären diese Fahrzeuge nichts anderes als Prototypen gewesen – gut für einen

Testlauf in der Fertigungsstraße. Dann hätten die Autobauer monatelang an den Prozessen gefeilt, damit jedes Auto, das nach dem offiziellen Produktionsstart vom Band lief, frei von Mängeln war und in den Ausstellungsraum gebracht werden konnte. Nicht so bei Tesla. Schon die ersten Wagen wurden als „Bereit für den Verkauf" eingestuft, wobei allerdings nur Fans der Marke wie Jurvetson infrage kamen. Die Ingenieure konnten jedoch sehen, wo Mängel aufgetreten waren und was noch optimiert werden musste. Teslas Manager wussten, dass diese Autos fehlerhaft waren. Auch Jurvetsons Fahrzeug ging schnell kaputt. (Das Fahrzeug wurde in ein Tuch gehüllt und mit einem Tieflader abgeholt, damit der Rest der Welt nicht mitbekam, dass das erste Model S bereits den Geist aufgegeben hatte.) Daraufhin wurde ein Team zusammengestellt, das jedes Fahrzeug über eine Strecke von 150 Kilometern fuhr, um eventuelle Probleme zu entdecken und die Reichweite im Praxistest zu checken. Brach eine Batterie schon nach wenigen Kilometern zusammen, wurde das intern als Tod im Kindesalter bezeichnet.[9] Bei einigen Batteriepacks lief Kühlflüssigkeit aus – ein Totalschaden, wie man es auch drehte und wendete.[10]

Zwischen den einzelnen Karosserieteilen gab es manchmal Fugen – ein deutliches Zeichen mangelhafter Perfektion, was ein echter Autofan niemals akzeptieren würde. Traditionelle Autobauer würden solche Fahrzeuge unter keinen Umständen ausliefern. Bei Tesla wurden die Fugen mit Schaumstoff gefüllt oder die Teile wurden so lange mit einem Gummihammer bearbeitet, bis sie perfekt passten.

Ein weiteres rätselhaftes Problem war Feuchtigkeit. Sobald die Fahrzeuge das Montageband komplett durchlaufen hatten, wurden sie auf Undichtigkeit getestet, was das Unternehmen mehrere Fahrgastzellen kostete. Das Team stellte die Montage so um, dass das Auto vor dem Einsetzen der Sitze auf Undichtigkeit geprüft werden konnte, aber der Fehler trat nicht bei jedem Fahrzeug auf. Das deutete darauf hin, dass es möglicherweise ein Problem mit der Montage gab.

Daraufhin wurde Tim Watkins hinzugezogen, denn er hatte ja schon 2010 daran mitgewirkt, die ausufernden Kosten für den Roadster zurückzuschrauben und ein neues Verkaufsteam aufzubauen. Zu diesem Zeitpunkt galt der zurückhaltende und höfliche Watkins bei den Mitarbeitern, die ihn in schlechten Zeiten kennengelernt hatten, als Unheilsbringer. Einige nannten ihn hinter seinem Rücken den Wolf, andere den Henker, denn wann immer der schwarz gekleidete Mann auftauchte, erhielt aller Wahrscheinlichkeit nach jemand seine Papiere.[11]

Nachdem er den Arbeitsablauf überprüft hatte, war ihm klar, dass es an der fehlenden Standardisierung der Arbeitsabläufe lag, was wiederum daran lag, dass sich das Design des Fahrzeugs stets änderte. Ohne standardisierte Arbeitsabläufe war es schwieriger zu erkennen, ob der Einbau von Teilen das Problem war oder ob es sich um einen Konstruktionsfehler handelte. Normalerweise wäre jeder einzelne Schritt Jahre im Voraus geplant, unzählige Male getestet, zertifiziert und dokumentiert worden, damit die Arbeiter ihn sich aneignen konnten. Tesla hatte all das nicht getan – jeder Arbeiter hatte sich seinen eigenen Arbeitsablauf ausgedacht.

Watkins dachte, er kenne die Antwort. Er bestellte GoPro-Kameras, die einige Arbeiter an ihrer Kleidung befestigen sollten, weil er ihre Wege aufzeichnen wollte. Außerdem wollte er die Montage der Fahrzeuge rekonstruieren, um herauszufinden, wo das Problem aufgetreten war und wie er es beheben könnte. Zudem wurde das Buddy-Prinzip eingeführt, das heißt, jeder Arbeiter kontrollierte die Arbeit der vorangehenden Station. Chain, der Qualitätsbeauftragte, beschrieb seine Erfahrung später mit diesen Worten: „Was bei anderen Autoherstellern als inakzeptabel gegolten hätte, galt bei Elon Musk als Teil eines fortlaufenden Prozesses, da er überzeugt war, die Nutzererfahrung mit einem wirklich innovativen Auto wiege schwerer als kleinere Mängel, die irgendwann beseitigt werden."[12] Und mit dieser Einschätzung lag Musk goldrichtig.

Im Laufe des Jahres geriet Tesla immer mehr in die Schusslinie erbitterter politischer Debatten. Die Stimmung vor den Präsidentschaftswahlen 2012 heizte sich immer mehr auf. Barack Obama strebte eine zweite Amtszeit an, wobei er es sich auf die Fahne schrieb, General Motors gerettet und Osama bin Laden getötet zu haben. Der Republikaner Mitt Romney, der ehemalige Gouverneur von Massachusetts, nahm dagegen Obamas milliardenschwere Unterstützung umweltfreundlicher Unternehmen ins

Visier. Dazu zählten auch überlebenswichtige Kredite, die Tesla 2010 gewährt wurden und mit denen das Model S finanziert wurde. Während der ersten Debatte zwischen den beiden Männern griff Romney Obamas Unterstützung für Tesla, Fisker und Solyndra an. „Ein Freund hat mir mal gesagt, Sie wählen nicht Gewinner und Verlierer aus, sondern nur die Verlierer", warf Romney Obama vor.

Solyndra war ein besonders pikantes Ziel für Romney. Das ebenfalls in Fremont ansässige Lieblingskind unter den Herstellern von Solarkollektoren hatte unter der Obama-Regierung Kreditbürgschaften in Höhe von 535 Millionen US-Dollar erhalten. Doch als in China hergestellte Solarmodule den Markt überschwemmten und eine Kürzung der Subventionen in Europa die Nachfrage sinken ließ, geriet Solyndra in Schwierigkeiten und meldete Konkurs an.

Fisker kämpfte ebenfalls mit ernsten Problemen. Das Energieministerium hatte dem Start-up für Elektroautos im Rahmen desselben Programms, in dessen Genuss auch Tesla gekommen war, Kredite in Höhe von 529 Millionen US-Dollar gewährt, die Auszahlung der Gelder aber Ende 2011 gestoppt, da es nicht sicher war, ob es dem Unternehmen gelingen würde zu überleben. Fisker hatte die Markteinführung seiner Luxuslimousine Karma zunächst auf die lange Bank geschoben und dann weniger Fahrzeuge als in der Kreditvereinbarung mit der Regierung zugesichert verkauft. Als der Karma schließlich auf den Markt kam, bekam Fisker seine Qualitätsprobleme und Mängel nicht in den Griff, denn es hatte sich bei fast allen Teilen auf Zulieferer verlassen. Die Wahrheit lautete: Fisker war vom Konkurs bedroht. Aus welchem Grund? Das Unternehmen hatte anderen zu viel Kontrolle über sein Kerngeschäft eingeräumt.

Teslas Beziehung zum US-Energieministerium war ebenfalls angespannt, auch wenn Tesla ganz andere Probleme hatte: Musk hatte darauf gesetzt, die Kontrolle über das Model S weitestgehend selbst zu behalten. Die Verzögerungen bei der Fertigung in Fremont bedeuteten, dass auch die Einnahmen, mit denen Tesla gerechnet hatte, nicht flossen. Im Spätsommer 2012, als Passins Team damit kämpfte, die Produktion hochzufahren, verkaufte das Unternehmen nur halb so viele Autos, wie es für dieses Quartal prognostiziert hatte. Bis Ende September wurde die

Produktion auf 100 Autos pro Woche erhöht. Um aber in den letzten drei Monaten des Jahres 5.000 Limousinen ausliefern zu können, wie es den Investoren zugesichert worden war, mussten Passin und seine Leute sich noch viel mehr ins Zeug legen.

Natürlich machte es sich in der Finanzlage des Unternehmens bemerkbar, dass die Produktion nur langsam anlief. Die Betriebskosten schossen in die Höhe, während der Umsatz um 400 Millionen US-Dollar niedriger war als im von Finanzchef Deepak Ahuja zu Beginn des Jahres prognostizierten *Worst-Case-Szenario*. Der Geschäftsplan hatte darauf gesetzt, dass die Fabrik die Autos im Minutentakt ausspucken würde, wo sie die Käufer schon sehnsüchtig erwarteten. Das würde schnell Geld in die leeren Kassen spülen, sodass die fälligen Rechnungen für Teile bezahlt werden könnten. So die Theorie. In der Praxis taten sich die Arbeiter schwer damit, die Teile überhaupt zu verbauen. Der Kassenbestand war auf 86 Millionen US-Dollar geschrumpft. In der Finanzabteilung stapelten sich die Rechnungen – im Vergleich zum Vorjahr waren die Verbindlichkeiten nun doppelt so hoch.

Es war eine unerträgliche Situation, die auf Dauer nicht gut gehen konnte. Musk musste so schnell wie möglich Geld auftreiben – wieder einmal. Ihm blieb nichts anderes übrig, als Aktien zu verkaufen, um den Betrieb am Laufen zu halten, bis das Model S endlich ausgeliefert werden könnte. Anders als im Jahr 2008, als er sich um Geldspritzen bemühte, ohne dass es die ganze Welt mitbekam, wurde Tesla nun mit Argusaugen beobachtet. In der Woche vor dem Wahlkampfduell zwischen Obama und Romney in Denver berichtete die *New York Times* in einem mehr als kritischen Artikel über Teslas schwierige Lage – kurz nachdem das Unternehmen öffentlich angekündigt hatte, mehr Aktien zu verkaufen, um Barmittel zu beschaffen, und seine Umsatzziele zu senken. Das Start-up ging nun davon aus, im letzten Quartal des Jahres 2012 zwischen 2.500 und 3.000 Limousinen auszuliefern – was zwar eine erhebliche Steigerung darstellte, doch nicht im Ansatz früheren Prognosen entsprach. „Teslas Geschichte wird dünn und dünner", schrieb ein Analyst der *Times*. „Das zeigt, dass die Kapitalbeschaffung eine Notwendigkeit ist und kein Luxus, wie das Unternehmen ja immer behauptet hat."

Vor der Politdebatte versuchte Musk sich in Schadensbegrenzung. In einem Blog auf der Website des Unternehmens schrieb er, die Medien hätten sein Motiv für die Kapitalbeschaffung falsch verstanden, und verglich sie mit der Vorbereitung auf eine Naturkatastrophe. Er wies darauf hin, dass es in einer Fabrik eines Zulieferers von Tesla vor Kurzem zu einer Überschwemmung gekommen sei, was die Auslieferung von Teilen an den Autobauer erheblich verzögert habe.

Obwohl Musk gute Miene zum bösen Spiel machte, war es offensichtlich, dass Tesla in Schwierigkeiten steckte und in einem Atemzug mit strauchelnden Firmen genannt wurde. Musk wollte die Reporter davon ablenken und sagte, dass Tesla mehr Geld habe, als für die Fertigstellung des Model S nötig wäre.

„Das Einzige, was man sagen könnte, ist, dass die Führungskräfte von Solyndra zu optimistisch waren", teilte er den Reportern im Presseclub in Washington, D.C. mit, womit er unbewusst und sicherlich ungewollt seine Karten auf den Tisch legte. „Sie haben ihre Lage in den letzten Monaten beschönigt, aber wenn sie das nicht getan hätten, wäre es zu einer selbsterfüllenden Prophezeiung gekommen. Denn sobald ein CEO sagt, ich bin nicht sicher, ob mein Unternehmen überleben wird, ist es tot."[13]

15

EIN US-DOLLAR

Deepak Ahuja, der sanftmütige Finanzchef, zog einen Strich unter seine Rechnung. Das Jahr 2013 war erst wenige Tage alt und Tesla hatte im Vorjahr gerade einmal 2.650 Exemplare des Model S ausgeliefert – und damit die Prognosen für das vierte Quartal 2012 weit verfehlt. In anderen Bereichen sah es jedoch besser aus: Es war ihnen gelungen, Kapital zu beschaffen, was ihnen mehr Zeit verschaffte. Ende 2012 schaffte es das Team von Gilbert Passin in Fremont, wöchentlich rund 400 Autos zu fertigen. Jerome Guillen, der Programmdirektor des Model S, führte eine riesige Tabelle, in der für jedes einzelne Auto eingetragen wurde, welche Mängel aufgetreten waren. Schließlich wollte er den Überblick behalten. Jeder Ingenieur war für ein bestimmtes Problem zuständig. Zweimal am Tag erkundigte er sich nach dem Stand der Dinge, bis der gesamte Rückstand abgearbeitet war. Der Meilenstein von 400 Fahrzeugen wurde zwar erst mit monatelanger Verspätung erreicht, aber alle Beteiligten waren unbändig stolz darauf, dass sie es letzten Endes doch geschafft hatten.

Nun, da die Fabrik zuverlässig Autos produzierte, musste Tesla sie irgendwie unters Volk bringen. Doch obwohl es eine Liste mit Tausenden von Vorbestellungen gab, für die eine erstattungsfähige Anzahlung in Höhe von 5.000 US-Dollar geleistet worden war, tat sich das Verkaufsteam erneut schwer, Verkäufe unter Dach und Fach zu bringen. Musk gab in der Öffentlichkeit als Grund dafür an, dass es kaum machbar sei, die Fahrzeuge während der Weihnachtsfeiertage an die Kunden auszuliefern. Ob das nun stimmte oder nicht, Tatsache war, dass Tesla zum ersten Mal seit seiner Gründung Hunderte von unverkauften Fahrzeugen vorhielt.

Anfang des Jahres ließ Musk gegenüber der Wall Street verlauten, er erwarte im ersten Quartal einen leichten Gewinn für Tesla. Den Worten „leichter Gewinn" schwang eine fast schon übernatürliche Bedeutung bei. Nach einem Verlust von mehr als einer Milliarde US-Dollar könnte das Unternehmen ihm zufolge endlich schwarze Zahlen schreiben. Gelänge es Tesla, die fertigen Fahrzeuge zu verkaufen, hätte es einen unglaublich wichtigen Meilenstein erreicht, der die Botschaft verkünden würde, dass Musks Traum trotz aller Widrigkeiten in Erfüllung ginge und Tesla nicht nur eine Geldfressmaschine war. Noch mal so ein Quartal wie Ende 2012 und das Unternehmen wäre wieder in akuter Geldnot. Dieses Mal stand in den Sternen, ob eine Rettung für Tesla in Sicht sein würde. Musks Traum von einem Elektroauto für den Massenmarkt wäre dann geplatzt.

Ahuja sah sich erneut die Zahlen an. Wenn Tesla im ersten Quartal des Jahres 2013 rund 4.750 Limousinen ausliefern würde, also fast so viele Autos, wie die Fabrik produzieren konnte, würde das Unternehmen einen US-Dollar Gewinn machen. Und genau daran machte sich das Start-up jetzt.[1]

Musk wandte sich mit klaren Anweisungen an George Blankenship, den globalen Vertriebsleiter: „Machen wir einen Gewinn von einem Dollar, kann Tesla weitermachen. Machen wir einen Verlust von einem Dollar, ist es das Aus für Tesla."

Vielen Beschäftigten war anzusehen, welchen Tribut die jahrelange Arbeit im Umfeld der Markteinführung des Model S gefordert hatte. Rik Avalos, der Personalvermittler, der mit dem Aufbau der Belegschaft beauftragt war, hatte viele Familien ins Silicon Valley gelockt, die bei Tesla arbeiten sollten. Er bekam mit, wie ihnen allmählich die Puste ausging. Bei der Weihnachtsfeier begegnete er unglücklichen Ehepartnern, die ihn spüren ließen, wie mitgenommen sie waren: „Oh, Sie sind also der Grund, warum wir hierher gezogen sind?"

„Egal, ob sie sich scheiden ließen oder die Kündigung einreichten und wegzogen. Viele Familien sind mit der stressigen Situation einfach nicht fertiggeworden", erinnerte er sich. „Das war wirklich herzzerreißend."

Viele hatten Gehaltskürzungen in Kauf genommen, weil sie – im wahrsten Sinn des Wortes – um jeden Preis dabei sein wollten, wenn Tesla größer und größer wurde. Avalos hatte sie mit der Vision von einem möglichen Aktienkurs von 50 US-Dollar geködert. Doch angesichts der Schufterei für das Model S war der Aktienkurs des Unternehmens kein Balsam für die Seele. Avalos hatte einen Anwalt eingestellt, der sich mit einer Gehaltskürzung von fast 70 Prozent zufriedengeben musste. Um diesen Einkommensverlust auch nur annähernd auszugleichen, müssten die Aktien wirklich in die Höhe schnellen.

Trotz aller Herausforderungen verstand es Musk immer wieder, die Belegschaft zu motivieren. Eines Tages, sie saßen gerade bei Kaffee und Kuchen zusammen, nutzte er die Gelegenheit, seinen Mitarbeitern klarzumachen, dass sie unbedingt weitermachen und das Model S auf den Markt bringen müssten und dass dann aber auch schon das nächste Modell anstünde. Schließlich würden sie erst damit die breite Masse ansprechen.

„Ich weiß, dass ich sehr viel von euch verlangt habe und ich weiß auch, dass ihr euch wirklich ins Zeug gelegt habt", sagte Musk in die Runde.[2] „Ich wünschte, ich könnte euch sagen, dass wir nicht noch härter arbeiten müssen, aber das kann ich leider nicht. Wenn wir uns nicht weiterhin anstrengen, werden wir scheitern und mit Pauken und Trompeten untergehen." Und dann ließ er noch die Bemerkung fallen: „Doch wenn wir am Ball bleiben, könnte unsere Aktie schon bald 200 oder 250 US-Dollar wert sein."

Avalos warf seinem Manager einen fragenden Blick zu, der daraufhin mit den Schultern zuckte, als wolle er sagen: „Der spinnt doch." Der Personalvermittler wäre mit 50 US-Dollar pro Aktie vollkommen zufrieden, denn das war der Aktienkurs, den er so vielen Familien so gut wie versprochen hatte. Zu Beginn des Jahres 2013 würde ein solcher Anstieg ein Wachstum von 50 Prozent bedeuten, da die Aktie um die 35 Dollar notierte. 250 US-Dollar pro Aktie klangen dagegen wie eine Fata Morgana. Das würde einen Marktwert von 28 Milliarden US-Dollar suggerieren, immerhin halb so viel wie der von Ford. Ein schier unglaublicher Gedanke.

Auch wenn sich mancher Mitarbeiter nicht von der Aussicht auf unermesslichen Reichtum oder einer Leistungskultur verführen ließ und er oder sie eigentlich nicht bei Tesla bleiben wollte, gab es eine Sache, der sie nicht widerstehen konnten: das Model S. Im Herbst zuvor hatte Tesla eine umwerfende Nachricht erhalten. Die altehrwürdige Zeitschrift *Motor Trend* schockierte im November die gesamte Automobilbranche, als sie aus 25 Bewerbern ausgerechnet das Model S zum „Auto des Jahres" kürte. Auch wenn sich GM, BMW und andere mächtig angestrengt hatten, um die Juroren zu beeindrucken, war es Tesla, das die begehrte Auszeichnung erhielt, was allen Schraubern und Autofans die Botschaft vermittelte, dass Musks E-Auto ein durchaus ernst zu nehmender Konkurrent war.

Der gesamte Artikel triefte vor Begeisterung: Das Cover zeigte Musk und das Model S und in der Januar-Ausgabe sprach die Schlagzeile von einem „Elektro-Schocker!". In der Rezension wurden die Leistung, das Fahrverhalten, der Komfort der Fahrgastzelle und die Optik über den grünen Klee gelobt und die Schlussfolgerung gezogen: „Allein die Tatsache, dass es das Model S von Tesla überhaupt gibt, ist ein Beweis für die Innovation und das Unternehmertum Amerikas. Es waren diese Eigenschaften, die die amerikanische Automobilbranche einst zur größten, reichsten und mächtigsten der Welt machten. Dass die elf Juroren von *Motor Trend* das erste Fahrzeug eines jungen Autoherstellers, das von Grund auf neu entwickelt wurde, einstimmig zum Auto des Jahres 2013 gewählt haben, ist ein Grund zum Feiern. Amerika hat es noch drauf und kann etwas erreichen. Und zwar Großartiges."[3]

Dieses Lob wurde zeitgleich mit einem Bericht der Wirtschaftspresse über Teslas schwierige Finanzlage veröffentlicht. Die parallele Existenz von Lobeshymnen und Unkenrufen wurde in den kommenden Jahren zu einem Markenzeichen der Berichterstattung über Tesla.*

---

* Zu dieser Zeit wendete sich auch Musks Privatleben zum Guten. Ein paar Monate nach seiner Scheidung von Talulah Riley im Herbst war sie wieder Teil seines Lebens und erzählte *Esquire* in einem Interview, dass ihre Rolle darin bestand, ihn davor zu bewahren, „König Wahnsinn" zu werden. In Anlehnung an die englische Redewendung fügte sie hinzu: „Soll heißen, erst werden die Leute König und dann wahnsinnig." 2013 läuteten die Hochzeitsglocken erneut.

Dennoch war es die Art von Schmeichelei, die Musk von Anfang an wollte, als er das Team darauf einschwor, nicht nur das beste Elektroauto zu bauen, sondern das insgesamt beste Auto auf dem Markt.

Bei einer Kundenveranstaltung in New York City feierten Blankenship und Musk den Sieg. Ein sehr emotionaler Blankenship sprach davon, dass Teslas Mission einst als unmöglich angesehen wurde, das Unternehmen aber nichtsdestotrotz an der Schwelle zu etwas Großem stand. „Wir machen das nicht nur dieses oder nächstes Jahr oder in den nächsten zwei Jahren", sagte er und seine Stimme brach fast vor Rührung.[4] „Was jetzt passiert, ist größer als das, es geht um viel mehr. Wir tun das für eure Kinder und Enkelkinder. Für mich ist der heutige Abend so etwas wie ein Katalysator. Dieser Abend wird Tesla dabei helfen, dass wir nicht mehr nur krabbeln, sondern das Laufen lernen und uns auf das große Rennen vorbereiten."

Blankenship hatte hervorragende Arbeit geleistet und mehr und mehr Autohäuser auf der ganzen Welt eröffnet. Ende 2012, nach weniger als zwei Jahren Arbeit, gab es 32 Stores und 20 weitere waren für die nächsten sechs Monate geplant. Allein im letzten Quartal des Jahres 2012 wurden acht Stores eröffnet, darunter sehr spektakuläre in Miami, Toronto und San Diego. Sein Team zählte in diesem Zeitraum mehr als 1,6 Millionen Besucher – das waren fast so viele wie in den ersten neun Monaten des Jahres. Diese Zahlen spiegelten ein erstaunliches Maß an Interesse für ein Unternehmen wider, das noch keinen einzigen Cent für Fernsehwerbung ausgegeben hatte.

Doch obwohl die Autohäuser ihre Besucher dazu brachten, die Reifen quietschen zu lassen, generierten sie kaum Bestellungen. Ganz im Gegenteil: Die Stornierungsrate war mehr als hoch. Das Unternehmen sah sich mit einem negativen Umsatzwachstum konfrontiert – es gab mehr Stornierungen als Bestellungen.[5] Selbst einige Mitarbeiter von Tesla, die an dessen Mission glaubten und die Fahrzeuge für überragend hielten, schreckten davor zurück, sich eines anzuschaffen. Für viele Menschen war ein Auto eine der größten Anschaffungen, die sie in ihrem Leben tätigten. Umso mehr galt das für ein leistungsstarkes Model S, ein elektrisches Auto eines Unternehmens mit einer kurzen Geschichte, das einen stolzen Verkaufspreis von 106.900 US-Dollar hatte – also deutlich höher als die 50.000 US-Dollar, die Musk zugesichert hatte, als er das Fahrzeug 2009 erstmals vorstellte. Und was wäre, wenn ihr Auto einmal repariert werden müsste? Gäbe es dann Tesla überhaupt noch?

Nicht anders als damals beim Roadster brauchte Tesla auch jetzt ein ganzes Heer an Verkäufern, die den potenziellen Käufern die Angst nehmen und alles dafür tun sollten, um Schaulustige in Käufer zu verwandeln. Erneut wandte sich das Unternehmen an seinen Tausendsassa Tim Watkins.

Er machte sich sofort an die Neuorganisation des Vertriebs und ließ alle mit anpacken: Mitarbeiter aus dem Recruiting wurden eingesetzt, um potenzielle Kunden, sogenannte Hand-Raiser, anzurufen, die sich nach einem Model S erkundigt hatten. Die Personalabteilung bearbeitete die Bestellungen. In der Zwischenzeit leitete Blankenship die Auslieferung und verfolgte jedes Auto auf seinem Weg zum Kunden. Laut Buchhaltung von Tesla galt ein Fahrzeug erst dann als verkauft, wenn der Besitzer es in Empfang nahm. Auf einer Tafel trug er ein, wie viele Autos unterwegs waren. Als im Mittleren Westen der USA ein Lkw mit einem halben Dutzend Autos an Bord umkippte, wurde Blankenship nur zehn Minuten später telefonisch über diese Katastrophe informiert. Daraufhin wies er einen Assistenten an, die Autos von der Tafel zu löschen – sie würden in diesem Quartal nicht mehr ausgeliefert werden.[6]

Glücklicherweise lebten viele der Kunden in Kalifornien, was eine schnelle Auslieferung ermöglichte. Jeden Abend, kurz vor Mitternacht, schickte Blankenship Musk eine E-Mail und informierte ihn über den Stand der Dinge.

„Gut, mehr davon“, lautete Musks Antwort dann.

Oder am nächsten Tag: „Zu wenig, zu spät.“

Am letzten Dienstag vor Quartalsende stellte Blankenship fest, dass sie auf dem besten Weg waren, ihr Soll zu erfüllen, und schickte Musk eine E-Mail mit den neuesten Informationen.

„Das sieht vielversprechend aus“, antwortete er.[7]

Blankenship aktualisierte seine E-Mails stündlich und nahm immer mehr Mitarbeiter in den Verteiler auf. Am letzten Samstag vor Quartalsschluss wurde um 15 Uhr Fahrzeug Nr. 4.750 ausgeliefert. Erschöpft drückte Blankenship in seinem Mailprogramm auf „Senden“, suchte in seinem Computer den Rocky-Titelsong und drehte den Ton bis zum Anschlag auf.

Ein Mitarbeiter wandte sich an ihn: „Aber George, das ist doch erst der Anfang!"

Ab diesem Nachmittag bis zum späten Ostersonntagabend lieferten sie weitere 253 Autos aus. Allein in diesem Monat stieg der Umsatz auf 329 Millionen US-Dollar, mehr als Tesla im gesamten Jahr 2011 verbucht hatte oder 80 Prozent des gesamten Umsatzes von 2012.

Dass der Verkauf nun endlich in die Gänge gekommen war, hatte einen wunderbaren Nebeneffekt. Andere Autobauer, die die strengen gesetzlichen Anforderungen in Kalifornien und anderen US-amerikanischen Bundesstaaten für den Verkauf von emissionsarmen Fahrzeugen nicht erfüllten, konnten ihre Geldstrafe verringern, indem sie Emissionszertifikate der Konkurrenten mit einem Überschuss an anrechenbaren Fahrzeugen kauften. Jeder Autoverkauf, den Tesla tätigte, war anrechenbar. Im ersten Quartal wurde es so Emissionszertifikate in Höhe seines halben Umsatzes los und generierte damit 68 Millionen US-Dollar reinen Profit. Anders ausgedrückt: Tesla verdiente im ersten Quartal des Jahres 2013 68 Prozent mehr mit dem Verkauf von Emissionszertifikaten, als es im gesamten Jahr zuvor Gewinn mit dem Verkauf von Autos gemacht hatte.

Dieser Schub reichte aus, um Tesla in die Gewinnzone zu bringen. Das Start-up, das auf einen US-Dollar Nettogewinn gehofft hatte, verbuchte stattdessen einen Gewinn in Höhe von elf Millionen US-Dollar. Musk war vor Freude so aus dem Häuschen, dass er sich nicht beherrschen konnte und noch spät in der Nacht eine Pressemitteilung twitterte. Wenige Sekunden später schob er nach, dass er in Kalifornien sei, wo es noch immer der 31. März wäre, sein Tweet von eben also kein Aprilscherz sei.

Was dann kam, war vorauszusehen: Die Aktien von Tesla begannen ihren Höhenflug und legten fast jeden Tag zu: 43,93 US-Dollar, 44,34 US-Dollar, 45,59 US-Dollar, 46,97 US-Dollar, 47,83 US-Dollar. Am 22. April schloss die Aktie dann bei 50,19 US-Dollar. Avalos, der Personalvermittler, konnte es kaum fassen und eilte nach draußen, um frische Luft zu schnappen. Ihm stiegen Tränen in die Augen. Eine Zentnerlast fiel von seinen Schultern. Sie hatten es geschafft. Er hatte seine Leute auf keinen Irrweg geführt.

Keine Frage, der freie Markt belohnte Tesla. Dass Tesla in der Lage war, ein Auto zu bauen und damit Gewinn zu machen, wenn auch mithilfe von stattlichen und staatlichen Krediten, sendete das starke Signal, dass vielleicht auch alles andere, was Musk versprochen hatte – ein erschwingliches Elektroauto für Familien zu bauen –, machbar war.

Doch die Erfahrungen der vergangenen Monate schienen Musk verunsichert zu haben. Wieder war Tesla kurz vor der Pleite gestanden. Zu allem Überfluss schienen die ganz normalen Herausforderungen, die damit verbunden sind, dass die Geburtsstunde eines E-Autos schlägt, die Investoren auf eine Art und Weise zu verunsichern, die Tesla 2008 so nicht erlebt hatte, als die Präsentation des Roadsters alles auf den Kopf stellte. Musk beklagte sich bei seinen Mitarbeitern darüber, dass er sich den Launen des Marktes beugen musste, dass jeder seiner Schritte aus dem Zusammenhang gerissen und darauf überreagiert wurde und dass der Fokus der Anleger auf dem nächsten Quartal lag, während er selbst bereits an die nächsten Jahrzehnte dachte.[8]

Auch die Aufsichtsbehörden nahmen das Unternehmen nun genauer unter die Lupe. Musks Freund und Mitglied des Verwaltungsrats Antonio Gracias und seine Firma Valor gerieten ins Visier der US-Börsenaufsichtsbehörde (SEC), weil sie Tesla-Aktien etwa ein Jahr zuvor verkauft hatten, und zwar kurz bevor ein anderer Großaktionär ebenfalls Aktien des Autobauers abstieß. Das hatte den Markt verunsichert und ließ die Aktien ausgerechnet dann abstürzen, als Peter Rawlinson völlig unerwartet seinen Hut nehmen musste, was ja schon für Unruhe unter den Anlegern gesorgt hatte. Auch wenn Tesla gute Gründe für diesen Schritt ins Feld führte, konnte das Timing von Valor doch kein Zufall sein, oder?[9] Die SEC entschied sich schließlich dafür, die Vorwürfe gegen Valor fallen zu lassen, doch Tesla musste eine Zeit lang mit schlechter Presse leben.*

All das hinterließ einen üblen Nachgeschmack. Musk schien seine Meinung über den Aktienmarkt im Allgemeinen geändert zu haben. Am 7. Juni 2013 schickte er gegen 1 Uhr morgens ein Memo an seine Mitarbeiter bei SpaceX – noch immer ein privates Unternehmen –, von denen sich einige zweifellos auf den mit einem Börsengang verbundenen Zahltag freuten.

---

* Drei mit der Angelegenheit vertraute Personen sagten aus, dass die SEC Valor später in diesem Jahr mitteilte, dass sie keine Zwangsmittel gegen die Firma einlegen würde.

Doch dazu würde es nicht kommen, schrieb Musk, zumindest nicht in absehbarer Zeit. „Angesichts meiner Erfahrungen mit Tesla und SolarCity will ich SpaceX den Gang an die Börse auf keinen Fall aufdrängen, was vor allem daran liegt, dass unserer Mission hier extrem langfristig ist."

Dann wandte er sich noch an alle Mitarbeiter, die das Drama rund um Tesla nicht mitbekommen hatten: „Börsennotierte Unternehmen, besonders Technologieunternehmen, die Neuheiten auf den Markt bringen, neigen zu extremen Ausbrüchen der Volatilität, was zum einen auf interne Gepflogenheiten, aber auch auf rein wirtschaftliche Gründe zurückzuführen ist. Das führt nun aber dazu, dass sich die Leute von dem manisch-depressiven Auftreten des Aktienkurses ablenken lassen, anstatt großartige Produkte zu entwickeln."

Tesla hatte eine gewaltige Leistung vollbracht. Doch nun war der Moment gekommen, der alles entscheiden würde. All die anstrengenden Jahre voller Schweiß und für manche sicherlich auch der Selbstaufgabe standen nun auf dem Prüfstand. Die Autos waren bei ihren Käufern. Tesla konnte nicht mehr tun, als Tee zu trinken und abzuwarten, dass sich die Besitzer zu Wort meldeten und – so die Hoffnung der Belegschaft – viele weitere positive Kritiken folgen würden.

Wenn Musk recht hatte, würde der Hype um das E-Auto nun beginnen und alle würden über Tesla reden – natürlich nur Gutes. Es gab nichts Besseres als positive Bewertungen von *Consumer Reports*, dem Magazin der gemeinnützigen Verbrauchervereinigung, das seinen Lesern bei allen möglichen Dingen – vom Auto bis zur Waschmaschine – bei der Kaufentscheidung weiterhilft. Im Gegensatz zu *Motor Trend* ist *Consumer Reports* stolz auf seine Diskretion und Unabhängigkeit. Es lehnt kostenlose Testfahrzeuge ab und kauft sie lieber heimlich an zufällig ausgewählten Orten, um sie dann auf Herz und Nieren zu testen. Das Unternehmen führt 50 verschiedene Tests durch und sammelt dabei Unmengen von Daten. Die dann im Magazin veröffentlichten Testergebnisse haben über die Karrieren von Managern, auch aus der Automobilbranche, entschieden. Detroiter Autokonzerne haben lange Zeit darüber geklagt, dass japanische Fahrzeuge besser abschnitten, obwohl sich die US-amerikanischen Autobauer doch große Mühe gaben, besser zu werden.

Die Automobilbranche merkte also auf, als *Consumer Reports* bekannt gab, dass das Model S sage und schreibe 99 von 100 Punkten erreicht hatte – ein wirklich erstaunliches Ergebnis. Bis zu diesem Tag war das nur einem einzigen anderen Fahrzeug gelungen: der großen Limousine LS von Lexus. Im Testbericht schwang unverhohlen Begeisterung mit – ein Novum für das stets um Objektivität bemühte Magazin: „Das Model S strotzt nur so vor Innovationen, liefert eine Weltklasse-Performance, aus ihm spricht eine beeindruckende Liebe zum Detail. So stellen wir uns den Wagen vor, den Marty McFly anstelle seines DeLorean in ‚Zurück in die Zukunft' mitgebracht haben könnte."[10]

Die gute Bewertung von *Motor Trend* im vergangenen Herbst hatte Tesla bei den Autofans geholfen, aber das war kein Vergleich zu der Traumnote jetzt. Sie signalisierte Otto Normalverbraucher, dass das Model S alles andere war als ein wissenschaftliches Experiment (wie der Karma von Fisker, der 57 Punkte erhielt), sondern ein ganz normales Auto, das mit denen der globalen Autobauer mithalten kann. Wichtig war auch, dass es in dem Testbericht hieß, dass das Auto „reichlich" Platz für Einkäufe und Fahrspaß für den „langen, kurvenreichen Weg nach Hause" bietet.

Gerade der letzte Punkt war wohl dafür gedacht, Kunden, die die angegebene Reichweite anzweifelten, zu beruhigen. Immerhin hatte Tesla es sehr eilig damit gehabt, eigene Ladestationen entlang der großen Autobahnen nicht nur in Kalifornien, sondern in ganz Amerika zu errichten, weil sie damit werben wollten, dass jeder von Los Angeles nach New York City fahren könne, ohne sich Gedanken um eine Ladestation machen zu müssen. Und das Tüpfelchen auf dem i: Der Strom war kostenlos.

An dem Tag, an dem Musk Blankenship zu sich rief, befand sich Tesla auf einem Höhenflug, denn das Unternehmen hatte gerade ein wahres Wunder vollbracht, was die Verkaufszahlen anbelangte. Trotz des unbestreitbaren Erfolges waren sich die beiden Männer einig, dass es für Blankenship an der Zeit war, die Zügel der Vertriebsorganisation abzugeben. Musks Beziehung zu Blankenship war nach dem Beinahe-Zusammenbruch im ersten Quartal mehr als angespannt, da der CEO den Verdacht hegte, dass er von seinem Vertriebschef über das ganze Ausmaß der Probleme im Unklaren gelassen worden war.[11] „Der Erfolg von Tesla steht und fällt damit, jede einzelne Position mit dem oder der Besten zu besetzen", sagte Blankenship.[12] „Für den

Vertrieb bin ich dieser Jemand aber nicht." Blankenship war amtsmüde und wollte sich als Sieger in den Ruhestand verabschieden.*

Musk mag diesen Moment genossen haben, aber er tat alles, um nicht wieder kalt erwischt zu werden. Tesla war 2013 nicht mehr das Unternehmen, das es 2009 gewesen war, als es gerade noch die Kurve gekriegt und die Pleite abgewendet hatte. Musk hatte sich darangemacht, Tesla nach seinen Vorstellungen umzustrukturieren, und darauf gebaut, zuerst das Model S auf den Markt zu bringen und danach das Model 3. Er hatte eine Unternehmenskultur geschaffen, in der alle mit anpackten und bereit waren, bestimmte Risiken einzugehen – und das galt für mittlerweile fast 4.500 Mitarbeiter.

Doch Wachstum und eine gewisse Distanziertheit gingen Hand in Hand: Vorbei war die Zeit, als er den Finger am Puls des Geschehens hatte. Die direkte Kontrolle über Tesla entglitt ihm. In mehreren E-Mails an die Mitarbeiter verlieh er seiner Überzeugung Ausdruck, dass die Manager den Kommunikationsfluss nicht blockieren sollten. „Wenn ich sage, dass Manager ihren Hut nehmen müssen, sofern sie den freien Informationsfluss innerhalb des Unternehmens blockieren, ist das mein voller Ernst." In einer anderen E-Mail versicherte er den Mitarbeitern, sie könnten auch direkt mit ihm in Kontakt treten. „Sie dürfen jederzeit mit dem Vorgesetzten Ihres Managers sprechen oder mit dem Vice President einer anderen Abteilung oder auch mit mir. Sie brauchen in keinem Fall irgendeine Genehmigung dafür. Im Prinzip sind Sie alle sogar dazu verpflichtet, das zu tun, wann immer etwas falsch läuft. Es geht hier nicht um Tratsch und Klatsch, sondern darum, dass wir schnell verdammt gute Leistungen erbringen müssen." Zwischen den Zeilen war jedoch die unmissverständliche Botschaft zu erkennen: Nur weil Tesla größer war, bedeutete das nicht, dass Musk nicht auf jeder Ebene involviert sein wollte.

Da Musk wieder mehr Kontrolle über die Finanzen von Tesla haben wollte, plante er, die Kooperation mit dem US-Energieministerium zu beenden. Weil die Kredite eine Art politischer Blitzableiter waren, wollte Musk sie so schnell wie möglich loswerden. Außerdem hatte er die Nase voll von den

* Blankenship blieb noch ein paar Monate bei Tesla und bereitete die Eröffnung von Stores in Übersee vor, bevor er sich ein weiteres Mal in den Ruhestand begab.

Beschränkungen, die mit der staatlichen Förderung einhergingen. Er wollte endlich wieder selbst über geschäftliche Dinge entscheiden und bestimmen, wofür Teslas Geld ausgegeben wird. Die Aktien von Tesla hatten ihren Wert in diesem Jahr schon mehr als verdreifacht. Die Investoren waren mehr als zufrieden mit dieser Entwicklung, was es ihm wiederum ermöglichte, eine Rekordsumme einzutreiben. Genauer gesagt kratzte er etwa 1,7 Milliarden US-Dollar durch neue Schulden und den Verkauf von Aktien zusammen. Damit löste er das staatliche Darlehen Jahre vor seiner eigentlichen Fälligkeit ab. Musk stellte klar, dass die Restsumme, immerhin noch rund 680 Millionen US-Dollar, plus die Einnahmen aus dem Verkauf des Model S, ausreichen würden, um das Model X auf den Markt zu bringen, den Geländewagen, der auf dem Chassis des Model S aufgebaut war. Und es wäre sogar noch genug Kapital vorhanden, um dann endlich das Fahrzeug der dritten Generation zu bauen – das Auto für die breite Masse, für das er einen Kaufpreis von etwa 30.000 US-Dollar zugesichert hatte und das die Autobranche auf den Kopf stellen würde. Er ging davon aus, dass BlueStar, wie es intern genannt wurde, das aber schon bald in Model 3 umgetauft werden würde, rund eine Milliarde US-Dollar Entwicklungskosten verschlingen würde.

Insgesamt betrachtet war dies ein seltener Moment des uneingeschränkten Triumphs für Tesla. Wenig bekannt dürfte sein, wie leicht es auch ganz anders hätte ausgehen können. Nur wenige Monate zuvor hatte Musk in einem seiner dunklen Momente darüber nachgedacht, das Unternehmen, in dem sein Herzblut steckte, zu verkaufen. Still und leise hatte er sich an seinen Freund, den Google-Mitbegründer Larry Page, gewandt und ihm Tesla zum Kauf angeboten – ein Verkaufspreis von etwa sechs Milliarden US-Dollar, plus weitere fünf Milliarden US-Dollar an Ausgaben, stand im Raum.[13] Teil dieses Deals war, die fünf Milliarden US-Dollar in den Ausbau des Werks in Fremont zu stecken. Außerdem hätte Musk acht Jahre lang die Geschäftsleitung übernommen, damit Tesla das Fahrzeug der dritten Generation auf jeden Fall auf den Markt bringt. Welche Rolle er danach bei Tesla spielen würde, war noch offen.

Doch sobald die Verkaufszahlen des ersten Quartals vorlagen, wurden die Gespräche mit Google abgebrochen. Tesla brauchte keine Übernahme. Musk hatte es wieder einmal geschafft.

16

DAS COMEBACK EINES RIESEN

Dan Akerson wollte eigentlich nicht dabei erwischt werden, wie er in einem Tesla Model S durch Detroit fuhr. Doch Mitte 2013 musste der Chef von General Motors einfach wissen, was es mit der elektrischen Limousine auf sich hatte, die von *Motor Trend* zum Auto des Jahres gekürt worden war – ein Titel, der dem Chevrolet Volt, GMs Antwort auf Tesla, nur zwei Jahre zuvor verliehen worden war. Trotz der überaus positiven Kritiken verkaufte sich der Volt eher schlecht als recht, während das Model S Tesla den ersten Quartalsgewinn bescherte und dafür sorgte, dass Elon Musks Plan, ein Elektrofahrzeug der nächsten Generation für den Pendler herauszubringen, aufgehen könnte. In der ersten Jahreshälfte verkaufte Tesla 13.000 Limousinen vom Typ Model S und wurde an der Börse mit 12,7 Milliarden US-Dollar bewertet, das heißt, es hatte seinen Wert in nur sechs Monaten verdreifacht. Elon Musk sprach davon, dass er ab dem Jahr 2014 35.000 Fahrzeuge des Model S pro Jahr unters Volk bringen wolle.

Akerson, ein ehemaliger Navy-Offizier und Topmanager eines Telekommunikationsunternehmens, war 2009 nach der Weltwirtschaftskrise im Zuge der Umstrukturierung des insolventen Autobauers in den

Vorstand von GM eingetreten. Im Herbst 2010, kurz vor dem erneuten Börsengang des Konzerns, wurde er einige Wochen nachdem der Börsengang von Tesla klar signalisierte, dass sich der Markt allmählich erholte, zum CEO ernannt. Von Anfang an machte Akerson klar, dass er alles andere als beeindruckt von GM und dem Stand der Dinge war. Obwohl durch die Insolvenz Milliarden von US-Dollar an Schulden ausradiert und GM auf eine solidere finanzielle Basis gestellt worden war, war Akerson überzeugt, dass das Unternehmen dringend umdenken musste. Die noch im Konzern verbliebenen Manager schienen zu selbstbezogen zu sein und zu träge, um sich an eine Welt anpassen zu können, die sich nicht mehr im gemächlichen Tempo des Autobauers drehte.

Akerson hatte mitbekommen, wie das Model S in Detroit genau mit der Art von Spott überzogen wurde, den die amerikanischen Autogiganten einst bei Toyota an den Tag gelegt hatten, als die japanischen Autohersteller noch grün hinter den Ohren waren. Er wusste auch nur allzu gut, wie das für GM ausgegangen war. Ihm war klar, dass es an der Zeit war, den Dingen auf den Grund zu gehen.

Die Liste mit Gründen unter Autoexperten, warum Tesla eine Eintagsfliege und zum Scheitern verurteilt war, war lang. Ja, Tesla hatte ein erstaunliches Model S herausgebracht, das im Durchschnitt 100.000 US-Dollar kostete. Doch Musk und sein Team hatten Jahre gebraucht, um es auf den Markt zu bringen. Beim nächsten Produkt würde der Druck viel größer sein, es viel schneller an den Mann und die Frau zu bringen und zugleich die Fertigung des Model S fortzusetzen. Käme Musk damit klar, so viele Aufgaben am Hals zu haben, ohne dabei pleitezugehen? Unwahrscheinlich.

Dennoch war Akerson davon überzeugt, dass GMs Abteilung für Forschung und Entwicklung der Zeit hinterherhinkte und mit Projekten beschäftigt war, die keine Zukunft hatten. Der Konzern war wie gefangen in seiner jüngsten Unternehmensgeschichte voller Pleiten und Pannen. Man denke nur an den EV1. GM hatte damals die Idee gehabt, die Batterien auf einem flachen, skateboardähnlichen Rahmen unter dem Auto zu platzieren. Aber die für den Volt zuständigen Ingenieure setzten lieber auf ein T-förmiges Batteriepaket in der Fahrgastzelle, das viel Platz brauchte, weshalb es auf den Rücksitzen sehr eng zuging. Tesla jedoch hatte die Idee von GM aufgegriffen, wodurch der Innenraum des Model S sehr großzügig bemessen war. Warum sollte Tesla aus Innovationen Profit schlagen, deren geistiger Urheber GM war?

Kurz nachdem er CEO geworden war, besuchte Akerson die Abteilung für Forschung und Entwicklung auf dem weitläufigen Gelände des Autoherstellers in dem nördlich von Detroit gelegenen Vorort namens Warren. Dort erfuhr er, dass die Mehrheit des Teams einen Masterabschluss oder gar einen Doktortitel hatte. In ihren Augen war ein Patent die Krönung ihrer Karriere, was Jahr für Jahr rauschend gefeiert und mit einem Bonus von GM garniert wurde. Der Autokonzern besaß die meisten neuen Patente in Amerika – allein im Jahr 2013 verschlang die Abteilung für Forschung und Entwicklung satte 7,2 Milliarden US-Dollar. Der offizielle Anlass für Akersons Besuch war, den frischgebackenen Patentinhabern zu gratulieren. Er posierte für ein Foto mit einem Ingenieur, der im Laufe seiner Karriere bei GM bereits mehrere Patente erhalten hatte. Und trotzdem wurde keines dieser Patente in Fahrzeuge von GM verbaut.[1] Das brannte Akerson auf den Nägeln. Wie konnte das sein?

Ein weiterer Punkt, an dem Akerson sicherlich zu knabbern hatte, war die Tatsache, dass GM es seiner Meinung nach versäumt hatte, aus der in seinen Fahrzeugen verbauten Mobilfunktechnologie Kapital zu schlagen. Die Antwort des Unternehmens auf die wachsende Nachfrage nach moderner Technologie in den 1990er-Jahren war die Entwicklung von OnStar, einem Funksignal, das vom Auto übertragen wurde und es dem Fahrer ermöglichte, einen Operator um Hilfe oder um eine Wegbeschreibung zu bitten. Musk hatte unter Beweis gestellt, dass eine solche Verbindung für so vieles mehr genutzt werden konnte. Die Software des Tesla Model S konnte auf diese Weise aus der Ferne oder über das drahtlose Internet des Fahrzeugbesitzers zu Hause aktualisiert werden. So konnten Ingenieure und Programmierer auch nach dem Verkauf Verbesserungen an der Limousine vornehmen, ohne dass dafür eine lästige Fahrt in die Werkstatt anstand. Wenn zum Beispiel ein bestimmtes Teil verschlissen war, konnten die Programmierer einfach den Code des Autos ändern und das darauf einwirkende Drehmoment reduzieren.

Diese technische Möglichkeit war im Herbst 2013 besonders wichtig, als mehrere Fahrzeuge der Serie Model S in Brand gerieten und erste Bedenken hinsichtlich der Sicherheit eines Fahrzeugs mit Tausenden von Lithium-Ionen-Zellen an Bord aufkamen. Das erste Feuer ereignete sich im Oktober in der Nähe von Seattle.[2] Ein Model S war über Trümmer gefahren, die auf der Straße lagen, was die Unterseite und die Batterien des Fahrzeugs beschädigt hatte (womit feststand, dass Peter Rawlinson mit seinen Bedenken richtiglag, als er und Musk noch über jeden einzelnen Millimeter gefeilscht hatten, um dem Buckelwal den Garaus zu machen). Zum Glück wurde niemand verletzt, aber die Feuerwehr hatte große Mühe, die Flammen zu löschen – was mit einem Handy aufgenommen wurde. Das Video verbreitete sich danach rasch im Internet. Ein weiteres Model S fing in Mexiko Feuer, dann noch eines im November in Tennessee, was das Interesse der National Highway Traffic Safety Administration (die zivile US-Bundesbehörde für Straßen- und Flugzeugsicherheit) weckte.[3] Diese Meldungen nährten die seit Langem im Raum stehende Frage nach der Sicherheit von Lithium-Ionen-Batterien – selbst Teslas eigene Ingenieure hatten diese Bedenken geteilt und von Anfang an versucht, dieses Problem in den Griff zu bekommen.

Genau vor dieser Kontroverse hatten die Ingenieure von GM bei ihren Autos Angst gehabt – anscheinend war ihre Sorge berechtigt gewesen. Und so kam es, wie es kommen musste: Die Aktienkurse von Tesla stürzten ab. Zu allem Überfluss äußerte sich in jenem Herbst auch der Schauspieler George Clooney, dessen frühes Interesse an Tesla von der Firma als Werbung genutzt worden war, in einem Interview mit dem *Esquire* über die Zuverlässigkeit seines Roadsters. „Ich hatte mal einen Tesla. Ich war einer der ersten Käufer. Ich glaube, ich war die Nummer 5 auf der Liste der Erstkäufer. Ich kann nur sagen, dass ich mit dem Teil immer wieder mal am Straßenrand gestanden bin. Und ich sagte den Jungs von Tesla: ‚Hört mal, Leute, warum hat das Auto eine Panne nach der anderen? Schaut zu, dass es funktioniert!‘“[4]

Das Ingenieurteam von Tesla machte sich sofort an die Arbeit. Als sie den Ursachen der Brände auf den Grund gingen, stand fest, dass die Wahrscheinlichkeit, über ein Hindernis zu fahren, das die Batterien beschädigen würde, aufgrund der geringen Bodenhöhe des Autos, relativ hoch war.[5] Tausende von vergleichbaren Autos könnten problemlos über die gleichen Trümmer fahren, denn da deren Unterboden geringfügig höher lag, war die Wahrscheinlichkeit eines Schadens viel niedriger. Die Ingenieure von Tesla errechneten, dass sie über die Aufhängung des Fahrzeugs die Karosserie ein kleines bisschen anheben könnten, was das Problem lösen würde. Daraufhin wurde die Software entsprechend umprogrammiert und im Winter installiert. Der Trick klappte und verschaffte ihnen ein paar Monate Zeit, um eine dickere Platte zum besseren Schutz des Batteriepacks zu entwickeln. In der Zwischenzeit gab es keine neuen Meldungen über Fahrzeugbrände.

GM konnte weder mit der Reaktionszeit noch mit den E-Autos von Tesla mithalten. Obwohl der Chevrolet Volt ein Erfolg für GM war, zumindest in Sachen staatliche Hilfen und Public Relations, war Akerson mehr als frustriert, dass er sich nicht besser verkauft hatte. Er selbst fuhr einen Volt und war schwer beeindruckt davon. Nicht selten gab er bei seinen Golfkameraden damit an, wie selten er zur Tankstelle fahren musste und trotzdem längere Strecken fahren konnte. Zwar hatte GM damit ein einzigartiges Auto gebaut, aber die Familienlimousine zum Preis von 41.000 US-Dollar (abzüglich des staatlichen Zuschusses von 7.500 US-Dollar) steckte voller Kompromisse bei Optik, Leistung und Platzangebot. Auf die Rückbank passten nur zwei Personen – was für einen Wochenendausflug in Ordnung war, aber nicht für einen längeren Urlaub mit Kind und Kegel.

Ganz anders dagegen das Model S. Sein Äußeres konnte durchweg mit dem eines Porsches mithalten, der Innenraum mit dem der E-Klasse von Mercedes. Und der Clou: Die Reichweite des Tesla entsprach annähernd der des Volt – sofern Letzterer mit *Benzin* fuhr. Musks Vision warf an der Wall Street die berechtigte Frage auf, ob alteingesessene Autohersteller mit dem Silicon Valley konkurrieren könnten.

Nachdem Akerson das Model S selbst ausprobiert hatte, konnte er nicht abstreiten, dass er begeistert war. „Es sieht verdammt gut aus. Wir sollten auch so eines bauen und einen Verbrennungsmotor einbauen", waren seine Worte, als er das E-Auto zum ersten Mal sah. „Damit hätten wir gute Chancen auf dem Markt.“ Insgeheim war er davon überzeugt, dass das Model S die nächste große Bedrohung für GM wäre, weshalb er ein Team zusammenstellte, das herausfinden sollte, wie Tesla den riesigen Autohersteller zu Fall bringen könnte.

Akersons Sondereinsatztruppe bestand aus etwa einem Dutzend Managern in ihren Dreißigern und Vierzigern, die großes Potenzial hatten und aus unterschiedlichen Bereichen des Konzerns kamen. Ihnen war sofort aufgefallen, dass Akerson anders war als andere Führungskräfte von GM, mit denen sie in der Vergangenheit zu tun gehabt hatten. Schließlich kam er aus der Welt der Telekommunikation. Er wusste, dass sich die Welt im Handumdrehen verändern konnte, sobald die richtige Technologie auftauchte. „Diese frischgebackene Führungsriege wusste, dass sich da draußen eine Welle des Wandels zusammenbraut“, sagte eines der Teammitglieder. „Und sie wusste, dass sie schon bald über unsere Köpfe hinwegrollen würde.“[6]

Die Ingenieure lehnten die Batterietechnologie von Tesla weiterhin ab und äußerten Bedenken über die verwendeten Zelltypen und die damit verbundene Brandgefahr. Außerdem befürchteten sie, der riesige Touchscreen in der Mitte des Armaturenbretts könnte den Fahrer vom Blick auf die Straße ablenken. Die Manager stellten auch infrage, ob Teslas Strategie, direkt an die Endkunden zu verkaufen und Franchise-Händler auszuschalten, rechtmäßig war.

Und dann war da ja noch der Kaufpreis von satten 100.000 US-Dollar. GM bot kein einziges Fahrzeug mit einem so hohen Grundpreis an. Außer Tesla taten das nur eine Handvoll Autohersteller in den USA. Die S-Klasse von Mercedes-Benz, das Spitzenmodell der Limousinen des deutschen Automobilherstellers, begann 2012 bei 91.850 US-Dollar und war mit 11.794 Verkäufen im Jahr 2012 in den USA das meistverkaufte Fahrzeug in dieser Preisklasse.[7] Tesla hatte lange Zeit ein Model S für 50.000 US-Dollar versprochen, aber die tatsächliche Lieferung eines Autos zu diesem Preis war angesichts der Kosten für die Batterien nahezu unmöglich. Als Tesla 2013 sein erstes profitables Quartal verkündete, wurden die Pläne für ein Basismodell S mit einer kleineren 40-kWh-Batterie still und heimlich gestrichen. Das ehemalige Start-up begründete die Entscheidung damit, dass nur vier Prozent aller Käufer sich für die billigere Version des Autos entschieden.[8] Die Wünsche dieser Kunden ließen sich mit einem Model S mit einem größeren 60-kWh-Akkupack erfüllen, wobei die Reichweite allerdings durch die Software begrenzt sei.

Als sich das Jahr 2013 seinem Ende zuneigte, hatte Tesla fast 23.000 Limousinen vom Typ Model S unters Volk gebracht – also 15 Prozent mehr, als es versprochen hatte. In den USA verkaufte sich das Model S besser als die S-Klasse von Mercedes-Benz, obwohl diese luxuriöser und besser verarbeitet war. Das Model S definierte Luxus für eine bestimmte Klientel neu, um nicht zu sagen, dass Tesla ein neues Marktsegment schuf – für Käufer, die zum einen von der Technologie und zum anderen von dem positiven Image, ein „grünes" Fahrzeug zu fahren, begeistert waren. Musk prognostizierte für 2014 einen Verkaufsanstieg von mehr als 55 Prozent auf über 35.000 Stück, da Tesla nun auch den Verkauf des Model S in Europa und Asien vorantrieb.

Die Ingenieure von GM konnten nicht fassen, was sie da mit ansehen mussten. Es wäre ein Kinderspiel für sie gewesen, eine Limousine für 100.000 US-Dollar zu bauen, doch ihre Produktplaner hatten sich nicht einmal ansatzweise vorstellen können, dass ein solcher Markt überhaupt existierte. Innerhalb der Sondereinsatztruppe dachten einige, dass Tesla für immer Nischenprodukte anbieten würde, die zwar wohlhabende Kalifornier erfreuten, aber dass der Rest der Welt E-Autos weiterhin als unpraktisch ablehnen würde. Sie stellten infrage, ob das Start-up in der Lage wäre, mit der Massenproduktion von Fahrzeugen zu beginnen, denn mit diesem Schritt würden sich etwaige Qualitätsprobleme im Werk vervielfachen.

Könnte Tesla möglicherweise der Vorbote einer anderen Gefahr sein? Könnten kapitalkräftige chinesische Autohersteller Tesla kopieren und dann in den US-Markt eintreten? Jahrelang hatten Brancheninsider befürchtet, dass die Chinesen auch in der Fertigung die Nase vorn haben und mit US-amerikanischen Autobauern in Konkurrenz treten würden – für sie lautete die Frage nicht, ob dies jemals geschehen würde, sondern nur wann. Einige chinesische Autobauer hatten bereits zugesichert, bis zu einem bestimmten Datum Autos in den USA zu fertigen, doch bei ihrem Vorhaben fehlte offenbar ein wesentliches Element: der Vertrieb. Die etablierten Autohersteller hatten in ganz Amerika einen tiefen Wassergraben um sich herum gebaut, mit Tausenden von Franchise-Händlern, die ihre Autos verkauften und für die Wartung und Reparatur zuständig waren. Da Tesla aber mehr oder weniger unter Beweis gestellt hatte, dass man Autos auch über eine Handvoll firmeneigener Autohäuser und eine schicke Website direkt an Kunden verkaufen konnte, stellte sich die Frage, ob das nicht auch ein chinesischer Autohersteller tun konnte, der Chevrolet dann bei der Preisgestaltung abhängen würde.

Einige Mitglieder der Sondereinsatztruppe von GM richteten ihr Augenmerk ausschließlich auf Teslas Stores. GM entsendete „Spione", die das Einkaufserlebnis beobachten sollten. Auf diese Weise erfuhren sie, dass in den Autohäusern meist nur ein oder auch zwei Fahrzeuge für eine Probefahrt zur Verfügung standen und dass die Käufer sich an einem Computer ein klares Bild von ihrem Traumwagen anfertigen lassen konnten. Für viele Käufer kam das Model S eher als Drittwagen infrage, nicht jedoch für die täglichen Fahrten. Was die technische Ausstattung der Stores anbelangte, gehörte Tesla zu den Besten und war der Konkurrenz meilenweit voraus. Doch wenn es um so grundlegende Dinge eines Verkaufsgesprächs ging wie das Erfassen persönlicher Daten der Kaufinteressenten, die Anmeldung zu einer Probefahrt oder Finanzierungsoptionen, schnitt Tesla ziemlich schlecht ab.[9]

Niemand konnte sich so recht vorstellen, wie Tesla eine wachsende Flotte von Kundenautos ohne Händlerflotte reparieren und warten wollte. Trotz nach wie vor begeisterter Kritiken in den Medien berichteten mehrere Besitzer von Problemen. Edmunds.com, das Interessenten Bewertungen und Verkaufsdaten zur Verfügung stellt, kaufte Anfang 2013 ein Model S und protokollierte alle Probleme damit. So musste der Fahrer ganze siebenmal außerplanmäßig im Tesla-Servicezentrum vorbeischauen, einmal blieb das E-Auto sogar liegen und nichts ging mehr. Zweimal war etwas an der Antriebseinheit nicht in Ordnung, dazu gehören der Motor und das Batteriepaket, was die Reparaturen sehr teuer machte. Und Edmunds.com waren nicht die einzigen, die von Schwierigkeiten schrieben. Ein Käufer berichtete, dass die Antriebseinheit während der ersten 20.000 Kilometer sage und schreibe fünfmal ausgetauscht werden musste. Ein malmendes Geräusch, das beim Beschleunigen auftrat und völlig untypisch für ein E-Auto war, das sich ja nahezu geräuschlos fortbewegt, kündigte dieses Problem an.

„Als ich mich an diesen Beitrag machte, wurde ich ziemlich emotional, denn ich versuchte dabei ja schließlich, mich in die Lage des Besitzers zu versetzen. Wenn ich den Motor meines Autos zweimal – oder auch nur einmal – austauschen lassen müsste, würde ich dieser Marke für immer abschwören", schrieb der Kritiker von Edmunds.com.[10] „Doch nachdem ich mit einigen Kollegen darüber gesprochen hatte, wurde mir klar, dass die Leute, die sich für einen Tesla entscheiden, nicht nur ein simples Transportmittel kaufen. Sie sind Early Adopters und nur allzu bereit, eine neue Technologie, die in ihren Augen etwas ganz Besonderes ist, als Beta-Tester auf Herz und Nieren zu prüfen."

Die Sondereinsatztruppe von GM kam zu dem Schluss, Tesla müsste seine Vertriebs- und Servicestrategie anpassen, da es langsam, aber sicher den Massenmarkt betrat. Musk hatte der ganzen Welt vollmundig versichert, dass Teslas Fahrzeug der dritten Generation eine Reichweite von mindestens 300 Kilometern haben würde – und das zu einem Bruchteil des Preises für die Vorgängermodelle. Außerdem munkelte man in der Branche, Tesla versuche, dieses Auto im Jahr 2016 auf den Markt zu bringen. Außer sich wandte sich die Sondereinsatztruppe an das Batterieentwicklungsteam von GM und wollte wissen, wie Tesla die Kosten für den Antrieb senken will, um ein Auto für 35.000 US-Dollar zu verkaufen und damit auch noch einen Gewinn zu erwirtschaften.

„Das geht nicht", lautete die Antwort. „Tesla kann genauso wenig ein E-Auto für 35.000 US-Dollar auf den Markt bringen wie wir."

Wenn es allerdings doch jemanden gelingen könnte, dann GM. Schließlich war der Autobauer viel besser positioniert und sollte in der Lage sein, bessere Preise für Teile zu bekommen, da er hohe Stückzahlen erwarb. Außerdem konnten einige Komponenten aus anderen Fahrzeugen wiederverwendet werden. In den vergangenen zwei Jahren hatten Teams in Michigan und Seoul an einem E-Auto der nächsten Generation gearbeitet und verkündeten voller Stolz, eine Reichweite von knapp 250 Kilometern erreicht zu haben.

„Wenn ihr keine 320 Kilometer schafft, bringen wir den Wagen nicht raus. Das wäre eine einzige Blamage für uns“, sagte Steve Girsky, der Vice President, den Teams.[11]

In jenem Herbst gab GM öffentlich bekannt, dass es an einem Elektroauto arbeitete, das mit nur einer Ladung 320 Kilometer fahren konnte und etwa 30.000 US-Dollar kostete (was für den Autobauer einen Verlust bedeutete). Die Botschaft war klar: Detroit ging bei Musks Einsatz mit.

17

MITTEN INS HERZ VON TEXAS

Der 70-jährige Bill Wolters hatte extra sein Zuhause in der texanischen Landeshauptstadt Austin verlassen und war in Anzug und Krawatte zum Firmenhauptsitz von Tesla in Palo Alto gereist. Der langjährige Lobbyist für Franchise-Autohändler wollte sich unbedingt persönlich mit dem Mann treffen, der wild entschlossen schien, jahrzehntealte Normen des Autohandels auszuhebeln. Wolters wollte Elon Musk davon überzeugen, dass es höchste Zeit war, für den Vertrieb seines angesagten Model S auf ein Franchise-Händlernetzwerk zuzugreifen.

Wolters hatte mitbekommen, dass Tesla 2011 einen ersten Store im Einkaufszentrum in Houston und einen zweiten in Austin eröffnet hatte. Als er damals mit Musks Stellvertreter Diarmuid O'Connell, der in Texas für die Lobbyarbeit zuständig war, über Teslas Pläne gesprochen hatte, hatte Wolters abgewunken. „Viel Glück, mein Sohn", wünschte er O'Connell, da er Tesla nicht ernst nahm. Mitte 2013 erwirtschaftete Tesla jedoch erstmals einen Gewinn und Musk ließ sich immer öfter in Texas blicken, was unter anderem darauf zurückzuführen war, dass SpaceX vorhatte, sich ebenfalls dort niederzulassen. Im Frühjahr war er zu einer Anhörung vor dem Senat des Bundesstaates eingeflogen und hatte auf dem jährlich stattfindenden Festival South by Southwest eine Rede gehalten.

Musk war mittlerweile natürlich weit über die Grenzen von Texas hinaus bekannt und hatte selbst in die Filmwelt hineinschnuppern dürfen. So spielte er 2013 in Robert Rodriguez' Film „Machete Kills" in einer kurzen Szene mit und lernte am Set auch Amber Heard kennen. Obwohl Musk keinen gemeinsamen Auftritt mit der Schauspielerin hatte, versuchte er über Rodriguez mit ihr anzubandeln. „Wenn es eine Party oder eine andere Veranstaltung mit Amber gibt, wäre ich aus reiner Neugier daran interessiert, sie dort kennenzulernen", schrieb Musk in einer E-Mail an den Regisseur, die später der Fachpresse zugespielt wurde.[1] „Angeblich ist sie ein Fan von George Orwell und Ayn Rand ... sehr ungewöhnlich."

Im selben Sommer heiratete Musk jedoch erneut Talulah Riley, die Schauspielerin, die später die Rolle eines sexy Roboters in „Westworld" spielte. Die Beziehung der beiden war nervenaufreibend, und Musk erschien oft sehr angespannt zur Arbeit. Einige Kollegen versuchten, sich ein Bild über seine Stimmung zu machen, und verfolgten deshalb sämtliche Meldungen über sein Privatleben. Sogar Rileys Haarfarbe war von Interesse, weil sie der Ansicht waren, dass Musk am glücklichsten wirkte, wenn sie ihre Locken platinblond färbte.[2]

All dies mag nichts mit den Autohäusern in Texas zu tun haben, aber die erhöhte Aufmerksamkeit der Medien war in gewisser Hinsicht ein Selbstläufer, der auch Tesla bekannt machte. General Motors gab 2013 5,5 Milliarden US-Dollar für Werbung und andere verkaufsfördernde Maßnahmen aus – also etwa zwei Milliarden US-Dollar weniger als für Forschung und Entwicklung. Der Konzern gehörte neben anderen Autobauern zu den größten TV-Werbetreibenden in den USA. Auch ihre Vertragshändler steckten Unsummen in Anzeigen in lokalen Zeitungen und lokale Radio- und Fernsehwerbung. Musk hatte lange Zeit auf Werbung verzichtet, weil er sie als nicht authentisch und uninteressant empfand. In seinen Augen würde sich die Qualität der E-Autos von Tesla von allein herumsprechen und für Absatz sorgen. Diesen Standpunkt konnte er sich zum Teil nur deshalb leisten, weil er mit den sogenannten Gratismedien rechnen konnte. Ebenso wie ein Politiker von einer positiven Berichterstattung profitiert, erging es Musk und Tesla, wenn sie im Rampenlicht standen. Seine Tweets konnten die Gemüter erhitzen und für Gesprächsstoff sorgen. Als Tesla sich daranmachte, weitere Stores zu eröffnen, schrieben lokale Medien pflichtbewusst Artikel über die neuen Showrooms.

Franchise-Autohändler konnten es sich nicht länger leisten, Tesla zu ignorieren. Händler in Massachusetts und New York hatten Klagen eingereicht, um Tesla den Direktvertrieb zu untersagen, während die Gesetzgeber in den Bundesstaaten Minnesota und North Carolina Gesetzesänderungen prüften, um dasselbe Ziel zu erreichen.[3] Für Wolters ergab es keinen Sinn, dass ein Unternehmen wie Tesla die Kosten für den Aufbau eines eigenen Vertriebsnetzes auf sich nehmen wollte.[4] Was um Himmels willen sprach dagegen, diese Kosten auf die Händler abzuwälzen? Das war doch genau der Grund, weshalb GM und Ford schon vor zig Jahren auf Franchising gesetzt hatten.

Wolters wurde von O'Connell freundlich empfangen und dann durch das Hauptquartier einschließlich Batterielabor geführt. Zuletzt saßen sie in einem kleinen Konferenzraum zusammen, wo er dann auch Musk vorgestellt wurde. „Ich ziehe meinen Hut vor Ihrer Leistung, ein ganz neues Produkt entwickelt zu haben. Lassen Sie uns Ihnen helfen, weiterhin auf Erfolgskurs zu sein", erinnerte sich Wolters an seine Worte.[5] „Wir wollen mit Ihnen auf jede erdenkliche Weise zusammenarbeiten, damit Sie über ein Franchise-System all das tun können, was Sie in unserem Staat tun wollen."

Wolters war natürlich nicht einfach so in seiner Position gelandet. Er war seit über 30 Jahren President der Texas Automobile Dealers Association. Er war dem Verband beigetreten, nachdem er seine Karriere bei Ford in Texas begonnen und später in anderen Niederlassungen fortgesetzt und mit den Franchise-Händlern des Automobilherstellers zu tun hatte. Seine lange Karriere hatte seine Sichtweise über die Struktur der Kleinstädte in seiner texanischen Heimat geprägt. Überall verdrängten große Ketten und Einkaufszentren das vertraute Bild der Innenstädte und der Autohändler war vielerorts die letzte Bastion eines lokalen Unternehmens. Gut möglich, dass sich der eine oder andere Einwohner für einen Chevy und nicht für einen Ford entschieden hatte, aber immerhin taten sie dies bei einem bekannten Händler, der auch den Service und Reparaturen übernahm. „Ich bin in Lewisville, Texas, aufgewachsen und damals lebten etwa 2.000 Menschen in dieser kleinen Bauerngemeinschaft. In der Hauptstraße gab es rund 40 Läden – alle im Besitz von Ortsansässigen", legte Wolters später seine Beweggründe dar. „Heute existiert nur noch einer dieser Läden und das ist Huffines Chevrolet. Alle anderen wurden von großen Handelsketten ersetzt, weil es kein Gesetz gab, die sie vor der Schließung geschützt hätte."

Der typische Franchise-Autohändler erwirtschaftete Geld mit einer Mischung aus dem Verkauf von Neu- und Gebrauchtwagen und dem Service dieser Fahrzeuge. Insgesamt machte der durchschnittliche Händler in diesem Jahr etwa 1,2 Millionen US-Dollar Gewinn vor Steuern über den Verkauf von 750 neuen und 588 gebrauchten Fahrzeugen, so die National Automobile Dealers Association. Eine goldene Nase verdienten sich die Händler am Service. (Der durchschnittliche Gewinn pro verkauftem Neufahrzeug lag in jenem Jahr bei nur 51 US-Dollar.) Wie in so vielen Bereichen der Autoindustrie war auch hier die Größe des Händlers der Schlüssel zum Erfolg. Franchise-Händler waren früher meist reine Familienbetriebe, die allmählich aber ausstarben. Nun besaßen die Konzerne Dutzende, wenn nicht gar Hunderte von Franchise-Betrieben. AutoNation Inc., ein börsennotierter Autohändler mit Sitz in Florida, war mit 265 Franchise-Betrieben in den USA der größte seiner Art und verkaufte alles, was vier Räder hatte, vom Chevrolet bis zum BMW. Im Jahr 2012 beschäftigte AutoNation 21.000 Mitarbeiter (Tesla hatte im Vergleich dazu 2.964 Vollzeitbeschäftigte). Der größte Anteilseigner war Microsoft-Mitbegründer Bill Gates, der in diesem Jahr 177 Millionen US-Dollar in das Unternehmen steckte. AutoNation Inc. erzielte in diesem Jahr einen Umsatz von 8,9 Milliarden US-Dollar durch den Verkauf von mehr als einer Viertelmillion Neufahrzeugen.

Auch wenn Wolters Bild von der Entwicklung des Handels ein wenig vereinfacht gezeichnet war, gab es seiner Meinung nach daran nichts zu rütteln und zu deuteln. Außerdem konnte er sich der Unterstützung von mehr als 1.300 Franchise-Händlern in 289 Städten und Gemeinden in ganz Texas sicher sein. Sie erwirtschafteten mehr als eine Milliarde US-Dollar

Gewinn pro Jahr und waren damit nicht nur der größte Arbeitgeber und Steuerzahler, sondern hatten sich auch einen Namen bei der Ausgestaltung des Gemeinwesens gemacht.

„Ich habe mein Ansinnen nicht auf die leichte Schulter genommen", fasste Wolters später seinen Besuch bei Tesla zusammen. „Ich wollte eine Vereinbarung über unsere Zusammenarbeit erreichen."

Aber es sollte nicht sein. Musk war nicht im Entferntesten daran interessiert. Er verwies auf Umfragen, denen zufolge die meisten Leute ihre Autos direkt beim Hersteller kaufen wollten. Wolters war da ganz anderer Meinung. „Wir haben im vergangenen Jahr 2,8 Millionen Neu- und Gebrauchtwagen über unsere Franchise-Händler zugelassen und nicht ein einziger Käufer hat gesagt: ‚Oh, ich wünschte, ich hätte direkt beim Hersteller kaufen können.'"

Musk glaubte ihm kein Wort und wollte das Gespräch nicht unnötig in die Länge ziehen. „Ich werde eine verdammte Milliarde US-Dollar ausgeben, um die Franchise-Gesetze für Händler in Amerika zu kippen", erklärte er.[6]

Wolters war mehr als verblüfft. „Die Lebensqualität und Sicherheit eines jeden Texaners, und die Rede ist hier von 28 Millionen Menschen, hängt von dem Franchise-Händlernetz ab."

Musk starrte ihn nur an.

„Es geht also nur um Sie?", fragte Wolters.

Nur wenige Menschen trauten sich, so mit Musk umzuspringen. Wolters stand für ihn für alles, womit er aufräumen wollte. In seinen Augen war Wolters ein schwerfälliger älterer Herr, der das alte System auf Biegen und Brechen am Laufen halten wollte, und zwar zum Wohle von den Menschen, die das Glück gehabt hatten, die Lizenz zum Gelddrucken geerbt zu haben und die ihre Kunden als selbstverständlich ansahen. Musk konnte sich nicht beherrschen. Er sprang wie von der Tarantel gestochen auf, stürmte aus dem Raum, knallte die Tür hinter sich zu und schrie: „Schafft den Kerl hier raus."

Musk erzählte später, Wolters habe ihn beschuldigt, unamerikanisch zu sein. Wolters stritt das jedoch ab. Gegensätzlicher hätte ihre Position, was die Zukunft Amerikas betraf, nicht sein können. Wolters kämpfte für ein System, das es Familien in seinem Bundesstaat ermöglichte, die Art von Geschäften zu machen, die seiner Meinung nach das heutige Amerika ausmachten. Musk dagegen vertrat den Standpunkt eines Unternehmers, der Silicon Valley aufmischen wollte. Für ihn gab es einen besseren Weg, etwas zu tun oder zu erreichen, und er wollte sich nicht durch veraltete Regeln einschränken lassen. In den vergangenen Jahren hatte Tesla versucht, die Gesetze der Bundesstaaten in Bezug auf die Stores zu umgehen. Es war an der Zeit, etwas dagegen zu unternehmen und in die Offensive zu gehen. Sein neues Motto lautete, Gesetze, die ihn an seiner Geschäftstätigkeit hinderten, zu ändern. Texas würde sein erstes Schlachtfeld sein.

Wieder und wieder fuhr Elon Musk in diesem Jahr nach Texas. Er genehmigte finanzielle Mittel für eine Lobbykampagne von Tesla und gab bis zu 345.000 US-Dollar aus, um acht Lobbyisten im Bundesstaat für Tesla zu engagieren. Dabei ging er aggressiver vor als bei einer parallelen Kampagne von SpaceX, das ebenfalls versuchte, eine Gesetzesänderung durchzusetzen, um den Bau eines kommerziellen Raumfahrtzentrums in Südtexas genehmigt zu bekommen.

Diese Zahl ist im Vergleich zu den Geldzahlungen aus Wolters Geschäft geradezu lächerlich. Der texanische Händlerverband heuerte fast dreimal so viele Lobbyisten an, für bis zu 780.000 US-Dollar, und zwar zusätzlich zu den Parteispenden der Autohändler während des Wahlkampfes im Vorjahr von mehr als 2,5 Millionen US-Dollar.[7] Musk wusste, wie groß der Einfluss der Autohändler war. Während eines Besuchs in der Staatskanzlei sprach ihn ein Senator an. „Ich finde es großartig, wie Sie bei SpaceX vorgehen, aber ich hasse, was Sie bei Tesla tun.“[8] Musk bewahrte die Fassung, aber innerlich brodelte es in ihm.

Trotz aller Schwierigkeiten war Tesla in der Lage, im Repräsentantenhaus und im Senat Abgeordnete zu finden, die entsprechende Gesetzesentwürfe unterstützten, sodass Tesla eigene Autohäuser würde betreiben können. Musk selbst wollte einen großen Auftritt hinlegen, um der Gesetzgebung zum Durchbruch zu verhelfen. Er sagte im April vor einem Ausschuss des Repräsentantenhauses aus und schickte eine unternehmensweite E-Mail, in der er seine Mitarbeiter aufforderte, jeden, den sie in Texas kennen, zur Teilnahme an einer Kundgebung vor dem Repräsentantenhaus zu überreden:

> Es ist schon verrückt, dass in Texas, für das die Freiheit des Einzelnen mit das höchste Gut ist, die restriktivsten Gesetze des Landes gelten, welche die Konkurrenz von den grossen Autohändlern fernhalten. Wenn die Menschen in Texas wüssten, wie schlimm das ist, würden sie aufbegehren, denn sie werden von den Autohändlern abgezockt (ich sage ja nicht, dass sie alle böse Menschen sind – es gibt ein paar gute darunter, aber viele sind richtig verabscheuungswürdig). Wir müssen die Wahrheit verbreiten, bevor diese Jungs uns übers Ohr hauen. Für alle Menschen in Texas, die jemals von einem Autohändler über den Tisch gezogen wurden, ist dies ihre Chance auf Rache.

Der Schlachtruf funktionierte. Die stolzen Besitzer eines Model S parkten ihre Limousinen in ordentlichen Reihen vor dem Kapitol und versammelten sich in den Räumlichkeiten des Ausschusses für Wirtschaft und Industrie, um ihre Unterstützung für Musk zu demonstrieren und dabei zu sein, wenn er seinen Fall vortrug. In seinem dunklen Anzug hatte Musk rein gar nichts mit dem lässigen Entertainer gemein, den die Öffentlichkeit von so vielen Präsentationen eines der E-Autos von Tesla kannte. Er legte besonnen dar, dass Tesla eine neue Käuferschicht erreichen und ihr ein andersartiges Kauferlebnis bieten müsse. Und dass er überzeugt sei, der Verkauf von Elektroautos durch Franchise-Händler stelle einen Interessenkonflikt für sie dar, weil sie dann ja schlecht auch Autos mit Verbrennungsmotor verkaufen könnten.

Musk konnte förmlich spüren, dass seinem Anliegen mit großer Skepsis begegnet wurde. Ein Abgeordneter stellte ihm die Frage, ob Tesla letzten Endes nicht doch ein Franchise-Netz benötigen würde, um die Finanzierung und Inzahlungnahme abzuwickeln, sobald es die Early Adopters abgeschöpft hatte und den Massenmarkt erobern wolle. Musk deutete an, dass Tesla vielleicht eines Tages auf Franchise-Partner setzen würde, aber jetzt auf Optionen aus sei. „Was wir bei Tesla wirklich versuchen, ist, unsere Aussicht auf Erfolg zu maximieren."

Später hielt Musk eine Pressekonferenz mit etwas mehr Flair ab. „Nachdem feststand, worauf wir hinauswollten, haben uns alle vor einem Tritt in den Hintern gewarnt. Nun, ich denke, die Wahrscheinlichkeit ist groß, dass wir diesen Tritt auch bekommen. Aber wir werden nichtsdestotrotz versuchen, die Gesetzeslage zu ändern."

Der Ausschuss verabschiedete den Gesetzesentwurf an diesem Tag zwar, aber dann geschah nichts mehr, da sich die Legislaturperiode 2013 dem Ende zuneigte. Tesla sicherte zu, in der nächsten Legislaturperiode, also 2015, damit weiterzumachen, aber die Manager wussten, wie hart der Kampf sein würde. In Texas würde es vorerst nur sogenannte Gallerys und keine „echten" Autohäuser geben. Doch angesichts der Tatsache, dass die dritte Generation von E-Autos – der Name Model 3 war inzwischen in Stein gemeißelt – nicht mehr lange auf sich warten lassen würde, wäre das nicht genug. Der Erfolg des Model S hatte die Automobilbranche überrascht, aber wenn Tesla sich auf den Lorbeeren ausruhte, würde es Musks Ziel nie erreichen. Alle Unternehmensbereiche müssten sich verbessern und vergrößern. Die nächste Evolutionsstufe sollte Tesla ganz nach oben bringen. Was Musk wollte war nichts Geringeres, als sein Technologie-Start-up in ein echtes Automobilunternehmen zu verwandeln. Der Weg dorthin war übersät mit Wracks von Unternehmen, die gedacht hatten, sie könnten es auch schaffen, und sich damit selbst überschätzt hatten.

TEIL III

EIN AUTO FÜR ALLE

18

GIGA

Da Teslas Plan, eine elektrische Luxuslimousine zu bauen, nahezu aufgegangen war, hatte JB Straubel den Aufbau eines Ladenetzwerks von San Francisco nach Tahoe und von Los Angeles nach Las Vegas begleitet. Kein Kalifornier sollte mehr Angst davor haben, dass ihm während einer Spritztour der Strom ausginge. Ein ähnliches Netzwerk von sogenannten Supercharger-Stationen wurde entlang der großen Autobahnen in den USA errichtet. Als Straubel 2013 in Elon Musks Privatjet auf dem Weg nach Los Angeles war, dachte er darüber nach, welche Folgen das nächste ehrgeizige Vorhaben Musks für Tesla haben könnte.

Seit der Elektroautohersteller die ehemalige Fabrik von GM-Toyota in Fremont erworben hatte, war Musk davon überzeugt, auch Tesla könne die Marke von 500.000 Fahrzeugen im Jahr knacken – ein Meilenstein, den der ehemalige Werksbesitzer in seiner Blütezeit viele Jahre zuvor nur um Haaresbreite verfehlt hatte.*

---

* Laut einer kalifornischen Studie über die Geschichte des Werks erreichte die Produktion in Fremont unter GM-Toyota im Jahr 2006 mit rund 429.000 Fahrzeugen ihren Höhepunkt.

Musk hatte gegenüber der Wall Street verlauten lassen, dass er von einer weltweiten Nachfrage nach 50.000 Limousinen des Model S pro Jahr ausginge und auch noch 50.000 SUVs des Model X fertigen wolle. Damit läge die Produktionskapazität für das Model 3 bei rund 400.000 Fahrzeugen – eine schwindelerregend hohe Zahl für den Autobauer, der noch im Vorjahr Mühe hatte, mit der Fertigung des Model S in die Gänge zu kommen, und der sich auch jetzt noch schwer damit tat, seine Produktion zu steigern.

Problematisch waren vor allem die Batterien. Tesla hing einzig und allein von Panasonic ab – und das bei Zigtausenden von Lithium-Ionen-Zellen, die für jedes Fahrzeug zu einem Batteriepack montiert wurden. Straubel hatte überschlagen, dass Tesla – wollte der Autobauer Musks mehr als ehrgeiziges Ziel erreichen – jährlich so viele Batterien benötigen würde, wie zu diesem Zeitpunkt auf der ganzen Welt produziert wurden. Ein noch größeres Problem waren die Kosten. Angesichts der aktuellen Batteriepreise könnte Tesla es sich schlichtweg nicht leisten, ein Elektroauto für 30.000 US-Dollar auf den Markt zu werfen. Obwohl Straubel und Kurt Kelty sich den Kopf zerbrochen hatten, wie sie die Batteriekosten senken könnten, war ihnen keine Lösung eingefallen, weshalb Tesla von der Massenfertigung von E-Autos noch meilenweit entfernt war. 2009 hatten die Zellen 350 US-Dollar pro Kilowattstunde gekostet, jetzt „nur" noch 250 US-Dollar.[1] Hochgerechnet auf ein knapp 600 Kilogramm schweres Batteriepaket mit einer Kapazität von 85 Kilowattstunden für eine Limousine, die hinsichtlich Leistung und Ausstattung mit einem Benziner mithalten könnte, wären das rund 21.000 US-Dollar – also fast zwei Drittel des veranschlagten Grundpreises für das Model 3.[2] Analysten waren der Meinung, diese Kosten müssten auf etwa 100 US-Dollar pro Kilowattstunde sinken, bevor die Herstellungskosten für ein Elektroauto denen eines herkömmlichen Autos entsprächen.

Als Straubel im Flugzeug Musk von seiner groben Kalkulation erzählte, war den beiden schnell klar: Sie bräuchten eine Fabrik, die ausschließlich Batterien für Tesla herstellte.[3] Nur so konnten sie das Unternehmen so vergrößern, wie sie es wollten. Allerdings könnte das gut und gern einige Milliarden US-Dollar kosten und obwohl Tesla das Model S erfolgreich vermarktete, verfügte es nach einer weiteren Finanzspritze Anfang des

Jahres nur über knapp 800 Millionen US-Dollar. Damit müssten aber sowohl das Model X als auch das Model 3 finanziert werden. Intern wurde bereits gemunkelt, dass der SUV teurer werden würde, als Musk den Investoren zugesichert hatte. Selbst mit einer eigenen Fabrik wäre Tesla weiterhin auf Panasonic angewiesen, da sie Jahr für Jahr Milliarden von Batteriezellen bräuchten. Mit anderen Worten: Vor ihnen lag eine echte Mammutaufgabe.

Zudem stand fest, dass Musks übliche Vorgehensweise bei Weitem nicht genügen würde. Das Model S kam sowohl bei Kritikern als auch bei Trendsettern sehr gut an, aber zwischen dem von Musk angestrebten Verkaufspreis von 50.000 US-Dollar und dem tatsächlichen Preis klaffte ein riesiges Loch. Derzeit war das noch kein allzu großes Problem, wohl aber in Zukunft. Musk brauchte, im übertragenen wie im wörtlichen Sinn, eine Maschine, um die Fertigungskosten seines neuen Modells drastisch zu senken, wodurch natürlich auch der Kaufpreis sinken und das neue Modell für alle erschwinglich sein würde. Es ging also um Skalierung, die Fertigungskosten sollten sich auf so viele Motorhauben wie irgend möglich verteilen. Der größte Batzen der Batteriekosten ging für die Herstellung drauf. Durch Größenvorteile konnte hier viel Geld eingespart werden. Doch hohe Stückzahlen würden wiederum einen schnellen Anstieg der Verkaufszahlen erfordern. Im Prinzip mussten diese beiden Parameter – Batterien und Auslieferungen – aufeinander abgestimmt werden. Dann wäre es wieder wie in den Jahren 2008 und 2013, als Tesla mit Riesenschritten den Markt betrat.

Die Herausforderung bestand jetzt nicht darin, einen genialen Plan zu entwerfen. Wohin Teslas Reise gehen sollte, stand fest. Die Schwierigkeiten, die wesentlich komplexer sein würden, als irgendjemand im Jahr 2013 ahnen konnte, würden in der Umsetzung liegen.

Straubels Rolle bei der Entwicklung der Akkutechnologie, ohne die Teslas E-Autos nie zum Laufen gebracht worden wären, war so kritisch für den Autobauer, dass Musk ihn als Mitbegründer betrachtete (was auch aus den Veröffentlichungen und Unterlagen des Unternehmens hervorging). Keine Frage, diese Entwicklung war eine technische Meisterleistung gewesen. Aber wer weiß, was geschehen wäre, wenn Straubel Panasonic nicht zu einer engen Zusammenarbeit mit Tesla hätte bewegen können. Ihre Geschäftsbeziehung war von Anfang an schwierig gewesen und dass sie Jahre andauerte, war einer gehörigen Portion Glück und nicht zuletzt Straubels Hartnäckigkeit zu verdanken, ganz zu schweigen von der Zufallsbekanntschaft mit Kurt Kelty im Jahr 2006.

Beim Roadster hatte es keine andere Möglichkeit gegeben, als Batterien von der Stange zu verwenden. Doch Straubel wollte für das Model S Chemie und Struktur der Zellen optimieren, damit sie robuster und damit besser für den Massenmarkt geeignet wären. Tesla brauchte so viele Batterien, dass Panasonic weitere Ressourcen dafür bereitstellen müsste. Auch die Zeitvorgaben waren viel straffer, als es der japanische Hersteller gewohnt war. Als die beiden im Anschluss an Panasonics Ankündigung im Jahr 2010, in Tesla zu investieren, die Details ihres Vertrags ausarbeiteten, war Musk schon längst nicht mehr zufrieden mit seinem Geschäftspartner. Natürlich ging es wie immer ums Geld. Nach einem besonders verheerenden Treffen in Palo Alto im Jahr 2011 stand die Partnerschaft augenscheinlich auf der Kippe. Während Musk sich auf Bitten von Finanzvorstand Deepak Ahuja Jahre zuvor extra eine Krawatte umgebunden hatte, als ihm der CEO der Toyota Motor Corp. vorgestellt wurde, hielt er es jetzt nicht mehr für nötig, sich an Dinge wie formelle Kleidung zu halten, was bei japanischen Unternehmen wie Panasonic dem guten Ton entspricht.[4] Als Panasonic seinen Preis für Batterien für das Model S nannte, wurde Musk stinksauer. „Das ist der helle Wahnsinn", schnaubte er und stürmte aus der Besprechung. Noch bevor er ganz verschwunden war, versuchten seine Assistenten, und auch Straubel, ihn zu einer Mitarbeiterversammlung zu lotsen, an der mehrere Hundert Mitarbeiter von Tesla teilnahmen und auf ein Update von ihrem CEO warteten. Viele konnten mit anhören, wie er vor sich hinmurmelte: „Das ist eine einzige Katastrophe. Das machen wir nicht. Auf keinen Fall!" Dann wandte er sich an Straubel und sagte ihm, die Mitarbeiterversammlung fände ohne ihn statt, und machte auf dem Absatz kehrt.

Für Straubel und sein Team hatte dieser Auftritt die Konsequenz, dass sie eine weitere Riesenaufgabe erwartete, denn Tesla erwog jetzt einen

Einstieg in das Batteriegeschäft. Da Panasonic zu teuer und zu langsam in der Herstellung war, würde Tesla eben versuchen, selbst Batterien zu fertigen. Musk wandte sich sogar selbst an Straubels Team und gab die Anweisung, eine Batteriefabrik zu bauen. Ach du lieber Schreck, war die mehr oder weniger einhellige Reaktion. Einige der Mitarbeiter, die noch nicht lange bei Tesla arbeiteten, waren sich nicht einmal sicher, ob Musk es ernst meinte.

„Und ob ich das ernst meine!", brüllte er ihnen von seinem Schreibtisch aus zu.

Doch mal abgesehen von der Kostenfrage hatte Panasonic Jahre damit verbracht, seine Herstellungsverfahren weiterzuentwickeln. Batterien herzustellen ist eine heikle Angelegenheit, für die Reinräume und Schutzanzüge nötig waren, damit es nicht zu Verunreinigungen kam. Tesla dagegen kämpfte immer noch damit, wie man die Karosserien des Model S in seiner alten Fabrik am effizientesten transportieren konnte. Kein Wunder, dass einige Mitarbeiter die Eigenproduktion von Batterien als hoffnungsloses Unterfangen betrachteten. Nach arbeitsintensiven Monaten ließ Musk die Idee schließlich fallen, was aber auch an der Höhe der dafür veranschlagten Kosten gelegen haben dürfte. Tesla war (noch) nicht in der Lage, die Panasonics und Sanyos dieser Welt herauszufordern. Doch ganz in Vergessenheit geriet die Eigenproduktion von Batterien gewiss nicht.

Außer Sichtweite von Musk arbeitete Kelty an einem Vertrag mit Panasonic, mit dem beide Seiten leben konnten. Musks Wut verpuffte schließlich. (Straubels Team war nicht klar, woran das lag. Hatte er eingesehen, dass der Vertrag gut durchdacht war oder schlichtweg das Interesse verloren oder war seine Wut nur gespielt und Teil seiner Verhandlungstaktik?) Im Oktober 2011 gab Panasonic einen Vertrag über die Produktion von Zellen für Tesla bekannt, die für den Bau von mehr als 80.000 Fahrzeugen in den nächsten vier Jahren ausreichen würden. Panasonic sicherte zu, 2012 Batterien für gut 6.000 Limousinen vom Typ Model S zu liefern. Zudem würde Panasonic von einer auf zwei Montagelinien umstellen, um die wachsende Nachfrage befriedigen zu können.

Dieser Zeitplan stellte sich als ehrgeiziger heraus, als zunächst nötig war. Im Jahr 2013 stand dann jedoch fest, dass das Model S nicht nur für Tesla, sondern auch für Panasonic ein durchschlagender Erfolg war. Nach einem schwierigen Jahr 2012 hatte der Batteriehersteller das dringend gebraucht. Etwa zehn Jahre zuvor hatte er auf Mobiltelefone und Flachbildfernseher gesetzt. Doch mit den Preisen der chinesischen Konkurrenz konnte Panasonic nicht mithalten und fuhr deshalb Milliardenverluste ein, weshalb eine Umstrukturierung des Unternehmens nötig war, die Jahre andauerte. 2012 wurde Kazuhiro Tsuga neuer President des Konzerns. Als Erstes zog er einen Schlussstrich unter das Geschäft mit Fernsehern und strich Zehntausende von Arbeitsplätzen. Doch ihm war klar, dass das nicht ausreichen würde. Er musste das Unternehmen auf neue Wachstumsfelder ausrichten.

Die gestiegene Nachfrage nach Batterien für das Model S im Jahr 2013 kam für Tsuga genau zum richtigen Zeitpunkt, da er vorhatte, das Geschäft mit Batterien für E-Autos zum Kerngeschäft zu machen. Eine hochkarätige Partnerschaft mit Tesla wäre die beste Empfehlung, um auch andere Autohersteller als Kunden zu gewinnen, die in den Markt für Elektroautos gedrängt wurden.

Tsuga wollte diese Geschäftsbeziehung unbedingt ausbauen. Panasonic pochte darauf, seinen Namen auf die Heckscheibe aller E-Autos von Tesla zu ätzen, und bot 50 Millionen US-Dollar in Cash dafür an. Doch Musk wollte davon nichts wissen. Tsuga tauschte die für die Batterien zuständigen Topmanager aus und wies sie an, zu einem Treffen mit Tesla nach Palo Alto zu reisen.

Musk dachte, die Mitarbeiter von Panasonic wären gekommen, um ihm eine Preissenkung anzubieten, was irgendwie auch logisch gewesen wäre.

Die Nachfrage nach dem Model S war so groß, dass die Montagelinie nun ausgebremst wurde, weil nicht genug Batterien geliefert wurden. Musk wollte immer mehr davon. Mehr Umsatz bedeutete in der Regel einen Preisnachlass. Doch die japanischen Besucher wollten den Preis *erhöhen*. Möglicherweise war das nur eine Verhandlungstaktik, um den neuen CEO in der Heimat zu beeindrucken, aber sie ging – gelinde gesagt

– nach hinten los. Musk beherrschte sich nur insofern, als dass er die Besucher nicht beschimpfte, was er bei anderen Lieferanten schon getan hatte. Stattdessen sann er auf Rache.

Am nächsten Tag, einem Samstag, beorderte er sein Team in das Hauptquartier und konfrontierte es mit einer bekannten Anweisung: Tesla sollte seine Batterien selbst herstellen. Diesmal würde es jedoch anders laufen als beim letzten Mal. Wenn das Model 3 ein durchschlagender Erfolg werden sollte, konnte Tesla nicht mehr ganz und gar von einem Lieferanten abhängig sein, wie das mit Panasonic beim Model S der Fall war.

Doch nur weil Tesla die Zellen von Panasonic nicht mehr kaufen wollte, hieß das nicht, dass Tesla nicht auf das *Geld* von Panasonic aus war. Genauso wie Tesla 2006 von der Einstellung von Kelty profitiert hatte, war es nun im Begriff, Kapital aus einer neuen Führungskraft in den Reihen von Panasonic zu schlagen. Yoshi Yamada, einer der Topmanager von Panasonic, war wesentlich westlicher orientiert als einige seiner Kollegen und wollte einen Schlussstrich unter die bisherige Art, Geschäfte zu machen, ziehen. Er hatte das US-Geschäft von Panasonic mit einem moderneren Managementanstrich versehen und einige Zeit damit verbracht, Geschäftsbeziehungen im Silicon Valley zu knüpfen. Kurz vor seinem Ruhestand begann er 2011 im Alter von 60 Jahren mit dem Marathonlauf; seinen Urlaub verbrachte er damit, durch die USA zu reisen und sich Schlachtfelder aus der Zeit des Unabhängigkeitskrieges anzusehen.

Doch dann zog er zurück nach Japan, wo er die Leitung über den Geschäftsbereich übernahm, der Batterien herstellte. Und damit hatte er auch die Beziehung zu Tesla geerbt. 2009 hatte er als damaliger Leiter der Niederlassung in den Vereinigten Staaten Tesla mehrere Besuche abgestattet, als Panasonic erstmals überlegte, eine Partnerschaft mit dem Start-up einzugehen. Zuvor hatte er des Öfteren mit Kelty junge Tech-Firmen besucht, als dieser noch dem Büro des japanischen Unternehmens im Silicon Valley vorstand. Als Musk dann 2013 durch seine Forderung nach einem Preisnachlass die Gespräche zum Scheitern zu bringen drohte, kümmerte sich Yamada höchstpersönlich darum, die Gespräche wieder Fahrt aufnehmen zu lassen. Bis zu diesem Augenblick war die Beziehung zu Tesla als ganz normaler Teil des Batteriegeschäfts gehandhabt worden, kein wichtiger Manager aus Japan war dafür abkommandiert worden. Yamada war der Meinung, dass sich das ändern müsse.

Im Herbst kündigten sie an, den Vertrag verlängern zu wollen. Um Teslas Bedarf für das Model 3 zu decken und Panasonics mangelnde Kapazitäten zur Bewältigung der neuen Nachfrage aufzustocken, schlug Yamada ein Joint Venture zwischen Panasonic und Tesla vor.[5] Musk hielt nichts von dieser Art von Unternehmen – in seinen Augen war das ein einziges Machtgerangel zwischen zwei Gesellschaften, die jeweils 50 Prozent hielten. Jeder, der schon einmal für Musk tätig gewesen war, wusste, dass das so gar nicht sein Ding war. Zum Glück hatten Kelty und Straubel zu diesem Zeitpunkt schon einen Plan B in der Schublade, der Musks Bedenken zerstreuen sollte.

Dieser Herbst sollte vieles für Straubel ändern. Zum einen hatte er Boryana kennengelernt, eine junge Frau aus der Personalabteilung von Tesla, die sich selbst als Nerd bezeichnete und seine Vorliebe für Daten teilte. Schon im folgenden Sommer heirateten die beiden. Ende 2013 hielt Straubel eine Präsentation und rührte damit die Werbetrommel für den Bau einer großen Batteriefabrik. Sein Plan war mehr als gewagt, denn die Fabrik sollte in mehrere Bauabschnitte gegliedert werden, wodurch die Kapazität nach Bedarf erhöht werden konnte. Die Baukosten beliefen sich auf fünf Milliarden US-Dollar für knapp 100.000 Quadratmeter unter einem Dach (womit das Werk größer wäre als das Pentagon). Das Baugrundstück müsste 405 Hektar groß sein und später einmal könnten dort bis zu 6.500 Menschen arbeiten.

Sein Vorschlag ähnelte mehr Henry Fords Vision, wie er sich sein Werk vor hundert Jahren vorgestellt hatte, als der Arbeitsweise eines modernen Autobauers. Einige Mitglieder seines Teams waren dagegen, weil sie nicht auch noch die Verantwortung für Batterien übernehmen wollten, wie Musk das gefordert hatte. Kelty scheute vor einem derart komplexen Vorhaben zurück und wollte seinen Kollegen bei Panasonic keine völlig neuartige Lösung überstülpen: Straubels großer Plan sah vor, dass Panasonic quasi innerhalb von Teslas Werk eine eigene Fertigung aufbauen sollte, und Tesla würde die Batterien dann zu Packs zusammenbauen. Im Prinzip handelte es sich um eine vertikal integrierte Fabrik, bei der das Rohmaterial auf der einen Seite hineingeht und auf der anderen Seite fertige Batteriepacks herauskommen, die dann für das Model 3 verwendet und in Fremont montiert werden könnten.

Auf diese Weise könnte Tesla allein bei den Transportkosten bis zu 30 Prozent einsparen. Doch selbst das reichte nicht aus, um die Herstellungskosten zu senken und endlich ein E-Auto für die Massen zu bauen. Benziner waren immer noch etwa 10.000 US-Dollar billiger als vergleichbare Elektroautos.

Straubels Plan von der Gigafactory, wie Musk sie nannte, nahm Gestalt an, als der Chief Technology Officer mehr und mehr einen neuen Schwerpunkt brauchte. Musk wollte sein Führungsteam vergrößern und war überzeugt, dass die Fertigung nur einem Manager unterstehen sollte. Die sich ständig in den Haaren liegenden Einheiten Fahrzeug und Batterien sollten also zu einem einzigen Geschäftsbereich zusammengefasst werden. Straubel schlug vor, seinen eigenen Fertigungsleiter, Greg Reichow, damit zu betrauen, da er die Einführung der Batteriemontage in Fremont geleitet hatte und es dabei zu relativ wenigen Dramen gekommen war. Musk war einverstanden, doch zu Straubels Überraschung unterstand Reichow nun gemeinsam mit ihm selbst Musk. Als Erstes sollte Reichow eine neue Fabrikationsstraße sowohl für das Model S als auch für das Model X planen. Straubels Einfluss wurde immer geringer.

Musk wollte unbedingt, dass Doug Field, ein hochrangiger Ingenieur bei Apple, bei Tesla anfing. Als Musk Field einmal durch das Werk führte, erkannten die Manager auf einen Blick, dass Field für mehr als nur fortschrittliche Technik stand. Field vertrat einen ganz anderen Führungsstil und könnte eine neue Ära einläuten. Im Gegensatz zu den Ingenieuren, die von Peter Rawlinson rekrutiert wurden, hatte er seine Karriere nicht bei einem traditionellen Automobilhersteller begonnen und suchte eben keinen Neuanfang bei einem kleinen Start-up. Er war aber auch kein frischgebackener Stanford-Absolvent, der seine Karriere im Silicon Valley starten wollte, wie es auf Straubel und einen Großteil seines Teams zutraf. Field war ein alter Hase, der bei Apple für Tausende von Mitarbeitern und die Entwicklung des legendären Mac-Computers verantwortlich war. Die Einstellung von Field wäre ein unübersehbares Signal für das Silicon Valley, dass Tesla bei den großen Jungs mitspielen und in ihren Wäldern wildern würde.

Field war genau der Richtige, um Tesla in eine neue Ära zu führen, bei der es mehr und mehr auf Professionalität ankam. Nach seinem Abschluss an der Purdue University im Jahr 1987 hatte er als Ingenieur bei Ford Motor begonnen, das Unternehmen dann aber auf eigenen Wunsch verlassen, weil er mit dessen Kultur nicht zurechtkam. Es war nämlich sein Job gewesen, Fahrzeuge der Konkurrenten Lexus und BMW auf Herz und Nieren zu untersuchen, und dabei war es ihm wie Schuppen von den Augen gefallen, dass es noch ewig dauern würde, bis Ford mithalten könnte. Danach fing er bei Segway an, wo er für Elektroroller zuständig war, die ihrer Zeit voraus waren, bevor er schließlich von Steve Jobs' Apple abgeworben wurde.

Da Straubel mitbekam, wie Musk Field umgarnte, war ihm klar, dass Field mit dem Versprechen geködert würde, die Entwicklung des Model 3 zu leiten. Straubel würde folglich ein neues Baby brauchen. Mit der Gigafactory könnte er sein eigenes Reich schaffen. Genauso wie er das kritische Problem gelöst und ein mit Lithium-Ionen-Akkus betriebenes Elektroauto zum Laufen gebracht hatte, würde er das wohl größte Problem Teslas angehen, das bisher verhindert hatte, dass Elektroautos zum Massenprodukt werden: die Kosten.

Also heckten Musk und Straubel gemeinsam einen Plan aus, bei dem viel auf dem Spiel stand. Sie brauchten ein Druckmittel, um sowohl ihre Zulieferer als auch die lokalen Regierungen zu bewegen, Tesla bei der Finanzierung des neuen Werks unter die Arme zu greifen. Ihnen schwebte vor, dass sich Zulieferer wie Panasonic an der Entwicklung beteiligen und schätzungsweise die Hälfte der Kosten übernehmen würden. Ihr Plan hing auch stark davon ab, ob es gelingen würde, in den Genuss einer staatlichen Förderung zu kommen. Schließlich würde jeder Bundesstaat, in dem die Fabrik gebaut würde, von Tausenden gut bezahlten und hochqualifizierten Arbeitsplätzen profitieren. Diarmuid O'Connell, der die lebensrettenden

Darlehen des US-amerikanischen Energieministeriums eingefädelt hatte und Tesla durch den Kampf mit den Franchise-Händlern gelotst hatte, begann, sich an die zuständigen Minister zu wenden, wobei er vorhatte, sie in einem Bieterkrieg gegeneinander auszuspielen. Texas war als Standort attraktiv, weil Tesla damit einflussreich genug wäre, im Parlament die Stimmenmehrheit zu erhalten, um die Gesetze zum Schutz von Franchise-Partnern aufzuheben. Musk bevorzugte Kalifornien, weil es näher an seinem Zuhause lag.

Außerhalb von Reno, in Sparks, Nevada, gab es einen Standort, der immer mehr nach der perfekten Lösung aussah. Anscheinend war Tesla dort mehr als willkommen und der Standort war nur vier Autostunden von der Fabrik in Fremont entfernt. Der Flug in Musks Privatjet würde nur etwas länger dauern, als von L.A. ins Silicon Valley zu fliegen.

Regierungsvertreter wurden in das Hauptquartier von Tesla eingeladen, um sich ein Bild über das Vorhaben zu machen. Schon kurz nach ihrer Ankunft fanden sie sich in einem Konferenzraum wieder, in dem schon die Konkurrenz saß. Somit war allen Beteiligten klar, dass der Preis für eine Ansiedelung von Tesla in ihrem Bundesstaat gesalzen sein würde.

Tesla wandte sich Ende Februar 2014 mit seinen Plänen an die Öffentlichkeit, wohl auch um den Druck auf die Regierungsvertreter zu erhöhen, und versuchte, 1,6 Milliarden US-Dollar an neuen Schulden aufzunehmen. Das Kapital, so teilte das Unternehmen den Investoren mit, würde für eine gigantische Batteriefabrik, das E-Auto der dritten Generation und andere dringliche Geschäfte verwendet werden. Natürlich wurde sofort spekuliert, ob Panasonic mit an Bord wäre.

Als Yamada wieder nach Japan zurückkehrte, stieß er mit diesem Projekt auf erheblichen Widerstand.[6] Vielen in der Autoindustrie Beschäftigten war nicht klar, wie groß die Nachfrage nach Elektroautos wirklich sein würde. Die Verbraucher rissen sich nicht wirklich um den Volt von Chevrolet oder auch den Leaf von Nissan, einem weiteren Neueinsteiger auf dem Markt. Den Verantwortlichen von Panasonic gefiel auch die Idee nicht, eine kostspielige gemeinsame Fabrik zu errichten, die aber dann doch Tesla gehören würde. Solch ein Vorhaben war absolutes Neuland.

Erst wenn Straubel Yamada davon überzeugt hätte, dass Tesla es ernst meinte, wäre Panasonic mit an Bord. Das Gute war, er hatte einen Plan. Er erinnerte sich noch gut, wie Tesla es früher geschafft hatte, Investoren davon zu überzeugen, einem kleinen Start-up eine Chance zu geben. Um Branchenriesen wie Daimler und Toyota für das Model S zu begeistern, hatten er und sein Team schon Jahre vor der Fertigstellung des Fahrzeugs an Prototypen gearbeitet, die dem echten Fahrzeug zumindest so nahekamen, um sie neugierig auf das zu machen, was einmal kommen würde. Auch jetzt brauchte Tesla etwas zum Vorzeigen: ein Modell der geplanten Fabrik.

Die Entwurfspläne und ein Modell konnten jedoch nicht die Art von Feuer entfachen, das ihre Prototypen damals ausgelöst hatten. Straubels Team kam zu der Überzeugung, dass sie Panasonic und anderen Zulieferern zeigen mussten, wie ernst es ihnen mit dem Projekt war. Im Geheimen schmiedeten sie einen Plan mit den Landbesitzern in Sparks und begannen, das Gelände für den Bau vorzubereiten. Sie ließen Bulldozer und Erdbewegungsmaschinen aus dem ganzen Bundesstaat kommen, stellten Dutzende von Flächenstrahlern auf und begannen, Tonnen von Erde zu bewegen. Die Kosten waren enorm, sie stiegen auf zwei Millionen US-Dollar pro Tag an. Was Straubel wollte, war eine Baustelle, die Teslas potenziellen Partnern den Mund wässrig machte. Er musste nur zusehen, dass alles danach aussah, dass Tesla für die Zukunft plante und Großes vorhatte – mit oder ohne diese Partner.[7]

Sein Spiel war riskant. Wenn sich das Bauprojekt herumspräche, könnte es so aussehen, als hätte Tesla sich bereits für einen Standort entschieden und pfeife auf staatliche Förderung. Musk wollte aber, dass zehn Prozent der voraussichtlichen Baukosten, also rund 500 Millionen US-Dollar, aus der Staatskasse flössen. Warum sollte der Gesetzgeber von Nevada oder eines anderen Bundesstaates Zuschüsse für eine Fabrik bewilligen, die bereits gebaut wurde? Als die Lokalzeitung von den massiven Arbeiten Wind bekam und prompt in einem Artikel die Frage aufwarf, ob es sich um eine Fabrik von Tesla handeln könnte, behauptete Tesla, es handele sich um einen von zwei potenziellen Standorten, die für den Fall der Fälle vorbereitet würden. Wer weiß, wer ihnen diese Ausrede angesichts der irrwitzigen Kosten und der begrenzten finanziellen Mittel des Unternehmens abkaufte.

Doch all die Details spielten keine Rolle. Musk und Straubel schufen eine Illusion, eine Art Potemkinsche Fabrik. Auf dem Gelände von Sparks ließ Straubel eine Aussichtsplattform errichten, von der aus man seinen Blick über das gesamte Baugelände schweifen lassen konnte. Dann lud er Yamada ein, sich das Ganze einmal anzusehen. Als die beiden auf der Plattform standen, ließ Straubel riesige Erdbewegungsmaschinen und Muldenkipper vorbeifahren, um der Situation einen dramatischen Effekt zu verleihen. Er wollte Yamada wissen lassen, dass die Zukunft für Tesla bereits begonnen hatte – mit oder ohne Panasonic.

Straubel war aufgeregt und ging davon aus, dass auch Yamada das sein würde. Stattdessen sprach der Manager kein Wort und war ziemlich blass um die Nasenspitze. Vielleicht bereitete ihm allein das geschäftige Treiben auf der Baustelle Magenschmerzen. Straubels Trick hatte besser funktioniert als gedacht. Tesla hatte Panasonic nicht nur in die Falle gelockt, sondern in die Enge getrieben.

Yamada, der inzwischen von Teslas Zukunftsvision überzeugt war, flog nach Japan zurück. Und nur wenige Wochen später flogen Straubel und Musk nach Japan, um sich mit Tsuga zu einem letzten Abendessen zu treffen. Nach einem kurzen Small Talk kam Musk gleich zur Sache: Und? Machen wir jetzt gemeinsame Sache?

Tsuga nickte nur.

Unmittelbar nach dem Abendessen flogen Musk und Straubel nach Kalifornien zurück. In seinem kurzen Leben hatte Tesla schon viele lebensrettende Partnerschaften geschlossen – der Zuliefererverträg mit Daimler hatte verhindert, dass die Lichter in Teslas Werk für immer ausgingen, die stillgelegte Fabrik von Toyota ermöglichte die Produktion des Model S. Der Deal mit Panasonic war etwas anderes, vielleicht sogar etwas noch Bedeutenderes. Tesla hatte nun die Chance, sich zu verzehnfachen. Wenn Straubel und Musk richtiglagen, hatten sie soeben eine Tür geöffnet, die ihnen lange Zeit verschlossen war: Jetzt konnte die Produktion eines erschwinglichen Elektroautos für die breite Masse beginnen.

19

TESLA WIRD GLOBAL

Wer hätte gedacht, dass Tesla an einem Ort weit weg von Kalifornien fast schon Kultstatus genoss? Doch genau das war eingetreten, und zwar in Norwegen. Als Satheesh Varadharajan, ein IT-Unternehmer in Oslo, Mitte 2012 nach einem Ersatz für seinen gebrauchten SUV X5 von BMW suchte, stolperte er über ein Online-Video vom Jahresanfang, in dem Musk das Model X vorstellte. Er fand das Auto toll und informierte sich bis ins letzte Detail darüber, bevor er einen Ausflug zu einem neu eröffneten Tesla Store machte, wo er das Model S zum ersten Mal in echt sah. Die Produktion des SUV sollte erst in ein paar Jahren beginnen, doch das Model S wäre innerhalb weniger Monate verfügbar, hieß es.

„Das Teil steckte voller Dinge, die ich noch nie gesehen hatte", erinnerte er sich.[1] Der riesige Bildschirm, die Beschleunigung. Er war hellauf begeistert. Auch der Kaufpreis kam ihm entgegen. Nach Abzug der staatlichen Zuschüsse lag er in Norwegen bei etwa 60.000 US-Dollar, gerade einmal die Hälfte dessen, was er für seinen gebrauchten BMW bezahlt hatte. In kürzester Zeit explodierten die Verkaufszahlen in Norwegen förmlich, sodass Norwegen für Tesla zum zweitgrößten Markt nach den USA wurde.

Der chinesische Markt war sogar noch vielversprechender. Angesichts zahlreicher Städte, die unter Smog litten, und endlos verstopfter Straßen drängte nun auch die Regierung Chinas auf die Einführung von Elektroautos. In Städten wie Schanghai, wo die meisten Autos nur an bestimmten Tagen fahren durften, waren Elektroautos von solchen Beschränkungen ausgenommen. Landesweite Steuererleichterungen für Käufer würden den effektiven Kaufpreis senken. Analysten gingen davon aus, dass eine größere Nachfrage nach E-Autos in China sich wellenförmig über den ganzen Globus ausbreiten würde. Global agierende Luxusautobauer wie BMW und Mercedes verdienten sich bereits eine goldene Nase, weil die Nachfrage in China ungebremst schien. Ein Luxus-Elektroauto schien eine absolut sichere Sache zu sein und könnte Tesla zu einem Wachstumsschub verhelfen, noch bevor das Model 3 auf den Markt käme, sowie einen noch größeren Markt für ein Mainstream-Auto schaffen. Vor Tesla lagen also zwei große Aufgaben: Milliarden von Batterien mussten produziert werden, und man musste einen Markt betreten, in dem es galt, Millionen von Käufern zu begeistern, um letzten Endes die Verkaufszahlen zu steigern.

Nach dem Ausscheiden von George Blankenship übertrug Elon Musk die Leitung von Vertrieb und Service an Jerome Guillen, einen promovierten Maschinenbauingenieur von der University of Michigan. Er hatte seine Fähigkeiten bereits unter Beweis gestellt, als er nach dem Weggang von Peter Rawlinson dafür zuständig war, den Produktionsbeginn des Model S in die Wege zu leiten.

Der Einstieg des Franzosen bei Tesla im Herbst 2010 kam überraschend, denn die Karriere des damals 38-Jährigen war bei der Daimler AG steil nach oben gegangen. Deutschen Medien zufolge galt er als starker Kandidat für den Aufstieg in den mächtigen Vorstand von Daimler.

Der damalige Vorstandsvorsitzende von Daimler, Dieter Zetsche, hatte dem Leiter der Nutzfahrzeugsparte, der die Entwicklung einer neuen Generation von Sattelschleppern vorantrieb, die Leitung der neu gegründeten Abteilung für Geschäftsinnovationen übertragen. In dieser hochrangigen Position baute Guillen ein Team auf, das neue Geschäftsmöglichkeiten evaluieren und sich dabei den technologischen Fortschritt zunutze machen sollte. Einer von Guillens Erfolgen war der Start eines Carsharing-Unternehmens namens Car2Go, das es den Nutzern ermöglichte, einen Smart auf Stundenbasis zu mieten.

Engen Mitarbeitern zufolge hatte Guillen zwei Gesichter.[2] Im Umgang mit Musk gab sich Guillen freundlich und respektvoll. Von seinen Untergebenen verlangte er dagegen sehr viel, verlor schnell die Beherrschung und drohte ihnen sogar. In der Personalabteilung türmten sich Beschwerden über seinen Führungsstil, weshalb versucht wurde, ihm beizubringen, wie man weniger geringschätzend mit Menschen umgeht. Musk hatte zwar bekannt gegeben, keine „Arschlöcher" einzustellen, aber viele hatten den Eindruck, dass bei einigen schwierigen Persönlichkeiten zwei Augen zugedrückt wurden, solange ihre Leistungen stimmten (und, noch wichtiger, sie zumindest in Musks Augen keine Arschlöcher waren). Wie auch immer, letztendlich war natürlich alles eine Frage der Perspektive. Wer für den einen ein Arschloch ist, ist für den anderen eine ehrliche Haut. Für Musk war Guillen vor allen Dingen ein Problemlöser, ein Macher, der hinzugezogen wurde, wenn die Dinge aus dem Ruder zu laufen drohten. Guillen selbst riet seinen Untergebenen, ihn grundsätzlich samstags um Rat zu fragen, da er dann Zeit zum Nachdenken hatte, und wies sie an, ihn niemals während des Mittagessens zu stören – die Mittagspause war ihm heilig, denn das war der einzige Moment, den er für sich hatte. Sein Führungsstil war das genaue Gegenteil von dem seines Vorgängers George Blankenship, dem es Spaß gemacht hatte, ganze Abteilungen für gute Verkaufszahlen mit Pizza zu belohnen, und der immer ein freundliches Wort für seine Mitarbeiter fand.

Guillens Heimat Europa war Teslas nächster Anlaufpunkt, aber der mit Abstand wichtigste und lukrativste Markt war China. Musk sagte Anfang 2014 gegenüber *Bloomberg News*, dass Teslas Verkaufszahlen in China innerhalb eines Jahres denen in den USA entsprechen könnten.[3] („Doch nageln Sie mich nicht darauf fest – das ist eher eine vage Vermutung von mir.") Guillen stellte Veronica Wu ein, eine Führungskraft von Apple, die das Wachstum von Tesla mit Argusaugen verfolgen sollte. Apple hatte es auch ihr zu verdanken, dass China zu einem wesentlichen Wachstumsgaranten des Technologieunternehmens geworden war, obwohl sie bei fast null angefangen hatten. Inzwischen lagen die Umsatzzahlen in China fast gleichauf mit denen in Amerika. Ihre Aufgabe war zwar weniger glamourös, aber nicht minder bedeutend als der Direktverkauf an Einzelhandelskunden, denn sie war zuständig für den Verkauf der Hardware an Bildungseinrichtungen und Unternehmen.

Während ihres Vorstellungsgesprächs bat Guillen sie, ihre Gedanken zum chinesischen Markt aufzuschreiben, die er dann Musk vorlegen wollte, bevor sie sich mit ihm traf. Sie wies auf Teslas mangelnde Markenbekanntheit in China hin und begründete, weshalb es notwendig sei, sich lokal zu positionieren. Sie warnte vor Problemen, die darauf zurückzuführen waren, dass ausländische Unternehmen davon ausgingen, alles, was in den USA funktionierte, müsse automatisch auch in China funktionieren. Schließlich wies sie darauf hin, dass die Beziehung zur chinesischen Regierung sorgfältig durchdacht werden müsse. In China ging es um viel mehr als um Fragen der Regulierung wie in den USA. Chinas Regierung wäre das Zünglein an der Waage, das über Leben oder Tod des Autobauers entscheide. Sie führte aus, dass das Überleben in China sehr viel von einer darwinistischen Auslese hätte und es oft auf die Fähigkeit eines Unternehmens ankomme, sich anzupassen, und nicht nur auf seine Stärke oder seinen Grips.

Ihre vordringlichste Aufgabe gleich nach ihrer Einstellung war es, die entsprechenden staatlichen Genehmigungen zur Einfuhr der E-Autos einzuholen und Tesla für staatliche Zuschüsse beim Kauf von E-Autos zu qualifizieren. In Schanghai wurde sie von der Stadtverwaltung freundlich empfangen. Man bot ihr sogar an, sie bei der Beantragung grüner Kennzeichen zu unterstützen, noch bevor die nationale Regierung über Teslas Qualifikation für staatliche Fördermaßnahmen entschied. Die Stadtverwaltung wollte wissen, ob Tesla plane, eine Fabrik in China zu errichten. Wenn ja, würde ganz Schanghai sie herzlich willkommen heißen. Die Aussicht auf eine neue Autofabrik und die dadurch entstehenden Arbeitsplätze waren sozusagen das Zuckerbrot für lokale chinesische Führungskräfte, deren Karriere an Schwung gewann, wenn sie sich für die Förderung der Wirtschaft ihrer Gemeinde eingesetzt hatten. Schanghai war westlichen Autoherstellern gegenüber schon immer aufgeschlossener als der Rest des Landes. Doch ein ausländischer Autohersteller konnte nicht einfach eine Fabrik errichten, um in China Autos zu produzieren, sondern er brauchte einen lokalen Partner, dem etwa die Hälfte des Betriebs gehörte. General Motors und Volkswagen hatten beide eine Niederlassung in Schanghai und arbeiteten mit demselben lokalen Joint Venture zusammen.

Musk konnte sich jedoch mit der Vorstellung, sich in China nach einem Partner umsehen zu müssen, nicht anfreunden. Er wollte es nicht riskieren, die Kontrolle über die Marke und die Technologie zu verlieren. Doch ohne einen lokalen Partner konnten ausländische Autobauer vor Ort kein Fertigungswerk errichten und für aus Übersee importierte Fahrzeuge galten Einfuhrzölle von 25 Prozent des Kaufpreises.

Auch wenn dies den Traum, das Model 3 zu einem deutlich niedrigeren Preis in großem Stil verkaufen zu können, zum Platzen bringen könnte, war die Aussicht, nicht in China selbst produzieren zu können, nicht das größte Problem für Tesla. Weitaus schlimmer war die fehlende Ladeinfrastruktur. Viele potenzielle Käufer wohnten in den Hochhäusern der Großstädte, ohne Parkplatz oder Lademöglichkeit für ihre Fahrzeuge, was den Bau von Supercharger-Stationen in Peking und Schanghai zum dringlichsten Problem von Tesla machte.

Trotz aller Schwierigkeiten kam Wu in den ersten Monaten ihrer Tätigkeit für Tesla gut voran. Ende April kam Musk nach Peking, um die Übergabe der ersten Limousinen vom Typ Model S an lokale Kunden an einer Ladestation zu feiern, die in einem Industriegebiet eingerichtet worden war. Tesla hatte inzwischen die Erfahrung gemacht, dass chinesische Kunden anders waren als kalifornische, die zu einem großen Teil ebenso von der Marke Tesla schwärmten wie für ihr Auto. Der chinesische Kunde, der ein Auto für immerhin umgerechnet 120.000 US-Dollar kauft, erwartet, dass er dadurch erfährt, was Luxus ist. Also alles andere als einen nüchternen Ausstellungsraum ohne die Annehmlichkeiten und kleinen Aufmerksamkeiten wie Lounges oder Snacks, wie sie bei den Franchise-Händlern des Landes gang und gäbe waren. Ein unzufriedener Kunde ließ

Journalisten vor dem Tesla Store in Peking antanzen, um Zeugen zu haben, wie er die Windschutzscheibe seines neu gekauften Model S mit einem Vorschlaghammer einschlug – als Zeichen seines Protests gegen die verspätete Lieferung.

Wu schlug Guillen vor, Tesla solle seinen Absatz in China durch den Einsatz von Partnerhändlern ausbauen, ähnlich wie auch Apple vorgegangen war (im Gegensatz zu den Stores in Amerika, die von Apple allein betrieben wurden). Für Guillen, der wusste, dass Musk nichts von Franchising hielt, war das ein No-Go.[4] Hinter Tesla stand die Vorstellung, die Kontrolle über das Kauferlebnis zu haben, und diesen Standpunkt wollte das Unternehmen nicht aufgeben, auch nicht beim Eintritt in einen neuen großen Markt. Trotz dieser Herausforderungen zogen die Verkäufe im dritten Quartal in China an.

Doch gerade als das Unternehmen wieder Fuß zu fassen schien, stand Wu vor einem neuen, gänzlich unerwarteten Problem. Als Musk im Herbst 2014 in Kalifornien seine Marketing-Maschinerie anwarf, begannen die chinesischen Kunden, die das über das Internet mitbekamen, zu rebellieren.

Es begann im Oktober, als Musk zum einen über seinen Twitter-Account und zum anderen auf einer Veranstaltung ankündigte, dass Tesla in Bälde eine neue Version des Model S auf den Markt bringen würde – mit zwei Motoren, einen vorn, einen hinten im Auto. Musk schwärmte von der Beschleunigung – in sagenhaften 3,4 Sekunden von null auf hundert, was durchaus mit einem McLaren F1 mithalten konnte. Außerdem, so Musk, käme eine Software namens Autopilot auf den Markt, die mithilfe künstlicher Intelligenz das Fahren zumindest in Teilen übernehmen soll. Und das Tüpfelchen auf dem i: Auch die Reichweite des Fahrzeugs würde sich verbessern.

„Dieses Auto ist der reinste Wahnsinn", sagte Musk. „Es ist, als würde man von einem Flugzeugträger abheben – es ist einfach unglaublich. Wie auf einer eigenen Achterbahn, die man einfach jederzeit benutzen kann." Der Fahrer könnte auf seinem Touchscreen aus drei Modi auswählen: normal, sportlich und wahnsinnig. Tesla verkündete, dass Kunden in den USA den Wagen sofort bestellen könnten und dass die

Auslieferung dann im Dezember erfolge, danach wären Europa und Asien an der Reihe.

Das Team in China war aufgeschmissen, vor allem als immer mehr Kunden, die das ältere Model S bestellt hatten, nun stattdessen die neue Version verlangten. Es dauerte etwa zwei Monate, bis ein Fahrzeug aus dem Werk in Fremont per Schiff nach China reiste und dann durch den Zoll musste, bevor es letzten Endes beim Kunden ankam. Für Wus Team hieß das, Hunderte von Autos standen zwar kurz vor der Auslieferung, waren allerdings schon zu diesem Zeitpunkt veraltet. Noch schlimmer war, dass niemand sagen konnte, wann das neuere Modell auch in China ankommen würde oder wie hoch die neuen Preise sein würden. Als sie und ihre Kollegen sich an Palo Alto wandten, mussten sie feststellen, dass das US-Team keine Antworten auf ihre Fragen hatte.

Alle Autobauer weltweit kämpfen seit Langem mit Modellwechseln, was ja im Grunde nichts anderes bedeutet, als dass der neueste Stand eines bestimmten Jahres wenig später schon veraltet ist. Die meisten Unternehmen versuchen zu verhindern, dass die Händler auf zu vielen älteren Modellen sitzen bleiben. Meist findet am Ende eines Modelljahres ein Sonderverkauf statt, und bei den meisten Verbrauchern dürfte sich außerdem herumgesprochen haben, dass im August oft gute Angebote locken. Doch solche Rabattschlachten würden gegen Musks Verkaufsethos verstoßen. Palo Alto wollte, dass die Verkaufszahlen in China stabil blieben.

Aber Wus Team musste feststellen, dass Bestellungen in alarmierendem Tempo storniert wurden. Sollte Tesla sich in China als Totgeburt herausstellen? Die Verkaufszahlen waren im vierten Quartal um 33 Prozent niedriger als im dritten Quartal und nach Angaben eines Unternehmens für Aktienanalyse waren bis zum Jahresende fast 50 Prozent der Fahrzeuge, die Tesla in das Land importiert hatte, nicht zugelassen worden.[5] Guillen machte Wu für den Rückgang verantwortlich, nicht Musk und seine One-Man-Show. Er machte kurzen Prozess und entließ sie. Als die Verkäufe in China Anfang 2015 noch stärker einbrachen, drohte Musk in einer E-Mail unmissverständlich: Er würde Manager feuern oder degradieren, wenn sie „nicht eindeutig auf einen langfristigen positiven Cashflow hinarbeiteten“.

Ein ganzes Jahr, nachdem Varadharajan den Wagen in Oslo bestellt hatte, wurde er endlich ausgeliefert. Inzwischen war es Mitte 2014. Trotzdem bereute der norwegische IT-Manager seine Kaufentscheidung nicht. Er war begeistert davon, wie einfach sich das E-Auto zu Hause aufladen ließ, und genoss es, nie wieder eine Tankstelle anfahren zu müssen. Auch das Kundenerlebnis war anders als alles, was er bisher erlebt hatte. Bei einer Rundreise durch Europa hatte sein Auto eine Panne. Er rief das Servicecenter in Oslo an, wo es hieß, er solle nach Hause fliegen, sie würden sich um das Auto kümmern. Das Servicecenter bot ihm sogar an, seinen Flug zu bezahlen. Ähnliche Geschichten hatte er auch von anderen Kunden in Norwegen gehört. Im Juni 2014 wurde er Leiter des Tesla Owners Club Norway, einer Organisation, die zusätzlich zu dem von Tesla ein eigenes Netzwerk von Ladestationen aufbauen wollte.

In seinem ersten Jahr hatte er zugegebenermaßen ein paar Probleme mit dem Model S. Die Türgriffe funktionierten nicht mehr, was häufig vorkam, und das Fahrzeug machte komische Geräusche. Problemlos bekam er einen Termin für Reparaturen und musste auch in der Werkstatt nie lange warten. Doch ab 2015 änderte sich das. Dann konnte es gut und gern mehrere Wochen dauern, bis er überhaupt einen Termin bekam, die Reparatur selbst dauerte auch wieder mehrere Tage, manchmal sogar Wochen. Andere Clubmitglieder erzählten ihm, dass sie noch viel länger warten mussten, wie er sich noch gut erinnerte.

Das Team von Guillen in Palo Alto kannte das Problem. Anhand der Daten stand fest, dass die durchschnittliche Reparaturdauer in Norwegen bei 60 Tagen lag, wobei sich einige Kunden in Internetforen über wesentlich längere Wartezeiten beschwerten.[6] (In Kalifornien dauerte der Werkstattaufenthalt im Schnitt einen Monat.) In vielerlei Hinsicht war Norwegen für Tesla quasi der Kanarienvogel in der Kohlemine. Aufgrund staatlicher Subventionen, die den Verkauf von Elektroautos fördern sollten, boomte das Geschäft von Tesla dort. Anders als in den USA, wo laut einer 2014 durchgeführten Umfrage der durchschnittliche Tesla-Käufer zwei Fahrzeuge besaß, besaßen die meisten Norweger nur eines, das sie täglich benutzten.[7]

Das traf auch auf Varadharajan zu. Sollte Tesla nicht in die Pötte kommen und etwas dagegen tun, würde alles nur noch schlimmer werden. Vor allem, wenn das Model X herauskam, ganz zu schweigen von dem Schreckensszenario, wenn die dritte Fahrzeuggeneration auf den Markt kam. Das war genau die Art von Problemen, die Franchise-Händler in Massachusetts, Texas und anderen US-amerikanischen Bundesstaaten skizziert hatten, die im Übrigen noch immer versuchten, Teslas Direktvertrieb einen Riegel vorzuschieben. Sollte es auch in den USA zu Verzögerungen kommen, würde Tesla es seinen Konkurrenten leicht machen, vorbeizuziehen. Ganz zu schweigen davon, dass Tesla ausgerechnet in dem Moment Neukunden vergraulte, in dem die Marke zu einem Höhenflug ansetzen wollte.

Bonnie Norman, eine der ersten kalifornischen Käuferinnen eines Roadsters, musste feststellen, dass der Ton auf der Tesla-Club-Website, die sie mitmoderierte, immer rauer wurde. Käufer klagten über Probleme mit ihren Fahrzeugen und schimpften, dass sie so etwas bei einem so teuren Auto nicht erwartet hätten. Sie glaubte nach wie vor an Musks Vorhaben, Elektroautos für den Massenmarkt zu produzieren. Aber sie begann sich ernsthaft zu fragen, ob Tesla seinen Käufern, die dem vertrauten Benziner den Rücken gekehrt hatten, nicht mehr bieten müsse.

Sie schrieb ein Memo an Musks Stellvertreter Diarmuid O'Connell und schlug ihm vor, dringend etwas für die Kundenbindung zu unternehmen. Aus treuen Tesla-Fans, die in mehreren Städten Clubs gegründet hatten, darunter auch einen in Sacramento und Lake Tahoe, könnte Tesla Kapital schlagen. Da Tesla nach wie vor auf traditionelle Werbung verzichtete, versuchte es, seine Käufer zu Markenbotschaftern zu machen. Als Anreiz diente ein Code-System für Weiterempfehlungen, bei dem treue Kunden potenziellen Neukäufern eine Nummer mitteilten, die diesen im Nutzungsfall eine Prämie einbrachte. Doch auch der empfehlende Kunde ging nicht leer aus, sondern erhielt als Provision für einen erfolgreichen Verkauf Punkte, die er gegen Tesla-Produkte, einschließlich Fahrzeuge, eintauschen konnte. Norman stand kurz davor, über dieses Punktesystem ein Sondermodell des Model X zu erhalten.

„Da gibt es doch diese Gruppe von Tesla-Besitzern. Glauben Sie mir, sie sind bereit, so ziemlich alles für Sie zu tun – sie machen ihre eigenen Schilder für Veranstaltungen, sie organisieren Paraden, einige veranstalten Grillfeste, deren Gäste dann quer durchs Land fahren. Fragen Sie sich doch einmal, wie Sie diese Leidenschaft und Energie nutzen könnten, um die potenziellen Käufer eines Model 3 aufzuklären. Nicht dass sie, wenn sie ihren ersten Tesla kaufen, Sie mit Fragen und winzigen Problemen zutexten. Wie kann es Ihnen gelingen, diese Leidenschaft der Tesla-Besitzer auf ein Problem zu lenken, das Tesla in Zukunft sicher haben wird?"

Die Herausforderung eines globalen Vertriebs und Servicebetriebs ging Guillen an die Nieren. Musk hatte für das Jahr 2015 das ehrgeizige Ziel ausgegeben, den Jahresabsatz von Tesla auf 55.000 Fahrzeuge zu erhöhen, was einer Steigerung von 74 Prozent gegenüber 2014 entsprach. Nach Ablauf des zweiten Quartals stand fest, dass Tesla diese Marke nicht würde knacken können. Das Vertriebsteam war schwer am Kämpfen – und sein Leiter auch. Ausgebrannt quittierte Guillen seinen Posten, offiziell nahm er sich eine Auszeit. Dieser Schritt brachte die Vertriebsabteilung ziemlich durcheinander.

In diesem Frühjahr übernahm Musk selbst die direkte Kontrolle über den Vertrieb, und Vorstandsmitglied Antonio Gracias und sein Partner Tim Watkins kehrten zu Tesla zurück, um sich in das Problem einzuarbeiten. Die beiden hatten dem Vertrieb in den ersten Tagen des Start-ups unter die Arme gegriffen, als der Verkauf des Roadsters ins Stottern gekommen war, und auch später noch einmal, als für das Model S eine etwas aggressivere Vorgehensweise erforderlich war. Doch jetzt hatten selbst Gracias und Watkins keine zündenden Ideen, um den Verkauf anzukurbeln. Musk wandte sich an seine Cousins bei SolarCity und bat den dortigen Top-Verkäufer Hayes Barnard um Hilfe.[8]

Barnard stellte fest, dass ein Teil des Problems darin bestand, dass die Vertriebsmitarbeiter Wochen brauchten, um einen Verkauf abzuschließen – ein Überbleibsel aus der Zeit, als das Unternehmen sich in erster Linie auf die Aufklärung der Kunden konzentrierte und harte Verkaufstechniken vermied. Musk wollte diese Herangehensweise überarbeiten, damit sich das Team stattdessen auf das Verkaufsgespräch konzentriert. Barnard holte die besten Tesla-Verkäufer aus den USA zu sich und filmte ihre Vorgehensweise als Teil eines Schulungsprogramms, das an die weltweiten Vertriebsmitarbeiter verteilt werden sollte.

Musk beschloss, sich eine Führungskraft zu suchen, die sich um alle nicht-technischen Aufgaben kümmerte, um die Dinge, die ihn langweilten und die er Jahre zuvor an Blankenship übergeben hatte. Er wandte sich an Sheryl Sandberg, Chief Operating Officer von Facebook Inc., und bat sie, COO bei Tesla zu werden. Sie lehnte ab und empfahl stattdessen Jon McNeill, einen Freund ihres verstorbenen Mannes.

McNeill war anders als viele der Führungskräfte, die in den letzten Jahren eingestellt worden waren. Er war ein Unternehmer, der wusste, welche Art von Risikobereitschaft ein Start-up dringend brauchte. Fast ein Jahrzehnt zuvor hatte das Magazin *Fast Company* McNeill in die Liste der innovativsten Unternehmer aufgenommen, weil er für das Autoreparaturunternehmen Sterling Collisions Centers Inc. 40 Standorte eröffnet und einen Jahresumsatz von etwa 120 Millionen US-Dollar erzielt hatte. Möglich war das, weil er die mühsamen Karosseriearbeiten bei der Fahrzeuginstandsetzung nach einem Autounfall optimiert hatte. McNeill hatte ein feines Näschen dafür, wie man mithilfe von Daten das Kundenerlebnis verbessern kann – und genau das fehlte Tesla. Noch bevor er offiziell die Leitung des Vertriebs und anderer nicht-technischer Bereiche übernahm, begann McNeill auf seinen Reisen, Tesla Stores abzuklappern, um sich ein Bild von deren Verkaufsprozessen machen zu können. Bei jedem seiner Besuche unternahm er eine Probefahrt und hinterließ immer eine andere E-Mail-Adresse. Doch selbst Wochen später hatte noch kein einziger Store nachgefasst. Tesla hatte von Anfang an verstanden, dass die Probefahrt von unglaublicher Bedeutung ist, weil die potenziellen Käufer auf diese Weise am besten sehen, was an einem Elektroauto anders ist als an einem Verbrenner. Gracias und Watkins hatten dafür gesorgt, dass die Probefahrt im Zentrum des Verkaufsprozesses stand. Erst in diesem Moment sollte der Verkäufer ins Spiel kommen und dann langsam zum Abschluss eines Kaufvertrags kommen. Doch wenn niemand mehr beim potenziellen Käufer nachfasste, ja, nicht einmal mehr *versuchte*, ihm ein

Auto zu verkaufen, stand außer Frage, dass das Verkaufsteam sein Interesse an seinem Job verloren hatte.

Gleich nach seiner Einstellung reiste McNeill nach Norwegen und traf sich mit Varadharajan und der Führungsspitze seines Clubs an einem Tesla-Standort. Er versicherte ihnen, dass Tesla Gas geben und den Service verbessern würde. Was nicht zur Sprache kam, war, dass McNeill Wege finden musste, um das Kundenerlebnis zu verbessern. Was Tesla dringend brauchte, war weitaus mehr, als noch mehr Personal einzustellen und neue Stores und Servicezentren zu eröffnen. Tesla verfügte nicht über die finanziellen Mittel, das zu schaffen – was dringend anstand, sobald das Model 3 auf dem Markt eingeführt wurde. Besser als nichts war jedoch, dass sich McNeills Team einmal die Daten des Model S näher ansah und feststellte, dass sie die Serviceprobleme zu 90 Prozent aus der Ferne identifizieren und zu 80 Prozent beim Besitzer beheben konnten, wozu auch Reparaturen zählten, die einen Austausch der Sitze oder der Bremsen einschlossen – ja, im Grunde alles außer dem Austausch der Batterien und der Antriebsstränge. Anstatt Millionen für den Bau weiterer Servicestationen auszugeben, setzte McNeills Team Hunderte von Technikern in Servicewagen ein, die Hausbesuche machten.

Als Varadharajan sich im Osloer Servicecenter umsah, konnte er sich ein Bild davon machen, wie ernst es McNeill war: Noch während ihres Gesprächs bewarben sich ein paar Dutzend Leute um einen Job.

20

BARBAREN IN DER WERKSTATT

Lawrence Fossi saß im 14. Stock des Trump Tower in Midtown Manhattan, da es sein Job war, das Privatbüro eines der schillerndsten Milliardäre von New York City zu leiten. Obwohl sein Chef, Stewart Rahr, schon Ende 60 war, war er aus der Partyszene Manhattans nicht wegzudenken, seit er sein Pharmaunternehmen verkauft und sich von seiner Frau hatte scheiden lassen. Seine Eskapaden mit Models und Berühmtheiten wurden in der *New York Post* ausführlich beschrieben. Wenn er nicht in der Zeitung stand, hatte er die Angewohnheit, die Höhepunkte seiner Abenteuer (zusammen mit Fotos von ihm und Prominenten wie Leonardo DiCaprio oder mit einer Schar schöner Frauen, die mal mehr und mal weniger anhatten) per E-Mail an einen Verteiler mit Hunderten von Prominenten, Journalisten und anderen Milliardären zu schicken. Ein 2013 erschienener Artikel im Magazin *Forbes* trug den Untertitel: „Die ungeschminkte, hedonistische Wahrheit über den Milliardär Stewart Rahr, die Nummer 1 der Lebemänner".[1]

Fossis Leben war viel ruhiger. Er war sozusagen der Mann hinter dem Mann. Fossi, der mit sechs Geschwistern aufgewachsen war und als Erster in seiner Familie das College besuchte, hatte einen erstaunlichen

Werdegang hinter sich: Als junger Mann hatte er sich für die Rice University in Houston entschieden, weil sie weitestmöglich von seinem Zuhause in Connecticut entfernt schien. Er war Jahrgang 1957, machte seinen Abschluss während der Watergate-Ära und fing dann bei einer winzigen Wochenzeitung in Wilton, Connecticut, an. Dort war er der Mann für alles, unter anderem schrieb er über Lokalpolitik und gestaltete die Titelseite. Das Wichtigste für ihn aber war, dass er schreiben konnte. Ein Jahr später begann er ein Jurastudium an der Yale University und fing nach seinem Abschluss bei Vinson & Elkins LLP an, einer großen Anwaltskanzlei in Houston.

Dort konzentrierte er sich zunächst auf Unternehmensrecht, spezialisierte sich dann aber auf Wirtschaftsprozesse. Darüber kam er mit Rahr in Kontakt. 1999 engagierte Rahr Fossi, da Rahr ein Abfallentsorgungsunternehmen, in das er investiert hatte, verklagte, weil er sich von ihm betrogen fühlte. In dem Rechtsstreit ging es um die Frage, ob die Unternehmensleitung seine zwölf Millionen US-Dollar in ihre eigene Tasche gesteckt hatte. Rahr gewann den Prozess und hielt den Kontakt mit Fossi aufrecht, um sich in allen rechtlichen Belangen von ihm beraten oder vertreten zu lassen. Auch als er sein Pharmaunternehmen verkaufen wollte, wandte er sich an Fossi.

Im Anschluss an den Verkauf bat Rahr Fossi, sein Family Office in New York City zu leiten. Fossi zögerte zunächst. In seinen Augen war er alles andere als ein Investmenttyp. Er hatte keinen betriebswirtschaftlichen Abschluss und kannte sich nur wenig mit Buchhaltung aus. Seine Erfahrung mit der Geschäftswelt war noch am ehesten mit einem Pathologen zu vergleichen. Den Großteil seiner Karriere hatte er damit verbracht, sich durch Rechtsstreitigkeiten von Unternehmen zu wühlen und der Frage auf den Grund zu gehen, weshalb es überhaupt zu einem Prozess gekommen war. War es Betrug oder gesetzwidriges Verhalten? Doch er besaß etwas, was ihn zum perfekten Kandidaten für den Job machte: Rahrs Vertrauen.

Also zog Fossi 2011 nach New York. Über seine Tätigkeit für Rahr wurde 2014 sein Interesse an Tesla geweckt. Fossi kannte das Unternehmen nur flüchtig. Er wusste, dass Rahr von Anfang an ein Fan des Start-ups gewesen war und Jahre zuvor mehrere Roadster gekauft hatte. Doch als Fossi anfing, sich intensiver mit dem jungen Autobauer zu beschäftigen, kamen ihm einige Dinge komisch vor. Er sah sich ein Online-Video von Musk aus dem Vorjahr an, in dem Tesla seine Pläne für einen Austausch des Batteriepacks ankündigte.

Da es ziemlich lang dauerte, Batteriepacks wieder aufzuladen, hatte sich Tesla – auch in der Hoffnung, mit dieser Technologie den Massenmarkt erobern zu können – überlegt, leere Batteriepacks auf Autoreisen einfach gegen volle auszutauschen. Die Finanzierung würde über die staatlichen Kredite erfolgen. Außerdem könnte sich Tesla dann für eine höhere Steuergutschrift qualifizieren, die in Kalifornien gewährt wurde, um die Entwicklung eines schnellen Ladesystems zu fördern. Musks Idee klang einfach, aber jedem, der sich mit Elektrofahrzeugen auskennt, war klar, dass es alles andere als einfach werden würde.

Als Musk im Sommer auf der Bühne stand, wurde sein Auftritt vor einem großen Publikum zu einer für ihn typischen Show. Er trug ein schwarzes T-Shirt, Jeans und eine Samtjacke und sprach davon, dass der Austausch des Batteriepacks schneller vonstattengehen würde, als ein Fahrzeug mit Verbrennungsmotor vollzutanken. Er erklärte seinem Publikum, wie es bei Tesla-Stationen der Zukunft ablaufen könnte. Der Fahrer hätte nämlich die Wahl zwischen einer kostenlosen Aufladung oder einem wesentlich schnelleren Austausch seiner leeren gegen volle Akkus, wofür er 60 bis 80 US-Dollar hinblättern müsste. „Die einzige Entscheidung, die Sie treffen müssen, wenn Sie zu einer unserer Tesla-Stationen kommen, ist, ob Sie lieber schneller oder kostenlos laden wollen“, sagte Musk unter dem Gelächter der Zuhörer.

Zum Beweis fuhr ein rotes Model S auf die Bühne, direkt unter eine riesige Videoleinwand. Darauf war ein Mitarbeiter in einem Audi zu sehen, der in eine Tankstelle fuhr. In diesem Augenblick setzte die für Tesla typische Clubmusik ein, die Bässe dröhnten. Ein riesiger Timer wurde auf die Leinwand projiziert. Unter dem Model S befand sich eine technische Neuheit, mit der sich angeblich das Batteriepaket herausnehmen und ein neues einsetzen ließ. Das Publikum konnte aber nicht genau sehen, was unter dem Auto passierte. Ein Kameramann filmte derweil den

Audi-Fahrer, wie er die Zapfpistole in die Hand nahm und seinen Tank zu füllen begann. Musk stand dabei mit verschränkten Armen am Bühnenrand und konzentrierte sich auf die Leinwand.

Nach etwas mehr als einer Minute meldete er sich zu Wort: „Wir haben automatische Ratschen, in der Fabrik verwenden wir exakt die gleichen. Sie finden die Schrauben automatisch und ziehen sie dann mit genau dem Drehmoment an, das für jede Schraube erforderlich ist. Somit werden die Schrauben bei jedem Austausch des Batteriepacks gemäß Batterievorgabe angezogen."

Gute 30 Sekunden später war der Austausch beendet und das Model S fuhr unter dem Jubel des Publikums von der Bühne, während der Audi immer noch betankt wurde. Musk warf einen Blick auf den Timer. „Tja, es sieht ganz danach aus, als hätten wir noch etwas Zeit. Na schön, dann wiederholen wir das Ganze eben." Und schon fuhr ein weißes Model S unter wildem Jubel und Gelächter auf die Bühne. Keine Minute später war auch das zweite Model S fertig und verließ die Bühne wieder. „Jetzt dürfte der Typ an der Tankstelle auch gleich so weit sein", spottete Musk. Wieder verstrichen ein paar Sekunden. „Tut mir leid, ich wollte Sie nicht warten lassen – ich bitte um Entschuldigung", sagte Musk und beobachtete weiterhin den Audi-Fahrer, der wieder ins Auto stieg und fast eine Minute, nachdem der zweite Tesla von der Bühne verschwunden war, davonfuhr.

Musk kehrte mit einem schelmischen Grinsen im Gesicht auf die Bühnenmitte zurück und zuckte mit den Schultern, woraufhin die Menge erneut jubelte. Er bedankte sich für ihre Unterstützung und betonte, wie so oft bei öffentlichen Auftritten, dass Tesla ohne sie nicht da stünde, wo es jetzt stehe. „Mir geht es bei dieser kleinen Demonstration darum, diejenigen zu überzeugen, die noch immer skeptisch sind, was E-Autos anbelangt. Wir müssen noch viel Überzeugungsarbeit leisten. Uns geht es auch darum, zu zeigen, dass elektrische Fahrzeuge viel praktischer sind als Verbrenner ... Hoffentlich sehen die Menschen endlich ein, dass Elektroautos die Zukunft sind."

Gut möglich, dass das Musks Absicht gewesen sein mag, aber als sich Fossi das Video in seinem Büro im Trump Tower ansah, wurde seine

Skepsis immer größer. Vielleicht lag es daran, dass er sich das Video im Nachhinein in dem Wissen ansah, dass Teslas Plan, leere gegen volle Batteriepacks auszutauschen, nicht aufgegangen war. Bei den Besitzern stieß dieses Vorhaben mehrheitlich auf Ablehnung. Manche befürchteten, dass ihr Batteriepack gegen ein fehlerhaftes ausgetauscht werden könnte. Die ganze Show schien mehr als alles andere von dem Wunsch getrieben zu sein, Tesla staatliche Vergünstigungen zu sichern.

Was Fossi jedoch wirklich zum Staunen brachte, war die Begeisterung der Menge. „Ich hatte fast schon das Gefühl, Zeuge einer religiösen Veranstaltung zu sein", erinnerte er sich.[2] Ihn faszinierte, dass Musk sich selbst als großen Tech-Visionär darstellte, der Raketen ins All schoss, ganze Branchen in Aufruhr versetzte (Stichwort Disruption) und die Erde sauberer machte. „Dieser Kerl ist ein moderner Prärieprediger", sagte Fossi. „Er hat das Zelt der Wiederauferstehung aufgebaut und die Leute rennen ihm die Bude ein."

Seit Teslas Börsengang gab es auch kritische Stimmen, die Musks Pläne infrage stellten. Wie bei fast allen Start-ups gab es auch hier Investoren, die auf marktübliche Praktiken wie Leerverkäufe setzten und gegen Tesla spekulierten. Denn sie waren der Meinung, die Aktie sei überbewertet und ihr Kurs würde letztendlich auf den tatsächlichen Wert fallen.

Üblicherweise kauft ein Investor die Aktien eines Unternehmens zu einem Preis von, sagen wir, 100 US-Dollar pro Stück und hofft, dass ihr Wert im Laufe der Zeit auf beispielsweise 105 US-Dollar steigt, sodass er sie mit einem Gewinn von fünf US-Dollar abstoßen kann. Leerverkäufer tun das genaue Gegenteil. Sie leihen sich die Aktie für 100 US-Dollar und verkaufen sie sofort wieder, wobei sie darauf spekulieren, dass ihr Kurs auf, sagen wir mal, 95 US-Dollar fallen wird. Dann kaufen sie die Aktie zurück, übertragen sie dem ursprünglichen Besitzer und streichen die Differenz von fünf US-Dollar ein. Im wahren Leben ist das natürlich viel komplizierter, zudem ist das damit verbundene Risiko extrem hoch. Ein ganz „normaler" Aktienkäufer kann im schlimmsten Fall seine gesamte Investition verlieren – in unserem Beispiel also 100 US-Dollar. Wenn eine leerverkaufte, also geshortete Aktie nicht auf 105 US-Dollar, sondern auf 1.000 US-Dollar steigt, müsste der Leerverkäufer sie zu diesem höheren

Preis zurückkaufen und hätte somit 900 US-Dollar verloren. Theoretisch ist die Höhe eines solchen Verlusts nicht begrenzt.

Etwa 20 Prozent von Teslas Aktien wurden 2015 von Leerverkäufern gehandelt, was die Volatilität einer ohnehin schon turbulenten Aktie noch erhöhte. Eine Grafik, die den Kursverlauf von Tesla seit dem ersten profitablen Quartal 2013 bis 2015 darstellte, glich einer Achterbahnfahrt, bei der es zwar immer wieder nach oben ging, zwischendurch aber auch steil nach unten. Hätte ein Anleger zum Beispiel eine Aktie von Tesla das komplette Jahr 2014 über gehalten, wäre ihr Kurs um fast 50 Prozent gestiegen – ein respektables Wachstum. Aber der Kursverlauf an sich war haarsträubend. Das Jahr begann mit einem Kursrückgang von 7,4 Prozent und Mitte Januar lag die Schlussnotierung bei 139,35 US-Dollar. Danach erholte sich der Kurs wieder und verdoppelte sich auf die Schlussnotierung von 286,05 US-Dollar im September. Bis zum Jahresende sank der Kurs jedoch erneut, diesmal um 22 Prozent auf 222,40 US-Dollar.

Je nachdem, wann ein Leerverkäufer seine Transaktionen tätigt, kann er von einem Wertverlust profitieren. Im Laufe der Zeit, als der Kurs der Tesla-Aktien nach oben stieg, erwiesen sich Leerverkäufe jedoch als ein reines Verlustgeschäft. In dem Zeitraum zwischen Teslas Börsengang und 2015 hatte sich auf dem Papier ein geschätzter Verlust von fast sechs Milliarden US-Dollar aus Leerverkaufspositionen angesammelt.[3] Trotzdem blieben viele Leerverkäufer zuversichtlich, dass Teslas Zahlen zwangsläufig nach unten gehen würden. Wie auch immer, das Jahr 2015 erwies sich als weiteres Wechselbad der Gefühle.

Leerverkäufer lauern darauf, dass sich im Umfeld eines Unternehmens etwas tut, wie zum Beispiel die Veröffentlichung der Quartalsergebnisse oder die Vorstellung eines neuen Produkts. Im Prinzip warten sie auf schlechte Nachrichten, die sich herumsprechen und einen Ausverkauf der Aktien auslösen. Viele Leerverkäufer leben also von geborgter Zeit, insbesondere wenn sie sehen, wie eine Aktie immer weiter steigt. Manche Leerverkäufer, die diesen Druck nicht mehr aushalten, machen gemeinsame Sache und greifen das Unternehmen an – über die Medien, Online-Investorenforen und zunehmend auch über

Twitter. Im Prinzip versuchen sie, dessen Image zu schaden, indem sie die negativen Aspekte seines Geschäfts betonen oder Fehler und Schwächen aufdecken, die „normale" Anleger vielleicht gar nicht als solche wahrnehmen. Im Wesentlichen arbeiten sie mit der Angst der Aktionäre und versuchen, einen ausgewählten Aktienkurs gezielt nach unten zu treiben.

Einer der legendärsten Leerverkäufer der Wall Street, Jim Chanos, erlangte internationale Berühmtheit, als er den Untergang des Energiekonzerns Enron Corp. vorhersagte. Chanos wurde im Herbst 2000 auf Enron aufmerksam, nachdem er einen Artikel im Texas-Teil des *Wall Street Journal* gelesen hatte. Darin hieß es, dass das Unternehmen seine Jahresgewinne durch nicht realisierte, geldwerte Profite aus langfristigen Energiegeschäften künstlich in die Höhe trieb. Anders ausgedrückt flossen Einnahmen in seine Bilanzen, die erst in rund 20 Jahren realisiert würden. Chanos' Analysten gruben tiefer und er kam zu dem Schluss, dass Enron ein „verkappter Hedgefonds" war, der den Großteil seiner Gewinne durch den Handel und nicht durch den Vertrieb von Energie erwirtschaftete. Wie seine Berechnungen ergaben, schnitt Enron als Hedgefonds allerdings alles andere als gut ab. Das Unternehmen benötigte immer mehr Kapital, um bescheidene Ergebnisse zu erzielen.[4] Ihm zufolge erwirtschaftete Enron eine jährliche Rendite von sieben Prozent, hatte dabei jedoch Kosten von mehr als zehn Prozent.

Anfang 2001 sprach Chanos auf einer Konferenz mit anderen Leerverkäufern über Enron, in der Hoffnung, ihr Interesse zu wecken. Bethany McLean, damals Reporterin bei *Fortune*, rief schließlich an und er half ihr, die Puzzleteile zusammenzufügen. Der Druck auf Enron wurde 2001 zwar immer größer, doch den Anfang vom Ende markierte erst ein Conference Call zwischen CEO Jeffrey Skilling und Branchenanalysten. Einer von ihnen stellte die Frage, warum Enron seine Bilanz nicht zusammen mit der Gewinn- und Verlustrechnung vorlegte, wie es andere Unternehmen taten. Skilling bezeichnete den Fragesteller daraufhin als „Arschloch". Acht Monate später meldete Enron Konkurs an. Im *Barron's* war zu lesen, dass der Leerverkauf von Chanos „die Chance des Jahrzehnts, wenn nicht sogar der letzten 50 Jahre" gewesen sei.

Chanos' Aufstieg war nicht weniger unwahrscheinlich als Fossis. Der Sohn einer griechisch-amerikanischen Familie der zweiten Generation, die eine chemische Reinigung in Milwaukee besaß, hatte in Yale Wirtschaftswissenschaften studiert und dann einen Job in Chicago bei der Maklerfirma Gilford Securities angenommen. Aufgrund seiner Verkaufsempfehlung von Aktien eines Unternehmens namens Baldwin-United erregte er die Aufmerksamkeit der Öffentlichkeit. Damit setzte er sich nämlich über die konventionelle Meinung konkurrierender Analysten hinweg, die die Rentenversicherungsgesellschaft positiv bewerteten. Chanos dagegen hielt das Unternehmen für ein „Kartenhaus", das aufgrund von zu hohen Schulden, unsauberer Buchführung und negativem Cashflow jederzeit einstürzen könnte.[5] Etwas mehr als ein Jahr später stellte sich heraus, dass er recht gehabt hatte. Baldwin-United meldete Konkurs an und verlor sechs Milliarden US-Dollar an Marktwert. Das Blatt wendete sich und Chanos wurde im *Wall Street Journal* und anderen Medien wegen seiner mutigen Entscheidung als Held gefeiert. Daraufhin gründete er einen eigenen Fonds und war bis in die frühen 1990er-Jahre äußerst erfolgreich mit Leerverkäufen von regionalen Banken und anderen Finanzinstituten, die den Zusammenbruch des Immobilienmarktes in Texas, Kalifornien und Neuengland nicht verkraftet hatten. Auch mit seinen Leerverkäufen von Michael Milkens Schrottanleihen verdiente er sich eine goldene Nase. Sein Fonds gewann doppelt so viel an Wert wie der S&P-Index in denselben Jahren und bis 1991, als seine Glückssträhne endete, hatte sich der Wert seines Fonds vervierfacht. Doch in diesem Jahr ging der Gesamtmarkt in die Knie. Im Laufe der Jahre hatte er sich des Öfteren verzockt. In den 1990er-Jahren hatte er eine Short-Position bei McDonnell-Douglas aufgebaut. Auch die Bilanzen von America Online hatte er als die eines Unternehmens, das sich in einer prekären Lage befand, fehlinterpretiert. America Online zählte damals zu den erfolgreichsten Unternehmen Amerikas, da das Internet immer mehr an Fahrt gewann.[6]

Aber unterm Strich hatte er sich als ein außergewöhnlicher Trader von ausgezeichnetem Weitblick erwiesen. Die weltweite Finanzkrise von 2008 erwies sich als positiv für sein Unternehmen Kynikos Associates, dessen Name auf das altgriechische Wort für Zyniker zurückging, denn das verwaltete Vermögen lag 2008 bei fast sieben Milliarden US-Dollar. Das Magazin *New York* widmete ihm einen langen Artikel, voller Anekdoten über seine Auseinandersetzungen mit Goldman Sachs und anderen und nannte ihn den „Katastrophenkapitalisten". Für andere war er der LeBron James – einer der besten Basketballspieler der Welt – der Leerverkäufe. Und da sein Ruf wuchs und wuchs, genügte oft schon die bloße Ankündigung, dass er eine Leerverkaufsposition eingenommen hatte, um den Kursverfall der Aktien des entsprechenden Unternehmens einzuläuten.

Mitunter legte Chanos ein moralinsaures Gebaren an den Tag, was seinen Platz im Ökosystem der Börsenspekulationen anging. Einem Reporter sagte er, er sei „tief in seinem Inneren davon überzeugt, dass Leerverkäufe in der Finanzwelt die Funktion eines Wachhundes in Echtzeit hätten und dass sie eine der wenigen Kontrollfunktionen auf dem Markt darstellten, die für ein gewisses Gleichgewicht sorgten".

Im Jahr 2015 sah sich seine Firma jedoch mit neuen Herausforderungen konfrontiert. Ein großer Anteilseigner zog sein Geld aus dem Fonds ab, woraufhin Chanos ihn für externe Investoren öffnete. Ebenfalls in diesem Jahr machte Chanos viel Aufhebens um Musks Geschäfte. In einem Interview mit *CNBC* im Januar stellte er Tesla infrage und merkte an, dass die Aktien auf Basis der für 2025 prognostizierten Gewinne bewertet wurden, obgleich sich das Unternehmen schon schwertat, sein nächstes Quartal zu prognostizieren. „Das Herzstück dieses Produkts [die Batterie] wird von Panasonic hergestellt. [Tesla ist] ein produzierendes Unternehmen. Tesla ist ein Autobauer. Es ist kein Unternehmen, das die Welt verändert."

Musk zeichnete in diesem Winter ein ganz anderes Bild von Teslas Zukunft. Beim Earnings Call mit Analysten im Februar legte er dar, wie Tesla seinen Wert auf 700 Milliarden US-Dollar steigern könnte, was in etwa dem von Apple entsprach. „Wir werden wahre Unsummen ausgeben. Und zwar aus gutem Grund und mit einer fantastischen Rendite." Er gehe von einer Wachstumsrate von 50 Prozent pro Jahr aus, und das über ein Jahrzehnt. Die operative Marge läge bei zehn Prozent, das Kurs-Gewinn-Verhältnis bei 20. Seinen Berechnungen zufolge verzeichnete die Autoindustrie ein noch nie dagewesenes Wachstum und eine für die meisten

Unternehmen unglaubliche Bewertung. Man musste nicht wirklich ein Skeptiker sein, um diese Prognose als Unsinn abzutun, vor allem angesichts der Tatsache, dass Tesla bislang nur ein einziges Mal einen geringen Gewinn erwirtschaftet hatte, und zwar im Jahr 2013, aber auch da nur in einem einzigen Quartal. Im besten Fall war Musks Prognose nichts anderes als eine dreiste Prahlerei. Im schlimmsten Fall hatte er nichts auf der Hand und bluffte nur.

Im August kündigte Chanos bei *CNBC* an, dass er Aktien von SolarCity leerverkaufen würde. In Musks Augen war SolarCity Teil seines Unternehmensgeflechts, das komplementäre Produkte und Dienstleistungen anbot, denn deren Solarkollektoren würden die Energie für den Antrieb seiner E-Autos liefern. Mal davon abgesehen, ob diese Vision plausibel war oder nicht, war das weitaus dringendere Problem des Unternehmens sein Kerngeschäft. SolarCity installierte Solarkollektoren auf Wohn- und Geschäftshäusern und setzte dabei auf Haustürgeschäfte, wozu auch die Finanzierung über 20 Jahre gehörte. Diese lange Zeitspanne könnte sich jedoch eines Tages als problematisch erweisen, nämlich dann, wenn neue und bessere Technologien entwickelt würden. Chanos setzte diese Finanzierung mit einem zweitklassigen Kredit (bei mangelhafter Kreditwürdigkeit) gleich, da die Kollektoren eigentlich wie eine mit der Immobilie verbundene Verbindlichkeit behandelt wurden. „Im Grunde genommen leasen die Kunden die Kollektoren von SolarCity. Deren Mitarbeiter montieren sie auf das Dach und kassieren dann die Leasingraten. Im Grunde ist das nichts anderes als eine zweite Hypothek auf das Haus, die hoffentlich Gewinn abwirft, aber in vielen Fällen wird sie zu einer finanziellen Belastung." SolarCity verbrannte Bargeld und häufte Schulden an. „Diese Art, Geschäfte zu machen, jagt mir Angst ein", sagte Chanos.

Die Aktien von SolarCity stürzten noch am selben Tag ab, was Chanos mit Sicherheit erhofft hat.

Sollte SolarCity in Schwierigkeiten sein, war es nur eine Frage der Zeit, wann es Musks restliches Imperium traf. Die Solarfirma bildete gemeinsam mit Tesla und SpaceX eine Pyramide, an deren Spitze er thronte – zumindest dachte Musk das. Bröckelten erste Steine ab, könnte früher oder später die ganze Pyramide kollabieren. Musks persönliche Finanzen und die seiner Unternehmen waren eng ineinander verflochten. Seit dem Börsengang von Tesla war seine persönliche finanzielle Lage noch undurchsichtiger geworden, da er mehr und mehr Kredite aufnahm. Natürlich hatte er auch private Darlehen aufgenommen und 25 Prozent seiner Tesla-Aktien und 29 Prozent seiner SolarCity-Beteiligungen als Sicherheiten verpfändet.[7] Goldman Sachs und Morgan Stanley hatten ihm einen Kreditrahmen in Höhe von insgesamt 475 Millionen US-Dollar eingeräumt, den er in den vergangenen Jahren teilweise zum Kauf von Tesla- oder SolarCity-Aktien genutzt hatte, weil er beide Unternehmen unterstützen wollte. Sollte die Aktie von SolarCity abstürzen, müsste Musk wahrscheinlich Bares hinblättern oder sich von seinen Aktien trennen, um die Banken zufriedenzustellen. Lange Zeit hatte er sich nicht von Tesla-Aktien trennen wollen und dies nur ganz selten getan, wie zum Beispiel bei der Rückzahlung des Kredits von SpaceX, mit dem er den Konkurs von Tesla im Jahr 2008 abgewendet hatte.[8] Aufgrund seiner Position als größter Aktionär behielt er die Kontrolle über Tesla. Je kleiner sein Anteil wurde, desto wahrscheinlicher wurde eine Übernahme oder seine Absetzung als CEO. Immerhin war es ihm mehr als ein Jahrzehnt lang gelungen, die Kontrolle über Tesla nicht zu verlieren, anders als es damals bei Paypal der Fall gewesen war. Wie gut es Tesla gelang, sich Kapital für die weitere Expansion zu beschaffen, schien zunehmend mit seinem Image in der Öffentlichkeit verbunden zu sein.

Die Auswirkungen des Kursverfalls der SolarCity-Aktien bekamen Musk und seine Familie in diesem Herbst am eigenen Leib zu spüren. Ihr Kartenhaus drohte einzustürzen. Kimbal Musk, der im Verwaltungsrat von Tesla saß, ging mit seinen Finanzen nicht anders um als sein älterer Bruder. Ende Oktober, als die Aktien von SolarCity auf die Hälfte ihres Wertes vom Jahresanfang gefallen waren, sah sich Kimbal mit einer Nachschussforderung seiner Bank konfrontiert. Er sollte also mehr Geld einzahlen, um die aufgelaufenen Verluste zu decken. „Ich wurde sehr nervös, als ich mir den Aktienkurs des heutigen Tages ansah", schrieb ihm seine Finanzberaterin Karen Winkelman.[9] Kimbal saß in der Klemme, da er mit dem Gastronomie-Unternehmen, in das er investiert hatte, expandieren wollte, dafür aber nur wenig Geld zur Verfügung hatte. Er sagte seiner Beraterin, dass er Elon um ein Darlehen bitten würde.

Musk reagierte ziemlich brüsk auf seine Bitte. „Ihr wisst schon, dass ich nicht flüssig bin, oder? Ich muss mir selbst dauernd Geld leihen.“[10]

Die Musk-Familie war seit Jahren geschäftlich miteinander verflochten. Musk hatte seinen Cousins Lyndon und Peter Rive im Juli 2006 geholfen, SolarCity zu gründen. Noch im selben Monat stellte Tesla seinen Roadster auf dem Flughafen von Santa Monica vor. Bei dieser Veranstaltung erwähnte er, dass in seiner Vision der Strom für seine E-Autos durch Sonnenkollektoren erzeugt würde. Anscheinend hatte er diese Bemerkung zu beiläufig fallen gelassen, denn davon wurde in den Medien nichts erwähnt. Doch auch in seinem Masterplan für Tesla, der einen Monat später veröffentlicht wurde, sprach er über zukünftige Partnerschaften zwischen dem Autobauer und SolarCity.

Rein theoretisch war das Solargeschäft einfach. Hausbesitzer oder Geschäftsinhaber hatten zwei Möglichkeiten, wenn es um die Anschaffung einer Solaranlage ging. Sie konnten die etwa 30.000 US-Dollar für die Installation hinblättern und hatten dann Anspruch auf die damit verbundene Steuergutschrift – damals rund 30 Prozent der Kosten für die Anlage. Oder aber sie würden sie leasen. In diesem Fall wäre die monatliche Rate niedriger, aber es gab keine Steuergutschrift. Stattdessen ginge diese an das Unternehmen, das den Kauf der Anlage finanziert hat.

In der Praxis hatte sich SolarCity, wie Chanos bei *CNBC* andeutete, zu einem komplizierten Finanzunternehmen entwickelt, das im Grunde aus zwei Unternehmen bestand, die Hand in Hand arbeiteten: Eines verkaufte und installierte Solaranlagen, das andere schuf Anlageinstrumente und verkaufte die Rechte auf Steuervergünstigungen und andere Vorteile, die es im Zusammenhang mit diesen Solaranlagen gab.

Dieses Set-up war nur mit viel Cash zu finanzieren. SolarCity, das 2012, fast zwei Jahre nach Tesla, an die Börse ging, hatte in der ganzen Zeit noch keinen Konzerngewinn erzielt. Von 2009 bis 2015 machte das Unternehmen einen Verlust in Höhe von 1,5 Milliarden US-Dollar und beschaffte sich dringend benötigtes Kapital durch den Verkauf von Aktien und die Aufnahme von Schulden. SolarCity hatte sich scheinbar Musks

Philosophie verschrieben, grundsätzlich knapp bei Kasse zu sein. Seiner Meinung nach zwang das die Führungskräfte dazu, effizienter zu wirtschaften und kreative Lösungen zu finden, was eine weitere Verwässerung seines Anteils verhinderte. Doch allmählich wurde die Lage eng, sehr eng. Als Leerverkäufer wie Chanos 2015 begannen, SolarCity ins Visier zu nehmen, griff Musk auf SpaceX zurück, um SolarCity finanziell unter die Arme zu greifen, und kaufte Anleihen des Solarunternehmens im Wert von 165 Millionen US-Dollar. Dies war das einzige Mal, dass SpaceX Geld in ein börsennotiertes Unternehmen investierte.

Bei all seinem Gerede über SolarCity hatte Chanos Tesla nicht vergessen. Für ihn war eine hohe Fluktuation von Führungskräften ein Zeichen für Probleme innerhalb eines Unternehmens. Musk hatte in den letzten Jahren mehrere Anwälte verschlissen und schließlich seinen ehemaligen Scheidungsanwalt Todd Maron als Chefsyndikus von Tesla eingestellt. CFO Deepak Ahuja ging Ende 2015 in den Ruhestand, als die Produktion des Model X hochgefahren werden sollte, und mehrere Verantwortliche für den Autopiloten, der Initiative für autonomes Fahren, hatten das Unternehmen still und leise verlassen. Ein paar Monate nach seinen Kommentaren zu SolarCity trat Chanos bei *Bloomberg TV* auf. Er wies auf den drastischen Unterschied zwischen dem Marktwert von BMW und Tesla hin. BMW verkaufe zwei Millionen Fahrzeuge pro Jahr, während Tesla für 2015 nur 55.000 Fahrzeuge geplant habe. Die Investoren hatten jedoch den Aktienkurs so nach oben getrieben, dass der Hersteller von Elektroautos etwa halb so viel wert war wie BMW.

„Der Autobauer wird unglaublich überbewertet“, sagte er über Tesla und gab zu bedenken, dass auch andere Autohersteller Pläne für Elektroautos hatten und vielleicht schon bald an Tesla vorbeiziehen könnten. „Tesla muss sich zum Autohersteller mausern und das ist viel schwieriger, als das Lieblingskind unter den Hightech-Unternehmen zu sein.“

Zurück zum Trump Tower. Dort machte sich Larry Fossi seine eigenen Gedanken über Tesla, die er nachts und an den Wochenenden in Worte fasste. Er hatte mit dem Gedanken gespielt, seine Theorie über Tesla auf *Seeking Alpha* zu veröffentlichen, einer Website für Inhalte von Investoren.

Doch er wollte das auf keinen Fall unter seinem Namen tun. Irgendwie reizte ihn der Gedanke, an einem riskanten Unterfangen beteiligt zu sein, was ihn letzten Endes dazu brachte, Tesla selbst zu shorten.

Was er brauchte, war ein Pseudonym. Da ihm Montana gut gefiel und er sich dort zur Ruhe setzen wollte, entschloss er sich, unter dem Namen Montana Skeptic aufzutreten. Als Avatar wählte er eine Zeichnung von Galileo Galilei – dem italienischen Astronomen, der von der katholischen Kirche wegen seiner (wie sich herausstellte, zutreffenden) Theorie, dass die Sonne im Zentrum des Planetensystems stünde, als Ketzer verurteilt worden war. Ende 2015 veröffentlichte Montana Skeptic seinen ersten Artikel mit dem Titel „Why Tesla Will Fall Far Short of Elon Musk's Model X Delivery Forecast" (auf Deutsch: Warum Tesla die Auslieferungsprognose von Elon Musk für das Model X bei Weitem nicht erfüllen wird). Was folgte, war eine neunseitige Analyse, in der er Musks ehrgeizige Produktionsziele kritisch hinterfragte und auflistete, welche Ziele Tesla bereits verfehlt hatte. Ein paar Wochen später erschien eine weitere Analyse von Fossi alias Montana Skeptic, in der es hieß, das Model 3 sei auf dem besten Weg in die Krise.

21

IN DEN WEHEN

Über der weitläufigen Montagefabrik von Tesla in Fremont, Kalifornien, erhob sich eine karge Bergkette, die bis zu 600 Meter hoch war. In den feuchten Wintermonaten färbten sich die baumlosen Hügel smaragdgrün – ein starker Kontrast zum strahlend weißen Anstrich der Fabrik und dem stilvollen grauen Schriftzug des Autobauers. In den knapp zwei Jahrzehnten, in denen Richard Ortiz dort gearbeitet hatte, hatte die Fabrik nie so einladend ausgesehen. Schon als Kind hatte er davon geträumt, einmal in dieser Autofabrik zu arbeiten. Ein Traum, der seinem Vater verwehrt geblieben und der auch für ihn während seiner Highschool-Zeit nicht gerade wahrscheinlich war.

General Motors hatte das Werk 1962 eröffnet, vier Jahre vor Ortiz' Geburt, da der Detroiter Automobilhersteller seine Autos und Lastwagen künftig in der Nähe seiner Kunden bauen wollte, um Transportkosten zu sparen. Generationen von Familien hatte es diese Fabrik ermöglicht, ein für die Mittelschicht typisches Leben zu führen. Doch in den 1980er-Jahren geriet dieses beschauliche Leben in Gefahr. Die US-amerikanischen Autobauer spürten zunehmend den Druck durch japanische Konkurrenten wie Toyota. Zugleich forderte jahrelanges

Missmanagement, das ihre Fahrzeuge vergleichsweise schlecht dastehen ließ, seinen Tribut.

GM schloss 1982 mehrere Werke, darunter auch das in Fremont. Es galt intern als eines der unrentabelsten. Die Arbeiterschaft dort war unter dem Banner der Gewerkschaft United Auto Workers (UAW) organisiert, was die Dinge weiter verkomplizierte. Damals nannten die Arbeiter die grünlich-braune Fabrik, in der über Generationen hinweg endlose Konflikte ausgetragen wurden, bevor sie schließlich geschlossen wurde, das „Schlachtschiff". Die Arbeiter griffen auf jeden Trick des Arbeiterkampfes zurück, um ihren Vorgesetzten die Stirn zu bieten. So häuften sich Krankmeldungen, Bummelstreiks, wilde Streiks und die täglichen Fehlzeiten summierten sich auf 20 Prozent. Als die Fabrik geschlossen wurde, waren mehr als 6.000 Beschwerden der Mitarbeiter im System gespeichert.[1]

Schon als Teenager wusste Ortiz um die Macht der UAW. In der Schule musste er ein Buch über das Leben des Gewerkschaftsführers Walter Reuther lesen. Er träumte davon, eines Tages in seine Fußstapfen zu treten und eine UAW-Ortsgruppe zu leiten.

1984 zeichnete sich die Rettung der Fabrik ab. Toyota wollte sich in den USA niederlassen, da es den Protektionismus der US-amerikanischen Regierung mehr und mehr fürchtete. Da GM und Toyota sich viel von einer Partnerschaft versprachen, zogen sie eine gemeinsame Produktionsstätte in Betracht. GM brannte darauf, Toyotas sagenumwobenes Fertigungssystem kennenzulernen, doch Toyota war sich nicht sicher, ob die Zusammenarbeit mit amerikanischen Arbeitern klappen würde. Die beiden Autohersteller einigten sich darauf, das Werk in Fremont wiederzueröffnen und vielen der ehemaligen Mitarbeiter wieder einen Arbeitsplatz anzubieten. Wer das Angebot annahm, fand sich in einem völlig neuen Arbeitsumfeld wieder. Die Fabrik wurde in NUMMI (New United Motor Manufacturing Inc.) umbenannt und gehörte zu gleichen Teilen GM und Toyota. Der japanische Autohersteller holte Hunderte von Ausbildern aus seinem Heimatland nach Amerika, um die kalifornische Belegschaft in seinen Methoden zu schulen, die auf kontinuierliche Verbesserung, Respekt im Umgang mit Menschen und standardisierte Arbeitsprozesse setzten. Bei diesem System wurde von den Managern erwartet, dass ihre Entscheidungen langfristig gesehen die besten wären und nicht nur unmittelbare Probleme lösten. Die einzelnen Arbeitsschritte wurden so konzipiert, dass der Arbeiter sie mit so wenigen Bewegungen wie möglich erledigen konnte. Das Fließband bewegte sich mit einer konstanten Geschwindigkeit und war so getaktet, dass jeder Arbeitsschritt innerhalb einer Minute ausgeführt sein sollte. Wann immer ein Problem auftrat, konnten die Arbeiter an einer von der Decke hängenden Schnur ziehen, um das Fließband anzuhalten. Das neue Mantra lautete, alles gleich beim ersten Mal richtig zu machen, damit später keine Mängel auftraten.

In der Theorie ergab all das Sinn. Die Herausforderung bestand darin, es in die Praxis umzusetzen, vor allem wenn Manager unter Druck standen, ihre täglichen Produktionsquoten zu erfüllen. Die leitenden Angestellten mussten nach diesen Prinzipien leben. Als die Manager 1991 mitbekamen, dass die Qualität der Arbeit zu wünschen übrig ließ, ließen sie Fahnen mit motivierenden Sinnsprüchen aufhängen und Buttons verteilen, um die Arbeiter anzuspornen, sich wieder auf ihre Arbeit zu konzentrieren und den hohen Anforderungen zu genügen.[2] Mit Erfolg, wie sich herausstellte, denn in diesem Jahr wurde das Werk mit dem prestigeträchtigen Preis von J.D. Power für die Qualität der dort gefertigten Fahrzeuge ausgezeichnet.

Ortiz wurde 1989 eingestellt. Da er noch nicht allzu lange Mitglied der Gewerkschaft war, wurde er zunächst in der Lackiererei anstatt in seinem erlernten Beruf als Schweißer eingesetzt. Die Arbeit in der Lackiererei war hart und anstrengend, doch sie ließ ihn den Duft der großen weiten Welt schnuppern. Da das japanische Management in der Ausbildung der Arbeiter den Schlüssel zum Erfolg sah, lernte er die Autobranche von der Pike auf kennen und durfte sogar einmal nach Toyota City in Japan reisen – eine überaus lehrreiche Erfahrung für ihn. Doch das war noch längst nicht alles. Auch innerhalb der UAW machte er Karriere und stieg bis zum Vertrauensmann des Ortsverbandes auf. Zu seinen Aufgaben gehörte es auch, sicherzustellen, dass der Tarifvertrag eingehalten wurde. Er sorgte dafür, dass auch seine

Familienmitglieder bei NUMMI einen Arbeitsplatz fanden, kaufte ein Haus und gründete eine Familie. Er strahlte über das ganze Gesicht, als ihm zu Ohren kam, dass er seinen Vater stolz gemacht hatte. „Das Einzige, was er tut, ist mit dir anzugeben", hieß es in seiner Familie und bei Freunden.[3]

2006, nach fast 20 Jahren Betriebszugehörigkeit, reichte er seine Kündigung ein. Die Unternehmenspolitik war ihm inzwischen ein Dorn im Auge, und auch privat machte er eine schwere Zeit mit seiner Frau durch, deren Porträt er sich auf den rechten Arm hatte tätowieren lassen. Nachdem sie sich getrennt hatten, machte er eine Fortbildung in der Unfallinstandsetzung. In vielerlei Hinsicht hatte der Zufall seine Finger im Spiel, was das Timing anbelangte: Die Kraftfahrzeugindustrie befand sich in den Jahren 2008 und 2009 auf einem absteigenden Ast und zur Konkurssanierung von GM gehörte auch, das Werk NUMMI loszuwerden. Toyota war der Ansicht, das Werk sei ohne GM nicht rentabel und begann 2010 einen Schlussstrich unter die Zusammenarbeit zu ziehen. Das endgültige Aus von NUMMI war ein Schock für die Arbeiter, von denen viele den Gewerkschaftsbossen die Schuld an der Misere gaben. Toyota hatte der Belegschaft versprochen, dass sie alle Jobs auf Lebenszeit haben würden – und lange Zeit hatte es ganz danach ausgesehen. Die durchschnittliche Betriebszugehörigkeit der fast 5.000 Arbeiter in der Fabrik betrug 13,5 Jahre, das Durchschnittsalter der Angestellten lag bei 45 Jahren.[4] Ortiz musste tatenlos dabei zusehen, wie der Kampf seiner Verwandten um neue Jobs begann.

Als Tesla die Fabrik 2010 erwarb, brauchte das Unternehmen aufgrund der niedrigeren Produktionszahlen und auch, weil es viele Teilbereiche automatisiert hatte, keine Tausende von Arbeitern. Außerdem war Ortiz nicht sonderlich daran interessiert, wieder in der Fabrik zu arbeiten, wo ihn die persönlichen Erinnerungen verfolgten. Im folgenden Jahr hatte er einen Unfall, stürzte und verletzte sich am Kopf, wodurch sich seine Netzhaut ablöste, er nichts mehr sehen konnte und sich fragte, ob das jemals wieder der Fall sein würde. Später wurde er operiert, aber der Genesungsprozess war sehr kompliziert, weil er seinen Kopf stundenlang in einer bestimmten Position halten musste. Doch die Operation war erfolgreich, sein Sehvermögen kehrte zurück. „Als ich nach der Operation aufwachte, konnte ich wieder sehen", sagte er überaus glücklich. „Alle meine Probleme waren wie weggeblasen."

Während seiner Rekonvaleszenz fuhr er im Dezember 2015 mit seinem Sohn an der Fabrik vorbei. „Warum bewirbst du dich nicht?", wollte sein Sohn wissen. Und genau das tat Ortiz am Abend online. Wieder einmal hatte der Zufall seine Finger im Spiel. Tesla suchte händeringend Arbeiter, um die Produktion des Model X hochzufahren. Nur wenige Tage nach seiner Bewerbung hatte Ortiz seinen ersten Arbeitstag.

Schon bei den ersten Schritten im Gebäude konnte er sehen, dass sich vieles verändert hatte. Nur die Bausubstanz war unverändert, alles andere war neu. Es gab keine dunklen Nischen und auch keine schmuddeligen Wände mehr. Alle Geschosse waren weiß gestrichen und alles sah frisch und hell aus. Auch die Fenster waren neu. Während des ersten Rundgangs sprachen sie darüber, wie Tesla die Autoindustrie auf den Kopf stellte und die besten Autos aller Zeiten bauen wollte. „Das Werk war der Traum aller Automechaniker", erinnerte er sich.

Bereits während seiner Einarbeitungszeit am Fließband begann Ortiz, sich wie zu Hause zu fühlen. Er lernte schnell und wurde mit immer schwierigeren Aufgaben betraut. Die Bezahlung war jedoch nicht so gut wie damals: Er verdiente jetzt 21 US-Dollar pro Stunde im Vergleich zu 27 US-Dollar früher bei GM und Toyota.[5] Trotz des frischen Anstrichs und des schönen Geredes hatte er das Gefühl, die Dinge waren gar nicht so positiv, wie es schien. Er spürte, dass seine Kollegen irgendwie Angst hatten.

Ortiz konnte nicht wissen, dass die Zeiten alles andere als rosig für Tesla waren. Die Vorschusslorbeeren für das Model S hatten Teslas Selbstbewusstsein zu sehr aufgebläht. Elon Musk hatte den Anlegern seinen Traum von der dritten Generation seiner Modelle verkauft, und dieser Traum basierte darauf, dass sowohl mit dem Model S als auch mit dem Model X alles planmäßig verlief – doch dem war bei Weitem nicht so.

Lange bevor Ortiz in der Tesla-Fabrik zu arbeiten begann, war die Saat des Ärgers bereits gesät worden. Genauso wie Peter Rawlinsons Team damals

Probleme mit der Entscheidung hatte, wann der richtige Zeitpunkt gekommen war, um die Konstruktionsarbeiten am Model S einzustellen – die Pläne zu übergeben und die Fabrik mit dem Fahrzeugbau beginnen zu lassen –, erwies sich das ganze Drumherum beim Model X als ähnlich chaotisch. Beim Model S war es letztlich Druck von außen, der sie in Zugzwang brachte: Tesla ging das Geld aus. Es blieb nur eine Lösung: Das Model S musste so schnell wie möglich produziert werden, um Einnahmen zu erzielen. Im Jahr 2014 befand sich Tesla in einer neuen Lage. Die Kritiker überschlugen sich förmlich vor Begeisterung, und das Model S verkaufte sich so gut, dass 2013 sogar eine Zeit lang Gewinn erwirtschaftet wurde. Musk blickte zuversichtlich in die Zukunft – vielleicht sogar eine Spur zu zuversichtlich. Es lag ihm am Herzen, dass das Model X noch besser wurde als das Vorgängermodell. Die Konstruktions- und Fertigungsteams besuchten das Designstudio von Franz von Holzhausen in Hawthorne, wo scheinbar jede neue Idee auf Machbarkeit geprüft wurde. Bedenken, dass ein Zulieferer nicht in den Mengen oder nicht rechtzeitig liefern würde oder das Werk an seine Kapazitätsgrenzen stoßen könnte, wurden mir nichts, dir nichts über Bord geworfen.

Musk ging es ganz besonders gegen den Strich, Klagen wegen des Zeitdrucks zu hören. Dass ein bestimmtes Teil nicht in der gewünschten Zeit gefertigt werden konnte, ließ er schlicht nicht gelten. Im Einzelfall mag er recht gehabt haben. Warum konnte ein bestimmter Lieferant die Produktion nicht einfach ankurbeln? Aber als immer mehr Teile in immer kürzeren Fristen gefertigt werden sollten, stieg das Risiko, dass sich mehr und mehr Fehler einschleichen würden.[6]

Da war zum Beispiel die Windschutzscheibe, die viel größer war als die anderer Autos, weshalb das Team auf der ganzen Welt nach einem Lieferanten suchen musste. In Südamerika wurden sie dann letzten Endes fündig.

Auch die zweite Sitzreihe war eine Herausforderung. Damit die Insassen einen Aufprall möglichst unverletzt überstehen konnten, mussten die Sitze bestimmte Anforderungen erfüllen. In den meisten Autos sind die vier Ecken eines Sitzes am Boden verschraubt. Auch der Sicherheitsgurt ist oft an einer tragenden Säule verankert. Doch in Musks Vision für das Model X sollten die Insassen auch in der dritten Reihe mühelos einsteigen können. Das bedeutete, die Sitze der zweiten Reihe müssten fast schon im Auto schweben. Er wollte auf keinen Fall, dass die Sicherheitsgurte quer über den Einstieg in den Fond verlaufen. Deshalb mussten die Sitzreihen neu konstruiert werden. Letzten Endes konstruierten die Ingenieure Sitze, die mit einer eigenen Säule am Boden des Fahrzeugs verschraubt wurden. Das erwies sich jedoch als schwieriger als gedacht.*

Doch all diese Probleme waren nichts im Vergleich zu den hinteren Türen. Peter Rawlinson hatte Musk Ende 2011 ausdrücklich davor gewarnt, aber seine Worte waren längst in Vergessenheit geraten. Im Frühjahr 2015 tüftelte das Team noch immer an dem Mechanismus, mit dem sich die Türen wie Flügel eines Vogels nach oben öffneten. Die Hydraulik hielt den Tests nicht stand, da es dann im Fond zog wie verrückt.[7] Sterling Anderson, ein Wissenschaftler am MIT, der durch seine Forschung an autonomen Autos auf sich aufmerksam gemacht hatte, wurde Ende 2014 als Programmmanager für das Model X eingestellt und konstruierte insgeheim ein neues, weniger kompliziertes elektromechanisches System für die Türen. Musk sagte es zu, weshalb er die Änderung in letzter Minute anordnete.

Dass die hinteren Türen so spät verändert wurden, war riskant, denn dadurch ergaben sich zwangsweise auch Änderungen an der Karosserie, was wiederum die Herstellung neuer Gussformen bedingte. Normalerweise dauerte allein das neun Monate, dazu kämen dann weitere drei Monate, in denen die Werkzeuge immer wieder nachjustiert würden, damit die gefertigten Teile den Vorgaben auch wirklich entsprachen. Doch sie hatten kein ganzes Jahr dafür Zeit, schließlich sollte die Produktion schon in wenigen Monaten beginnen. All dies ereignete sich, während das Team in der Fabrik versuchte, von Gilbert Passins innovativen Gerätewagen auf ein echtes Fließband umzustellen, um die gestiegenen Produktionsanforderungen zu bewältigen. Man könnte auch

* Musk war schließlich so unzufrieden mit den Sitzen, dass er die Ingenieure anwies, eigene Sitze herzustellen – ein kostspieliger und zeitintensiver Prozess. Er wurde schließlich abgebrochen und die Sitze bei einer Fabrik unweit des eigenen Werks in Auftrag gegeben.

sagen, Tesla versuchte mal wieder, ein Flugzeug zu bauen, während es schon abhob.

In der Fabrik wurde einfach mit den alten Werkzeugen weitergemacht und bevor die offizielle Produktion begann, wurden flugs ein paar Dutzend SUVs für letzte Tests produziert, was um Haaresbreite misslungen war. Die Autos sahen einfach nur schrecklich aus, zwischen den einzelnen Teilen klafften große Spalten. Doch dem Team blieb ja nichts anderes übrig. Denn bei einer Veranstaltung zur Feier des Starts der Model-X-Produktion, die für Ende September 2015 geplant war, sollten zehn Fahrzeuge an die glücklichen Besitzer übergeben werden.

Die Fahrzeuge wurden in ein Lager gebracht und demontiert, nur damit Teams aus Designern und Ingenieuren die SUVs von Hand wieder zusammenbauen konnten. So manches Teil musste neu gefertigt werden. Arbeiter griffen zu Messern, um Türdichtungen von Hand nachzubearbeiten. Zwei Wochen lang arbeiteten sie rund um die Uhr, dann waren die ersten SUVs fertig. Doch noch am Morgen vor der Veranstaltung hatten nahezu alle Fahrzeuge den einen oder anderen Mangel. Die Generalprobe war ein Desaster – die Türen der meisten Fahrzeuge funktionierten nicht, wie sie sollten. Programmierer tippten hektisch auf ihren Laptops herum und versuchten verzweifelt herauszufinden, warum sie sich nicht öffnen ließen. Musk reagierte gelassen auf den ganzen Stress und spornte das Team an, alles zu tun, was für die Show nötig war. Zugleich machte er ihnen klar, dass nach der Show noch genug Zeit wäre, diese Probleme zu lösen.[8]

Am Abend der Show erschien Musk wie immer in seiner schwarzen Samtjacke, Jeans und in auf Hochglanz polierten Schuhen. Er begann seine Präsentation, auch das wie immer, mit einer Zusammenfassung, warum Tesla tut, was es tut. „Wir wollen zeigen, dass jedes Fahrzeugmodell mit einem elektrischen Antrieb versehen werden kann", sagte er. „Wir haben mit dem Roadster unter Beweis gestellt, dass es einen attraktiven Sportwagen geben kann, der mit Strom fährt. Genau das haben wir auch mit Limousinen gezeigt und jetzt ist es an der Zeit, Sie von einem Elektro-SUV zu überzeugen." Auf dieses Stichwort fuhren zu den Klängen elektronischer Tanzmusik die SUVs auf die Bühne.

Das Team hinter der Bühne hielt den Atem an, als es an der Zeit war, die Türen zu öffnen – im Prinzip der ultimative Funktionstest. Würden sie nicht funktionieren, wäre all ihre harte Arbeit umsonst gewesen und sie würden alle ihre Jobs verlieren.

Die Türen öffneten sich genau wie geplant.

Nicht anders als 2012, als Tesla den Produktionsstart des Model S feierte, war Tesla nicht im Ansatz so weit, die von Musk vollmundig angekündeten Produktionszahlen zu erfüllen. Er versprach der Wall Street, dass Tesla im letzten Quartal 2015 15.000 bis 17.000 Fahrzeuge herstellen würde, also etwa 1.250 bis 1.400 pro Woche.

Es war die Aufgabe von Produktionsleiter Greg Reichow und seinem Stellvertreter Josh Ensign, einem ehemaligen Armeeoffizier, der 2014 bei Tesla angefangen hatte, herauszufinden, wie man diese Zahlen in die Praxis umsetzen konnte. Während sie alles daransetzten, Musks hochgestecktes Ziel zu erreichen, spuckte die Fabrik ein nicht annähernd perfektes Fahrzeug nach dem anderen aus. Die Türen ließen sich nicht schließen, die Fenster funktionierten nicht. Bald quoll der Parkplatz über mit Hunderten von Autos, bei denen erst einmal die Mängel beseitigt werden mussten. Leider konnte niemand ganz genau sagen, woran das lag.

Für Arbeiter wie Ortiz kamen diese Probleme nicht überraschend. Es war, als ob Tesla mit dem neuen Anstrich der Fabrik auch Toyotas Unternehmenskultur abgeschafft hätte. Anstatt über langfristige Folgen nachzudenken, stellte Ortiz fest, dass sich seine Vorgesetzten auf kurzfristige Lösungen eingeschworen hatten. Wie schon beim Model S wurde die Arbeit an den verschiedenen Fertigungsstationen nicht standardisiert, die Prozesse wurden faktisch dem Zufall überlassen. Statt choreografierter Arbeitsschritte lief Ortiz um die Karosserie des Fahrzeugs herum und montierte unterschiedliche Teile. Ja, das war etwas völlig anderes als die effizienten und effektiven Methoden, die er gelernt hatte. Manchmal wollten die Teile einfach nicht passen. Er wies einen Vorgesetzten zum Beispiel auf einen Behälter mit kaputten Türteilen hin. Daraufhin hieß es, er solle ihn nach guten Teile durchsuchen. Manchmal hieß es aber auch, er solle diese Teile trotzdem verwenden, es wäre egal, ob sie noch brauchbar waren oder nicht. Seine Erfahrung spielte anscheinend keine Rolle.

Während Toyota das Fließband gestoppt hätte, sobald solche Probleme aufgetreten wären, musste Ortiz die Fahrzeuge bis zum Ende der Montagelinie durchwinken, wo sie dann nachbearbeitet wurden. Dort wurden die Teile dann entweder neu hergestellt oder von Hand repariert. Diese Plackerei war nicht nur zeitintensiv, sondern auch kräftezehrend. Die Folgen ließen nicht lange auf sich warten. Die Vorgesetzten stellten fest, dass die Zahl der Arbeitsunfälle stieg.

Im Jahr 2015 verzeichnete Tesla 8,8 Verletzungen pro 100 Arbeiter und übertraf damit den Branchendurchschnitt von 6,7.[9] Laut den Managern hingen viele davon damit zusammen, dass die Arbeiter immer die gleichen Bewegungen ausführen mussten. Ortiz fiel auf, dass die Schmerzen seiner Kollegen an Rücken und Armen durch eine ergonomische Haltung hätten vermieden werden können. Anders als Toyota hatte Tesla nicht darüber nachgedacht, beim Bau des SUV auch auf das körperliche Wohlergehen der Arbeiter zu achten. Die schicken Autositze in der zweiten Reihe sollten den Kunden Unannehmlichkeiten beim Festschnallens eines Kindersitzes ersparen, aber die Arbeiter mussten sich halb in der Fahrgastzelle verrenken, um die Autositze am Boden zu befestigen.[10] Die Schrauben lösten sich gern, weshalb sie von Hand festgezogen werden mussten.

Doch trotz dieser Schwierigkeiten verband die Arbeiterschaft ein kameradschaftliches Gefühl. Tesla wollte der Welt beweisen, dass E-Autos das einzig Wahre wären. Als sich das Jahr dem Ende zuneigte, versendete Ensign eine Rundmail mit der Nachricht, dass sie die nächsten 21 Tage durcharbeiten müssten, um das Jahresziel zu erreichen. Musk bestand darauf, es allen zu zeigen. Zumindest sollte es ganz danach aussehen.

Am Ende betrug die Gesamtproduktion von Tesla etwa 1.000 Autos weniger als ursprünglich geplant, aber die Anzahl der insgesamt verkauften Fahrzeuge – fast ausschließlich, weil das Model S wegging wie warme Brötchen – lag im Rahmen dessen, was Musk versprochen hatte. Tesla produzierte im letzten Quartal 2015 nur 507 SUVs, die meisten davon in den letzten Tagen des Jahres. Zu dieser Zeit gaben die Mitarbeiter Gas, um auf eine wöchentliche Stückzahl von 238 Fahrzeugen zu kommen. Musk dagegen erzählte den Investoren, dass sie auf dem besten Weg seien, bis Juni 1.000 Fahrzeuge pro Woche zu produzieren. Sein Führungsteam drängte ihn jedoch, sich zurückzuhalten, damit die Arbeiter wieder einmal verschnaufen konnten. Doch Musk befürchtete, dass niedrige Stückzahlen den Markt verschrecken würden. Er erklärte den Führungskräften, dass der Erfolg von Tesla auf der Wahrnehmung beruhte, dass die Nachfrage größer war als das Angebot. In dem Moment, in dem es anders aussah, wäre Tesla dem Untergang geweiht. Seine Geduld mit der Fabrik war am Ende. Es interessierte ihn nicht die Bohne, worauf das Chaos zurückzuführen war, zum Beispiel auf Entscheidungen, die Monate zuvor getroffen worden waren und die sich nun am Fließband zeigten. Ihn kümmerte einzig und allein, dass jemand das Chaos beseitigte – und zwar sofort.

Im Laufe des Jahres 2016 schien sein Geduldsfaden immer kürzer zu werden. Seine Investition in SolarCity war gefährdet, da die Quartalsberichte darauf hindeuteten, dass das Unternehmen inmitten eines branchenweiten Abschwungs im Solargeschäft knapp bei Kasse war. Seine Ehe mit der Schauspielerin Talulah Riley war am Ende – ein zweites Mal. Heimlich verbrachte er viel Zeit mit der Schauspielerin Amber Heard, die mit dem Schauspieler Johnny Depp verheiratet war. In jenem Frühjahr, als Depp wegen Dreharbeiten außer Landes war, besuchte Musk Angestellten zufolge Amber in der Eigentumswohnung des Paares in der Innenstadt von Los Angeles.[11] Musk soll die Wohnung spät in der Nacht betreten und erst am nächsten Morgen verlassen haben.* Musks Schlafgewohnheiten – besser gesagt sein Schlafmangel – waren nichts Neues für die leitenden Angestellten.

Dass er E-Mails mitten in der Nacht schrieb, war völlig normal. Er schien einer jener Menschen zu sein, die mit wenig Schlaf gut auskamen. Doch als seine Beziehung mit Heard intensiver wurde, musste Musk Führungskräften zufolge zusehen, wie er sie in seinem mehr als vollen Terminkalender unterbrachte.[12] Er flog scheinbar spontan mit seinem Jet nach Australien, wo die Dreharbeiten von „Aquaman“ stattfanden, in dem sie

* Musk sagte aus, dass ihre Beziehung erst begann, als Heard die Scheidung im Mai 2016 einreichte. Zuvor waren sie nur Freunde.

mitspielte, und flog schon sehr bald wieder zurück. Die Boulevardpresse entdeckte ihn und Heard in Nachtclubs in London und Miami.[13] Bei Besprechungen mit seinen Mitarbeitern bemerkte er beiläufig, dass ihm die Reisen zu schaffen machten. Es war ein offenes Geheimnis, dass er versuchte, Heard so oft wie möglich zu sehen.

„Schlafmangel macht ihm nichts aus, ein paar Stunden Schlaf in der Nacht reichen ihm, dass er zur Arbeit kann“, sagte ein langjähriger Mitarbeiter.[14] „Was ihn mehr gestresst hat, waren die vielen Reisen und die unterschiedlichen Zeitzonen.“

Trotz aller Schwierigkeiten, die Tesla hatte, war es in einem Punkt sehr erfolgreich: Es hatte vielen die Augen geöffnet, welche Möglichkeiten ein E-Auto bietet, und mit der Vorstellung aufgeräumt, dass traditionelle Autobauer den einzigen Schlüssel zum Erfolg in der Automobilbranche haben. So verwundert es nicht weiter, dass Apple, der größte Akteur im Silicon Valley, von dieser Entwicklung Kenntnis genommen hatte. Im Jahr 2014 begann der Tech-Riese insgeheim ein eigenes E-Auto-Projekt namens Titan und stellte dafür eine Reihe von erfahrenen Mitarbeitern ein. Doch schnell stand fest, dass die Entwicklung eines Autos schwieriger war als angenommen. Nachdem die Tesla-Aktie inzwischen wieder gefallen war und die Probleme mit dem Model X auch in der Öffentlichkeit bekannt wurden, witterte Apple-CEO Tim Cook seine Chance.

Tesla und Apple hatten eine komplizierte Beziehung. Musk bewunderte die Leistungen von Apple und stellte bevorzugt ehemalige Mitarbeiter von Apple ein. Seine Läden waren ganz nach dem Vorbild von Apple gestaltet, seine Designs waren vom iPhone inspiriert. Beide Unternehmen hatten einen kultähnlichen Status und eine riesige Fangemeinde, darunter gab es einige, die das Synergiepotenzial der beiden erkannten. Auf der Aktionärsversammlung Anfang 2015 wurde Cook von einigen Investoren angesprochen, die nichts gegen eine Hochzeit einzuwenden hätten. „Ehrlich gesagt, wäre ich gern Zeuge, wenn ihr Tesla aufkauft“, sagte einer von ihnen zu Cook, was das Publikum mit Lachen und Jubelrufen quittierte.

Eines der ersten Anzeichen, dass Apple an einem eigenen E-Auto arbeitete, war, als Cooks Team begann, Führungskräfte von Tesla abzuwerben und ihnen 60 Prozent mehr Gehalt bot und obendrein noch 250.000 US-Dollar bei Vertragsabschluss.[15] Das war mehr, als Tesla kommentarlos ertragen konnte. Musk erwiderte also das Feuer und behauptete öffentlich, dass Apple diejenigen abwarb, die nicht hart genug für Tesla waren. „Wir nennen Apple immer scherzhaft den ‚Tesla-Friedhof'", sagte er 2015 dem *Handelsblatt*.

Trotz dieses Kräftemessens wollte Musk wissen, was Cook dachte, weshalb eine Telefonkonferenz vereinbart wurde. Laut Mitarbeitern, die Musks Version dieses Telefonats kannten, wollte Cook ausloten, was Musk davon hielte, wenn Apple sich Tesla einverleibt. Musk bekundete ein gewisses Interesse, aber unter einer Bedingung: Er wollte CEO werden.

Cook erwiderte rasch, dass Musk natürlich auch nach dem Kauf durch Apple der CEO von Tesla bleiben würde. Nein, entgegnete Musk, er wolle CEO von Apple werden. Cook, der Apple seit dem Tod von Steve Jobs zum wertvollsten börsennotierten Unternehmen der Welt gemacht hatte, war wie vom Donner gerührt.

„Fuck you", sagte Cook noch, bevor er auflegte, wie sich Musk erinnerte. (Apple lehnte eine diesbezügliche Stellungnahme ab.)*

Unabhängig davon, ob Musks Gedächtnis ihm einen Streich spielt oder nicht, fällt es doch schwer, sich vorzustellen, dass Musk allen Ernstes CEO von Apple werden wollte. Vielmehr passte die Geschichte perfekt zu Musks Vision, dass sich Tesla und Apple auf Augenhöhe begegneten. Außerdem erfüllte sie noch einen anderen Zweck: Sie machte den leitenden Managern, die auf die Rettung durch Apple hofften, klar, dass sie alles noch einmal gründlich überdenken und den Schlamassel in der Fabrik in Fremont in Ordnung bringen müssten, sonst ...

Trotz dieser Nebenschauplätze konzentrierte sich Musk voll und ganz auf die Anforderungen in der Fabrik. Nicht anders als 2008, als die Rettung des Roadsters Musks persönlichem Einsatz zugeschrieben

---

* Cook sagte in einem Podcast der *New York Times* im Jahr 2021, er habe nie mit Musk gesprochen. Allerdings wurde Cook bei einem Treffen unter der Regie von Donald Trump im Jahr 2016 neben Musk sitzend fotografiert, und beide Führungskräfte waren gemeinsam in einem Beirat einer wirtschaftswissenschaftlichen Fakultät in China tätig.

wurde, setzte er alle Hebel in Bewegung und legte sogar hinter dem Fließband in Fremont eine Luftmatratze auf den Boden. Er machte auch in der Öffentlichkeit kein Geheimnis daraus, dass er in der Fabrik übernachtete.

Besonderes Kopfzerbrechen bereitete das Problem mit den Beifahrerfenstern des Model X, die beim Hoch- oder Herunterfahren ein schreckliches Geräusch von sich gaben. Es war allgemein bekannt, dass Musk empfindlich auf Gerüche und Geräusche reagierte – weshalb die Mitarbeiter, die in der Fabrik in seiner Nähe zu tun hatten, angewiesen wurden, die Sicherheitspiepser an den Transportkarren zu deaktivieren, sobald er auftauchte.[16] (Er mochte auch die Farbe Gelb nicht und bestand darauf, diese typische Sicherheitsfarbe wann immer möglich durch Rot zu ersetzen.)*

Eines späten Abends richtete er ein paar aufmunternde Worte an das Team, das das Model X überarbeitete. Er gab ihnen zu verstehen, dass er genau wisse, welches Opfer er von ihnen verlangte. Er hielt einen Moment inne, in seinen Augen standen Tränen. Er wisse aus eigener Erfahrung, welchen Preis die Familie für diesen Job zahle.

Diese Momente, in denen Musk seine emotionale Seite zeigte, motivierten seine Mitarbeiter. Eines muss man Musk lassen, er verlangte von niemandem, härter zu arbeiten, als er selbst es tat. Auch Ortiz räumte ein, dass Musks Anwesenheit dafür sorgte, dass die Teams zu Hochform aufliefen. Ein untrügliches Zeichen dafür, dass Musk sich in der Fabrik aufhielt, war, dass auf einmal Popcorn-Maschinen in der Nähe seines Schreibtisches standen. Auch die Manager schienen dann nervöser zu sein. All das erinnerte Ortiz an seine Zeit bei NUMMI, wenn jemand vom Arbeits- und Gesundheitsschutz zu einer Inspektion kam.

Doch die schwere Arbeit am Fließband machte den Männern und Frauen zu schaffen. Zwar lockte der Überstundenzuschlag, aber die Arbeitszeiten waren unzumutbar, weil sie nie wussten, wann sie antreten mussten. Ärgerlich auch, wenn sie an den Wochenenden ins Werk kamen,

---

* Musk hat dies bestritten, unter anderem in einem Tweet vom 21. Mai 2018: „Im Tesla-Werk gibt es buchstäblich Meilen von gelben Linien und Bändern."

nur um dann herumzustehen, weil wieder einmal bestimmte Teile nicht geliefert worden waren.

Da Ensign einen Aufstand der Arbeiter befürchtete, versprach er ihnen jeden Monat ein freies Wochenende. Wann das dann war, würden sie im Voraus erfahren. Dumm nur, dass Musk ausgerechnet am ersten planmäßig freien Wochenende wollte, dass es in der Fabrik zugeht wie in einem Bienenstock. Schließlich gab es ein Problem mit den kürzlich abgeänderten Scheinwerfern. Der Zulieferer in Mexiko hatte Schwierigkeiten mit der Produktion und schickte jeden Tag kleine Chargen per Flugzeug. Der Dominoeffekt war eine einzige Katastrophe. Hunderte von SUVs konnten nicht fertiggestellt werden. Musk war mehr als unzufrieden darüber, dass noch kein einziges Model X mängelfrei gebaut worden war.

Hinter dem Fließband gerieten Ensign und Musk eines Abends in einen hitzigen Streit über eine eventuelle Auszeit für die Arbeiter. Der Werksleiter gab zu bedenken, dass das Team sich dringend ausruhen müsse. Ensigns Argumente schienen Musk jedoch zu verärgern. „Ich könnte jeden Tag mit nackten Supermodels auf meiner eigenen Privatinsel abhängen und Mai Tais schlürfen, aber das mache ich nicht", sagte Musk. „Stattdessen bin ich hier und reiße mir den Arsch auf. Also will ich kein Wort davon hören, wie hart alle hier in der Fabrik arbeiten müssen."

Und damit ließ ihn Musk stehen. Später in der Nacht, als Musk seinen Rundgang durchs Werk fortsetzte, stieß er auf einen Arbeiter, der mit einem Fenster kämpfte, das dieses grauenhafte, kreischende Geräusch machte, das einem die Haare zu Berge stehen ließ. Musks schien vor Wut förmlich zu platzen – bis sich ein Arbeiter am Band zu Wort meldete. „Ich weiß, was man dagegen tun kann. Dann erklärte er, dass das Geräusch verschwinden würde, wenn er die Türdichtung leicht einritzen würde. Musk forderte ihn auf, ihm zu zeigen, was er meinte, und der Arbeiter tat es pflichtbewusst. Und tatsächlich, das Geräusch war weg.

Musk zeigte eine Reaktion, mit der wohl niemand gerechnet hatte: Er stürzte sich auf Ensign: *Wie zum Teufel kann es sein, dass jemand die Lösung für dieses Problem kennt?*

Ensign wollte vor dem ungelernten Fließbandarbeiter nicht darauf hinweisen, dass seine Ingenieure genau das Gleiche schon vor längerer Zeit ausprobiert hatten, nur um später frustriert festzustellen, dass das Problem nach ein paar Wochen erneut auftrat. Er sah keinen Grund, den Arbeiter in Verlegenheit zu bringen, der vor Musk wie ein Held dastand. Doch Musk war stinksauer. Musk befand sich im „Idioten-Modus", wie das einige Mitarbeiter nannten, als ob ein Schalter umgelegt worden war und Musk mit einem Mal klar war, dass ein Mitarbeiter unfähig war. Musk brüllte Ensign an: *Es ist völlig inakzeptabel, dass Sie jemanden in Ihrer Fabrik arbeiten lassen, der die Lösung kennt, und Sie das nicht einmal wissen!*

Das Team sah zu, wie Musk und Ensigns Chef, Greg Reichow, sich in einen Konferenzraum zurückzogen, wo sie eine hitzige Debatte führten. Schnell stand fest: Ensign wurde gefeuert. Reichow kündigte. Musk stand kurz vor der Markteinführung des Model 3 ohne Produktionsleiter da.[17]

Ein paar Wochen später feierte Musk, dass das erste Model X ohne jeden Mangel vom Band lief – um 3 Uhr morgens. Doch obwohl dieses Erfolgserlebnis alle beflügelte, schaffte Tesla sein Ziel von 1.000 Fahrzeugen pro Woche bis zum Quartalsende nicht. Dennoch sagte Musk den Investoren, dass das Unternehmen auf dem besten Weg sei, in der zweiten Jahreshälfte 50.000 Fahrzeuge zu produzieren – also ebenso viele, wie Tesla im gesamten Vorjahr hergestellt hatte.

Der Druck, die Produktion des Model X anzukurbeln, mag dazu beigetragen haben, Teslas Zahlen für die Wall Street aufzuhübschen, aber was das für die Käufer bedeutete, stand auf einem anderen Blatt. Das Auto strotzte vor Mängeln. Die jährlichen nationalen Verkaufszahlen von Teslas Fahrzeugen waren nicht hoch genug, um sich für den Qualitätsreport von J.D. Power zu qualifizieren. Er benennt, bei wie vielen Fahrzeugen innerhalb der ersten 90 Tage nach Kauf Probleme aufgetreten sind. (Tesla konnte seine eigene Aufnahme in die Studie verhindern, indem es die Bitte von J.D. Power ablehnte, seine Kunden in bestimmten Bundesstaaten wie Kalifornien und New York befragen zu dürfen – Bundesstaaten, die die Erlaubnis eines Autoherstellers erfordern.) Aber genügend Fahrzeuge außerhalb dieser Staaten lieferten J.D. Power Daten, die erste Annahmen zuließen. Es zeigte sich, dass Tesla unter den Luxusmarken am schlechtesten abschnitt und auch bezogen auf die gesamte Branche einen der letzten Plätze belegte.[18] Nur Fiat und Smart hatten noch mehr Probleme, wie aus der Tesla-spezifischen Studie hervorging, die zu diesem Zeitpunkt nicht im Detail veröffentlicht wurde, weil es sich überwiegend um Rohdaten handelte.*

Die Liste der Beschwerden war lang und reichte von außergewöhnlichen Fahrgeräuschen über falsch ausgerichtete Karosserieteile bis hin zu Schwierigkeiten beim Anlegen der Sicherheitsgurte. Trotzdem kam der Qualitätsreport zu dem Schluss, dass Fahrzeuge von Tesla mit ihren großen Touchscreens und ihrem leistungsstarken Elektroantrieb durchaus Vorteile hatten. Zusammenfassend könnte man sagen, dass Tesla seine Konkurrenten in den Bereichen in den Schatten stellte, von denen traditionelle Autobauer nichts verstehen, während Tesla in den Bereichen furchtbar schlecht abschnitt, in denen die Konkurrenz von jahrzehntelanger Erfahrung profitierte.

Obwohl also zahlreiche Kunden J.D. Power ihre nicht minder zahlreichen Probleme mitteilten, litt die Attraktivität der Marke Tesla nicht darunter. Tatsächlich schnitt sie bei der Markenbegeisterung besser ab als jeder Konkurrent. J.D. Power schloss seinen Report mit der Warnung, dass die anfänglichen Qualitätsmängel „sich bei steigenden Verkaufszahlen verstärken könnten und wenn andere Käufer von der Marke angezogen werden".

Ortiz verstand, woher diese Diskrepanz kam. Sein Sohn betete Musk als wahren Tech-Helden an und wollte unbedingt ein Autogramm von ihm haben. Er selbst erlebte jeden Tag aufs Neue, wie schlecht Tesla gemanagt wurde – was möglicherweise ein Spiel mit dem Feuer war. Oft kam ihm der Gedanke, dass die UAW eines schönen Tages ihren großen Tag in der Fabrik haben würde.

Im Sommer bekam er die Gelegenheit, diesen Gedanken einem Praxistest zu unterziehen. Er erhielt eine geheimnisvolle Einladung zu einem Treffen mit einigen alten Gewerkschaftskameraden am kommenden

---

* Offiziell nahm J.D. Power Tesla erst ab 2020 in seine Studie auf.

Wochenende. Er ging hin und traf stattdessen Gewerkschaftsorganisatoren der UAW, die aus Detroit kamen. Ohne Umschweife fragten sie ihn, ob er bei der gewerkschaftlichen Organisation von Tesla dabei sein wolle. Ortiz sah nun seinen großen Tag kommen, davon hatte er Jahre geträumt. Nichts leichter als das, dachte er sich, denn die Arbeiter waren dazu bereit. Er wollte an die glorreichen Jahre der UAW anknüpfen, als der Arbeiterkampf die Fließbänder von GM stilllegte.

„Ich wollte sie hinausbegleiten – das war das Ziel", sagte er. „Ich wollte die gesamte Belegschaft aus der Fabrik führen, so wie das früher gemacht wurde. Kein Streiten, keine Gespräche, kein Auszählen der Stimmen. Ihr erkennt uns und unsere Forderungen an und wir gehen zurück an die Arbeit. Wenn nicht, bleiben wir einfach hier stehen." Vielleicht würde er ja doch noch Leiter einer UAW-Ortsgruppe werden?

22

KURZ VOR DEM S-E-X

Ursprünglich sollte der Kompaktwagen von Tesla „Model E" heißen – E für E-Autos. Dabei gefiel Elon Musk auch, dass die Modellpalette seines Unternehmens dann S-E-X buchstabiert werden könnte. Sein Führungsteam musste über diesen Vorschlag laut lachen, aber nachdem Ford den Namen „Model E" bereits hatte schützen lassen, wurde nichts daraus. Also wurde aus dem „E" eine „3", ein durchaus passender Name für ein Auto der dritten Generation und die Anspielung funktionierte auch noch.

So wäre die Namenssuche für das neueste iPhone bei Apple bestimmt nicht abgelaufen. Bei Tesla war vieles anders, als Doug Field es bei seinem ehemaligen Arbeitgeber erlebt hatte, wo er Tausende von Ingenieuren bei der Entwicklung der neuesten Mac-Computer gemanagt hatte. Ihm wurde schnell klar: Tesla musste einiges ändern. Wenn der Autobauer Mainstream werden wollte, konnte er nicht mehr die gleichen Fehler machen wie beim Model S und Model X. Das Unternehmen war mittlerweile zu groß und der Einsatz zu hoch. Sollte es bei einem Auto, das für den Massenmarkt bestimmt war, zu den gleichen Verzögerungen kommen, müsste Tesla seine Pforten wohl für immer schließen. Seine Einstellung als

Produktionsleiter war ein klares Zeichen, dass es für Tesla höchste Zeit war, seinen Kinderschuhen zu entwachsen, das Leben als Start-up hinter sich zu lassen und zu einem echten Konzern zu reifen.

Als Field sich sein Büro in der Firmenzentrale in Palo Alto einrichtete, fiel ihm als Erstes die Einfalt des Unternehmens auf. Seit Peter Rawlinson unterschied man zwischen Auto-Jungs und Technik-Jungs (es arbeiteten überwiegend Männer bei Tesla). Die Fahrzeug- und Fertigungsingenieure – also die Auto-Jungs – stammten aus Rawlinsons Firma in L.A. und waren erst viel später ins Silicon Valley umgezogen. Viele von ihnen hatten für oftmals europäische Autobauer gearbeitet, einige hatten sogar einen britischen Akzent. Sie erschienen nicht mehr im Anzug in der Arbeit, verzichteten auf Krawatten und machten die obersten Hemdknöpfe auf. Ein Großteil von ihnen war zwischen 40 und 50 Jahren alt und lebte in noblen Vororten der Bay Area wie Pleasanton oder Walnut Creek.

Die Technik-Jungs kamen über JB Straubel zu Tesla. Sie waren die typischen Mitarbeiter eines Start-ups im Silicon-Valley, viele von ihnen waren eine ganze Generation jünger als die Auto-Jungs und hatten meist ihren Abschluss in Stanford gemacht. Sie trugen fast nur T-Shirts und schicke Sneaker und lebten in San Francisco oder Palo Alto.

Die Spannungen zwischen den beiden Fraktionen waren groß. Die Auto-Jungs hatten das Gefühl, dass es den Technik-Jungs an Respekt dafür fehlte, dass die Automobilbranche auf die harte Tour gelernt hatte, ein Auto zu bauen. Die Technik-Jungs dagegen hatten den Eindruck, dass es den Auto-Jungs an technischen Fähigkeiten fehlte und sie sich auf ihrer Erfahrung ausruhten. Wie eine Führungskraft über die beiden Gruppen so trefflich bemerkte: „Es gab keine einzige Unternehmenskultur-Achse, an der sich beide Gruppen gemeinsam ausrichteten.“[1]

Es musste sich dringend etwas ändern. Zusammenarbeit war angesagt, um eine Möglichkeit zu finden, all das, was jeder am Model S liebte, zu einem Bruchteil der Kosten zu realisieren. Doch dafür war ein Wechsel der Perspektive erforderlich. Jahre zuvor hatte Musk die Beherrschung verloren, wenn Ingenieure, die am Model S arbeiteten, mit ihm über Budgets sprachen. Er wollte, dass sie sich darauf konzentrierten, das bestmögliche Auto zu bauen, ohne Rücksicht auf die Kosten. Jetzt galt das nicht mehr: Field hatte einen anderen Auftrag. Tesla hatte mittlerweile ja bewiesen, dass es das beste Auto bauen konnte. Jetzt lautete Teslas Herausforderung, ein alltagstaugliches E-Auto zu bauen, das Geld einbrachte – ein Auto für alle. Das war der einzige Weg, wie Tesla von einer gewagten Idee zu einer echten Größe werden konnte.

Während einer frühen Besprechung mit seinem Team über das Model 3 zeigte Field mithilfe von Folien, welche Anforderungen anstanden. Die Basisversion müsste ab 35.000 US-Dollar verkauft werden, die Reichweite mit einer Akkuladung müsste mindestens 350 Kilometer betragen und das Auto müsste bei den Käufern die gleiche Kundenerfahrung und -begeisterung wie das Model S wecken. Würden diese Vorgaben erfüllt, versprach er, „werden wir die Welt verändern".

Der Basispreis von 35.000 Dollar war die alles entscheidende Größe, die optimale Preisklasse für Limousinen. Auch die Basisversion des 3er BMW und der C-Klasse von Mercedes wurden für diese Summe verkauft, während der Camry von Toyota etwas teurer war. Laut Edmunds betrug der durchschnittliche Preis für einen Neuwagen in den USA im Jahr 2015 33.532 US-Dollar. Ein voll ausgestattetes Model 3 wäre natürlich teurer und könnte auf diese Weise den Gewinn steigern.

Doch die Herausforderung war die gleiche wie ein Jahrzehnt zuvor, als Martin Eberhard zum ersten Mal darüber nachdachte, wie er den Tzero von AC Propulsions in ein Serienauto verwandeln könnte. Alles hing von den Kosten für die Batterien ab. Straubels Idee, eine Gigafactory zu bauen, und seine Partnerschaft mit Panasonic waren zumindest einmal ein Anfang. Tesla ging davon aus, dass eine Fabrik in der Nähe von Reno, Nevada, die Kosten um fast ein Drittel senken würde. Aber es musste noch so vieles mehr geschehen. Field musste sein Team dazu bringen, auch einmal über Dinge wie die Investitionsrendite nachzudenken – was absolutes Neuland war.

Field erzeugte aus den Verkaufsdaten ein Diagramm, das zeigte, wie sich die Herstellungskosten eines Autos auf die Verkaufszahlen auswirkten. Rein rechnerisch würde jeder US-Dollar, den sie dabei einsparten, 100 verkaufte Autos mehr im Jahr bringen. „Das kann ein einziger Dollar", erklärte er. „Ein Dollar bedeutet 100 Familien mehr, 100 Verbrenner weniger auf der Straße, 100 sicherere Menschen, glücklichere Menschen, die Spaß an ihrem Model S haben.“ Kurz gesagt, ihre Mission lautete, eine preiswertere Version des Model S zu bauen, ein sparsameres Modell, das den gleichen Fahrspaß und Komfort bot.

Abgesehen von der kostengünstigeren Herstellung der Batterie gäbe es ja noch die Möglichkeit, mehr Energie in die Batterien zu stecken und deshalb mit weniger Zellen auszukommen. Für das Model S wurden Lithium-Ionen-Zellen mit der Bezeichnung 18650 verwendet. Das Team von Chief Technology Officer JB Straubel wünschte sich etwas größere Zellen (21 x 70 mm), die es den Ingenieuren ermöglichen würden, ein größeres Innenvolumen zu erhalten und dadurch mehr Energie zu speichern. Sie suchten nach einem Weg, die gleiche Reichweite wie das Model S zu erreichen, aber mit 25 Prozent weniger Energie.

Diese Vorgabe war nur zu erreichen, wenn Tesla die Gesamteffizienz des Fahrzeugs verbessern würde. Fields Ingenieuren standen zwei Budgets für ihre Teile zur Verfügung. Sie sollten auch die Folgen ihrer Entscheidungen betrachten, sich also nicht nur fragen, was ein bestimmtes Teil kostet, sondern auch, wie sehr es das elektrische System des Autos belastet. Gesagt, getan. So stellte das Team zum Beispiel die Kosten für die Bremsen auf und errechnete auch die Energiekosten beim Beschleunigen und Abbremsen. Ein Kunststoffteil unter der Fahrzeugkarosserie würde vielleicht 1,75 US-Dollar in der Herstellung und 25 Cent in der Montage kosten, aber durch die bessere Aerodynamik würde sich die Reichweite ebenso sehr erhöhen wie durch eine zusätzliche Batterie für vier US-Dollar. Unterm Strich war das also ein Gewinn. Als das Team das Gewicht des Fahrzeugs reduzierte und die Aerodynamik verbesserte, stieg die Reichweite des Autos auf gut 500 Kilometer, also weit über das ursprüngliche Ziel.

Eine weitere Möglichkeit, Kosten einzusparen, war die Umstellung auf einen Fahrzeugrahmen aus Stahl anstelle des teuren Aluminiums, das im Model S verwendet wurde (auch wenn die Türen weiterhin aus Aluminium gefertigt würden). Auch im Innenraum wurde der Rotstift angesetzt und das typische Armaturenbrett mit seinen Anzeigen durch einen einzigen größeren Flachbildschirm in der Mitte ersetzt, auf dem sämtliche Daten über das E-Auto angezeigt werden.

Zudem entwickelten sie ein Lüftungssystem, das viel günstiger war als das bisherige und mit weniger Teilen auskam. Viele Autodesigner träumten seit Jahren davon, die runden oder rechteckigen Lüftungsdüsen im Armaturenbrett eines Autos abzuschaffen und durch eine elegantere Lösung zu ersetzen. Keiner hatte es je geschafft. Ein Ingenieur namens Joe Mardall, der zuvor bei McLaren Racing an der Verbesserung der Aerodynamik von Rennwagen gearbeitet hatte, bevor er 2011 zu Tesla wechselte, sollte es versuchen. Er hatte 2015 an der Entwicklung eines Luftfiltersystems für das Model X gearbeitet, das laut Tesla mindestens 99,97 Prozent der Feinstaubpartikel entfernte. Jetzt musste er einen Weg finden, den Luftstrom durch Ausströmer zu leiten, die nichts mit den üblichen, sperrigen Lüftungsdüsen gemein hatten. Er kam auf die Idee, die Luft über eine spezielle Luftführung durch einen schlanken und unaufdringlichen Schlitz im gesamten Armaturenbrett zu lenken. Damit gehörten die klassischen Lüftungsdüsen der Vergangenheit an. Dieses Projekt war sinnbildlich für das, was Tesla seit dem Model S versucht hatte: eine kleine Gruppe der klügsten Ingenieure zusammenzubringen und sie mit unkonventionellen Ideen scheinbar unlösbare Probleme lösen zu lassen.

Die Kosten zu senken war eine Sache. Der Albtraum, der im Frühjahr 2016 in der Fabrik in Fremont bittere Realität geworden war, machte deutlich, dass nicht nur die Fertigungskosten gesenkt werden mussten, sondern auch die Art und Weise, wie die Fahrzeuge von Tesla gebaut wurden. In dem Punkt waren sich Field und Greg Reichow, bevor er seine Kündigung einreichte, einig gewesen. Das Hauptproblem beim Produktionsstart des Model X waren die Änderungen in letzter Minute am Design und an der Konstruktion des SUV. Das Werk brauchte ausreichend Zeit, um sich mit den Teilelieferanten abzustimmen, um die Werkzeuge einzurichten, zu testen und dann fein abzustimmen, bevor die Produktion der Fahrzeuge anlief.

Um die Autokonstrukteure und die Werksingenieure auf den gleichen Stand zu bringen, lud Field sie alle zu einem Treffen abseits des Hauptsitzes in Palo Alto und der Fabrik in Fremont ein. An einem Freitag, an dem Musk in L.A. sein würde, nahmen etwa 50 Manager und Direktoren still und leise an einer ganztägigen Veranstaltung im Presidio teil, der ehemaligen Militärfestung in San Francisco mit einem herrlichen Blick auf die Bucht. Der Tag begann damit, dass Franz von Holzhausens Designteam und die technischen Leiter das Design für das Model 3 vorstellten und erklärten, welche Benutzererfahrung sie sich vorstellten. Sie verglichen es mit dem Model S, aber auch mit den Fahrzeugen der Mitbewerber in Deutschland und Japan, und gingen die Spezifikationen von den Abmessungen bis zur Leistung durch. Im Visier hatten sie den 3er BMW, den A4 von Audi und die C-Klasse von Mercedes-Benz. Nachdem geklärt war, wie das Auto aussehen und was es bieten sollte, widmeten sie ihre Aufmerksamkeit am Nachmittag der Fertigungsplanung. Leitende Produktdesigner führten sie durch den Prozess. Sie hatten eine Idee, wie sich in dem neu erworbenen Stanzwerk der Zeitaufwand für das Umrüsten von Werkzeugen und Maschinen reduzieren ließe.

Field nutzte zur Verdeutlichung, worum es ihm ging, eine einfache Metapher: Er wollte, dass seine Ingenieure sich als Landwirte betrachteten. Das Team könne viele Probleme vermeiden, wenn es sich jetzt die Zeit nähme, die Felder richtig zu bestellen, um dann eine erfolgreiche Ernte einzufahren. Die richtige Planung sei der Schlüssel zum Erfolg. Von Anfang an hatte Tesla damit zu kämpfen, sich auf mehr als eine Sache gleichzeitig zu konzentrieren. Das zeigte sich beim Bau des Roadsters, dann beim Model S und sogar jetzt, als die Produktion des Model X in der Fabrik in Fremont ein einziger Kampf war. Field warnte seine Ingenieure, eine ähnliche Situation bei der Markteinführung des Model 3 unbedingt zu vermeiden. In jedem Produktentwicklungsprozess, so sagte er ihnen, hätten die Ingenieure die Chance, gleich zu Beginn die Weichen für das Projekt zu stellen. Allerdings sei das die Phase, in der ein CEO oft am wenigsten aufpasse, sagte er. Doch wenn ein Produkt kurz vor der Fertigstellung steht und der CEO an nichts anderes mehr denkt, haben die Ingenieure kaum noch die Möglichkeit, Verbesserungen oder Kurskorrekturen vorzunehmen. Genau das war beim Model X der Fall. Musk lief in der Fabrik am Fließband entlang, war zutiefst unglücklich mit den Ingenieur- und Designentscheidungen, die Jahre zuvor getroffen worden waren, und forderte in letzter Minute Änderungen, die aufwendig wie auch kostspielig waren.

Musk war zwar nicht bei der Teambesprechung dabei gewesen und hatte die Botschaft gar nicht mitbekommen, aber mit einem Mal zeigte er Respekt vor der Komplexität der Fertigung. Als von Holzhausen in Hawthorne Designbesprechungen für das Model 3 abhielt, bemerkten die Manager, dass Musk jetzt einen ganz anderen Ton anschlug als vor Jahren, als sie mit der Entwicklung des Model X beschäftigt waren. Er mischte sich zwar immer noch ein, aber statt Luftschlösser zu bauen, verdeutlichte er den Einkaufs- und Fertigungsleitern, welche Auswirkungen ihre Entscheidungen hatten. Einige Manager, die den alten Musk schon lange genug kannten, fanden, dass er beim Model 3 weniger engagiert war als beim Model X. Natürlich verbrachte er viel Zeit in der Fabrik, aber er hatte Probleme zu Hause und anderswo.

Es war auch gar nicht mehr nötig, dass er großen Einsatz zeigte. Er hatte ein Führungsteam, bei dem es Klick gemacht hatte. Field schien die Entwicklung des Model 3 fest im Griff zu haben. In der Zwischenzeit erstellte das Fertigungsteam in Fremont einen ambitionierten Fertigungsplan, zu dem auch eine neue Montagelinie nur für das Model 3 gehörte. Sie spielten auch mit dem Gedanken, mehr auf Automatisierung zu setzen, um die Qualität zu verbessern. Der Produktionsbeginn war für Ende 2017 geplant, und bis zum Sommer 2018 sollten 5.000 Fahrzeuge vom Typ Model 3 pro Woche vom Band laufen. Bei diesem Tempo würden sie unter Berücksichtigung der üblichen Ausfallzeiten für Wartungsarbeiten etwa 260.000 Kompaktwagen pro Jahr produzieren können – ein wichtiger Meilenstein. In einer zweiten Phase könnten weitere Roboter angeschafft und weitere Teile der Montagelinie automatisiert werden, um das Ziel von 500.000 Fahrzeugen pro Jahr im Jahr 2020 zu erreichen.

Es war ein ehrgeiziger Plan, da waren sich alle einig. Doch der zweistufige Ansatz würde es ihnen ermöglichen, bei laufender Produktion bestimmte Prozesse weiter zu automatisieren – eine heikle und zeitintensive Angelegenheit. Außerdem könnte sich Tesla dadurch Einnahmen aus dem Model 3 sichern und so die Automatisierung finanzieren.

Der Schlüssel zu allem war jedoch, nicht die gleichen Fehler wie beim Model S und Model X zu machen: Die Fertigungsstraße konnte nicht erst errichtet werden, wenn schon die Produktion starten sollte. Tesla besserte bereits Tausende Fahrzeuge vom Typ Model X nach, deren Mängel es nicht gegeben hätte, wenn die Fertigungsstraße vor Aufnahme der Produktion zu Ende gedacht worden wäre. Sollten bei einer dreimal so hohen Stückzahl die gleichen Probleme auftreten, wären die Folgen für Tesla verheerend.

Während Field versuchte, die gesamte Belegschaft auf das gemeinsame Ziel einzuschwören, wollten einige Mitarbeiter ihren eigenen Weg gehen. JB Straubels Team in der Gigafactory hatte darüber diskutiert, wie man die Batteriepacks von Sparks zur Fabrik in Fremont transportieren könnte. Ein Vorschlag lautete, eine elektrische Eisenbahn zu entwickeln, die mit Batteriepacks betrieben würde. Der Gedanke wurde jedoch schnell wieder verworfen, stattdessen wurde über einen elektrischen Sattelschlepper nachgedacht, da die Kosten dafür eher zu stemmen waren. Das Team war begeistert. Straubel autorisierte sie hinter Musks Rücken, mit der Arbeit an einem Prototyp zu beginnen, um herauszufinden, ob das Vorhaben überhaupt machbar war. Dahinter steckte die Idee, eine kleine Flotte von Elektro-Lkws zu bauen, die zwischen den Fabriken pendelten. Außerdem wies er sein Team an, einen Lkw der Marke Freightliner zu erwerben, den sie dann umrüsten könnten. Er beauftragte Dan Priestley, einen jungen Ingenieur, das gesamte Fahrzeug auseinanderzunehmen und einen Prototyp zu bauen, der von einem halben Dutzend Batteriepacks aus dem Model S angetrieben wurde. Gesagt, getan. Das Team begann Testfahrten durchzuführen, lud den Lkw an Superchargern auf und staunte, wie schnell er beschleunigte.

Nach einer Weile standen sie jedoch vor einem Problem. Auf eigene Faust hatten sie ein völlig neues Produkt entwickelt, ohne auch nur ein Wort darüber zu verlieren. Fields Team konstruierte Fahrzeuge, Straubels Team sollte eine Batteriefabrik bauen. Außerdem mochte Musk keine Überraschungen – es sei denn, sie gingen von ihm aus. Straubel ging die Wette ein, dass der neue Schwerlaster Musk so beeindrucken würde, dass er ihm alles verzeihen würde. Er bat Musk eines Tages, mit nach draußen zu kommen, weil er ihm gern etwas zeigen wolle. Und da stand er nun, der Lkw, den sein Team gebaut hatte und der durch seine rasante

Beschleunigung beeindruckte – die mehr zu einem Sportwagen als zu einem schwerfälligen Lkw passte.

Musk blieb der Mund offen stehen. Doch er entschied, Straubel das Projekt zu entziehen (der ja mit dem Bau einer riesigen Fabrik mehr als genug zu tun hatte). Musk hatte andere Pläne: Für ihn war das neue Fahrzeugprogramm das Zuckerbrot, mit dem er Jerome Guillen zurücklocken wollte. Richtig, es war dieser Jerome Guillen, der sich Musks Vertrauen mit der Einführung des Model S erarbeitet hatte, bevor er als Leiter der Vertriebsabteilung am Rande der Erschöpfung laborierte und dann bei Tesla aufhörte.

Seit seinem Weggang im August 2015 hatte Guillen sich entspannt. Er war auf einem langen und abenteuerlichen Campingtrip quer durch die USA gereist und hatte gelegentlich Fotos aus fernen Orten an seine Freunde bei Tesla geschickt. Sie konnten sich nicht erinnern, ihn jemals so glücklich gesehen zu haben. Als Musk ihm anbot, wieder bei Tesla anzufangen, schien ihn das zu verunsichern. Gab es denn überhaupt einen Platz für ihn? Field unterstand die Entwicklung des Model 3 und Jon McNeill leitete Vertrieb und Service. Wofür brauchten sie ihn denn?

Musks Angebot reizte ihn aber. Guillen hatte zu Beginn seiner Karriere, also vor Tesla, in der Lkw-Branche gearbeitet. Könnte Tesla sich mit einem E-Lkw einen völlig neuen Markt erobern? Davon überzeugt, kehrte er im Januar 2016 als Projektleiter zurück und kam sich vor wie auf dem Abstellgleis, was ihm aber entgegenkam, weil es da schön ruhig war. Im Klartext bedeutete das aber, dass sie in jenem Winter nicht nur ein, sondern gleich zwei neue Fahrzeuge entwickelten und zugleich die Produktion des Model X begann. Der organisatorische Aufwand war enorm, aber genau auf diese Flexibilität wäre Tesla künftig angewiesen, wenn es sein Nischendasein beenden wollte.

An einem windigen Märzabend im Jahr 2016 standen Elon Musk, Doug Field, Jon McNeill und andere Führungskräfte hinter der Bühne des Tesla-Designstudios, wo Hunderte von Kunden und Fans darauf warteten, einen Blick auf das Auto zu werfen, das Musk schon so lange angekündigt hatte: das Model 3. Tage zuvor hatte Musk auf Twitter die Präsentation angekündigt und sogar Vorbestellungen für ein Auto entgegengenommen, das noch kein einziges Mal in freier Wildbahn zu sehen gewesen war.

Hinter den Kulissen sahen sich die Manager in den sozialen Medien Videos an, die Warteschlangen vor Tesla Stores in ganz Amerika zeigten. Und sie konnten die Augen nicht von einem Bildschirm lassen, der die aktuellen Anzahlungen in Höhe von je 1.000 US-Dollar anzeigte. Wow, sie konnten es nicht glauben. Inoffiziell lief eine Wette, wie viele Anzahlungen wohl eingehen würden. Als Tesla den Roadster vorgestellt hatte, hatten sie gehofft, 100 Käufer zu finden, die bereit waren, 100.000 US-Dollar dafür hinzublättern. Nach ein paar Wochen war es so weit gewesen. Für das Model S waren in den ersten Monaten nach seiner erstmaligen Präsentation 3.000 Vorbestellungen eingegangen. Aber das hier stellte alles in den Schatten. Zehntausende Menschen hatten das Auto vorbestellt, ohne es vorher auch nur einmal gesehen zu haben. Dann wurden es Hunderttausende. Das Team konnte nicht begreifen, was da geschah, und suchte nach Worten. Es war kaum zu fassen: Wenn man die von Tesla erwartete Stückzahl für das Model 3 zugrunde legte, dann waren allein durch die Vorbestellungen in dieser Nacht die ersten Jahre der Produktion komplett verkauft. Aus Erfahrung war zwar klar, dass nicht jede Vorbestellung in einen tatsächlichen Kauf münden würde, aber das Signal war eindeutig: Es gab ein riesiges Interesse. Field bedankte sich bei Musk dafür, dabei sein zu können.

Musk betrat unter großem Jubel die Bühne. „Sie haben es geschafft!", rief jemand aus der Menge. Feierlich enthüllte Musk das Model 3. Unter den Gästen waren auch Bonnie Norman, die Besitzerin des Roadsters (und jetzt des Model X), die als freiwillige Markenbotschafterin fungierte, und Yoshi Yamada, der Geschäftsführer von Panasonic, der sich für die Beteiligung seines Unternehmens an der Fabrik in Nevada eingesetzt hatte. Beide waren in Feierlaune.

Als das Model 3 auf die Bühne fuhr, fiel nicht seine kühle Ästhetik auf, sondern, dass es in vielerlei Hinsicht dem Model S ähnelte, wenn es auch etwas kleiner war und weniger elegante Proportionen hatte (am auffälligsten war der Effekt bei der Schnauze, die durch die kurze Frontpartie fast schon an eine Schildkröte erinnerte). Für viele der Anwesenden waren die Unterschiede zwischen dem Model 3 und dem Model S kaum zu erkennen.

Und genau das war ja das Verblüffende: Ein Auto mit einem Basispreis von 35.000 US-Dollar konnte ohne Weiteres mit seinem 100.000 US-Dollar teuren Vorgänger verwechselt werden. Der Abend war ein Coup, der seinesgleichen suchte.

Viele Führungskräfte bei Tesla verband die Erfahrung, wie es war, mit ihrem CEO zusammenzuarbeiten – oder mit anderen Worten, ihren Manager zu managen. Musk besprach sich weiterhin wöchentlich mit dem Führungsteam, in einer nervenaufreibenden Zeit, in der jeder Fehltritt böse Blicke von Musk nach sich zog. Der Umgang mit Musk war nicht immer einfach, aber immerhin gab es den Personalleiter Sam Teller, der ihn auf jeder Geschäftsreise begleitete und als Puffer zwischen Musk und allen anderen fungierte. Teller war einer der wenigen Menschen neben Musk, der über den Tellerrand hinausblicken konnte und ein untrügliches Gespür dafür hatte, wenn Tesla, SpaceX oder SolarCity Musk Kummer bereiteten. Wann immer neue Führungskräfte eingestellt wurden, lautete sein simpler Rat: Probleme sind eigentlich keine Probleme, sondern ganz normal. Musk verbringt fast seine ganze Zeit damit, Lösungen für alles zu finden, was schiefgelaufen ist. *Überraschungen* sind das Problem, denn Musk kann es nicht leiden, überrascht zu werden.

JB Straubel sah die Möglichkeit, interne Rivalitäten vor diesen Besprechungen zu entschärfen, indem er Teller als Vermittler einsetzte, der die Schlüsselfiguren zu Vorbesprechungen zusammenrief, damit sie ihre Differenzen erst einmal unter vier Augen klären konnten und bei ihrem Chef dann wieder als geschlossene Front auftraten. Sein Plan ging auf – bis Musk es herausfand. Keine Frage, dass ihm das gegen den Strich ging. Deshalb ordnete er unmissverständlich an, das Ganze zu beenden. Seine Topmanager sollten nicht hinter seinem Rücken gemeinsame Sache machen, sondern sich vor seinen Augen bekriegen. Dahinter steckte die Botschaft, dass Musk die Entscheidungsgewalt auf jeden Fall behalten wollte und dass es in seinem Unternehmen keine ausgemachten Sachen geben würde.

Mal abgesehen von solchen Problemchen kam Musk in der Woche nach der Präsentation des Model 3 freudestrahlend in die Tesla-Zentrale.

Sein Führungsteam saß in dem gläsernen Konferenzraum nahe seinem Schreibtisch und konnte nicht fassen, wie viele Vorbestellungen noch immer eingingen und ihre kühnsten Erwartungen weit übertrafen. Doch die Freude schlug bald in Anspannung um. Trotz der fröhlichen Stimmung traf Musk eine Entscheidung, vor der sich sicherlich alle Anwesenden gefürchtet hatten: Er wollte die Produktion des Model 3 beschleunigen.

Der Plan, den sie in den letzten Monaten aufgestellt hatten, sah vor, dass die Produktion Ende 2017 beginnen sollte. Bereits Monate vorher sollte eine neue Montagelinie eingerichtet und getestet werden, damit sicher war, dass an jeder Arbeitsstation alle paar Sekunden ein Arbeitsschritt nach dem anderen erledigt werden konnte.

Dieser Plan beinhaltete auch Umsatz- und Gewinnschätzungen. Teslas jetziger CFO, Jason Wheeler, der im Spätherbst 2015 die Rolle von Deepak Ahuja übernommen hatte, prognostizierte, dass sich der Umsatz im Jahr 2018 gegenüber 2016 mehr als verdoppeln und dass Tesla im Jahr 2017 mit 258,9 Millionen US-Dollar seinen ersten beträchtlichen Gewinn erwirtschaften würde, und fast 900 Millionen US-Dollar im Jahr 2018. Für das Jahr 2020, in dem laut Musk 500.000 Fahrzeuge ausgeliefert werden sollten, ging Wheeler von einem Umsatz von 35,7 Milliarden US-Dollar und einem Gewinn von 2,19 Milliarden US-Dollar aus. Dank dem Model 3 war Tesla auf dem besten Weg, sich zu einem wahren Autobauer zu mausern.

Doch mit einem Mal war das für Musk nicht mehr gut genug. Dieser Plan bedeutete, dass die ersten Jahre der Produktion allein für die Vorbestellungen draufgingen. Bis das Unternehmen diesen Rückstand abgearbeitet hätte, würde das Fahrzeug ja schon zum alten Eisen zählen. Die gigantische Zahl an Vorbestellungen signalisierte der Welt auch, dass es eine riesige Nachfrage nach Elektrofahrzeugen gab, was die Mitbewerber sicherlich dazu bewegen würde, mit ihren noch unausgegorenen Plänen Ernst zu machen.

Was Musk nicht direkt gesagt hatte, wohl aber gemeint haben dürfte, war, dass Tesla schon wieder das Geld auszugehen drohte. Die Lieferverzögerungen beim Model X verschlangen viel Geld. Beim Kassensturz Ende März ergab sich ein Bestand von immerhin 1,5 Milliarden US-Dollar, doch diese Summe war größtenteils auf die revolvierende Kreditlinie (im Wesentlichen eine Firmenkreditkarte) zurückzuführen. Zwar schrieb Tesla schwarze Zahlen und verfügte über wesentlich mehr Kapital als noch vor ein paar Jahren, aber dennoch wäre das Unternehmen zum Jahresende pleite. Es blieb also nur, entweder die Produktion des Model X anzukurbeln oder sich mehr Geld von den Investoren zu beschaffen.

Würde die Produktion des Model 3 hochgefahren, nähme auch der finanzielle Druck unweigerlich zu. Je früher Tesla also 5.000 Fahrzeuge pro Woche produzieren könnte, umso schneller würden Einnahmen fließen, die es für den laufenden Betrieb dringend brauchte. Doch das Team war geteilter Meinung darüber, ob es wirklich so klug wäre, die Fertigung voranzutreiben. Schließlich hatte sich beim Model X gezeigt, was alles schieflaufen konnte. Vor allem Field sprach sich vehement dagegen aus. Auch Straubel war mehr als besorgt und sagte, er sei nicht sicher, ob er die Gigafactory rechtzeitig auf Vordermann bringen könne, um die Nachfrage zu befriedigen.

Musk wollte nicht nachgeben. Für ihn war das keine Diskussion. Seine Entscheidung war längst gefallen.

Field behielt seine Meinung darüber für sich. Er trommelte sein Team zusammen und riet den Mitgliedern, sich für die Anforderungen der nächsten Zeit zu wappnen. „Ihr arbeitet jetzt für ein ganz neues Unternehmen, in dem nichts mehr ist, wie es einmal war.“[2]

Da Reichow und Josh Ensign nicht mehr für Tesla arbeiteten, berichtete die Produktion direkt an Musk, während der Vertrieb an Jon McNeill berichtete. Ein ganzer Trupp von Managern musste also ohne jeden Puffer mit einem launischen CEO klarkommen. Shen Jackson, ein Fertigungsingenieur, schlug einen 3-Phasen-Plan vor, der eine Steigerung der Produktion von 5.000 Stück pro Woche auf 10.000 bis 20.000 vorsah. Doch Musk genügte das nicht. Er wollte mit der Fertigung des Model 3 im kommenden Sommer beginnen, also etwa sechs Monate früher als ursprünglich geplant. Und nicht nur das: Musk wollte wesentlich mehr Fahrzeuge produzieren, als je geplant war.

Das Fertigungsteam hatte eine Idee, wie mit den Engpässen an verschiedenen Arbeitsstationen umgegangen werden könnte. Man müsste

Pufferstationen einrichten, in denen einige Autos gleichzeitig gefertigt werden konnten. Immer wenn eine kritische Arbeitsstation ausfiel, konnten sie die Arbeiter weiter hinten in der Fertigungsstraße einfach weiterarbeiten lassen, ohne das Fließband abschalten zu müssen.[3] Der Vorschlag ergab durchaus Sinn, aber Musk lehnte ihn ab. Wenn die Fertigungsstraße perfekt geplant sei, gebe es keinen Grund für solche Manöver.

Einige Manager fingen an, zurückzuschlagen, darunter einer der Leiter der Lackiererei, der Musk ins Gesicht sagte, dass sein Vorhaben ein Ding der Unmöglichkeit wäre. Musks Antwort? Er solle sich einen anderen Job suchen, er sei gefeuert.[4] Er war nicht der Einzige, der auf die harte Tour lernen musste, besser den Mund zu halten, wenn er seinen Job behalten wollte.

Auch die Zulieferer äußerten Bedenken. Die Manager von Panasonic waren geradezu schockiert von dem neuen Zeitplan. Sie taten sich immer noch schwer damit, das Werk in Nevada auf die Beine zu stellen, da es immer wieder zu Pannen kam. Der Strom fiel immer wieder aus und neue Mitarbeiter, die noch nie zuvor in der Produktion tätig gewesen waren, mussten alle Abläufe von Grund auf erlernen.[5] Doch Musk ließ sich davon nicht abschrecken.

Am 4. Mai kappte er das Sicherheitsnetz. In einem Brief an die Aktionäre und einer Telefonkonferenz mit Analysten gab er den Investoren bekannt, dass Tesla seine Pläne, 500.000 Fahrzeuge pro Jahr zu produzieren, von 2020 auf 2018 vorverlegt hätte und im Jahr 2020 eine Million E-Autos herstellen wolle.

Die Zahlen waren unglaublich. Bei der Frage-Antwort-Runde mit den Journalisten bat Phil LeBeau, der langjährige Automobil-Korrespondent von *CNBC*, um Klärung. „Ist das ein Produktionsziel oder mehr eine hypothetische Größe?“

Tesla würde 2018 mehr als 500.000 Fahrzeuge produzieren, erwiderte Musk, im Jahr darauf rechne er mit einem Wachstum von rund 50 Prozent, bis dann im Jahr 2020 eine Million Fahrzeuge produziert würden. („Ich meine“, sagte er und relativierte seine Aussage damit ein wenig, „davon gehe ich mal aus.“)

Musk teilte den Investoren mit, dass die Zulieferer angewiesen worden waren, die Serienproduktion am 1. Juli 2017 zu beginnen. Er räumte ein, dass die volle Kapazität erst nach ein paar Monaten erreicht sein würde, da Tesla noch ein paar Probleme in den Griff bekommen müsse. „Damit wir die Serienfertigung des Model 3 bis Ende 2017 schaffen, bleibt uns nichts anderes übrig, als den Beginn auf Mitte 2017 zu legen und uns intern und extern ranzuhalten, damit es Ende 2017 wirklich losgehen kann", sagte Musk. „Grob geschätzt würde ich also sagen, dass wir 100.000 bis 200.000 Fahrzeuge in der zweiten Hälfte dieses Jahres produzieren wollen."

Den potenziellen Käufern gab er einen Rat mit auf den Weg: Jetzt sei die beste Zeit, eine Bestellung aufzugeben. „Sie müssen sich keine Gedanken darüber machen, [...] dass Sie Ihre Bestellung jetzt aufgeben und das Auto erst in fünf Jahren erhalten. Wenn Sie jetzt bestellen, ist die Wahrscheinlichkeit groß, dass Sie Ihr Auto tatsächlich 2018 erhalten."

Er hatte es jetzt also öffentlich bekannt gegeben: Das Model 3 würde schon in einem Jahr vom Fließband rollen und auf den Straßen zu sehen sein. Die Würfel waren gefallen.

23

KURSÄNDERUNG

Der 40-jährige Joshua Brown aus Ohio fuhr an einem Samstag Anfang Mai 2016 kurz nach 16:30 Uhr auf einem geteilten Highway südlich von Gainesville, Florida, als sein Model S geradewegs in einen die Fahrbahn querenden Lastzug knallte. Sein E-Auto, das mit einer Geschwindigkeit etwa 120 Stundenkilometern unterwegs war, bremste nicht ab, sondern geriet unter den Auflieger, wobei das Dach des Fahrzeugs abrasiert wurde. Der Tesla fuhr nach der Kollision unter dem Anhänger durch, kam dann von der Straße ab, durchbrach zwei Zäune, streifte einen Mast und kam erst 30 Meter von der Straße entfernt im Vorgarten eines Hauses zum Stehen. Brown starb noch an der Unfallstelle.[1] Der Lkw-Fahrer blieb unverletzt. Obwohl die Behörden sagten, dass der Lkw-Fahrer die Vorfahrt nicht beachtet hatte, stellte sich sofort die Frage: Warum hat Brown, der auf einer geraden Straße ohne Hindernisse unterwegs war, keinen offensichtlichen Versuch unternommen, das Fahrzeug zum Stehen zu bringen oder auch nur zu verlangsamen, als ein riesiger Lkw die Fahrbahn kreuzte? Die Tatsache, dass das Fahrzeug weiterfuhr, deutete darauf hin, dass es einen fatalen Fehler in der neuen Hightech-Funktion geben könnte, die gerade erst auf den Markt gekommen war.

Die Behörden brauchten Monate, um den Unfall zu untersuchen. Tesla jedoch konnte die Daten sofort abrufen und wusste bald nach dem Unfall, dass Autopilot, die Software zur Fahrerunterstützung, zum Zeitpunkt des Unfalls tatsächlich in Betrieb war. Während des größten Teils seiner 41-minütigen Fahrt von der Westküste des Bundesstaates hatte Brown das System eingeschaltet und siebenmal, insgesamt 25 Sekunden lang, mit leichtem Druck das Lenkrad berührt, um dem System mitzuteilen, dass er die Kontrolle über das Fahrzeug hatte. Die längste Zeit, die zwischen den Warnhinweisen, dass er das Lenkrad berühren müsse, verging, waren fast sechs Minuten. Während der Fahrt hatte er insgesamt fast zwei Minuten lang Warnungen erhalten, das Lenkrad wieder zu berühren. Zwei Minuten vor dem Aufprall hatte das System die letzte Bewegung des Lenkrads registriert. Es unternahm keinen Versuch, das Model S anzuhalten.[2]

Der Unfall kam für Musk zu einem denkbar ungünstigen Zeitpunkt. Nach dem Hype um das Model 3 nur wenige Wochen zuvor war er wieder im Rennen und versuchte, Geld für die Produktion dieses Autos einzutreiben. Außerdem arbeitete er insgeheim mit seinem Cousin Lyndon Rive, dem CEO von SolarCity, daran, einen Weg für Tesla zu finden, das angeschlagene Solarunternehmen zu kaufen, das schon lange unter dem Beschuss von Leerverkäufern stand, die dessen Geschäftsidee infrage stellten. Das unglückliche Zusammentreffen dieser drei Ereignisse stellte für Tesla eine ernsthafte Gefahr dar, das Model 3 wie angekündigt auf den Markt zu bringen.

Jahrelang hatte Musk es irgendwie geschafft, die Anforderungen als Chef von Tesla und SpaceX unter einen Hut zu bringen und gleichzeitig als Vorsitzender von SolarCity zu fungieren. Es war nicht einfach gewesen, vor allem im Jahr 2008, als Tesla und SpaceX beide in Schwierigkeiten steckten. Als sich 2016 der Winter endlich verabschiedete und es Frühling wurde, sah es nicht gut aus für sein ausgeklügeltes finanzielles System – was ja nichts Neues war. Teslas Präsentation des Model 3 hatte ihn darin bestärkt, in der Hoffnung weiterzumachen, dass alles gut werden würde. Der monatelange Kampf, das Model X endlich produzieren zu können, hatte das Unternehmen finanziell ausgelaugt. Gleichzeitig lief das Geschäft von SolarCity immer schlechter.

Anfang 2016 überraschte Musk seinen neuen CFO bei Tesla, Jason Wheeler, mit einem Anruf am frühen Samstagmorgen. Im Hintergrund ging es ziemlich laut zu, als ob Musk im Flugzeug saß. Die Anweisungen waren jedoch klar. Musk wollte eine Dringlichkeitssitzung des siebenköpfigen Verwaltungsrats von Tesla einberufen. Überraschenderweise wollte er, dass Wheeler ein Angebot ausarbeitete, wie eine Übernahme von SolarCity durch Tesla aussehen könnte. Er hatte 48 Stunden Zeit dafür.[3]

Wheeler hatte keine Ahnung, dass Musk das Wochenende mit Rive in Lake Tahoe verbrachte. SolarCity steckte in Schwierigkeiten, und wenn dem so war, galt das auch für Musks restliches Geschäftsimperium. Musks Anruf bei seinem CFO an jenem Februarmorgen erfolgte etwa einen Monat nachdem Musk und sein Cousin über Möglichkeiten nachgedacht hatten, wie SolarCity Geld sparen könnte. Das Unternehmen schloss das Jahr 2015 mit einem Plus von 383 Millionen US-Dollar ab. Im Kleingedruckten eines revolvierenden Kredits, der dem Unternehmen sein Geschäft erst ermöglichte, war zu lesen, dass SolarCity einen durchschnittlichen monatlichen Bargeldbestand von 116 Millionen US-Dollar ausweisen musste. Bei einer Unterschreitung geriete das Unternehmen sofort in Verzug, was zu Ausfällen bei der Tilgung anderer Kredite führen könnte und öffentlich bekannt gegeben werden müsste. Das wiederum könnte die Zahlungsfähigkeit von SolarCity gefährden. Da die Finanzen von SolarCity mit denen von Tesla verflochten waren, könnte ein solcher Ausfall es Tesla schwer machen, seinerseits neue Kredite aufzunehmen, die das Unternehmen aufgrund der Verzögerung des Model X und der steigenden Kosten für die Markteinführung des Model 3 dringend brauchte.

Der Gedanke, bei den Vorbereitungen für das Model 3 unnötige Risiken einzugehen, lastete schwer auf Wheeler, der einige Monate vorher bei Google, wo er als Vice President of Finance tätig gewesen war, aufgehört und bei Tesla angefangen hatte. Er war der Nachfolger von Deepak Ahuja, der sich nach sieben zermürbenden Jahren an der Seite von Musk dazu entschlossen hatte, seinen wohlverdienten Ruhestand anzutreten. Wheeler und sein Team arbeiteten das ganze Wochenende an dem Bericht über die Auswirkungen des Kaufs von SolarCity durch Tesla.

Das Ergebnis war weniger schön: SolarCity war im Grunde nichts anderes als ein Unternehmen, das Geld vernichtet. Ein Zusammenschluss der beiden Unternehmen würde Teslas Schuldenlast fast verdoppeln und könnte sich als riskantes Manöver erweisen. Wheeler fasste seine Zahlen für den Verwaltungsrat in einer Präsentation zusammen, die er Projekt Ikarus nannte. Die Kurzversion: Ein solcher Deal würde Teslas Aktien einen gewaltigen Wertverlust bescheren. Der Verwaltungsrat war sich einig, dass ein Kauf im Moment keine gute Idee war, zumal die Fabrik in Fremont weiterhin Probleme hatte, die Produktion des Model X hochzufahren. Aus diesem Grund wurde das Projekt auf Eis gelegt.

Im Mai, kurz nach dem Hype um das Model 3, waren die Weichen bereits gestellt, als Tesla sich an die Aktionäre wandte, da es dringend weiteres Kapital benötigte. Die wachsende Zahl von Kunden, die eine Anzahlung leisteten, lieferte Musk einen guten Grund für weitere Investitionen: Tesla musste die Produktion von immer mehr Autos finanzieren. Seine Manager drängten ihn einstimmig dazu, doppelt so viel Geld wie ursprünglich geplant zu beschaffen, denn damit hätten sie ein finanzielles Polster und könnten das Model 3 so schnell auf den Markt bringen, wie Musk gefordert hatte.[4] Doch er wollte nichts davon wissen (auch, weil damit sein eigener Anteil verwässert würde). Stattdessen beantragte Tesla am 18. Mai den Verkauf von Aktien, um 1,4 Milliarden US-Dollar aufzubringen.

Weniger als zwei Wochen später, bei einer privaten Quartalsversammlung des Verwaltungsrats von Tesla, sprach Musk erneut die Idee an, SolarCity zu kaufen. Diesmal zeigte sich der Verwaltungsrat, in dem mehrere Mitglieder vertreten waren, denen der Erfolg von SolarCity am Herzen lag, offen dafür und ermächtigte Tesla, einen möglichen Kauf zu prüfen und Berater zu beauftragen, die dabei helfen sollten.

Jahrelang hatten Musk und einige Mitglieder des Verwaltungsrats, wie der frühe Investor Antonio Gracias, darüber gesprochen, die beiden Unternehmen unter einem Dach zu vereinen, zumal Tesla und SolarCity zunehmend zusammenarbeiteten. Im Jahr 2015 plante JB Straubel, Teslas CTO, einen weiteren neuen Geschäftszweig für den Autobauer: den Verkauf von großen Batteriepacks für Privathaushalte und gewerbliche Räume. Sie sollten die Solarkunden ansprechen, die die tagsüber erzeugte

Energie nachts nutzen wollten. Die Idee, Tesla um einen Solarzweig zu erweitern, wurde dem Verwaltungsrat des Autobauers bereits 2006 vorgeschlagen, also noch vor der Gründung von SolarCity, aber er lehnte sie damals ab. Kimbal Musk, Elons Bruder und ebenfalls im Verwaltungsrat von Tesla, hatte den anderen Verwaltungsratsmitgliedern vorgeworfen, zu kurzsichtig zu sein.

Die Idee gewann Anfang 2015 an Gewicht, als der Verwaltungsrat von Tesla die Baustelle der Gigafactory in Sparks besuchte, wo Musk und Straubel gemeinsam mit Panasonic Millionen von Batteriezellen und -packs bauen wollten. Als sie sich die riesige Baustelle ansahen, wurde vielen die Tragweite der anstehenden Entscheidung erst richtig bewusst.[5] Hatte sich Tesla erst einmal so positioniert, dass es Batteriepacks bauen und sie als Teil von Solarpanelsystemen verkaufen könnte, wäre es in der Lage, das gesamte Kundenerlebnis zu kontrollieren. Für Verwaltungsratsmitglieder wie Gracias kristallisierte sich allmählich heraus, dass sie auf eine neue Ära des Unternehmens zusteuerten: das Geschäft mit dem Speichern elektrischer Energie.

Am 20. Juni, weniger als einen Monat nachdem er die Erlaubnis erhalten hatte, den vorgeschlagenen Deal zu prüfen, berief Musk eine Sondersitzung des Verwaltungsrats ein. Diesmal traf man sich am frühen Nachmittag in der Fabrik in Fremont.

Während die Anwesenden über eine mögliche Übernahme diskutierten, äußerte CFO Wheeler erneut Bedenken. Er befürchtete, dass die Fusion dazu führen würde, dass Tesla in Zukunft mehr Geld für Kredite ausgeben müsste. Laut den Protokollen der Berater wurde unter anderem über die Auswirkungen diskutiert, die Leerverkäufe wie die von Jim Chanos auf den Aktienkurs haben könnten.

Der Verwaltungsrat beschloss, dass sein Mitglied Robyn Denholm – die gerade als Chief Operational Officer zum australischen Telekommunikationsriesen Telstra gewechselt war und kurz davorstand, dort zur CFO ernannt zu werden – vor die Investoren treten sollte, um darzulegen, warum ein Zusammenschluss beider Unternehmen durchaus Sinn ergab. Sie galt als eines der wenigen Verwaltungsratsmitglieder ohne jegliche Verbindung zu SolarCity (anders als Gracias, der zugleich Investor und

Verwaltungsratsmitglied war). Als sich das Gespräch allmählich um den Preis drehte, war Musk der Ansicht, die Summe müsse in der Öffentlichkeit vertretbar sein. Was die Verhandlungstaktik angeht, sagte Musk der Gruppe: „Ich verhandle nicht."[6]

Er verließ zusammen mit Gracias den Raum, was als Zugeständnis ihrer Interessenkonflikte gewertet wurde. Die Gruppe einigte sich auf eine Spanne von 26,50 bis 28,50 US-Dollar pro Aktie – was einer Bewertung von SolarCity von bis zu 2,8 Milliarden US-Dollar entsprach. Tesla schickte schnell einen formellen Brief an Rive von SolarCity und veröffentlichte am nächsten Tag nach Börsenschluss in New York einen Blogeintrag auf der Webseite von Tesla, in dem das Angebot angekündigt wurde.

„Teslas Mission war schon immer mit Nachhaltigkeit verbunden", begann der Beitrag.[7] „Es ist nun an der Zeit, das Bild zu vervollständigen. Unsere Kunden können umweltschonende Autos fahren und können unsere Akkus nutzen, um die Energie noch effizienter zu nutzen, aber sie brauchen immer noch Zugang zu der nachhaltigsten Energiequelle, die es gibt: die Sonne."

Die Reaktion der Anleger war unmittelbar und unmissverständlich. SolarCity verzeichnete eine Wertsteigerung von 15 Prozent, ein hoffnungsvolles Zeichen für ein Unternehmen, dessen Aktien in den vergangenen zwölf Monaten um mehr als 60 Prozent gefallen waren. Die Aktien von Tesla dagegen stürzten ab. Die Bewertung des Autokonzerns fiel um 3,38 Milliarden US-Dollar.

Der Wirtschaftssender *CNBC* wusste genau, an wen er sich mit der Nachricht über den SolarCity-Deal und Teslas Absturz wenden musste. Er unterbrach seine Nachmittagsberichterstattung mit der grellen Einblendung dieser Eilmeldung und einem Kommentar von Jim Chanos dazu: „Teslas dreiste Rettungsaktion von SolarCity ist ein beschämendes Beispiel für die wohl schlimmste Art der Unternehmensführung." Für Chanos ging es aber um viel mehr. Während Tesla einen Verlust hinnehmen musste, stiegen die SolarCity-Aktien – eine schlechte Nachricht, wenn man wie Chanos auf das endgültige Aus von SolarCity gewettet hatte.

Doch es waren nicht nur die Leerverkäufer, die den Deal kritisierten. Teslas Berater, eine Firma namens Evercore, begann, die negativen

Kommentare von Branchenanalysten zu sammeln, die von Investoren zur Einschätzung des Marktes verwendet werden. „In Ermangelung einer detaillierten Erklärung (zu diesem Zeitpunkt) tun wir uns schwer, Marken-, Kunden-, Kanal-, Produkt- oder Technologie-Synergien zu sehen", schrieb ein Analyst von J.P. Morgan. „Wir glauben, dass diese Fusion möglich ist, aber auch ziemlich problematisch und mit großen Risiken die Finanzierung betreffend behaftet", kommentierte ein Analyst von Oppenheimer. Und das schärfste Urteil kam von Adam Jonas von Morgan Stanley, dem Analysten, dessen Begeisterung für Tesla zu seiner Rückkehr aus London in die USA beigetragen hatte: „Wir sind überzeugt, dass Teslas wertvollstes Kapital das Vertrauen ist, das seine Kapitalgeber zu ihm haben. Selbst ein gescheiterter Deal könnte hinsichtlich der Fragen der Investoren zur Unternehmensführung ‚Spuren' hinterlassen und den Preis in die Höhe treiben, den Investoren als Gegenleistung, Tesla weiterhin Kapital zu beschaffen, fordern könnten."

Inmitten dieser Attacken auf Tesla kündigte die National Highway Traffic Safety Administration, die zivile US-Bundesbehörde für Straßen und Fahrzeugsicherheit, die ärgerliche und kostspielige Rückrufaktionen anordnen kann, an, dass sie eine Untersuchung des tödlichen Unfalls in Florida einleiten würde. Carol Loomis vom Magazin *Fortune* fragte, warum Tesla den Unfall nicht offengelegt hatte, als das Unternehmen elf Tage später Geld beschaffen wollte.[*8] Genau diese Frage rief auch bei der Securities and Exchange Commission (SEC) Bedenken hervor, weshalb die mächtige Regulierungsbehörde Tesla nun mit Argusaugen beobachtete.[9]

Musk hatte es also mit zwei Problemen auf einmal zu tun: Zum einen musste er sich gegen die Kritik an Autopilot wehren. Zum anderen

---

[*] Musk verteidigte Teslas Vorgehen, indem er sagte, das Problem „würde sich nicht wesentlich auf den Wert von Tesla auswirken". *Fortune* ließ er wissen: „Fakt ist, hätte sich jemand die Mühe gemacht, nachzurechnen (und offensichtlich haben Sie das nicht getan), hätte er festgestellt, dass von den mehr als einer Million Toten im Straßenverkehr pro Jahr weltweit etwa eine halbe Million Menschen gerettet worden wäre, wenn Autopilot von Tesla allgemein verfügbar gewesen wäre. Bitte nehmen Sie sich fünf Minuten Zeit und rechnen Sie erst mal nach, bevor Sie einen Artikel schreiben, der die Öffentlichkeit in die Irre führt."

mussten Musk und der Verwaltungsrat etwas dagegen unternehmen, dass der Markt ihre Idee, mit SolarCity zu fusionieren, rigoros ablehnte. Denholm musste sich von den größten Tesla-Aktionären, den institutionellen Anlegern, die milliardenschwere Bestände verwalteten und bei der Genehmigung des geplanten Deals ein gewichtiges Wort mitzureden hätten, eine Standpauke anhören.[10] T. Rowe Price – einer der größten institutionellen Aktionäre – war unglücklich darüber, dass Tesla nur wenige Wochen zuvor ein öffentliches Angebot gemacht und die potenzielle Übernahme nicht offengelegt hatte. Es gab auch heftigen Gegenwind für Jeff Evanson, Teslas Vice President of Investor Relations.

„Ehrlich gesagt, wir hassen es, an der Börse zu sein", beschwerte sich Kimbal Musk in einer SMS an einen Freund über den dramatischen Einbruch des Aktienkurses von Tesla, nachdem der Deal mit SolarCity öffentlich bekannt geworden war.[11] Über dieses Thema hatten sein Bruder und er schon häufiger gesprochen und sie waren sich einig, dass es viel einfacher sei, privatwirtschaftliche Unternehmen wie SpaceX zu führen. Es sollte nicht das letzte Mal sein, dass dieses Klagelied angestimmt wurde.

Der vorgeschlagene SolarCity-Deal wühlte nicht nur die Märkte auf, er kam auch innerhalb des Unternehmens nicht gut an. Tesla war schon früher Risiken eingegangen, aber immer, weil es nach etwas Größerem gestrebt hatte. Außenstehenden mag es kitschig vorkommen, aber viele Manager, die schon lange bei Tesla arbeiteten, waren von der Umweltmission des Unternehmens überzeugt – immerhin wollten sie ein Elektroauto auf den Markt bringen, das gut für die Umwelt war und die Welt zu einem besseren Ort machen würde. Im Jahr 2016 konnten sich einige von ihnen nicht vorstellen, dass ihre Aktien noch weiter im Wert steigen könnten. Dieses Wir-Gefühl rechtfertigte in ihren Augen die langen Arbeitszeiten, die persönlichen Opfer und den Umstand, sich mit dem unberechenbaren Verhalten ihres CEOs abfinden zu müssen.

Doch diesmal fühlte es sich anders an. Es schien nun so, als ob Musk in unverhohlenem Eigeninteresse handelte. „Elon ist wagemutig, aber normalerweise traf er ziemlich gute Geschäftsentscheidungen", sagte ein langjähriger Manager.[12] „Aber das hier ergab einfach keinen Sinn: Warum sollte man *dieses* Unternehmen, *dieses* Geschäft, *diese* Marke erwerben? Das tut man doch nur, wenn man es retten will."

Evanson von Investor Relations vertraute einem Mitglied des Verwaltungsrats von Tesla an, dass der Deal in der oberen Führungsetage auf Ablehnung stieß. „Miese Stimmung im Unternehmen und auch außerhalb", schrieb er in einer E-Mail.[13] „Topmanager sollen einfach nur die Klappe halten und mitmachen."

Obwohl Musk Vorsitzender des Verwaltungsrats und größter Einzelinvestor sowohl von Tesla als auch von SolarCity war, hatten die beiden Unternehmenskulturen so gut wie nichts gemeinsam. Wie sie zum Beispiel ihre Produkte unters Volk brachten, war grundverschieden. Musk konnte aggressive Verkaufstaktiken nicht ausstehen, was dazu führte, dass die Tesla Stores eher wie Schulungszentren anmuteten. SolarCity dagegen setzte auf den Direktverkauf – mit Verkäufern, die von Tür zu Tür gingen und Callcenter nutzten, um potenzielle Kunden unter Druck zu setzen. Dem Verkaufspersonal wurden hohe Anreize geboten, so aggressiv vorzugehen. Tesla wollte vermeiden, dass seine Verkäufer gegeneinander arbeiteten, und lehnte es ab, sie auf Provisionsbasis zu beschäftigen, wie es SolarCity tat. Diese unterschiedlichen Verkaufstaktiken spiegelten sich auch in den Büchern wider. Wheelers Team hatte ausgerechnet, dass SolarCity in den vergangenen zwölf Monaten 175 Millionen US-Dollar an Provisionen ausgegeben hatte, während es bei Tesla nur 40 Millionen US-Dollar waren.[14]

Selbst bei scheinbar unwichtigen Dingen zogen die beiden Unternehmen nicht an einem Strang. Bei Tesla hatte Musk sich dagegen gesträubt, ausgefallene Jobtitel zu vergeben, und Bewerber abgewiesen, von denen er dachte, dass sie eher einen interessanten Titel wollten als eine interessante Tätigkeit. Bei SolarCity gab es eine Fülle von hochtrabenden Titeln, die vielleicht das etwas niedrigere Gehalt wettmachen sollten. Beide Unternehmen beschäftigten in den USA etwa 12.000 Mitarbeiter. 68 Mitarbeiter trugen bei SolarCity den Titel eines Vice President und verdienten im Durchschnitt 214.547 US-Dollar, verglichen mit

29 Mitarbeitern bei Tesla, deren Gehalt bei durchschnittlich 274.517 US-Dollar lag.

Die technische Leitung von Tesla war alles andere als zufrieden, als sie sich einen ersten Eindruck von den neuen Mitarbeitern machte. Michael Snyder, leitender Ingenieur von Teslas Energieabteilung, war der Meinung, dass SolarCitys Ingenieure unterdurchschnittliche Leistungen erbrächten, und sagte Musk, dass sie auf einer Skala von 1 bis 10 zwischen 2 und 3 lägen. Er ging sogar so weit zu sagen, dass es nur eine einzige Person gab, bei der er in Betracht ziehen würde, sie einzustellen. Musk beschwichtigte ihn: „Wir werden uns von vielen Mitarbeitern von SolarCity trennen."[15]

Es war klar, dass Tesla nicht mehr das Unternehmen war, dem sich viele in der Hochphase von Model S und Model X angeschlossen hatten. Und ebenso klar war, dass es sich auch nach dem Beinahe-Bankrott im Jahr 2008 verändert hatte.

Musk musste darauf eingehen, weshalb er, ähnlich wie 2006, als er seine Vision von der Entwicklung Teslas vom Roadster zum Model 3 dargelegt hatte, im Sommer einen weiteren Blogbeitrag veröffentlichte, in dem er die Marschrichtung von Tesla detailliert darlegte – ein klarer Versuch, das Narrativ an der Wall Street über das strauchelnde Unternehmen zu ändern.

Dieser Blogbeitrag trug die Überschrift „Masterplan, Teil 2". Ziel war es, der Allgemeinheit das Ökosystem, über das er, sein Bruder und Gracias all die Jahre gesprochen hatten, nahezubringen. Er wollte, so schrieb er, „ein nahtlos integriertes und wunderschönes Solardach-mit-Batterie-Produkt schaffen, das immer funktioniert und jeden in die Lage versetzt, sein eigenes kleines Stromversorgungsunternehmen zu sein, und das sich dann auf der ganzen Welt durchsetzt. Ein Bestellvorgang, eine Installation, ein Servicekontakt, eine Telefon-App."

Musk beschränkte sich allerdings nicht darauf, die Vorteile des Kaufs von SolarCity zu erklären, sondern legte seine Vision für die Autobranche der Zukunft dar. Der Nachfolger vom Model 3 könnte ein kompaktes Sport Utility Vehicle (kleiner als das Model X und mit dem gleichen Chassis wie das Model 3, das Model Y heißen würde) sein, und danach schwebe ihm eine neue Art von Pick-up vor. Er wolle einen Sattelschlepper für gewerbliche Kunden bauen. Tesla müsste wahrscheinlich kein billigeres Auto als das Model 3 entwickeln, denn, so schrieb Musk, er erwarte, dass es künftig Robotertaxis geben würde, was ein eigenes Fahrzeug überflüssig mache. Er stellte sich eine Zukunft vor, in der der Besitzer eines Tesla sein Fahrzeug Teil einer ganzen Flotte von Robotertaxis werden lässt, „indem er ganz einfach auf einen Knopf in der Tesla-App tippt und sich so etwas dazuverdienen kann, während er in der Arbeit oder im Urlaub ist – eine geniale Idee, um die monatlichen Kredit- oder Leasingraten zu senken oder sogar einen kleinen Gewinn einzustreichen".

Das war typisch Musk. Er hatte genau die Vision für die Zukunft des Autos ausgemalt, von der das Silicon Valley seit Generationen träumte. Aber irgendwie schienen seine Worte plausibel. (Als Teil seiner Aufholjagd kündigte General Motors im März an, ein ziemlich unbekanntes Start-up namens Cruise aus San Francisco zu kaufen, um sein eigenes Programm für selbstfahrende Autos in Schwung zu bringen. Der Preis für diesen Deal ließ alle aufhorchen: mehr als eine Milliarde US-Dollar.) Musk erklärte nicht, wie er seinen Zukunftstraum finanzieren würde, und hielt sich auch nicht mit Terminen auf. Aber das brauchte er auch nicht. Schließlich sprach die Geschichte Teslas für ihn: Noch vor zehn Jahren schien sein Gerede, eine vollelektrische Luxuslimousine und einen Kompaktwagen auf den Markt zu bringen, noch ferne Zukunftsmusik. Und schauen Sie sich doch einmal an, wo Tesla jetzt stand.

Wie um diesen Punkt zu unterstreichen, spielte Musk dann eine Karte aus, die Tesla selten zuvor benutzt hatte, und verkündete, dass Tesla allmählich schwarze Zahlen schrieb. Im November gab der Autobauer bekannt, dass man im dritten Quartal einen Profit von 22 Millionen US-Dollar erwirtschaftet hätte – erst das zweite profitable Quartal überhaupt. Diese Entwicklung war vor allem der Tatsache geschuldet, dass mehr Model X verkauft wurden, aber auch weil Tesla wie schon 2013 stark vom Verkauf sogenannter ZEV-Punkte an Konkurrenten profitierte, die die Emissionsziele in Bundesstaaten wie

Kalifornien nicht erfüllten und ansonsten mit Geldstrafen belegt worden wären.*

Dann machte Musk das, was er am besten konnte, und machte den Investoren den Mund wässrig. SolarCity, so sagte er, würde eine ganz neue Art von Solarmodulen entwickeln. Anstatt nur auf das Dach montiert zu werden, wären die Kollektoren quasi selbst das Dach. Nachdem er sich mit ein paar Investoren getroffen hatte, denen ihre Skepsis anzusehen war, schickte Musk eine Nachricht an seinen Cousin Peter Rive von SolarCity und JB Straubel: „Das Letzte, was ich von unseren Großinvestoren gehört habe, ist nicht wirklich gut für Solar City. Wir müssen ihnen zeigen, wie unser Produkt einmal aussehen soll. Sie haben das Konzept einfach nicht verstanden. Das muss aber noch vor der Abstimmung passieren."[16] In den Universal Studios zeigte Musk Ende Oktober seine Vision von Sonnenkollektoren, die auf den Häusern in der Fernsehserie „Desperate Housewives" zu sehen waren. Keines der Solarmodule funktionierte, aber das war nebensächlich. Musk versprach, Dächer sexy zu machen. Wochen später stimmten die Aktionäre dem Deal zu.

Musk legte sich auch dafür ins Zeug, die Meinung zu Autopilot zu verändern. Allein die Ankündigung von Autopilot im Jahr 2014 hatte für viel Aufregung gesorgt, ganz zu schweigen von dem Hype, als das Feature Ende 2015 erstmals vorgestellt wurde, was Teslas Ruf als Autobauer der Zukunft weiteren Auftrieb gab. Für Musk war das ein klares Zeichen, dass Tesla auf dem besten Weg war, selbstfahrende Autos zu entwickeln. Gerade

---

* [Anm. d. Übers.: Der Gesetzgeber in Kalifornien verlangt, dass mittlere und große Autohersteller eine gewisse Anzahl an emissionsarmen Fahrzeugen, sogenannte Zero Emission Vehicles (ZEV), auf dem Markt haben müssen. Dafür erhält der Hersteller ZEV Credit Points. Je mehr Autos mit Benzin- oder Dieselmotor nach Kalifornien importiert werden, desto mehr ZEV Credit Points benötigt das jeweilige Unternehmen als Ausgleich. Die bekommt man eben mit Elektroautos. Reicht die so erhaltene Punktezahl nicht, drohen hohe Strafen. Das betroffene Unternehmen kann aber auch ZEV Credit Points bei anderen Herstellern kaufen – und hier kommt Tesla ins Spiel. Mit seinem rein elektrischen Portfolio sammelt Tesla massig ZEV-Punkte und verkauft die überschüssigen an Hersteller, die nicht auf die ihnen vorgeschriebene Punktezahl kommen. Quelle: https://www.zeit.de/mobilitaet/2015-01/elektroauto-tesla-batteriewechsel/seite-2?utm_referrer=https%3A%2F%2Fwww.google.com%2F]

durch die Fortschritte von Google und anderen im Silicon Valley erregte diese Technologie immer mehr Aufmerksamkeit.

Die Autopilot zugrunde liegende Technologie stammte von einem Zulieferer namens Mobileye, der ein Kamerasystem zur Erkennung von Objekten auf der Fahrbahn entwickelt hatte. Dem Team von Tesla war es gelungen, die Grenzen des Systems durch geschickte Programmierung zu erweitern. Deshalb konnte der Benutzer eine Reihe von Systemen einschalten wie den Spurhalteassistenten (schützt den Autofahrer vor dem unabsichtlichen Verlassen der Fahrbahn) und die adaptive Abstands- und Geschwindigkeitsregelung (passt die Fahrzeuggeschwindigkeit dem Verkehrsfluss an und hält einen definierten Abstand zum Vordermann). Diese Systeme waren jedoch nicht narrensicher, wie der Unfall in Florida zeigte.[17] Manche Gefahren auf der Straße wurden nicht erkannt, weshalb die Fahrer angewiesen wurden, stets auf den Verkehr zu achten. Andererseits funktionierten sie gut genug, weshalb die Benutzer dazu neigten, leichtsinnig zu werden.

Das für Autopilot zuständige Softwareteam unter der Leitung von Sterling Anderson, der auch an der abschließenden Entwicklung des Model X beteiligt war, hatte verschiedene Möglichkeiten gesehen, wie sich kontrollieren lässt, ob der Fahrer das Auto aktiv steuert. So konnte gemessen werden, wie viel Druck auf das Lenkrad ausgeübt wurde (keine zuverlässige Größe). Das Team fragte sich, ob es nicht besser einen Sensor einbauen sollte, der erkennen könnte, ob die Hand des Fahrers überhaupt auf dem Lenkrad liegt.[18] Musk wollte anfangs ein nahtlos integriertes System, also eines, das den Fahrer möglichst nicht mit verschiedenen Warnsignalen oder -hinweisen nervt. Nach dem Unfall in Florida stimmte er jedoch Änderungen zu, sodass Autopilot abgeschaltet wurde, wenn der Fahrer mehrmals die Warnung, die Hände am Lenkrad zu lassen, missachtet. Außerdem setzte sich Musk für eine neue Generation mit zusätzlichen Funktionen ein.

Je näher der Tag im Herbst rückte, an dem sein Team bekannt geben sollte, wie der Stand der Technik war, umso besorgter wurde Anderson. Schließlich hatten ihn andere schon davor gewarnt, dass Musk den Mund gern zu voll nimmt. Das Letzte, was er und sein Team jetzt brauchten, war, dass Musk der Welt mitteilte, dass die nächste Version von Autopilot das vollautomatisierte Fahren ermöglichen würde.

Anderson äußerte diese Sorgen unter anderem gegenüber Jon McNeill, dem Leiter von Vertrieb und Marketing. Es wäre einfach nicht korrekt, zu behaupten, das System sei möglicherweise in der Lage, die Kontrolle über das Auto zu übernehmen, ohne dass jemand hinter dem Lenkrad sitzt, den Verkehr beobachtet und gegebenenfalls eingreift. Die Rechts- und PR-Abteilung von Tesla hatte bereits einen harten Kampf mit Musk bezüglich des Messaging verloren, wie Insider nur allzu gut wussten.[19] Im vergangenen Jahr hatten beide Abteilungen immer wieder betont, wie wichtig es ist, dass *die Fahrer ihre Hände am Lenkrad lassen,* und darauf hingearbeitet, dass Tesla sich in jeder offiziellen Kommunikation daran hält. Aber als Musk TV-Reporter auf eine Fahrt mitnahm, demonstrierte er noch schnell Autopilot – ohne die Hände am Lenkrad zu haben.

Im Oktober war es dann so weit: Musk kündigte die neue Hardware an. Er brüstete sich damit, dass jedes Fahrzeug, das derzeit ausgeliefert würde, über dieses Feature verfüge und dass Käufer das System auf die erweiterten Funktionen aufrüsten könnten. Er war der lebende Beweis, dass Andersons Bedenken begründet waren, als er zudem erklärte, dass die Hardware vollautomatisiertes Fahren ermöglichte. Er kündete vollmundig an, dass er bis Ende 2017 ein Auto vorführen würde, das in der Lage sei, von Los Angeles nach New York City zu fahren. Die Kunden könnten diese Funktion schon jetzt kaufen, sie würde aber erst später installiert, nämlich dann, wenn sie verfügbar sei. Und dann wäre da auch noch der kleine Vorbehalt, dass möglicherweise noch eine behördliche Genehmigung erforderlich sei.

Seine Äußerungen stießen einige Ingenieure vor den Kopf. Sie hielten das Ganze für ein Ding der Unmöglichkeit. Andere nahmen es mit einem Achselzucken hin – Musk hatte es angekündigt, vielleicht *war* es ja doch möglich. Schließlich hatten sie auch nicht erwartet, dass so viele Funktionen in dem bisherigen System steckten. Genau das machte die Arbeit mit Musk so spannend. Er hatte sie so weit gebracht und Hürden überwunden, die andere Autohersteller nicht genommen hätten.

Diejenigen, die Musk näher standen, nahmen seine Ankündigung jedoch nicht auf die leichte Schulter. Sie wussten nicht nur, dass sein Zeitplan nicht haltbar war, sondern auch, dass er im Fall der Fälle nach einem Sündenbock suchen würde. Manche hatten das Gefühl, er hätte mit seinen Versprechungen eine weitere Grenze überschritten. In der Vergangenheit hatte er sie mit kühnen Äußerungen schockiert. Jetzt versprach er wirklich das Unmögliche.

Anfang des Jahres 2017 verließen sowohl Anderson als auch Wheeler Tesla. In seiner letzten Telefonkonferenz mit Analysten begrüßte Wheeler die Rückkehr von Deepak Ahuja als CFO in einem Kommentar, der die Probleme, die er am Horizont sah, vorwegzunehmen schien. „Aufgrund Deepaks Erfahrungen bei Tesla so kurz vor dem Bankrott und angesichts dessen, was er alles durchgemacht hat, ist er gut aufgestellt", sagte Wheeler, bevor Musk ihm das Wort abschnitt.

So besorgt Wheeler auch gewesen sein mag, Musks Spielchen schienen sich mit Beginn des neuen Jahres auszuzahlen. Zunächst schloss die NHTSA im Januar 2017 ihre sechsmonatige Untersuchung von Teslas Autopilot ab und gab bekannt, dass sie keine „Mängel im Design oder in der Funktionalität" gefunden habe. In dem mit Zahlen vollgepackten Abschlussbericht hieß es, die Behörde habe Teslas Systemdaten überprüft und festgestellt, dass die Unfallrate der Fahrzeuge um fast 40 Prozent *gesunken* sei, nachdem der Spurhalteassistent „Autosteer" installiert worden war. Musk war geradezu euphorisch und twitterte das mit den 40 Prozent sogleich. Einige Mitglieder des Teams konnten es nicht fassen. Woher kamen denn die 40 Prozent?

Das ganze Tohuwabohu um Autopilot und dazu noch Musks Traum von selbstfahrenden Autos sorgten für neue Aufregung an der Wall Street. Am selben Tag, an dem die NHTSA ihre Ergebnisse vorstellte, veröffentlichte Adam Jonas von Morgan Stanley einen Bericht, in dem er vorhersagte, dass die Tesla-Aktie um 25 Prozent auf 305 US-Dollar pro Aktie steigen könnte – ein erstaunlicher Kursanstieg, der, wenn er denn erreicht werden würde, einen unglaublichen Meilenstein darstellen würde: Tesla wäre dann höher bewertet als Ford oder General Motors. Da

Musk unterstreichen wollte, dass er in Tesla mehr als nur Fahrzeuge sah, strich er das „Motors“ aus dem offiziellen Firmennamen, ähnlich wie Apple Jahre zuvor das „Computers“ gestrichen hatte.

Im Februar dieses Jahres feierte Musk den Start einer seiner Raketen vom Kennedy Space Center in Florida, also genau da, wo die NASA einst die ersten Astronauten zum Mond geschickt hatte. Es war das erste Mal, dass eine kommerzielle Rakete von diesem Weltraumbahnhof aus gestartet war. Nach jahrelangem Hin und Her mit SpaceX entpuppte sich Musks Vision für sein Raketenunternehmen endlich als vielversprechend und erregte neue Aufmerksamkeit. 2015 glückte die Landung einer Rakete, ein wichtiger Schritt bei der Entwicklung wiederverwendbarer Raketen für den Weltraum. 2016 wurde ein weiterer Meilenstein erreicht: Die Rakete landete punktgenau auf einem Lastkahn auf offener See. Mit seinem Gerede über ein Leben auf dem Mars beflügelte er die Fantasie seiner Mitmenschen, während er zugleich immer mehr Geld für SpaceX eintrieb, das weiterhin eine Personengesellschaft blieb und deutlich weniger für öffentliches Drama sorgte als Tesla. Musk dagegen war die fleischgewordene Filmfigur des Tony Stark aus „Iron Man“.

Auch die Anleger waren durchweg positiv gestimmt, was Tesla betraf. Der Höhenflug des Aktienkurses begann. Im Frühjahr 2017 hatte Tesla das einst Undenkbare geschafft: Es hatte Ford weit hinter sich gelassen, was den Marktwert anbelangte, und war nach GM der zweitwertvollste Autohersteller in den USA. Nur wenige Wochen später holte es auch GM ein. Unglaublich, aber wahr: Tesla, das von den Verkaufszahlen von GM und Co nur träumen konnte und noch keinen einzigen Jahresgewinn erwirtschaftet hatte, galt nun als wertvoller als die Ikonen der amerikanischen Industrie, die einträglichsten unter den Branchenriesen, die auf eine mehr als hundertjährige Firmengeschichte zurückblickten. Investoren wetteten darauf, dass Musks Vision für das neue Jahrhundert eine größere Chance auf Verwirklichung hatte als das, was GM oder Ford zu bieten hatten.

In der Öffentlichkeit gab sich Musk überglücklich. Auf Twitter griff er gut gelaunt Leerverkäufer an. Auf Instagram postete die Schauspielerin Amber Heard ein Foto von sich und Musk und stellte damit ihren

Beziehungsstatus klar, über den bisher nur in Klatschzeitungen gemunkelt wurde. Bei einem Dinner in Australien sah man Musk strahlend an ihrer Seite, auf seiner Wange prangte ein Kussmund.

Mit dem Hype um das Model 3 und seine berühmte Freundin stieg Musks Ansehen wie nie zuvor. Tesla hatte ihn in die Riege der Star-CEOs katapultiert. Anfang 2017 wurde zum ersten Mal sein Q-Score ermittelt, der Aufschluss über den Bekanntheitsgrad und das Ansehen von Prominenten gibt.

Die gesteigerte Aufmerksamkeit um seine Person veränderte sein Leben. Das Gute daran war, dass er es mit einer ebenfalls berühmten Person teilte. Es schien ihm zu gefallen, sie mit ins Büro zu nehmen, um sein Managerteam zu beeindrucken. Hin und wieder war Heard mit dabei, während Musk Besprechungen führte, und sie brachte zu seinem Geburtstag einen Kuchen mit. Der damals neu gewählte US-Präsident Donald Trump wollte wissen, was Musk von bestimmten Dingen hielt, und bat ihn, Teil seiner hochkarätig besetzten Beratergremien zu werden. (Bei einem Telefonat mit Musk, so ein Insider, wollte Trump Musks Rat über die NASA: „Ich möchte die NASA wieder groß machen.") Viele CEOs setzten sich in diesem Winter bei ihren Kunden wegen ihrer Kontakte zu Trump in die Nesseln. Musk musste sich einiges von Heard anhören, die gegen seine aufkeimende Beziehung zum republikanischen US-Präsidenten war.[20] Für so manchen Mitarbeiter von Tesla waren das die ersten Anzeichen, dass seine jüngste Beziehung Stoff für neue persönliche Dramen liefern würde.

Der Wirbel um Musk hatte aber auch seine Schattenseiten, denn jetzt wurde er auf Schritt und Tritt beobachtet. Es war so gut wie unmöglich für ihn, sich in der Öffentlichkeit zu zeigen, ohne von Wildfremden verfolgt zu werden. Nachdem er jahrelang auf fremden Sofas im Silicon Valley übernachtet hatte, hatte er die Faxen dicke und kaufte ein knapp 20 Hektar großes Grundstück in Hillsborough auf der San-Francisco-Halbinsel. Darauf stand ein jahrhundertealtes Herrenhaus, das den Namen De Guigne Court trug. Das 23 Millionen US-Dollar teure Anwesen bot einen atemberaubenden Blick auf die Bucht von San Francisco und war bestens geeignet, Partys und private Abendessen abzuhalten.

Zwar zeigten die Investoren Begeisterung für Teslas Entwicklung, doch intern gab es bei dem Autobauer Anlass zur Sorge. Sowohl die Fabrik in Fremont als auch die Gigafactory lagen hinter dem Zeitplan zurück. Als Musk wissen wollte, woran es lag, nannten einige – zu Recht oder zu Unrecht – Panasonic als Verantwortlichen. Fakt war, dass Tesla von Anfang an auf kurze Lieferfristen gepocht hatte. Das Vorziehen des Produktionsbeginns hatte die Sache nicht einfacher gemacht. So wie noch letzte Arbeiten am Model S vorgenommen wurden, obwohl die Produktion schon angelaufen war, befand sich auch die Gigafactory noch in der Planungsphase, als Tesla schon mit der Fertigung des Model 3 beginnen wollte.

Aus Angst davor, welche Lawine eventuelle Zeitverzögerungen auslösen könnten, drängte Dan Dees von Goldman Sachs, Musks langjähriger Banker, ihn dazu, Geld zu beschaffen, um gewappnet zu sein, falls die Dinge nicht wie geplant ablaufen würden. Die Lehren aus den Erfahrungen von 2008 und 2013 lagen doch auf der Hand: Jede Art von Verzögerung könnte das fragile Finanzhaus, das Tesla aufgebaut hatte, zum Einsturz bringen und die begrenzten finanziellen Mittel, über die das Unternehmen verfügte, zunichtemachen.

Gleichzeitig hatte Softbank, ein japanischer Tech-Konzern, der Beteiligungen an Alibaba, Sprint und anderen Firmen hielt, einen riesigen neuen Risikokapitalfonds aufgebaut. CEO Masayoshi Son kontrollierte den fast 100 Milliarden US-Dollar schweren Fonds, der die Regeln für Investitionen im Silicon Valley neu schreiben und Gewinner aussuchen sollte, die dabei waren, die Welt zu verändern. Diese wurden vom Fonds mit Geldmitteln versorgt, die vor einer Generation in der Privatwirtschaft noch undenkbar gewesen wären.

Goldman hielt ein Treffen zwischen Musk und Son für vielversprechend. Larry Ellison, Mitbegründer von Oracle, sollte es einfädeln, da er in der Nähe von Sons Haus im Silicon Valley wohnte und mit beiden Männern befreundet war. Er war von Anfang an ein Fan des Roadsters gewesen und hatte unbemerkt eine nicht unerhebliche Anzahl an Tesla-Aktien erworben.

Im März wurde ein Konferenzraum im zweiten Stock der Fabrik in Fremont mit Blick auf das Fließband in einen Speisesaal umgewandelt.[21] Caterer bereiteten ein Essen mit Steaks für eine überschaubare Anzahl von Gästen vor. Musk war da und natürlich Ellison. An Sons Seite war Yasir Al-Rumayyan, der Geschäftsführer des saudischen Staatsfonds, der bald dem Verwaltungsrat von Softbank angehören würde.

Musk, Ellison, Son und Al-Rumayyan: Zusammengenommen kontrollierten sie Hunderte von Milliarden US-Dollar (obwohl Musk im Gegensatz zu seinen Tischnachbarn weitgehend über nichtliquide Vermögenswerte verfügte). Sie alle wollten ambitionierte Wetten bislang ungekannter Dimension abschließen, die im Erfolgsfall den Lauf der Dinge für die ganze Menschheit verändern würden. Scheiterten sie jedoch, wären Unsummen verbrannt. Als Essen und Wein serviert wurden, besprachen die vier eine Vielzahl von Optionen, einschließlich der Privatisierung von Tesla.

Wie Musk und sein Bruder Kimbal schon öfter angemerkt hatten, waren die Dinge bei SpaceX, einem Privatunternehmen, viel einfacher. Doch ein Unternehmen in der Größenordnung von Tesla zu privatisieren, war ein beängstigendes Unterfangen.

Etwa ein Jahr lang hatte Musk insgeheim darüber nachgedacht und sich Rat eingeholt bei Michael Dell, der seine gleichnamige Computerfirma 2013 privatisiert hatte, und bei dessen Anwalt, der ihm dabei zur Seite gestanden hatte. Was ihm Sorgen machte, war Teslas steigender Wert. Der damals aktuelle Aktienkurs von rund 250 US-Dollar bedeutete, dass sie 60 Milliarden US-Dollar aufbringen müssten, was der damaligen Bewertung des Unternehmens entsprach, zuzüglich eines Aufschlags von 20 Prozent, der bei Akquisitionen üblich ist, um den Deal zu versüßen und die Mitbieter abzuschrecken.

Nach ein paar Gläsern Wein wollte Son, wie üblich im Zopfstrickpullover, wissen, warum Musk sich mit so vielen Unternehmen verzettelte. Warum konzentrierte er sich nicht einfach auf die Herstellung von Autos, statt auch noch im Solargeschäft mitzumischen – ganz zu schweigen davon, dass er eine Tunnelanlage bauen wolle, um Menschen unterirdisch in Hochgeschwindigkeit zu befördern, und Chips entwickeln wolle, die in das menschliche Gehirn implantiert werden? Die versteckte Kritik kam bei Musk nicht gut an. Son bestand auch darauf, dass Musk Tesla nach Indien verlagern müsse, woraufhin Musk zumindest erwiderte, dass er sich das zu einem bestimmten Zeitpunkt vorstellen könne. Doch im Moment *müssen wir uns um eine Menge anderer Dinge kümmern.* Musk vermutete, dass Sons Beweggründe mit den Geschäften von Softbank in Indien zusammenhingen.

Schon bald zeichnete sich ab, dass Musk und Son nicht miteinander konnten. Zwar hatten sie beide Respekt vor dem anderen, aber sie waren auch beide Alphamännchen, die ihr eigenes Bild von der Zukunft hatten und es sichtlich genossen, Skeptikern ihren Erfolg unter die Nase zu reiben. Kapital von Softbank wäre wahrscheinlich an für Musk inakzeptable Bedingungen geknüpft. Son galt als Investor, der sich gern einmischt – und das war genau die Einflussnahme, gegen die sich Musk mit Händen und Füßen wehrte.

Das Abendessen endete mit der Aussicht auf weitere Gespräche.* Im Moment schien es, dass Tesla eine Aktiengesellschaft bleiben würde. Trotz all der Aufregung an der Börse könnte Musk sich über den Markt mehr Kapital beschaffen (was er im Frühjahr dann auch tat). An dieses Geld waren weitaus weniger Bedingungen geknüpft als an das von Son und es gäbe keine Zweifel daran, dass Musk die Kontrolle über Tesla behalten würde.

Das, was nur ein Stockwerk unter ihnen ablief, würde sich wesentlich stärker auf Teslas Zukunft auswirken. Dort bereiteten Arbeiter eilig die Montage des Model 3 vor. Der offizielle Startschuss für die Produktion sollte am 1. Juli fallen, also in wenigen Monaten.

---

* Die beiden trafen sich tatsächlich noch einige Male, doch bei einem dieser Treffen war Son offenbar eingenickt, da er unter Jetlag litt.

24

ELON MUSKS INFERNO

„Ich würde gern wissen, wie es Ihnen geht. Sie kommen mir ein wenig blass um die Nasenspitze vor", wollte ein Reporter aus den hinteren Reihen von Elon Musk bei einer Pressekonferenz in einem Konferenzraum in der Fabrik in Fremont wissen. Fast eine halbe Stunde lang hatte Musk, der auf einem Hocker saß, den Journalisten über den Produktionsstart des Model 3 Rede und Antwort gestanden. Musk hatte den offiziellen Produktionsstart bereits Wochen zuvor auf Twitter bekannt gegeben, am 6. Juli 2017 sollte es so weit sein. Er twitterte obendrein, dass er von 100 Fahrzeugen im August und von 1.500 im September ausginge. Bis Dezember würde Tesla dann 20.000 Autos vom Typ Model 3 pro Monat schaffen, behauptete er vollmundig.

Damit war die Konferenz zu Ende. Heute, am letzten Freitag im Juli, ging es ihm ums Feiern, mit den Mitarbeitern und mit treuen Kunden. An diesem Abend sollte eine Veranstaltung stattfinden, bei der die ersten 30 Model 3 ihren Käufern übergeben werden würden – ein Meilenstein in der Geschichte Teslas, der so weit weg wie eine Mondlandung schien, als er in Musks Vision ein Jahrzehnt zuvor zum ersten Mal erwähnt wurde. Dass diese Vision nun Realität geworden war, hatte vielen Menschen große Opfer abverlangt und es hatte viel Mut und eine gehörige Portion Glück gebraucht.

Trotzdem wirkte Musk nicht besonders fröhlich, als er sich am Nachmittag den Fragen der Reporter stellte. Er warnte die versammelten Reporter davor, dass Tesla eine mindestens sechs Monate andauernde „Produktionshölle" bevorstünde, da das Unternehmen die Fehler in der Produktionslinie ausbügeln müsse, um bis Ende des Jahres wöchentlich 5.000 Fahrzeuge fertigen zu können. Außerdem betonte er, dass exakte Prognosen immer schwierig seien, und ergänzte in einem monotonen Ton, dass er davon ausgehe, Tesla würde bis zum Ende des folgenden Jahres 10.000 Fahrzeuge pro Woche produzieren.

Dann ließ er sich darüber aus, dass eine Überschwemmung, ein Tornado, ein Feuer oder ein Schiffsuntergang „irgendwo auf der Welt" diese Pläne durchkreuzen könnten.

Wahrscheinlich musste keiner der Anwesenden daran erinnert werden: Tesla hatte mit all seinen neuen Fahrzeugen Probleme gehabt. Tesla hatte zwar einen gewaltigen Sprung geschafft, als es die Produktion von etwa 600 Roadstern pro Jahr auf 20.000 Limousinen vom Typ Model S pro Jahr bis hin zu 50.000 SUVs des Model X jährlich erhöhte. Und jetzt strebte Tesla 500.000 Fahrzeuge vom Typ Model 3 an. „Das wird eine ziemliche Herausforderung", sagte Musk, was die Untertreibung schlechthin gewesen sein dürfte.

Als er nach seiner Stimmung gefragt wurde, zögerte Musk ein bisschen. „Heute Abend geht es mir bestimmt besser", sagte er dann. „Entschuldigen Sie, aber mir schwirrt der Kopf."

Seine Mitarbeiter sahen ihn ungläubig an. Sie hatten schon hinter der Bühne versucht, ihn aus seiner Trübsal zu reißen, aber hier stand er vor der Weltpresse und sah irgendwie besiegt aus. Vom Verstand her schien er zu wissen, dass seine Trauermiene sich nicht gut – gar nicht gut – machte, aber es gelang ihm nicht, seine Gefühle zu unterdrücken. Stattdessen sprach er, wieder in einem monotonen Ton, davon, dass dies ein großer Tag für Tesla sei, „auf den wir seit der Gründung der Firma hingearbeitet haben".

Stunden später war Musk wieder ganz der Alte und stand auf der Bühne, während Hunderte von Mitarbeitern die Schlüsselübergabe feierten.

Pünktlich zu diesem Ereignis hatte sich sein Unternehmen an das Magazin *Motor Trend* gewendet, das ein Jahr zuvor den Bolt von Chevrolet (das neue vollelektrische Auto des Autoherstellers, nicht zu verwechseln mit dem Hybridfahrzeug Volt) in den höchsten Tönen gelobt hatte. Tesla wollte dem Journalisten die Möglichkeit geben, das Model 3 auf einer ersten Fahrt auf Herz und Nieren zu testen. In dem Artikel schilderte er dann überschwänglich seine ersten Eindrücke. „Das Tesla Model 3 ist da und es ist das wichtigste Fahrzeug des Jahrhunderts." Noch während der Fahrt stellte sich heraus, dass das Model 3 in Hinsicht auf Fahrleistung und Fahrerlebnis mit dem Model S mithalten konnte – und das war genau das, was sich Doug Field und sein Team erhofft hatten, als sie zwei Jahre zuvor mit ihrer Arbeit daran begonnen hatten.

Das Fazit des Testberichts lautete: „Kürzlich war ich auf längerer Fahrt mit dem Bolt EV unterwegs und mit jedem Kilometer war ich versucht, ihn das Auto 2.0 zu nennen. Sein Preis, die bequeme Reichweite und die guten Fahreigenschaften könnten mich dazu verleiten zu schreiben, dass er vielleicht die zweite Ära des Automobils einläutet. Halten Sie diesen Gedanken fest. Doch erst die Leistung des Model 3 von Tesla, sein schnittiger Stil, seine faszinierende Kreativität und, was besonders wichtig ist, sein Supercharger-Netz, hat mich dazu gebracht zu denken, dass es jetzt wirklich so weit ist und die zweite Ära beginnt."

Dieser Bericht enthielt viele Aspekte, über die man auf Twitter trefflich streiten konnte. Fast jede vierte Aktie wurde von Leerverkäufern gehalten, die darauf wetteten, dass das Unternehmen überbewertet sei. Larry Fossi, der Mann, der mit der Verwaltung des Family Office des exzentrischen Milliardärs Stewart Rahr in Manhattan betraut war, meldete sich mit einem massiven Angriff in einem Blog unter dem Pseudonym Montana Skeptic zu Wort. Er wollte wissen, warum Tesla bei der Veranstaltung zur Feier des Produktionsstarts nicht seine neue Montagelinie gezeigt habe, und sagte voraus, dass das Unternehmen bis zum Jahresende mehr Geld aufbringen müsse.

„Unterm Strich: Ich glaube, das Model 3 hat den gleichen Gendefekt wie auch das Model S und das Model X: Es ist dazu bestimmt, sich als chronisches Draufzahlgeschäft zu entpuppen."

Fossi machte sich nicht ganz zu Unrecht Gedanken über das Fließband. Während das Team von Doug Field sich unter enormem Zeitdruck bemühte, die Arbeiten an der Fertigungslinie für das Model 3 abzuschließen, waren die Arbeiter ihrem Ziel, sich gewerkschaftlich zu organisieren, ein gutes Stück näher gekommen. Richard Ortiz, der jetzt in der Fabrik in Fremont auf Stundenbasis arbeitete und zuvor 20 Jahre für NUMMI tätig gewesen war, hatte sich still und leise bei der Belegschaft erkundigt, wer den Mut hätte, die UAW öffentlich zu unterstützen. Die in Detroit ansässige Gewerkschaft hatte ihm Hilfe angeboten und Organisatoren nach Fremont geschickt. Sie wohnten in einem nahe gelegenen Hotel und richteten sich ein Büro in einem kleinen Gebäude in der Nähe der Fabrik ein. Auf einem Whiteboard standen die Namen der Arbeiter, die sich schriftlich verpflichtet hatten, dabei zu helfen, sich gewerkschaftlich zu organisieren. Die Liste war auffallend kurz. Darauf standen Ortiz und ein weiterer Arbeiter, der ebenfalls bei NUMMI gearbeitet hatte, Jose Moran, ein ruhiger Mann, der sein Haus in Manteca, Kalifornien, um 3:25 Uhr morgens verließ, dann fast 100 Kilometer fuhr, sich einen Parkplatz suchte und pünktlich um 5:25 Uhr mit seiner Schicht begann.[1] Er hatte sich im Sommer 2016 an die UAW gewandt, weil er der Gewerkschaft helfen wollte. In ihren Augen war Moran das perfekte Gesicht für die Bewegung.

Im Februar wühlte die UAW die Tech-Medien auf, als sie unter Morans Namen auf *Medium*, einer Website, die von Start-ups für öffentliche Ankündigungen genutzt wird, die aber wie eine Nachrichtenseite aufgemacht ist, einen Beitrag veröffentlichte. Darin wurde das Leben in Teslas Fabrik beschrieben. Die Überschrift lautete: „Es ist höchste Zeit, dass Tesla aufmerkt.“ Dann folgten 750 Wörter, die das harte Leben beschrieben, das die 5.000 Arbeiter in der Fabrik erleiden mussten – wozu auch viel zu viele vorgeschriebene Überstunden und vermeidbare Unfälle gehörten. „Sechs von acht meiner Leute waren zur gleichen Zeit wegen verschiedener Arbeitsunfälle krankgeschrieben“, schrieb Moran.[2] „Ich hörte Mitarbeiter leise sagen, dass ihnen etwas wehtat, aber sie hatten zu viel Angst, es zu melden, weil sie nicht von ihren Vorgesetzten als Jammerlappen oder schlechter Arbeiter abgestempelt werden wollten.“ Sein Ziel sei es, Tesla besser zu machen, und dies könne durch die Gründung einer Gewerkschaft erreicht werden. „Viele von uns haben bereits darüber gesprochen und die United Auto Workers um Unterstützung gebeten."

Musk reagierte schnell. Er versuchte, Moran zu diskreditieren, und teilte der Webseite Gizmodo mit: „Soweit uns bekannt ist, wird dieser Kerl von der UAW dafür bezahlt, dass er bei Tesla anfängt sich für eine Gewerkschaft einzusetzen. Er arbeitet nicht wirklich für uns, sondern für die UAW." Musk schrieb weiter: „Ehrlich gesagt, finde ich diesen Angriff moralisch gesehen ziemlich mies. Tesla ist die einzige Autofabrik, die es noch in Kalifornien gibt, weil die Kosten so hoch sind. Die UAW hat NUMMI den Garaus gemacht und die Arbeiter in unserem Werk in Fremont im Jahr 2010 im Stich gelassen. Es gibt keine Argumente, die dafür sprechen würden." Den Arbeitern schickte Musk eine private E-Mail, in der er sich über die UAW lustig machte und der Belegschaft Vergünstigungen versprach, darunter eine Party zur Feier des Model 3, Frozen Joghurt und schließlich eine E-Achterbahn im Werk in Fremont. „Es wird verdammt gut werden", schrieb er und fügte einen Smiley an.

Fakt ist, Moran arbeitete bei Tesla und sowohl er als auch die Gewerkschaft bestritten, dass er von der UAW bezahlt wurde. Er und Ortiz waren damit beschäftigt, in ihrer spärlichen Freizeit Flugblätter an die Kollegen zu verteilen.

Die bittere Wahrheit über diese 30 Limousinen, deren Fertigung im Juli gefeiert wurde, lautete: Sie waren nicht an dem schicken neuen Fließband in der Fabrik in Fremont gefertigt worden, sondern wurden von Tesla-Arbeitern von Hand montiert.[3] Die Karosserien wurden in einer Werkstatt für Prototypen zusammengeschweißt, die in der Nähe der Lackiererei eingerichtet worden war. (Dort ging es so eng zu, dass die verschiedenen Teile eines Fahrzeugs auf einem Karren hinein- und herausgerollt werden mussten.)[4] Die Karosserie wurde dann zur Endmontage in einen anderen Bereich gekarrt. Die Montage dauerte Tage und war körperlich sehr anstrengend. Und das würde noch über mehrere Wochen so gehen, denn die Arbeiten an der Karosseriewerkstatt, dem ersten Teil des Montageprozesses, wo die verschiedenen Fahrzeugteile von riesigen Robotern zusammengeschweißt werden, bevor es weiter in die Lackiererei und dann in die Endmontage geht, waren noch nicht abgeschlossen.

Letzten Endes hatte Technikchef Doug Field recht behalten, als er Musk im Frühjahr 2016 vor zu engen Lieferterminen gewarnt hatte. Feier hin oder her, Tesla war noch Monate davon entfernt, mit der Serienfertigung zu beginnen, da noch immer nicht alles vorhanden oder einsatzbereit war.

Die Mitarbeiter in Sparks, Nevada, atmeten erleichtert auf, als sie davon erfuhren, denn auch die Batterieteams waren längst noch nicht so weit. Musk schob Kurt Kelty den schwarzen Peter zu, dem langjährigen Manager von Tesla, der ihm Jahre zuvor geholfen hatte, eine Beziehung zum japanischen Zulieferer aufzubauen. Panasonic war auch nicht zufrieden mit Kelty, da sein wenig beneidenswerter Job vorsah, mit dem Topmanagement über Teslas Eilfristen und seine Probleme in der Gigafactory zu sprechen.[5] Im Prinzip saß Kelty immer wieder zwischen zwei Stühlen, weshalb er zu dem Schluss kam, es sei an der Zeit, Tesla zu verlassen. Er hatte die Feier um das Model 3 im Juli noch mitgenommen – aber danach war Schluss. Wie Martin Eberhard, Peter Rawlinson, George Blankenship und so viele andere hatte er sein Bestes gegeben. Es war Zeit, sich anderen Dingen zu widmen.

Obwohl Musk Panasonic für die Verzögerung verantwortlich machte, lag die Schuld in Wahrheit bei Tesla. Die Herausforderungen, eine neue Fabrik aus dem Boden zu stampfen und ein neues Produktionssystem zu starten, waren überwältigend. Kevin Kassekert, einer der Stellvertreter von Straubel, der das Bauprojekt für Tesla beaufsichtigte, musste zum einen die Stromversorgung für die Produktionslinien sicherstellen, während gleichzeitig die Fabrik vergrößert wurde. Im Oktober wurde sowohl Musk als auch Außenstehenden klar, an wie vielen Fronten Tesla zu kämpfen hatte. Das Unternehmen verzeichnete im dritten Quartal die Fertigung von nur 260 Limousinen, dabei waren die 30 von Hand montierten schon mit eingerechnet. Tesla führte dieses schwache Ergebnis auf nicht näher definierte „Produktionsengpässe“ zurück.

In einer Erklärung von Tesla hieß es: „Obwohl der Großteil unserer Fertigungssysteme sowohl in unserem Werk in Kalifornien als auch in unserer Gigafactory in Nevada hohe Stückzahlen produzieren kann, hat die Einrichtung anderer Systeme länger gedauert als erwartet."

Ein paar Tage später enthüllte das *Wall Street Journal*, dass die Karosseriewerkstatt der Fabrik nicht betriebsbereit wäre und dass Autos von Hand montiert würden. Tesla reagierte mit einer scharfen Antwort. „Seit über einem Jahrzehnt hat das *WSJ* Tesla unerbittlich attackiert und irreführende Artikel verfasst, die mit wenigen Ausnahmen die Grenzen der journalistischen Integrität überschreiten. Es könnte zwar sein, dass dieser Artikel eine Ausnahme ist, aber das ist extrem unwahrscheinlich." Das *Journal* blieb bei seiner Version und schon bald begannen andere Zeitungen, ähnliche Artikel zu schreiben. Es dauerte nicht lange, bis eine Aktionärsklage wegen Betrugs eingereicht wurde.* Teslas Produktionsziele hatten also die Aufmerksamkeit des Justizministeriums erregt.[6]

Es war in vielerlei Hinsicht typisch für Tesla, dass Musk den Mund zu voll nahm, womit er einerseits seine Teams motivieren wollte, das Unmögliche zu schaffen, und andererseits die Investoren ködern. Nur hatte Musk dieses Mal zugesichert, dass die Fabrik in der zweiten Jahreshälfte bis zu 200.000 Autos produzieren würde. Doch nach drei Monaten hatte sie weniger als ein Prozent dieses Ziels erreicht. Solch ein Ziel war von Anfang an utopisch gewesen, dazu kam noch, dass Musk oft die Wochenproduktion von 5.000 Fahrzeugen mit der Gesamtjahreszahl gleichsetzte. Doch in jenem Oktober war das Team noch damit beschäftigt, die Karosseriewerkstatt in Betrieb zu nehmen, sodass unter keinen Umständen 5.000 Autos pro Woche gefertigt werden könnten. Als Musk 2016 ähnlich ehrgeizige Vorhaben für das Model X in Aussicht gestellt hatte und diese dann aber nicht erfüllen konnte, war die Kluft zwischen dem Ist- und Sollwert nicht annähernd so groß gewesen wie jetzt. Durch diese Lücke würde eine ganze Flotte von Elektro-Lkws passen.

---

* Ein Richter wies die Klage schließlich mit der Begründung ab, dass die zukunftsgerichteten Aussagen von Tesla allein schon deshalb geschützt seien, weil Musk seine Ziele als solche angekündigt hatte. „Kapitalmarktgesetze bestrafen Unternehmen nicht dafür, dass sie ihre Ziele nicht erreichen", schrieb US-Bezirksrichter Charles Breyer im August 2018.

Ein Teil des Problems war, dass Musk mehr und mehr auf Automatisierung drängte. In der Montagehalle wimmelte es von Robotern, die für bestimmte Aufgaben eingerichtet und programmiert werden mussten, wie zum Beispiel für das Punktschweißen der Karosserie. Der Platzmangel in Fremont und Musks Überzeugung, dass die Roboter schneller wären, wenn sie näher beieinander stünden, führte dazu, dass seine Teams über räumliche Enge als wichtiges Designelement nachdenken mussten. Infolgedessen gab es etwa 1.000 Roboter in der Karosseriewerkstatt, darunter Hunderte, die kopfüber von der Decke hingen, um mehr Platz zu schaffen.[7]

Auch in der Gigafactory lief es nicht anders. Doch während in der Karosseriewerkstatt Fortschritte gemacht wurden, wenn auch nur geringe, herrschte bei Straubels Team das reinste Chaos. Mitunter standen die Roboter so eng nebeneinander, dass die Ingenieure Schwierigkeiten hatten, zu ihnen vorzudringen, um sie zu reparieren oder einzurichten. So manches Batteriepack wurde von Hand zusammengesetzt, zur Verstärkung wurden Arbeiter von Panasonic angefordert.[8]

Durch den Engpass gab es aber noch weitere Probleme: Immer mehr Batterien von Panasonic stapelten sich in den Lagern. Irgendwann stand ein Manager von Tesla zwischen zig Kisten mit Zellen, die nur noch zusammengebaut werden mussten. Er schätzte, dass etwa 100 Millionen Batterien herumlagen oder anders ausgedrückt ein Lagerbestand von Hunderten von Millionen US-Dollar, der viel Geld verschlang.[9]

Was da in der Gigafactory ablief, brachte Musk in Rage, weshalb er öfter dorthin flog, um sich persönlich darum zu kümmern. Er hatte noch nie lange gebraucht, um jemanden zu feuern, aber bislang hatten ihm das die jeweiligen Vorgesetzten abgenommen. Doch jetzt konnte es jeden treffen, der ihm in der Fabrikhalle über den Weg lief. Diskussionen waren zwecklos, er gab jedem die Schuld, nur nicht sich selbst – selbst wenn die Mitarbeiter versuchten, ihm klarzumachen, dass die Roboter wegen seiner hohen Anforderungen nicht so funktionierten, wie sie sollten.

An dem Tag, an dem Tesla die horrenden Ergebnisse für das dritte Quartal bekannt geben sollte, fühlte Musk sich krank und lag stundenlang in einem dunklen Konferenzraum auf dem Boden. Einer der Manager wurde losgeschickt und sollte ihn auf einen Stuhl zerren, damit er mit den Analysten der Wall Street sprechen konnte. Alle Teilnehmer des Conference Call bekamen mit, wie grauenhaft er sich anhörte. Adam Jonas, der Analyst von Morgan Stanley, der lange Zeit von Teslas Potenzial überzeugt war, wollte von Musk wissen: „Wie heiß ist es gerade in der Hölle?"

„Auf einer Skala von 1 bis 9, würde ich sagen, dass wir die 9 hinter uns haben und jetzt wieder bei der 8 sind."

Einmal versuchte Jon McNeill, Vertriebschef und einer von Musks Stellvertretern, Musk zu beruhigen.[10] „Ich denke, wir kriegen das hin", sagte er und fügte dann hinzu: „Kein Mensch kommt auf gute Ideen, wenn er von einem Tiger gejagt wird."

Vielleicht spürte Musk, dass er sein Team aufmuntern musste, und gab eines Abends eine Party auf dem Dach der Gigafactory, zu der einige Manager eingeladen waren. Er bestand auf einem Lagerfeuer und S'mores. Kassekert, Leiter der Infrastrukturentwicklung, war entsetzt über diese Anweisung: *Musk wollte wirklich ein Feuer auf dem Dach einer Fabrik für explosive Batterien machen?* Pflichtbewusst fand er einen Weg aus diesem Dilemma, indem er eine Schutzfolie auf dem Dach verlegen ließ.[11]

In der Nacht trank Musk Whisky, sang Lieder und stellte um zwei Uhr morgens ein Video davon ins Netz. Das sowie eine Titelgeschichte im *Rolling Stone* im November, in der er sich über seine Trennung von der Schauspielerin Amber Heard ausließ, verschreckte so manchen und warf die Frage auf, wie es um seinen inneren Halt bestellt war. Musk dagegen ärgerte sich weiterhin darüber, dass Tesla eine Aktiengesellschaft war, da so viele Leerverkäufer auf den Untergang des Autobauers wetteten. „Ich wünschte, wir hätten eine andere Unternehmensform", sagte er.[12] „Als Aktiengesellschaft sind wir nur halb so effizient."

Im Spätsommer wollten sich Ortiz, der Arbeiter, der davon träumte, Gewerkschaftsboss zu werden, und Moran, das Gesicht der Kampagne, die Unterstützung im kalifornischen Senat sichern. Ortiz reiste Ende August zusammen mit drei Kollegen und UAW-Organisatoren in die Hauptstadt Sacramento, um sich dort mit Abgeordneten zu treffen. Zweck ihres

Besuchs war, dass das Gesetz für eine Steuervergünstigung für Elektrofahrzeuge um eine Klausel erweitert wird, der zufolge Tesla „fair und verantwortungsbewusst" handeln und die Sicherheit am Arbeitsplatz gewährleisten musste. Das ließ Tesla nicht auf sich sitzen und organisierte prompt einige Arbeiter, die einen Monat später im Kapitol aussagen sollten, darunter Travis Pratt, ein leitender Wartungstechniker. Während der Anhörung lobte Pratt das Unternehmen über den grünen Klee und erzählte den Abgeordneten, dass sein Jahreseinkommen bei Tesla 130.000 US-Dollar betrage.

Ein Video davon wurde Ortiz zugespielt, der es an Moran weiterleitete und ihn bat, ihm die Namen der Arbeiter zu verraten. „Ich will wissen, wer sie sind ... Ich will auf sie zugehen UND ihnen ins Gesicht sagen, dass wir uns in Sacramento sehen. Solche Arschlöcher!", schrieb er seinem Freund.[13]

Moran loggte sich in das Mitarbeiterverzeichnis der Firma ein, um die Namen zu überprüfen. Dort stieß er auf Pratt und machte einen Screenshot von dessen Bild, einschließlich seiner Berufsbezeichnung, und leitete ihn an Ortiz weiter. Ortiz postete die Fotos auf einer privaten Facebook-Seite der Arbeiter, die sich zu organisieren versuchten. „Diese Typen waren in Sacramento und haben ausgesagt, wir würden nicht die Wahrheit darüber sagen, was bei Tesla abgeht. Das Management hat sie sich gegriffen ... einer von ihnen hat ausgesagt, er habe letztes Jahr 130.000 US-Dollar verdient. Das beweist nur, wie viele Arschkriecher und Verräter es bei Tesla gibt. Diejenigen, die wirklich hart arbeiten, werden wie Luft behandelt."

Nachdem er das gepostet hatte, überlegte er es sich anders und löschte die Nachricht, nachdem Pratt sich bei ihm darüber beschwert hatte. „Hinter verschlossenen Türen können Sie über mich sagen, was Sie wollen ... Ich habe letztes Jahr fast nur als Wartungstechniker der Stufe 2 gearbeitet und genau diese Gehaltsstufe gilt auch für mehrere Ihrer Kollegen aus der Produktion. Ich wünsche Ihnen viel Glück, aber Sie sollten wissen, dass viele von uns auf der anderen Seite stehen. Beleidigungen dürften nicht der richtige Weg sein."

Pratt schickte einen Screenshot des ursprünglichen Posts an die Personalabteilung von Tesla – ein Geschenk für seinen Arbeitgeber. „Sieht aus, als wären wir einigen Leuten unter die Haut gegangen", schrieb er und setzte einen errötenden Smiley darunter. Genau diesen Vorwand hatte Tesla gebraucht, um eine Untersuchung gegen Ortiz einzuleiten und, so hoffte das Unternehmen, die Gewerkschaftsinitiative zu zerschlagen. Schließlich hatte Tesla genau das ja bereits versucht. Monate zuvor hatte Gabrielle Toledano, Leiterin der Personalabteilung, per E-Mail mit Musk ausgemacht, Moran und Ortiz Jobs in einem Sicherheitsteam anzubieten, wodurch sie zu Angestellten würden, was ihnen den Weg in die Gewerkschaft versperrte. Jetzt hatten sie Dokumente in digitaler Form vorliegen, die Moran belasteten, weil er auf eine Art und Weise auf Firmenunterlagen zugegriffen hatte, die, wie sie sagten, die Unternehmenspolitik verletzte.

Ende September wurde Ortiz zu einem Treffen mit einem Privatermittler geschleppt, der von der Personalabteilung angeheuert worden war. Ortiz erschien in einem Gewerkschafts-T-Shirt und einer Anstecknadel und wurde sogleich mit einer Kopie des Facebook-Posts konfrontiert. Er gab den Post ohne Umschweife zu und sagte, er habe ihn gelöscht, nachdem Pratt sich beschwert hatte, und entschuldigte sich.

Aber von wem stammten die Fotos aus dem Mitarbeiterverzeichnis? Dazu wollte Ortiz nichts sagen. Der Ermittler bat darum, sein persönliches Handy sehen zu dürfen, aber es lieferte keine Anhaltspunkte, denn es war brandneu und erst am Tag dieses Treffens gekauft.

Ortiz' Loyalität reichte nicht aus, um Moran zu schützen. Tesla hatte schnell herausgefunden, wer auf die digitalen Akten zugegriffen hatte. Anfang Oktober hatten sie eine rechtliche Handhabe, die sie gegen die Männer geltend machen konnten. Moran bekam einen Klaps auf die Hand, aber Ortiz wurde gefeuert.*

Die Folgen dieses Vorfalls auf die gewerkschaftliche Organisation waren dramatisch. Auf dem Whiteboard im UAW-Büro, auf dem die Namen der Arbeiter standen, die eine gewerkschaftliche Organisation

---

* Im Jahr 2021 entschied das National Labor Relation Board, dass Tesla im Zusammenhang mit der gewerkschaftlichen Organisation der Arbeiterschaft gegen das Arbeitsrecht verstoßen und Ortiz unrechtmäßig entlassen habe. Tesla bestritt diese Vorwürfe und hat gegen die Entscheidung Berufung eingelegt.

unterstützten, war bald nicht ein Name mehr zu lesen.[14] Nur noch eine Handvoll Arbeiter waren mutig genug, um in der Fabrik Gewerkschaftshemden zu tragen. Ortiz' Traum, Gewerkschaftsboss zu werden, war ausgeträumt. Ein UAW-Funktionär bot ihm an, seinen Umzug nach Detroit zu organisieren und ihm dort einen Job zu suchen. Aber Ortiz wollte nicht gehen, die East Bay war sein Zuhause.

Als das Jahr 2018 begann, wäre es für Außenstehende ein Leichtes gewesen, das Durcheinander in der Fertigung zu ignorieren. Musk war ganz der Alte und rührte vollmundig wie eh und je die Werbetrommel für seine E-Autos. Straubels vollelektrischer Sattelschlepper, dessen Projektleitung Jerome Guillen übernommen hatte, wurde im November potenziellen Kunden vorgeführt, wobei Musk behauptete, dessen Reichweite läge bei mehr als 800 Kilometern. Noch aufregender war jedoch die Präsentation, die neben der Landebahn des Hawthorne Airports stattfand, vor allem gegen Ende hin, als der Auflieger des Sattelschleppers geöffnet wurde und den Blick auf geschlängelte Scheinwerfer freigab. Dann war ein ganz neuer Roadster zu sehen, eine mit mehr Muskeln bepackte Version seines Vorgängers. Das Fahrzeug war länger, breiter, sexyer – ein echter Supersportwagen, der aus dem Hangar schoss, während aus den Lautsprechern „Sabotage“ von den Beastie Boys tönte. Die Anwesenden reagierten darauf wie nie zuvor.

Tesla hatte jahrelang auf das Model 3 hingearbeitet und steckte rund 650 Kilometer weiter nördlich in der Produktionshölle fest. Doch an diesem Abend ließ Musk seine aufmerksamkeitsheischende Maschinerie mit Vollgas laufen. Die technischen Daten des Superautos brachten jeden Autofan ins Schwitzen: von null auf hundert in knapp zwei Sekunden, was den Roadster, sofern diese Behauptung stimmte, zum schnellsten Serienauto aller Zeiten machen würde. Im Grunde war das die Holzhammermethode, um die Anwesenden darauf hinzuweisen, womit sie belohnt würden, wenn Tesla nur den aktuellen Sturm überleben würde. Wie aufs Stichwort kündigte Musk an, dass Tesla Vorbestellungen für den 200.000 US-Dollar teuren Roadster, der 2020 auf den Markt kommen solle, für 50.000 US-Dollar entgegennehme – eine begrenzte

Stückzahl der sogenannten „Gründer- Edition" sei für 250.000 US-Dollar zu haben.

Diese Art des Marketings war genau Musks Ding. Dem Gedanken, für Werbung Geld ausgeben zu müssen, konnte er nichts abgewinnen. Als im vergangenen Jahr immer weniger Model S verkauft wurden, hatte der Vertriebschef McNeill fast eine Ketzerei begangen, als er als Gegenmaßnahme eine Facebook-Werbekampagne in Erwägung zog. Die Idee wurde zum einen verworfen, weil Musk nichts davon hielt, zum anderen aber auch, weil das Unternehmen stattdessen ein zweijähriges Leasing-Angebot auf den Markt brachte, das für Kunden gedacht war, die den vollen Kaufpreis nicht zahlen wollten (oder konnten).[15] Die Nachfrage nach dem Auto wurde 2017 mit einem Software-Upgrade weiter angeheizt, das es bestimmten Typen des Model S ermöglichte, im sogenannten „Ludicrous Mode" noch schneller zu beschleunigen (von null auf hundert in unter drei Sekunden).*

Tesla stand ein weiterer Marketinghebel zur Verfügung, den Musk auch einsetzte. SpaceX bereitete sich Anfang 2018 darauf vor, eine riesige Rakete namens Falcon Heavy zu testen. Die leistungsstärkste Rakete der Welt, seit die USA fast 50 Jahre zuvor Astronauten zum Mond brachten, sollte schwere Fracht in eine Umlaufbahn um die Erde transportieren. Als Beweis ließ Musk einen knallroten Roadster in den Frachtraum bringen. Sein Team montierte Videokameras an dem Auto, um Aufnahmen vom Weltraum zu machen. Hinter dem Lenkrad des Roadsters saß ein leerer Raumanzug, der sogar einen Namen trug: Starman. Die Bilder davon waren atemberaubend, denn sie zeigten, wie sehr Fahrzeuge von Tesla und die Raumfahrt zusammenhingen. Die Botschaft dahinter: Tesla war nicht nur ein Hersteller von Elektroautos, sondern Musk offerierte seinen Kunden die Zukunft. Gegenüber Analysten stellte er diesen Zusammenhang heraus, nachdem er einen extremen Verlust für das vierte Quartal hatte bekannt geben müssen, den höchsten bislang. „Ich gehe doch davon aus, dass wir die Menschen überzeugt haben, dass wir höchstwahrscheinlich

---

* [Anm. d. Übers.: Der „Ludicrous-Modus" ist ein Leistungsupdate für das Model S und Model X. Ludicrous bedeutet übersetzt eigentlich „aberwitzig". Die Bezeichnung stammt aus dem Film „Spaceballs", in dem die Geschwindigkeit des Raumschiffs so bezeichnet wird. Quelle: https://teslawissen.ch/was-ist-der-tesla-ludicrous-modus/]

alle Probleme mit der Produktion des Model 3 lösen können, wenn wir sogar einen Roadster in den Asteroidengürtel schicken können", sagte er.

Die Investoren schienen ihm beizupflichten, blieben zum Großteil geduldig und setzten darauf, dass Musk ein weiteres unmögliches Kunststück vollbringen könnte. Diese Haltung spiegelte sich im Aktienkurs von Tesla wider, der das Jahr 2017 mit einem Plus von 46 Prozent beendete und dem Unternehmen einen Marktwert von 52 Milliarden US-Dollar bescherte.

Musk schaute sich diesen Aktienkurs an und sagte dem Verwaltungsrat, dass er überzeugt sei, die Aktionäre wären auch mit noch grandioseren langfristigen Plänen einverstanden. Jahrelang hatte sich Musk kein Gehalt auszahlen lassen. Seine Vergütung umfasste Aktienoptionen, die Millionen wert waren und an das Erreichen bestimmter Meilensteine gebunden waren, wie zum Beispiel die Markteinführung des Model S und Model 3. Als es nun an der Zeit war, ein neues Vergütungspaket auszuhandeln, forderte Musk vom Verwaltungsrat einen Plan, der ihn zum bestbezahlten CEO aller Zeiten machen würde und theoretisch, wenn er vollumfänglich ausgezahlt würde, zu einem der reichsten Menschen der Welt. Der 10-Jahres-Plan, auf dem er bestand, beliefe sich auf mehr als 50 Milliarden US-Dollar, vorausgesetzt Tesla würde eine Reihe finanzieller Ziele erreichen, wie einen Marktwert von 650 Milliarden US-Dollar – eine Steigerung von fast 600 Milliarden US-Dollar gegenüber dem derzeitigen Wert. Sein sehr ambitionierter Plan legte ein neues Image von Tesla nahe: DER Autobauer mit *Millionen* von Autoverkäufen pro Jahr, der um ein Vielfaches mehr wert war als jeder andere Fahrzeughersteller.

An seinem Plan dürften wohl ziemlich viele schwer zu schlucken gehabt haben, vor allem, da Musk sich ja schon schwer genug damit tat, *Hunderttausende* von Fahrzeugen jährlich zu produzieren. Allein aufgrund der potenziellen Höhe seiner Vergütung war der Verwaltungsrat laut Mitarbeitern, die mit den Ergebnissen der entsprechenden Beratungen vertraut waren, geteilter Meinung darüber. Da im Verwaltungsrat aber viele Mitglieder saßen, die Musk durchaus wohlgesonnen waren, darunter sein Bruder Kimbal, ging das Paket schließlich durch und sollte ab Anfang 2018 in Kraft treten.

Musks Forderung sorgte für Unmut bei einigen Mitgliedern der Unternehmensführung, da sie der Meinung waren, dass auch sie vom Erfolg des Unternehmens profitieren sollten.

Laut einer ehemaligen Führungskraft zählte auch JB Straubel, der seit den ersten Tagen von Tesla mit an Bord gewesen war und sogar als Mitbegründer galt, zu den Menschen, die Musks Vorpreschen ziemlich verletzt hatte. „Das markierte einen Bruch in ihrer Beziehung", erinnerte sich der Ex-Manager. „Das war das Ende ihrer Freundschaft."

Straubel bestritt das und erklärte, dass seiner Meinung nach Musks Paket sowohl aus einem „wahnsinnig hohen Risiko" als auch aus einer „hohen Vergütung" bestand. „In jeder Beziehung gibt es Höhen und Tiefen und jede Menge Frust, aber Elon und ich haben gemeinsam schon mehr Scheiße als diese erlebt, ohne dass unsere Freundschaft daran zerbrochen wäre."

Die Auszahlungen waren mit zwölf gestaffelten Teilauszahlungen ungemein komplex. Um zum Beispiel eine Vergütung von 1,69 Millionen Aktien zu erhalten, müsste Tesla entweder seinen Jahresumsatz auf 20 Milliarden US-Dollar steigern (von 11,8 Milliarden US-Dollar im Jahr 2017) oder einen bereinigten Gewinn von 1,5 Milliarden US-Dollar erzielen. Außerdem müsste der Marktwert auf 100 Milliarden US-Dollar steigen und im Durchschnitt über 6 Monate und 30 Tage so hoch bleiben. Musk müsste 350,02 US-Dollar pro Aktie zahlen, um die Optionen auszuüben. Was aber bei all diesen Forderungen nicht berücksichtigt worden war, war der Nettogewinn, etwas, das das Unternehmen für ein gesamtes Steuerjahr noch kein einziges Mal erreicht hatte. Tesla hatte es ja noch nicht einmal geschafft, zwei aufeinanderfolgende Quartale mit Gewinn abzuschließen. Ähnlich wie bei anderen Mitbewerbern aus der Tech-Branche setzte man bei den Kennzahlen lieber auf Wachstum und Aktienkurse und weniger auf altmodisches Geldverdienen.

Im Kleingedruckten stand auch, dass Musk seine Aktien fünf Jahre lang halten musste. Die wichtigste Klausel besagte aber, dass Musk bei Tesla entweder als CEO oder als Chairman angestellt bleiben musste. Obwohl er in den letzten Jahren mehrmals über seinen Rücktritt als CEO gesprochen hatte, sendete das neue Gehaltspaket ein gänzlich anderes starkes Signal an sein Führungsteam – und an die Investoren –, nämlich dass er die Zügel nicht so bald aus der Hand geben würde. Einige Insider von Tesla dachten, dass möglicherweise McNeill oder vielleicht Field, der Ingenieur, der als Projektleiter zunächst für das Model 3, dann aber für die gesamte Fertigung verantwortlich war, der zukünftige CEO von Tesla sein könnte. Einen Monat später verließ McNeill Tesla und wurde Chief Operating Officer des Start-ups Lyft Inc., einem Fahrdienstvermittler.

Als das neue Jahr begann, machte Musk nicht den Eindruck, als wollte er die Kontrolle über Tesla abgeben. Es war klar, dass Fremont, nicht Sparks, die größte Hürde für ihn darstellte. Musks Fokus verlagerte sich wieder. Die Präsentation des neuen Roadsters und des Sattelschleppers spülte Tesla etwas Geld in die Kasse, die aber trotzdem zusehends leerer und leerer wurde. Musk zögerte aus mehreren Gründen, neues Kapital zu beschaffen. Erstens hatte das Justizministerium eine Untersuchung eingeleitet, was die Produktionsangaben von Tesla anbelangte, und wollte klären, ob Musk die Investoren bewusst getäuscht hatte. Tesla hatte noch nicht offengelegt, dass eine Ermittlung eingeleitet war, müsste dies im Rahmen einer erneuten Kapitalbeschaffung aber nachholen, wie Eingeweihte berichteten.[16] Allerdings würde das den Eindruck verstärken, Tesla sei verzweifelt. Zweitens hatte Musk öffentlich darüber gesprochen, wie wichtig es sei, sich dann Geld zu beschaffen, wenn man es eigentlich gar nicht braucht. Denn bei knapper Kasse gelten härtere Bedingungen – was das Ganze teurer macht.

Fakt ist, Musk setzte alles daran, die Fabrik endlich zum Laufen zu bringen. Er hatte seine Deadline für 5.000 Autos pro Woche bereits zweimal verlängert. Sein neues Ziel lautete: die letzte Juniwoche.

Während es immer wieder zu Problemen mit der automatisierten Montagelinie kam, suchte Antoin Abou-Haydar, ein Ingenieur, der einige Monate zuvor von Audi abgeworben worden war, um die Produktionsqualität zu verbessern, das Gespräch mit Field und anderen Managern.[17] Das Ingenieurteam hatte bei der Konstruktion des Model 3 so gute Arbeit geleistet und es bestens auf die Montage vorbereitet, sodass es im Juli und August vergleichsweise einfach gewesen war, das Auto manuell zu fertigen. Vielleicht sollten sie anstelle der komplexen automatisierten

Montagelinie, die sie gerade aufbauten, einfach noch einmal von vorn anfangen – ohne Roboter?

Sein Vorschlag stieß auf taube Ohren. Musk wollte seine Fabrik (die er inzwischen „Alien Dreadnought" nannte) unbedingt zum Laufen bringen. Er verkaufte den Investoren die Vorstellung, dass in der Fabrik irgendwann nur noch ein paar Leute arbeiten würden, ähnlich wie damals, als Tim Watkins Maschinen so programmiert hatte, dass sie eine ganze Nachtschicht selbstständig liefen. Musk stellte sich ein dreistöckiges Fließband vor, bei dem die Autoteile auf der obersten Ebene über dem Kopf der Arbeiter schwebten und auf Schienen zu den Stationen auf der zweiten Ebene transportiert würden, wo die Arbeiter weitere Teile einbauten, die von der dritten Ebene über ein Förderband zu ihren Füßen angeliefert würden. Dieses ausgeklügelte System sparte Raum und Arbeitskräfte ein – zumindest in der Theorie. In der Praxis war es das reinste Chaos. Die Ingenieure bekamen das Timing nicht richtig hin. In der Fabrik herrschte großer Platzmangel, alles stand dicht an dicht, sodass die Arbeiter das Gefühl hatten, sie würden durch ein Schlachtschiff laufen.

Im Frühjahr war jedoch klar, dass etwas getan werden musste, um dem Chaos ein Ende zu bereiten. Das Unternehmen verbrannte Geld. Abou-Haydars Vorschlag schien auf einmal gar nicht mehr so unsinnig. Deshalb wurde eine zweite Montagelinie in der Fabrik mit wesentlich weniger Robotern errichtet, was die Produktion im Handumdrehen steigerte. Musk gab auf Twitter zu, dass er falschgelegen hatte. „Die übermäßige Automatisierung bei Tesla war ein Fehler. Um genau zu sein, mein Fehler. Menschen werden unterschätzt."

Wollte Musk das Ziel von 5.000 Fahrzeugen pro Woche erreichen, musste jedoch noch viel mehr getan werden. Eine dritte Montagelinie für das Model 3 musste dringend aufgebaut werden. Doch zu diesem Zeitpunkt war die Fabrik bereits bis unters Dach vollgestopft und Qualitätskontrollen mussten im Freien in einem riesigen Zelt durchgeführt werden. Das Team begann zu überlegen, ob sie nicht auch ein Fließband in einem Zelt unterbringen könnten.

Mehr und vor allem nicht automatisierte Fließbänder bedeuteten, dass mehr Arbeiter nötig waren als ursprünglich geplant. In Besprechungen verlor Musk den Überblick. Er sprach immer wieder davon, etwa 30.000 Mitarbeiter zu haben, obwohl es einschließlich der externen Beschäftigten bereits mehr als 40.000 waren.[18] (Es hieß, dass Musks Aufmerksamkeit manchmal nach dem Beginn von Budgetpräsentationen zu wünschen übrig ließ.) Deepak Ahuja, der neue alte CFO, musste Musk schließlich sanft darauf hinweisen, dass das Unternehmen bereits viel mehr Mitarbeiter hatte.

Musk nahm diese Information alles andere als gut auf. Er verbiss sich förmlich in diese Zahlen, weil sie seiner Meinung nach auf ein wesentlich größeres Problem hinwiesen, nämlich dass Teslas Kostenstruktur nicht funktionierte. Der Plan war ja, dass Tesla bei einer wöchentlichen Produktion von 2.500 Fahrzeugen vom Typ Model 3 die Gewinnschwelle erreicht. Doch angesichts der drastisch gestiegenen Personalkosten war dem nicht mehr so. Ahujas neuesten Berechnungen im Frühjahr zufolge würde Tesla die Gewinnzone erst bei 5.000 Stück pro Woche erreichen. Musk begann, die Ausgaben einzufrieren. Im Zuge dieser Sparmaßnahme wurde auch das Vorhaben auf Eis gelegt, die Zahl der Service- und Auslieferungszentren in ganz Nordamerika drastisch zu erhöhen. Jetzt wollte Musk nur eines: schnell so viele Arbeitsplätze wie möglich abbauen.

Die Pleiten und Pannen in Fremont ließen Musk wie immer reagieren. Er suchte nach einem Sündenbock und seine Wahl fiel auf Field. Obwohl der genau das getan hatte, wofür er eingestellt worden war, nämlich dafür zu sorgen, dass sich die Massen ebenso sehr für das Model 3 begeisterten wie eine Handvoll gut Betuchter für das Model S. Das Chaos in der Fabrik ließ sich nicht ignorieren. Keine Frage, es ließe sich trefflich behaupten, dass Musk selbst schuld daran war, schließlich hatte er ja die Produktion unbedingt beschleunigen wollen und sämtliche Ermahnungen aus seinem Umfeld in den Wind geschlagen. Dennoch fiel er in sein altes Verhaltensmuster zurück: Musk übernahm und entzog Field die Produktionsleitung.

Das war der Anfang eines unrühmlichen Endes für Field, der die Produktentwicklung von Tesla geleitet, mit einigen der besten Ingenieure des Silicon Valley konkurriert und ein Auto entwickelt hatte, das dem Model S in vielen Punkten überlegen war. Einige langjährige Mitarbeiter sagten, dass er eine eher unternehmerische Denkweise eingeführt habe, dass der Arbeitgeber unter seiner Aufsicht politischer geworden sei. Dennoch war er vielleicht besser als irgendeiner seiner Kollegen positioniert, um Teslas nächster CEO zu werden – sollte Musk jemals sein Versprechen einlösen, sich vom Tagesgeschäft zurückzuziehen und sich auf die Produktentwicklung zu konzentrieren.

In diesem Frühjahr übernahm Musk tatsächlich selbst die Kontrolle über die Fabrik. Dass Musk höchstpersönlich die Aufgaben und Befugnisse von Field beschnitten hatte, hielt ihn allerdings nicht davon ab, den degradierten Manager eines Abends von der Fabrik aus anzurufen und zu fragen, wo er sei, wie sich ein Verbündeter erinnerte, dem diese Geschichte zugetragen wurde.[19]

An einem anderen Abend bestellte Musk eine Gruppe von Ingenieuren, die daran arbeiteten, das Fließband zum Laufen zu bringen, in einen Konferenzraum. Er stürmte in den Raum und warf ihnen an den Kopf, dass ihre Arbeit „der letzte Scheiß" sei. Dann wies er jeden Einzelnen an, hin- und herzulaufen und ihm zu erklären, „wer zum Teufel Sie sind und was zur Hölle Sie tun, um mein gottverdammtes Fließband in Gang zu setzen".[20] Noch während er das Team beschimpfte, reichte es einem der Ingenieure und er kündigte. Musk brüllte los, als der junge Ingenieur den Raum verließ. In einer anderen Besprechung ging Musk zu einem Manager, mit dessen Leistung er nicht zufrieden war, und sagte zu ihm: „Ich dachte, ich hätte Sie gestern gefeuert."

In dieser Zeit bemerkte Musk bei einem Rundgang durch die Fabrik, dass das Fließband gestoppt hatte. Die Erklärung dafür war, dass immer wenn Menschen oder Hindernisse zu nah kamen, der Sicherheitssensor reagierte und einen Stopp auslöste. Doch das machte Musk nur wütend. Er entgegnete, das Band liefe viel zu langsam, als dass sich jemand verletzen könne. Noch während er das sagte, stieß er absichtlich mit dem Kopf vorn gegen ein Auto, das auf dem Fließband an ihm vorbeilief. „Und? Hat mir das geschadet? Eben. Ich möchte, dass die Autos einfach weiterfahren."[21] Ein leitender Ingenieur versuchte zu erklären, dass dies eine notwendige Sicherheitsmaßnahme sei. Doch Musk wollte davon nichts hören und schrie ihn an: „Raus hier!"

Diejenigen, die Musk am längsten kannten, wussten, dass er schon immer so gewesen war, sich in letzter Zeit aber kaum noch beherrschen konnte. Jeder wusste, dass sein Geduldsfaden schnell riss und dass er Deppen nicht ausstehen konnte. Doch in der Anfangszeit von Tesla wurde so mancher Mitarbeiter zu Recht geschasst, wie einige insgeheim dachten. Bei Tesla ging es darum, der Beste und der Härteste zu sein. Manager erzählten sich gegenseitig, welche Spitzen oder Gehässigkeiten Musk mal wieder losgelassen hatte, es war, als ob sie Kriegsgeschichten austauschen würden. Wie die, als er einen Manager anbrüllte, er würde ihm den Schädel spalten und ein „V“ für “Versager“ in sein Hirn brennen.

Doch jetzt, so sagten langjährige Mitarbeiter, schien seine Wut aus heiterem Himmel zu kommen. Und anstatt hinter verschlossenen Türen ließ er seine Wut immer und überall heraus, egal welche Position sein Opfer innehatte. Anscheinend war Tesla inzwischen so groß geworden, dass er den Schuldigen nicht mehr ausmachen konnte, also schnappte er sich den Nächstbesten.

Wie dem auch sei, Field konnte nicht mehr. Sein Job war mehr als frustrierend: Als er bei Tesla anfing, war ihm die Entwicklung des Model 3 (sowie des geplanten Crossover-Fahrzeugs, das Model Y) übertragen worden, dann war er nach dem Weggang von Greg Reichow zum Produktionsleiter gemacht worden. Jetzt, nach seiner Degradierung, musste er zusehen, wie sich Musk nach und nach jeden aus seinem Team vornahm und demütigte. Eigentlich wollte er das Handtuch nicht werfen, da er das Gefühl hatte, dass er damit seine Mitarbeiter im Stich lassen würde. Doch es war an der Zeit.[22] Seine Mutter war gestorben und sein Vater war krank. Außerdem stand sein Kind kurz vor seinem Collegeabschluss – Ereignisse, die er verpassen würde, solange er Tag und Nacht in der Fabrikhalle schuftete.

Dem Team wurde mitgeteilt, dass Field Urlaub nahm, aber es war vielen klar, dass er für immer weg sein würde. Als Tesla seinen Weggang offiziell bekannt gab, war schon längst klar, was Sache war. Er war einer von mindestens 50 Vice Presidents oder höherrangigen Führungskräften, die in den letzten 24 Monaten ihren Hut genommen hatten (was zum Teil der Tatsache geschuldet war, dass viele Manager von SolarCity mit hochtrabenden Titeln das Unternehmen nach der Übernahme verlassen hatten). Fakt war, dass in unterschiedlichen Medien über sein Ausscheiden berichtet wurde, was bei dem Abgang des Technikchefs eines prominenten Autokonzerns völlig normal war. Doch Musk nahm Anstoß an der Presseberichterstattung.

Das PR-Team von Tesla bestand darauf, dass die Medien die Bedeutung dieses Ereignisses herunterspielten. Die Automobil-Website Jalopnik stellte augenblicklich eine nicht ganz ernst gemeinte Berichtigung ins Netz: „Ein Sprecher von Tesla möchte klarstellen, dass Field NICHT der Top-Ingenieur bei Tesla war, sondern vielmehr der Top-Fahrzeug-Ingenieur. Ebenso wie es nur einen Gott geben kann, kann es auch nur einen Top-Ingenieur bei Tesla geben und das ist Elon Musk. Der zweite Ingenieur bei Tesla ist JB Straubel."

In Sparks hatte Straubels Team einige Prozesse optimiert, doch natürlich waren sie mit Mehrkosten verbunden. Inzwischen stellten sie dort 3.000 Batteriepacks pro Woche her und hatten irgendwann eine Fertigungsrate erreicht, die hochgerechnet bedeuten würde, dass die 5.000er-Marke geknackt würde. Diesen Spitzenwert einmal zu schaffen und dann Tag für Tag zu halten waren jedoch zwei Paar Stiefel. In der Hektik kam es zu einem erheblichen Materialverlust, Batterien wurden durch die Automatisierung beschädigt, es wurde fieberhaft an Lösungen gearbeitet. Brian Nutter, der Leiter der Qualitätsabteilung, hatte eingeführt, dass sämtliche Probleme in einem Bericht erfasst wurden. Der letzte Eintrag unterstrich, dass Tesla immer wieder mit den gleichen Schwierigkeiten zu kämpfen hatte: Batteriezellen hatten aufgrund eines Problems an einer Wendestation Dellen, andere Batteriepacks mussten aussortiert werden, weil zu viel Klebstoff verwendet worden war. Eine Montagelinie fiel wegen mangelnder Kühlung komplett aus. Ein Automatisierungsfehler sorgte dafür, dass ein Trockenständer nicht richtig nach vorn bewegt wurde, was dazu führte, dass sich die Batteriemodule stapelten.[23]

In diesem Frühjahr versuchte Musk während einer Telefonkonferenz mit Analysten die schrecklichen Ergebnisse des ersten Quartals zu erklären. Ungefähr eine halbe Stunde nach Beginn der Konferenz wollte ein Wall-Street-Analyst wissen, wann das Unternehmen endlich sein Bruttomargenziel für das Model 3 erreichen würde, zumal es offenbar schon um sechs bis neun Monate nach hinten verschoben worden war. Musk fiel seinem CFO ins Wort, als dieser eine Erklärung abgeben wollte, und sagte, dass dies in ein paar Monaten geklärt sein würde. „Machen Sie kein Staatsdrama daraus", meinte er dann noch schnippisch. Der Analyst wollte dann eine Frage zum Kapitalbedarf von Tesla stellen. Als er weiter ausholen wollte, unterbrach Musk ihn erneut. „Langweilige, dumme Fragen sind so was von uncool. Die nächste Frage!" Ein Analyst von RBC Capital Markets wollte wissen, ob einfachere Vorbestellungen dazu führten, dass mehr und mehr Kunden das Model 3 tatsächlich kaufen. Musk reagierte abweisend. „Wir schalten rüber zu Youtube, sorry", antwortete Musk und verwies auf einen Kleinanleger mit einer Youtube-Show, der über diesen Kanal Fragen stellen wollte. „Diese Fragen sind dermaßen trocken, die machen mich fertig."

Musks herrische Art kam bei den Anlegern nicht gut an.[24] In nur 20 Minuten fiel die Aktie um mehr als fünf Prozent. Das Gemurmel noch während der Konferenz ließ nichts Gutes erahnen. Manchen erinnerte Musks Ausbruch an die letzten Tage von Enron.

25

SABOTAGE

Um 1:24 Uhr morgens am Sonntag, den 27. Mai 2018, drückte der bei Tesla beschäftigte Techniker Martin Tripp auf „Senden" einer E-Mail an *CNN*, *Reuters*, *Fox News* und *Business Insider*. „Ich arbeite derzeit für Tesla, daher möchte ich lieber anonym bleiben", begann das Schreiben.[1] „Aufgrund meiner Funktion bekomme ich die tägliche Fertigung, die Produktionszahlen, die Kosten für Ausfälle/Schrott und so weiter (in jeder Abteilung und auf jeder Ebene) mit. Bei mehreren Gelegenheiten hat Elon die Öffentlichkeit/Investoren schlichtweg angelogen. Ich bin zu Tesla gegangen, weil ich meinen Teil zur Umsetzung seines Unternehmensleitbilds beitragen wollte, und es ist entmutigend zu sehen, dass genau das Gegenteil passiert." Anschließend deutete Tripp an, dass Tesla weit davon entfernt sei, 5.000 Model 3 pro Woche herzustellen, und dass Musk riskante Manöver vollzöge, um die Produktion zu beschleunigen.

Die E-Mail im Posteingang von *Business Insider* fand schnell den Weg zu Linette Lopez, einer leitenden Finanzkorrespondentin. Lopez, eine der Starreporterinnen des Nachrichtenportals, hatte im vergangenen Jahr ein paar Artikel über Tesla geschrieben, dabei jedoch nie Einblicke in Interna erhalten. Monate zuvor hatte sie ein Interview mit dem Leerverkäufer Jim

Chanos geführt, in dem sie ihn auch nach seiner Wette gegen Tesla fragte. In seinen Augen war Musks Verkaufstalent seine größte Stärke. „Er sprüht nur so vor Ideen", sagte Chanos ihr.[2] „Das Problem ist, dass es mit der Umsetzung hapert. Er denkt sie nicht zu Ende, sondern ist schon wieder bei einer seiner nächsten großen Ideen. Außerdem macht er zunehmend Versprechungen, von denen er weiß, dass er sie nicht halten kann. Und ich denke, das ist eine noch viel gefährlichere Entwicklung."

Lopez antwortete Tripp noch an diesem Morgen: „Ich möchte gern mehr darüber erfahren." Zur gleichen Zeit, als Arbeiter ein riesiges Zelt neben der Fabrik in Fremont im mehr als 400 Kilometer entfernten Kalifornien aufstellten, begann sie mit der Recherche, ob an Tripps Behauptungen etwas dran wäre.

Viele Manager dachten, dass der Druck auf sie und vor allem auf die Arbeiter abnähme, wenn erst einmal der Meilenstein von 5.000 Fahrzeugen pro Woche erreicht wäre. Das würde den Leerverkäufern die Luft entziehen und den Autobauer auf eine solide finanzielle Basis stellen. Wenn sie sich erst einmal freinähmen, bevor sie dann Vollgas gäben und die Produktionsvorbereitungen endlich abschließen würden, wären sie hoffentlich in der Lage, alle Teile fertigzustellen und auch noch die letzten Hürden zu nehmen, um am Samstag, den 30. Juni, also dem letzten Tag des Quartals, die geforderte Stückzahl zu erreichen. Jeder Mitarbeiter, der von Anfang an bei Tesla oder bei dem Versuch dabei gewesen war, die Produktion des Model S und Model X hochzufahren, wusste, dass sie nun alle mit anpacken müssten. Musk tat beim Model 3 das, was er schon immer gemacht hatte: Er legte eine Deadline fest, die wieder und wieder verschoben wurde, um sich dann, wenn die Aufmerksamkeit nachgelassen hatte, neu zu positionieren und nach Wegen zu suchen, Prozesse zu verbessern und die Kosten zu senken.

Was Tripp jedoch an Lopez weitergab, waren die unschönen Kosten dieser Vorgehensweise. Am 4. Juni, etwa eine Woche nach der ersten Kontaktaufnahme mit Tripp, veröffentlichte Lopez einen Artikel mit der Überschrift „Interne Dokumente zeigen: Tesla verschwendet irrsinnig viele Rohmaterialien und Geld bei der Fertigung des Model 3, aber die Produktion bleibt ein Albtraum". Unter Berufung auf interne, von Tripp (den sie nicht namentlich erwähnte) zur Verfügung gestellte Dokumente hieß es weiter, Tesla produziere in der Gigafactory eine unglaubliche Menge an Abfall: Bis zu 40 Prozent des Rohmaterials, das für die Herstellung der Batteriepacks und des E-Antriebs verwendet werde, werde verschrottet oder müsse nachbearbeitet werden. Das habe Tesla bereits 150 Millionen US-Dollar gekostet, hieß es weiter. Tesla bestritt dieses Ausmaß an Verschwendung vehement.

Der Autobauer gab daraufhin eine Erklärung ab, in der er darauf abzielte, die Angelegenheit herunterzuspielen. „Wie bei jedem neuen Fertigungsprozess zu erwarten war, hatten wir zu Beginn der Produktion des Model 3 hohe Ausschussraten. Damit haben wir gerechnet, denn das gehört dazu, wenn eine Produktion erstmals hochgefahren wird."

In der Tat hatte das Unternehmen das Problem genau beobachtet. Tesla war ein Vorreiter bei der Batterieproduktion und sammelte Erfahrungen, die für die Autoindustrie neu waren. Auch andere Marktteilnehmer hätten auf ähnliche Weise zu kämpfen gehabt. Straubel lag dieses Thema so am Herzen, dass er sich überlegt hatte, ein Start-up zu finanzieren, das bessere Recyclingmethoden für Batterien aus Elektroautos erforschen sollte.

Ein paar Tage später erschien ein weiterer Artikel von Lopez, demzufolge Musks neue Roboter für die Gigafactory noch nicht voll funktionsfähig seien, obwohl Musk nur ein paar Wochen zuvor getwittert hatte, dass sie der Schlüssel wären, um die Produktion auf über 5.000 Fahrzeuge pro Woche zu erhöhen.

Anders als Peng Zhous Enthüllung im Jahr 2008, bei der durchgesickert war, dass Tesla damals so gut wie kein Geld mehr hatte, verstärkten diese Artikel den Eindruck, dass Tesla seine Produktion einfach nicht in den Griff bekäme und das Fertigungsziel von 5.000 Stück pro Woche erneut verfehlen würde. Was würde der anonyme Insider noch alles verraten? Musks Team wartete nicht einfach nur ab, um dieses Rätsel zu lösen, sondern machte sich auf die Suche nach dem Maulwurf.

Tripp arbeitete erst relativ kurz bei Tesla. Er hatte im September des Vorjahres ein Angebot bekommen, dort anzufangen, und war einer von vielen neuen Mitarbeitern der dann insgesamt mehr als 6.000 Beschäftigten in der Gigafactory. Sein Stundenlohn lag bei 28 US-Dollar. Anfang des Jahres 2018 war er abgemahnt worden, weil er nicht im Team gearbeitet hatte, wie aus seiner Personalakte hervorging. Irgendwie war er naiv, was ihm später zum Verhängnis werden sollte.

Selbst als bekannt war, dass sich die Sicherheitsabteilung von Tesla auf die Jagd nach dem Maulwurf in ihrer Mitte gemacht hatte, setzte Tripp bei einer weiteren E-Mail, in der er seine Bedenken hinsichtlich der Fabrik äußerte, Musk und Straubel in Cc. „Ich möchte darauf hinweisen, dass es eine Menge Mitarbeiter von Tesla gibt, die sich Sorgen machen. Grob geschätzt liegen die Kosten für Ausschuss für das restliche Jahr bei mehr als 200 Millionen US-Dollar. Dazu kommt, dass wir gar keinen Platz für den ganzen Schrott haben."

Am Sonntag, den 10. Juni, antwortete Musk um 3:22 Uhr morgens, dass das nächste „Hardcore-Ziel lautet, die Ausschussrate auf unter ein Prozent zu senken". Tripp ließ diese Antwort kalt, da sie in seinen Augen auch wieder nur ein leeres Versprechen war.[3] Wenige Tage später hatten ihn die Sicherheitsbeauftragten ins Visier genommen, nachdem sie ermittelt hatten, wer Zugang zu den Daten hatte, die in den Artikeln zitiert wurden, und wer sie sich kürzlich angesehen hatte. Er wurde gefeuert.

Musk war schockiert. Am späten Abend am Sonntag, den 17. Juni, verschickte er eine unternehmensweite E-Mail, in der er alle Mitarbeiter bat, nach weiteren Maulwürfen Ausschau zu halten. „Ich war entsetzt, als ich an diesem Wochenende von einem Tesla-Mitarbeiter erfuhr, der unseren Betrieb in hohem Maße sabotiert hat. Der Schaden, den er dadurch angerichtet hat, ist immens."

Musk nannte Tripp nicht namentlich und mutmaßte, dass der Maulwurf wohl deshalb so gehandelt hatte, weil er bei einer Beförderung übergangen worden war, und dass die Ermittlungen noch andauern würden, da noch unklar sei, was er noch alles angerichtet habe. „Wir müssen herausfinden, ob er allein oder mit Kollegen oder gar mit irgendwelchen externen Organisationen zusammengearbeitet hat", fuhr Musk fort. „Wie Sie wissen, gibt es eine lange Liste von Organisationen, die den Tod von Tesla wollen. Dazu gehören die Leerverkäufer der Wall Street, die bereits Milliarden von US-Dollar verloren haben und noch viel mehr verlieren werden."

Anschließend lieferten sich Musk und Tripp ein Wortgefecht, das wohl für Musk ausging. Tripp besaß zwar eine gehörige Portion Mut, ihm fehlten aber die finanziellen Mittel, um gegen einen wütenden Milliardär vorzugehen. Am Mittwoch darauf reichte Tesla eine Klage gegen Tripp ein, weil er vermeintlich ein Gigabyte Daten gestohlen und falsche Angaben über Teslas Geschäfte gemacht hatte. Die beiden lieferten sich dann noch einen Schlagabtausch per E-Mail. „Keine Bange", schrieb Tripp darin, „Sie werden Ihre Lektion schon noch lernen für all die Lügen, die Sie der Öffentlichkeit und den Investoren aufgetischt haben."

„Mir zu drohen, macht es nur noch schlimmer für Sie", antwortete Musk.

„Ich habe Ihnen kein einziges Mal gedroht", erwiderte Tripp. „Ich habe lediglich gesagt, dass Sie Ihre Lektion schon noch lernen werden."

„Sie sollten sich schämen, andere Leute so reinzureiten. Sie sind ein schrecklicher Mensch."

„Ich habe NIEMALS jemand anderen reingeritten und auch nicht angedeutet, dass ein Dritter damit zu tun hatte, dass ich Dokumente besitze, aus denen hervorgeht, dass Sie Ausschuss in Höhe von mehreren MILLIONEN US-DOLLAR produzieren, es Probleme mit der Sicherheit der Autos gibt und Sie Investoren und den Rest der WELT angelogen haben. Wer Autos mit Sicherheitsproblemen auf die Straße bringt, ist ein schrecklicher Mensch!"

All diese schlechte Presse drohte einen langersehnten Meilenstein zu überschatten. Tesla begann aus diesem Grund, Reporter in die Fabrik einzuladen, die sich selbst ein Bild über die Zustände dort machen sollten. Bei einem Rundgang sprach Musk davon, wie zuversichtlich er sei (auch wenn er manchmal in der Fabrik auf dem Boden übernachten musste). „Ich habe ein gutes Gefühl bei der ganzen Sache", sagte er. „Auch die Stimmung und die Energie sind gut. Bei Ford dagegen kommt man sich vor wie in einem Leichenschauhaus."

Auf die Frage, warum er die Produktionspläne für das Model 3 nach vorn gezogen habe, obwohl ihn Mitglieder seines Teams davor gewarnt hätten, antwortete er: „Das haben die Leute schon mein ganzes Leben lang gesagt. Das ist doch nichts Neues für mich. Mir wurde auch schon gesagt, Raketen könnten nicht punktgenau landen."

Die Leiterin der Öffentlichkeitsarbeit, Sarah O'Brien, begleitete Musk. Die 37-jährige ehemalige Apple-Kommunikationsmanagerin hatte mehr als 40 Mitarbeiter unter sich. Sie hatte fast zwei Jahre lang direkt mit Musk zusammengearbeitet – und begann, unter den Folgen zu leiden. Sie war erschöpft und war nach der Arbeit bereits zweimal in Ohnmacht gefallen. Ihr Tag begann um 5 Uhr morgens und endete meist gegen 21 Uhr, auch an den Wochenenden.[4] Sie trug eine Apple Watch, um keine Tweets von Musk zu verpassen.

Seit 2014 twitterte Musk von Tag zu Tag mehr. Bis zum Hochsommer 2018 hatte er allein in diesem Jahr mehr als 1.250 Nachrichten zu den unterschiedlichsten Themen wie Kundenbeschwerden, Kritik an den Medien oder Streit mit Leerverkäufern gepostet – das entsprach etwa sechs Tweets pro Tag. Im Mai und Juni zeigte er sich noch wortgewandter und postete sieben Mal so viele Nachrichten wie im Januar.[5] Manchmal zeigte er auf Twitter seine dunkle Seite, wie einmal, als er nach seinem Leben gefragt wurde. „Große Höhen, schreckliche Tiefen und unglaublicher Stress gehören zu meinem Leben. Ich glaube nicht, dass die Leute etwas über die letzten zwei Punkte hören wollen", schrieb er. Da er noch nie viel Schlaf abbekommen hatte und allmählich unter ernsthaften Schlafstörungen litt, griff er zu Schlafmitteln. „Ein bisschen Rotwein, eine alte Schallplatte, etwas Ambien ... und bingo!"*

So düster diese Zeit auch war, gab es doch auch einige Zeichen, die Hoffnung machten. Als er das Internet nach einem Witz über KI durchforstete, den er nicht mehr genau wusste, aber auf Twitter machen wollte, lernte er jemanden kennen, der sich auch darüber lustig gemacht hatte. Es war die angehende Berühmtheit Claire Elise Boucher, besser bekannt als Grimes, damals 30 Jahre alt. Musk kam mit ihr ins Gespräch und schon kurze Zeit später verabredeten sich die beiden.[6]

In der Zwischenzeit war es fast so weit: In Kürze würde die 5.000-Fahrzeug-Marke geknackt werden. Am frühen Morgen des 1. Juli ging die Party

---

* [Anm. d. Übers.: Ambien ist ein verschreibungspflichtiges Schlafmittel, das süchtig macht.]

der Arbeiter in der Fabrik los, nachdem sie die ganze Nacht durchgearbeitet hatten. Die zusätzlichen Fließbänder und die neuen Mitarbeiter hatten geschafft, was der Automatisierung nicht gelungen war. Sie alle unterschrieben auf der Motorhaube eines Model 3, um das 5.000ste Auto in dieser Woche zu feiern. Musk war allerdings nirgends zu sehen. Er war bereits zur Hochzeit seines Bruders nach Lissabon abgereist. In einer unternehmensweiten E-Mail bedankte er sich für ihren Einsatz. „Ich glaube, jetzt sind wir eine echte Autofirma geworden."

Doch was eigentlich ein Anlass zum Feiern sein sollte, wandelte sich schon kurze Zeit später in das grässlichste öffentliche Debakel in der Geschichte von Elon Musk und Tesla.

26

SHITSTORMS AUF TWITTER

Während die Arbeiter erschöpft ihren Meilenstein in Fremont feierten, landete Musk in Portugal. Die Hochzeit seines Bruders Kimbal kam für ihn genau zum richtigen Moment, denn er hatte eine kleine Auszeit bitter nötig. Die letzten Monate hatten sich seine Freunde mehr und mehr Sorgen um ihn gemacht, da er ihre Einladungen, mal etwas anderes zu tun, als zu arbeiten, ausschlug, weil er in der Fabrik gebraucht werde. Seine öffentlichen Kommentare über seine Ex-Freundin Amber Heard schienen ziemlich verstörend. Seine neueste Flamme, Claire Boucher, war eigentlich gar nicht sein Typ.

Keine Frage, Musk hatte Großes erreicht, aber er konnte sich nicht auf seinen Lorbeeren ausruhen. Kaum war der Engpass in der Fabrik überwunden, musste er sich einer ebenso drängenden Herausforderung widmen: der Auslieferung der Fahrzeuge an die Kunden. Dass das Model S fünf Jahre vorher kaum Käufer gefunden hatte, nachdem die Produktionsprobleme behoben waren, hatte Tesla beinahe das Genick gebrochen. Diesmal musste Tesla weit mehr als 4.750 Autos ausliefern und das Ziel lautete nicht nur, die Gewinnzone zu erreichen. Es ging nicht mehr darum, der Welt zu beweisen, dass er es geschafft hatte, sondern darum, Geld zu verdienen, um stapelweise Rechnungen von Zulieferern zu zahlen. Doch auch das war noch nicht alles. Tesla musste sich darüber klar werden, dass ein einziges Montagewerk außerhalb von San Francisco nicht genügte. Es musste mit den Vorbereitungen beginnen, das Unternehmen global auszurichten, denn nur dann könne es in Sachen Absatzvolumen und Skalierung jemals mit Konkurrenten wie GM mithalten.

Doch trotz seiner widersprüchlichen Bedürfnisse – nach Ruhe und nach der Neuausrichtung des Absatzes – war Musk mit seinen Gedanken ganz woanders. Auf ihn lauerte sozusagen eine öffentliche Kernschmelze, die nicht nur seinem Image schaden und Tesla von seinem Ziel ablenken könnte, ein Elektroauto für die breite Masse auf den Markt zu bringen, sondern auch dazu führen könnte, was Musk in all den Jahren um jeden Preis hatte vermeiden wollen: die Kontrolle über das Unternehmen zu verlieren.

Musks Twitter-Gewohnheiten wirkten auf den ersten Blick harmlos. Zwar checkte er diese Social-Media-Plattform geradezu zwanghaft mehrmals täglich auf neue Nachrichten, aber unter uns: Wer tut das heutzutage nicht? Ehrlich gesagt hatte er in der Anfangszeit von Tesla ein paar Fehler auf dieser Plattform gemacht. Und vor wenigen Monaten hatte er die Leser mit einem Aprilscherz verunsichert, denn er hatte behauptet, seine Firma sei pleite. Er hatte die Plattform genutzt, um Leerverkäufer, die den Druck zu spüren bekamen, mit Spott und Häme zu überziehen, als der Marktwert von Tesla vor über einem Jahr den von Ford eingeholt hatte. Seine Feinde auf Twitter hatten das nicht vergessen und waren damit beschäftigt, die neuesten guten Nachrichten von Tesla zu zerpflücken. Nach der Episode mit Martin Tripp witterte Musk auf Schritt und Tritt Verschwörungen gegen ihn und Tesla. Zudem vermutete er insgeheim – ohne jeglichen Beweis –, dass der Leerverkäufer Jim Chanos hinter dem Ganzen steckte.

Dieses Mal erregte ein Drama auf der anderen Seite der Welt seine Aufmerksamkeit: Eine Jungen-Fußballmannschaft war in einer Höhle in Thailand von Wassermassen eingeschlossen. Während die Welt beobachtete, wie Retter versuchten, sie zu befreien, drängte jemand auf Twitter Musk dazu, doch etwas zu tun. Zunächst lehnte er ab, doch nach ein paar

Tagen vermeldete er, dass seine Ingenieure ein Mini-U-Boot konstruieren würden, um die Jungs zu retten. Und das, obwohl nicht klar war, ob die Retter in Thailand diese Form der Unterstützung überhaupt wollten. Wie auch immer, er konnte es sich nicht verkneifen, seine Bemühungen auf Twitter zu dokumentieren.

Teslas Team bereitete sich auf das Treffen von Musk mit chinesischen Regierungsvertretern vor, die gemeinsam den Deal des Autoherstellers feiern wollten, demnächst eine Fabrik in China zu eröffnen, was weitreichende Folgen für Tesla haben könnte. Dieser Schritte würde den Autobauer in gewisser Hinsicht neu definieren und ihn aus seinem Nischendasein holen. Es wäre geschickt gewesen, diesen Triumph öffentlich auszukosten, aber Musk hatte andere Pläne. Auf dem Weg nach China ließ Musk seinen Jet in Thailand zwischenlanden und eilte zu der Höhle. Nach seiner Rückkehr zum Flughafen postete er sofort Fotos auf Twitter. „Bin gerade von Höhle 3 zurückgekehrt. Das Mini-U-Boot ist bereit für den Fall der Fälle. Es besteht aus Raketenteilen und wurde nach der Fußballmannschaft der Kinder *Wild Boar* benannt. Ich lasse es hier, für den Fall, dass es in der Zukunft gebraucht wird. Thailand ist so schön“, schrieb er am 9. Juli, als ein riskanter (und letztendlich erfolgreicher) Rettungsversuch bereits im Gange war.

Musks Angebot war nicht mehr wegzudenken aus dem Spektakel um die Rettung der Jungs – und noch weniger aus ihrer herzerwärmenden Überlebensgeschichte, als schließlich alle Eingeschlossenen am 10. Juli befreit wurden.

„Tolle Nachrichten, dass sie es geschafft haben“, twitterte Musk. „Meinen Glückwunsch an ein hervorragendes Rettungsteam!“

Musks U-Boot wurde nie benutzt und Narongsak Osottanakorn, der Leiter der Operation, der die Rettung koordinierte, sagte Reportern, dass das U-Boot für diesen Einsatz völlig ungeeignet gewesen wäre. Zu diesem Zeitpunkt war Musk bereits in China angekommen. Seine Freundin Boucher, besser gesagt Grimes, informierte ihn mit einer SMS darüber und wies ihn zugleich darauf hin, dass er derzeit in den Medien nicht gut dastünde. Musk wandte sich sogleich an seine Mitarbeiter: „Ich bin in Schanghai und gerade erst aufgewacht. Was ist denn los?“[1] Während das

Team noch versuchte, herauszufinden, wer Osottanakorn war, meldete sich Sam Teller, Musks Chief of Staff (CoS), mit einer E-Mail: „Er ist der verdammte Gouverneur vor Ort, der unsere Anrufe ignoriert hat."

Musk schaffte es nicht, diese vermeintliche Kränkung auf sich sitzen lassen. Er schrieb zurück: „Wir müssen alles tun, damit dieser Typ seinen Kommentar zurücknimmt."

Die Stimmung wurde nur noch gereizter. Ein paar Tage später wurde der Brite Vernon Unsworth, ein Höhlenforscher, der die Rettungskräfte beraten hatte, von *CNN* interviewt. Am Rande ging es dabei auch um Musks U-Boot. Er nannte es einen PR-Gag und sagte, dass „es unter keinen Umständen funktioniert hätte" und dass Musk „keine Ahnung gehabt hätte, wie es in der Höhle ausgesehen hätte". Dann fügte er noch hinzu, Musk könne „sich sein U-Boot dahin stecken, wo es wehtut".

Der Videoclip zog auf Twitter schnell weite Kreise. Musk wurde von Tag zu Tag wütender und griff Unsworth am 15. Juli mehrmals über Twitter an. In einer Nachricht schrieb er: „Sorry, du Pädo-Typ. Du hast es nicht anders gewollt." Als ein anderer Twitter-Nutzer darauf hinwies, dass Musk Unsworth einen Pädophilen genannt hatte, antwortete Musk: „Ich wette einen Dollar, dass es der Wahrheit entspricht."

Dieser Vorfall löste keinen Shitstorm auf Twitter aus, die Bezeichnung Hurrikan der Kategorie 5 dürfte es besser treffen. Der Aktienkurs stürzte um 3,5 Prozent ab, auch der Unternehmenswert brach ein und verlor zwei Milliarden US-Dollar. James Anderson von Baillie Gifford, einer der größten Investoren von Tesla, meldete sich in einem Interview zu Wort, nannte das Ereignis „einen bedauerlichen Vorfall" und sagte, Tesla brauche „Ruhe und eine klare Führung".[2] Namhafte Nachrichtenagenturen fragten bei der Kommunikationsabteilung von Tesla an, ob Musk Unsworth tatsächlich einen Pädophilen genannt habe. Das Team beobachtete die Berichterstattung genau und folgte mehr als zwei Dutzend Schlagzeilen von der *BBC* bis zu *Gizmodo*. Ein Assistent analysierte die Situation in einem Memo: „Die Medien berichten weiterhin über Elons Tweet, wobei in einigen Artikeln erwähnt wird, dass es nur eine Woche, nachdem er in einem *Bloomberg*-Interview angekündigt hatte, dass er ‚versuchen würde, weniger kampflustig auf Twitter zu sein', zu seinem ‚Ausbruch' kam." Weiter hieß es, dass eine Reihe von Investoren und Analysten „der Ansicht sind, seine Äußerungen verstärken ihre Bedenken, dass er sich nicht auf das Hauptgeschäft von Tesla konzentriert".

Ein Kolumnist von *Reuters* fasste das Dilemma zusammen, in dem sich der Verwaltungsrat von Tesla befand: „Musk wegen seines ‚Pädo-Typ'-Tweets zu feuern, könnte eine Vertrauenskrise unter den Investoren auslösen. Anders als der letztendliche Rauswurf von [CEO] Travis Kalanick bei dem damals noch privaten Unternehmen Uber könnte sich das für eine kapitalhungrige Aktiengesellschaft wie Tesla als tödlich erweisen. Die Direktoren sollten in Erwägung ziehen, ihm entweder den Titel des Chairman oder des Chief Executive zu entziehen."

Am 17. Juli noch sehr früh am Morgen versuchte Teller, der 32-jährige CoS, Musk zur Vernunft zu bringen und teilte ihm mit, es sei an der Zeit, dass er sich entschuldige. Er habe mit allen Leuten gesprochen, die Musk sehr schätze – Verwaltungsratsmitglied Antonio Gracias, CFO Deepak Ahuja, Chefsyndikus Todd Maron (sein ehemaliger Scheidungsanwalt) und andere – und sie alle seien sich einig gewesen, dass eine Entschuldigung und eine Auszeit von Twitter „Sie intern und extern auf den richtigen Weg zurückbringt". Teller hatte sich sogar die Freiheit genommen, aufzuschreiben, was in einem Entschuldigungsbrief stehen könnte. „Jeder wird Sie noch mehr schätzen und respektieren, wenn Sie Ihren Fehler offen zugeben und zeigen, wie sehr Ihnen das Wohl Ihrer Mitarbeiter und die Mission Ihres Unternehmens am Herzen liegt", sagte er seinem Chef.

Eine Stunde später antwortete Musk: „Nachdem ich darüber geschlafen habe, muss ich sagen, dass ich nichts von Ihrem Vorschlag halte." Musk befürchtete, dass eine Entschuldigung, die unmittelbar nach dem Absturz der Tesla-Aktien ausgesprochen würde, als unaufrichtig und feige abgetan werden könnte. „Wir müssen aufhören, Panik zu verbreiten."[3]

Später in der Nacht lenkte Musk jedoch ein. In einem anderen Tweet schrieb er: „Aus mir sprach die blanke Wut, nachdem Mr. Unsworth mehrmals die Unwahrheit gesagt und vorgeschlagen hatte, dass ich mich auf einen sexuellen Akt mit dem Mini-U-Boot einlassen soll, das als hilfreiche Geste gedacht war und nach den technischen Daten des Tauchgruppenleiters gebaut worden war."

Etwa zur gleichen Zeit wurde auf Twitter verbreitet, wer hinter Montana Skeptic steckte – richtig, es war Investmentmanager Larry Fossi. Doch damit nicht genug, Fans von Tesla verbreiteten auch persönliche Informationen über ihn. Bonnie Norman, die frühe Roadster-Besitzerin, Investorin und Markenbotschafterin von Tesla, gab die Ergebnisse ihrer Nachforschungen über Fossi an Musk und Maron weiter. In einer E-Mail schrieb sie, dass es einer anonymen Gruppe von Tesla-Investoren gelungen war, das Rätsel seiner Identität zu lösen, nachdem Fossi ein Foto seines Hauses in Montana gepostet hatte. Sie analysierten die Metadaten des Fotos und konnten so ermitteln, wo das Foto aufgenommen worden war. Das wiederum ermöglichte es, Fossi zu identifizieren. „Ich musste einfach lachen, als ich das hörte", schrieb sie in einer E-Mail mit dem Betreff „Sie sind nicht so schlau".[4] Zu guter Letzt kam auch noch heraus, dass Fossi für den Milliardär Stewart Rahr arbeitete, der für seine Playboy-Possen bekannt war und wohl in der Midlife-Crisis steckte.

„Wow, wirklich interessant", antwortete Musk Norman am 6. Juli um 1:22 Uhr. Musk kannte Rahr. „Er hat mehrere Model S gekauft, bekam irgendwie meine Durchwahl, hat angefangen mich zu stalken, hat betrunken meinen Anrufbeantworter vollgequasselt und wurde dann wirklich [wütend], weil ich nicht mit ihm abhängen wollte."

Schließlich kontaktierte er Rahr. Laut Fossi wollte Musk seinem Chef etwas mitteilen: Wenn Fossi nicht aufhören würde, über Tesla zu schreiben, würde er ihn verklagen und Rahr mit hineinziehen. Am nächsten Tag gab Fossi bekannt, dass er seinen Blog zurückzieht: „Elon Musk hat diese Runde gewonnen. Er hat einen Kritiker zum Schweigen gebracht."

Während des Shitstorms auf Twitter zogen die Manager ihre Köpfe ein. Sie hatten Ende Juni das Ziel erreicht, 5.000 Model 3 in einer einzigen Woche auszuliefern, aber diese Zahl regelmäßig zu erreichen oder gar zu übertreffen, wie Musk versprochen hatte, war ein harter Brocken. Aufgrund der Verzögerungen hatte Tesla nicht so viele Fahrzeuge verkauft, wie nötig gewesen wären, um das Unternehmen über Wasser zu halten. Der Kassensturz Ende Juni ergab, dass noch liquide Mittel in Höhe von 2,24 Milliarden US-Dollar vorhanden waren, was bedeutete, dass Tesla nicht nur den Umsatz steigern, sondern auch die Kosten senken musste – und zwar schnell.

In einem ungewöhnlichen Schritt, der aber mehr als deutlich machte, wie schlimm es um Tesla stand, bat der Autobauer einige seiner Zulieferer um eine teilweise Rücküberweisung der Rechnungssummen, die ihnen der Autokonzern bereits gezahlt hatte.[5] Diese Bitte wurde in derselben Woche verschickt, in der sich Musk mit Unsworth kabbelte, und wurde als Versuch verkauft, dem Unternehmen dabei zu helfen, 2018 schwarze Zahlen zu schreiben. Ein dafür zuständiger Manager sagte, ein sofortiger Preisnachlass oder eine Erstattung sei die offensichtlichste Form einer Unterstützung. „Dieser Schritt ist für die Fortsetzung des laufenden Betriebs von Tesla unumgänglich", hieß es in dem entsprechenden Schreiben.

Bei einigen dieser Zulieferer, die Tesla gegenüber immer misstrauischer wurden, schrillten sofort die Alarmglocken. Es war nicht das erste Mal, dass sie eine solche Taktik von einem Autohersteller erlebt hatten. Auch in den dunklen Tagen vor dem Konkurs von General Motors waren solche Manöver üblich.

Wie ernst die finanzielle Lage von Tesla war, belastete Musk sehr. Irgendwann dachte er laut darüber nach, ob und wie Apple mit seiner Kriegskasse von 244 Milliarden US-Dollar Tesla unter die Arme greifen würde. Nach allem, was zu hören war, waren die Bemühungen des iPhone-Herstellers, selbst ein Auto zu entwickeln, bislang nicht von Erfolg gekrönt.

Dieses Mal näherte sich Musk Cook sichtlich demütiger und bat um ein Treffen, um über einen möglichen Deal zu sprechen. Vielleicht wäre Apple ja daran interessiert, Tesla für etwa 60 Milliarden US-Dollar zu übernehmen, also mehr als das Doppelte des Wertes, den Cook ursprünglich zahlen wollte?[6] Es kam zu einem Hin und Her zwischen beiden Lagern, doch es lag auf der Hand, dass Cooks Mitarbeiter herumtrödelten, weil Cook offenbar kein Interesse an einem Treffen hatte, wie ein Insider durchblicken ließ.[7] Stattdessen heuerte Apple Doug Field an, der gerade noch am Model 3 gearbeitet hatte, um das Apple-eigene Autoprojekt zu leiten.

Als Musk am 7. August in einer seiner fünf Villen in Los Angeles die Augen aufschlug, schlug ihm ein Artikel in der *Financial Times* förmlich ins Gesicht, der enthüllte, dass sich bei Tesla still und heimlich etwas zusammenbraute. Der saudi-arabische Staatsfonds hatte sich mit zwei Milliarden US-Dollar am Autokonzern beteiligt und war damit augenblicklich zu einem der größten Aktionäre des Autobauers geworden. Minuten später, als Musk auf dem Weg zum Flughafen war, um zur Gigafactory in Nevada zu fliegen, twitterte er eine verhängnisvolle Nachricht: „Ziehe in Erwägung, Tesla für 420 US-Dollar in ein Privatunternehmen umzuwandeln. Finanzierung gesichert."

Genau für solche unausgegorenen, unreflektierten Nachrichten war Musk bekannt. Und genau das machte seinen Twitter-Account zu einer Pflichtlektüre für zig Millionen Menschen – Fans und Kritiker gleichermaßen. Musk war nicht im Entferntesten auf den Ansturm vorbereitet, den diese 13 Worte auslösen würden.

Die Wall Street reagierte unmittelbar. Die Aktien, die bereits im Steigen begriffen waren, schossen in die Höhe. Musk wurde allein beim Zusehen schwindlig. Als er in der Gigafactory ankam, fragte er die Manager dort, ob sie wüssten, wofür 420 stehe? Es sei eine Anspielung auf Marihuana, sagte er ihnen und grinste.

Normalerweise benachrichtigt ein Unternehmen die NASDAQ vor einem solchen Schritt, den Musk quasi in einem Nebensatz erwähnte, woraufhin dann der Handel gestoppt wird. Das hat mit gutem Benehmen oder Höflichkeit nichts zu tun, sondern so wird das an der Börse eben gehandhabt. Unternehmen sind faktisch verpflichtet, die Börse mindestens zehn Minuten vorher darüber zu informieren, dass es zu einer erheblichen Schwankung des Aktienkurses kommen könnte. Dazu zählen natürlich auch Dinge wie die Absicht, die Rechtsform eines Unternehmens zu ändern, sodass der Handel gestoppt werden kann und die Anleger Zeit haben, diese Ankündigung zu verdauen. Im Fall von Tesla kam die Nachricht wie ein Blitz aus heiterem Himmel. Mitarbeiter der NASDAQ versuchten verzweifelt, ihre Ansprechpartner bei Tesla zu erreichen.

Das hätte auch nichts gebracht. Teslas Leiter für Investor Relations wurde davon ebenfalls überrumpelt und fragte unverzüglich bei CoS Sam Teller nach: „Waren das Fake News?"[8] Auch Reporter meldeten sich zu Wort. „Was für ein Tweet! (War das ein Scherz?)", schrieb einer. Ein anderer schickte Musk direkt eine E-Mail: „Machen Sie Spaß?"

Etwa 35 Minuten nach dem Tweet schrieb CFO Deepak Ahuja an Musk: „Elon, ich bin mir sicher, dass du auch schon darüber nachgedacht hast, Mitarbeitern und potenziellen Investoren deine Gründe und die Rahmenbedingungen für einen solchen Schritt auf breiterer Ebene zu kommunizieren. Wäre es hilfreich, wenn Sarah [O'Brien, Leiterin der PR-Abteilung], Todd [Maron, Chefsyndikus] und ich einen Blogbeitrag oder eine Rundmail an alle Mitarbeiter in deinem Namen verfassen?" Musk bedankte sich und meinte, das wäre großartig.

Musk erweckte den Eindruck, als wäre es ein ganz normaler Tag, der bei einem Abendessen mit leitenden Angestellten im Silicon Valley ausklingen sollte. Immer wenn er zwischendurch Zeit hatte, sendete er weitere Tweets. Fast eine Stunde nach dem ersten schrieb er: „Ich habe jetzt keine Kontrollmehrheit und gehe nicht davon aus, dass irgendein Aktionär über eine verfügt, wenn wir von der Börse gehen. Ich werde in keinem Fall verkaufen." 20 Minuten später schickte er nach: „Ich habe die Hoffnung, dass *alle* jetzigen Investoren bei Tesla bleiben, auch wenn wir nicht mehr an der Börse sind. Ich würde einen speziellen Fonds gründen, damit jeder bei Tesla bleiben kann. Ich mache das bereits mit Fidelitys Investition in SpaceX." Mehr als zwei Stunden nach dem ersten Tweet erläuterte er seine Beweggründe: „Hoffe, alle Aktionäre bleiben an Bord. Dann läuft alles viel glatter und weniger zerstörerisch als bei einer Aktiengesellschaft. Beendet die negative Berichterstattung von Leerverkäufern."

Am nächsten Tag leitete die Securities and Exchange Commission eine Untersuchung ein.

Musk und Masayoshi Son von Softbank mögen sich nicht auf Anhieb verstanden haben, aber nach dem hochkarätigen Abendessen, das Musks Freund und Investor Larry Ellison im März 2017 in der Fabrik in Fremont organisiert hatte, waren die Saudis mit Musk in Kontakt geblieben. Als seine Auseinandersetzung mit den Leerverkäufern im Juli 2018 kein Ende nahm, baten sie um ein Treffen. Am Abend des 31. Juli, einem Dienstag, nur einen Tag vor der Bekanntgabe von Teslas Ergebnissen für das zweite Quartal, in denen Musk versprach, in Zukunft kontinuierlich einen Gewinn zu erzielen, und eine Woche vor dem Tweet, der im Internet kursierte, war es so weit. Teller und Ahuja begleiteten ihn.

Im Nachhinein betrachtet, ließen ihre Gespräche Raum für Interpretationen. Die Saudis informierten Musk, dass sie auf dem offenen Markt Aktien von Tesla gekauft hätten, nun fast fünf Prozent aller ausgegebenen Anteile besäßen und damit nur knapp unter der Grenze lägen, ab der sie das öffentlich bekannt geben müssten. So wie Musk und Yasir Al-Rumayyan, der Geschäftsführer des Fonds, schon bei ihrem Abendessen vor einem Jahr darüber gesprochen hatten, hielten sie auch jetzt eine Privatisierung von Tesla grundsätzlich für möglich. Musk ließ sich nicht darauf ein, wie die Details aussehen könnten. Die Saudis wollten eine Tesla-Autofabrik in ihrem Heimatland errichten, ein Projekt, um das mehrere Länder des Nahen Ostens seit Jahren wetteiferten. Nach etwa einer halben Stunde, so Musk, habe Al-Rumayyan den Ball Musk zugespielt: Lassen Sie uns wissen, wie die Privatisierung ablaufen soll, und wenn die Bedingungen „vernünftig" seien, könnte es klappen.

Musk dachte darüber nach. Am Donnerstag, dem Tag nach der Bekanntgabe der Ergebnisse für das zweite Quartal, stieg der Aktienkurs um 16 Prozent und damit auch der Marktwert von Tesla auf 59,6 Milliarden US-Dollar. Würde sich die Chance, Tesla zu privatisieren, zerschlagen, wenn Tesla weiter im Wert stiege? Nach Börsenschluss schickte er dem Verwaltungsrat ein Memo: Er sei es leid, dass Tesla von Leerverkäufern mit „diffamierenden" Äußerungen angegriffen würde. Dieser Dauerbeschuss schade der Marke Tesla. Er wolle, dass sein Vorschlag, Tesla von der Börse zu nehmen, den Aktionären so schnell wie möglich unterbreitet werde, und verdeutlichte, dieses Angebot gelte genau 30 Tage. Er schlug einen Preis von 420 US-Dollar pro Aktie vor, was Tesla mit etwa 72 Milliarden US-Dollar bewerten würde, wenn ein 20-prozentiger Aufschlag auf den Schlusskurs der Aktie an diesem Tag zugrunde läge. (Ein Aufschlag von 20 Prozent hätte genau 419 US-Dollar ergeben, aber er dachte, dass es seine Freundin amüsieren würde, wenn er bei der Zahl 420 bliebe.)*

* Musk räumte später gegenüber der SEC ein, dass es „kein guter Grund war" sich wegen eines Scherzes für einen bestimmten Kaufpreis zu entscheiden.

Um die Sache noch komplizierter zu machen, sagte er dem Verwaltungsrat in einer Sondersitzung am nächsten Abend, dass er die Tür für Teslas jetzige Investoren offen halten wolle. Im Prinzip wollte er es den Investoren ermöglichen, auch nach einem Börsen-Aus Anteile von Tesla zu halten, wenn sie das denn wollten, oder aber ihre Aktien zu versilbern. Kleinanleger wie Bonnie Norman waren all die Jahre seine größten Förderer gewesen; er wollte sie nicht verlieren.

Einige Mitglieder des Verwaltungsrats waren skeptisch, aber sie erteilten ihre Zustimmung, dass einige der größeren Investoren wegen dieses Deals kontaktiert würden. Musk würde Bericht erstatten.

Am Montag nach der Krisensitzung rief Musk Egon Durban von der Private-Equity-Firma Silver Lake an. Die Firma, zu der auch Larry Ellison als Investor gehörte, genoss im Silicon Valley ein hohes Ansehen. 2013 hatten sie die 25 Milliarden US-Dollar schwere fremdfinanzierte Übernahme eingefädelt, durch die Michael Dell das von ihm gegründete Unternehmen Dell in ein Privatunternehmen umwandeln konnte.[9] Durban gab zu bedenken, dass Musks Hoffnung, alle jetzigen Investoren könnten weiterhin an Tesla beteiligt sein, unrealistisch sei, da die Zahl der verbleibenden Anteilseigner unter 300 liegen müsse. Tesla habe allein mehr als 800 institutionelle Investoren. Hinzu kämen zahllose Kleinanleger, für die die Jahresversammlungen von Tesla etwas ganz Besonderes waren.

Am nächsten Morgen, als ihm diese Warnung noch in den Ohren geklungen haben dürfte, versendete Musk seinen explosiven Tweet.

Im Grunde war das typisch für Musk und dafür, wie er Tesla die meiste Zeit seit der Gründung geführt hatte: Erst kündigte er etwas an und dann machte er sich schlau, wie es sich umsetzen ließ. Das Problem in diesem Fall war, dass seine öffentlichen Aussagen als CEO und Vorsitzender eines börsennotierten Unternehmens viel schwerer wogen. Es ist strafbar, wissentlich die Unwahrheit über seine Aktiengesellschaft zu verbreiten. Doch da seine Ankündigung auf Twitter so spontan wirkte und die spärlichen Details, die er preisgab, nicht wirklich durchdacht schienen, schöpften viele sofort Verdacht. Normalerweise machen Konzerne solche

Deals erst nach eingehender Prüfung unter Mitwirkung ihrer Anwälte bekannt. Tesla brannte es jetzt unter den Fingernägeln, noch rasch ein Team zusammenzustellen, das den Deal *nach* der Ankündigung analysieren sollte.

Eine Woche nach dem Tweet verkündete der Verwaltungsrat, er würde einen Ausschuss bilden, der den Deal prüfen sollte. Gesagt, getan. Die Leitung übernahmen Brad Buss, der seit 2009 bei Tesla dabei und kurze Zeit als CFO von SolarCity tätig war, sowie Robyn Denholm, die geholfen hatte, Tesla durch die Übernahme von SolarCity zu navigieren. Mit an Bord war auch das neue Verwaltungsratsmitglied Linda Johnson Rice. Die Medienmanagerin aus Chicago war erst seit einem Jahr dabei, nachdem es Beschwerden gehagelt hatte, dass das Unternehmen zu wenige Direktoren hatte, die nicht eng mit Musk verbunden waren. Als Erstes machte sich der Ausschuss auf die Suche nach Anwälten und Beratern.

Musk versuchte zwar, das Feuer zu löschen, das er gelegt hatte, doch stattdessen goss er Öl hinein. Er schrieb in einem Post, dass die Details des Deals noch lange nicht ausgearbeitet wären, dass aber alles zu gegebener Zeit dargelegt würde. „Es wäre viel zu früh, das jetzt zu tun", hieß es darin. „Ich setze meine Gespräche mit dem Manager des saudischen Fonds fort und spreche gleichzeitig auch mit mehreren anderen Investoren darüber. Das war schon immer so angedacht, weil ich möchte, dass Tesla weiterhin über eine breite Investorenbasis verfügt." Dann versuchte er zu erklären, warum er eine halb gare Idee verbreitete. „Der einzige Weg, wie ich sinnvolle Diskussionen mit unseren größten Aktionären anstoßen konnte, war, ihnen gegenüber völlig offen meinen Wunsch zu äußeren, Tesla von der Börse zu nehmen. Es wäre jedoch nicht richtig, solche Informationen nur mit unseren größten Investoren zu teilen und nicht mit allen Investoren." Was den Spruch „Finanzierung gesichert" aus seinem Tweet anbelangte, so erklärte er, dass er sich Ende Juli mit dem saudischen Fondsmanager getroffen habe, als dieser „seine Unterstützung für die Finanzierung des Börsen-Aus für Tesla signalisierte".

Er schloss damit, dass, „falls und wenn ein endgültiger Vorschlag präsentiert wird", der Verwaltungsrat darüber nachdenken würde und, falls er angenommen würde, die Aktionäre die Chance erhalten würden, ihrerseits darüber abzustimmen.

Dieser Post stiftete an der Wall Street noch mehr Verwirrung und führte zu einem Sturzflug der Aktien. Die Gerüchteküche brodelte, es hieß, dass Musk seinen jüngsten Fehltritt nicht überleben würde. James Stewart, der einflussreiche Wirtschaftskolumnist der *New York Times*, erfuhr, dass Jeffrey Epstein, der in Ungnade gefallene Finanzier, der sich eines Sexualverbrechens mit einem Teenager schuldig bekannt hatte, auf Geheiß von Musk eine Liste von Kandidaten für den Verwaltungsrat von Tesla zusammenstellte. Es war eine unglaubliche Behauptung inmitten einer unglaublichen Zeit. Stewart kontaktierte Epstein wegen des Gerüchts und suchte ihn dann am 16. August in dessen Haus in Manhattan auf. Dort sollte ein Interview unter der Bedingung stattfinden, dass der Journalist sämtliche Informationen verwerten, sie aber nicht direkt Epstein zuschreiben dürfe.[10] Stewart hatte das Gefühl, Epstein würde seinen Fragen ausweichen.

Das Magazin fragte auch bei Musk an, der an die Decke ging, als er von Epsteins Interview erfuhr. „Epstein, ein Mensch der übelsten Sorte, hat der *NYT* tatsächlich erzählt, dass er mit Tesla und mir in Sachen Privatisierung zusammenarbeitet", wetterte Musk gegenüber Juleanna Glover, einer hochrangigen PR-Beraterin aus Washington, D.C., die hinzugezogen worden war, um ihm beim Umgang mit den Medien zu helfen, „und hat dem Magazin unter diesem Deckmantel von seinen ‚Bedenken' erzählt, die er aufgrund meiner Person hat. Wie hinterhältig und teuflisch ist das denn?"[11] Er wollte mit der *Times* telefonieren, um Epsteins Behauptung zu dementieren, aber sobald das Gespräch begonnen hatte, ergoss sich Musk eine Stunde lang in Selbstmitleid und erzählte von all den Schwierigkeiten der letzten Monate, als er das Model 3 auf den Markt bringen wollte, dass er um ein Haar die Hochzeit seines Bruders verpasst und seinen Geburtstag in der Fabrikhalle zugebracht hätte.[12]

Die anschließende Schlagzeile lautete „Elon Musks Qualen wegen der Turbulenzen um Tesla". In dem Artikel wurde er als emotional beschrieben, zudem habe er während des Interviews „mehrmals schlucken" müssen. Außerdem war zu lesen, dass er gegen seine Schlafstörungen Ambien nähme, was wiederum einige Verwaltungsratsmitglieder nicht ruhig schlafen ließ. In ihren Augen war der Schlafmangel der Grund für seine Twitter-Chats mitten in der Nacht.

Als ob all das nicht schon genug gewesen wäre, machten Musks neues Dasein als Star-Unternehmer und seine beginnende Beziehung zu Boucher seine Lage nicht besser. Ungefähr zu dieser Zeit beschwerte sich die Rapperin Azealia Banks, die bekannt dafür war, ihre Konflikte öffentlich auszutragen, auf Instagram über einen geplatzten Deal zwischen ihr und Boucher, bei dem es darum gehen sollte, gemeinsam Musik zu machen. Zunächst behauptete sie, sich in einem von Musks Häusern in Los Angeles versteckt zu halten und seit Tagen auf Boucher zu warten, dann wiederum ließ sie verlauten, dass Musk seinen „Börsen-Aus"-Tweet gepostet hatte, als er auf Acid war.* Als sie von einem Reporter gebeten wurde, dies näher zu erläutern, sagte Banks, sie sei am Wochenende, nachdem er den berüchtigten Tweet veröffentlicht hatte, in Musks Haus gewesen, als er versuchte, den Schaden wieder gutzumachen. „Er stand mit eingezogenem Schwanz in der Küche und flehte Investoren an, seinen Arsch zu retten", sagte sie.[13] „Er wirkte gestresst und war ziemlich rot im Gesicht."

Musk wollte einfach nur seine Ruhe. „Haben die keine anderen Themen, über die sie schreiben können?", fragte er seine PR-Beraterin.[14] „Ich habe es satt, mich andauernd in den Nachrichten zu sehen!"

Musks Verhalten im vergangenen Jahr hatte engen Beobachtern Anlass zur Sorge gegeben, aber seine jüngsten Fehltritte katapultierten ihn und seine Probleme in den Mainstream. Die Investoren flippten aus und der Aktienkurs stürzte am Tag nach der Veröffentlichung des Interviews mit der *New York Times* um fast neun Prozent ab. Analysten an der Wall Street begannen, die Erwartungen für das Unternehmen zurückzuschrauben, und teilten den Investoren mit, dass sie die Aktien für überbewertet hielten. Der Verwaltungsrat von Tesla, in dem fast ausschließlich enge Verbündete von Musk saßen, befand sich in einer mehr als misslichen Lage. Sie alle könnten haftbar gemacht werden, wenn sie bei dem letzten Vorfall alle fünfe gerade sein ließen.

---

* Hin und wieder hatten Mitarbeiter im Laufe der Jahre den Verdacht gehegt, dass Musk auf Drogen sein könnte.

Am Samstag danach beriefen sie eine Telefonkonferenz ein. Von Los Angeles aus schalteten sich Musk und sein Bruder Kimbal dazu, der im Hintergrund an PR-Strategien gearbeitet hatte.[15] Musk verkündete die Nachricht, dass sich seine Hoffnung, Kleinanleger zu halten, möglicherweise nicht erfüllen würde. Musks Beraterteam bei Silver Lake und andere Mitarbeiter von Goldman jonglierten mit Zahlen. Eine der wesentlichsten Annahmen von Musk lautete, dass Großaktionäre bei Tesla bleiben könnten, auch nach dem Börsen-Weggang. Doch das war sehr naiv gedacht. Investmentfonds wären bei einem Börsen-Aus von Tesla aufgrund gesetzlicher Anforderungen gezwungen, die Zahl ihrer Aktien deutlich zu reduzieren. Musk war jedoch davon ausgegangen, dass zwei Drittel der Aktionäre bei Tesla blieben. Wenn Fidelity und T. Rowe, die zusammen 20 Millionen Aktien besaßen, nicht mitmachen könnten, müssten ihnen diese für 420 US-Dollar pro Stück abgekauft werden. Oder anders ausgedrückt: Musk müsste noch einmal acht Milliarden US-Dollar auftreiben, damit sein Plan aufgehen könnte.

Es ging um viel mehr, als nur frisches Kapital aufzutreiben. Musks Plan stieß auch intern auf Widerstand. Einige kamen nur schwer damit zurecht, dass ein Elektroautokonzern, der sich auf die Fahne geschrieben hatte, den Benzinern den Garaus zu machen, das dafür benötigte Kapital ausgerechnet von einem großen ausländischen erdölfördernden Konzern annahm. Zur gleichen Zeit drang durch, dass die Saudis unglücklich darüber waren, wie Musks Idee in der Öffentlichkeit kommuniziert wurde. Sie selbst hatten nie einen offiziellen Vorschlag dazu gemacht. (Der Leiter des Fonds, Al-Rumayyan, erklärte später gegenüber Staatsanwälten, dass er einem Deal mit Musk nicht zugestimmt habe.)[16] Die Vorstellung, Tesla von der Börse zu nehmen, spaltete die Führungsspitze, zumal Musks Verhalten Fragen über seine Verfassung und seine zentrale Rolle im Unternehmen aufwarf.

Daraufhin machten sich Musks Berater auf die Suche nach anderen Geldgebern, die den Platz der Saudis einnehmen könnten, wie zum Beispiel die Volkswagen AG.[17] Das Team arbeitete einen Plan aus, der Tesla bis zu 30 Milliarden US-Dollar einbringen sollte. Neue Investoren dieser Größenordnung würden aber unweigerlich ein Mitspracherecht bei der

Führung des Unternehmens haben wollen. Das aber passte Musk nicht. Ging es bei einer Privatisierung denn nicht darum, den Einfluss von außen zu begrenzen? Musk war nicht zufrieden mit einigen der vorgeschlagenen Investoren, darunter Volkswagen.[18]

Am Donnerstag, 16 Tage nach Musks Tweet zum Börsen-Aus, flog der Verwaltungsrat von Tesla nach Fremont, um mit einer kleinen Gruppe von Beratern und Anwälten die Optionen durchzugehen. Diese hielten ihren Vortrag und verließen dann den Raum. Nun stand Musk im Mittelpunkt der Aufmerksamkeit. Der Verwaltungsrat fragte sich, was er im Sinn hatte.

Musk kam sofort zur Sache und meinte, dass er seinen Vorschlag aufgrund der ihm vorliegenden Informationen zurückziehe. Tesla würde an der Börse bleiben. „Meiner Meinung nach wird der Wert von Tesla in den kommenden Monaten und Jahren beträchtlich ansteigen, was eine Privatisierung für die Investoren vermutlich unerschwinglich macht", schrieb Musk in einer E-Mail nach Bekanntgabe seiner Entscheidung.[19] „Im Prinzip hieß es, jetzt oder vielleicht nie."

So endeten zwei der unruhigsten Wochen in der Geschichte von Tesla. Aber so gern Musk seinen Tweet auch einfach gelöscht und weitergemacht hätte, er saß in der Klemme. Nun musste er die SEC davon überzeugen, dass die Finanzierung des geplanten Börsen-Aus tatsächlich gesichert war, so wie er es getwittert hatte, und dass er die Investoren nicht in die Irre geführt hatte. Musk und andere Verwaltungsratsmitglieder sollten in den kommenden Tagen unter Eid vor den Ermittlern aussagen. Die SEC, unter der Leitung des Büros in San Francisco, gab Gas.

Ein weniger dreister CEO wäre vielleicht zur Einsicht gelangt. Nicht so Musk, der trotz des Rummels der letzten Tage wieder twitterte, was das Zeug hielt. Sein emotionaler Ausbruch Anfang des Monats in der *New York Times* hatte zu einer öffentlichen Debatte darüber geführt, ob Firmengründerinnen damit durchkommen würden, bei der Arbeit zu weinen. „Fürs Protokoll, meine Stimme war während des Interviews ein einziges Mal leicht belegt. Fertig! Es gab keine Tränen", tweetete er am 28. August um 8:11 Uhr morgens, was wiederum Anlass zu Spott und Häme gab. „Elon, Ihr Faible für Fakten und Wahrheit wäre wunderbar, wenn es auch in der

Zeit, in der Sie jemanden als Pädo bezeichnet haben, gegolten hätte", schrieb ein Twitter-Nutzer. Musk erwiderte: „Ist es denn nicht seltsam, dass er mich nicht verklagt hat? Ihm wurde ein kostenloser Rechtsbeistand angeboten."

Bis dahin hatte sich Unsworth einen Anwalt genommen, der sich mit den Worten „Checken Sie Ihre E-Mails!" einschaltete.

Diese Tweets führten erneut zu einem Medienrummel und weckten auch das Interesse des Reporters Ryan Mac von *BuzzFeed*. Mac schickte Musk am 29. August eine E-Mail. Dann ging es ein paar Mal hin und her, bis Musk ihm einen Tag später eine E-Mail mit dem Betreff „Inoffiziell" schickte. Darin schlug er vor, Mac solle die richtigen Leute in Thailand anrufen „und aufhören, Kinderficker zu verteidigen, Sie mieses Arschloch". Musk ritt sich immer tiefer hinein. „[Unsworth ist] ein alter, alleinstehender weißer Mann aus England, der seit 30 bis 40 Jahren nach Thailand reist, meistens nach Pattaya Beach, oder dort lebt, bis er wegen einer Kindsbraut, die damals etwa zwölf Jahre alt war, nach Chiang Rai zog.* Es gibt nur einen Grund, warum Leute nach Pattaya Beach gehen. Diesen Ort sucht man nicht wegen seiner Höhlen auf, sondern wegen etwas anderem. Chiang Rai ist bekannt für den Sexhandel mit Kindern. Unsworth behauptet zwar, dass er ein Höhlentaucher ist, aber er gehörte nicht zu den Rettungstauchern, von denen die meisten keine Lust hatten, mit ihm abzuhängen. Ich frage mich, warum ..."

Dann fügte er hinzu: „Soll er mich doch verklagen, der Arsch!"

Mac hatte zu keinem Zeitpunkt zugestimmt, diese E-Mail vertraulich zu behandeln, da er sich an eine langjährige Gepflogenheit unter Journalisten hielt, die besagte, dass ein Reporter und sein Interviewpartner nur *vor* einem Gespräch Vertraulichkeit vereinbaren können. Doch solch eine Verabredung war nicht getroffen worden. Folglich veröffentlichte *BuzzFeed* Macs Geschichte am 4. September.

Musk wusste sofort, dass er in Schwierigkeiten steckte. Glover, die PR-Beraterin, bewegte sich in politischen Kreisen in D.C., weshalb sie eine

* Unsworth hat sich keine Kindsbraut genommen. Seine langjährige thailändische Freundin war damals 40.

E-Mail von Jeff Nesbit, einem politisch versierten Umweltschützer, an Musk weiterleitete. Nesbit bot ihm seine Hilfe an und wies ohne Umschweife darauf hin, was Musks Tiraden auf Twitter für das Unternehmen bedeuten könnten: „Noch ein oder zwei Tweets dieser Art und ich garantiere Ihnen, dass es ein Misstrauensvotum gegen das BOD [Board of Directors] geben wird."[20]

Musk schrieb zurück, er wisse, dass das Ganze „extrem schlecht" sei. Er habe nur gewollt, dass *BuzzFeed* Recherchen über Unsworth einleitet. „Ich bin ein verdammter Idiot", schloss er.

Glover schlug ihm vor, dass er ein offizielles Interview geben solle, „um diesen Unsinn und die Spekulationen über Ihren mentalen Zustand zu beenden". Sie wollte einen öffentlichen Auftritt, bei dem er entschlossen, lustig und selbstbewusst rüberkommt. Musk schlug den Podcast des Komikers Joe Rogan vor, *The Joe Rogan Experience*. Rogan, ein Stand-up-Comedian, Kommentator der Ultimate Fighting Championship (UFC) und ehemaliger Moderator der Fernsehsendung „Fear Factor", betrieb einen äußerst populären Podcast, seine Gäste waren Vordenker, Akademiker und Prominente, aber auch schrille Stimmen, deren extreme Positionen die meisten Medien abschreckten.

Zwei Tage später stand das Gespräch. Glover wies Musk darauf hin, dass Rogans Interviews mehrere Stunden dauern können. „Joe lässt seine Gäste reden, also wird er auch Sie ausholen lassen (er ist lustig und flucht während der Sendung, da es keine FCC-Regeln für Podcasts gibt*)", bereitete sie Musk vor. Seine Anwälte sollten ihm sagen, wie er reagieren solle, wenn Rogan nach der laufenden SEC-Untersuchung fragte. Sollte er nach Unsworth fragen, bat sie eindringlich, solle er unter keinen Umständen darauf antworten. „Bitte, bitte, bitte, wenn der thailändische Taucher Thema wird, bitte sagen Sie dann nur, dass Sie damit schon genug Ärger am Hals haben und nicht mehr dazu sagen wollen."

---

* [Anm. d. Übers.: Die FCC (Federal Communications Commission) regelt die Kommunikationswege Rundfunk, Satellit und Kabel und ist verantwortlich für die Verhängung von Strafen für das Senden als obszön eingestufter Wörter. Quelle: https://de.wikipedia.org/wiki/Federal_Communications_Commission]

Das Live-Interview, das auf Youtube gestreamt wurde, begann, als es an der Westküste schon spät war. Musk, der ein schwarzes T-Shirt mit der Aufschrift „Occupy Mars“ trug, wirkte gut gelaunt. In vielerlei Hinsicht war Rogan der perfekte Interviewer für Musk, weil er zuließ, dass Musk ausführlich über seine Interessen sprechen konnte, von der Raumfahrt bis zum Tunnelbau. Im Laufe des Abends begannen Rogan und Musk Whiskey zu trinken. Gegen Ende des fast dreistündigen Interviews zündete Rogan einen, wie er sagte, Marihuana-Tabak-Blunt* an und fragte Musk, ob er jemals zuvor Marihuana geraucht habe. „Ich glaube, ich habe einmal einen Joint probiert“, sagte Musk lachend. „Sie können wahrscheinlich nicht, wegen der Aktionäre, richtig?“, fragte Rogan.

„Ich meine, es ist doch legal, oder?“, wollte Musk, immer noch in dem Studio in Kalifornien, wissen.

„Völlig legal“, antwortete Rogan. Dann reichte er den Blunt Musk, der einen Zug nahm. Das Gespräch wurde unbesonnener. Rogan fragte sich, welche Rolle Erfinder für die Gesellschaft und ihre Entwicklung spielen. Was wäre, wenn es eine Million Nikola Teslas gäbe? Musk sagte, dass sich die Dinge dann sehr schnell weiterentwickelt hätten. Richtig, entgegnete Rogan, aber es gibt keine Million Elon Musks. „Es gibt nur einen Wichser“, sagte Rogan. „Denk mal drüber nach.“

Musk checkte sein Telefon.

„Bekommst du Textnachrichten von Tussis?“ wollte Rogan wissen.

„Nein“, sagte Musk. „Ich bekomme SMS von Freunden, die sich fragen, ob ich komplett durchgeknallt bin, weil ich Marihuana rauche.“

Auf der Titelseite der Samstagsausgabe des *Wall Street Journal* vom nächsten Tag war Elon Musk in einer Rauchwolke zu sehen, in der Hand den Blunt. Für den Leser stellte sich die Frage, ob Musk oder das von ihm geführte Unternehmen jemals aus diesem Dunst herauskommen würden.

---

* [Anm. d. Übers.: Ein Blunt ist ein aus einer Zigarre hergestellter Joint. Quelle: https://www.dict.cc/?s=blunt]

27

DIE GROSSE WELLE

Es war ein jämmerliches Bild, das er da abgab und das in den folgenden Tagen allgegenwärtig war. Doch Musk hatte kaum Zeit, sich mit seinem neuesten PR-Desaster zu befassen. Drei Wochen vor dem Ende des dritten Quartals 2018 tickte die Uhr. Ihm blieben exakt 23 Tage, um Tesla zu retten.

Drei Monate zuvor hatte Musk eine unglaubliche Leistung vollbracht und sein Ziel von 5.000 Fahrzeugen vom Typ Model 3 in nur einer Woche erreicht. Aber das zählte nicht, wenn Tesla diese Fertigungsquote nicht halten konnte, ganz zu schweigen davon, dass dafür noch Käufer gefunden werden mussten. Musk hatte einen Gewinn versprochen und nach so vielen Versprechen, die er nicht gehalten hatte, war er jetzt geradezu besessen davon, diese Zusage zu erfüllen.

Im August beliefen sich die finanziellen Mittel von Tesla auf lediglich 1,69 Milliarden US-Dollar – was gerade so reichte, um die laufenden Ausgaben zu decken.[1] Intern drängte Musk das Team, im dritten Quartal 100.000 Fahrzeuge auszuliefern – ungefähr so viele, wie das Unternehmen im gesamten Jahr 2017 verkauft hatte.[2] Es war nicht einmal klar, ob die

Fabrik in Fremont eine solche Stückzahl überhaupt schaffen würde, zumal noch immer der eine oder andere Mangel an den Fahrzeugen auftrat. Auch in der Lackiererei, in der Anfang des Jahres mehrmals Feuer ausgebrochen war, gab es noch Probleme. Verwaltungsratsmitglied Antonio Gracias versuchte, Lösungen zu finden. Zugleich hob das Verkaufsteam den Preis für rot lackierte Modelle an, da dieser Farbton die größten Schwierigkeiten bereitete.

Musks Plan sah vor, dass das Unternehmen in den letzten Septemberwochen fast 60 Prozent seiner Fahrzeuge ausliefert. Die Auslieferungen erfolgten nach einem sorgfältig ausgeklügelten Schema, denn erst mit ihrer Ankunft beim Käufer konnten sie als „verkauft" verbucht werden. Fahrzeuge, die für die Ostküste Nordamerikas bestimmt waren, wurden entsprechend früher hergestellt, da die Lieferung länger dauerte. Für die Westküste bestimmte Autos wurden erst gebaut, wenn die für entferntere Orte bestimmten fertig waren. Die Auslieferungen wurden in beiden Fällen so getaktet, dass die Fahrzeuge kurz vor Quartalsende an ihrem Bestimmungsort ankamen, sodass diese Verkäufe in die Einnahmen des jeweiligen Quartals einflossen. Diese Vorgehensweise wurde intern von einigen Mitarbeitern „die Welle" genannt, weil die Kunden quasi von Fahrzeugen überschwemmt wurden. Doch dieses Mal hatte sie so gigantische Ausmaße angenommen, dass diese große Welle Tesla mitzureißen drohte.

Diese Vorgehensweise führte in letzter Konsequenz dazu, dass der Erfolg oder der Misserfolg des Unternehmens – ob es seine Quartalsziele erreichen oder verfehlen würde – erst in den letzten Tagen des Septembers feststand.

Der Druck, der auf Musks Schultern lastete, wurde noch größer, weil die Börsenaufsichtsbehörde (SEC) aufgrund seiner Behauptung, er habe sich genug Kapital beschafft, um Tesla von der Börse nehmen zu können, Ermittlungen gegen ihn eingeleitet hatte und ihr Augenmerk auf das Ende des dritten Quartals richtete, da dann für die SEC das Finanzjahr endete. Musks Anwälte hatten sich nur wenige Stunden nach seinem Auftritt in der Rogan-Show an die Anwälte der Behörde gewendet und sich nach einem möglichen Vergleich erkundigt, da sie einen Rechtsstreit auf jeden

Fall vermeiden wollten.[3] Im Falle einer Einigung wäre die Regierung vermutlich daran interessiert, den Fall bis zum Monatsende abzuschließen, damit eine eventuelle Geldstrafe, die gegen Tesla verhängt würde, in den Jahresabschluss der Behörde einfließe.

Doch am Samstag nach Rogans Podcast konzentrierte sich Musk ausschließlich auf die Auslieferungen. Er verlegte seinen mobilen Schreibtisch von der Fabrik in Fremont in ein Auslieferungszentrum etwa drei Kilometer die Straße hinunter, wo er sich die Nächte mit Telefonaten mit Managern von Tesla-Standorten in ganz Amerika um die Ohren schlug. Der vordere Bereich des Zentrums in Fremont, das Teil eines Bürokomplexes war, in dem sich Start-ups und andere Unternehmen angesiedelt hatten, ähnelte den einladenden Stores, die George Blankenship sieben Jahre zuvor entworfen hatte. Doch im hinteren Teil des Gebäudes befand sich eine Art Fließband, an dem die Kunden ihr Fahrzeug in Empfang nahmen. Solche Auslieferungszentren gab es in ganz Amerika, doch auch hier lief nicht alles rund. Ähnlich wie im Jahr 2013, als verzweifelt versucht wurde, wenigstens einen Gewinn von einem US-Dollar zu erzielen, war die Fertigung der Autos nur die Spitze des Eisbergs. Jetzt standen Auslieferungen in einer Größenordnung an, die absolutes Neuland für Tesla war. Der Beinahe-Zusammenbruch von 2013 war für Tesla aus heiterem Himmel gekommen und darauf zurückzuführen, dass es nicht gelungen war, Vorbestellungen in einen tatsächlichen Kauf umzuwandeln. Doch dieses Mal hatte das Team im Vorfeld alles getan, um die Lieferhölle 2.0 zu verhindern.

Doch jetzt sollte es zu einem noch größeren Albtraum kommen, den Musk selbst ausgelöst hatte, weil er eine ganze Reihe von Fehlentscheidungen getroffen hatte. Bevor Jon McNeill im Februar als President zurückgetreten war, hatte sein Team einen Plan aufgestellt, um den massiven Anstieg der Auslieferungen zu bewältigen, den sie für das Jahresende anvisierten.[4] Dieses Projekt war sehr komplex und würde Unsummen verschlingen. Außerdem müssten die Auslieferungen der Fahrzeuge großen regionalen Zentren überlassen werden, wofür vielleicht 25 oder 30 weltweit benötigt würden, was Hunderte von Millionen US-Dollar kosten würde. Als Doug Field und JB Straubel in der ersten Jahreshälfte 2018 damit kämpften, die Produktion endlich hochzufahren, warf Musk einen Blick in die Bücher und kam zu dem Schluss, dass Tesla sich dieses Projekt der Vertriebs- und Auslieferungsteams einfach nicht leisten konnte. Er forderte sie sogleich auf, sich eine andere Lösung einfallen zu lassen. Der Unternehmer Dan Kim, den McNeill für die Leitung des weltweiten Vertriebs eingestellt hatte, begann, den Online-Verkaufsprozess zu verbessern, weil er hoffte, auf diese Weise höhere Absatzzahlen über das Internet und die Smartphone-App von Tesla zu generieren (und damit weniger abhängig von den Stores zu sein).

Tesla war nicht mehr dieselbe Marke wie 2013. Damals ließ sich das Model S nur schwer verkaufen, da potenzielle Käufer nicht wussten, was sie von einem aufstrebenden Autobauer halten sollten, der eine neue Technologie auf den Markt brachte. Nach dem Erfolg des Model S waren diese Bedenken so gut wie ausgeräumt, und das Model 3 verkaufte sich besser. Trotzdem mussten die Käufer an die Hand genommen werden, vor allem, wenn es um die Finanzierung ging oder ein Kunde sein älteres Modell gegen einen Neuwagen eintauschen wollte. Kim setzte auf Callcenter, in denen interne Verkaufsteams sich vor allem um den Abschluss von Kaufverträgen kümmern sollten. Tesla wollte nicht den Fehler begehen, den es mit dem Roadster und dem Model S gemacht hatte, nämlich es für selbstverständlich zu halten, dass aus Reservierungen automatisch Verkäufe würden.

Cayle Hunter war im Januar 2018 eingestellt worden, um das neue Inhouse-Vertriebs- und -Auslieferungsteam in Las Vegas zu leiten, das in einem alten SolarCity-Büro unweit des Strip untergebracht war.* Andere, kleinere Teams saßen in Fremont und New York. Ihr Auftrag war klar: Kaufverträge abschließen. Sie arbeiteten eine Liste mit 500.000 Namen ab, alles potenzielle Käufer, die eine erstattungsfähige Anzahlung in Höhe von 1.000 US-Dollar für das Model 3 geleistet hatten.

---

* Trotz Musks öffentlicher Behauptungen, dass er das Geschäft von SolarCity ankurbeln würde, hatte er nach der Übernahme des Unternehmens im Jahr 2016 nur wenig Zeit oder Ressourcen dafür. Stattdessen wurde fast alles, was unterm Strich vom Solargeschäft hängen blieb, nun entweder in den Bau oder die Auslieferung des Model 3 gesteckt.

In Hunters ersten acht Monaten hatte er sein Team von 35 auf 225 Mitarbeiter vergrößert. Anfangs war es kein Problem, Käufer für die Fahrzeuge zu finden, die auf Fließbändern durch das Werk in Fremont rollten. Kunden, die bereits einen Tesla fuhren und eine Anzahlung geleistet hatten, waren als Erste an der Reihe. Hunters Team fand heraus, dass es kaum Mühe machte, sie dazu zu bewegen, ihre Unterschrift unter den Kaufvertrag zu setzen. Sie fragten sich nämlich nicht, ob sie einen Tesla kaufen sollten, sondern nur, wann das Model 3 ausgeliefert würde. Das hat doch mit Verkauf nichts zu tun, dachte sich Hunter insgeheim in diesen ersten Monaten. Die Verkaufszahlen, die ihm für die ersten beiden Quartale 2018 aufs Auge gedrückt worden waren, waren beängstigend hoch, aber das änderte sich schon bald, als immer klarer wurde, dass die Fabrik nicht genug Fahrzeuge produzieren konnte, um diese Quoten zu erfüllen. Ab dann hatte er keine Angst mehr vor diesen Stückzahlen.

Im Sommer war die Lage eine ganz andere. Musk hatte die Fallstricke in der Fabrik in Fremont entwirrt und die Produktionszahlen stiegen kontinuierlich. Hunters Team musste sich umstellen, denn jetzt galt es nicht mehr, einem stark interessierten Kunden einen Tesla schmackhaft zu machen, sondern jetzt war echte, knallharte Verkaufstechnik gefragt. Immer häufiger stießen sie bei ihren Anrufen auf Zögern oder auf ein entschlossenes Nein am anderen Ende der Leitung.[5]

Die zahlreichen Vorbestellungen bei der ersten Präsentation im Jahr 2016 waren teilweise auf Musks Versprechen zurückzuführen, dass der Basispreis des Model 3 bei 35.000 US-Dollar läge. Der tatsächliche Verkaufspreis im August 2018 lag deutlich darüber. Die billigste Version begann bei 49.000 US-Dollar, während das obere Ende der Fahnenstange, ein Fahrzeug mit viel PS unter der Haube, rund 64.000 US-Dollar kostete. Als das Team die Vorbestellungen durchsah, wurde klar, dass viele der Kaufinteressenten die Anzahlung nur deshalb geleistet hatten, weil sie von einem Endpreis von 35.000 US-Dollar ausgegangen waren. Und dieser Preis war für viele das Maximum.

Bei anderen Interessenten war ein Upselling drin. Hunters Team sprach mit ihnen darüber, ob und wie sie sich ein teureres Modell leisten könnten, anstatt – vielleicht ein ganzes Jahr – auf die 35.000-Dollar-Version warten zu müssen. Außerdem hätten sie jetzt noch Anspruch auf die staatliche Förderung in Höhe von 7.500 US-Dollar, die es ab dem folgenden Januar nicht mehr gäbe. Das Verkaufspersonal führte als Verkaufsargument an, dass die Verbrauchskosten für einen Tesla geringer seien als für einen Benziner, weil man nicht zum Tanken fahren müsste. Diese Taktik ging oft auf, aber der Verkauf war deutlich anstrengender als zur Anfangszeit.

In dieser Phase machte Musk dem Team unmissverständlich klar, dass es an der Zeit sei, die Käufer, die bereit waren, bis zu 65.000 US-Dollar für ein Auto auszugeben, zu kapitalisieren. Schließlich gab es davon nicht allzu viele und Anfang des nächsten Jahres würde es noch schwieriger werden, die Fahrzeuge unters Volk zu bringen, weil diejenigen, die unbedingt einen Tesla fahren wollten, bis dahin längst versorgt seien. Tesla mache derzeit keinen Gewinn mit dem 35.000 US-Dollar teuren Model 3, informierte Musk. Bei jeder Lieferung zu diesem Preis würde das Unternehmen 1.000 Dollar verlieren. Doch der Plan, wie es Tesla gelingen sollte, das dritte Quartal profitabel abzuschließen, stand fest: den Markt mit High-End-Versionen seines Serienfahrzeugs überschwemmen und die höhere Gewinnmarge einstreichen.

Trotz Teslas Wachstum war noch immer nicht klar, ob die Fabrik die angestrebten 100.000 Fahrzeuge in dieser Zeit ausliefern konnte. Und selbst wenn, Tesla fehlte der Platz für so viel Inventar. Das Vertriebsteam hatte eine Liste mit 4.000 Mitarbeitern erstellt, die sich freiwillig bereit erklärt hatten, den überlasteten Auslieferungszentren im ganzen Land unter die Arme zu greifen, um gemeinsam die kommende Auslieferungswelle zu bewältigen. Doch sie alle konnten nichts anderes tun, als auf den Startschuss zu warten.

Zu Beginn des Quartals, als Musk sich auf die thailändische Fußballmannschaft und die Privatisierung von Tesla konzentrierte, schien es einigen leitenden Managern, dass CFO Deepak Ahuja die Ressourcen zurückhielt, die für die Vorbereitung der Auslieferungen benötigt wurden. Das ließ in ihren Köpfen die Frage aufkommen, ob dies tatsächlich das Quartal sein würde, in dem Tesla wieder einen Gewinn erzielen würde, oder ob die Führungsetage eine Art Spiel spielte und stattdessen plante, den Umsatz im vierten Quartal zu steigern. Musks Anwesenheit im

Auslieferungszentrum in Fremont im September signalisierte jedoch, dass die Auslieferungen nun oberste Priorität für Tesla hatten.

Doch selbst mit dieser tatkräftigen Unterstützung ließ sich ein weiteres Problem nicht lösen: Zum einen war das Platzangebot der Auslieferungszentren für die Neuwagen begrenzt und zum anderen durfte jedes Fahrzeug dort nur eine Stunde stehen. In ganz Nordamerika stünden Tesla im dritten Quartal insgesamt 100.000 solcher Slots zur Verfügung, sofern jede Arbeitsstunde und jeder Arbeitstag über einen Zeitraum von drei Monaten mit eingerechnet würden. Das Problem war, dass die Fahrzeuge erst in der zweiten Hälfte des Quartals dort ankommen würden – Tausende und Abertausende von Auslieferungen mussten aber zwingend vor Ablauf des Berichtszeitraums erfolgen. So kam es, dass überall, wo Platz war, Neuwagen herumstanden: in Parkhäusern, vor Bahnhöfen und Einkaufszentren. Leerverkäufern entging das nicht, sie posteten Fotos davon in den sozialen Medien und stellten die Theorie auf, dass auf diese Weise mangelhafte Fahrzeuge aus dem Weg geräumt werden sollten.

Ganz falsch lagen sie damit nicht: Viele Autos mussten nachgebessert werden, bevor sie den Kunden übergeben werden konnten. In einem nächtlichen Anruf setzte Musk eines der wichtigsten Auslieferungszentren von Tesla im südkalifornischen Marina del Rey unter Druck. Dort hatten sich Kunden in den sozialen Medien über ihre Autos beschwert. Musk war sauer. Er drohte damit, die Mitarbeiter des Zentrums zu feuern, sobald ihm auch nur eine weitere Beschwerde über mangelhafte Fahrzeuge zu Ohren käme. Hunters Chef Kim stoppte die Auslieferung der Autos und ließ erst einmal die Lackfehler beheben (obwohl Jerome Guillen von ihm wissen wollte, ob ihm klar sei, wie viel Geld er die Firma koste). Kim schickte ganze Crews nach Marina del Rey, die Karosserieteile nachbessern und Lackschäden beheben sollten, und beauftragte dafür externe Mitarbeiter.[6]

Im Gegensatz zu den Werkteams waren die Verkaufs- und Auslieferungsteams in diesem Jahr relativ gut vor Musks Wutausbrüchen geschützt gewesen. Doch die Zeiten waren vorbei. In Musks (meist) nächtlichen Telefonkonferenzen mit Vertriebsleitern im ganzen Land, die sich nach seinem Terminkalender richteten und für die Manager der Standorte an der Ostküste oft spät in der Nacht stattfanden, gab er den Druck an sie weiter und erteilte Anweisungen, die oft mit impliziten – wenn nicht gar expliziten – Drohungen verbunden waren, dass ihnen gekündigt würde, sollten sie scheitern. Genau mit so einem Anruf wurde Hunter in jenem Sommer konfrontiert, als Musk die Auslieferung der Fahrzeuge weiter beschleunigen wollte.

Steht die Verbindung zu Vegas?, fragte Musk und richtete sogleich seine Frage an Hunter. *Wie viele Leute haben Sie heute zur Abholung eingetragen?* Dies war Hunters großer Moment: Sein Team hatte gerade an diesem Tag 1.700 Leute zur Abholung ihres Model 3 in den kommenden Tagen einbestellt – ein Rekord und er war mächtig stolz darauf.

Musk teilte seine Freude hingegen nicht, sondern herrschte ihn an, diese Zahl am darauffolgenden Tag mehr als zu verdoppeln, sonst würde er das Ruder übernehmen. Außerdem, so Musk, habe er gehört, dass sein Team die Kunden anrufen würde, um einen Termin für die Abholung ihres Autos zu vereinbaren. Damit sei jetzt Schluss. Niemand könne Telefonanrufe leiden, sie dauerten zu lang, erklärte Musk. Die Kunden sollten stattdessen eine SMS erhalten. Das ginge deutlich schneller. Sollte ihm auch nur ein einziger Anruf zu Ohren kommen, wäre Hunter gefeuert.

Ein Gefühl der Panik überkam Hunter. Seine Frau und seine Kinder waren gerade erst zu ihm nach Las Vegas gezogen und hatten noch nicht einmal alle Umzugskisten ausgepackt. Und jetzt drohte Musk damit, ihn zu feuern, wenn er nicht innerhalb von 24 Stunden das Unmögliche wahr machte? Die Vertriebsabteilung hatte nicht Hunderte von Diensthandys, die sein Team für die SMS nutzen konnte, und die Mitarbeiter sollten auch nicht ihre privaten Handys dafür nutzen. Bei Tesla gab es ein System, mit dem sämtliche Interaktionen mit den Kunden rückverfolgt werden konnten, um Missverständnisse zu vermeiden und sicherzustellen, dass Verkaufsanfragen weiterverfolgt wurden. Ihm blieb nichts anderes übrig, als es zu umgehen.

Über Nacht tüftelten Hunter und weitere Manager an einer Lösung und entschieden sich für eine Software, die es seinem Team ermöglichte, von ihren Computern aus Textnachrichten zu versenden. Einen Punkt strichen die Mitarbeiter von ihrer Aufgabenliste: Sie halfen den Kunden nicht mehr dabei, ganze Stapel von Verkaufspapieren auszufüllen und zu unterschreiben. Wenn Musk wollte, dass seine Kunden in einer Schlange stehen, um ihre Autos abzuholen, dann würden sie genau dafür sorgen. Am einfachsten war es, den Käufern einen Abholtermin zuzuweisen. *Können Sie am Freitag um 16 Uhr vorbeikommen und Ihr neues Model 3 abholen?* Oft wartete Hunter nicht einmal eine Antwort ab, bevor er einen Kunden in die Terminliste eintrug. Passte einem Kunden der Termin nicht, hieß es, dass er dann erst im nächsten Quartal an die Reihe käme. Die Kunden gaben ihre persönlichen Daten, die nötig sind, um den Kauf abschließen zu können, viel eher preis, wenn ein Model 3 sozusagen vor ihrer Nase baumelte. Hunters Team begann, den Kunden klarzumachen, dass alle Papiere 48 Stunden vor der Auslieferung vorliegen müssten.

Das Team begann, sich durch die Liste der Kunden zu arbeiten, und vergab zufällige Termine in Abholzentren in den USA. Bis zum nächsten Tag um 18:00 Uhr hatten sie 5.000 Termine vergeben. Hunter versammelte das Team, um ihnen für ihre Arbeit zu danken, und musste dabei gegen Tränen ankämpfen. Er hatte seinen Leuten nicht gesagt, dass sein Job auf dem Spiel stand. Alles, was sie wussten, war, dass es unglaublich wichtig war, so viele Termine wie möglich für die Auslieferungen zu vergeben. In derselben Nacht berichtete Hunter Musk in einer Telefonkonferenz, was seinem Team gelungen war.

„Wow."

Diese Leistung war unübertroffen, ein großer Durchbruch, der für einige leitende Angestellte der entscheidende Moment für dieses Quartal war. Doch es war keine Zeit zum Feiern. Schließlich musste bereits das nächste Feuer gelöscht werden. Da die Auslieferungszentren mit Neuwagen zugeparkt waren, wollte Musk das Model 3 direkt zu den Kunden nach Hause liefern. Das Unternehmen hatte bereits ein System entwickelt, um Verkäufe online abzuschließen; so hatte Tesla die Gesetze in Texas und anderen US-Bundesstaaten umgangen, in denen es den Franchise-Händlern gelungen war, Tesla Stores zu verhindern. Die Kunden in den „Galleries" wurden zu den Computern dirigiert, wo sie Tesla wegen eines Autokaufs kontaktieren konnten. Vertriebsmitarbeiter in Las Vegas oder anderswo kümmerten sich dann darum, das Geschäft unter Dach und Fach zu bringen. Tesla schickte dem Kaufinteressenten dann ein Paket mit Dokumenten, die eine „eigenhändige Unterschrift" erforderten, mit einem frankierten Briefumschlag und der Bitte, die Unterlagen samt Scheck innerhalb von zwei Tagen zurückzuschicken. Die Autos wurden dann vom südlichen Kalifornien nach Texas verschifft und dort ausgeliefert. Als es noch mehr drängte, ließ Hunter unverkaufte Autos nach Texas transportieren und baute darauf, dass der Scheck dieser Käufer schon eingetrudelt sein würde, wenn der Autotransporter die texanische Staatsgrenze überquerte. Hatte er sich getäuscht, musste Hunter die Kosten für den Rücktransport rechtfertigen.

Ein kleiner Prozentsatz der Abverkäufe war bisher so abgewickelt wurden. Nun wollte Musk 20.000 Autos im dritten Quartal direkt an die Käufer ausliefern lassen. Theoretisch sparte er sich damit das Geld für den Ausbau von Auslieferungszentren, doch in der Praxis bedeutete diese Entscheidung, dass eine wahre Armee von Leuten nötig war, die die Fahrzeuge vor der Haustür ihres neuen Besitzers abstellen sollten.

Kim, der daran gearbeitet hatte, den Online-Kaufprozess zu verbessern, wandte sich an die Mitarbeiter, die auch schon für Amazon und Uber gearbeitet hatten, da sie ja Erfahrung bei der Nachverfolgung von Paketen und der Einstellung von Aushilfskräften hatten. Musk wollte, dass die Neuwagen in Lastwagen ausgeliefert und mit Planen abgedeckt werden. Kim und Chefdesigner Franz von Holzhausen setzten sich zusammen, um das Äußere der Transporter zu gestalten, doch schon kurze Zeit später war klar, dass diese Maßnahmen zu kostspielig wären und zu viel Zeit in Anspruch nähmen. Stattdessen schlug Kim Musk vor, dass Mitarbeiter die Autos einfach zu den Käufern nach Hause fahren und die Schlüssel übergeben. Die Tesla-Fahrer würden mit einem Wagen von Uber oder Lyft ins Büro zurückfahren. Die Hauslieferung war völlig atypisch für die Autobranche und kam einigen Käufern suspekt vor.

Es gab noch andere Strategien, die die Auslieferung beschleunigen sollten. Anstatt eine Stunde mit jedem Kunden zu verbringen, um dem frischgebackenen Tesla-Besitzer die Funktionen seines brandneuen Autos zu erklären, wollte Kim das auf fünf Minuten reduzieren und den Kunden ein Schulungsvideo ans Herz legen. Einige der Fahrer waren geradezu übereifrig und bestellten schon vor ihrer Ankunft beim Kunden einen Wagen von Uber oder Lyft für die Rückfahrt – nicht dumm, es sei denn, der Wagen tauchte vor ihnen auf und versetzte den überraschten Käufer in Staunen.

Als das Quartalsende näher rückte, wurde klar, dass das Team nicht vorausgesehen hatte, wie viele Autotransporter nötig waren, um immer mehr Autos zu den Auslieferungszentren zu transportieren.[7] Autotransporter von Drittanbietern boten nicht genug Kapazitäten dafür. Die Manager waren wie selbstverständlich davon ausgegangen, dass es kein Problem mit der Auslieferung gebe, auch wenn sich die Anzahl der produzierten Fahrzeuge stündlich erhöhte.

Während einer nächtlichen Telefonkonferenz meldete sich Kate Pearson zu Wort, die kurz zuvor als Leiterin der Abteilung für Kundenerlebnis und operativen Betrieb eingestellt worden war. Sie war zuvor 13 Jahre lang für die Lieferketten der Army National Guard zuständig gewesen und hatte dann für Walmart als Vice President das E-Commerce-Geschäft des Einzelhändlers unter sich gehabt. Sie kannte sich sehr gut mit dem operativen Geschäft aus und nach einem Blick auf die Zahlen kam sie mit schlechten Nachrichten zu Musk. Tesla würde keine 100.000 Auslieferungen in diesem Quartal schaffen, bestenfalls 80.000.[8]

Musk nahm das nicht hin, sondern bestand auf der ursprünglichen Zahl. Nur wenige Tage später wurde Pearson entlassen. Musk sagte in der nächtlichen Telefonkonferenz der Vertriebsleiter, dass es nicht daran lag, dass sie keine Speichelleckerin gewesen sei, sondern vielmehr an ihrer „grundsätzlichen Unfähigkeit, die gewünschten Leistung zu erbringen“. In Wahrheit hatte sie gesagt, was er nicht hören wollte. Sie hätte sagen sollen: *Wir werden unser Bestes tun.* Die Manager waren darauf konditioniert worden, ihm unter keinen Umständen die ungeschminkte Wahrheit zu sagen.

Bei einer anderen Gelegenheit hatte ein Senior Sales Manager nach fast zwei Jahren in der Firma die Nase voll und reichte seine Kündigung ein. Diese fand ihren Weg zu Ahuja, dem CFO, der den Vertriebsleiter nicht verlieren wollte und verzweifelt versuchte, ihn zum Bleiben zu überreden. Musk dagegen reagierte ganz anders: Er schäumte vor Wut. Im Auslieferungszentrum in Fremont stürmte er auf den Manager zu, baute sich vor ihm auf und schrie ihn an, er solle verschwinden. „Ich will hier niemanden, der mich ausgerechnet jetzt im Stich lässt", brüllte Musk laut einem Zeugen dieses Vorfalls.[9] Musk folgte dem Vertriebsleiter schließlich bis zum Parkplatz. Die Szene war unglaublich und spielte sich im öffentlichen Raum ab, weshalb der Verwaltungsrat schließlich eine Untersuchung einleitete, wohl auch, weil Musk beschuldigt wurde, den Manager geschubst zu haben.[10]

Die Liste mit Anschuldigungen gegen Musk wurde somit um den tätlichen Angriff auf einen Angestellten ergänzt, und das, als seine Anwälte damit beschäftigt waren, einen Deal mit der SEC auszuhandeln. Musk machte es ihnen wirklich nicht leicht. Beide Seiten glaubten am Abend des 26. September, eine Einigung erzielt zu haben, und die SEC wollte diesen Deal am nächsten Tag bekannt geben. Doch am nächsten Morgen rief Musks Anwalt die SEC an. Musk hatte seine Meinung geändert: Der Deal war geplatzt. Er machte sich Sorgen, dass sich so ein Vergleich schädlich darauf auswirken könnte, frisches Kapital für SpaceX zu beschaffen.

Fassungslos eilten die Rechtsanwälte der SEC zum Gericht. Nach Börsenschluss reichten sie eine Klage ein, in der sie behaupteten, dass Musk die Investoren bewusst in die Irre geführt hatte, als er verkündete, eine Finanzierung für die Privatisierung von Tesla auf die Beine gestellt zu haben. Die Anwälte der SEC beantragten, Musk zu verbieten, jemals wieder ein börsennotiertes Unternehmen zu leiten, und ihn auf Lebenszeit aus der Unternehmensführung von Tesla auszuschließen. Dieser Antrag markierte eine dramatische Entwicklung, die die Investoren wie ein Blitz aus heiterem Himmel traf und Finanzkritiker sichtlich erfreute. Nach Bekanntgabe der Klage fielen die Tesla-Aktien um zwölf Prozent, was Leerverkäufern auf dem Papier einen geschätzten Gewinn von 1,4 Milliarden US-Dollar einbrachte.[11]

Wall-Street-Analysten stellten sich ein Tesla ohne Musk vor und fragten laut, ob im Börsenkurs eine Musk-Prämie enthalten sei. Andere fragten sich, ob Kreditgeber weiterhin genauso spendabel sein und Tesla weiterhin Geld leihen würden, wenn der Frontmann Musk und seine Visionen wegfielen.

Wie auch immer, durch den Hickhack mit der SEC entwickelte sich eine Eigendynamik und das Pendel schlug letztendlich zu Musks Gunsten aus. Er war schlau genug zu wissen, dass das Aus von Tesla der SEC genauso wehtun würde wie ihm selbst. Wenn die Kommission Strafen gegen ein Unternehmen verhängt, kann das die Aktionäre vor den Kopf stoßen, was wiederum nicht gut für die SEC ist. Aus diesem Grund beschneidet sie sich selbst in ihrer Macht. Und genau deshalb zweifelten viele enge Beobachter daran, dass die SEC ein solches „Berufsverbot" verhängen würde. Was die SEC mit Sicherheit wollte, war Musk unter Kontrolle zu bringen und mit neuen Sicherheitsvorkehrungen zu verhindern, dass er künftig solche Kapriolen schlagen könnte.

Die ganze Nacht versuchten Musks Anwälte mehr oder weniger verzweifelt, Musks Meinung zu ändern, und schalteten sogar den prominenten Investor Mark Cuban ein, der ihn bewegen sollte, einen Vergleich mit der SEC auszuhandeln.[12] Cuban, der milliardenschwere Besitzer des Basketballteams Dallas Mavericks, hatte seinen eigenen Kampf mit der SEC ausgefochten, der sich fünf Jahre lang hinzog, nachdem ihm Insiderhandel vorgeworfen worden war. Die Szene, wie Cuban den angeschlagenen CEO beriet und ihn eindringlich davor warnte, dass ihm im Falle einer Nichteinigung ein jahrelanger harter Kampf bevorstünde, hätte aus der Fernsehserie „Billions" des Senders *Showtime* stammen können. Ein Deal sei nicht halb so schlimm wie ein Gerichtsprozess.

Musk saß in der Klemme. In seinen Augen hatte er die Finanzierung mündlich mit den Saudis vereinbart und die SEC täuschte sich, wenn sie davon ausging, dass ein Vertrag und ein schriftlich vereinbarter Preis dafür erforderlich seien.[13] Im Nahen Osten werden viele Vereinbarungen mündlich oder per Handschlag geschlossen. Außerdem war Musk sicher, dass er den Deal mit seiner Beteiligung an SpaceX, die inzwischen selbst Milliarden US-Dollar wert war, finanzieren könnte.

Doch letzten Endes hatte Musk auch eine pragmatische Seite, vor allem wenn ihm keine andere Wahl blieb. Seine Anwälte wandten sich am Freitagmorgen an die SEC und fragten nach, ob sie ihr Angebot wieder aus der Versenkung holen könnten.

Die SEC hatte die Oberhand gewonnen und war durchaus gewillt, sie auch zu behalten.

Die Uhr tickte unerbittlich, als sich das Ende des dritten Quartals näherte und abzusehen war, dass Teslas unerhörtes Verkaufsziel unerreichbar schien, weshalb Musk einen ungewöhnlichen Hilferuf auf Twitter absetzte. Er bat seine treuen Kunden: *Bitte helfen Sie uns bei der Auslieferung der Fahrzeuge.*

Die langjährige Tesla-Fahrerin Bonnie Norman, die jetzt im Ruhestand war und in Oregon lebte, nahm die Herausforderung an. Ihr lag Teslas Erfolg am Herzen, weshalb sie sich zum Auslieferungszentrum in Portland aufmachte. Andere Kunden meldeten sich bei anderen Zentren und erklärten den stolzen Besitzern die Bedienung ihres Neuwagens und worauf sie bei einem Elektroauto achten müssten. Auf diese Weise hatten die Angestellten endlich Zeit, die gewaltigen Papierstapel abzutragen. Musk und seine neue Freundin Claire Boucher, die Musikerin mit dem Künstlernamen Grimes, und das Verwaltungsratsmitglied Antonio Gracias halfen im Auslieferungszentrum in Fremont aus, Kimbal Musk am Standort in Boulder, Colorado. In dieser Zeit packten wirklich alle mit an. Inmitten seiner Freunde und Verwandten schien Musk sehr glücklich zu sein, erinnerte sich ein Manager. „Es war wie ein großes Familienfest ... Das gefiel ihm gut – Loyalität bedeutet ihm viel.“[14]

Diese Unterstützung war auch bitter nötig. Nachdem sie die SEC quasi vor dem Altar stehen gelassen hatten, wandten sich Musks Anwälte an ihre Vertreter und wollten eine endgültige Einigung erzielen. Letzten Endes stimmten sie den neuen Bedingungen der SEC zu: Musk könnte seine Rolle als CEO behalten, dürfe aber nunmehr drei und nicht wie ursprünglich zwei Jahre lang nicht zugleich Vorstand sein. Musk würde eine Strafe von 20 Millionen US-Dollar aus seinem Privatvermögen zahlen müssen, zehn Millionen US-Dollar mehr, als der erste Vergleich vorsah. Teslas Strafe belief sich ebenfalls auf 20 Millionen US-Dollar und das Unternehmen musste zwei neue Direktoren in den Verwaltungsrat berufen. Außerdem müsste Tesla sämtliche Nachrichten über Musks Social-Media-Kanäle vorab genehmigen, sofern diese einen Einfluss auf den Aktienkurs haben könnten. Anders ausgedrückt, es würde keine Nachrichten wie „Finanzierung gesichert" mehr geben, ohne dass ein Anwalt vorher einen Blick darauf geworfen hätte.

Die Parteien einigten sich also auf diesen Vergleich und gaben dies am Samstag, den 29. September, öffentlich bekannt. Die Investoren atmeten erleichtert auf, was am ersten Handelstag nach dieser Bekanntgabe wohl an der gesamten Wall Street zu hören gewesen sein dürfte. Die Aktien stiegen an diesem Tag um 17 Prozent, die größte Veränderung innerhalb von 24 Stunden in einem Jahr, das extreme Kursschwankungen des Autobauers gesehen hatte. (Musk muss es gut gefallen haben, dass Leerverkäufer in dieser Zeit geschätzte 1,5 Milliarden US-Dollar – auf dem Papier – verloren.)[15]

Als Nächstes wies Tesla die endgültigen Ergebnisse für das Quartal aus. Es war knapp: Immerhin waren 83.500 Fahrzeuge ausgeliefert worden – ein Rekord, der zwar die Erwartungen der Wall Street übertraf, aber immerhin 15 Prozent unter der internen Vorgabe von 100.000 Stück lag. (Diese Zahl hatte, wie Sie wissen, Pearson genannt, die Leiterin der Abteilung für Kundenerlebnis, die anscheinend genau deshalb gefeuert worden war.) Fast 12.000 Fahrzeuge kamen nicht rechtzeitig zum Quartalsschluss bei ihrem neuen Besitzer an und wurden deshalb nicht berücksichtigt.

Gut, die Stückzahl war niedriger, als Musk gewollt hatte, aber es war immer noch eine enorme Leistung, die das Unternehmen in die Gewinnzone katapultierte. Zwar lag das größtenteils daran, dass Hunters Team viele hochpreisige Fahrzeuge verkauft hatte, aber auch daran, dass Ahuja, der CFO, die Zahlungen an die Lieferanten nach hinten verschoben hatte. Die Verbindlichkeiten des Unternehmens – das Geld, das es Lieferanten und anderen schuldete – stiegen um 20 Prozent gegenüber dem zweiten Quartal und um 50 Prozent gegenüber dem Vorjahr.

Im Grunde genommen hatte Tesla seine Zahlen auf dem Rücken seiner Zulieferer erwirtschaftet – ein Trick, den die großen Autokonzerne schon seit Jahren anwendeten und der ein deutliches Signal von Teslas neuer Macht war. Es war nicht schön, aber bei den Investoren klingelten die Kassen, als im Oktober die endgültigen Zahlen veröffentlicht wurden: ein Profit von 312 Millionen US-Dollar – der größte, den das Unternehmen je erwirtschaftet hatte. Für die Analysten der Wall Street, die einen Verlust prognostiziert hatten, kamen diese Zahlen sehr überraschend. Diese Dynamik setzte sich auch im vierten Quartal fort, sodass Tesla im Januar zum ersten Mal einen Gewinn in Folge ausweisen konnte. Während einer Telefonkonferenz für Investoren und Analysten zeigte sich Musk zuversichtlich für das kommende Jahr und sagte, er gehe von einem geringen Gewinn in den ersten drei Monaten des Jahres 2019 aus, und danach „für alle künftigen Quartale nur noch schwarze Zahlen". Mehr als acht Jahre nach dem Börsengang von Tesla konnten die Investoren die Früchte ihrer Geduld ernten – zumindest dachten sie das. Oder hatte Musk schon wieder das Blaue vom Himmel versprochen?

Monatelang hatte Musk wie besessen an den Preisoptionen für das Model 3 gefeilt und den Eindruck erweckt, als würde er online den perfekten Cocktail mixen. Das Käuferprofil des Kompaktwagens unterschied sich von dem des Model S. Zunächst einmal war da der Preis, der je nach der gewählten Ausstattung mehrere Zehntausend US-Dollar niedriger sein konnte als bei der Luxuslimousine. Dann galt es, die unterschiedlichsten Lebensumstände zu berücksichtigen: Besitzer des Model 3 waren in der Regel täglich auf das Fahrzeug angewiesen, benötigten häufig eine Finanzierung und mussten ihre alten Autos in Zahlung geben. Da Musk die Verkaufsteams keineswegs aufstocken wollte, hatte er Dan Kim angewiesen, den Online-Konfigurator, ein Tool zur individuellen Anpassung jedes Fahrzeugs, einfacher zu gestalten. Im Grunde wollte Musk potenziellen Kunden einen Rundum-Service bieten, so gut wie das bei einem Autokauf eben geht.

Musk hatte darauf bestanden, dass Kim unter anderem ein Team aufbaut, das die Neuwagen direkt zum Kunden bringen sollte. Das Ziel von Musk, im dritten Quartal 20 Prozent der Lieferungen direkt an die Kunden auszuliefern, wurde damit zwar nicht erreicht, wohl aber im vierten Quartal, so eine mit den Zahlen vertraute Person. All diese Maßnahmen dienten nur einem Zweck: die Ausgaben reduzieren. Musk war geradezu besessen davon, Tesla dauerhaft in die Gewinnzone zu bringen. Er begann sogar, laut darüber nachzudenken, ob sie alle Stores schließen könnten.

Intern warnte Musk seine Manager vor einem „dunklen Winter" und drängte sie, die Kosten zu senken und sich darauf zu konzentrieren, die Produktion bis zum Maximum hochzufahren. Tesla müsse in größerem Maßstab agieren. Sein neues Interesse an Kosteneinsparungen entflammte zu einer Zeit, als das Verkaufsteam einen allmählichen Rückgang der Bestellungen für das Model 3 im ersten Quartal 2019 prognostizierte. Der Nachteil des Erfolgs von Tesla war, dass die Steuerersparnis beim Kauf eines vollelektrischen Autos zum 1. Januar von 7.500 auf 3.750 US-Dollar, Mitte des Jahres auf 1.875 US-Dollar sinken würde. Zum Jahresende würde der staatliche Zuschuss dann ganz wegfallen. Das Model 3, das ohnehin schon teurer als ursprünglich angekündigt war, würde also alle sechs Monate eine Preiserhöhung erfahren, und zwar genau zu dem Zeitpunkt, an dem Tesla eigentlich eine Senkung des Kaufpreises brauchte.

Hunters Team in Las Vegas hatte die letzten drei Monate des Jahres 2018 damit verbracht, die restlichen Kaufinteressierten in Käufer umzuwandeln, um ein weiteres Rekordquartal in Sachen Auslieferungen zu erreichen. Doch je mehr sich das Jahr seinem Ende zuneigte, umso schwieriger wurde das. Immer weniger Kunden waren bereit, tief in die Tasche zu greifen, sondern warteten lieber auf das 35.000-US-Dollar-Modell. Sein ganzes Team freute sich auf den Urlaub nach Abschluss des Jahres. Einige Mitarbeiter würden sogar ganz aufhören. Sie hatten ihr Ziel erreicht – waren aber auch am Ende ihrer Kräfte. Viele, darunter auch Hunter, müssten dann ihren Hut nehmen, da Musk, wann immer er konnte, den Rotstift ansetzte und daran arbeitete, das Model 3 in Europa und China zu vermarkten, wo es immer noch Early Adopters gab, die vermutlich bereit waren, mehr Geld für das Model 3 auszugeben.

Es war eine Zeit des Wandels für Tesla. Todd Maron, Musks Anwalt seit seiner ersten Scheidung, war bereit, den Schritt zu wagen und bei einem Start-up anzufangen. Ahuja, der CFO, wollte das Unternehmen verlassen – wieder einmal. JB Straubel hatte den Kampf noch nicht aufgegeben, aber er war erschöpft und urlaubsreif.

Wie der mit der SEC geschlossene Vergleich es vorsah, kamen zwei neue Mitglieder in den Verwaltungsrat: Larry Ellison, der langjährige Investor und Oracle-Mitbegründer, und Robyn Denholm, die Tesla bei der

Übernahme von SolarCity und der gescheiterten Privatisierung begleitet hatte und jetzt die Zügel von Musk als Vorsitzende übernahm, obwohl es für jeden klar war, dass Musk immer noch das Sagen hatte, Titel hin oder her. Musk konnte sich nicht beherrschen und schrieb auf Twitter, dass er seine Titel von der Firmenwebseite gelöscht hatte. „Ich bin jetzt der Niemand bei Tesla. Scheint so weit in Ordnung zu sein." In einem Interview in der Sendung „60 Minutes" auf *CBS News* wurde deutlich, wie gering er die SEC schätzte. Zudem gab er öffentlich zu, dass er niemanden habe, der seine Social-Media-Nachrichten routinemäßig überprüfe. „Ich möchte es mal auf den Punkt bringen: Ich empfinde keinerlei Respekt für die SEC", die er obendrein auf Twitter als „Shortseller Enrichment Commission" (zu Deutsch: Kommission zur Bereicherung von Leerverkäufern) verspottete.

Die Frage, ob Denholm Musk einen Maulkorb verpassen könnte, beantwortete sich von selbst. Die Untersuchung des Verwaltungsrats im Hinblick auf seinen angeblichen Übergriff im Auslieferungszentrum verlief im Sande.[16] Als Musk Ende 2018 im Design Center den SUV, also das Model Y, vorstellte, der sich seiner Meinung nach besser verkaufen würde als das Model 3, sah man Denholm in der ersten Reihe stehen, umgeben von Fans und Kunden, wie sie gemeinsam Musk anfeuerten.[17] Als sie später von einem Reporter gefragt wurde, was sie von seinen Tweets halte, antwortete sie: „Aus meiner Sicht setzt er Twitter geschickt ein."[18]

Als Ausgleich für die Verteuerung, die dem Auslaufen der staatlichen Förderung geschuldet war, beschloss Tesla, die Preise für die gesamte Fahrzeugpalette zu senken. Der Basispreis für das Model 3 lag nun bei 44.000 US-Dollar statt wie bisher bei 46.000 US-Dollar (aber immer noch meilenweit entfernt von den versprochenen 35.000 US-Dollar). Wenn Tesla dachte, dass dieser Schritt die Investoren beruhigen würde, hatte es sich getäuscht. Die Investoren deuteten diesen Schritt als klares Zeichen dafür, dass die Nachfrage sank – ein unheilvolles Signal für ein Unternehmen, dessen Zukunft von einem kontinuierlichen Wachstum abhing und das scheinbar noch immer keinen Weg gefunden hatte, die Kosten zu senken. Die Aktien fielen am Tag der Bekanntgabe der Preissenkung um fast sieben Prozent.[19]

Musk schlug einen beruhigenden Ton an und teilte den Investoren im Januar mit, dass das Interesse an dem Auto groß sei. „Was uns ausbremst, ist das Geld. Es ist wirklich ganz einfach. Den Leuten fehlt tatsächlich das Geld, um sich einen Tesla leisten zu können. Der Wunsch, einen zu besitzen, ist da. Aber sie haben einfach nicht genug Geld auf ihrem Bankkonto. Wenn wir unsere Autos erschwinglicher machen, wird die Nachfrage anziehen." Um weiteren Bedenken entgegenzuwirken, feierte Musk per Twitter, dass das Model 3 zum ersten Mal auf ein Schiff verladen worden und nach Europa unterwegs war. Er merkte an, dass Tesla „2019 etwa 500k [Autos] machen wird". Dieser Ankündigung schob er Stunden später einen weiteren Tweet nach und wies darauf hin, dass er eine *auf das Jahr umgerechnete Produktionsrate* von 500.000 Fahrzeugen meinte und dass die Gesamtlieferungen für das Jahr immer noch bei etwa 400.000 liegen sollten.

Genau diese angeberischen, unbedachten Nachrichten wollte die SEC mit dem Vergleich eigentlich verhindern. Die Aufsichtsbehörde hegte bereits den Verdacht, dass er den Deal nicht ernst nahm, besonders nach seinem Auftritt bei „60 Minutes". Am Tag nach seinem letzten Tweet fragten sie bei Tesla nach, ob jemand den Tweet genehmigt habe. Wenig überraschend lautete die Antwort: Nein. Erst nach dem Tweet, so Teslas Team, habe ein Anwalt geholfen, Musks nachgeschobene Erklärung zu verfassen. Musk führte ins Feld, dass er nicht gedacht hätte, eine Vorabgenehmigung zu brauchen, weil er einfach bereits gemachte Aussagen wiederholte. Die SEC kaufte ihm das nicht ab. Ende Februar baten sie einen Richter, ihn wegen Missachtung des Gerichts und der gegen ihn verhängten Auflagen zu belangen.[20]

Irgendwie fühlte sich das wieder ganz wie im Sommer 2018 an. Und das Drama war noch nicht vorbei. Ein paar Tage später kündigte Musk an, dass Tesla aus Kostengründen die meisten seiner Stores schließen würde, sodass das Unternehmen endlich sein lang versprochenes Model 3 für 35.000 US-Dollar auf den Markt bringen könnte. Die Umstellung auf den (fast) reinen Online-Verkauf war ein lang gehegter Traum von Musk, gegen den sich die Mitglieder seines Teams aber gewehrt hatten, weil es in ihren Augen ein Ding der Unmöglichkeit war, Erstkäufern ein Elektroauto ohne persönlichen Kontakt schmackhaft zu machen.[21]

In der Theorie war Musks Vorschlag simpel, doch die Praxis sah ganz anders aus. Tesla hatte Hunderte von Mietverträgen für Stores auf der ganzen Welt abgeschlossen, die Mietzahlungen summierten sich auf 1,6 Milliarden US-Dollar, wobei der Großteil erst in den kommenden Jahren fällig wurde. Es war also nicht einfach damit getan, die Lichter auszuschalten und sich eine Menge Geld zu sparen. Tesla „ist ein Unternehmen mit einer soliden Bilanz, das vielen Vermietern eine Menge Geld schuldet", sagte Robert Taubman, Chef von Taubman Centers Inc., auf einer Konferenz Tage später.[22] Zu seinen Immobilien zählten acht Stores, darunter auch der in Denver.

Die Investoren hatten all die Jahre hindurch kopfschüttelnd Musks Eskapaden hingenommen, vor allem weil das Unternehmen weiterhin ein beeindruckendes Wachstum aufwies (auch wenn dafür viel Kapital draufging). Im April waren sie jedoch mit ihrer Geduld am Ende, denn da brach Teslas Geschäft ein.

Tesla vermeldete rückläufige Verkaufszahlen, die Zahl der Auslieferungen fiel im ersten Quartal des Jahres um 31 Prozent im Vergleich zum vorherigen Quartal. Das lag daran, dass sich das Unternehmen schwertat, neue Kunden in den USA zu finden, und nicht schnell genug darin war, das Model 3 nach Europa und China zu schaffen, um das zu kompensieren. Mitte April zog Tesla sein unverbindliches Versprechen eines Basispreises von 35.000 US-Dollar zurück und gab nun 39.500 US-Dollar als Einstiegspreis an. Das Unternehmen behauptete aber, man könne das Model 3 auch für 35.000 US-Dollar erwerben – aber nur, wenn ein Kunde einen Store aufsuche oder dort anrufe. Stellte sich nur die Frage, ob dieser Store geöffnet hatte. In diesem Monat verzeichnete Tesla seinen höchsten Quartalsverlust und befürchtete, auch im zweiten Quartal rote Zahlen zu schreiben. So viel zum Thema „das Blaue vom Himmel versprechen".

In Musks Augen musste das Unternehmen nur noch ein wenig länger durchhalten. Würde das Model 3 erst einmal auch in Europa verkauft, stünde Tesla ganz anders da. Zudem verhandelten Manager von Tesla in Europa im Stillen mit Fiat Chrysler Automobiles über einen neuen Deal – nach dem gleichen Prinzip, wie man auch 2013 vorgegangen war, als es durch den Verkauf sogenannter ZEV-Punkte an Konkurrenten, die die

Emissionsziele in Kalifornien nicht erfüllten und ansonsten mit Geldstrafen belegt worden wären, gelungen war, erstmals schwarze Zahlen zu schreiben. Und es sah ganz danach aus, als würde die Konkurrenz in Europa ebenfalls Probleme haben, die hohen EU-Grenzwerte für den CO_2-Ausstoß von Neuwagen zu erfüllen. Bei dem Deal, der im Frühjahr 2019 bekannt gegeben werden sollte, ging es um mehr als zwei Milliarden US-Dollar, die verteilt über mehrere Jahre in Teslas Kassen gespült würden, also genau dann, als es das Kapital am dringendsten brauchte.[23] Außerdem gäbe es ja immer noch China, beruhigte Musk die Anleger. Dort sei das Unternehmen auf dem besten Weg, die Produktion in ein paar Monaten aufzunehmen.

Dennoch räumte er während eines Conference Call ein, was für viele offensichtlich war: Tesla musste erneut Kapital beschaffen.

Das Unternehmen geriet ins Straucheln. Innerhalb weniger Wochen hatte es sich von einem Unternehmen, das schwarze Zahlen schrieb und Gewinne bis in die ferne Zukunft versprach, in einen Autobauer gewandelt, der sich mit unnötigen, selbst verschuldeten Krisen herumschlug und dessen verfügbare Finanzmittel schon wieder gefährlich knapp wurden. Schließlich riss der Wall Street der Geduldsfaden. Die Aktien befanden sich im freien Fall und erreichten im Juni einen Tiefststand von 178,97 US-Dollar pro Aktie – im Vergleich zum Jahresanfang ein Verlust von rund 50 Prozent. Die Wetten der Leerverkäufer zahlten sich endlich aus, wobei die Gewinne auf dem Papier in der ersten Jahreshälfte auf mehr als fünf Milliarden US-Dollar geschätzt wurden (fast so viel, wie sie in den Jahren 2016 bis 2018 verloren haben dürften).[24]

Sogar der langjährige Tesla-Haussier Adam Jonas, der Analyst von Morgan Stanley, der zu den ersten gehörte, die das Potenzial des Unternehmens erkannt hatten, schien die Nase voll von Musk zu haben. In einer privaten Telefonkonferenz mit Investoren warnte Jonas sie, dass Tesla keine Wachstumsstory mehr sei, sondern eher eine „Notkredit- und Umstrukturierungsstory". Mit anderen Worten, ein Bankrott sei möglich. Die Schulden des Unternehmens waren auf etwa zehn Milliarden US-Dollar angestiegen, was zum Teil am SolarCity-Deal Jahre zuvor lag. Bei einem Wachstum und generiertem Cash wäre das vielleicht noch hinnehmbar gewesen, zumal wenn Tesla weiterhin einen guten Draht zu Investoren gehabt hätte, doch das wurde nun infrage gestellt. Tesla müsste eine Riesensumme aufbringen, warnte er, oder „nach strategischen Alternativen suchen“ – Bankersprache für einen Verkauf oder eine Fusion. Drei Viertel der Aktien des Unternehmens gingen in dieser Woche an Leerverkäufer. Die Schulden des Unternehmens waren auf 85,75 Cent pro US-Dollar gefallen – ein Zeichen dafür, dass die Gläubiger sich Sorgen machten, ihr Geld von dem angeschlagenen Autohersteller zurückzubekommen.[25]

Das Schlimmste von allem war jedoch, dass Musk mit seinem Vorhaben, auf China zu setzen, um Tesla zu retten, zu spät dran war, da die Autoverkäufe dort zum ersten Mal seit 1990 rückläufig waren und die Beziehungen zwischen den beiden Ländern immer frostiger wurden.[26] War es wirklich denkbar, dass Tesla sich durch einen Marathon gequält und Rivalen und Kritiker erfolgreich abgewehrt hatte, nur um jetzt, so kurz vor dem Ziel, zusammenzubrechen?

Oder wie Jonas es ausdrückte: „Kann es einen schlechteren Zeitpunkt geben, sich in die Abhängigkeit von China zu begeben?“

28

SCHLECHTE NACHRICHTEN

An einem kalten Januartag im Jahr 2019 stand Musk am Rande von Schanghai auf einem schlammigen Feld. Er trug Anzug und Mantel und an seiner Seite waren sein Studienfreund Robin Ren sowie der Bürgermeister von Schanghai, Ying Yong. In Kürze würde der offizielle Spatenstich als Symbol des Baubeginns gefeiert. Tesla würde an diesem Standort sein zweites Montagewerk errichten – der erste Vorstoß des Unternehmens in den Autobau außerhalb von Fremont. Die drei lächelten, als die Fotos geschossen wurden, die um die Welt gehen würden. Von diesem Moment profitierte China ebenso wie Tesla.

Es bestand jedoch die Gefahr, dass die Freude nur von kurzer Dauer sein würde: Tesla stand am Rande des Abgrunds. Das Model 3 war zwar endlich fertig – es fuhr auf den Straßen, war also nicht mehr nur ein Fantasieprodukt einiger Spinner aus dem Silicon Valley. Und trotz der Rückschläge, die Musk in seinem Sommer des Grauens erlitten hatte – viele davon selbst verschuldete Krisen –, liebäugelte das Unternehmen mit langfristiger Rentabilität. Doch noch immer war Musks Mission nicht abgeschlossen. Es war noch nicht gelungen, aus dem Model 3 ein wirklich profitables Auto zu machen. Dazu waren höhere Stückzahlen erforderlich, denn nur damit ließen sich die Kosten nachhaltig senken. Und um dies zu erreichen, brauchte er Geld – viel Geld. All das wäre in Musks Augen an einem Ort möglich: China.

Auf Twitter versprach Musk, dass die ersten Bauarbeiten an seiner Fabrik bis zum Sommer abgeschlossen sein würden und die Produktion des Model 3 bis Ende des Jahres anlaufen würde. Bei Marktbeobachtern löste dies das übliche Kopfschütteln aus: ein weiterer völlig unrealistischer Zeitplan für ein scheinbar unmögliches Ziel. Es war die letzte einer Reihe von optimistischen Ankündigungen, mit denen Tesla versuchte, nach dem schwierigen Jahr 2018 wieder Fuß zu fassen.

Doch die Anleger, die dem Unternehmen im Frühjahr den Rücken kehrten, hatten nicht verstanden (oder wollten nicht wahrhaben), was sich hinter den Kulissen von Tesla seit Jahren abspielte.

Alles fing mit der Unternehmensführung an. Musk wusste genau, dass er, wenn er seine globalen Ambitionen verwirklichen wollte, den richtigen Partner an seiner Seite brauchte. Es musste jemand sein, dem er vertrauen konnte, jemand, der wusste, wie er tickte, und der ihn auf der anderen Seite des Pazifiks vertreten konnte, wo Musk nicht einfach eine Nacht die Ärmel hochkrempeln und mit anpacken oder ein paar Tage in einer Fabrikhalle kampieren konnte, bis sich keine Fahrzeugteile mehr am Fließband stauten. Auf der Suche nach der richtigen Person musste Musk weit zurückgehen – bis in seine Collegezeit.

Als Student der University of Pennsylvania war Musk frustriert, weil er in seinem Physikkurs nicht der Beste war (zumindest hat er das so seinen Topmanagern erzählt).[1] Sogleich wandte er sich an seinen Professor, um sich zu beschweren: Gab es tatsächlich jemanden, der besser war als er? Die Antwort lautete: Ja, und zwar Robin Ren, ein Student aus Schanghai. Musk stellte sich seinem akademischen Rivalen entgegen und musste schnell feststellen, dass Ren nicht nur der Beste im Kurs war, sondern zu den besten Physikstudenten in ganz China gehörte, weshalb ihm die damals seltene Ehre zuteilwurde, in den USA zu studieren. Die beiden Außenseiter wurden schnell Freunde, weshalb sie nach dem Abschluss gemeinsam nach Kalifornien reisten, wo Musk eigentlich an der Stanford University studieren wollte, sich aber stattdessen entschloss, ein Start-up zu gründen. Während Musk diesen Weg einschlug, studierte Ren in Stanford Elektrotechnik und machte Karriere bei Yahoo! und Dell, wo er schließlich zum Chief Technology Officer von XtremeIO, dem Tochterunternehmen von Dell, aufstieg. Er war zuverlässig und besaß die richtige Erfahrung. Wo Musk frech war, war Ren zurückhaltend. Als Musk nach der katastrophalen Entwicklung von Tesla im Jahr 2015 Hilfe brauchte, weil in China faktisch ein Neustart erforderlich war, übernahm Ren das Ruder.

Hinter den Kulissen widmeten sich Ren und Jon McNeill (der ehemalige Vertriebschef, der Tesla 2018 verlassen hatte) einer der dringlichsten Aufgaben von Tesla: der Baugenehmigung für ein Montagewerk in China. Schanghai nahm die beiden mit offenen Armen auf, da sich die Stadt über einen weiteren Autobauer vor ihren Toren freute. Wie es die Gesetze Chinas vorschrieben, brauchte Tesla einen Geschäftspartner vor Ort, doch – wer hätte es gedacht? – Musk wollte davon nichts wissen.[2]

Zum Glück hatte Ren zwei Manager in seinem Team, die sich sowohl mit Baustellen auskannten als auch mit Regierungsvertretern umzugehen wussten. Tom Zhu, der für den Aufbau des Ladenetzes von Tesla in China eingestellt worden war, besaß einen MBA-Abschluss der Duke University und hatte bereits große Bauprojekte in Afrika geleitet, weshalb er mit der Bauleitung für das neue Montagewerk betraut wurde. Grace Tao war unterdessen für die Beziehungen zur Regierung zuständig. Als ehemalige Korrespondentin des größten Fernsehsenders der Volksrepublik China, *China Central Television*, war sie in Pekinger Machtzirkeln weithin bekannt und half Tesla, sich nicht in den Fallstricken der Bürokratie zu verheddern. Taos familiäre Beziehungen reichten laut einer Quelle weit in die kommunistische Partei hinein und sie zeigte ein feines Gespür dafür, welche Knöpfe sie drücken musste, um bei den Regierungsvertretern etwas zu erreichen. Bei Tesla hängte sie ein großes Organigramm auf, in dem die oberen Ebenen der Zentralregierung und hochrangige Regierungsbeamte in wichtigen Provinzen eingetragen waren. *Bloomberg Businessweek* zitierte ungenannte Mitarbeiter, denen zufolge sie einmal behauptete, sie könne eine Nachricht an Präsident Xi Jinping über nur einen einzigen Mittelsmann übermitteln, „was für chinesische Verhältnisse nahezu unglaublich wäre“ (eine Aussage, die

Tesla im Übrigen bestritt).[3] Dennoch bewunderten ihre Kollegen ihren Einfluss. „Grace hat es wirklich drauf", sagte einer von ihnen. „Sie weiß genau, welche Fäden sie wann ziehen muss." Auch das gestiegene öffentliche Interesse an Musk schadete nicht.

Als Musk und seine Mitarbeiter während einer Reise nach Peking im Jahr 2016 im Stau standen, sinnierte er darüber, wie toll es wäre, wenn es keine Verkehrsstaus mehr gäbe, und schlug vor, Tunnel unter der Stadt zu graben.[4] Genau dafür war Musk bekannt: Wann immer er über etwas nachdachte, streckte er den Kopf nach oben und seine Augen schienen einen Download aus den Wolken abzurufen. „Was wäre, wenn wir ... ", begann er dann seine Ausführungen.*

Was dann folgte, war entweder eine verrückte Marotte, die schon bald wieder in Vergessenheit geriet, oder ein gigantisches Vorhaben, mit dem ein Manager viele Jahre seines Lebens zu tun hätte. Genau diese Art, seinen Gedanken freien Lauf zu lassen, keine Grenzen zu kennen, hatte ihn damals nach China gebracht und war auch jetzt der Grund, weshalb er ernsthaft darüber nachdachte, dort auf einen Geschäftspartner zu verzichten, obwohl das mehrere Anwälte immer wieder als unmöglich abgetan hatten.

Im Jahr 2017 waren die Aussichten für ein solches Vorhaben jedoch deutlich besser. Im Spätsommer dieses Jahres wurde eine Vereinbarung getroffen, der zufolge Tesla eine Fabrik bauen durfte. Die Chinesen fragten nach, ob sie dieses Projekt schon bald ankündigen könnten, am liebsten im Herbst, wenn der Staatsbesuch von US-Präsident Donald Trump anstand, obwohl die Handelsbeziehungen ziemlich angespannt waren, wie es aus vertraulichen Quellen hieß. Aber Musk sagte, der Vertrag könne noch nicht geschlossen werden. Da die Produktion des Model 3 ins Stocken geraten war, fehlte Tesla das Geld für den Bau der Fabrik. Musk wolle die Ankündigung seines Bauprojekts erst einmal auf die lange Bank schieben, hieß es von einem der Beteiligten.

---

* Zum Jahresende hatte er eine ähnliche Idee getwittert, die die Gründung eines weiteren Musk-Unternehmens, der Boring Co., vorwegnahm: „Der Verkehr macht mich verrückt. Ich werde eine Tunnelbohrmaschine bauen und einfach anfangen zu graben ...", schrieb er und schickte eine weitere Nachricht hinterher: „Echt, genau das werde ich tun."[5]

Da auch Anfang 2018 noch nichts endgültig entschieden war, stellte sich allmählich die Frage, ob Tesla sein Ziel, eine Fabrik in China zu bauen, und zwar ohne lokalen Partner vor Ort, jemals erreichen würde.[6] Diese Bedenken wurden zu der Zeit geäußert, als die Handelsgespräche zwischen den Vereinigten Staaten und China intensiver wurden. Als die Vereinbarung schließlich bekannt gegeben wurde, konnte sich das Reich der Mitte offener für die Zusammenarbeit mit US-Unternehmen präsentieren – zumindest, wenn es ihm in den Kram passte.

Die Bedingungen des endgültigen Vertrags waren für Tesla in anderer Hinsicht sehr großzügig – in mancher Hinsicht sogar großzügiger als damals beim Bauprojekt in Nevada. Die chinesische Gigafactory würde auf einem knapp 87 Hektar großen Grundstück errichtet werden, das von Schanghai zur Verfügung gestellt wurde, und zwar im Rahmen einer Vereinbarung, in der Tesla zusagte, rund zwei Milliarden US-Dollar in das Projekt zu investieren. Unabhängig davon erhielt Tesla ein Darlehen in Höhe von 1,26 Milliarden US-Dollar zu günstigen Konditionen von politisch gut vernetzten chinesischen Banken (dieses Geld sollte für den Bau der Fabrik verwendet werden) und weitere 315 Millionen US-Dollar für Arbeitskräfte und Material. Mit anderen Worten: Tesla erhielt die Möglichkeit, eine Fabrik in China mit Geld aus China zu bauen.

Das Willkommensgeschenk für Tesla fiel wohl deshalb so großzügig aus, weil China Tesla ebenso sehr brauchte wie umgekehrt. Das Land der Mitte wollte einen Markt für Elektrofahrzeuge schaffen, und was würde den Markt besser beleben, als die Konkurrenz, in dem Fall Tesla, ins Land zu lassen? Der chinesische Automarkt boomte. GM hatte 2018 fast 40 Prozent seines Umsatzes dort erwirtschaftet, die Volkswagen AG war ebenfalls stark von China abhängig. Diese Tatsachen, dazu noch die strengeren Emissionsvorschriften des Landes, zwangen die globalen Autokonzerne, sich umso schneller auf eine Zukunft mit E-Autos vorzubereiten.

Die Nachfrage nach Elektrofahrzeugen gewann allmählich an Fahrt, obwohl sich die bisherigen Modelle von GM nicht gut verkauften, vor allem im Vergleich mit Tesla. GM kündigte an, den Bau seines Plug-in-Hybrids Chevrolet Volt einzustellen. Dessen Verkaufszahlen waren nie besonders hoch gewesen und sanken 2018 in den USA auf weniger als 19.000 Stück.

Der vollelektrische Bolt von GM schnitt noch schlechter ab. Auch wenn dieses Modell weitaus durchdachter war als der Volt, konnte er mit dem Model 3 nicht mithalten.

Doch die Autokonzerne hatten aus ihren Fehlern gelernt und setzten nun noch einen drauf. Sowohl GM als auch Volkswagen planten, mehr Geld, viel mehr Geld in die Entwicklung vollelektrischer Autos zu stecken und nicht mehr in Hybridautos – ein stillschweigendes Eingeständnis, dass Teslas Strategie von Anfang an richtig gewesen war. VW plante, bis 2030 zwei Fünftel seiner Verkäufe mit Elektroautos zu erwirtschaften. GM hatte sich die Einführung von mindestens 20 Elektromodellen bis 2023 vorgenommen. Beide Unternehmen machten sich eiligst daran, die Lieferungen von Lithium-Ionen-Batterien sicherzustellen. GM würde sich mit LG Chem zusammentun und 2,3 Milliarden US-Dollar in eine riesige Batteriefabrik ähnlich wie die Gigafactory investieren.[7] Volkswagen hatte sich vertraglich verpflichtet, eine Milliarde US-Dollar in ein europäisches Start-up-Unternehmen zu investieren, das ein eigenes Werk in Schweden bauen wollte.[8] Bei diesem Start-up arbeiteten inzwischen Führungskräfte, die an der Gründung der Tesla-Fabrik in Sparks beteiligt gewesen waren.

Die gemeinsame Vision von der Zukunft des Autos glich sich immer mehr der von Musk an. VW-Chef Herbert Diess ließ sich von Reportern in Deutschland nicht dazu bringen, seinen Rivalen herabzuwürdigen. „Tesla ist nicht gleich Nische“, sagte der Vorstandsvorsitzende.[9] „Wir haben ziemlich viel Respekt vor Tesla. Für uns ist Tesla ein Konkurrent, den wir sehr ernst nehmen.“

Musk hatte schon immer einen ausgeprägten *Gerechtigkeitssinn*. Auch wenn er sich nicht immer so verhielt, wie andere es für gerecht hielten, gab es nur wenige Dinge, die ihn mehr auf die Palme brachten als das Gefühl, dass er irgendwie ungerecht behandelt wurde.[10] Die Liste solcher Vorfälle war lang und umfasste unter anderem Martin Eberhard, den Designer Henrik Fisker, die Medien und neuerdings auch die SEC. Musk hatte noch immer an dem Vergleich zu knabbern, auf den er sich mit der Kommission im September 2018 geeinigt hatte, um einen langwierigen Rechtsstreit zu vermeiden. Und auch der jüngste Streit, bei dem die SEC ihm mit einer Klage wegen Missachtung des Gerichts drohte, lenkte ihn sehr von seinen eigentlichen Aufgaben ab.

Nachdem er in Südafrika mit einem gänzlich anderen Rechtssystem aufgewachsen war, lag Musk nach Aussage derjenigen, die mit ihm in Rechtsangelegenheiten zu tun hatten, das US-amerikanische Rechtssystem sehr am Herzen. Er hatte eher zu viel Vertrauen in die Fähigkeit eines Richters, die Dinge in seinem Sinne zu sehen, als zu wenig. In diesem jüngsten Streit argumentierte er, dass der Wortlaut des Vergleichs mit der SEC seinen Tweet über die Produktionszahlen erlaube und darüber hinaus die Verfassung der Vereinigten Staaten sein Recht auf freie Meinungsäußerung schütze. In seinen Augen versuche die SEC, ihm einen Maulkorb zu verpassen – mit diesem Argument schien er jedoch zu übersehen, dass er einen Vergleich geschlossen und unterzeichnet hatte, um genau die Art von Tweets zu vermeiden, die ihn in diese missliche Lage gebracht hatten. Musk hatte die Fähigkeit perfektioniert, Dinge so zu formulieren, dass einige Investoren sie als *Pläne* auffassten, während er genug Spielraum gelassen hatte, um später sagen zu können, dass er nur vage *Vorhaben* geäußert hatte.

In einem Gerichtssaal in Manhattan wurde Musks Glaube an das Gerichtssystem in diesem Frühjahr belohnt. Die US-Bezirksrichterin Alison Nathan rügte die Staatsanwälte dafür, dass sie Musk unbedingt und schnellstmöglich wegen Missachtung des Gerichts belangen wollten, und wies darauf hin, dass die Formulierung des Vergleichs unpräzise sei. Sie forderte beide Seiten auf, „die Hosen der Vernunft anzuziehen". Als Musk das Gerichtsgebäude vor einem Pulk von Reportern verließ, konnte er seine Freude nicht unterdrücken und sagte, er sei „sehr glücklich über die Entscheidung der Richterin".*[11] Bis Ende des Monats hatten sie Zeit, ihre Meinungsverschiedenheiten auszuräumen und eine detailliertere Liste mit Themen auszuarbeiten, die erst einmal von einem

* Musks Glück vor Gericht setzte sich im Jahr 2019 fort, als eine Jury ihn von einer Verleumdungsklage freisprach, nachdem er Vernon Unsworth während der hässlichen Twitter-Episode im Jahr 2018 unterstellt hatte, ein Pädophiler zu sein. Unsworths Team unter der Leitung von L. Lin Wood hatte versucht, den Fall so darzustellen, dass ein Milliardär seine Macht ausgenutzt hätte, um seinem Mandanten zu schaden, während Musks Anwalt diese Kommentare als scherzhafte Sticheleien bezeichnet hatte.

Anwalt durchgesehen werden müssten, bevor Musk sie twittern durfte. Viel wichtiger war jedoch, dass der Schatten, der sich in dieser Zeit auf Musks Gemüt gelegt hatte, verschwunden war. Jetzt konnte er sich auf den eigentlichen Kampf konzentrieren.

Auch wenn die Zukunft mehr und mehr Tesla zu gehören schien, war die Gegenwart doch wenig sicher. Nach den schwierigen ersten Monaten des Jahres 2019 war es verständlich, dass Musk kalte Füße bekam, als er im Juni zusammen mit JB Straubel, dem Chief Technology Officer, hinter der Bühne stand, während eine Schar von Investoren auf den Beginn der jährlichen Aktionärsversammlung wartete. Normalerweise war die Veranstaltung, die im Computer History Museum in Mountain View stattfand, eine ausgelassene Angelegenheit – praktisch ein Familientreffen. Während Ford seine Jahresversammlung online abhielt und auf möglichst wenig Aufmerksamkeit hoffte, wurde die von Tesla dafür genutzt, eine Lobeshymne auf die Kleinanleger und langjährige Aktionäre anzustimmen, die sich seit den Anfängen des Unternehmens an die Hoffnung klammerten, was einmal aus Tesla werden könnte. Musk hatte bei der Gelegenheit immer wieder einen Ausblick auf künftige Produkte gegeben.

Dieses Mal würde es anders sein. Musk musste verkünden, dass Straubel – der nicht nur maßgeblich an vielen Teilerfolgen von Tesla beteiligt war, sondern im Grunde sein ganzes Erwachsenenleben bei Tesla verbracht hatte und in der Zwischenzeit eine Frau und kleine Zwillinge hatte – das Unternehmen verlassen würde.

Nach 15 Jahren gemeinsamer Geschichte war ihre Beziehung angespannt, insbesondere als Tesla bei der Inbetriebnahme der Gigafactory ins Stocken geriet.*

---

* Beide Männer betonten, dass sie weiterhin ein gutes Verhältnis zueinander hätten. „Wenn ich die Uhr zurückdrehen könnte, würde ich Tesla einfach mit JB gründen, so wie ich es ursprünglich vorhatte. Ich hätte mich nicht mit Eberhard, Tarpenning und Wright zusammentun sollen. Am Ende waren es sowieso nur JB und ich, aber so schlau war ich erst nach ziemlich heftigen Dramen, die das Unternehmen fast zerstört hätten“, sagte Musk. „Mein Fehler war es, dass ich mir zu viel auf den Teller gelegt habe. Mir gefällt es, Produkte zu entwickeln, aber ich mag es nicht, CEO zu sein, also habe ich versucht, jemand anderen das Unternehmen leiten zu lassen, während ich das Auto entwickelte. Leider hat das nicht funktioniert.“

Musk war so anspruchsvoll wie immer und verlangte nicht weniger als Perfektion. Ende 2018 hatte Straubel beschlossen, eine Auszeit zu nehmen, um sich von dem Dauerstress zu erholen. Doch aus dem Urlaub wurde im Grunde keiner, denn ihn plagten Zweifel daran, was vor ihm lag. In seiner Zeit bei Tesla war seine Vision von Autos, die mit Lithium-Ionen-Batterien betrieben werden, wahr geworden und aus einem brandgefährlichen Novum die Zukunft einer globalen Industrie. Auch sein Plan zur Senkung der Batteriekosten schien zu funktionieren, auch wenn es in Nevada etwas holprig anlief. Analysten schätzten, dass die Batteriekosten des Model 3 auf unter 100 US-Dollar pro Kilowattstunde gesunken waren, eine magische Zahl, die die Automobilindustrie seit Langem realisieren wollte, denn nur dann ließen sich die Herstellungskosten eines Elektroautos mit denen eines Benziners gleichsetzen. Straubel hatte alles erreicht, was er sich vorgenommen hatte. Und bei einem vorsichtigen Blick in die Zukunft wurde ihm klar, dass Tesla etwas brauchte, was er nicht bieten konnte: Fachwissen in der Produktion, Erfahrung mit dem laufenden Betrieb. Das Unternehmen war längst kein Start-up mehr und er brannte für Start-ups. Für Straubel war es an der Zeit, seinen Hut zu nehmen.

Doch in dem Augenblick, als sie auf die Bühne gehen und Straubels Ausscheiden verkünden wollten, machte Musk einen Rückzieher. Heute war nicht der richtige Tag dafür, entschied er. Straubel blieb nichts anderes übrig, als noch ein wenig länger bei Tesla zu arbeiten.

Musk betrat unter Beifall die Bühne. „Es war ein verdammt hartes Jahr, aber es ist auch viel Gutes passiert", sagte er. „Und ich denke, es lohnt sich, auf all diese Dinge näher einzugehen." Nachdem er darauf eingegangen war, dass sich das Model 3 in den USA besser verkaufte als seine Konkurrenten, sprich Verbrenner der Luxusklasse, forderte er Straubel auf, über den Erfolg der Gigafactory zu sprechen.*

Fast eine Stunde lang standen sie dann noch auf der Bühne und stellten sich den Fragen der Anleger. Kurz vor Schluss wurde Musk nachdenklich. Wahrscheinlich ging ihm Straubels Ausscheiden, von dem noch

---

* 2018 verkaufte Tesla schätzungsweise 117.000 Model 3, während nur 111.000 Lexus RX verkauft wurden, womit das Model 3 laut Edmunds das meistverkaufte Luxusfahrzeug des Jahres war.

niemand wusste, durch den Kopf. Er sprach davon, wie er Straubel Jahre zuvor bei jenem schicksalhaften Mittagessen mit Harold Rosen kennengelernt hatte. „Das war vielleicht ein gutes Gespräch", sagte Musk unbeholfen. „Ich glaube, wir haben seitdem ziemlich viel erreicht", entgegnete Straubel. „Wir hatten ja keine Ahnung, wie sich das entwickeln würde."

„Ich war mir sicher, wir würden scheitern –"

„Aber irgendjemand musste es tun", unterbrach ihn Straubel. „Ich meine, es war einen Versuch wert, auch wenn die Chancen, dorthin zu gelangen, wo wir heute sind – und selbst wenn wir nur zehn Prozent oder ein Prozent davon geschafft hätten –, gering waren. Es war es trotzdem wert. Aber es macht mich sehr stolz, überall E-Fahrzeuge herumfahren zu sehen. Es ist ein unglaubliches Gefühl."

Musk hatte schon immer unter Beweis gestellt, dass er durchaus in der Lage war, sich mit Details jeder Größenordnung zu beschäftigen – wenn ihm danach war. Seine mangelnde Bereitschaft, die Kontrolle über die großen und die kleinen Dinge von Tesla abzugeben, war vielleicht das entscheidende Merkmal seines Führungsstils – das war von Anfang an so und war es auch jetzt noch. Es war ihm zwar nicht mehr möglich, in einer chinesischen Fabrik zu schlafen, wie er das damals in Fremont getan hatte, aber er wollte noch immer mittendrin sein. Jeden Tag ging es unter der Bauleitung von Zhu auf der Baustelle in China weiter. Mit Zhu schien Musk seinen Jerome Guillen in China gefunden zu haben, denn er konnte sich gut durchsetzen. Über Zhus aggressiven Führungsstil wurde sogar in den lokalen Medien berichtet, wie zum Beispiel darüber, dass er seine Mitarbeiter oft sogar mitten in der Nacht anrief oder ihnen SMS schickte, um seinem Ärger Luft zu machen. Oder dass er am frühen Morgen Fotos von leeren Stühlen schoss und diese dann im Firmenchat postete – das war seine Art zu fragen, wo denn die Arbeiter wären. Er schien zu wissen, wie wichtig eine enge Beziehung zu Musk ist, schickte ihm täglich Bilder vom Fortschritt des Bauprojekts und reiste während des Höhepunkts der Arbeiten alle paar Wochen nach Kalifornien, um ihm persönlich über den Stand der Dinge zu berichten. Zhu lernte die ultimative Lektion im Umgang mit Musk und hielt ihn gekonnt davon ab, sich in das Tagesgeschäft einzumischen, da er ihm stets Ergebnisse präsentierte. Dabei kam ihm natürlich zugute, dass Musk und ihn der Pazifik trennte.

Das Bild, das sich bisher bot, war ermutigend. Die neue Fabrik von Tesla profitierte offenbar von den bisherigen Erfahrungen des Unternehmens – die Fehler von Fremont und Sparks wurden nicht wiederholt, zumindest nicht bei den wichtigen Dingen. Zum einen war das Model 3, vor allem dank Doug Fields Initiative, viel einfacher zu bauen als frühere Fahrzeuge. Das Unternehmen litt noch immer darunter, dass die Montage des Model X viel zu komplex gewesen war. Doch jetzt zeichnete sich ab, dass die Fertigungsstraße bis ins letzte Detail ausgeklügelt worden war.

Zum anderen wäre das neue Werk nicht mit Robotern überfrachtet – was auch an den viel niedrigeren Lohnkosten lag. Chinesische Arbeitskräfte waren wesentlich kostengünstiger als ihre amerikanischen Kollegen. Im Grunde genommen wollte Tesla das Fließband, das sie damals in einem Zelt in Fremont aufgebaut hatten, nun gut 10.000 Kilometer entfernt (und unter einem richtigen Dach) nachbauen. Tesla hatte es geschafft, Autos an einem der teuersten Orte der Welt herzustellen, und nun wollte es das in einem Land tun, das für seine billigen Arbeitskräfte bekannt war. Analysten gingen von enormen Kostenersparnissen aus, die den Profit am Model 3 um 10 bis 15 Prozent steigern sollten.

Da die chinesische Regierung Tesla wohlgesonnen war, kamen die Räder der Bürokratie für Tesla in China schneller in Gang als damals in Nevada. Der staatseigene Betrieb, der die Freihandelszone in Schanghai verwaltete, wo die Fabrik gebaut wurde, arbeitete eng mit dem Autobauer zusammen, um die Bauarbeiten zu beschleunigen. Tesla musste zum Beispiel nur einen Teil der Baupläne einreichen, die normalerweise für die Baugenehmigung erforderlich sind.[12] Energieunternehmen lieferten Strom für die Baustelle in der Hälfte der Zeit, die normalerweise dafür benötigt wurde.[13]

Die aus der ersten Gigafactory gezogenen Lehren flossen auch in Planung und Bau der neuen Fabrik ein. Noch während Kevin Kassekert, Straubels Stellvertreter, an den letzten Feinheiten der Fabrik in Nevada arbeitete, begann er damit, ein Team von Bauexperten aufzubauen, das weltweit eingesetzt werden konnte, um weitere Fabriken zu bauen – und so die gelernten Lektionen global anzuwenden. Ähnlich wie das Model 3 das Model S in vielerlei Hinsicht verbessert hatte, wurde versucht, die Fabrik als ein Produkt zu betrachten, das mit jeder Neuauflage verbessert werden konnte. Das Team in China konnte Musk jedoch davon überzeugen, dort keine exakte Kopie früherer Fabriken zu bauen, sondern stattdessen eine typisch chinesische Industriebauweise umzusetzen, die kostengünstiger und schneller zu errichten war, so ein Bauleiter, der über das Projekt am Laufen gehalten worden war. Die Fabriken wurden also zu einem skalierbaren Produkt. Um Musks Ziele in Sachen Wachstum zu erreichen, müssten jährlich Millionen von Fahrzeugen hergestellt werden; Tesla würde folglich mehr als nur zwei Montagewerke benötigen, weshalb sie sich in Deutschland auf die Suche nach einem passenden Grundstück für eine europäische Fabrik machten.

Mit dem Bau einer Fabrik war es in China jedoch nicht getan, um künftig dort Fahrzeuge in großem Stil bauen zu können. Tesla brauchte dringend Zulieferer für alle möglichen Fahrzeugteile, allen voran die Batterien, die vor Ort gefertigt werden mussten, um in den Genuss von Steuerersparnissen zu kommen. Der langjährige Partner von Tesla, Panasonic, sträubte sich jedoch dagegen, mit nach China zu gehen.

Die Beziehung der beiden Unternehmen hatte sich durch die Probleme in der Gigafactory verschlechtert. Musks sprunghaftes Verhalten im Jahr 2018 hatte ebenfalls dazu beigetragen. Die Krönung war aber, dass er während eines Live-Interviews Marihuana geraucht hatte. Eine Führungskraft von Panasonic hatte sich das Interview auf dem Weg ins Büro mit Sorge angesehen: „Was werden unsere Investoren dazu sagen?“[14] Einige Mitarbeiter des japanischen Unternehmens befürworteten sogar, die Zusammenarbeit mit Tesla herunterzufahren, da deshalb der Aktienkurs des Unternehmens um fast 50 Prozent gefallen war.

Als Tesla das Bauvorhaben der Gigafactory in Nevada angekündigt hatte, hieß es, dass die Fabrik sich über mehr als hundert Footballfelder erstrecken würde, doch selbst 2019 war sie noch längst nicht so groß. Mit dem Weggang von Kurt Kelty, der die Beziehungen zu Lieferanten für Tesla gepflegt hatte, und Straubels bevorstehendem Ausscheiden wurde das Band zwischen den Geschäftspartnern zusehends schlaffer. Yoshi

Yamada, der leitende Angestellte von Panasonic, der seinen Arbeitgeber und Tesla dazu gebracht hatte, sich für die Gigafactory zusammenzutun, hatte mittlerweile das gesetzliche Rentenalter erreicht. Musk bot ihm sogleich einen Job an, wohl weil er darauf hoffte, dass Yamada dazu beitragen könnte, die Beziehung zwischen den beiden Geschäftspartnern aufrechtzuerhalten. Aber zunehmend war es Musk selbst, der den Panasonic-Chef Kazuhiro Tsuga direkt anrief, nicht nur, um Preissenkungen für die Batterien aus der Fabrik in Nevada zu verlangen, sondern auch, um sich über den Bau einer weiteren Fabrik in China einig zu werden.[15] Offen gesagt: Er wollte seinen scheinbar verlorenen Posten wieder zurückgewinnen.

Dennoch bereitete sich Tesla auf eine chinesische Fabrik ohne Panasonic vor. Drew Baglino, der die Leitung der Batterieabteilung von Straubel übernommen hatte, machte sich auf die Suche nach einem anderen Partner. Die erste Wahl war LG Chem, der südkoreanische Lieferant, der bei dem EV-Programm von GM mitmischte. Tesla wollte sich jedoch nicht erneut an einen einzigen Lieferanten binden, weshalb ein weiterer Partner ins Spiel kam: der chinesische Batteriehersteller Contemporary Amperex Technology Co., besser bekannt unter dem Namen CATL, der sich vom Zulieferer für Apple zum weltweit größten Hersteller von Elektroautobatterien entwickelt hatte. Musk schien anfangs nicht begeistert davon. Es bereitete ihm offenbar Unbehagen, mit einem Unternehmen zusammenzuarbeiten, das so viele seiner Konkurrenten mit Batterien belieferte.

Wie schon 2010 und 2013 rief Musk an einem Samstag seine Führungskräfte zusammen und forderte, dass Tesla alsbald mit der Entwicklung eigener Batteriezellen beginnt. Baglino richtete eine Werkstatt für ein geheimes Programm namens Roadrunner ein.

Bis es so weit war, brauchte Musk noch einen Lieferanten für das Werk in China, wo die Produktion bis zum Jahresende anlaufen sollte. Sein Team machte sich eilends daran, einen Vertrag mit LG abzuschließen, während es gleichzeitig vorsichtig daran arbeitete, auch mit CATL einen Vertrag abzuschließen. Im August, als Musk zu Gesprächen nach China reiste, wurde am Rande einer KI-Konferenz, auf der Musk mit dem Alibaba-Mitbegründer Jack Ma sprach, ein Treffen mit CATL-Gründer

Robin Zeng arrangiert. Unter vier Augen fanden Musk und Zeng schnell einen Draht zueinander, der Tesla-CEO erkannte in Zeng einen echten Ingenieurkollegen. „Robin ist knallhart", äußerte sich Musk gegenüber seinem Team. Dieses Gespräch ebnete den Weg für eine mögliche Geschäftsbeziehung. Das Schicksal von Tesla lag nicht mehr nur in Panasonics Händen.

Auf seiner Sommerreise nach China hatte Musk jeden Grund, sich über das Potenzial eines in China hergestellten und vor Ort verkauften Model 3 zu freuen. Trotz der hohen Zölle trug der Absatz des Model 3 in China schon jetzt dazu bei, das Ergebnis von Tesla zu verbessern. Der Umsatz stieg im dritten Quartal 2019 um 64 Prozent. Auch die Entwicklung in Europa gab Anlass zur Freude. In Norwegen ging das Model 3 weg wie warme Semmeln. Die Verkäufe in dem Land stiegen in den ersten neun Monaten des Jahres um 56 Prozent. Die Zahlen ließen erahnen, dass das Model 3 2019 dort das meistverkaufte Fahrzeug werden würde. Noch besser war jedoch, dass sich dort die teureren Versionen des Model 3, wie in den USA im Vorjahr, besser verkauften. Die internationale Expansion lief ein bisschen chaotisch an, aber als der Sommer in den Herbst überging, wurde klar, dass Teslas Wachstumsplan insgesamt funktionierte.

Als das Unternehmen im November 2019 einen stabilen Gewinn für das dritte Quartal meldete, sah es ganz danach aus, als würde sich das auch im vierten Quartal wiederholen. Und was noch wichtiger war, Musks Versprechen vom Januar wurde eingelöst: Tesla war – kaum zu fassen – bereit, die Produktion in China aufzunehmen. Das rasante Tempo dort stellte die Bemühungen des Autobauers in Nevada in den Schatten. Die Baufortschritte machten über die sozialen Medien die Runde, erste Videos zeigten ein schlammiges Feld im Januar und Kräne zwischen Schiffscontainern und jeder Menge Stahl. Als Musk im August in China war, zeichnete sich bereits die Struktur einer riesigen Fabrik ab.[16] Im Oktober gab die Regierung grünes Licht für den Beginn der Produktion.

Zunächst lief ein Probebetrieb. Tesla veröffentlichte Fotos von tadellos funktionierenden Maschinen. Arbeiter mit blauen Tesla-Käppis und in schicken neuen Uniformen gaben sich offenbar viel Mühe mit einem blauen Model 3, das am Ende eines Fließbandes zu sehen war. Nach dem überbewerteten Produktionsstart des Model 3 im Jahr 2017 war es ein Leichtes, diese Fotos als bloßen Hype abzutun. Dennoch beruhigten diese Fotos die Anleger, ganz anders als die Leerverkäufer, die die jüngste Entwicklung von Tesla schmerzlich zu spüren bekamen. Schätzungen zufolge dürften sie seit Juni mehr als drei Milliarden US-Dollar wegen Tesla verloren haben.[17] Doch dies war längst noch nicht alles – nicht einmal annähernd.

In den letzten Dezembertagen begann Tesla mit der Auslieferung des in China hergestellten Model 3, zunächst an seine Mitarbeiter. Ein Arbeiter nutzte die Gelegenheit, um seiner Liebsten auf dem Werksgelände einen Heiratsantrag zu machen. Die größte Feier stand aber noch bevor, denn die Aktien stiegen weiter und machten Tesla zum drittwertvollsten Autohersteller der Welt hinter Volkswagen und Toyota – ein atemberaubender Aufstieg.

Wenige Tage nach Erreichen dieses Meilensteins – zu einer Zeit, in der die Ereignisse in China globale Auswirkungen haben sollten – flog Musk nach Schanghai, um den offiziellen Produktionsstart zu feiern, bei dem die Fahrzeuge an die ersten Kunden, also keine Mitarbeiter von Tesla, ausgeliefert wurden. Auf der Bühne des Werks stand ein jubelnder Musk vor Hunderten von Kunden und Mitarbeitern. Tesla hatte die Ziellinie überschritten. Das Unternehmen hatte nicht nur ein Auto, das die Kunden unbedingt haben wollten und um das die Konkurrenz sie beneidete, sondern auch die Mittel, es in einem zuvor unvorstellbaren Umfang zu produzieren und als Tüpfelchen auf dem i auch noch Gewinn zu machen. Musk feierte, was ein Jahr zuvor noch wie ein Hirngespinst, wenn nicht gar wie eine Wahnvorstellung angemutet hätte.

Doch seit Martin Eberhard 2004 erstmals vor Musks Tür stand, war Teslas Entwicklung irgendwie noch nie wie von dieser Welt gewesen. Fast auf den Tag genau vor elf Jahren hatte Musk Tesla zum ersten Mal fast verloren, nachdem er sein ganzes Hab und Gut auf seine Vision dessen, was er mit dem Roadster und dem Model S bewirken könnte, gesetzt hatte. Jeder kleine Erfolg hatte ihm das Selbstvertrauen gegeben, einen Schritt weiter zu gehen.

Natürlich war Teslas Erfolg in ferner Zukunft keineswegs sicher. Aber für welchen Autohersteller gilt das denn? Man denke nur an die Launen der Branche und mache sich klar, dass selbst etablierten Autoherstellern auch nach mehr als einem Jahrhundert mitunter starker Gegenwind ins Gesicht bläst, ganz zu schweigen von den Leichen gescheiterter Konkurrenten, die den Weg zum automobilen Glück säumen. Angesichts all dieser Tatsachen kann der langfristige Erfolg eines Autobauers immer nur mit einem Fragezeichen versehen sein.

An diesem Tag jedoch, als er als CEO eines wirklich globalen Elektroautoherstellers auf der Bühne stand, hatte Musk den Sieg davongetragen. Er hatte ein Elektroauto für den Massenmarkt gebaut, um das ihn die Branche beneidete, die er von Anfang an verändern wollte. Seine Konkurrenten konnten nur noch die Ärmel hochkrempeln – und darauf hoffen, dass sie eines Tages an ihm vorbeiziehen würden.

Während Beats aus den Lautsprechern dröhnten, warf Musk sein Jackett zu Boden. Ein breites Grinsen überzog sein Gesicht und er begann, sich etwas plump zu bewegen. Er führte einen Siegestanz auf.

„Wenn wir das geschafft haben“, sagte er wenig später, als er wieder zu Atem gekommen war, „was können wir dann noch alles erreichen?“

EPILOG

„Die Panik vor dem Coronavirus ist dumm“, twitterte Elon Musk am 6. März 2020. Am selben Tag forderte Apple ebenso wie viele andere Tech-Giganten seine Mitarbeiter auf, zu Hause zu bleiben, da sie ihren Beitrag leisten wollten, die Ausbreitung des neuartigen Virus zu verlangsamen.

Die globale Pandemie von Anfang 2020 drohte Teslas triumphalen Moment zu ruinieren. Nur wenige Wochen zuvor hatte Musk auf der Bühne in Schanghai den Start der Model-3-Produktion in China gefeiert und Skeptikern getrotzt, die überzeugt waren, er könne so etwas nicht in weniger als einem Jahr schaffen. Zwei Tage nach seinem Auftritt gab die Weltgesundheitsorganisation (WHO) die Entdeckung von Fällen einer Lungenentzündung mit unbekannter Ursache in Wuhan bekannt, einer großen chinesischen Stadt mehr als 800 Kilometer westlich von Schanghai. Hier fing das an, was dann einmal auf der ganzen Welt als Covid-19 bekannt werden sollte. Vielen Menschen rund um den Globus fiel es leicht, die potenzielle Bedrohung als etwas abzutun, das weit weg war – wenn sie denn überhaupt darauf aufmerksam geworden waren.

Das galt vor allem für Teslas Aktionäre, die mit Musk feierten, während die Aktien des Unternehmens weiterhin Rekordhöhen erreichten. Sein unerwarteter Erfolg in China – ganz zu schweigen von den zwei aufeinanderfolgenden profitablen Quartalen Ende 2019 – hatte ihm neue Glaubwürdigkeit verliehen. Ende Januar sorgte Musk für zusätzliche Aufregung, als er bekannt gab, dass er den Produktionsbeginn des kompakten SUV, Model Y, vom Herbst schon auf die kommenden Wochen vorverlegen würde. Mit zwei bereits in Betrieb genommenen Montagewerken und einem dritten, das in Deutschland gebaut wurde, würde Tesla die Zahl von 500.000 ausgelieferten Fahrzeugen im Jahr 2020 locker überschreiten – was ein Plus von 36 Prozent gegenüber 2019 bedeuten würde. Dieses Wachstum zeigte: Tesla war wie ein Phoenix aus der Asche auferstanden. In den folgenden Tagen waren die Aktien weiter auf Höhenflug und Tesla wurde mit mehr als 100 Milliarden US-Dollar bewertet. Damit überholte Tesla die Volkswagen AG als zweitwertvollsten Autobauer der Welt und lag nur noch hinter der Toyota Motor Corp. Damit rückte auch die erste von zwölf Auszahlungen aus Musks Vergütungsplan in greifbare Nähe, der Teil seines ehrgeizigen Plans war, den Marktwert des Unternehmens letztlich auf 650 Milliarden US-Dollar zu steigern. Eine Bewertung, die viele in nächster Zeit für unwahrscheinlich hielten. Trotz einiger profitabler Quartale hier und da hatte Tesla seit seiner Gründung 2003 noch nie ein ganzes Jahr lang Gewinne erwirtschaftet, doch vielleicht würde sich das ja 2020 ändern.

„Wenn sich Tesla als langfristig profitabel erweist, fällt unserer Meinung nach eine der größten Hemmschwellen weg, warum die etablierten [Autohersteller] zögerten, sich ganz auf E-Fahrzeuge einzulassen", sagte Adam Jonas, der Wall-Street-Analyst, dessen langjähriger Optimismus ein Jahr zuvor auf die Probe gestellt worden war. Während eines Conference Call mit Jim Hackett, dem CEO von Ford (dem zweiten, seit Tesla den Autohersteller 2017 in Sachen Marktwert überholt hatte), sprach Jonas den Manager auf den Aufstieg von Tesla an. „Es ist schon so etwas wie ein historischer Tag, denn Teslas Marktkapitalisierung ist jetzt fünf Mal so hoch wie die von Ford", sagte er. „Ergibt das für Sie einen Sinn? Was ist die Botschaft, die der Markt damit an Ford sendet?" Was Hackett darauf antwortete, spielte letztlich keine Rolle, denn nur wenige Wochen später würde er seinen Rücktritt verkünden. Ford, General Motors und andere Autohersteller fielen in den Augen der Investoren, die auf die Zukunft des Automobils setzten, immer weiter zurück. Musk hatte seinen Plan in die Tat umgesetzt: Er hatte die ganze Welt davon überzeugen wollen, dass das Auto elektrisch angetrieben werden muss. Und das war ihm gelungen, auch wenn die Autokäufer noch nicht in Scharen seine Stores gestürmt hatten. Die Kräfte des Wandels schienen auf seiner Seite zu sein.

Jede gute Nachricht für Tesla war wie ein weiteres Holzscheit, das aus einer kleinen Flamme ein riesiges Freudenfeuer machte. In den drei Monaten seit der Veröffentlichung des überraschenden Gewinns für das dritte Quartal hatte sich der Wert der Aktien verdoppelt. Und in dem Monat, nachdem Musk auf der Bühne in Schanghai getanzt hatte, war das schon wieder der Fall. Auch in den Tagen nach der Bekanntgabe des Gewinns für das vierte Quartal setzten die Aktien ihren Höhenflug fort. Die Anleger wetteten nicht nur darauf, dass die Zukunft des Automobils elektrisch sein würde, sie setzten auch darauf, dass Tesla der dominierende Akteur in dieser neuen Welt sein würde.

Möglicherweise übertrieben sie es damit. Brian Johnson, Analyst bei Barclays, meinte, die Preisgestaltung signalisiere, dass der Markt Tesla für „den einzigen Gewinner“ halte, und fügte hinzu, dass dies an den Tech-Boom der 1990er-Jahre erinnere, der unter anderem Martin Eberhard und Marc Tarpenning zu Fall brachte.

Trotz zweier starker Quartale litt Tesla immer noch an einer fundamentalen Schwäche. Sein treuer Begleiter seit den Anfangstagen war der Mangel an finanziellen Mitteln, um Musks ehrgeizige Vorhaben in die Tat umsetzen zu können. Er hatte immer wieder bewiesen, dass er die Begeisterung der Investoren geradezu an- und ausknipsen konnte. Doch eine Frage tauchte immer wieder auf: Was würde passieren, wenn die Musik aufhört? Der Boom-and-Bust-Zyklus der Automobilindustrie hatte im Laufe der Jahre schon vielen Autoherstellern schwer zu schaffen gemacht. Die Weltwirtschaftskrise hatte Tesla in seinen Anfängen fast den Garaus gemacht, als die Geldströme plötzlich versiegten. Doch Musk hatte einen Weg gefunden, um zu überleben – wenn auch nur knapp. In den kommenden

Wochen stand eine weitere Prüfung an und diese würde darüber entscheiden, ob Tesla wirklich ein Autobauer oder doch nur ein Kartenhaus war.

Anfang 2020 war Tesla in der Lage, die Produktion des kompakten Geländewagens Model Y voranzutreiben, was zum großen Teil Doug Field zu verdanken war, dem Manager, der die Entwicklung neuer Fahrzeuge geleitet hatte, bevor er 2018 im Zuge der Probleme im Werk in Fremont das Unternehmen verließ. So wie Tesla geplant hatte, die Limousine (Model S) und den SUV (Model X) mit dem gleichen Chassis zu bauen, sollten das Model Y und das Model 3 eine annähernd gleiche Technik haben. Da Field jegliche Nacharbeiten und Kosten vermeiden wollte, die das Model X in ein Desaster verwandelt hatten, hatte er die Entwicklung des kompakten Geländewagens weitgehend von Musk ferngehalten, was nicht weiter auffiel, da der ohnehin aufgrund der Produktionshölle bis über beide Ohren in Arbeit steckte. Bei den Gelegenheiten, bei denen über das Fahrzeug gesprochen wurde, zeigte Musk, dass er keine Lust hatte, sich mit Konstruktionsfragen auseinanderzusetzen, und behauptete zum Beispiel steif und fest, das Model Y brauche kein Lenkrad, weil es vollständig selbstfahrend sein werde.

Als Musk sich dann doch mit dem Model Y befassen wollte, konnte das Team von Field (oder das, was davon noch übrig war) das Fahrzeug voller Stolz mit einer Schleife darauf präsentieren. Es war kantiger als das Model 3 und hatte etwa 70 Prozent von dessen Teilen übernommen. Für Puristen war das Fahrzeug eher eine Fließheckversion des Model 3 als ein echter SUV. Es war vielleicht zehn Prozent größer und der Fahrer saß ein paar Zentimeter höher. Die Optik unterschied sich vom Model 3, der hintere Bereich war bauchiger und schaffte Platz für ein Fließheck. Im Kern war es jedoch ein Tesla – mit einem großzügigen Innenraum, einem großen Bildschirm in der Mitte und einer beeindruckenden Beschleunigung.

Das Model Y war auch entscheidend für Teslas Weg in den Massenmarkt, denn es sollte die Käufer sogenannter Crossover locken, also von Geländewagen, die auf einem Pkw- statt auf einem Lkw-Chassis aufgebaut sind. Diese Änderung ermöglicht ein sanfteres Fahrverhalten und behält gleichzeitig die Vorteile eines traditionellen Geländewagens wie höhere

Sitzposition und geräumiger Innenraum bei. Es war eines der am schnellsten wachsenden Fahrzeugsegmente, insbesondere in China, wo etwa jedes fünfte verkaufte Fahrzeug ein kompakter SUV war. Musk ging davon aus, das Model Y könne das Model 3 in den Schatten stellen.

Doch Anfang Februar schien die strahlende Zukunft von Tesla innerhalb von Sekundenbruchteilen in extremer Gefahr. Am 5. Februar stürzten die Aktien um ganze 17 Prozent ab – einer der größten Verluste überhaupt –, als aus China berichtet wurde, dass sich die Produktion des dort gebauten Model 3 aufgrund von Covid-19 weiter verzögern würde. Die Begeisterung über das Wachstumspotenzial von Tesla in China hatte zu einem raketenartigen Kursanstieg geführt, doch jetzt befürchteten viele, dass dieses neue Virus, vor dem Wissenschaftler warnten, es sei tödlich und würde sich leicht verbreiten, die Wirtschaft des Landes zum Erliegen bringen könnte.

Noch während die Anleger diese Nachricht erst einmal verdauen mussten, wurde immer deutlicher, dass Covid-19 nicht nur eine Bedrohung für China oder Asien darstellte, wie es der SARS-Ausbruch fast 20 Jahre zuvor gewesen war. In Teslas Heimatstaat Kalifornien zeigten sich die örtlichen Regierungen zunehmend alarmiert. In Santa Clara County, wo sich der Hauptsitz von Tesla befindet, waren bereits einige Fälle der Coronavirus-Erkrankung festgestellt worden.

Am 13. Februar 2020 gab das Unternehmen unerwartet bekannt, dass es durch einen Aktienverkauf zwei Milliarden US-Dollar aufbringen wollte, um seine Bilanz aufzubessern. Hatte Musk aus den Erfahrungen der Jahre 2007 und 2008 gelernt, dass ein Fonds für schlechte Zeiten eine gute Sache ist?

Etwa einen Monat später, nur wenige Tage nachdem Präsident Donald Trump ein Einreiseverbot für Menschen aus Europa verhängt und die NBA ihre Saison ausgesetzt hatte, um die Ausbreitung des Virus zu stoppen, erließen die lokalen Behörden in der Bay Area eine sogenannte „Shelter-in-Place"-Anordnung. Darin forderten sie die Bewohner auf, zu Hause zu bleiben, und schlossen Geschäfte, die sie als „nicht systemrelevant" erachteten – ein Begriff, über den noch zu diskutieren sein wird. Was in der um sich greifenden Angst vor dem Virus weitgehend unterging: Tesla hatte an diesem Tag in Fremont mit der Auslieferung der ersten Fahrzeuge vom Typ Model Y begonnen.

Musk war wild entschlossen, weiterzumachen, ganz gleich, was die örtlichen Behörden dazu sagten. Spät in der Nacht schickte er eine aufmüpfige E-Mail an die Mitarbeiter von Tesla: „Ich werde in die Arbeit gehen, aber das ist meine Sache", schrieb er. „Es ist völlig in Ordnung, wenn Sie aus irgendeinem Grund zu Hause bleiben wollen." Die Fabrik in Fremont arbeitete weiter, selbst als das Büro des Bezirkssheriffs am nächsten Tag öffentlich erklärte, dass Tesla die Produktion einstellen sollte. Am Ende der Woche, als ähnliche Maßnahmen für ganz Amerika erlassen wurden, lenkte Musk ein, kündigte einen vorübergehenden Produktionsstopp an und versicherte der Öffentlichkeit, dass Tesla über genug finanzielle Mittel verfüge, um auch diesen Sturm zu überstehen. Zu diesem Zeitpunkt warnte der kalifornische Gouverneur Gavin Newsom, dass 56 Prozent der Menschen im bevölkerungsreichsten Staat der USA innerhalb von acht Wochen infiziert sein könnten, wenn keine härteren Maßnahmen ergriffen würden.

Alles in allem hätte das Timing für Tesla schlechter ausfallen können. Die Fabrik in China war nur für kurze Zeit außer Betrieb. Fremont wurde gegen Ende des Quartals geschlossen, als bereits ein Großteil der produzierten Autos zur Auslieferung bereitstand

Mehr noch, einige der kühnen Entscheidungen, die Musk in den dunklen Zeiten des Jahres 2018 getroffen hatte, erwiesen sich mit einem Mal als vorausschauend, auch wenn sie in Wahrheit nur dem Zufall zu verdanken waren. Musks Vorstoß, ein Verkaufsteam aufzubauen, das die Fahrzeuge bis zur Haustür des Kunden bringen sollte, zahlte sich unerwarteterweise in einer Zeit aus, als Teslas Stores vom Lockdown betroffen waren. Die weltweiten Auslieferungen von Tesla stiegen in diesem Quartal um 40 Prozent, was zwar hinter den Erwartungen der Analysten zurückblieb, aber immer noch deutlich besser war als das, was der Rest der Branche erwirtschaftete. In China, wo die Gesamtverkäufe der Branche im ersten Quartal 2020 um 42 Prozent einbrachen, stiegen die Verkäufe von Tesla um 63 Prozent. Und es war absehbar, dass sich dieser Kurs fortsetzen würde, sofern Tesla den Betrieb seiner chinesischen Fabrik am

Laufen halten könnte. Die Regierung schien darauf erpicht zu sein, dies sicherzustellen, indem sie Schlafräume und Transportmittel für Hunderte von Arbeitern bereitstellte und dabei half, 10.000 Masken, Thermometer und Kisten mit Desinfektionsmitteln zu beschaffen, wodurch es Tesla möglich war, die Arbeit im Werk in Schanghai am ersten Arbeitstag nach dem verlängerten chinesischen Neujahrsfest wieder aufzunehmen.[1] In den lokalen Medien wurde der Einsatz mit Bildern von der Montage des Model 3 gewürdigt.

Musks Entscheidung, das Werk in Schanghai voranzutreiben, erwies sich im Nachhinein ebenfalls als klug. Tesla hatte dadurch einen Rettungsanker, falls seine einzige Fabrik in den Vereinigten Staaten monatelang nicht arbeiten konnte. Musk, der es gewohnt war, schnell Entscheidungen zu treffen, kürzte die Gehälter der Angestellten und schickte Mitarbeiter, die nicht im Homeoffice arbeiteten, in den unbezahlten Urlaub.[2] Zudem bat er die Vermieter seiner Stores um Mietminderungen.[3]

Trotz dieser Maßnahmen wäre ein längerer Stillstand ziemlich unschön. Nach der letzten Kapitalerhöhung verfügte Tesla Ende März über 8,1 Milliarden US-Dollar an Barmitteln. Jonas, der Wall-Street-Analyst, schätzte, dass das Unternehmen etwa 800 Millionen US-Dollar pro Monat brauchen würde, sofern es fast die ganze Zeit über von einem Lockdown betroffen wäre. Musk hoffte, die Arbeit am 4. Mai wieder aufnehmen zu können – einen Tag, nachdem der Lockdown aufgehoben werden sollte. Doch kurz bevor es so weit war, verlängerten die Behörden den Lockdown als Schutzmaßnahme der Bevölkerung.

All das erklärt, warum Musk trotz der recht rosigen Ergebnisse seinem Ärger über die wohlmeinenden Beamten, die seine Fabrik in Fremont auf unbestimmte Zeit schließen ließen, Luft machen musste. „Wenn jemand in seinem Haus bleiben will, bitte schön, kein Problem. Es sollte jedem selbst überlassen werden, ob er oder sie zu Hause bleiben möchte. Niemand sollte gezwungen werden, es zu verlassen“, sagte Musk Ende April in einem öffentlichen Conference Call. „Aber den Leuten zu verbieten, ihr Haus zu verlassen, und ihnen mit Haftstrafen zu drohen, wenn sie es doch tun, das ist faschistisch. Das ist nicht demokratisch. Das ist keine Freiheit. Gebt den Leuten ihre gottverdammte Freiheit zurück.“

Hinter den Kulissen drängte er seine Leute, sich auf ein Ende des Lockdowns vorzubereiten – mit oder ohne den Segen der örtlichen Behörden. Etwa eine Woche später teilte er seinen Mitarbeitern mit, dass sie wieder zu arbeiten anfangen sollten – obwohl die Regierung weiterhin am Lockdown festhielt. All das ereignete sich, nachdem Michigan es den Autofabriken erlaubt hatte, ihre Beschäftigten wieder arbeiten zu lassen. Tesla fühlte sich gegenüber seinen US-Konkurrenten benachteiligt, nur weil Kalifornien so vorsichtig agierte. „In der vergangenen Woche haben wir mehrere Beschwerden erhalten, dass Tesla tatsächlich gegen die Gesundheitsverordnung des Bezirks Alameda verstoßen hat, indem es seine Mitarbeiter zurück an die Arbeit beordert hat, damit die Produktion wieder aufgenommen wird", schrieb die örtliche Polizei am 8. Mai in einer E-Mail an Tesla.[4]

Am nächsten Morgen, es war ein Samstag, eröffnete Musk einen Krieg an mehreren Fronten: über Twitter und vor Gericht. Er kündigte an, die lokale Regierung zu verklagen, und bezeichnete den Gesundheitsbeauftragten des Bezirks auf Twitter als „nicht gewählt und ignorant". „Ehrlich gesagt, das ist der Tropfen, der das Fass zum Überlaufen bringt", fuhr er fort.[5] „Tesla wird sein Hauptquartier und zukünftige Projekte sofort nach Texas/Nevada verlegen. Ob wir die Produktion in Fremont beibehalten, wird davon abhängen, wie Tesla in Zukunft behandelt wird. Tesla ist der letzte in Kalifornien verbliebene Autohersteller."

Die Arbeiter beobachteten diese Entwicklung mit gemischten Gefühlen: Natürlich sollte das Unternehmen, dem sie so viele Opfer gebracht hatten, überleben. Außerdem mussten sie ja irgendwie ihre Brötchen verdienen, aber sie machten sich große Sorgen um ihre Sicherheit, vor allem, weil sie in einer Fabrik beschäftigt waren, in der das Wohlbefinden der Belegschaft nicht immer an erster Stelle zu stehen schien. „Ich zerbreche mir wirklich den Kopf, wie Tesla unsere Sicherheit gewährleisten kann", sagte eine Produktionsmitarbeiterin in ihren Zwanzigern. Andere fragten sich schon jetzt, wie sie mehr als einen Monat Produktionsausfall kompensieren könnten, um Musks ehrgeizige Produktionsziele irgendwie doch noch zu schaffen.

Einige kamen zu dem Schluss, dass es an der Zeit war, ihren Hut zu nehmen. Sie konnten sich noch gut an das zermürbende Tempo der letzten Jahre erinnern, als Tesla die Produktion des Model 3 steigern musste. *Welche neue Hölle lag da vor ihnen?* Sie hatten keine Lust, das selbst herauszufinden.

Vielen war nicht entgangen, dass der kometenhafte Aufstieg von Tesla Anfang des Jahres dafür gesorgt hatte, dass für Musk der erste Zahltag aufgrund seines Vergütungsplans über 50 Milliarden US-Dollar in greifbare Nähe gerückt war. Tesla musste über einen bestimmten Zeitraum einen Marktwert von durchschnittlich 100 Milliarden US-Dollar haben, wodurch er Anspruch auf 1,69 Millionen Aktien hätte, was ihm nominal mehr als 700 Millionen US-Dollar einbrächte, wenn er sie sofort abstoßen würde (was er nicht vorhatte). Der 10-Jahres-Plan würde sich für ihn erst dann vollständig lohnen, wenn Tesla einen Marktwert von 650 Milliarden US-Dollar erreicht hätte. Damals ging wohl so mancher davon aus, dass Musk nur diese erste Etappe erreichen würde, da die Anforderungen in Sachen Unternehmensbewertung himmelhoch waren.

Dennoch schienen die Anleger sein trotziges Verhalten und seine Bemerkung über das „faschistische" Kalifornien zu honorieren. Die Aktien erholten sich von einem Tiefstand im Februar. Mit weiteren Äußerungen, in denen er die Gefahr von Covid-19 herunterspielte, katapultierte sich Musk mitten in die wachsende politische Unruhe, die ganz Nordamerika erschütterte. Die öffentliche Debatte drehte sich um die Frage, ob man besser der Eindämmung der Pandemie oder vielleicht doch eher der Ankurbelung der Wirtschaft Vorrang einräumen sollte – und sie verlief weitgehend entlang der Parteigrenzen. Schließlich mischte sich Trump ein und unterstützte Musk in seinem Kampf um das Ende des Lockdowns.

Als ob er den Einsatz erhöhen wollte, forderte Musk die örtlichen Behörden öffentlich auf, ihn aufzuhalten. Auf Twitter kündigte er an, dass die Arbeit in der Fabrik wieder aufgenommen werde und dass er selbst auf jeden Fall im Werk anzutreffen sei. „Ich bin mit allen anderen an vorderster Front dabei", twitterte er am 11. Mai.[6] „Wenn jemand verhaftet werden soll, bitte ich darum, dass nur ich es bin!"

Angesichts des enormen Drucks gaben die örtlichen Behörden klein bei. Innerhalb weniger Tage erklärten sie unter Berufung auf die von

Tesla vorgeschlagenen Hygienekonzepte, dass eine Einigung erzielt worden sei und die Fabrik die Arbeit wieder aufnehmen könne.

Zu diesem Zeitpunkt war bereits ein Wettlauf mit der Zeit im Gange. Es mussten so viele Autos wie irgend möglich produziert werden, um die durch den Lockdown verlorene Zeit wieder wettzumachen. Für Tesla war es wie immer – am Quartalsende ging es um alles oder nichts: „Wir müssen bis zum 30. Juni alles geben, damit wir ein gutes Ergebnis erzielen", sagte Musk seinen Mitarbeitern.[7] „Ich würde das nicht von euch verlangen, wenn es nicht sehr wichtig wäre."*

Sein Plan ging auf. Die Wall Street hatte mit einem Absatzrückgang von etwa 25 Prozent gerechnet. Stattdessen konnte Tesla 90.650 Fahrzeuge ausliefern, was einem Rückgang von nur 4,9 Prozent gegenüber dem Vorjahresquartal entsprach. In der verkehrten Welt von Covid waren solche Ergebnisse gleichbedeutend mit wildem Wachstum, insbesondere im Vergleich zu Teslas Konkurrenten. Die Automobilbranche hatte weltweit einen viel härteren Einbruch hinnehmen müssen. Dank der guten Ergebnisse konnte Musk einen Quartalsgewinn von 104 Millionen Dollar ausweisen, womit es das vierte Quartal in Folge war, in dem schwarze Zahlen geschrieben wurden – eine bislang unerreichte Serie in der Unternehmensgeschichte. (Der Verkauf von Emissionszertifikaten im Wert von 428 Millionen US-Dollar spielte erneut eine große Rolle bei diesen Zahlen.)

Das Tüpfelchen auf dem i war jedoch, als Musk bekannt gab, dass er entschieden hatte, die nächste Montagefabrik von Tesla würde außerhalb von Austin, Texas, errichtet werden. Das Zentrum des Unternehmens würde also verlagert werden.

In diesem Sommer, ein Jahrzehnt nach dem Börsengang, war es die Tesla-Aktie, die in den „Ludicrous"-Modus überging. Hatte Musk sechs Monate zuvor durch die Einhaltung seines Versprechens, eine Fabrik in China zu eröffnen, neue Glaubwürdigkeit erlangt, so hatte er sich nun seinen

* Mit seiner Vorhersage, dass die Zahl der neuen Covid-19-Fälle in den USA bis Ende April 2020 auf null sinken würde, hatte sich Musk getäuscht. Monate später gab er auf Twitter bekannt, dass er positiv getestet worden sei.

Platz in den illustren Reihen der Automobilindustrie gesichert. Seine Ergebnisse waren umso beeindruckender, als der Rest der Branche noch immer unter Werksschließungen und Absatzeinbrüchen litt. Es waren vor allem junge Aktienkäufer, die während der Pandemie zu Hause festsaßen, die die Aktien von Tesla auf über 1.000 US-Dollar pro Stück steigen ließen. Und auch in Sachen Unternehmensbewertung hatte jetzt Tesla die Nase vorn und Toyota eingeholt.

Klein-Tesla war nun der wertvollste Autobauer der Welt.

Und der Höhenflug der Aktie ging unvermindert weiter. In nur wenigen Wochen waren die Aktien von Tesla doppelt so viel wert wie die von Toyota und Volkswagen zusammen. Musk erreichte den Meilenstein von 100 Milliarden US-Dollar Marktwert, der eine Zahlung an ihn auslöste, und überschritt dann die Schwellenwerte für drei weitere Auszahlungen (und zwei weitere bis zum Frühjahr 2021).[8] Die Aktie knackte die 700-Milliarden-Dollar-Marke, die Musk Jahre zuvor festgelegt hatte. Im Nachhinein hatte es irgendwie den Anschein, als hätte er Babe Ruth kopiert, der oft ankündigte, wohin sein nächster Homerun fliegen würde. Die Tesla-Aktien stiegen innerhalb von 244 Tagen von 100 Milliarden US-Dollar auf mehr als 800 Milliarden US-Dollar und schafften damit etwas, wofür Apple fast ein Jahrzehnt gebraucht hatte. Mit den Aktien, die er bereits besaß, stieg Musks Vermögen von geschätzten 30 Milliarden US-Dollar Anfang 2020 auf rund 200 Milliarden US-Dollar Anfang 2021. Damit überholte Musk laut *Bloombergs* Milliardärsindex den Amazon-Gründer Jeff Bezos als reichste Person der Welt.

Die Aufregung – um nicht zu sagen Manie – erfasste auch andere Unternehmen. In den folgenden Monaten gingen mehrere Start-ups an die Börse, darunter Lucid Motors, dessen CEO Peter Rawlinson war. Nachdem der Chefingenieur des Model S Tesla 2012 verlassen hatte, arbeitete er an etwas, das man als die nächste Generation der Luxuslimousine bezeichnen könnte. Das Unternehmen war von Bernie Tse gegründet worden, der ebenfalls mit Tesla verbunden war – er saß im Verwaltungsrat von Tesla und verließ das Unternehmen, nachdem Musk seine Pläne, eine eigene Batteriesparte zu gründen, vereitelt hatte.

Der Elektroauto-Boom sorgte auch bei Apple, dem Unternehmen, zu dem Doug Field nach seinem Weggang von Tesla im Jahr 2018 zurückgekehrt war, für Begeisterung und den Willen, ein eigenes E-Auto-Projekt auf die Beine zu stellen. Der ehemalige Technikchef übernahm die Leitung des geheimen Autoprojekts des iPhone-Herstellers.

JB Straubel, der Experte für Batterien, erhielt ebenfalls viel Aufmerksamkeit. Selbst Amazon investierte in sein neues Start-up: ein Unternehmen namens Redwood Materials, das Altbatterien von Elektroautos recycelt. Die Idee dafür kam ihm, als er im Frühjahr 2018 in der Gigafactory damit kämpfte, das Problem mit dem Abfall in den Griff zu bekommen. Das Vermögen, das er an Tesla verdient hatte, versetzte ihn in die glückliche Lage, viele seiner Ideen zu verfolgen. Die Tesla-Aktien, die er besaß, als er das Unternehmen verließ, wären Anfang 2021 mehr als eine Milliarde US-Dollar wert gewesen – wenn er sie alle behalten hätte.

Selbst Martin Eberhard konnte den Erfolg von Tesla in dem Gefühl verfolgen, als wäre es sein eigener. Obwohl er der *New York Times* einmal anvertraut hatte, dass er nach seinem Streit mit Musk vorgehabt hätte, alle seine Aktien zu verkaufen, hatte er in Wirklichkeit einige behalten.

„Ich bin der älteste Tesla-Aktionär der Welt", sagte er nicht ohne Stolz. Er fährt immer noch seinen ersten Roadster und besitzt noch immer sein „Mr. Tesla"-Kennzeichen.

Musk hat immer wieder betont, dass der größte Teil seines Vermögens in Tesla und SpaceX steckt. Auch wenn der Wert dieser Investitionen in die Höhe geschnellt ist, wurden Ende 2019 vor Gericht seine persönlichen Finanzen durchforstet und festgestellt, dass er zu diesem Zeitpunkt knapp bei Kasse war. Er finanzierte sein Leben weiterhin über Kredite, die über seine Aktien abgesichert waren. Musk hat einmal gesagt, dass er seine Tesla-Aktien verkaufen will, um die Kolonisation auf dem Mars zu finanzieren (ganz zu schweigen von wohltätigen Aktionen auf der Erde) – ein Prozess, der seiner Meinung nach ernsthaft beginnen könnte, wenn er mit Ende 60 das Rentenalter erreicht. Allerdings ist es schwer vorstellbar, dass er die Kontrolle über Tesla jemals wirklich aufgibt.

Als sich das Jahr 2020 seinem Ende zuneigte, wurde Musks Vertrauen in das Rechtssystem weiter gestärkt, als Martin Tripp, der ehemalige Gigafactory-Mitarbeiter, der 2018 behauptete, ein Whistleblower zu sein, zustimmte, den Rechtsstreit mit Tesla beizulegen. Als Teil des Vergleichs verpflichtete sich Tripp, die Behauptungen von Tesla, er habe private Daten des Unternehmens veröffentlicht, nicht anzufechten und 400.000 US-Dollar an Tesla zu zahlen. Vielleicht noch erfreulicher für Musk war jedoch, dass während des Rechtsstreits ans Licht kam, dass ein Leerverkäufer einen Teil der Kosten von Tripps Rechtsstreit übernommen hatte, was für viele negative Schlagzeilen sorgte. Es war nicht der berühmte Leerverkäufer Jim Chanos, den Musk schon lange als Verursacher von Teslas Problemen ausgemacht hatte. Trotzdem fühlte sich Musk durch diese Enthüllung in seinem Verdacht bestärkt: Schattenmächte hatten es auf ihn abgesehen.

Inmitten der öffentlichen Kritik, er sei ein Milliardär, der Arbeiter zwinge, während der Pandemie in gefährliche Jobs zurückzukehren, kündigte er an, alle seine Häuser zu verkaufen. „Dies ist eine sehr persönliche Entscheidung und nichts, was ich jedem ans Herz legen würde. Wenn jemand ein tolles Haus haben oder bauen möchte und damit glücklich ist, finde ich das völlig in Ordnung“, sagte Musk.[9] „Ich versuche nur, mein Leben so einfach wie möglich zu gestalten und werde daher nur Dinge behalten, die einen sentimentalen Wert für mich haben.“ Danach lebte er meist in der Nähe der SpaceX-Startrampe in Boca Chica in Südtexas und flog zwischen Berlin und Austin hin und her, um die Fortschritte in den Fabriken zu begutachten, die er später in diesem Jahr eröffnen wollte.

Seine Pläne für Tesla waren so ehrgeizig wie immer. Sein nächstes Fahrzeug, ein Pick-up mit dem Namen Cybertruck, wies viele der Merkmale eines von Musk entwickelten Autos auf – Eigenschaften, die ihm persönlich wichtig waren (einschließlich eines dystopischen Aussehens, angeblich kugelsicherem Stahl und Verbundglasscheiben) und die wahrscheinlich schwer zu fertigen sind.

Die Batteriekosten blieben die größte Herausforderung für ihn. Er räumte ein, dass seine Pläne zur Herstellung von Akkus zu Verzögerungen führen könnten. Wie immer versprach er den Anlegern im Jahr 2020 vollmundig, dass das Roadrunner-Projekt von Tesla die Kosten durch Verbesserungen bei der Herstellung der Batterien und bei der Batteriechemie um die Hälfte senken werde.

Sein nächstes verrücktes Ziel: der größte Autohersteller der Welt zu werden, und zwar gemessen an der Zahl der Auslieferungen. Bis 2030 wollte er 20 Millionen Fahrzeuge pro Jahr ausliefern – etwa das Doppelte dessen, was der Marktführer Volkswagen im Jahr 2019 verkaufte. „Eines der Dinge, die mich am meisten beunruhigen, ist, dass wir noch kein wirklich erschwingliches Auto haben, und das müssen wir in Zukunft ändern", sagte er. „Das funktioniert nur, wenn wir die Kosten für die Batterien senken." Sein Vorhaben, ein erschwingliches E-Auto für die Masse zu bauen, hatte sich nicht verändert, nur dass es jetzt nicht mehr 35.000 US-Dollar, sondern rund 25.000 US-Dollar kosten sollte – eines Tages.

Der ganze Hype rund um den Aktienkurs von Tesla hatte vom Wertzuwachs einmal abgesehen auch eine praktische Konsequenz: Der E-Autobauer konnte wieder problemlos Geld von Anlegern abgreifen. Tesla führte einen Aktiensplit im Verhältnis 5:1 durch, um Kleinaktionären den Kauf von Aktien zu erleichtern, und gab Millionen neuer Aktien aus, wodurch es 19,4 Milliarden US-Dollar anhäufte – etwa dreimal so viel Geld, wie das Unternehmen in den 16 Jahren verloren hatte, in denen es an der Entwicklung von Roadster, Model S und Model 3 gearbeitet hatte. Diese Kriegskasse bedeutete, dass Musk seine ehrgeizigen und kostspieligen Vorhaben noch jahrelang vorantreiben konnte. All dies zusammen setzte eine äußerst erfreuliche Entwicklung in Gang: Die Anleger glaubten an das Wachstumspotenzial von Tesla und ermöglichten es dem Unternehmen so, sich billig Kapital zu beschaffen, was einen Wachstumsschub auslöste, und das wiederum verstärkte das Vertrauen in *weiteres* Wachstumspotenzial und so weiter und so fort.

Es war diese Logik, die Musks Kritiker noch immer verärgerte, vor allem, da sie immer wieder auf die Schwächen Teslas hinwiesen: Der E-Autobauer verdankte einen Großteil seines Erfolgs dem Verkauf von Emissionszertifikaten, es gab immer wieder Probleme mit der Qualität der Fahrzeuge, es stellte sich die Frage, ob die Nachfrage nach seinen E-Autos von Dauer sein würde, und dann waren da ja noch die verfehlten Ziele, die überzogenen Versprechungen im Hinblick auf Autopilot und die Herausforderungen im Umgang mit einem ständig wachsenden Kundenstamm. Als wertvollster Automobilhersteller der Welt wurde Tesla mit Argusaugen beobachtet. Das Unternehmen wollte auf Biegen und Brechen den Rekord als bester Autoverkäufer brechen, doch das hatten schon andere Konzerne vor ihm versucht und es war ihnen in den letzten Jahren zum Verhängnis geworden. Schließlich könnte eine einzige behördlich angeordnete Rückrufaktion dem Unternehmen einen gehörigen Schlag unter die Gürtellinie versetzen. Sollte ein neues Modell nicht den Geschmack des breiten Publikums treffen, könnte Tesla von einem etablierten Konkurrenten überholt werden. Das Unternehmen war immer nur einen Wimpernschlag davon entfernt, sich ohne starke Führung wiederzufinden. Irgendwann müsse die Blase platzen, so die Kritiker.

Leerverkäufer wie Chanos räumten ein, dass ihre Wette gegen Tesla schmerzlich gewesen sei, vor allem im Jahr 2020, als sie auf dem Papier zusammen mehr als 38 Milliarden US-Dollar verloren. Dennoch wurden sie das Gefühl nicht los, dass sie eines Tages recht haben könnten. Tesla-Aktien gehören nach wie vor zu den am meisten geshorteten Aktien auf dem Markt. „Ich habe Elon Musk noch nie getroffen. Ich habe mich kein einziges Mal mit ihm unterhalten“, sagte Chanos Ende 2020, als die Tesla-Aktien in diesem Jahr fast 800 Prozent zulegten.[10] Sollten sich ihre Wege doch einmal kreuzen, so Chanos, „würde ich sagen: ‚Gut gemacht – bis jetzt.‘“

Zu Beginn des Jahres 2021 musste man kein Analyst sein, um zu dem Schluss zu kommen, dass Tesla überbewertet war – selbst als das Unternehmen sein sechstes profitables Quartal in Folge verzeichnete (und damit zum ersten Mal ein ganzes Kalenderjahr hindurch) und für das kommende Jahr ein Umsatzplus von mehr als 50 Prozent anvisierte. Musk selbst hatte sogar schon Monate zuvor zugegeben, dass Tesla überbewertet sei. Während die Analysten diesen Aktienkurs kaum rechtfertigen konnten, führte Jonas, der langjährige Analyst, den Anstieg zum Teil darauf zurück, dass Glaube Berge versetzen könnte.

Der Idee, einen elektrisch angetriebenen Roadster zu bauen, hatte selbst Musk persönlich nur eine 10-prozentige Erfolgschance eingeräumt.

Das darauffolgende Model S war mehr oder weniger ein Glücksspiel: Könnte er tatsächlich ein Elektroauto bauen, das genauso gut, wenn nicht sogar besser ist als jedes andere Auto? Und hinter dem Model 3 steckte seine Überzeugung, dass ganz normale Menschen die Möglichkeit haben sollten, ein Auto zu fahren, das nicht mit Kraftstoff, sondern mit etwas Nachhaltigerem angetrieben wird.

Musk brachte seine Vision von der Zukunft unters Volk. Er hatte alles auf die Idee gesetzt, dass andere seine Vision teilen würden, wenn sie nur die Chance dazu bekämen. Und jetzt drückten sie mit ihrem Geld, ihren Worten und ihrer Überzeugung aus, dass auch sie ein Stück von diesem Kuchen haben wollten.

ANMERKUNG DES AUTORS

Es ist ein weitverbreiteter Mythos, dass Elon Musk, der mehrmals in der Fabrikhalle übernachtet hat, Tesla ins Leben gerufen hat. Seine Entschlossenheit und Hartnäckigkeit haben sicherlich eine große Rolle beim Aufstieg des Unternehmens gespielt und ohne ihn gäbe es Tesla Inc. nicht. Doch wie aus einer Idee aus dem Sommer 2003, deren Erfolg alles andere als sicher war, 2020 der wertvollste E-Autohersteller der Welt wurde, ist viel komplexer und hat sicherlich mehr gebraucht als nur den Mut eines einzelnen Mannes. Dieses Buch erzählt, wie Tesla entstanden ist. Es stützt sich auf Hunderte von Interviews, die mit – ehemaligen und derzeitigen – Insidern geführt wurden. Viele dieser Interviews wurden unter dem Siegel der Verschwiegenheit geführt, da einige meiner Interviewpartner Vertraulichkeitsvereinbarungen unterzeichnet hatten, während andere sich vor Musks Repressalien fürchteten. Ihre Beweggründe, für dieses Buch auszupacken, waren unterschiedlich. Einige fühlten sich von Musk herabgewürdigt, während viele stolz auf das waren, was sie erreicht hatten, und wollten, dass endlich die ganze Geschichte des Unternehmens erzählt wird.

Dieses Buch wäre nicht geschrieben worden, hätte es nicht Tausende von Unternehmensunterlagen, Gerichtsakten und Videoaufzeichnungen, aber auch die Erinnerungen von Menschen gegeben, die fast zwei Jahrzehnte Musks Wegbegleiter und damit mitten im Geschehen waren. Erinnerungen sind natürlich keine objektive Quelle. Dialoge und Szenen wurden anhand von Zeugenaussagen aus erster Hand nachgestellt und ich habe mich sehr bemüht, sie anhand von weiteren Quellen zu bestätigen. Einige der Personen in diesem Buch haben möglicherweise eine aktive Rolle gespielt, während andere nur aufgrund der umfangreichen Berichterstattung um sie herum diesen Eindruck erweckt haben.

Musk hatte zahlreiche Gelegenheiten, sich zu den in diesem Buch erzählten Anekdoten, Fakten und Darstellungen zu äußern. Offenbar wollte er aber nicht auf bestimmte Ungenauigkeiten hinweisen, sondern beschränkte sich auf diesen Kommentar: „Das meiste, was Sie in diesem Buch lesen, aber nicht alles, ist Unsinn."

DANKSAGUNG

Dieses Buch kam nur zustande, weil mir viele Menschen ihre Erlebnisse und Erfahrungen anvertraut haben. Dafür bin ich ihnen sehr dankbar. Es basiert aber auch auf der journalistischen Arbeit derer, die vor mir da waren – erfahrene Reporter, die viele Jahre über Tesla berichtet und mir den Weg geebnet haben. Ashlee Vance schrieb die ultimative Biografie über Elon Musk. Dana Hull, Lora Kolodny, Kirsten Korosec, Edward Niedermeyer, Alan Ohnsman, Susan Pulliam, Mike Ramsey und Owen Thomas gehören zu den Journalisten, die einige der größten Storys über das Unternehmen veröffentlicht haben. Vor allem Ramsey bin ich für seinen Rat zu Dank verpflichtet.

Ich persönlich habe von der Hilfe vieler Menschen profitiert, die mir über Jahre hinweg unter die Arme gegriffen haben. Es war mir eine große Ehre, für das *Wall Street Journal* zu berichten und zu schreiben. Ohne die Unterstützung von Matt Murray, Jamie Heller, Jason Dean, Scott Austin, Christina Rogers, John Stoll und vielen anderen beim *Journal* hätte ich dieses Buch nicht schreiben können.

Zu Beginn meiner Karriere überzeugten mich die Redakteure Paul Anger und Randy Essex, meinem Job als Berichterstatter über die Politik in Iowa den Rücken zu kehren und lieber bei der *Detroit Free Press* über Fahrzeuge zu schreiben. Der Redakteur Jamie Butters hat mir alles beigebracht, was ich über die Autoindustrie weiß – zuerst bei der *Free Press*, dann bei Bloomberg News. Tom Giles, Pui-Wing Tam und Reed Stevenson von Bloomberg führten mich dann in die Berichterstattung über die Tech-Welt im Silicon Valley ein. Meine Erfahrungen in Detroit und San Francisco bereiteten mich gut darauf vor, mich intensiv mit Tesla zu befassen.

Ich danke meinem Agenten Eric Lupfer für seine Beratung und Unterstützung, meinem Lektor bei Doubleday, Yaniv Soha, für seine Geduld und Umsicht und meinem Faktenchecker Sean Lavery für seine Adleraugen. Ich möchte auch meinem langjährigen Schreibcoach und Lektor John Brecher für seine klugen Tipps und aufbauenden Worte danken. Für die einzigartige Verbindung zu meiner Kollegin Sarah Frier und meinen Kollegen Alex Davies und Tripp Mickle, als wir uns alle am Schreiben unserer ersten Bücher versuchten, bin ich sehr dankbar. Und zu guter Letzt bleibt mir nur, mich bei meiner Familie für ihre anhaltende Liebe zu bedanken, die gerade beim Schreiben eines Buches eine enorm wichtige Rolle spielt. Ich danke dir, Karin.

QUELLEN

VORWORT

1 Scott Corwin, Eamonn Kelly und Joe Vitale „The Future of Mobility“, Deloitte 24. September 2015. https://www2.deloitte.com/us/en/insights/focus/future-of-mobility/transportation-technology.html. Kim Hill et al., „Contribution of the Automotive Industry to the Economies of All Fifty States and the United States“, Center for Automotive Research (Januar 2015).

2 Der durchschnittliche operative Gewinn nordamerikanischer Automobilhersteller 2018 laut Recherchen von Brian Johnson von Barclays.

3 Stephen Lacey, „Tesla Motors Raises More Than $1 Billion from Debt Equity“, Reuters, 17. Mai 2013.

4 William Boston, „Start Your Engines: The Second Wave of Luxury Electric Cars“, *Wall Street Journal*, 22. Juni 2018, https://www.wsj.com/articles/start-your-engines-the-second-wave-of-luxury-electric-cars-1529675976.

5 Philip van Doorn, „Tesla's Success Underscores the Tremendous Bargain of GM's shares“, MarketWatch (28. Oktober 2018), https://www.marketwatch.com/story/teslas-success-underscores-the-tremendous-bargain-of-gms-shares-2018-10-25.

KAPITEL 1

1 Sam Jaffe, „The Lithium Ion Inflection Point“, Battery Power Online (2013), http://www.batterypoweronline.com./articles/the-lithium-ion-inflection-point/.

2 Larry Armstrong, „An Electric Car That Hardly Needs Batteries“, Bloomberg News, 23. September 1996, https://www.bloomberg.com/articles/1996-09-22/an-electric-car-that-hardly-needs-batteries.

3 Karen Kaplan, „Rosen Motors Folds After Engine's ‚50%‘ Success“, *Los Angeles Times*, 19. November 1997.

4 Chris Dixon, „Lots of Zoom, with Batteries“, *New York Times*, 19. September 2003.

5 Video gepostet von der Stanford University aus der Reihe Entrepreneurial Thought Leader (8. Oktober 2003), https://ecorner.stanford.edu/videos/career-development/.

6 Youtube-Video gepostet von shazmosushi am 12. Juli 2013: https://youtu.be/afZTrfvB2AQ.

KAPITEL 2

1 Michael Kozlowski, „The Tale of Rocketbook—the Very First E-Reader“, Good E-Reader (2. Dezember 2018), https://goodereader.com/blog/electronic-readers/the-tale-of-rocketbook-the-very-first-e-reader.

2 Interview des Autors mit Martin Eberhard.

3 Daten über das Durchschnittsgewicht einer Limousine aus den Daten der US-amerikanischen Umweltschutzbehörde, https://www.epa.gov/automotive-trends/explore-automotive-trends-data.

4 Details aus den Akten eines kalifornischen Gerichts, eingesehen vom Autor.

5 Douglas Brinkley, *Wheels for the World* (New York: Viking Adult, 2003).

6 Michael Shnayerson, *The Car That Could* (New York: Random House, 1996).

7 Ian Wright, „Useable Performance: A Driver's Reflections on Driving an Electric Sportscar“, Geschäftspapiere von Tesla Motors (11. Februar 2004).

8 Interview des Autors.

9 E-Mails analysiert vom Autor.

10 Analyse von Tesla Motor Inc.'s „Confidential Business Plan“ vom 19. Februar 2004.

11 Interview des Autors mit Eingeweihten.

12 Jeffrey M. O'Brien, „The PayPal Mafia“, *Fortune* (13. November 2007), https://fortune.com/2007/11/13/paypal-mafia/.

KAPITEL 3

1 Interview des Autors mit Tesla-Angestellten der ersten Stunde.

2 Interview des Autors mit mehreren mit der Materie vertrauten Tesla-Angestellten.

3 Damon Darlin, „Apple Recalls 1.8 Million Laptop Batteries“, *New York Times* (24. August 2006), https://www.nytimes.com/2006/08/24/technology/23cnd-apple.html.

4 Interview des Autors mit mehreren mit der Materie vertrauten Tesla-Angestellten.

5 Interview des Autors mit mehreren ehemaligen Tesla-Angestellten.

KAPITEL 4

1 Justine Musk, „I Was a Starter Wife“, *Marie Claire* (10. September 2010), https://www.marieclaire.com/sex-love/a5380/millionaire-starter-wife/.

2 Video des CNN-Interviews , das von misc.video am 17. November 2017 auf Youtube gestellt wurde, https://youtu.be/x3tlVE_QXm4.

3 Justine Musk, „I Was a Starter Wife“.

4 Interview des Autors.

5 Stewart Macaulay, *Law and the Balance of Power: The Automobile Manufacturers and Their Dealers* (Russell Sage Foundation, Dezember 1966).

6 Interviews des Autors mit Teilnehmern der Diskussionsrunde.

7 Interview des Autors mit an der Due-Diligence-Prüfung Beteiligten.

8 Details dieser Verhandlungen aus Interviews des Autors und Musks Interview mit Pando Daily, gepostet auf Youtube am 16. Juli 2012, https://youtu.be/NIsYT1rqW5w.

KAPITEL 5

1 Interviews des Autors, Rückschluss auf die Art ihrer Beziehung aus E-Mails zwischen den beiden, vom Autor analysiert.

2 Michael V. Copeland, „Tesla's Wild Ride“, *Fortune* (21. Juli 2008), https://fortune.com/2008/07/21/tesla-elon-musk-electric-car-motors/.

3 Details aus E-Mails zwischen den beiden, vom Autor analysiert.

4 Michael V. Copeland, „Tesla's Wild Ride“.

5 Sebastian Blanco, „Tesla Roadster Unveiling in Santa Monica“, Autoblog (20. Juli 2006), https://www.autoblog.com/2006/07/20/tesla-roadster-unveiling-in-santa-monica/.

6 Beschreibung der Veranstaltung aus dem Video, das von AP Archives auf Youtube gestellt wurde, https://youtu.be/40pZmDdKqto.

7 Interviews des Autors mit Tesla-Angestellten der ersten Stunde.

8 Diese Anekdote stammt aus Interviews und Unterlagen, einschließlich E-Mails der Parteien, vom Autor analysiert.

9 Zitate und Details stammen aus E-Mails der beiden, vom Autor analysiert.

10 Michael V. Copeland, „Tesla's Wild Ride“.

11 Aus E-Mails, vom Autor analysiert, sowie aus Gesprächen und Details der Veranstaltung.

12 E-Mail vom Autor analysiert.

13 E-Mail vom Autor analysiert.

KAPITEL 6

1 Lynne Marek, „Valor Equity Takes SpaceX Approach to Investing“, *Crain's Chicago Business* (14. Mai 2016), https://www.chicagobusiness.com/article/20160514/ISSUE01/305149992/valor-equity-takes-spacex-approach-to-visionary-investments.
2 Antonio Gracias, Hispanic Scholarship Fund bio, https://www.hsf.net/stories-detail?storyId=101721718.
3 Interview mit dem Autor.
4 Antonio Gracias, Hispanic Scholarship Fund bio.
5 Interview des Autors mit Teslas damaligen Führungskräften.
6 Austausch von E-Mails, vom Autor analysiert.
7 Michael V. Copeland, „Tesla's Wild Ride“, *Fortune*, 21. Juli 2008, https://fortune.com/2008/07/21/tesla-elon-musk-electric-car-motors.
8 Tim Watkins' eidesstattliche Erklärung, die am 29. Juni 2009 zu den Akten eines kalifornischen Gerichts genommen wurde.
9 E-Mail vom Autor analysiert.
10 E-Mail vom Autor analysiert.

KAPITEL 7

1 Interviews mit damaligen Tesla-Angestellten.
2 Interview des Autors mit Leuten, die an diesem Tag mit am Tisch saßen.
3 Keith Naughton, „Bob Lutz: The Man Who Revived the Electric Car“, *Newsweek* (22. Dezember 2007), https://www.newsweek.com/bob-lutz-man-who-revived-electric-car-94987.
4 Interview des Autors mit Projektbeteiligten.
5 Josée Valcourt and Neal E. Boudette, „Star Engineer Quits Chrysler Job“, *Wall Street Journal* (26. März 2008), https://www.wsj.com/articles/SB120647538463363161.
6 Angebot für Donoughe (4. Juni 2008), in den Akten der SEC.
7 Interviews des Autors mit mehreren damaligen Tesla-Angestellten.
8 Die Unterschiede zwischen der Elise und dem Roadster aus einem Blog-Post von Darryl Siry, „Mythbusters Part 2: The Tesla Roadster Is Not a Converted Lotus Elise“, Tesla.com (3. März 2008), https://www.tesla.com/blog/mythbusters-part-2-tesla-roadster -not-converted-lotus-elise.
9 Interview des Autors mit Kelley; Poorinma Gupta und Keven Krolicki, „Special Report: Is Tesla the Future or the New Government Motors?“, Reuters (28. Juni 2018), https://www.reuters.com/article/us-tesla-special-reports-idINTRE65R5EI20100628.
10 Interview des Autors mit daran Beteiligten.
11 Interview des Autors mit Projektbeteiligten.

KAPITEL 8

1 Sissi Cao, „At 71, Elon Musk's Model Mom, Maye Musk, Is at Her Peak as a Style Icon", *Observer* (7. Januar 2020), https://observer.com/2020/01/elon-musk-mother-maye-model-dietician-interview-book-women-self-help/.

2 Interview des Autors mit damaligen Tesla-Mitarbeitern.

3 Kim Reynolds, „2008 Tesla Roadster First Drive", *Motor Trend* (23. Januar 2008), https://www.motortrend.com/cars/tesla/roadster/2008/2008-tesla -roadster/.

4 Interview des Autors.

5 Jennifer Kho, „First Tesla Production Roadster Arrives", Green Tech Media (1. Februar 2008), https://www.greentechmedia.com/articles/read/first-tesla-production-roadster-arrives-546.

6 Kim Reynolds, „2008 Tesla Roadster First Drive".

7 Michael Balzary, „Handing Over the Keys IV", Tesla-Blog (6. November 2007), https://www.tesla.com/blog/handing-over-keys-iv-michael-flea-balzary.

8 Beschreibung aus dem am 19. April 2020 von Jay Leno's Garage auf Youtube gestellten Video. https://youtu.be/jjZf9sgdDKc.

9 Interviews des Autors mit am Finanzierungsplan beteiligten Personen.

10 Interviews des Autors mit am Finanzierungsplan beteiligten Personen.

11 Interviews des Autors mit damaligen Tesla-Mitarbeitern.

12 Elon Musk, „Extraordinary times require focus", Unternehmensblog (15. Oktober 2008).

13 Owen Thomas, „Tesla Motors Has $9 Million in the Bank, May Not Deliver Cars", Valleywag (30. Oktober 2008), https://gawker.com/5071621/tesla-motors-has-9-million-in-the-bank-may-not-deliver-cars.

14 Owen Thomas, „The Martyr of Tesla Motors", Valleywag (4. November 2008), https://gawker.com/5075487/the-martyr-of-tesla-motors.

15 Interview des Autors mit damaligen Tesla-Mitarbeitern.

16 Interview des Autors mit damaligen Tesla-Mitarbeitern.

17 Interview des Autors mit Tesla-Arbeitern, die Zeuge dieses Vorfalls waren.

18 Jason Calacanis hat diese Anekdote während eines Podcasts von Alyson Shontell von *Business Insider* (3. August 2017) erzählt, https://play.acast.com/s/howididit/investorjasoncalacanis-howiwasbroke-thenrich-thenbroke-andnowhave-100million.

19 Ebenda.

20 Ebenda.

21 Ashlee Vance, *Elon Musk: Tesla, SpaceX, and the Quest for a Fantastic Future* (New York: HarperCollins, 2015), 157.

22 Ebenda.

23 Ebenda.

[24] Chuck Squatriglia, „Tesla Raises Prices to ‚Guarantee Viability'", *Wired* (20. Januar 2009).

[25] Interview des Autors mit damaligen Tesla-Mitarbeitern.

[26] Tom Saxtons Blog (15. Januar 2009), https://saxton.org/tom_saxton/Januar 2009.

[27] Abschrift der Dreharbeiten zu *Revenge of the Electric Car*, 2011.

[28] Beschreibung der Veranstaltung aus dem Video, gepostet von Sival Teokal am 30. Juni 2015, https://youtu.be/ZV8wOQsKV8Y.

KAPITEL 9

[1] Kate Linebaugh, „Tesla Motors to Supply Batteries for Daimler's Electric Mini Car", *Wall Street Journal* (13. Januar 2009), https://www.wsj.com/articles/SB123187253507878007.

[2] Diese Anekdote stammt aus Interviews des Autors mit Peter Rawlinson und aus Interviews mit damaligen Tesla-Mitarbeitern.

[3] Interview des Autors mit zwei Diskussionspartnern.

KAPITEL 10

[1] Justine Musk, „I Was a Starter Wife", *Marie Claire* (10. September 2010), https://www.marieclaire.com/sex-love/a5380/millionaire-starter-wife.

[2] Elon Musk, „Correcting the Record About My Divorce", *Business Insider* (8. Juli 2010), https://www.businessinsider.com/correcting-the-record-about-my-divorce-2010-7.

[3] Jeffrey McCracken, John D. Stoll und Neil King Jr., „U.S. Threatens Bankruptcy for GM, Chrysler", *Wall Street Journal* (31. März 2009), https://www.wsj.com/articles/SB123845591244871499.

[4] Interview des Autors mit Yanev Suissa.

[5] Interviews des Autors mit an den Verhandlungen Beteiligten.

[6] Interview des Autors mit an den Verhandlungen Beteiligten.

[7] Interview des Autors mit Suissa.

[8] *Martin Eberhard v. Elon Musk*, aus den Gerichtsakten vom Mai 2009.

[9] Aus E-Mails an den Autor.

[10] Aus Elon Musks Tweet (8. Dezember 2018), https://twitter.com/elonmusk/status/1071613648085311488?s=20.

KAPITEL 11

[1] Leanne Star, „Alumni Profile: Deepak Ahuja", *McCormick Magazine* (Herbst 2011), 42.

2 Interview des Autors mit damaligen Tesla-Mitarbeitern.
3 Interview des Autors mit Personen, die an der Demonstration beteiligt waren.
4 Details des Börsengangs entstammen mehreren Interviews mit daran Beteiligten.
5 Jay Yarow, „Revealed: Tesla's IPO Roadshow", *Business Insider* (22. Juni 2010), https://www.businessinsider.com/teslas-ipo-roadshow-2010-6.
6 Die Beschreibung dieser Szene entstammt dem von CNBC am 29. Juni 2010 geposteten Video, https://www.cnbc.com/video/2010/06/29/tesla-goes-public.html.
7 Interview des Autors mit Tesla-Mitarbeitern.

KAPITEL 12

1 Interview des Autors mit Tesla-Mitarbeitern.
2 Steven N. Kaplan, Jonathan Gol, et al., „Valor and Tesla Motors", University of Chicago case study (2017), https://faculty.chicagobooth.edu/-/media/faculty/steven-kaplan/research/valortesla.pdf.
3 Nikki Gordon-Bloomfield, „From Gap to the Electric Car: Tesla's George Blankenship", Green Car Reports (24. November 2010), https://www.greencarreports.com/news/1051880_from-gap-to-the-electric-car-teslas-george-blankenship.
4 „R.L. Polk: Automakers Improve Brand Loyalty in 2010", *Automotive News* (4. April 2011), https://www.autonews.com/article/20110404/RETAIL/110409960/r-l-polk-automakers-improve-brand-loyalty-in-2010.
5 Interview des Autors mit Blankenship.
6 Interview des Autors mit einem damaligen Tesla-Mitarbeiter.

KAPITEL 13

1 Ariel Schwartz, „The Road Ahead: A Tesla Car for the Masses?", *Fast Company* (11. Jamuar 2011), https://www.fastcompany.com/1716066/road-ahead-tesla-car-masses.
2 John Voelcker, „Five Questions: Peter Rawlinson, Tesla Motors Chief Engineer", Green Car Reports (14. Januar 2014), https://www.greencarreports.com/news/1053555_five-questions-peter-rawlinson-tesla-motors-chief–engineer.
3 Interview des Autors mit Avalos.
4 Interview des Autors mit einem damaligen Tesla-Mitarbeiter.
5 John Voelcker, „Five Questions: Peter Rawlinson, Tesla Motors Chief Engineer".
6 Interview des Autors mit damaligen Tesla-Mitarbeitern.
7 Musk in einer E-Mail an den Autor.
8 Interview des Autors mit damaligen Tesla-Mitarbeitern.
9 Interview des Autors mit einem Passagier, der sich an diesem Tag an Bord des Flugzeugs befand.

[10] Interview des Autors mit Tesla-Mitarbeitern, die mit der Episode vertraut sind.
[11] Tesla-Pressemitteilung (3. November 2010), https://ir.teslamotors.com/news-releases/news-release-details/panasonic-invests-30-million-tesla-companies-strengthen.
[12] Interview des Autors mit Teilnehmern dieses Treffens.
[13] Mark Rechtin, „From an Odd Couple to a Dream Team", *Automotive News* (13. August 2012), https://www.autonews.com/article/20120813/OEM03/308139960/from-an-odd-couple-to-a-dream-team.
[14] Interview des Autors mit einer beteiligten Person.
[15] Interview des Autors mit Tesla-Angestellten, die an dem Projekt gearbeitet haben.
[16] Hannah Elliott, „At Home with Elon Musk: The (Soon-to-Be) Bachelor", *Forbes* (26. Mai 2012).
[17] Hannah Elliott, „Elon Musk to Divorce from Wife Talulah Riley", *Forbes* (18. Januar 2012).

KAPITEL 14

[1] Interview des Autors mit einem Tesla-Manager.
[2] Pui-Wing Tam, „Idle Fremont Plant Gears Up for Tesla", *Wall Street Journal* (21. Oktober 2010), https://www.wsj.com/articles/SB100014240 527487043006045 75554662948527140.
[3] Philippe Chain und Frederic Filloux, „How Tesla Cracked the Code of Automobile Innovation", Monday Note (12. Juli 2020), https://mondaynote.com/how-the-tesla-way-keeps-it-ahead-of-the-pack-358db5d52add.
[4] Ebenda.
[5] Mike Ramsey, „Electric-Car Pioneer Elon Musk Charges Head-On at Detroit", *Wall Street Journal* (11. Januar 2015), https://www.wsj.com/articles/electric-car-pioneer-elon-musk-charges-head-on-at-detroit-1421033527.
[6] E-Mail vom Autor analysiert.
[7] Interviews des Autors mit Tesla-Mitarbeitern.
[8] Interviews des Autors mit Tesla-Mitarbeitern.
[9] Interviews des Autors mit Tesla-Mitarbeitern.
[10] Linette Lopez, „Leaked Tesla Emails Tell the Story of a Design Flaw . . .", *Business Insider* (25. Juni 2020), https://www.businessinsider.com/tesla-leaked-emails-show-company-knew-model-s-battery-issues-2020-6.
[11] Interview des Autors mit Tesla-Manager.
[12] Philippe Chain und Frederic Filloux, „How Tesla Cracked the Code of Automobile Innovation".
[13] Elon Musks Standpunkt aufgenommen von C-Span (29. September 2011), https://www.c-span.org/video/?301817-1/future-human-space-flight.

KAPITEL 15

1 Interview des Autors mit damaligen Tesla-Mitarbeitern.
2 Interview des Autors mit damaligen Tesla-Mitarbeitern.
3 Angus MacKenzie, „2013 Motor Trend Car of the Year: Tesla Model S“, *Motor Trend* (10. Dezember 2012), https://www.motortrend.com/news/2013-motor-trend-car-of-the -year-tesla-model-s/.
4 Beschreibung der Verantsaltung aus dem Video von Tesla, das am 17. November 2012 auf Youtube gestellt wurde, https://youtu.be/qfxXmIFfV7I.
5 Interview des Autors mit damaligen Tesla-Mitarbeitern.
6 Interview des Autors.
7 Interview des Autors mit Blankenship.
8 Interview des Autors mit damaligen Tesla-Mitarbeitern.
9 Susan Pulliam, Rob Barry, and Scott Patterson, „Insider-Trading Probe Trains Lens on Boards“, *Wall Street Journal* (30. April 2013), https://www.wsj.com/articles/SB10001424127887323798104578453260765642292.
10 „Tesla Model S review“, *Consumer Reports* (Juli 2013), https://www.consumerreports.org/cro/magazine/2013/07/tesla-model-s-review/index.htm.
11 Ashlee Vance, *Elon Musk: Tesla, SpaceX, and the Quest for a Fantastic Future* (New York: HarperCollins, 2015), 216.
12 Interview des Autors mit Blankenship.
13 Ashlee Vance, *Elon Musk*, 217.

KAPITEL 16

1 Interviews des Autors mit Personen, die wissen, wie Akerson tickt.
2 Tom Krisher and Mike Baker, „Tesla Says Car Fire Began in Battery After Crash“, *Seattle Times* (03. Oktober 2013), https://www.seattletimes.com/business/tesla-says-car-fire-began-in-battery-after-crash/.
3 Ben Klayman and Bernie Woodall, „Tesla Reports Third Fire Involving Model S Electric Car“, Reuters (7. November 2013), https://www.reuters.com/article/us-autos-tesla-fire/tesla-reports-third-fire-involving-model-s-electric-car-idUSBRE9A60U220131107.
4 Tom Junod, „George Clooney's Rules for Living“, *Esquire* (11. November 2013), https://www.esquire.com/news-politics a25952/george-clooney-interview-1213/.
5 Interview des Autors mit Ingenieuren.
6 Interview des Autors mit Mitgliedern der Task Force.
7 Die entsprechenden Daten wurden dem Autor von Edmunds, einem Marktforschungsunternehmen für die Automobilbranche, zur Verfügung gestellt.
8 Don Reisinger, „Tesla Kills 40 kWh Battery for Model S over ‚Lack of Demand‘“, CNET (01. April 2013), https://www.cnet.com/roadshow/news/tesla-kills-40-kwh-battery-for-model-s-over-lack-of-demand/.

[9] Ergebnisse zuerst am 07. Juli 2014 von Pied Piper Management Company LLC freigegeben. Evaluierung fand statt zwischen Juli 2013 und Juni 2014, wie der Firmengründer Fran O'Hagan dem Autor in einer E-Mail vom Dezember 2019 mitteilte.

[10] Ronald Montoya, „Is the Third Drive Unit the Charm?", Edmunds.com (20. Februar 2014), https://www.edmunds.com/tesla/model-s/2013/long-term-road-test/2013-tesla-model-s-is-the-third-drive-unit-the-charm.html.

[11] Interview des Autors mit Eingeweihten.

KAPITEL 17

[1] Tatiana Siegel, „Elon Musk Requested to Meet Amber Heard via Email Years Ago", *Hollywood Reporter* (24. August 2016), https://www.hollywoodreporter.com/rambling-reporter/elon-musk-requested-meet-amber-922240.

[2] Tim Higgins, Tripp Mickle und Rolfe Winkler, „Elon Musk Faces His Own Worst Enemy", *Wall Street Journal* (31. August 2018), https://www.wsj.com/articles/elon-musk-faces-his-own-worst-enemy-1535727324.

[3] Mike Ramsey und Valerie Bauerlein, „Tesla Clashes with Car Dealers", *Wall Street Journal* (18. Juni 2018), https://www.wsj.com/articles/SB10001424127887324049504578541902814606098.

[4] Interview des Autors mit Wolters.

[5] Interview des Autors mit Wolters.

[6] Interview des Autors mit Wolters.

[7] Texaner für soziale Gerechtigkeit, „Car-Dealer Cartel Stalled Musk's Tesla", Lobby Watch (10. September 2013), http://info.tpj.org/Lobby_Watch/pdf/AutoDealersvTesla.pdf.

[8] Interview des Autors mit einem Eingeweihten.

KAPITEL 18

[1] Daten zur Verfügung gestellt von Simon Moores von Benchmark Mineral Intelligence.

[2] Csaba Csere, „Tested: 2012 Tesla Model S Takes Electric Cars to a Higher Level", *Car and Driver* (21. Dezember 2012), https://www.caranddriver.com/reviews/a15117388/2013-tesla-model-s-test-review/.

[3] Interview des Autors mit Straubel.

[4] Interview des Autors mit mehreren Tesla-Arbeitern, die über die Beziehung zu Panasonic Bescheid wussten.

[5] Interview des Autors mit Projektbeteiligten.

[6] Interview des Autors mit Mitarbeitern, die an den Verhandlungen mit Panasonic beteiligt waren.

[7] Interview des Autors mit Projektbeteiligten.

KAPITEL 19

1 Interview des Autors mit Varadharajan.
2 Interview des Autors mit Tesla-Mitarbeitern.
3 Alan Ohnsman, „Musk Says China Potential Top Market for Tesla“, *Bloomberg News* (24. Januar 2014), https://www.bloomberg.com/news/articles/2014-01-23/tesla-to-sell-model-s-sedan-in-china-from-121-000.
4 Interview des Autors mit Tesla-Mitarbeitern.
5 Zulassungszahlen für China zur Verfühung gestellt von JL Warren Capital.
6 Interview des Autors mit damaligen Tesla-Mitarbeitern.
7 Umfrageergebnisse zur Verfügung gestellt von Alexander Edwards von Strategic Vision.
8 Interview des Autors mit Projektbeteiligten.

KAPITEL 20

1 Caleb Melby, „Guns, Girls and Sex Tapes: The Unhinged, Hedonistic Saga of Billionaire Stewart Rahr, ‚Number One King of All Fun‘“, *Forbes* (17. September 2013), https://www.forbes.com/sites/calebmelby/2013/09/17/guns-girls-and-sex-tapes-the-saga-of-billionaire-stewart-rahr-number-one-king-of-all-fun/#3ca48b2d3f86
2 Interview des Autors mit Fossi.
3 Daten zur Verfügung gestellt von S3 Partners.
4 Cassell Bryan-Low and Suzanne McGee, „Enron Short Seller Detected Red Flags in Regulatory Filings“, *Wall Street Journal* (05. November 2001), https://www.wsj.com/articles/SB1004916006978550640.
5 Jonathan R. Laing, „The Bear That Roared“, *Barron's* (28. Januar 2002), https://www.barrons.com/articles/SB101191069416063240?tesla=y.
6 Ebenda.
7 Aus Tesla-Akten der SEC.
8 Susan Pulliam, Mike Ramsey, and Brody Mullins, „Elon Musk Supports His Business Empire with Unusual Financial Moves“, *Wall Street Journal* (27. April 2016), https://www.wsj.com/articles/elon-musk-supports-his-business-empire-with-unusual-financial-moves-1461781962.
9 Vom Autor analysierte E-Mails.
10 Aus einer Stellungnahme von Kimbal Musk vom 23. April 2019.

KAPITEL 21

1 Wellford W. Wilms, Alan J. Hardcastle und Deone M. Zell, „Cultural Transformation at NUMMI“, *Sloan Management Review* 36:1 (15. Oktober 1994): 99.

2 Ebenda.
3 Interview des Autors mit Ortiz.
4 Harley Shaiken, „Commitment Is a Two-Way Street“, White Paper, erstellt für die Toyota NUMMI Blue Ribbon Commission (3. März 2010), http://dig.abclocal.go.com/kgo/PDF/NUMMI-Blue-Ribbon-Commission-Report.pdf.
5 Lohndaten von GM vom Center of Automotive Research zur Verfügung gestellt.
6 Interview des Autors mit Projektbeteiligten.
7 Interview des Autors mit Tesla-Arbeitern.
8 Interview des Autors mit Tesla-Arbeitern.
9 Tim Higgins, „Tesla Faces Labor Discord as It Ramps Up Model 3 Production“, *Wall Street Journal* (31. Oktober 2017), https://www.wsj.com/articles/tesla-faces-labor-discord-as-it-ramps-up-model-3-production-1509442202.
10 Ebenda.
11 „Elon Musk Regularly Visited Amber Heard . . . “, *Deadline* (17. Juli 2020), https://deadline.com/2020/07/elon-musk-amber-heard-johnny-depps-los-angeles-penthouse-1202988261/.
12 Interview des Autors mit Tesla-Führungskräften.
13 Lindsay Kimble, „Amber Heard and Elon Musk Party at the Same London Club Just Weeks After Hanging Out in Miami“, *People* (03. August 2016), https://people.com/movies/amber-heard-and-elon-musk-party-at-same-london-club-weeks-after-miami-sighting/.
14 Interview des Autors mit ehemaligen Tesla-Führungskräften.
15 Tim Higgins und Dana Hull, „Want Elon Musk to Hire You at Tesla? Work for Apple“, *Bloomberg Businessweek* (02. Februar 2015).
16 Interviews mit damaligen Tesla-Mitarbeitern und aus Will Evans und Alyssa Jeong Perry, „Tesla Says Its Factory Is Safer. But It Left Injuries Off the Books“, Revealnews.org (16. April 2018), https://www.revealnews.org/article/tesla-says-its-factory-is-safer-but-it-left-injuries-off-the-books/.
17 Interview des Autors mit Eingeweihten.
18 Autor analysierte J.D. Powers Präsentation von „Tesla: Beyond the Hype“ (März 2017).

KAPITEL 22

1 Interview des Autors mit einer damaligen Tesla-Führungskraft.
2 Charles Duhigg, „Dr. Elon & Mr. Musk: Life Inside Tesla’s Production Hell“, *Wired* (13. Dezember 2018), https://www.wired.com/story/elon-musk-tesla-life-inside-gigafactory/.
3 Interviews des Autors.
4 Aus einem Gerichtsprozesse, Klage gegen Tesla wurde 2017 eingereicht.
5 Interview des Autors mit damaligen Tesla-Managern.

KAPITEL 23

1 Details aus dem Bericht der National Highway Traffic Safety Administration (19. Januar 2017), https://static.nhtsa.gov/odi/inv/2016/INCLA-PE16007-7876.PDF.
2 Ebenda.
3 Aus Jason Wheelers eidesstattlicher Erklärung vom 04. Juni 2019.
4 Interviews des Autors mit mehreren Eingeweihten.
5 Aus Antonio Gracias eidesstattlicher Erklärung vom 18. April 2019.
6 Aus Courtney McBeans eidesstattlicher Erklärung vom 05. Juni 2019.
7 Aus dem Tesla-Blog, gepostet am 21. Juni 2016, https://www.tesla.com/blog/tesla-makes-offer-to-acquire-solarcity.
8 Carol J. Loomis, „Elon Musk Says Autopilot Death ‚Not Material' to Tesla Shareholders", *Fortune* (05. Juli 2016), https://fortune.com/2016/07/05/elon-musk-tesla-autopilot-stock-sale/.
9 Jean Eaglesham, Mike Spector und Susan Pulliam, „SEC Investigating Tesla for Possible Securities-Law Breach", *Wall Street Journal* (11. Juli 2016), https://www.wsj.com/articles/sec-investigating-tesla-for-possible-securities-law-breach-1468268385.
10 Aus Denholms eidesstattlicher Erklärung laut Aktionärsklage gegen Tesla vom 06. Juni 2019.
11 Kimbal Musks eidesstattlicher Erklärung vom 23. April 2019.
12 Interview des Autors mit Tesla-Manager.
13 Aus Brad Buss' eidesstattlicher Erklärung vom 04. Juni 2019.
14 Präsentation vor dem Tesla-Verwaltungsrat vom 24. Juli 2016.
15 Aus Elon Musks eidesstattlicher Erklärung vom 24. August 2019.
16 E-Mails vom Autor analysiert.
17 Interviews des Autors mit Tesla-Ingenieuren.
18 Interviews des Autors mit Personen, die über Andersons Projekt Bescheid wussten.
19 Interviews des Autors mit mehreren Beteiligten am Autopilot-Projekt.
20 Interviews des Autors mit Personen aus dem näheren Umfeld von Musk.
21 Interviews des Autors mit mehreren bei dem Meeting Anwesenden.

KAPITEL 24

1 Interview des Autors und aus Tim Higgins, „Elon Musk has an Awkward Problem at Tesla: Employee Parking", *Wall Street Journal* (11. April 2017), https://www.wsj.com/articles/elon-musk-has-an-awkward-problem-at-tesla-employee-parking-1491926275.
2 Jose Moran, „Time for Tesla to Listen", Medium.com (09. Februar 2017), https://medium.com/@moran2017j/time-for-tesla-to-listen-ab5c6259fc88.
3 Tim Higgins, „Behind Tesla's Production Delays: Parts of Model 3 Were Being Made by Hand", *Wall Street Journal* (06. Oktober 2017), https://www.wsj.com/

articles/behind-teslas-production-delays-parts-of-model-3-were-being-made-by-hand-1507321057.

4 Interviews des Autors mit Mitarbeitern.

5 Interviews des Autors mit damaligen Panasonic- und Tesla-Mitarbeitern.

6 Dana Cimilluca, Susan Pulliam und Aruna Viswanatha, „Tesla Faces Deepening Criminal Probe over Whether It Misstated Production Figures“, *Wall Street Journal* (26. Oktober 2016), https://www.wsj.com/articles/tesla-faces-deepening-criminal-probe-over-whether-it-misstated-production-figures-1540576636.

7 Interviews des Autors mit Tesla-Mitarbeitern.

8 Lora Kolodny, „Tesla Employees Say to Expect More Model 3 Delays, Citing Inexperienced Workers, Manual Assembly of Batteries“, CNBC.com (25. Januar 2015), https://www.cnbc.com/2018/01/25/tesla-employees-say-gigafactory-problems-worse-than-known.html.

9 Interview des Autors mit Tesla-Mitarbeitern.

10 Charles Duhigg, „Dr. Elon & Mr. Musk: Life Inside Tesla's Production Hell“ *Wired* (13. Dezember 2018).

11 Interviews des Autors mit Tesla-Mitarbeitern.

12 Neil Strauss, „Elon Musk: The Architect of Tomorrow“, *Rolling Stone* (15. November 2017), https://www.rollingstone.com/culture/culture-features/elon-musk-the-architect-of-tomorrow-120850/.

13 Details aus der Urteilsbegründung vom 27. September 2019 zu dem Fall National Labor Relations Board gegen Tesla.

14 Interview des Autors mit dem Veranstalter.

15 Details über Marketingpläne aus Interviews des Autors mit Tesla-Führungskräften.

16 Interviews des Autors mit damaligen Tesla-Führungskräften.

17 Interview des Autors mit damaligen Tesla-Managern.

18 Interviews des Autors mit damaligen Tesla-Führungskräften.

19 Interviews des Autors mit Eingeweihten.

20 Interview des Autors mit ehemaligem Tesla-Ingenieur.

21 Tim Higgins, Tripp Mickle und Rolfe Winkler, „Elon Musk Faces His Own Worst Enemy“, *Wall Street Journal* (31. August 2018), https://www.wsj.com/articles/elon-musk -faces-his-own-worst-enemy-1535727324.

22 Interview des Autors mit Mitarbeitern, die mit Fields Denkweise vertraut waren.

23 E-Mails vom Autor analysiert.

24 Tim Higgins, „Tesla's Elon Musk Turns Conference Call into Sparring Session“, *Wall Street Journal* (3. Mail 2018), https://www.wsj.com/articles/teslas-elon-musk-turns-conference-call-into-sparring-session-1525339803.

KAPITEL 25

1 E-Mails analysiert vom Autor nach Marty Tripps Freigabe auf Twitter.

2 Video des Interviews am 21. Februar 2018 gepostet auf der Website von *Business Insider*: https://www.businessinsider.com/jim-chanos-tesla-elon-musk-truck-video-2018-2.

3 Details aus Martin Tripps eidesstattlicher Erklärung aufgrund des Rechtsstreits zwischen ihm und Musk.

4 Sarah O'Briens eidesstattliche Erklärung vom 05. Juni 2019.

5 Susan Pulliam und Samarth Bansal, „For Tesla's Elon Musk, Twitter Is Sword Against Short Sellers", *Wall Street Journal* (02. August 2018), https://www.wsj.com/articles/for-teslas-elon-musk-twitter-is-sword-against-short-sellers-1533216249.

6 Emily Smith und Mara Siegler, „Elon Musk Quietly Dating Musician Grimes", *New York Post* (07. Mai 2018), https://pagesix.com/2018/05/07/elon-musk-quietly-dating-musician-grimes/.

KAPITEL 26

1 Vom Autor analysierte E-Mails.

2 Sarah Gardner und Ed Hammond, „Tesla Needs Period of ‚Peace and Execution,' Major Shareholder Says", *Bloomberg News* (11. Juli 2018), https://www.bloomberg.com/news/articles/2018-07-11/tesla-ought-to-pipe-down-and-execute-major-shareholder-says.

3 Vom Autor analysierter E-Mail-Austausch.

4 Vom Autor analysierte E-Mails.

5 Tim Higgins, „Tesla Asks Suppliers for Cash Back to Help Turn a Profit", *Wall Street Journal* (22. Juli 2018), https://www.wsj.com/articles/tesla-asks-suppliers-for-cash-back-to-help-turn-a-profit-1532301091.

6 Tim Higgins, „Elon Musk Says He Once Approached Apple CEO About Buying Tesla", *Wall Street Journal* (22. Dezember 2020), https://www.wsj.com/articles/elon-musk-says-he-once-approached-apple-ceo-about-buying-tesla-11608671609.

7 Interview des Autors mit Eingeweihtem.

8 E-Mails aus den Gerichtsakten der SEC.

9 Miriam Gottfried, „Dell Returns to Public Equity Markets", *Wall Street Journal* (28. Dezember 2018), https://www.wsj.com/articles/dell-returns-to-public-equity-markets-11546011748.

10 James B. Stewart, „The Day Jeffrey Epstein Told Me He Had Dirt on Powerful People", *New York Times* (12. August 2019), https://www.nytimes.com/2019/08/12/business/jeffrey-epstein-interview.html.

11 Vom Autor analysierter E-Mail-Austausch.

12 David Gelles, James B. Stewart, Jessica Silver-Greenberg und Kate Kelly, „Elon Musk Details ‚Excruciating' Personal Toll of Tesla Turmoil", *New York Times* (16. August 2018), https://www.nytimes.com/2018/08/16/business/elon-musk-interview-tesla.html.

13 Kate Taylor, „Rapper Azealia Banks Claims She Was at Elon Musk's House over the Weekend as He Was ‚Scrounging for Investors'", Business Insider (13. August 2018), https://www.businessinsider.com/azealia-banks-claims-to-be-at-elon-musks-house-as-he-sought-investors-2018-8.

14 Vom Autor analysierter E-Mail-Austausch.

15 Liz Hoffman und Tim Higgins, „Public Bravado, Private Doubts: Inside the Unraveling of Elon Musk's Tesla Buyout", *Wall Street Journal* (27. August 2018), https://www.wsj.com/articles/public-bravado-private-doubts-how-elon-musks-tesla-plan-unraveled-1535326249.

16 Bradley Hope und Justin Scheck, *Blood and Oil: Mohammed Bin Salman's Ruthless Quest for Global Power* (New York: Hachette, 2020), 251.

17 Aus Kimbal Musks eidesstattlicher Erklärung vom 23. April 2019.

18 Liz Hoffman und Tim Higgins, „Public Bravado, Private Doubts: Inside the Unraveling of Elon Musk's Tesla Buyout", *Wall Street Journal* (27. August 2018), https://www.wsj.com/articles/public-bravado-private-doubts-how-elon-musks-tesla-plan-unraveled-1535326249.

19 Elon Musk in einer E-Mail vom 25. August 2018 an den Autor.

20 Vom Autor analysierter E-Mail-Austausch.

KAPITEL 27

1 Tim Higgins, Marc Vartabedian und Christina Rogers, „Some Tesla Suppliers Fret About Getting Paid", *Wall Street Journal* (20. August 2018), https://www.wsj.com/articles/some-tesla-suppliers-fret-about-getting-paid-1534793592.

2 Interviews des Autors mit damaligen Tesla-Managern.

3 Susan Pulliam, Dave Michaels und Tim Higgins, „Mark Cuban Prodded Tesla's Elon Musk to Settle SEC Charges", *Wall Street Journal* (04. Oktober 2018), https://www.wsj.com/articles/mark-cuban-prodded-teslas-elon-musk-to-settle-sec-charges-1538678655.

4 Interviews des Autors mit Tesla-Führungskräften, die daran beteiligt waren.

5 Interviews des Autors mit Tesla-Vertriebsleitern.

6 Interviews des Autors mit Tesla-Managern, die eingeweiht waren.

7 Interviews des Autors mit Tesla-Managern, die daran beteiligt waren.

8 Interviews des Autors mit Teilnehmern der Telefonkonferenz.

9 Interview des Autors mit einem Tesla-Mitarbeiter, der Zeuge dieses Vorfalls war.

10 Dana Hull und Eric Newcome, „Tesla Board Probed Allegation That Elon Musk Pushed Employee", *Bloomberg News* (05. April 2019), https://www.bloomberg.com/

news/articles/2019-04-05/tesla-board-probed-allegation-that-elon-musk-pushed-employee.

11 Daten zur Verfügung gestellt von S3 Partners.

12 Susan Pulliam, Dave Michaels und Tim Higgins, „Mark Cuban Prodded Tesla's Elon Musk to Settle SEC Charges", *Wall Street Journal* (04. Oktober 2018), https://www.wsj.com/articles/mark-cuban-prodded-teslas-elon-musk-to-settle-sec-charges-1538678655.

13 Interviews des Autors mit Personen, die mit Musks Denkweise vertraut sind.

14 Interview des Autors mit einem Tesla-Manager.

15 Daten zur Verfügung gestellt von S3 Partners.

16 Dana Hull und Eric Newcomer, „Tesla Board Probed Allegation That Elon Musk Pushed Employee".

17 Eindrücke des Autors von Denholm und diesem Ereignis.

18 Angus Whitley, „Tesla's New Chairman Says Elon Musk Uses Twitter ‚Wisely'", *Bloomberg News* (27. März 2019), https://www.bloomberg.com/news/articles/2019-03-27/tesla-chair-defends-musk-tweets-even-as-habit-lands-him-in-court.

19 Tim Higgins, „Tesla Shares Sink on Model 3 Delivery Miss, Price Cut", *Wall Street Journal* (02. Januar 2019), https://www.wsj.com/articles/tesla-plans-to-trim-prices-as-fourth-quarter-deliveries-rise-11546437526.

20 Dave Michaels und Tim Higgins, „SEC Asks Manhattan Federal Court to Hold Elon Musk in Contempt", *Wall Street Journal* (25. Februar 2019), https://www.wsj.com/articles/sec-asks-manhattan-federal-court-to-hold-elon-musk-in-contempt-11551137500.

21 Tim Higgins und Adrienne Roberts, „Tesla Shifts to Online Sales Model", *Wall Street Journal* (28. Februar 2019), https://www.wsj.com/articles/tesla-says-it-has-started-taking-orders-for-35-000-version-of-model-3-11551392059.

22 Esther Fung, „Landlords to Tesla: You're Still on the Hook for Your Store Leases", *Wall Street Journal* (08. März 2019), https://www.wsj.com/articles/landlords-to-tesla-youre-still-on-the-hook-for-your-store-leases-11552059041.

23 „Fiat Chrysler to Spend €1.8bn on CO2 Credits", *Financial Times* (03. Mai 2019), https://www.ft.com/content/fd8d205e-6d6b-11e9-80c7-60ee53e6681d.

24 Daten zur Verfügung gestellt von S3 Partners.

25 Sam Goldfarb, „Tesla Faces Steeper Costs to Raise Cash", *Wall Street Journal* (29. April 2019), https://www.wsj.com/articles/tesla-faces-steeper-costs-to-raise-cash-11556535600.

26 Trefor Moss, „Global Auto Makers Dented as China Car Sales Fall for First Time in Decades", *Wall Street Journal* (14. Januar 2019), https://www.wsj.com/articles/chinese-annual-car-sales-slip-for-first-time-in-decades-11547465112.

KAPITEL 28

1 Interviews des Autors mit ehemaligen Tesla-Führungskräften.

2 Interviews des Autors mit damaligen Tesla-Managern.

3 Matthew Campbell, et al., „Elon Musk Loves China, and China Loves Him Back–For Now“, *Bloomberg Businessweek* (13. Januar 2021), https://www.bloomberg.com/news/features/2021-01-13/china-loves-elon-musk-and-tesla-tsla-how-long-will-that-last?sref=PRBlrg7S.

4 Interview des Autors mit Tesla-Manager, der von der Reise wusste.

5 Aus einem Tweet von Elon Musk (17. Dezember 2016), https://twitter.com/elonmusk/status/810108760010043392?s=20.

6 Bruce Einhorn, et al., „Tesla's China Dream Threatened by Standoff Over Shanghai Factory“, *Bloomberg News* (13. Februar 2018), https://www.bloomberg.com/news/articles/2018-02-14/tesla-s-china-dream-threatened-by-standoff-over-shanghai-factory?sref = PRBlrg7S.

7 Mike Colias, „GM, LG to Spend $2.3 Billion on Venture to Make Electric-Car Batteries“, *Wall Street Journal* (05. Dezember 2019), https://www.wsj.com/articles/gm-lg-to-spend-2-3-billion-on-venture-to-make-electric-car-batteries-11575554432.

8 Stephen Wilmot, „Volkswagen Follows Tesla into Battery Business“, *Wall Street Journal* (13. Juni 2019), https://www.wsj.com/articles/volkswagen-follows-tesla-into-battery-business-11560442193.

9 Christoph Rauwald, „Tesla Is No Niche Automaker Anymore, Volkswagen's CEO Says“, *Bloomberg News* (24. Oktober 2019), https://www.bloomberg.com/news/articles/2019-10-24/volkswagen-s-ceo-says-tesla-is-no-niche-automaker-anymore.

10 Interviews des Autors mit Tesla-Managern im Laufe der Jahre.

11 Dave Michaels und Tim Higgins, „Judge Gives Elon Musk, SEC Two Weeks to Strike Deal on Contempt Claims“, *Wall Street Journal* (04. April 2019), https://www.wsj.com/articles/judge-asks-elon-musk-and-sec-to-hold-talks-over-contempt-claims-11554408620.

12 Wang Zhiyan, Du Chenwei und Hu Xingyang, „Behind ‚Amazing Shanghai Speed'“(übersetzt ins Englische), *Jiefang Ribao* (01. Januar 2020), https://www.jfdaily.com/journal/2020-01-08/getArticle.htm?id=285863.

13 Luan Xiaona, „The Power Supply Project of Tesla Shanghai Super Factory Will Enter the Sprint Stage Before Production“ (übersetzt ins Englische), *The Paper* (17. Oktober 2019), https://www.thepaper.cn/newsDetail_forward_4700380.

14 Tim Higgins und Takashi Mochizuki, „Tesla Needs Its Battery Maker: A Culture Clash Threatens Their Relationship“, *The Wall Street Journal* (08. Oktober 2019), https://www.wsj.com/articles/tesla-needs-its-battery-maker-a-culture-clash-threatens-their-relationship-11570550526.

15 Ebenda.

16 Beschreibung aus dem Video, das von Jason Yang am 20. Oktober 2019 auf Youtube gestellt wurde, https://youtu.be/bI-My94Ig5k.

17 Daten zur Verfügung gestellt von S3 Partners.

EPILOG

1 Chunying Zhang und Ying Tian, „How China Bent Over Backward to Help Tesla", *Bloomberg Businessweek* (18. März 2020), https://www.bloomberg.com/news/articles/2020-03-17/how-china-bent-over-backward-to-help-tesla-when-the-virus-hit?sref=PRBlrg7S.

2 Tim Higgins, „Tesla Cuts Salaries, Furloughs Workers Under Coronavirus Shutdown", *Wall Street Journal* (08. April 2020), https://www.wsj.com/articles/tesla-cuts-salaries-furloughs-workers-under-coronavirus-shutdown-11586364779.

3 Tim Higgins und Esther Fung, „Tesla Seeks Rent Savings Amid Coronavirus Crunch", *Wall Street Journal* (13. April 2020), https://www.wsj.com/articles/tesla-seeks-rent-savings-amid-coronavirus-crunch-11586823630.

4 Jeremy C. Owens, Claudia Assis und Max A. Cherney, „Elon Musk vs. Bay Area Officials: These Emails Show What Happened Behind the Scenes in the Tesla Factory Fight", MarketWatch (29. Mai 2020), https://www.marketwatch.com/story/elon-musk-vs-bay-area-officials-these-emails-show-what-happened-behind-the-scenes-in-the-tesla-factory-fight-2020-05-29.

5 Tim Higgins, „Tesla Files Lawsuit in Bid to Reopen Fremont Factory", *Wall Street Journal* (10. Mai 2020), https://www.wsj.com/articles/elon-musk-threatens-authorities-over-mandated-tesla-factory-shutdown-11589046681.

6 Rebecca Ballhaus und Tim Higgins, „Trump Calls for California to Let Tesla Factory Open" *Wall Street Journal* (13. Mai 2020), https://www.wsj.com/articles/trump-calls-for-california-to-let-tesla-factory-open-11589376502.

7 Fred Lambert, „Elon Musk Sends Cryptic Email to Tesla Employees About Going ‚All Out'", *Electrek* (23. Juni 2020), https://electrek.co/2020/06/23/elon-musk-cryptic-email-tesla-employees-all-out/.

8 Sebastian Pellejero und Rebecca Elliott, „How Tesla Made It to the Winner's Circle", *The Wall Street Journal* (19. Februar 2021), https://www.wsj.com/articles/how-tesla-made-it-to-the-winners-circle-11613739634.

9 Elon Musk schrieb dem Autor in einer E-Mail vom 07. Mai 2020.

10 Scarlet Fu, „Chanos Reduces ‚Painful' Tesla Short, Tells Musk ‚Job Well Done'", *Bloomberg News* (03. Dezember 2020), https://www.bloomberg.com/news/articles/2020-12-03/tesla-bear-jim-chanos-says-he-d-tell-elon-musk-job-well-done?sref=PRBlrg7S.